New York

„Hat man sich erst einmal zum Reisen entschlossen,
ist das Wichtigste auch schon geschafft.

Also, los geht's!"

TONY WHEELER, GRÜNDER VON LONELY PLANET

D1727021

Regis St. Louis, Robert Balkovich, Ray Bartlett, Ali Lemer,
Michael Grosberg, Brian Kluepfel

Inhalt

Reiseplanung 1

New York erkunden 58

New York verstehen 369

Praktische Informationen 409

(links) **Brezeln S. 39**
New York versammelt
alle Küchen der Welt.

(oben) **Lower Manhat-
tan S. 62** Der Geschäfts-
bezirk am Ende der Insel
ist voller Attraktionen.

(rechts) **Taxis S. 414**
New Yorks gelbe Taxis
haben Kultcharakter.

Willkommen in New York

Epizentrum der Künste. Gastro- und Shopping-Mekka. Trendsetter. New York trägt viele Kronen und bietet allen ein unwiderstehliches Fest.

Kulinarisches Mekka

New York ist ein Zentrum der saisonalen und regionalen Küche – hier ziehen Restaurants ihr Gemüse auf dem Dach oder auf Farmen außerhalb, beziehen Fleisch aus nachhaltiger Aufzucht und bieten alles vom Kaffee über Whiskey bis zu Schokolade und Käse aus handwerklicher Produktion. Auch die Bars haben schöpferisch neue Höhen erklommen: Cocktails aus der Zeit vor der Prohibition werden zusammen mit kleinen Köstlichkeiten serviert – Gastropubs zählen inzwischen zu den kreativsten Speiselokalen. Natürlich kann man auch an einem Foodtruck oder in einem der mehr als 20 000 normalen Restaurants speisen.

Zentrum der Künste

Met, MoMA und Guggenheim sind nur die Spitze des Eisbergs. In New York gibt es Museen zu jedem Thema, vom Wien des Fin de Siècle bis zum Leben der Einwanderer in der Lower East Side, von japanischer Bildhauerei über postmoderne amerikanische Malerei und Textilkunst aus dem Himalaja bis zur New Yorker Stadtgeschichte. Zeitgenössische Talente und zukünftige Berühmtheiten sind bei den Avantgarde-Galerien in Chelsea und der Lower East Side zu bestaunen, deren glanzvolle Vernissagen meist donnerstagabends stattfinden.

Die Nacht ist jung

Wenn die Sonne über dem Hudson untergeht und die Wolkenkratzer den Abend erleuchten, wird New York zur großen Bühne. Am legendären Broadway treten bekannte Schauspieler auf, während überall in der Stadt Mimen, Tänzer und Musiker ihr Können zeigen. Ob Hochkultur oder Unterhaltung, New York bietet alles: von Rockkonzerten in Williamsburg bis zu opulenten Opern im Lincoln Center. Experimentelles Theater, Stand-up-Comedy, Independent-Film, Ballett, Lesungen, Varieté, Jazz – ganz gleich, wonach einem der Sinn steht, in New York dürfte man fündig werden.

Stadt für Flaneure

Mit seiner spannenden Architektur und seinen gemütlichen Cafés und stimmungsvollen Buchläden ist New York ein Paradies für Spaziergänger. In dieser aus über 200 Nationalitäten zusammengewürfelten Stadt braucht man nur ein paar Avenues zu queren, um von einem Kontinent zum anderen zu gelangen. So taucht man zwischen bunten buddhistischen Tempeln und Nudelimbissen in die Menschenmassen von Chinatown ein, um dann nach Nolita mit seinen verführerischen Boutiquen und Cafés weiterzubummeln. Jedes Viertel wartet mit seiner ganz eigenen Version der Stadt auf.

YUKINORI HASUMI / GETTY IMAGES ©

Warum ich New York so liebe

Regis St. Louis, Autor

Vor allem liebe ich die Energie der Stadt. Es gibt so viel Kreativität, von den genialen Darbietungen in den Museen und Konzertsälen bis zu den Restaurants mit ihren immer originelleren Kombinationen exotischer Küchen. Obwohl ich viele Jahre in New York gelebt habe, bleibt es spannend, die Metropole zu erkunden. Hier reist man ganz einfach mit der MetroCard durch unterschiedlichste Stadtteile mit einer erstaunlichen Vielfalt an Kulturen und Ethnien. Die Menschen, das Essen, die Kunst: Es spricht so vieles für New York, dass viele sich gar nicht vorstellen könnten, irgendwo anders zu wohnen.

Mehr Infos zu unseren Autoren gibt's auf S. 424.

Oben: Times Square (S. 186)

New Yorks
Top 16

Freiheitsstatue & Ellis Island (S. 64)

1 Seit 1886 hieß „Lady Liberty" Millionen von Einwanderern willkommen, die in der Hoffnung auf ein besseres Leben in den Hafen von New York einliefen. Heute begrüßt sie Millionen Touristen, von denen viele ihre Krone erklimmen, um eins der tollsten New-York-Panoramen zu genießen. Nahebei liegt Ellis Island, von 1892 bis 1954 erste Station für über zwölf Millionen Neuankömmlinge. Hier würdigt ein bewegendes Museum den Mut und die Ausdauer dieser Menschen.

◉ *Lower Manhattan & Financial District*

Broadway & Times Square (S. 186)

2 Bunte Lichter, elektrisierende Energie: Das ist Amerika, wie es sich die Welt vorstellt. Der Broadway zwischen 40th und 54th St und Sixth und Eighth Ave ist New Yorks „Traumfabrik" – eine Welt der Romanzen und des Verrats, der Morde und Triumphe, der märchenhaften Kostüme und mitreißenden Melodien. Unangefochtener Star des Bezirks ist der Times Square: nicht nur die Kreuzung von Broadway und Seventh Ave, sondern ein Konzentrat Amerikas mit Kino-Werbewänden, glitzernder Cola-Reklame und aufgedonnerten, barbrüstigen Cowboys.

☆ *Midtown*

Central Park (S. 241)

3 London hat den Hyde Park, Paris hat den Bois de Boulogne. Und New York hat den weltberühmten Central Park. Er umfasst gut 340 ha Rasen, Hügel und Felsen, Ulmenalleen, penibel gepflegte Grünflächen und mehrere Seen – dazu kommen ein Freilichttheater, die John-Lennon-Gedenkstätte, ein idyllisches Uferlokal (das Loeb Boathouse) und die extrem beliebte Skulptur von Alice im Wunderland. Bleibt bloß noch die schwierige Entscheidung, wo man seinen Rundgang beginnt.

⊙ *Upper West Side & Central Park*

Metropolitan Museum of Art

(S. 226)

4 Mit seiner mehr als 2 Mio. Stücke umfassenden Sammlung ist das Met wirklich umwerfend. Es versammelt Schätze aus aller Welt – von Skulpturen des alten Griechenlands bis zu geheimnisvollen Schnitzereien aus Papua-Neuguinea. In den Renaissance-Sälen finden sich jede Menge alte Meister, und auch die Hinterlassenschaften der alten Ägypter beflügeln die Phantasie – besonders der Tempel von Dendur, dessen 2000 Jahre alte Mauern mit Hieroglyphen und gemeißelten Papyruspflanzen bedeckt sind. Und wer drinnen genug gesehen hat, genießt den Ausblick vom Dach auf den Central Park.

⊙ *Upper East Side*

High Line (S. 142)

5 Die High Line ist eine Erfolgsgeschichte der Stadtsanierung und das wunderbarste Beispiel für das Bemühen New Yorks, Zeugnisse der industriellen Vergangenheit in attraktive Wohlfühlzonen für die Innenstadtbewohner zu verwandeln. Die ehemals unansehnliche Hochbahntrasse, die sich zwischen Schlachthöfen und Mietskasernen dahinschlängelte, lädt heute als luftig grüner Parkstreifen zu Ruhepausen und Geselligkeit ein. Und wie zu erwarten, hat sie die Immobilienbranche auf Trab gebracht und Weltklassearchitekten dazu beflügelt, rundherum attraktive Wohngebäude zu schaffen.

⊙ *West Village, Chelsea & Meatpacking District*

Musik & Nachtleben (S. 43)

6 Hinter Chinarestaurants versteckte Lounges, die bis in die Morgenstunden geöffnet bleiben, Taco-Lokale, in denen spätnachts unangekündigte Transvestiten-Shows stattfinden, Diskos im Stadionformat mit DJ-Dröhnung und After-After-After-Partys auf dem Dach bei Sonnenaufgang: Hinter den Kulissen des New Yorker Alltags lauert ein Paralleluniversum, das eingeweihte Besucher ebenso willkommen heißt wie Einheimische. In New York braucht sich auch nach Mitternacht niemand zu langweilen. DACHBAR DES INK48 (S. 362)

🍷 *Ausgehen & Nachtleben*

Brooklyn (S. 275)

7 Hier gibt es nostalgische Cocktaillounges mit 1930er-Jahre-Flair, Szenelokale, die alles von veganer Kost bis zu Sterne-Küche auftischen, und genügend Musikkneipen und Biergärten, um Nachteulen wochenlang zu beschäftigen. Für die Tagaktiven hält Brooklyn wunderbare Grünanlagen (Prospect Park, Brooklyn Bridge Park), tolle Kunstsammlungen (Brooklyn Museum) und kitschigen Strandspaß an einer altmodischen Seepromenade (Coney Island) bereit. Man könnte einen grandiosen New-York-Aufenthalt genießen, ohne Brooklyn je zu verlassen! *THE MONA LISA OF WILLIAMSBURG* VON COLOSSAL MEDIA UND STEVEN PAUL

👁 *Brooklyn*

Kulinarische Szene

(S. 39)

8 Einer der größten Reize New Yorks ist seine unglaubliche Vielfalt an Restaurants. In jedem Viertel gibt es Gastropubs mit spannender Weinkarte, Sushi-Bars, Tapas-Lokale, französische Bistros, Grillrestaurants, Pizzaläden, vegane Cafés und gute altmodische Delis, die getoastete Bagels mit Lachs und *cream cheese* zaubern. Und das ist nur der Anfang. Ob an einem Imbisswagen, an den verschiedenen Ständen eines Marktes oder um 4 Uhr morgens auf der Lederbank eines Diners nach einem Abend auf der Piste – hier ist jedes Mahl ein Erlebnis. PIZZA BEI ROBERTA'S (S. 303)

✗ *Essen*

Empire State Building (S. 189)

9 Der auffallende Art-déco-Wolkenkratzer ist zwar längst nicht mehr das höchste Gebäude der Stadt, aber immer noch eines ihrer berühmtesten Wahrzeichen. Das ESB hat in Dutzenden Filmen mitgespielt und bietet nach wie vor einen phantastischen Blick auf die Stadt – besonders zum Sonnenuntergang, wenn die Lichter der Metropole und des Umlands zu funkeln beginnen. Auch das legendäre Gebäude selbst kann durch seine LED-Lampen in 16 Mio. Farbkombinationen erstrahlen und erhellt zu besonderen Feiertagen den Himmel mit spektakulären Lightshows.

⊙ *Midtown*

Brooklyn Bridge (S. 277)

10 Das 1883 fertig gestellte Meisterwerk der Neugotik war Inspirationsquelle für Dichtung (Jack Kerouacs „Brooklyn Bridge Blues"), Musik (Frank Sinatras „Brooklyn Bridge") und zahlreiche Kunstwerke (wie die Fotografien von Walker Evans). Außerdem ist die Brücke der schönste Weg, um von Manhattan nach Brooklyn zu gelangen. Am besten überquert man die Brücke bei Sonnenaufgang – dann hat man sie fast für sich allein. Zum Sonnenuntergang bieten sich romantische Ausblicke auf Lower Manhattan vor der Kulisse des rötlichen Abendhimmels. Fußgänger und Radfahrer teilen sich einen Bohlenweg über die Brücke.

⊙ *Brooklyn*

MoMA (S. 191)

11 Das Museum of Modern Art (MoMA) ist das vielleicht größte Sammelbecken moderner Meisterwerke weltweit und das Gelobte Land für Kulturbeflissene. Besucher können hier van Goghs *Sternennacht*, Cézannes *Badende*, Picassos *Les Demoiselles d'Avignon*, Pollocks *One: Number 31* und Warhols *Campbell's Soup Cans* in Augenschein nehmen, sollten dabei aber noch genug Zeit einplanen für die Werke von Chagall, Dix, Rothko, de Kooning und Haring, eine kostenlose Filmvorführung, ein Gläschen Wein im Skulpturengarten, eine Dosis Designershopping und ein Gourmetmahl im Museumsrestaurant Modern.

⊙ *Midtown*

10

The Museum of Modern Art

11

One World Observatory *(S. 71)*

12 New Yorks höchster Wolkenkratzer, das lang erwartete One World Trade Center, ragt mit 104 Stockwerken wie ein gigantischer Leuchtturm über Lower Manhattan auf. „Skypod"-Aufzüge befördern Besucher mit einem Affenzahn zu den Aussichtsetagen, die einen sagenhaften Panoramablick bieten. Außerdem gibt es Einblicke in das Leben der Menschen, die an dem Hochhaus mitgebaut haben, und den Felsuntergrund, auf dem der Riesenklotz steht. Ein virtueller Zeitraffer zeigt die New Yorker Skyline vom 17. Jh. bis zur Gegenwart.

⊙ *Lower Manhattan & Financial District*

Stadtspaziergänge *(S. 152)*

13 Eine wunderbare Art, New York zu erleben, ist, sich ein Viertel auszusuchen und dann einen Tag lang zu Fuß zu erkunden. Besonders gut eignet sich Greenwich Village mit seinen hübschen Kopfsteinpflasterstraßen voller Läden, Straßencafés und einladender Restaurants. Ganz anders präsentiert sich die Stadt im Szeneviertel East Village, in der wuseligen Chinatown oder im Galerienviertel Chelsea. New York lädt zu endlosen Spaziergängen ein.

⊙ *West Village, Chelsea & Meatpacking District*

Auf dem Wasser *(S. 76)*

14 Wer in Manhattan eine Fähre besteigt und sieht, wie die Skyline allmählich vor seinen Augen zurückweicht, erlebt die menschenwimmelnde City aus einer ganz neuen Perspektive. Ein schönes Ziel ist Governors Island mit neuen Grünanlagen, Kunstausstellungen und autofreien Wegen zum Spazierengehen und Radeln. Oder man nimmt die NYC Ferry hinüber nach Brooklyn – der Fähranleger beim Brooklyn Bridge Park ist ein ausgezeichneter Zugangspunkt zu dem Stadtbezirk. Die kostenlose Fähre nach Staten Island wiederum verspricht herrliche Blicke auf die Freiheitsstatue.

⊙ *Lower Manhattan & Financial District*

Shoppen (S. 50)

15 Da kann man sich ganz auf das Urteil von Holly Golightly und Carrie Bradshaw verlassen: New York ist ein Leitstern am Konsumhimmel. Hunderte Designer aus der Stadt und aus aller Welt stellen hier ihre Kreationen zur Schau und verführen dazu, die Reisekasse zu plündern. Doch letztlich geht es beim Shoppen in New York nicht in erster Linie darum, sich die Schränke zu füllen. Es ist vor allem eine Möglichkeit, die unzähligen Subkulturen der Stadt durch ihre Kunst und ihre sonstigen originellen Kreationen besser kennenzulernen. MACY'S (S. 220)

🛍 *Shoppen*

National September 11 Memorial & Museum (S. 68)

16 Das National September 11 Memorial & Museum ist eine schöne und würdevolle Antwort auf das dunkelste Kapitel in der Geschichte der Stadt. Wo einst die beiden Türme des World Trade Center standen, schimmern nun zwei dunkle, elegante Wasserbecken, umgeben von den Namen der Opfer des 11. Septembers 2001 und des Bombenanschlags von 1993. Tief darunter befindet sich das Memorial Museum, das diese Katastrophen, die schlimmsten Angriffe auf US-amerikanischem Boden, auf eindringliche Weise erkundet.

◉ *Lower Manhattan & Financial District*

Was gibt's Neues?

Stonewall National Monument

2016 erklärte der scheidende Präsident Barack Obama gut 3 ha Land im West Village zu einem Nationaldenkmal, mit dem zum ersten Mal in der Geschichte der USA die Homosexuellenrechtsbewegung geehrt wurde. (S. 145)

New York mit der Fähre

New York wendet sich wieder verstärkt seinen Fähren zwischen Manhattan, Brooklyn und Queens zu. Es gibt sogar eine neue Verbindung zwischen Lower Manhattan und Rockaway – eine schöne Tour zum Strand zum Preis einer Subway-Fahrt. (S. 414)

Grün essen

Der Hunger auf vegetarisches und veganes Essen wächst weiter. In der ganzen Stadt findet man fleischlose Speiselokale, darunter Hotspots wie Seasoned Vegan (S. 268) in Harlem und das Sternerestaurant Nix (S. 153) im Greenwich Village.

Neuer Ableger des Met

2016 ließ sich das Met Breuer im ehemaligen Whitney Museum an der Upper East Side nieder, mit Werken moderner und zeitgenössischer Künstler – die Kritiker sind begeistert! (S. 230)

Sounds of Harlem

Harlem hat sich dank mehrerer Livemusikläden, die in letzter Zeit eröffnet haben, zu einer der besten Adressen für allerlei globale Sounds entwickelt. Im Silvana (S. 270) und im Shrine (S. 270) treten allabendlich erstklassige Bands und Sänger und Sängerinnen auf.

Uncommons

New York hat sein eigenes Spielecafé. Im West Village kann man bis spät abends Brettspiele spielen und dabei Craft-Bier schlürfen und *mozzarepas* verspeisen. (S. 159)

Chefs Club

In diesem neuen Laden in Nolita übernehmen bekannte Köche aus aller Welt für mehrere Wochen oder auch mehrere Monate die Küche. (S. 99)

Subway an der Second Avenue

Nach zehn Jahren Bauzeit ist die 4,5 Mrd. $ teure Subway-Strecke entlang der Second Ave eröffnet worden. Die Verlängerung der Linie Q hat jetzt Stationen an der 72nd, 86th und 96th St, sodass die Upper East Side besser zu erreichen ist.

Noch mehr tolles Essen

Die Szene für zwangloses Essen wird dank neuer Gastrohallen in der ganzen Stadt immer besser. Die DeKalb Market Hall (S. 294) lockt mit Dutzenden verführerischen Essensständen und schwimmt mit auf der Erfolgswelle, die legendäre Einrichtungen wie der Chelsea Market (S. 140) ins Rollen gebracht haben.

Kultur-Upgrade

Das MoMA wird derzeit grundlegend umgestaltet und erhält mehr als 4500 m² an neuen Ausstellungsflächen. Während der Bauzeit bis voraussichtlich 2019 bleibt das Museum geöffnet. (S. 191)

Noch mehr aktuelle Tipps gibt's auf **lonelyplanet.com/ new-york-city**

Gut zu wissen

Weiteres siehe Praktische Informationen (S. 417)

Währung
US-Dollar (US$)

Sprache
Englisch

Einreise
Die USA haben mit 38 Ländern
(u. a. mit Deutschland, Österreich
und der Schweiz) ein Abkommen,
das Aufenthalte bis zu 90 Tagen
ohne Visum erlaubt, jedoch
muss man vor der Abreise einen
ESTA-Antrag ausfüllen.

Geld
Geldautomaten gibt es überall.
Die meisten Hotels, Geschäfte
und Restaurants akzeptieren
Kreditkarten. Marktstände, Im-
bisswagen und manche kleinen
Lokale nehmen nur Bargeld.

Handy
Ist das eigene Hndy entsperrt,
kann es mit amerikanischen
SIM-Karten genutzt werden.
Oder man kauft sich vor Ort
ein billiges Handy mit Prepaid-
Karte.

Zeit
Eastern Standard Time (sechs
Stunden früher als MEZ)

Touristeninformation
In vielen Teilen der Stadt gibt es
offizielle NYC Visitor Information
Center. Die Hauptstelle ist in
Midtown (S. 421).

Tagesbudget

Budget:
bis 100 $
➡ Dormbett: 40–70 $
➡ Stück Pizza: ca. 4 $
➡ Taco vom Imbisswagen:
ab 3 $
➡ Bus- oder Subway-Fahrt: 3 $

Mittelklasse:
100–300 $
➡ Doppelzimmer im Mittel-
klassehotel: ab ca. 200 $
➡ Brunch für zwei im Mittel-
klasserestaurant: 70 $
➡ Abendessen für zwei im
Mittelklasselokal: 130 $
➡ Fachmännisch gemixter
Cocktail in einer Lounge:
14–19 $
➡ Ermäßigtes TKTS-Ticket für
eine Broadwayshow: 80 $

Gehoben:
über 300 $
➡ Luxuszimmer im NoMad
Hotel: 325–850 $
➡ Probiermenü im Nobel-
restaurant: 90–325 $
➡ 90-minütige Massage im
Great Jones Spa: 200 $
➡ Parkettplätze in der Metro-
politan Opera: 100–390 $

Vor der Reise

Zwei Monate vorher
Hotelzimmer so früh wie möglich reservieren – Frühbucher
kommen billiger weg. Tickets für
Broadway-Hits sichern.

Drei Wochen vorher
Spätestens jetzt einen Tisch im
gewünschten Spitzenrestaurant
reservieren.

Eine Woche vorher
Im Internet, auf Blogs und
Twitter aktuelle Infos über neu
eröffnete Restaurants, Bars und
Kunstausstellungen einholen.

Websites

NYC: The Official Guide (www.
nycgo.com) Das offizielle
Tourismusportal von New York

Explore Brooklyn (www.explore
bk.com) Veranstaltungen, Lokal-
tipps etc. speziell für Brooklyn

Free Williamsburg (www.free
williamsburg.com), **Brokelyn**
(www.brokelyn.com) und
Brooklyn Based (www.brooklyn
based.com) News und Events

New York Magazine (www.
nymag.com) Umfassende, aktuelle Infos zu Bars, Restaurants,
Unterhaltung und Shopping

New York Times (www.nytimes.
com) Lokalnachrichten und
Theaterprogramm

Lonely Planet (www.lonelyplan
et.com/usa/new-york-city)
Infos über die Stadt, Hotel-
reservierungen, Traveller-Forum
und mehr

REISEZEIT

Im Sommer kann es heiß werden, aber es finden auch viele Events statt; im Winter drohen Schneestürme. Frühjahr und Herbst sind die beste Zeit, um die Stadt zu erkunden.

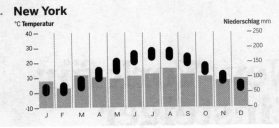

New York

°C Temperatur / Niederschlag mm

Ankunft in New York

John F. Kennedy International Airport Anschluss mit dem AirTrain (5 $) zur Subway (2,75 $ – 1 Std. bis Manhattan). Expressbusse zum Grand Central oder zur Port Authority kosten 18 $, Taxis pauschal 52 $ (zzgl. Maut, Trinkgeld und Rushhour-Aufschlag).

LaGuardia Airport Der nächstgelegene Flughafen zu Manhattan, aber mit öffentlichen Verkehrsmitteln am schwersten zu erreichen. Expressbus Q70 fährt von hier zur Subwaystation 74th St–Broadway. Der Expressbus nach Midtown kostet 15 $, Taxis 34–53 $ (plus Maut und Trinkgeld).

Newark Liberty International Airport Per AirTrain zum Bahnhof Newark Airport, dann mit dem Zug zur Penn Station (13 $). Ein Taxi kostet 60–80 $ (zzgl. 15 $ Maut und Trinkgeld). Fahrtzeit 45–60 Minuten.

Mehr zum Thema **Ankunft** ab S. 410

Unterwegs vor Ort

Infos zu öffentlichen Verkehrsmitteln wie Bussen und U-Bahn (Subway) bietet die Website der Metropolitan Transportation Authority (www.mta.info). Mit verstärkter Nutzung haben die Verzögerungen zugenommen.

Subway Billig, recht schnell und rund um die Uhr in Betrieb, wenn auch teils verwirrend. Mit einer MetroCard kostet die einfache Fahrt 2,75 $.

Bus Praktisch außerhalb der Stoßzeiten – besonders zwischen West- und Ost-Manhattan. Es gilt die MetroCard; gleiche Preise wie die Subway.

Taxi Grundgebühr 2,50 $, dann ca. 5 $ für 20 Häuserblocks. Siehe www.nyc.gov/taxi.

Fahrrad Dank dem beliebten Radleihsystem Citi Bike sind die meisten Teile von Manhattan gut zu erreichen.

Fähre Die New York City Ferry (www.ferry.nyc) bietet praktische Verbindungen zwischen Manhattan, Brooklyn und Queens.

Mehr zum Thema **Unterwegs vor Ort** ab S. 413

Schlafen

Grundsätzlich muss man sich auf hohe Preise und kleine Zimmer einstellen. Die Übernachtungspreise richten sich nicht unbedingt nach Haupt- und Nebensaison, sondern schwanken je nach Angebot und Nachfrage. Die Unterkünfte sind rasch ausgebucht – vor allem im Sommer. Das Angebot reicht von Nullachtfünfzehn-Zimmern bis zu stilvollen Boutiquehotels. Kein Viertel in Manhattan hat ein Monopol auf eine bestimmte Unterkunftsart; preiswerte Unterkünfte findet man in Brooklyn und Queens. Über die ganze Stadt verteilt gibt's einige B&Bs und Hostels.

Websites

newyorkhotels.com (www.newyorkhotels.com) Die Website der New Yorker Hotellerie

NYC (www.nycgo.com/hotels) Die Website des NYC Official Guide hat jede Menge Hoteladressen parat

Lonely Planet (www.lonelyplanet.com/usa/new-york-city/hotels) Hotelkritiken und Online-Reservierungsservice

Mehr zum Thema **Schlafen** ab S. 350

New York für Einsteiger

Mehr Infos unter Praktische Informationen (S. 417)

Checkliste

➡ Ist der Reisepass ab der Einreise noch mindestens sechs Monate gültig?

➡ Überprüfen, ob alle Voraussetzungen für die ESTA-Reisegenehmigung zur Einreise in die USA erfüllt sind.

➡ Über Gewichtsgrenzen für Fluggepäck informieren.

➡ Reiseversicherung abschließen.

➡ Die Hausbank/Kreditkartengesellschaft über die Reisepläne informieren.

➡ Tische in beliebten Restaurants, Veranstaltungstickets und Unterkünfte frühzeitig reservieren.

Ins Gepäck gehören

➡ Bequeme Wanderschuhe – New York lässt sich am besten zu Fuß erkunden.

➡ Ein schickes Outfit mit passenden Schuhen für elegante Restaurants und Bars

➡ Wer Medikamente einnehmen muss, sollte einen ausreichenden Vorrat für den Aufenthalt mitbringen.

➡ Reiseadapter für die USA

Top-Tipps

➡ MetroCards gelten für Subway, Busse, Fähren und die Seilbahn nach Roosevelt Island. Wer etwas länger bleibt, kauft am besten einen 7-Day Unlimited Pass (Wochenkarte für beliebig viele Fahrten).

➡ Auf den Subway-Strecken verkehren Lokal- und Expresszüge.

➡ Wenn das Nummernschild auf dem Taxidach leuchtet, ist es frei.

➡ Bei Angabe einer Adresse immer die nächste Querstraße mit angeben (z. B.: 700 Sixth Ave *at* 22nd St).

➡ Der TKTS-Schalter am Times Square (S. 188) verkauft am Vorstellungstag Tickets für Shows und Musicals zum halben Preis. Die Filialen im South Street Seaport (S. 63) und in Downtown Brooklyn (S. 47) bieten auch Matineetickets für den nächsten Tag an.

Richtig angezogen

In der schwül-heißen Sommerzeit ist leichte Kleidung tagsüber ausreichend: Shorts, T-Shirts, Sommerkleider. Für die besseren Restaurants und Bars aber wenigstens ein Abendkleid bzw. ein langärmliges Hemd, eine lange Hose und passende Schuhe mitbringen. Im Frühling oder Herbst ist der Zwiebellook ideal: lange Hosen, Jeans und wärmere Kleider, dazu T-Shirts, Hemden, Pullis, ein Blazer oder ein Jäckchen. Im Winter wird es kalt; dann braucht man Handschuhe, Schal, Mütze, eine warme, regendichte Jacke und Stiefel. In vielen Restaurants und Bars ist abends aber trotzdem Schick angesagt.

Aufgepasst!

New York ist eine der sichersten Städte der USA – 2017 fiel die Zahl der Morde auf ein Rekordtief von unter 300. Dennoch sollte man ein paar Sachen bedenken:

➡ Bei Dunkelheit in einsamen Gegenden nicht allein herumlaufen.

➡ Das Tagesbudget besser in einer Innentasche oder einer vorderen Hosentasche tragen als in der Hand- oder Gesäßtasche.

➡ An Orten mit viel Gedränge treiben Taschendiebe ihr Unwesen.

➡ In der Regel kann man nach Mitternacht zwar problemlos mit der Subway fahren, doch vielleicht nimmt man, besonders wenn man allein unterwegs ist, besser ein Taxi.

Geld

Geldautomaten gibt es überall. Hotels, Geschäfte und Restaurants akzeptieren meist Kreditkarten. Marktstände, Imbisswagen und manche Restaurants und Bars nehmen nur Bargeld. **Siehe auch S. 417.**

Steuern & Erstattungen

In Restaurants und Läden ist die Verkaufssteuer *(sales tax)* von 8,875 % nie mit eingerechnet. Auf diverse „Luxusgüter", u. a. auf Mietwagen, wird noch eine städtische Steuer von 5 % fällig, sodass man 13,875 % auf den Grundpreis draufrechnen muss. Bekleidung und Schuhe unter 110 $ sind steuerfrei. Bei Hotelzimmern werden 14,75 % Steuer berechnet und dazu noch eine „Belegungsgebühr" von 3,50 $ pro Nacht. Da es in den USA keine einheitliche Mehrwertsteuer gibt, können Besucher nicht „tax-free" einkaufen.

Trinkgeld

Trinkgelder sind ein Muss; nur bei wirklich schlechtem Service geht's auch ohne.

Bedienung im Restaurant 18–20 %, es sei denn, im Rechnungsbetrag ist schon ein Bedienungsentgelt inbegriffen.

Barkeeper 15–20 % pro Runde, mindestens 1 $ pro Getränk für Standardgetränke und 2 $ für aufwendigere Cocktails

Taxifahrer 10–15 %, aufgerundet auf den nächsten Dollar

Gepäckträger am Flughafen & im Hotel 2 $ pro Gepäckstück, mindestens 5 $ pro Gepäckwagen

Zimmermädchen 2–4 $ pro Nacht

Flatiron Building (S. 175)

GARY LATHAM / LONELY PLANET ©

Etikette

Höflichkeit Beim Betreten oder Verlassen eines Geschäfts, Cafés oder Restaurants in der Nähe befindliches Personal grüßen.

Begrüßung Beim ersten Treffen und beim Abschied Männern und Frauen die Hand geben. Freundinnen begrüßen sich per Wangenkuss.

Tabuthemen Zwar verachten die meisten New Yorker Donald Trump, doch die Themen Politik und Religion sollte man besser meiden.

Subway Vor dem Betreten der Subway Fahrgäste erst aussteigen lassen; nicht die Türen blockieren.

Trinkgeld In Restaurants und Bars ein Muss – nicht vergessen!

Unterwegs vor Ort

Mehr Infos unter Verkehrsmittel & -wege (S. 410)

Infos zu öffentlichen Verkehrsmitteln wie Bus und U-Bahn (Subway) bietet die Website der Metropolitan Transportation Authority (www.mta.info). Mit verstärkter Nutzung haben die Verzögerungen zugenommen.

Subway Preiswert, relativ effizient und rund um die Uhr in Betrieb, aber manchmal verwirrend. Die einfache Fahrt kostet mit der MetroCard 2,75 $.

Bus Außerhalb der Hauptverkehrszeiten praktisch – vor allem für Ost-West-Verbindungen in Manhattan. Die MetroCard gilt auch hier; Fahrpreis wie in der Subway.

Taxi Auf den Grundpreis von 2,50 $ kommen je 20 Häuserblocks ca. 5 $ dazu. Mehr Infos unter www.nyc.gov/taxi.

Fahrrad Dank dem beliebten Radleihsystem Citi Bike sind die meisten Teile von Manhattan gut zu erreichen.

Fähre Die New York City Ferry (www.ferry.nyc) bietet praktische Verbindungen zwischen Manhattan, Brooklyn und Queens.

Wichtige Begriffe

Boro Taxi Nördlich der 116th St in Manhattan und in den äußeren *boroughs* verkehren grüne Taxis, deren Fahrpreise denen der gelben entsprechen.

Car service Man kann telefonisch einen Fahrdienst (oft ein schwarzer Pkw) bestellen und sich abholen lassen – nützlich für Fahrten zum Flughafen und zurück oder für Fahrten in den äußeren Stadtbezirken, wo Taxis schwerer zu finden sind.

Citi Bike Die blauen Fahrräder gehören zum New Yorker Fahrrad-Leihsystem. Es gibt Hunderte von Stationen in der ganzen Stadt, an denen die Räder ausgeliehen werden können.

Express train/local train Express-Subwayzüge halten nur an wenigen Stationen, Lokalzüge an jeder Station. Um vom einen in den anderen umzusteigen, muss man oft auf die andere Seite des Bahnsteigs wechseln.

LIRR Die Long Island Rail Road eignet sich für schnelle Fahrten zum JFK und zum Strand.

MetroCard Die gelb-blaue Karte wird mit einem Guthaben aufgeladen und dann für jede Subway- oder Busfahrt durchs Lesegerät gezogen.

Uptown/Downtown Uptown heißt Richtung Norden (Upper East Side, Harlem usw.), Downtown Richtung Süden (SoHo, Lower Manhattan usw.).

Wichtige Linien

Mit Aussicht Mit der J, M oder Z über die Williamsburg Bridge oder der B, D, N oder Q über die Manhattan Bridge für tolle Ausblicke auf Manhattan. Außerdem gibt es noch die Roosevelt Island Tramway (Seilbahn; S. 198).

Nach Uptown Mit der Linie 4, 5 und 6 und der neuen Linie Q entlang der Second Ave zur Upper East Side, mit der B, C, 1, 2 und 3 zur Upper West Side.

Taxi-Etikette

➡ An der Straße nur Taxis heranwinken, deren Taxileuchte auf dem Dach eingeschaltet ist – wenn die Leuchte aus ist, ist das Taxi besetzt.

➡ Gut sichtbar an den Straßenrand stellen und den Arm raushalten.

➡ Im Taxi dem Fahrer das Ziel nennen (Taxifahrer dürfen Fahrten zu ihnen nicht genehmen Zielen nicht ablehnen).

➡ Am Ende der Fahrt bezahlen, entweder bar oder mit Kreditkarte (über einen Touchscreen im Fond des Fahrzeugs). Trinkgeld nicht vergessen (10–15 %)!

TOP-TIPPS

➡ Auf mit „Downtown" oder „Uptown" markierte Eingänge zu Subwaystationen achten! Manchmal gibt es für die beiden Richtungen unterschiedliche Eingänge (gewöhnlich auf der jeweils anderen Straßenseite).

➡ Die Route sorgfältig planen. Manchmal ist es besser, ein paar Blocks zu gehen, um zu einer schnelleren oder direkteren Verbindung zu gelangen.

➡ Für kürzere Trips kann man gut ein Citi Bike ausleihen.

Zeiten

➡ Die Rushhour dauert nie nur eine Stunde! Wochentags sind Züge und Busse von 8 bis 9.30 und 16.30 bis 18.30 Uhr nervig voll.

➡ Wer dennoch zu den Stoßzeiten unterwegs sein muss, sollte entsprechend längere Fahrzeiten einplanen (besonders zum/vom Flughafen).

➡ Unter der Woche kann es zwischen 16 und 17 Uhr schwierig sein, ein Taxi zu bekommen – dann ist bei vielen Fahrern Schichtwechsel. Und bei Regen kann es eine echte Herausforderung sein, ein Taxi aufzutreiben.

Etikette

➡ Die MetroCard bereit halten, bevor man durchs Drehkreuz geht. Die New Yorker haben die Kunst raus, die Sperren zu passieren, ohne auch nur den Schritt zu verlangsamen.

➡ Beim Einsteigen in die Subway zuerst die aussteigenden Fahrgäste rauslassen.

➡ Auf Rolltreppen: rechts stehen, links gehen!

➡ Im Fußgängerstrom auf dem Bürgersteig sollte man sich wie im Straßenverkehr verhalten – nicht plötzlich anhalten, sich dem allgemeinen Tempo anpassen und an die Seite treten, um den Stadtplan zu studieren oder den Regenschirm rauszukramen.

Tickets

➡ Die maschinenlesbare, gelb-blaue MetroCard (www.mta.info/metrocard) gilt für alle öffentlichen Verkehrsmittel in New York. Sie kann ganz einfach an Automaten in jeder Station erworben und aufgeladen werden. Für jede Subway- oder Busfahrt werden 2,75 $ vom Guthaben abgebucht.

➡ Die MetroCard (1 $) kann man auch an Schaltern in den Subwaystationen kaufen und mit Guthaben aufladen (für 20 $ gibt es z. B. acht Fahrten). Wer viel unterwegs sein wird, sollte sich für 31 $ einen 7-day Unlimited Pass (Wochenkarte mit unbegrenzten Fahrten) besorgen – praktisch für alle, die weit auseinanderliegende Orte der Stadt besuchen wollen.

➡ An Subwayschaltern kann man mit Kredit- und EC-Karte zahlen (an größeren Automaten auch bar). Wer Guthaben aufladen möchte, steckt seine Karte in den Automaten und folgt den Anweisungen (Tipp: Auf die Frage nach der Postleitzahl (zip) „99999" eingeben).

➡ Umsteigen von der Subway in einen Bus und umgekehrt ist kostenlos: Einfach die Karte durchs Lesegerät ziehen; es wird nichts abgebucht.

CITI BIKES

Wer ein Citi Bike benutzen möchte, kauft an einem Citi-Bike-Kiosk zunächst eine Zugangskarte für 24 Stunden oder drei Tage (12 $ bzw. 24 $ plus Steuern). Danach erhält man einen fünfstelligen Code zum Aufschließen des Fahrrads. Wer das Rad innerhalb von einer halben Stunde an einer beliebigen Leihstation wieder abgibt, braucht nichts weiter zu bezahlen. Um erneut ein Rad auszuleihen, die Kreditkarte wieder einführen (es wird nichts abgebucht) und den Anweisungen folgen. Während der 24-stündigen oder dreitägigen Leihfrist kann man beliebig oft Räder für eine halbe Stunde ausleihen.

Mehr zum Thema **Unterwegs vor Ort** ab S. 413 ➡

New York erleben

1. Tag

Upper West Side & Central Park (S. 239)

Der Vormittag ist für die grüne Augenweide des **Central Park** reserviert, der wie eine Oase zwischen den Wolkenkratzern ruht. Vom **Columbus Circle** geht es Richtung Nordosten an **Bethesda Fountain**, **Conservatory Water** und den **Strawberry Fields** auf der Westseite vorbei. Familien mit Kindern seien die Saurierskelette im **American Museum of Natural History** empfohlen und dann ab dem **Loeb Boathouse** eine Bootstour über den See.

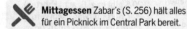 **Mittagessen** Zabar's (S. 256) hält alles für ein Picknick im Central Park bereit.

Midtown (S. 184)

Nun gilt es einige Architekturwunder der Stadt zu entdecken, wie **Grand Central Terminal**, **Chrysler Building**, **New York Public Library** und **Rockefeller Center**. Den krönenden Abschluss bildet ein Besuch im Lieblingsmuseum der Stadt: dem **Museum of Modern Art (MoMA)**.

 Abendessen Broadway-Besucher speisen vorher noch im ViceVersa (S. 208).

Midtown (S. 184)

Abends lockt das Lichtermeer des **Broadway** mit Kassenschlagern oder der deutlich progressiveren Bühnenkost von **Playwrights Horizon** oder **Signature Theatre**. Am **TKTS-Kiosk** kann man die übersprudelnde Atmosphäre des **Times Square** genießen. Als Absacker dann Cocktails im **Rum House** schlürfen und schließlich geht's hinauf zum **Top of the Rock**, um der Stadt „gute Nacht" zu sagen.

2. Tag

Upper East Side (S. 223)

Los geht's mit dem umwerfenden **Metropolitan Museum of Art** mit ägyptischen und römischen Sammlungen, europäischen Meistern und im Sommer einem Blick von der Dachterrasse auf den Central Park. Danach bietet die nahe **Neue Galerie** in einer Villa von 1914 deutsche und österreichische Kunst.

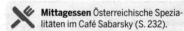 **Mittagessen** Österreichische Spezialitäten im Café Sabarsky (S. 232).

SoHo & Chinatown (S. 88)

Nachmittags laden in SoHo **Prince** und **Spring Street** zum Shoppen inmitten der Menschenmassen ein, die nach den Topmarken der Welt stöbern. In der **Mulberry Street** in Chinatown, nur ein paar Ecken weiter, fühlt man sich dagegen Lichtjahre entfernt vom Mainstream. Zwischen **buddhistischen Tempeln** gibt es hier Puddingtörtchen und Mandeleis zu kosten.

 Abendessen Köstliches aus Südeuropa im Boulud Sud (S. 250).

Upper West Side & Central Park (S. 239)

Fürs Abendessen vorm Theater bietet sich das **Boulud Sud** an, ein gefeiertes mediterranes Restaurant. Dann nichts wie ab zum **Lincoln Center**, zu einer Oper im **Metropolitan Opera House** oder einem Sinfoniekonzert in der **Avery Fisher Hall**. Anschließend lockt der fabelhaft originelle **Manhattan Cricket Club** mit Drinks (reservieren!).

3. Tag

Brooklyn (S. 275)

 Nach einer Fährfahrt hinüber nach Dumbo genießt man vom schönen neuen **Brooklyn Bridge Park** den prächtigen Ausblick auf Manhattan. Bei einem Bummel durch die Kopfsteinpflasterstraßen von Dumbo locken Buchhandlungen, Boutiquen und Cafés. Nicht versäumen sollte man das alte **Jane's Carousel** sowie noch mehr tolle Panoramen von der **Empire Fulton Ferry**.

> **Mittagessen** Das nette AlMar (S. 294) bietet preisgünstige Lunch-Specials.

Brooklyn (S. 275)

Weiter geht's zum **Brooklyn Museum** mit seinen faszinierenden Exponaten aus Afrika, Amerika und dem alten Ägypten; dazu kommen noch tolle Sonderausstellungen. Anschließend bietet sich ein Bummel durch den **Prospect Park** an; wer möchte, kann sich im stimmungsvollen neuen **Lakeside**-Komplex stärken.

> **Abendessen** Marlow & Sons (S. 304) steht für Brooklyns neue Gourmetszene.

Brooklyn (S. 275)

 Danach bringt einen ein „Boro Taxi" nach **Williamsburg** im Norden Brooklyns. Hier lockt das **Maison Premiere** mit Austern und feinen Cocktails. Von der Dachbar **The Ides** bietet sich ein grandioser Blick auf die Stadt. Den Abend ausklingen lassen kann man gegenüber im **Brooklyn Bowl** mit einer Runde Bowling und/oder einem groovigen Gig.

4. Tag

Lower Manhattan & Financial District (S. 62)

 Von der **Staten-Island-Fähre** kann man frühmorgens den Sonnenaufgang über den Wolkenkratzern von **Lower Manhattan** bewundern. Dann geht es himmelwärts, um den Wahnsinnsblick vom **One World Observatory** zu erleben. Anschließend steht ein Besuch des bewegenden **National September 11 Memorial and Museum** an.

> **Mittagessen** Gourmetsnacks im appetitanregenden Chelsea Market (S. 140).

West Village, Chelsea & Meatpacking District (S. 138)

Im Meatpacking District wartet das faszinierende neue **Whitney Museum of American Art**. Ganz in der Nähe führt eine Treppe hinauf auf die **High Line** zu einem Bummel über die üppig ergrünte frühere Hochbahntrasse. Unterwegs kann man Snacks, Kaffeepausen und aufregende Ausblicke über die Straßenlandschaft genießen.

> **Abendessen** Kreative asiatische Fusionskost im RedFarm (S. 155).

West Village, Chelsea & Meatpacking District (S. 138)

 Abends schlendert man durch die hübschen Straßen von Greenwich Village und lauscht dem Live-Jazz im **Mezzrow**, **Smalls** oder **Village Vanguard**. Danach schmecken Wein und Snacks im quirligen **Buvette**, bevor es weiter zum Tanzen ins **Cielo** geht, einen der besten kleinen Clubs der Stadt.

Wie wär's mit ...

Museen

Metropolitan Museum of Art
Das umfassendste Museum des
Kontinents verfügt über einen
ägyptischen Tempel. (S. 226)

MoMA Im beliebtesten Museum
der Stadt zeigen tolle Ausstellungen das Beste der modernen
Kunst aus aller Welt. (S. 191)

Guggenheim Museum Die
Qualität der Exponate variiert
ziemlich stark, aber die größte Attraktion ist ohnehin das Gebäude
von Frank Lloyd Wright. (S. 225)

**Whitney Museum of Ameri-
can Art** Avantgardistische
Gegenwartskunst und Werke
des 20. Jhs. In geraden Jahren
präsentiert die Whitney Biennial
junge US-Künstler. (S. 145)

Frick Collection Die Gilded-Age-
Villa bietet Vermeers, El Grecos,
Goyas und eine traumhafte
Springbrunnenanlage. (S. 230)

Cloisters Museum & Gardens
Zu den mittelalterlichen Schätzen
gehört auch die Tapisserie einer
Einhorn-Jagd aus dem 16. Jh.
(S. 266)

Brooklyn Museum Altägyptische
Schätze, überragende amerikanische Malerei und ein wegweisen-
des Zentrum für feministische
Kunst. (S. 280)

**Lower East Side Tenement
Museum** Bewegende Einblicke
in das Leben der Einwanderer im
19. und frühen 20. Jh. (S. 113)

Skyline-Panorama

Empire State Building Weite
Stadtblicke von der himmelho-
hen Aussichtsplattform dieses
Wahrzeichens. (S. 189)

Coney Island (S. 291)

Brooklyn Bridge Park Bietet Panoramablicke auf Downtown Manhattan und die Brooklyn und Manhattan Bridge. (S. 278)

Governors Island Ein grünes, autofreies Fleckchen im Hafen mit 1a-Aussicht auf Manhattan und die Freiheitsstatue. (S. 76)

Top of the Strand Statt die Wolkenkratzer von Midtown nur von fern anzustaunen, schlürft man hier seinen Drink oben auf dem Dach. (S. 210)

The Standard Hotel Ein sehenswertes Downtown-Panorama bietet sich auch von der Dachbar des sehr hippen Le Bain. (S. 162)

Brooklyn Heights Promenade Umwerfender Blick auf Manhattan. (S. 283)

Roosevelt Island Fluss- und Wolkenkratzerblicke von Louis Kahns Franklin D. Roosevelt Four Freedoms Park. (S. 200)

Cantor Roof Garden Bar Von Ende April bis Oktober lockt der Dachgarten des Met mit einer großartigen Aussicht. (S. 227)

East River State Park Schöner Blick auf Midtown von Williamsburg. (S. 290)

Geschichte

Ellis Island Das Tor zur Freiheit und zu neuen Möglichkeiten für unzählige Einwanderer. (S. 66)

Frick Collection Die Villa aus dem Gilded Age behauptet sich als Museum auf der Upper East Side. (S. 230)

Lower East Side Tenement Museum Eine spannende Führung durch eine alte Mietskaserne mit Originaleinrichtung bietet Einblick in das Leben der frühen Einwanderer. (S. 113)

Museum of Chinese in America Informiert über diese meist übersehene ethnische Gruppe in den USA. (S. 91)

Morgan Library & Museum Das einstige Wohnhaus des Industriellen J. P. Morgan bezaubert mit erlesenen Interieurs. (S. 199)

Morris-Jumel Mansion Museum Das älteste Haus von Manhattan in einem Mix aus georgianischer Architektur und Federal Style. (S. 267)

Historic Richmond Town In dem Dorf auf Staten Island mit dem ältesten Schulhaus der USA ist die Zeit stehen geblieben. (S. 75)

Gracie Mansion Der elegante Bau im Federal Style dient heute als Wohnsitz des Bürgermeisters. (S. 231)

Kostenloses

Central Park New Yorks berühmte Grünanlage. (S. 241)

High Line In 12 m Höhe bummeln und picknicken und tolle Ausblicke auf die Stadtlandschaft genießen. (S. 142)

Staten Island Ferry Die Fahrt von Lower Manhattan nach St. George auf Staten Island zählt zu den schönsten Gratisabenteuern der Stadt. (S. 414)

National Museum of the American Indian Zur Sammlung hier zählen wunderbare Kunstgewerbestücke, Textilien und Zeremonialobjekte. (S. 72)

David Zwirner Eine der besten Galerien in Chelsea. (S. 157)

Brooklyn Bridge Park Wunderschöner Park am East River mit atemberaubenden Ausblicken auf Lower Manhattan. (S. 278)

SummerStage Freiluftkonzerte im Central Park von Juni bis Anfang September. (S. 246)

American Folk Art Museum Ein Einblick in die Volkskunst, mit kostenloser Musik freitagabends. (S. 247)

Big Apple Greeters Kostenlose Führungen durch ein Viertel

Noch mehr Highlights:
➡ Essen (S. 39)
➡ Ausgehen & Nachtleben (S. 43)
➡ Unterhaltung (S. 46)
➡ Shoppen (S. 50)
➡ Sport & Aktivitäten (S. 53)
➡ LGBTQI (S. 56)

nach Wahl mit Einheimischen, die Besuchern ihre Ecken der Stadt zeigen. (S. 415)

National September 11 Memorial Eine nüchterne, bewegende Gedenkstätte. (S. 68)

Good Old New York

Coney Island Zum Besuch des Vergnügungsparks aus dem frühen 20. Jh. gehören die Hotdogs von Nathan's Famous unbedingt dazu. (S. 291)

Barney Greengrass Auch nach einem Jahrhundert serviert BG mit den besten geräucherten Fisch der Stadt. (S. 250)

Russian & Turkish Baths Dampfender Stressabbau in diesem 120 Jahre alten Klassiker im East Village. (S. 136)

Katz's Delicatessen Rauchfleischspezialitäten für Kenner. (S. 124)

Marie's Crisis Musicalmelodien und singende Gäste in legendärer Gay-Bar im West Village. (S. 161)

Zabar's Das Feinkostgeschäft verköstigt die Feinschmecker der Upper West Side schon seit den 1930er-Jahren. (S. 256)

McSorley's Old Ale House Hier haben schon Abraham Lincoln, Boss Tweed und Woody Guthrie das eine oder andere Gläschen gekippt. (S. 127)

Grünanlagen

Central Park Der berühmteste Park der Stadt mit über 340 ha Wiesen und Hügeln. (S. 241)

High Line Grünstreifen auf einer alten Hochbahntrasse mit Wildpflanzen und überraschenden Aussichtspunkten. (S. 142)

Prospect Park Brooklyns beliebtester Park für Picknicks und zum Joggen, Radeln und Spazierengehen. (S. 279)

Hudson River Park Manhattan wird immer grüner, auch dank diesem neuen Park auf seiner Westseite. (S. 146)

Brooklyn Bridge Park Der brandneue Park säumt das Ufer von Dumbo bis zum Ende der Atlantic Ave. (S. 278)

Green-Wood Cemetery Üppige Oase aus den 1830er-Jahren mit tollen Ausblicken und mäandernden Pfaden. (S. 284)

Brooklyn Botanic Garden Kirschblüte im Frühjahr, bunte Sommerblumen und feuriges Herbstlaub. (S. 287)

Die Nächte durchmachen

Smalls Stimmungsvoller Jazzclub im West Village mit Konzerten um 1 Uhr nachts. (S. 165)

Silvana Allabendliche Weltmusik-Sessions in Harlem, gefolgt von DJ-Partys. (S. 270)

IFC Center Mitternachtsvorstellungen mit Kultklassikern im West Village. (S. 166)

Chinatown Hinter den unaufdringlichen Fassaden winziger Chinalokale verstecken sich hier und da bis spätnachts geöffnete Lounges. (S. 103)

Rue B Der winzige Late-Night-Jazzschuppen im East Village ist ideal, um die Nacht ausklingen zu lassen. (S. 124)

Slipper Room Der freche Sündenpfuhl an der Lower East Side zeigt irre komische Varietéshows. (S. 129)

Employees Only Für den großen Hunger nach Mitternacht serviert diese Gastrobar im West Village bis nach 3 Uhr ein gutes Menü. (S. 159)

Veselka Wer um 4 Uhr morgens nach Wareniki (hausgemachten Teigtaschen) schmachtet, wird hier fündig. (S. 121)

Das gewisse Extra

Barneys Der Traum aller Modejüngerinnen – mit entsprechenden Preisen. (S. 219)

Dough Hier gibt's mit die besten Doughnuts der Welt. (S. 297)

Pegu Club Stylische, aber nicht hochnäsige Lounge mit tollem Ambiente – Cocktails kosten allerdings 15 $. (S. 105)

Brandy Library Stilles Refugium mit seltenem Armagnac. (S. 83)

Bowery Hotel Schicke Designer-Bleibe in Downtown mit luxuriösem Rundum-Verwöhn-Service. (S. 356)

Geheimtipps

Beauty & Essex Hinter einem Pfandleiher versteckte reizende Kneipe. (S. 129)

Bathtub Gin Kredenzt hinter der Blendwand einer bescheidenen Kaffeestube Retro-Cocktails im Prohibitionszeit-Ambiente. (S. 163)

Mulberry Project Eine unauffällige Treppe führt zu dem coolen Cocktaillabor der internationalen Inhaber und ihrer Freundes-/Kellnerriege. (S. 106)

Smith & Mills Hinter einer anonymen Tür genießen Insider ihre Drinks im urigen Industriechick des 20. Jhs. (S. 84)

Freemans Am Ende eines Gässchens schmaust eine treue Brunchgemeinde in rustikaler Umgebung. (S. 124)

Little Branch Feine Cocktails in einem scheinbar verlassenen Gebäude im West Village. (S. 160)

Apothéke Die Cocktail-Lounge in einer alten Apotheke versteckt sich tief im Herzen von Chinatown. (S. 105)

PDT Hinter einem Hotdogladen versteckte Bar; der Zugang ist durch die Telefonzelle. (S. 128)

Ziele abseits des Touristenrummels

Flushing Auf Gourmetsafari im Herzen von Queens die größte und tollste Chinatown von New York erkunden. (S. 332)

New York Botanical Garden Riesiger Garten in der Bronx mit 20 ha Wald und viktorianischem Gewächshaus. (S. 273)

Inwood Hill Park Diese herrliche Wildnis gehört noch zu Manhattan, fühlt sich aber überhaupt nicht so an. (S. 266)

Queens Museum Exzellente Exponate ohne das Tamtam und das Besuchergedränge mancher Museen in Manhattan. (S. 324)

Dyckman Farmhouse Museum Das letzte holländische Bauernhaus in Manhattan. (S. 266)

Red Hook Am Wasser in Brooklyn durch alte Kopfsteinpflasterstraßen bummeln und in Kneipen und Fischrestaurants einkehren. (S. 282)

Ditmas Park Nach einem Nachmittag voller schöner alter Häuser locken nette kleine Kneipen. (S. 288)

Monat für Monat

TOP-EVENTS

Tribeca Film Festival, April

Cherry Blossom Festival, April oder Mai

SummerStage, Juni bis August

Independence Day, Juli

Village Halloween Parade, Oktober

Januar

Nach dem Weihnachts- und Silvestertrubel macht sich winterliche Tristesse breit. Doch die New Yorker nutzen die frostigen Tage zum Schlittschuhlaufen unter freiem Himmel und für Skiausflüge in die Catskills.

🏊 New Year's Day Swim

Ganz Abgehärtete können das neue Jahr gemeinsam mit dem Coney Island Polar Bear Club mit einem Sprung in den eisigen Atlantik begrüßen (www. polarbearclub.org).

🏃 No Pants Subway Ride

Am zweiten Sonntag im Januar bringen rund 4000 New Yorker etwas Würze in den Alltag, indem sie die Subway ohne Beinkleider besteigen. Jeder kann mitmachen und es steigt normalerweise auch eine After-Party für die mutigen Teilnehmer/innen. Einzelheiten auf der Website.

☆ Winter Jazzfest

Das viertägige Musikfestival (www.winterjazzfest. com) Mitte Januar besteht aus über 100 Konzerten an fast einem Dutzend Spielstätten in der Stadt. Zentrum des Geschehens ist das West Village.

Februar

Mit Temperaturen unter Null ist der Februar eine gute Zeit, um sich in einer gemütlichen Bar aufzuwärmen.

🎎 Lunar (Chinese) New Year Festival

Eine der landesweit größten Feiern zum chinesischen Mondneujahr, meist Anfang Februar. Feuerwerk und tanzende Drachen locken Horden von Schaulustigen nach Chinatown.

🍴 Winter Restaurant Week

Die tatsächlich etwa drei-wöchige Winter Restaurant Week (www.nycgo.com/res taurant-week) versüßt Ende Januar/Anfang Februar das trübe Winterwetter mit Schlemmermahlzeiten zum Schnäppchenpreis bei einigen der besten Restaurants der Stadt. Ein Mittagessen mit drei Gängen kostet ca. 26 $, ein Abendessen 40 $.

März

Nach Monaten mit Frost und Wintermantel kündet ein gelegentlicher warmer Frühjahrstag von besseren Zeiten – jedoch oft gefolgt von einer Woche mit Temperaturen unter Null, da sich der Winter doch noch nicht verabschiedet.

◉ Armory Show

Bei New Yorks größter Messe für zeitgenössische Kunst (www.thearmory show.com) werden auf zwei Piers am Hudson die Werke von Tausenden Künstlern aus aller Welt ausgestellt.

🎎 St. Patrick's Day Parade

Aufgekratzte Menschenmassen mit Schlagseite von zu viel grünem Bier säumen am 17. März anlässlich der beliebten Parade mit Dudelsackpfeifern und Festwagen die Fifth Ave. Der Umzug, der 1762 zum ersten Mal stattfand, ist die älteste und größte der Stadt.

April

Der Frühling ist da: Optimistische Straßencafés stellen die ersten Stühle raus; an den Plätzen erblühen Tulpen und Bäume.

☆ Tribeca Film Festival

Das von Robert De Niro nach dem 11. September begründete Downtown-Filmfestival (S. 48) wurde rasch zum renommierten Spektakel der Independentfilm-Szene mit rund 150 Filmen an zehn Tagen.

Mai

Auf den launischen April folgt der Wonnemonat Mai mit farbenprächtiger Baumblüte in der ganzen Stadt. Das Wetter ist warm und mild, ohne die drückende Sommerschwüle.

🎎 Cherry Blossom Festival

Mit dem Kirschblütenfest (S. 288), das auf Japanisch *sakura matsuri* heißt, werden an einem Wochenende Ende April oder Anfang Mai die prächtigen Blüten der Kirschbäume im Brooklyn Botanic Garden begrüßt: Außer der tollen Blütenpracht gibt es ein Unterhaltungsprogramm und Erfrischungen.

🎎 Fleet Week

Ende Mai wirkt Manhattan eine Woche wie eine Filmkulisse der 1940er-Jahre: Grüppchen uniformierter Matrosen schwappen durch die Stadt, um einen draufzumachen. Dazu bietet sich die Chance, kostenlos Schiffe aus aller Herren Länder zu besichtigen.

🚴 TD Bank Five Boro Bike Tour

Der Monat der Pedalritter wartet mit Zweiradtouren, -partys und anderen Events auf. Höhepunkt ist die TD Bank Five Boro Bike Tour, bei der Tausende von Teilnehmern 42 Meilen (66 km) strampeln, größtenteils über Uferwege und für den Verkehr gesperrte Straßen.

Juni

Endlich ist richtig Sommer, und die Einheimischen tauchen aus ihren Bürozellen auf, um in den Grünanlagen zu relaxen. Paraden ziehen über die Hauptstraßen und in den Parks werden mobile Kinoleinwände aufgespannt.

☆ Bryant Park Summer Film Festival

Von Juni bis August werden im Bryant Park jeden Montag nach Sonnenuntergang kostenlos Hollywoodklassiker unter freiem Himmel gezeigt (S. 37). Früh da sein: Der Kinorasen wird um 17 Uhr geöffnet, ab 16 Uhr stehen die Leute Schlange.

🎎 Mermaid Parade

Die schräge Kostümparade zur Feier von Sand, Meer und Sommerbeginn wälzt sich am letzten Samstag des Monats nachmittags als Orgie von Glitter und Glamour über die Uferpromenade von Coney Island (S. 36). Jeder Kostümierte darf teilnehmen!

🎎 NYC Pride

Höhepunkt des Gay-Pride-Monats (www.nycpride.org) ist der fünfstündige Marsch auf der Fifth Ave am letzten Sonntag des Monats – ein Riesenspektakel mit Tänzern, Dragqueens, schwulen Polizisten, Ledertypen, lesbischen Fußballmamas und Vertreter/-innen jeder Szene unter dem Regenbogen.

🎎 Puerto Rican Day Parade

Am zweiten Juniwochenende versammeln sich bei der jährlichen Puerto Rican Day Parade schon seit knapp fünf Jahrzehnten Tausende fähnchenschwingende Feiernde. Der Umzug führt zwischen der 44th und 86th St die Fifth Ave entlang.

☆ River to River Festival

Zwölf Tage lang wird bei über 100 kostenlosen Veranstaltungen unter freiem Himmel in Parks in Lower Manhattan und auf Governors Island Theater, Musik, Tanz und Film geboten (S. 37).

SUMMERSTAGE

SummerStage (S. 246) im Central Park begeistert von Juni bis August mit einem meist kostenlosen Programm an Musik und Tanz. Django Django, Femi Kuti, Shuggie Otis und die Martha Graham Dance Company zählten zuletzt zu den Highlights. Für die Kleinen gibt es ein eigenes Kids-Programm.

(Oben) NYC-Pride-Umzug

(Unten) Drachen beim Umzug zum chinesischen Neujahr (S. 29)

Juli

Die Stadt brutzelt in der Sonne; die Einheimischen fliehen an die Strände von Long Island. New York selbst erlebt derweil einen Ansturm von Besuchern.

☆ Shakespeare in the Park

Das beliebte Programm ehrt den großen Dichter mit Gratisaufführungen im Central Park (S. 246). Der einzige Haken: Für die Tickets muss man stundenlang Schlange stehen oder sie in der Lotterie gewinnen. Die Karten werden ab mittags ausgegeben – spätestens um 10 Uhr da sein!

🎆 July Fourth Fireworks

Amerikas Unabhängigkeitstag wird am 4. Juli ab 21 Uhr mit einem Feuerwerk über dem East River gefeiert. Gute Aussichtspunkte sind die Uferpromenaden an der Lower East Side und in Williamsburg und alle hohen Dachterrassen und Fenster Richtung Osten in Manhattan.

September

Zum Labor Day (1. Montag im September) kehren die Sommerfrischler von Long Island zurück. Die schlimmste Hitze ist vorbei; die Arbeitshektik geht wieder los, aber auch der Veranstaltungskalender wird wieder voller.

☆ BAM's Next Wave Festival

Seit über 30 Jahren präsentiert die Brooklyn Academy of Music bei ihrem bis Dezember laufenden

Next Wave Festival (S. 311) Avantgarde-Theater, -Musik und -Tanz von Weltklasse.

☆ Electric Zoo

Dieses Elektronikmusikfestival (www.electriczoofestival.com) steigt am Labor-Day-Wochenende im Randall's Island Park. Zu den Topstars vergangener Jahre gehörten Moby, Afrojack, David Guetta und die Chemical Brothers.

☆ Feast of San Gennaro

Auf den engen Straßen von Little Italy wird Mitte September elf Tage lang mit italienischen Leckereien ausgelassen gefeiert. 2017 wurde das traditionelle Fest des hl. Gennaro (S. 94) zum 90. Mal begangen.

Oktober

Die Bäume prunken mit buntem Herbstlaub, es wird kühler und die Straßencafés schließen ihre Fenster. Neben dem Mai ist der Oktober einer der reizvollsten Monate für einen New-York-Besuch.

☆ Blessing of the Animals

Zum Festtag des hl. Franziskus am Monatsanfang schleppen Haustierhalter ihre Lieblinge – Pudel, Echsen, Papageien, Esel oder was auch immer – zur Cathedral Church of St. John the Divine, um sie beim Blessing of the Animals segnen zu lassen.

☆ Comic Con

Zu dieser jährlichen Versammlung der Comic-Nerds (www.newyorkcomiccon.com) kommen Anime-Fans aus Nah und Fern, um sich als ihre Lieblingsfiguren zu verkleiden und mit Gleichgesinnten zu feiern.

☉ Open House New York

Das landesweit größte Architektur- und Designevent (www.ohny.org) lädt zu Führungen, Vorträgen, Designworkshops, Atelierbesuchen und Performances in der ganzen Stadt ein.

☆ Village Halloween Parade

Zu Halloween kleiden sich die New Yorker in ihre wildesten Kostüme. Den tollsten Gruselspaß verspricht die Village Halloween Parade (S. 36) auf der Sixth Ave im West Village. Toll zum Zugucken und noch besser zum Mitmachen!

November

Die Blätter fallen; leichte Jacken werden durch Wolle ersetzt. Bevor es richtig winterlich wird, trabt noch schnell der große Marathon durch die Stadt und danach kommen die Familien zum Erntedank zusammen.

☆ New York City Marathon

Der Stadtmarathon (www.nycmarathon.org) in der ersten Novemberwoche lockt jährlich Tausende von Läufern aus aller Welt an und noch viel mehr begeisterte Zuschauer an, die sie vom Straßenrand anfeuern.

☆ New York Comedy Festival

Beim New York Comedy Festival (S. 47) erobern die Spaßvögel die Stadt mit Stand-up-Sessions, Impro-Abenden und Groß-

veranstaltungen, die von allerlei Lachprominenz moderiert werden.

☆ Rockefeller Center Christmas Tree Lighting

Die Adventszeit beginnt mit dem Knopfdruck, der die über 25 000 Lichter des gigantischen Christbaums am Rockefeller Center entzündet. An diesem inoffiziellen Mittelpunkt der New Yorker Weihnacht kommt man kaum vorbei!

☆ Thanksgiving Day Parade

Unter riesigen Heliumballons ziehen High-School-Kapellen die Straße hinab, während Millionen warm eingemummelter Zuschauer die weltberühmte, 4 km lange Parade bejubeln, die Macy's zu Thanksgiving (dem vierten Donnerstag im November) organisiert.

Dezember

Das Wetter ist grimmig, doch die Weihnachtsatmosphäre wärmt die Seele. Lichterketten zieren viele Fassaden und die Konsumtempel an der Fifth Ave wie auch Macy's schaffen in ihren Schaufenstern aufwendige Weihnachtswelten.

☆ New Year's Eve (Silvester)

Der Ort, um Silvester zu begrüßen, ist der Times Square, auf dem sich Millionen Menschen wie die Ölsardinen drängen, um bei Strömen von Alkohol und arktischen Temperaturen zuzusehen, wie die Kugel herabgelassen wird, und im Chor den Countdown mitzuzählen: „10…9…8…".

New York mit Kindern

New York wartet mit jeder Menge Aktivitäten für Kinder auf: Zum Herumtollen gibt's Spielplätze und Parks, dazu viele kinderfreundliche Museen und Sehenswürdigkeiten. Weitere Highlights sind Karussellfahrten, Puppentheater und Naschen auf den Märkten der Stadt.

Teetassenkarussell im Central Park (S. 241)

Attraktionen

Einige der New Yorker Top-Attraktionen sind auch für Kinder erste Sahne.

Tiere

New York besitzt mehrere Zoos. Der bei Weitem beste ist der Bronx Zoo (S. 273), der für seine tollen Gehege bekannt ist – besonders schön ist der Congo Gorilla Forest. Wer nicht so viel Zeit hat, geht in die Zoos im Central Park und Prospect Park.

Freiheitsstatue

Die Fährtour zur Freiheitsstatue (S. 65) bietet die Chance, im New York Harbor rumzuschippern und ein legendäres Wahrzeichen aus nächster Nähe zu bestaunen.

Blick von ganz oben

Ein Aufzug mit Glasdach fährt zum Aussichtsdecks Top of the Rock (S. 195), der phantastische Blicke über die Stadt bietet.

Coney Island

Hotdogs, Eiscreme, Achterbahnen: Coney Island (S. 291) ist das ideale Ziel für einen unkomplizierten Familienausflug.

Top-Museen

Nicht versäumen sollte man das American Museum of Natural History (S. 247) mit Dinosauriern, Meereswelt, Planetarium und IMAX-Filmen. Fast alle anderen großen Museen wie das Metropolitan Museum of Art (S. 226), das Museum of Modern Art (S. 191), das Guggenheim Museum (S. 225), das Museum of the City of New York (S. 231) und das Cooper-Hewitt National Design Museum (S. 230) haben Kinderprogramme, aber viele kleinere Museen sind für Kinder noch ansprechender gestaltet. Das Lower East Side Tenement Museum (S. 113) bietet eine interaktive Führung, bei der Kids einen „Einwanderer" vergangener Zeiten treffen können.

Für die Kleinsten

Knirpse von eins bis fünf amüsieren sich im Children's Museum of the Arts (S. 92) in West SoHo oder im Brooklyn Children's Museum (S. 288) in Crown Heights bei Kunstkursen und Märchen-, Bastel- und Malstunden.

RITU MANOJ JETHANI / SHUTTERSTOCK ©

Ab fünf

Größere Kids können im New York Transit Museum (S. 281) in historische U-Bahn-wagen klettern und im New York City Fire Museum (S. 92) die Rutschstange runter-schlittern. Das Museum of the Moving Image (S. 323) draußen in Astoria bietet Kindern interkative Exponate.

Top-Parks & -Spielplätze

Central Park

Knapp 325 ha Grünfläche, ein See zum Paddeln, ein Karussell, ein Zoo und eine große Statue von Alice im Wunderland. Der größte und beste der 21 Spielplätze im Park (S. 241) ist der Heckscher Play-ground nahe Seventh Ave und Central Park South.

Prospect Park

Der gut 230 ha große, hügelige Prospect Park (S. 279) in Brooklyn bietet reichlich Amüsement für Kinder, u. a. mit einem Zoo, mehreren Spielplätzen, Spielsachen im Lefferts Historic House und einer Eislaufbahn, die sich im Sommer in eine Rollschuhbahn und ein Planschbe-cken verwandelt. Beim LeFrank Center at Lakeside stehen im Park Tretboote und Kajaks für Brooklyns einzigen See und verschiedene Kinderfahrräder zur Verfügung.

Brooklyn Bridge Park

Nach der Erkundung der schönen neuen Spielplätze des Parks kann man auf Pier 6 im Wasser herumplanschen und bei Fornino (S. 295) am Wasser Pizza ver-drücken. Pier 2 wartet mit Shuffleboard- und Bocciaplätzen sowie einer Rollschuh-bahn auf, die im Winter zur Eislaufbahn mutiert.

Hudson River Park

Der Park (S. 146) auf der Westseite von Manhattan beglückt Kinder u. a. mit Mini-golf in der Nähe der Moore St (Tribeca), einem tollen Spielplatz bei der West St (West Village), einem Karussell abseits der W 22nd St, Wasserfreuden an der Ecke W 23rd & Eleventh Ave und einem Wissen-schafts-Spielbereich bei der W 44th St.

High Line

Die erhöhte Grünanlage (S. 142) bietet Imbissstände, Wasserspiele zum Planschen und tolle Ausblicke sowie bei gutem Wetter Veranstaltungen für Kinder wie Geschich-tenerzählen, naturwissenschaftliche und handwerkliche Projekte und kulinarische Späße. Näheres auf der Website (www.thehighline.org/activities/family_programs).

Riverside Park

Der Radweg im Riverside Park (S. 246) auf der Upper West Side eröffnet Blicke auf den Hudson. Gut für eine Pause sind der River Run Playground (Höhe W 83rd St) und der originelle Hippo Playground (Höhe W 91st St).

Fürs Kids & ihre Eltern

Die New Yorker Märkte sind wahre Para-diese für Naschkatzen, besonders der Smorgasburg (S. 301): Hier gibt's alles von Eis am Stil, Doughnuts und Pickles bis zu Tacos und Schweinefleisch-Sandwiches. Auch der Chelsea Market (S. 140) wartet mit zahlreichen Verlockungen auf – hier kann man sich wunderbar für ein Picknick am Hudson eindecken.

Kindertheater

Das winzige Puppentheater Puppetworks (S. 313) in Park Slope in Brooklyn bietet am Wochenende unterhaltsame Vorstellungen.

Gut zu wissen

Kindersitze Kinder bis sieben Jahre können im Taxi auf dem Schoß eines Erwachsenen sitzen oder man benutzt den selbst mitgebrachten Kindersitz. App-Taxis stellen vielleicht Kindersitze zur Verfügung.

Babysitter Zu buchen über die Baby Sitters' Guild (www.babysittersguild.com).

Infos Bei Time Out New York Kids (www.timeout.com/new-york-kids) und Mommy Poppins (www.mommypoppins.com).

Subway Kinder bis zu einer Größe von 110 cm fahren umsonst mit.

Wie die Einheimischen

Um das Nachtleben, die Gastronomie und das Kulturangebot auszukosten, haben die New Yorker ihre ganz eigenen Strategien entwickelt. Vom ausgiebigen Wochenendbrunch bis zu gemütlichen Frühlingstagen im Park bieten sich zahlreiche Möglichkeiten, es den Einheimischen gleichzutun.

Wollman Skating Rink (S. 258)

Dos & Don'ts: Auf der Straße

➡ Ein Taxi nur heranwinken, wenn die Dachleuchte an ist – sonst Arm runter!

➡ Nicht auf die „Walk"-Anzeige der Fußgängerampel warten, sondern einfach über die Straße gehen, wenn sich eine Lücke im Verkehr auftut.

➡ Im Fußgängerstrom auf dem Bürgersteig sollte man sich wie im Straßenverkehr verhalten – nicht plötzlich anhalten, sich dem allgemeinen Tempo anpassen und an die Seite treten, um den Stadtplan zu studieren. Die meisten New Yorker rücken einem nicht auf die Pelle, aber wer ihnen in die Quere kommt, wird gnadenlos angerempelt.

➡ Beim Besteigen der Subway zuerst die aussteigenden Fahrgäste rauslassen und dann höflich, aber energisch reindrängeln.

➡ Und übrigens wird die Houston Street „Housten" und nicht „Juh-sten" ausgesprochen.

Essen & Trinken
Die Brunchkultur

Der Brunch ist ein nicht wegzudenkender Grundpfeiler der New Yorker Gesellschaft, so etwas Ähnliches wie der Nachmittagstee der britischen Königsfamilie. Gewöhnlich wird er am Wochenende zwischen 11 und 16 Uhr zelebriert – wenn auch einige Lokale, vor allem in Brooklyn, inzwischen jeden Tag Brunch anbieten. Dieses Mahl gibt Freunden Gelegenheit, bei allerlei Gerichten aus Frühstückszutaten und einem wahllosen Mix aus Cocktails und Kaffee die Ereignisse der Woche und die Eskapaden des Wochenendes zu bequatschen.

Das Wochenende ist für Amateure

Am Wochenende, wenn die Landeier in die Stadt drängen, meiden die New Yorker die großen Clubs, vollen Bars und auch bestimmte Viertel wie das East Village und die Lower East Side. Deshalb können auch Abende unter der Woche tolle Ausgehabende sein – dann ist es nicht so voll, die Obengenannten sitzen brav zu Hause und es sind eher die kreativen Typen unterwegs, die nicht unbedingt geregelten Arbeitszeiten unterliegen. Und außerdem locken Happy-Hour- und Wochenanfangs-Deals.

Kneipenkost

In vielen besseren New Yorker Bars verschwimmt die Grenze zwischen Kneipe und Restaurant. Wer an der Theke hockend in die Karte blickt, findet darin oft ein tolles Angebot an Speisen wie Austern, kleinen Tellern, die man sich zu mehreren teilt (mit Jakobsmuscheln, Mini-Sandwiches, Trüffelöl-Pommes), Käse- und Aufschnittplatten und auch sonst allem Möglichen bis zum Lammkarree. Wer etwas zu essen sucht, muss also nicht unbedingt ein Restaurant ansteuern, sondern kann auch in einem Gastropub lecker satt werden.

Mitmachen

Bei Festumzügen mitgehen ist viel spannender, als bloß zuzuschauen! Und es gibt reichlich Action, bei der man mitmischen kann, z. B. wild kostümiert bei der **Village Halloween Parade** (www.halloween-nyc. com; Sixth Ave, Spring St bis 16th St; ☉31. Okt. 19–23 Uhr) oder der sommerlichen **Mermaid Parade** (www.coneyisland.com; ☉Ende Juni) in Coney Island. Oder man rennt bei einem Stadtlauf mit – die New York Road Runners organisieren Dutzende im Jahr. Bei Brooklyn Boulders (S. 317) oder Cliffs (S. 337) in Queens kann man Felsklettern lernen. Wer ein Gedicht zum Besten geben möchte, kann das am Open-Mic-Abend des Nuyorican Poets Café (S. 130) tun; für Musiker gibt es ein Open-Mic im Sidewalk Café (S. 131). Die Brooklyn Brainery (S. 317) bietet Abend- und Wochenendkurse zu allen möglichen Themen. Ob Schach, Hip-Hop, Zeichnen, Architektur oder Bierbrauen – in New York gibt es alles und jedes und auch stets jede Menge Gleichgesinnte.

New Yorkers Twitteraten

Unsere Lieblings-Twitteraten sind eine prima Quelle für die aktuellsten „Geheimtipps" der Stadt:

Everything NYC (@EverythingNYC) Immer auf der Suche nach den besten Sehenswürdigkeiten, Aktivitäten und Esstipps im Big Apple.

Pete Wells (@pete_wells) Restaurantkritiker der *New York Times*.

New Yorker (@NewYorker) Aufschlussreiche Kommentare zu Politik und Kultur.

Guest of a Guest (@guestofaguest) Insiderinfos über die Party-, Society- und Modeszene.

Gothamist (@gothamist) Neues und Kurioses.

Hyperallergic (@Hyperallergic) Tweets vom liebsten Kunst-Blogazine der New Yorker.

Colson Whitehead (@colsonwhitehead) Manhattaner Schriftsteller und *New-Yorker*-Autor.

Paul Goldberger (@paulgoldberger) Pulitzerpreisträger und Architekturkritiker.

Tom Colicchio (@tomcolicchio) Starkoch und Betreiber des beliebten Craft-Franchise.

Sam Sifton (@samsifton) Gastroredakteur bei der *New York Times*.

Saisonale Aktivitäten

Winter

Selbst trübes Winterwetter hat seinen Reiz: Stichwort „Eislaufen"! Ab November oder Dezember liefern die Eisbahnen der Stadt eine gute Ausrede für den wärmenden Drink in einer gemütlichen Bar danach. Die Einheimischen meiden das touristische Rockefeller Center und den Bryant Park und steuern den Central Park, Prospect Park oder Riverbank State Park an.

Frühling

Die frischen Knospen in den Parks locken zu Frühlingspicknicks, Spaziergängen in der Sonne und faulem Herumlungern auf den Wiesen. Die schönste Blütenpracht bieten der New York Botanical Garden und der Brooklyn Botanic Garden. Die Brooklyner freuen sich jedes Jahr auf das Kirschblütenfest in ihrem Park.

Sommer

Die Zeit der kostenlosen Veranstaltungen unter freiem Himmel: Filmvorführungen im Bryant Park, Straßenfeste in der ganzen Stadt und Konzerte im Central Park, Hudson River Park, Prospect Park und in anderen Grünanlagen der Stadt.

Herbst

Im Herbst läuft das Kulturprogramm wieder auf vollen Touren: Die Theater und Konzertsäle läuten ihre neue Spielzeit ein und die Galerien warten mit neuen Ausstellungen auf – die Vernissagen finden meist donnerstags statt.

New York gratis

New York ist kein Billigreiseziel. Doch es gibt viele Möglichkeiten, seine Schätze zu erkunden, ohne einen Cent loszuwerden: kostenlose Konzert-, Theater- und Filmvorstellungen, Abende, an denen in Top-Museen jeder zahlt, was er möchte, Stadtfeste und Grünanlagen ohne Ende.

KAMIRA / SHUTTERSTOCK ©

30 Bryant Park Summer Film Festival

Livemusik, Theater & Tanz

Im Sommer gibt es überall in der Stadt kostenlose Events. Von Juni bis Anfang September bietet SummerStage (S. 246) über 100 kostenlose Veranstaltungen in 17 Grünanlagen der Stadt, u. a. im Central Park. Wer Gratis-Tickets für Shakespeare in the Park (S. 246; auch im Central Park) ergattern will, muss sehr geduldig sein – aber es lohnt sich! Hier sind schon Berühmtheiten wie Meryl Streep und Al Pacino aufgetreten. Der Prospect Park wartet mit einem eigenen Sommerprogramm auf: Celebrate Brooklyn (S. 284).

Kostenlose Filmvorführungen und andere Events verspricht auch das **River to River Festival** (www.rivertorivernyc.com; ☺Juni) im Hudson River Park in Manhattan und im **Brooklyn Bridge Park** (www.brooklynbridgepark.org; ☺Mai–Okt.). Noch ein sommerliches Bonbon für Filmfans sind die montäglichen Gratis-Filmabende des **HBO Bryant Park Summer Film Festival** (www.bryantpark.org; ☺Mitte Juni–Aug.).

Einige Locations bieten das ganze Jahr Gratismusik. Das BAMcafé (S. 311) in Brooklyn veranstaltet freitag- oder samstagabends manchmal Gratis-Konzerte (Weltmusik, R&B, Jazz, Rock). In Harlem lädt Marjorie Eliot (S. 272) sonntags zu kostenlosen Jazz-Sessions zu sich nach Hause.

Museen
Immer umsonst
➡ High Line (S. 142)
➡ National September 11 Memorial (S. 68)
➡ National Museum of the American Indian (S. 72)
➡ Museum at FIT (S. 205)
➡ Hamilton Grange (S. 265)
➡ American Folk Art Museum (S. 247)
➡ Nicholas Roerich Museum (S. 247)

Eintritt gegen Spende
➡ American Museum of Natural History (S. 247)
➡ Brooklyn Museum (S. 280)
➡ Museum of the City of New York (S. 231)
➡ Brooklyn Historical Society (S. 281)

An bestimmten Tagen gratis oder gegen beliebige Spende

➡ MoMA (S. 191) – Fr 16–21 Uhr

➡ Guggenheim Museum (S. 225) – Sa 17.45–19.45 Uhr

➡ Whitney Museum of American Art (S. 145) – Fr 19–22 Uhr

➡ Neue Galerie (S. 230) – 1. Fr im Monat 18–20 Uhr

➡ Frick Collection (S. 236) – Mi 14–18 & 1. Fr im Monat 18–21 Uhr

➡ New Museum of Contemporary Art (S. 114) – Do 19–21 Uhr

➡ New-York Historical Society (S. 246) – Fr 18–20 Uhr

➡ Jewish Museum (S. 230) – Do & Sa 17–20 Uhr

➡ Rubin Museum of Art (S. 147) – Fr 18–22 Uhr

➡ Asia Society & Museum (S. 231) – Sept.–Juni Fr 18–21 Uhr

➡ Japan Society (S. 199) – Fr 18–21 Uhr

➡ MoMA PS1 (S. 320) – Gratis mit MoMA-Ticket

➡ National September 11 Memorial Museum (S. 68) – Di 17–20 Uhr

Gut zu wissen

Gute Websites für die Suche nach kostenlosen oder ermäßigten Events in New York sind Club Free Time (www.clubfreetime.com) und The Skint (www.theskint.com), mit Verzeichnissen kostenloser Touren, Konzerte, Vorträge, Vernissagen, Lesungen usw.

Zu Wasser

Von der kostenlosen Staten Island Ferry (S. 414) bieten sich umwerfende Ausblicke auf die Freiheitsstatue und wer möchte, kann sich dazu ein Bierchen gönnen. Nicht gratis, aber mit 2,75 $ spottbillig ist die NYC Ferry (www.ferry.nyc) von Lower Manhattan nach Brooklyn, Queens oder bis raus nach Rockaway – eine tolle Alternative zur Subway. Von Mai bis Oktober verkehrt außerdem eine Fähre (im Sommer am Wochenende morgens kostenlos, sonst 2 $) zur autofreien Oase Governors Island (S. 76).

Abenteuerlustige können im Hudson River Park, im Brooklyn Bridge Park oder in Red Hook (S. 317) kostenlos Kajaks leihen.

Fernsehaufzeichnungen

Einige der beliebtesten Fernsehshows (S. 215) der USA werden in New York aufgezeichnet. Für *The Late Show with Stephen Colbert*, *The Daily Show with Trevor Noah* und *The Tonight Show Starring Jimmy Fallon* sind kostenlose Karten erhältlich. Plätze online reservieren!

Stadtrundgänge

Eine tolle Art, New York zu entdecken, sind Spaziergänge mit Einheimischen. Big Apple Greeter (S. 415) bietet sehr empfehlenswerte kostenlose Führungen mit echten New Yorkern.

WLAN

Wer unterwegs ins Internet will, findet in öffentlichen Parks wie der High Line sowie dem Bryant Park, Battery Park, Tompkins Square Park und Union Square Park kostenlosen WLAN-Zugang. Die meisten Cafés und viele Restaurants bieten ebenfalls Gratis-WLAN.

ONNES / GETTY IMAGES ©

Gansevoort Market (S. 149)

Essen

Von spannenden Neuinterpretationen internationaler Gerichte bis zu ur-
typischen Lokalspezialitäten ist die New Yorker Gastroszene grenzenlos, all-
umfassend und ein stolzes Spiegelbild des bunten Kaleidoskops von Erden-
bürgern, die diese Stadt ihr Zuhause nennen. Auch wenn man nicht als
Supergourmet die neuesten Läden der Promiköche ansteuert: Das nächste
tolle Mahl wartet stets gleich um die Ecke.

Markt-Wirtschaft

Inmitten der New Yorker Betonwüste ge-
deiht eine vielfältige Grünzeugszene mit
zahlreichen Märkten jeder Art und Größe.
Ganz oben auf der Liste steht der Chelsea
Market (S. 140) mit Köstlichkeiten für jeden
Geschmack – hier kann man sich sowohl mit
Proviant für ein Picknick eindecken als auch
direkt vor Ort schlemmen. In den letzten Jahren wurden viele neue Markthallen eröffnet
wie der Gansevoort Market (S. 149) im Meatpacking District und drei Gastrohallen im
Brookfield Place (S. 81) in Lower Manhattan.
Auf der anderen Seite des East River gibt's

die nagelneue DeKalb Market Hall (S. 294) in
Downtown Brooklyn und die kleine Gastrohalle Berg'n (S. 300) in Crown Heights.

Viele Viertel haben ihren eigenen Lebensmittelmarkt. Einer der größten ist der Union
Square Greenmarket (S. 182), der ganzjährig
an vier Tagen der Woche stattfindet. Ein Verzeichnis der über 50 Märkte der Stadt bietet
Grow NYC (www.grownyc.org/greenmarket).

In Brooklyn sind die besten Wochenend-
märkte für Vor-Ort-Nascher Smorgasburg
(S. 301) mit über 100 Schlemmerständen und
der Brooklyn Flea Market (S. 315) mit mehreren Dutzend Essständen.

GUT ZU WISSEN

Öffnungszeiten

Die Essenszeiten sind fließend, da die New Yorker ihrem eigenen Rhythmus folgen: Frühstück gibt's von 7 bis 12, Mittagessen von 11.30 bis 15 und Abendessen von 17 bis 23 Uhr. Der beliebte Wochenend-brunch dauert von 11 bis 16 Uhr.

Preiskategorien

Die Preissymbole gelten für ein Haupt-gericht ohne Steuern und Trinkgeld:

$ unter 15 $

$$ 15–25 $

$$$ über 25 $

Trinkgeld

Die New Yorker geben 18–20 % der Rech-nungssumme als Trinkgeld. Bei Takeaways ist es üblich, ein paar Dollar in die Trinkgeld-schale auf der Theke zu tun.

Reservierungen

Beliebte Restaurants nehmen Reservie-rungen an – dann muss man u. U. sehr lange vorausbuchen – oder vergeben ihre Tische an den, der zuerst kommt – dann sollte man da sein, wenn sie öffnen, und halt früh essen. Über Apps wie Open Table und Resy erwischt man vielleicht noch in letzter Minute einen freien Tisch.

Websites & Blogs

Yelp (www.yelp.com) Infos und Erfah-rungsberichte von Lokalbesuchern

Open Table (www.opentable.com) Reser-vierungsdienst für viele Restaurants

Tasting Table (www.tastingtable.com) Nützliche News über tolle Lokale

Eater (https://ny.eater.com) Kulinarische News und Restaurantberichte

Serious Eats (http://newyork.serious eats.com) Restaurantklatsch und Artikel zur kulinarischen Szene

Grub Street (www.grubstreet.com) Insiderberichte über die New Yorker Gastronomie

Restaurant Girl (www.restaurantgirl. com) Eine bloggende Restaurantkritike-rin schnabuliert sich durch die Stadt.

Eating My NYC (https://eatingmy nyc.com) Einheimischer New Yorker Essensguru

Auch sehr beliebt sind große Feinkost-märkte wie Eataly (S. 177) und Dean & De-Luca (S. 105) mit erstklassigem Angebot an Lebensmitteln und verzehrfertigen Speisen. Ein weiteres Highlight ist Whole Foods, be-sonders die umweltfreundlich und regional ausgerichtete Filiale in Brooklyn (S. 299).

Außerdem soll Kochshow-Moderator An-thony Bourdain demnächst eine Markthalle mit über 100 Ständen eröffnen.

Touren & Kurse

Am besten lernt man die Gastroszene ken-nen, indem man an kulinarischen Touren oder Kochkursen teilnimmt, die kundige Einheimische anbieten. Einige Top-Tipps:

Institute of Culinary Education (S. 86) Die größte Kochschule der USA bietet erstklasse Kochkurse und Schlemmertouren.

Urban Oyster (www.urbanoyster.com) Ausge-zeichnete kulinarische Thementouren, haupt-sächlich in Lower Manhattan und Brooklyn.

Scott's Pizza Tours (S. 296) Schräg und immer wieder spaßig weiht Scott Außenseiter in die Geheimnisse der New Yorker Pizzakultur ein.

Nosh Walks (S. 416) Myra Alperson bietet weit gefächerte kulinarische Touren zur vielfältigen Ethno-Küche New Yorks.

Pizza A Casa (www.pizzaacasa.com) Die beliebte Pizzaschule auf der Lower East Side widmet sich dem Ausrollen und Belegen der Teigfladen.

Chopsticks & Marrow (www.chopsticksand marrow.com) Toller Gastroblog von Joe Di-Stefano aus Queens, der auch Touren anbietet.

League of Kitchens (www.leagueofkitchens.com) Zugewanderte geben Kochunterricht in ihren eigenen Küchen in Brooklyn und Queens.

Vegetarier & Veganer

Lange war die hiesige Fleischverächter-szene nur ein müder Abklatsch der Vegeta-rierparadiese an der Westküste und wurde von ernsthaften Gourmets bloß belächelt, doch die Schar der Bekehrten wächst. Das ist nicht nur der Lokavoren-Bewegung zu verdanken, sondern auch den neuen Lo-kalen, die Skeptiker mit coolem Ambiente sowie Weinen, Spirituosen und Desserts der Spitzenklasse umschmeicheln. Das absolute Highlight ist das Nix (S. 153), ein wunder-bar kreatives vegetarisches Restaurant, das sich hymnische Kritiken und einen Miche-lin-Stern erkocht hat. Selbst fleischlastige Vier-Sterne-Tempel huldigen der feinen Gemüseküche. Das Café Boulud (S. 233)

Essen nach Stadtviertel

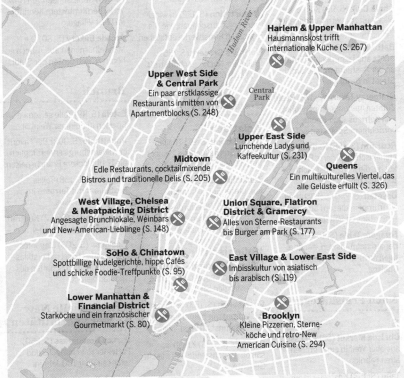

Harlem & Upper Manhattan
Hausmannskost trifft internationale Küche (S. 267)

Upper West Side & Central Park
Ein paar erstklassige Restaurants inmitten von Apartmentblocks (S. 248)

Central Park

Upper East Side
Lunchende Ladys und Kaffeekultur (S. 231)

Queens
Ein multikulturelles Viertel, das alle Gelüste erfüllt (S. 326)

Midtown
Edle Restaurants, cocktailmixende Bistros und traditionelle Delis (S. 205)

West Village, Chelsea & Meatpacking District
Angesagte Brunchlokale, Weinbars und New-American-Lieblinge (S. 148)

Union Square, Flatiron District & Gramercy
Alles von Sterne-Restaurants bis Burger am Park (S. 177)

SoHo & Chinatown
Spottbillige Nudelgerichte, hippe Cafés und schicke Foodie-Treffpunkte (S. 95)

East Village & Lower East Side
Imbisskultur von asiatisch bis arabisch (S. 119)

Lower Manhattan & Financial District
Starköche und ein französischer Gourmetmarkt (S. 80)

Brooklyn
Kleine Pizzerien, Sterneköche und retro-New American Cuisine (S. 294)

Hudson River

---

offeriert unter der Rubrik *le potager* marktfrisches Edelgemüse und Dovetail (S. 250) tischt montagabends ein vegetarisches Schlemmermahl zum Festpreis auf.

Auch Veganer können sich freuen: Es gibt in New York immer mehr Garanten für Genuss ohne schlechtes Gewissen. Zu den Top-Tipps gehören Modern Love (S. 302) in Williamsburg mit veganer Hausmannskost und das elegante Blossom (S. 158) mit Filialen u. a. in Chelsea. Andere Highlights sind das Candle Cafe (S. 233) mit mehreren Filialen in der Stadt und das Soulfood-Juwel Seasoned Vegan (S. 268) in Harlem.

Imbisswagen & -karren

Die Imbisskarren mit Bagels und Hotdogs kann man getrost ignorieren, denn inzwischen mischen neue Imbisswagen die Essen-auf-Rädern-Kultur mit Gourmetsnacks und origineller Fusionskost auf. Sie befahren verschiedene Routen und halten an ausgewiesenen Stellen vor allem rund um den Union Square, in Midtown und im Financial District. Wer ein bestimmtes Snackmobil sucht, folgt der Szene am besten auf Twitter. Einige unserer Favoriten:

Mad Sq Eats (S. 177) Ein echtes Schlemmerfest am Rand des Madison Square Park

Kimchi Taco (www.twitter.com/kimchitruck) Appetitliche Kreationen aus koreanischem Rindfleisch, in Tacos serviert

Calexico Cart (www.calexico.net/locations) Herzhafte Burritos, Tacos und Quesadillas

MysttikMasaala (www.facebook.com/Mysttik Masaala) Schmackhafte indische Küche an drei wechselnden Locations

King Souvlaki (S. 329) Die tollen griechischen Imbissspeisen lohnen den Abstecher nach Astoria.

Cool Haus (https://cool.haus/foodtrucks) Großartige Eiscreme-Sandwiches und andere Leckereien

Top-Tipps

Chefs Club (S. 99) Köche aus aller Welt zaubern wundervolle Speisen.

Battersby (S. 297) Geniale Gerichte aus farmfrischen Zutaten an der Restaurantmeile Smith Street in Brooklyn.

Gramercy Tavern (S. 178) Beste Zutaten, gehobene Kochkunst – in betriebsamer Kneipe oder vornehmem Speisetempel.

RedFarm (S. 155) Raffinierte chinesisch inspirierte Fusionsküche, die sich selbst nicht todernst nimmt.

Dovetail (S. 250) Schlichtheit ist Trumpf in diesem Superlokal – montags ist Vegetariertreff.

Foragers Table (S. 158) Ein Fest der aromaintensiven, nachhaltigen *farm-to-table*-Küche in Chelsea.

Nach Preiskategorie

$

Chelsea Market (S. 140) Essen aus aller Welt in einer großen alten Fabrik.

Taïm (S. 153) Köstliche Falafel.

Mamoun's (S. 120) Berühmte würzige Schawarma-Sandwiches zu Niedrigstpreisen.

Golden Shopping Mall (S. 332) Essen aus Asien in Queens.

$$

Upstate (S. 121) Seafood-Schlemmerlokal im East Village.

Babu Ji (S. 154) Indisches Streetfood in frechem Restaurant beim Union Square.

$$$

Eleven Madison Park (S. 178) Unwiderstehliche Avantgardeküche mit launigen Extras.

Blue Hill (S. 347) Das Traditionslokal im West Village bezieht seine Zutaten direkt von einer Farm im New York State.

Degustation (S. 122) In winzigem Lokal zuschauen, wie die essbaren Kunstwerke entstehen.

Jeffrey's Grocery (S. 155) Beliebter Nachbarschaftstreff im West Village.

Nach Küche

Asiatisch

Uncle Boons (S. 97) Thailändische Sterneküche mit einer guten Prise Spaß in Nolita.

Zenkichi (S. 302) Kerzenerleuchteter Sushi-Tempel.

Lan Larb (S. 96) Nordost-Thaiküche in fröhlichem Billiglokal am Rand von Chinatown.

Italienisch

Il Buco Alimentari & Vineria (S. 99) Grandiose kulinarische Reise auf den Stiefel.

Rosemary's (S. 153) Schönes Restaurant mit bemerkenswerter Kochkunst im West Village.

Roman's (S. 298) Kreative, saisonal wechselnde italienische Gerichte.

Barbuto (S. 153) Einfallsreiche moderne italienische Küche in munterem Ambiente.

Vegetarisch

Nix (S. 153) Mit die beste fleischlose Kost der Stadt.

Butcher's Daughter (S. 97) Vegetarische Raffinesse.

Modern Love (S. 302) Diner mit Hausmannskost auch in veganen Varianten.

Bäckereien

Dough (S. 297) Die wohl besten Doughnuts der Stadt warten in Brooklyn.

Four & Twenty Blackbirds (S. 299) Stücke vom himmlischen Kuchen in Gowanus.

Dominique Ansel Kitchen (S. 149) Süße Sünden von New Yorks berühmtestem Konditor im West Village.

Arcade Bakery (S. 80) Die Mandelhörnchen aus Tribeca gehören zu den besten der Stadt.

Brunch

Estela (S. 99) Tolle saisonale Speisen in quirliger Weinbar.

Rabbithole (S. 302) Der Favorit in Williamsburg serviert täglich bis 17 Uhr leckere Brunchspeisen.

Cookshop (S. 158) Tolles Restaurant mit Terrasse im westlichen Chelsea.

Cafe Mogador (S. 122) Kulttreff der East-Village-Bruncher.

ViceVersa (S. 208) Elegantes italienisches Lokal mit erstklassigem Brunch im Schatten des Theater District.

Traditionelle New Yorker Spezialitäten

Barney Greengrass (S. 250) Perfekter Räucherlachs und -stör seit über 100 Jahren.

Russ & Daughters (S. 123) Legendärer jüdischer Deli.

Zabar's (S. 256) Verkauft seit den 1930ern koschere Köstlichkeiten auf der Upper West Side.

Margon (S. 207) Schnörkelloser kubanischer Mittagstresen.

Feinkost

Eataly (S. 177) Das Mekka für Freunde italienischen Essens.

Whole Foods, Brooklyn (S. 299) Öko-Shopping im neu entdeckten Gowanus.

Union Square Greenmarket (S. 182) Köstliches Gemüse und Gebäck.

Le District (S. 81) Jede Menge französische Feinkost.

MATT MUNRO / LONELY PLANET ©

Radegast Hall & Biergarten (S. 307)

Ausgehen & Nachtleben

In New York gibt es Trinklokale jeder Art, von ultrahippen Cocktailbars und alten Kneipen bis zu Craft-Bier-Schenken und modernen Coffeeshops. Dazu kommt noch die legendäre Clubszene, von Promi-Spielwiesen bis zu urigen Indie-Schuppen. In Downtown Manhattan und Brooklyn befinden sich die Teile der Stadt, die, wie es ganz treffend heißt, nie schlafen.

Alte Cocktails, neue Craft-Biere

Im Geburtsland der Cocktails wird immer noch hingebungsvoll gerührt und geschüttelt. Von Jillian Vose im Dead Rabbit (S. 83) bis zu Eben Freeman im Genuine Liquorette (S. 105) – die Top-Barkeeper/innen der Stadt sind echte Stars, die mit kunstfertiger Präzision einige der raffiniertesten und innovativsten Getränke der Welt zaubern. Dank der New Yorker Leidenschaft für wiederentdeckte Rezepte und Prohibitions-Nostalgie ist so manches davon auch im Glas konservierte Geschichte.

Ebenso vital präsentiert sich die Craft-Bier-Szene der Stadt: Immer mehr Brauhäuser und Kneipen in New York bieten handwerklich gebrautes Bier. Zwar ist Brooklyn nicht mehr der große Bierexporteur vergangener Tage, doch macht es heute mit Craft-Brauereien wie der Brooklyn Brewery (S. 290) und Sixpoint (www.sixpoint.com) von sich reden. Andere Boroughs ziehen nach, mit den SingleCut Beersmiths (www.singlecutbeer.com) und der Big Alice Brewery (www.bigalicebrewing.com) in Queens oder der Bronx Brewery (S. 273) und Gun Hill Brewing Co (www.gunhillbrewing.com) in der Bronx.

GUT ZU WISSEN

Websites

New York Magazine (www.nymag.com/nightlife) Glänzend ausgewählte Nachtschwärmertipps von Leuten, die die Szene in- und auswendig kennen.

Thrillist (www.thrillist.com) Superaktueller Überblick über die Barszene.

Urbandaddy (www.urbandaddy.com) Topaktuelle Informationen und eine praktische „Hot right now"-Liste.

Time Out (www.timeout.com/newyork/nightlife) Kritiken und aktuelle Verzeichnisse von Kneipen und Clubs.

partyearth (www.partyearth.com/newyork) Detaillierte Clubberichte von eingefleischten Partykids.

Öffnungszeiten

Die Öffnungszeiten variieren. Manche Kneipen öffnen schon ab 8 Uhr, aber in den meisten Trinklokalen geht es erst ab 17 Uhr so richtig los. Viele Bars bleiben bis 4 Uhr früh geöffnet; andere schließen zu Wochenbeginn um 1 Uhr und von Donnerstag bis Samstag um 2 Uhr. In den Clubs geht der Betrieb normalerweise von 22 bis 4 oder 5 Uhr.

Preise

Zur Happy Hour ist das Bier schon ab 4 $ zu haben; sonst kostet ein Bier vom Fass ca. 7–8 $, die Flasche Importbier mehr. Ein Glas Wein gibt es ab 9 $ aufwärts. Kundig gemixte Cocktails kosten von 14 $ bis weit über 20 $. Bei Clubs zahlt man oft 5–30 $ Eintritt.

Clubszene

Die New Yorker sind immer auf der Suche nach dem nächsten großen Ding und so ist auch die Clubszene hier ständig im Fluss. Über die ganze Stadt verteilt finden im wöchentlichen Turnus besondere Events statt, und wenn mal nichts los ist, werden die alteingesessenen Tanzschuppen angesteuert.

Vorausplanung ist hilfreich. Seinen Namen rechtzeitig auf eine Gästeliste setzen zu lassen, erspart Frust. Ortsunkundige Partywillige sollten sich vorsorglich in Schale schmeissen. Wenn man mit dem Hinweis auf eine „Privatparty" abgespeist

wird, kann resolutes Bluffen helfen – oft ist das nur ein Abwimmelmanöver. Immer reichlich Bargeld einstecken: Viele Clubs nehmen keine Kreditkarten und hauseigene Geldautomaten kassieren astronomische Gebühren.

Eine Stadt im Kaffeerausch

Der Boom der kleinen Kaffeeröstereien hat die New Yorker Kaffeeszene kräftig aufgemischt. Jetzt dreht sich alles um Kaffeebohnen ganz bestimmter Herkunft und alternative Aufgusstechniken. Viele Röstereien stammen aus bekannten Kaffeezentren, z. B. Stumptown (S. 161) aus Portland und Blue Bottle (S. 161) aus der Gegend von San Francisco. Auffallend ist auch der australische Einfluss, mit Antipoden-Ablegern wie Little Collins (S. 210) und Bluestone Lane (S. 83).

Ausgehen & Nachtleben nach Stadtvierteln

Lower Manhattan & Financial District (S. 83) Die FiDi-Bürosklaven lockern ihre Krawatten in Etablissements von Craft-Bier- und Brandybars bis zu angesagten Cocktaillounges.

SoHo & Chinatown (S. 103) Stylische Cocktaillounges, ein paar Kneipen und einige Bars im Flüsterkneipenstil.

East Village & Lower East Side (S. 124) Das East Village ist die Heimat uriger Kneipen und bietet zahllose Ausgehmöglichkeiten.

West Village, Chelsea & Meatpacking District (S. 158) Der Jetset vergnügt sich hier in Weinbars, Hintertür-Lounges und Schwulentreffs.

Union Square, Flatiron District & Gramercy (S. 179) Alteingesessene Kneipen, schicke Cocktailbars und eine Reihe spaßiger Studentenkneipen – da ist für jeden was dabei!

Midtown (S. 209) Dachbars mit Wolkenkratzerpanoramen, historische Cocktailsalons und raubeinige Spelunken.

Harlem & Upper Manhattan (S. 270) Florierender Mix aus tollen Musikläden, Flüsterkneipen und traditionellen Trinklokalen.

Brooklyn (S. 304) Das komplette Nachtschwärmer-Spektrum, mit Williamsburg als Epizentrum.

Top-Tipps

Silvana (S. 270) Versteckte Kellerbar in Harlem mit toller Livemusik jeden Abend.

House of Yes (S. 307) Unschlagbar für wilde Partys in einem alten Lagerhaus in Bushwick.

Apothéke (S. 105) Stimmungsvolle Lounge und ehemalige Opiumhöhle mit tollen Cocktails in Chinatown.

Rue B (S. 124) Netter kleiner Laden im East Village mit Livejazz und lustigem Publikum.

Maison Premiere (S. 307) Absinth, Juleps und Austern – eine New-Orleans-Hommage in Williamsburg.

Cocktails

Bar Goto (S. 128) Top-Laden in der Lower East Side unter der Führung von New Yorks berühmtesten Mixer.

Dead Rabbit (S. 83) Ausgeklügelte Cocktails, Bowlen und *pop-inns* – leicht gehopfte Biere mit diversen Aromen – in einer gemütlichen Kneipe im FiDi.

Employees Only (S. 159) Preisgekrönte Barkeeper und spannende Getränke im zeitlos beliebten West Village.

Lantern's Keep (S. 211) Klassisch elegante Cocktails im historischen Hotel in Midtown.

Genuine Liquorette (S. 105) Die kalifornisch gestylte Bodega in Little Italy serviert innovative Drinks, ohne sich dabei todernst zu nehmen.

Bier

Spuyten Duyvil (S. 307) Beliebte Kneipe in Williamsburg mit sehr guten Spezialbieren.

Bier International (S. 272) Einige der besten Biere aus Europa in einer Kneipe in Harlem.

Astoria Bier & Cheese (S. 334) Craft-Biere und toller Käse in Astoria in Queens.

Bohemian Hall & Beer Garden (S. 334) Der beliebteste New Yorker Biergarten serviert tschechisches Gebräu.

Birreria (S. 179) Ungefilterte Biere aus Manhattan auf einem Dach in Flatiron.

Wein

Terroir Tribeca (S. 83) Ebenso gigantische wie geniale Weinkarte im trendigen Tribeca.

La Compagnie des Vins Surnaturels (S. 106) Eine Liebeserklärung an die gallischen Weine nur wenige Schritte von Little Italy.

Buvette (S. 159) Beliebte Weinbar mit Kerzenlicht an einer grünen Straße im West Village.

Immigrant (S. 126) Wunderbarer Wein und Service in einem schmalen Lokal im East Village.

Fürs Rendezvous

Manhattan Cricket Club (S. 251) Schöner kleiner Cocktailladen.

Pegu Club (S. 105) Profimäßig gemixte Cocktails im birmanisch inspirierten Lokal in SoHo.

Ten Bells (S. 128) Kerzenschein, tolle Drinks und Tapas in der Lower East Side.

Little Branch (S. 160) Nirgends kommt der Flüsterkneipen-Schick besser als in diesem Kellerlokal im West Village.

Kaffee

Stumptown Coffee Roasters (S. 161) Hippe Baristas servieren Portlands liebsten Kaffee.

Bluestone Lane (S. 83) Australische Kaffeekompetenz im Schatten der Wall Street.

La Colombe (S. 84) Kräftige Röstungen für Kenner in Downtown.

Little Collins (S. 210) Eine Hommage auf die Melbourner Kaffeekultur in Midtown East.

Kaffe 1668 South (S. 84) Feinster Kaffee und Platz zum Sitzen in Tribeca.

Clubs & House-DJs

Cielo (S. 162) Dröhnender moderner Kultklassiker im Meatpacking District.

Le Bain (S. 162) Bewährter Favorit mit schickem Publikum in der Nähe der High Line.

Berlin (S. 126) Der versteckte Schuppen im East Village pflegt noch die alternative Tanzkultur vergangener Zeiten.

Bossa Nova Civic Club (S. 310) Hipper kleiner Treff in Bushwick für Action abseits des Mainstreams.

Kneipen

Spring Lounge (S. 105) Trinker, Krawattenträger und coole Kids in alter Kneipe in Nolita.

Sunny's (S. 305) Lieblingskneipe in Red Hook, nicht weit vom Wasser.

Cowgirl SeaHorse (S. 83) Stets viel Spaß in dieser maritimen Kneipe in Lower Manhattan.

Mocktails

North End Grill (S. 81) Leckere Säfte und tolle Mocktails in Danny Meyers Bar und Grillrestaurant in Downtown.

NoMad (S. 209) Raffinierte Mocktails in luxuriöser viktorischer Oase.

Flatiron Lounge (S. 179) Frische saisonale Mocktails und Art déco in Flatiron.

HIROYUKI ITO / CONTRIBUTOR / GETTY IMAGES ©

Das New York City Ballet bei der Aufführung von *Glass Pieces* im David H. Koch Theater (S. 245)

 # Unterhaltung

Schauspieler, Musiker und Tänzer aller Art lassen sich von den grellen Lichtern des Big Apple wie ein Mottenschwarm anlocken – in der Hoffnung, hier den großen Durchbruch zu schaffen. Durch den steten Zustrom höchst talentierter Künstler ist das Publikum natürlich sehr verwöhnt. Wie heißt es so schön: „Wenn du es hier schaffst, kannst du es überall schaffen!"

Theater

Von den legendären Hitfabriken am Broadway bis zu schmuddeligen Kleintheatern in Downtown bietet New York die ganze Palette der Theaterkunst. Am berühmtesten ist natürlich die Szene am Broadway. Es ist schon eine märchenhafte Erfahrung, sich in einem der prunkvollen Häuser in eine andere Welt entführen zu lassen, wenn die Saallichter ausgehen.

„Off-Broadway" heißt „abseits des Broadway", ist aber hier keine geografische Bezeichnung, sondern bezieht sich auf kleinere Theater (200–500 Plätze) mit bescheidene-

rem Produktionsbudget. „Off-off-Broadway" bezeichnet noch kleinere Theater mit Mini-Budget und oft experimentellen Stücken.

Zu den besten Bühnen abseits des Broadway zählen das Public Theater (S. 107), die Performing Garage (mit der Experimentaltruppe Wooster Group), das St. Ann's Warehouse (S. 311) und die Brooklyn Academy of Music (S. 310), die beiden Letzteren in Brooklyn. Sonst gibt's die größte Ansammlung an Bühnen im East und West Village.

Schön sind auch die Aufführungen bei Shakespeare in the Park (S. 246). Zwar muss man lange um Tickets anstehen, doch man wird mit hochkarätig besetzten kostenlosen Freilichtinszenierungen im Central Park entlohnt.

Livemusik

Als Amerikas Hauptstadt der Livemusik hat New York in unterschiedlichsten Spielstätten in der ganzen Stadt für praktisch jeden Geschmack etwas zu bieten. Einige der hochkarätigsten Opernaufführungen und Klassikkonzerte finden im Lincoln Center statt; Jazzgrößen und aufstrebende Talente spielen in Clubs in der ganzen Stadt, jedoch besonders in Harlem, Midtown und im Village. Bekannte Indie-Rocker haben sich in Downtown und in Nord-Brooklyn ihren Namen gemacht. Großkonzerte finden in Arenen wie dem Madison Square Garden und dem Barclays Center statt; im Sommer locken Freiluft-Musikfestivals, u. a. einige renommierte Hip-Hop-Feste. Das aktuelle Angebot findet man in *New York Magazine* und *Time Out*.

Tanz

Tanzfans haben in der Heimatstadt des New York City Ballet (S. 254) und des **American Ballet Theatre** (Karte S. 464; ☎212-477-3030; www.abt.org; David H. Koch Theater, Lincoln Center, 64th St, Höhe Columbus Ave; ⓢ1 bis 66th St–Lincoln Center) die Qual der Wahl. Eine weitere wichtige Tanzbühne ist das Joyce Theater (S. 166), das moderne Inszenierungen von Tanzensembles aus aller Welt präsentiert. Dazu kommen noch jede Menge moderner Tanzgruppen, z. B. die der Großmeister Alvin Ailey, Paul Taylor, Merce Cunningham, Martha Graham, Bill T. Jones und Mark Morris, sowie zahlreiche aufstrebende Talente, die oft in Downtown und in der Brooklyn Academy of Music (S. 310) auftreten.

Die beiden wichtigsten Spielzeiten für Tanz sind März bis Mai und Oktober bis Dezember. Doch auch sonst wird tänzerisch immer etwas geboten.

Comedy

Lachmuskeltraining gibt es reichlich in dieser Stadt, in der Comedians ihre Impro-Nummern polieren, neues Material austesten und hoffen, von einem Produzenten oder Agenten entdeckt zu werden. Immer für ein paar Lacher gut ist Downtown, besonders Chelsea und Greenwich Village. Festivals wie das **New York Comedy**

GUT ZU WISSEN

Termine & Kritiken

➡ Playbill (www.playbill.com), der Verleger des netten kleinen gelb-weißen Programmhefts, das bei Broadwayshows verteilt wird, bietet auch eine Onlineversion.

➡ Talkin' Broadway (www.talkingbroadway.com) bietet tolle Kritiken und ein „Schwarzes Brett" für den Kauf und Verkauf von Tickets.

➡ Wichtige Printmedien sind z. B. die *New York Times*, das *New York Magazine* und *Time Out*.

Ticketkauf

Eintrittskarten kann man an den Kassenschaltern des jeweiligen Veranstaltungsorts kaufen oder bei diversen Vorverkaufsstellen (meist gegen Gebühr) telefonisch oder online erwerben.

Broadway Line (www.broadway.org) Beschreibungen und gute Preise für Broadwayshows.

SmartTix (www.smarttix.com) Eine gute Quelle für praktisch alles außer Broadwayshows, mit Infos über Comedy, Varieté, Performancekunst, Tanz und Downtown-Theater.

Telecharge (www.telecharge.com) Verkauft Tickets für Broadway- und Off-Broadway-Shows.

Theatermania (www.theatermania.com) Für Theater jeder Art: Veranstaltungsprogramme, Kritiken und Tickets.

Ticketmaster (www.ticketmaster.com) Der Veteran unter den Vorverkaufsstellen verkauft Tickets für alle erdenklichen Großveranstaltungen.

TKTS-Schalter Bieten am Vorstellungstag verbilligte Tickets für Broadway-Shows. Filialen in Midtown (S. 213), am South Street Seaport (S. 63) und in **Downtown Brooklyn** (www.tdf.org; 1 Metrotech Center, Ecke Jay St & Myrtle Ave, Promenade, Downtown Brooklyn; ⊙Di–Sa 11–18 Uhr, oft 15–15.30 Uhr geschl.; ⓢA/C, F, R bis Jay St–Metrotech).

Festival (www.nycomedyfestival.com; ⊙Nov.) locken das ganze Jahr über Prominenz in die Stadt.

Kino & TV

Ein Kinoerlebnis ist in New York etwas anderes als einfach ein Kassenschlager in einem Multiplexkino: Es ist ein ernsthaftes Unterfangen – dafür sorgen schon die vielen Häuser mit Independentfilmen, Klassikern, Avantgarde, ausländischer oder sonstwie ausgefallener Kinokost. Zahlreiche Filmfestivals wie das **Tribeca Film Festival** (☎212-941-2400; www.tribecafilm.com; 🕒April) beleben die Kinoszene zusätzlich.

Zu den weniger bekannten Kinokleinodien gehört das Museum of Modern Art (S. 191), dessen umfangreiche Filmsammlung alle Gattungen und Weltgegenden umspannt. Die Film Society of Lincoln Center (S. 254) zeigt eine unglaubliche Palette an Dokumentar- und Kunstfilmen. Besuchenswert sind auch die BAM Rose Cinemas (S. 311) mit ähnlichem Angebot.

In Midtown Manhattan werden außerdem TV-Shows (S. 38) wie *Saturday Night Live* und *The Late Show with Stephen Colbert* aufgezeichnet, für die es Online- oder Standby-Tickets zu ergattern gibt.

Oper & klassische Musik

Die Opernszene wird von der Metropolitan Opera (S. 254) mit ihren aufwendigen Inszenierungen beherrscht. Dabei gibt es in der Stadt noch diverse andere Vertreter der Gattung. Das tolle Ensemble der **Amore Opera** (Karte S. 466; ☎347-948-4588; www.amoreopera.org; Riverside Theatre, 91 Claremont St zw. 120th & 122nd St; Tickets ab 40 $; [S]1 bis 116th St, 1 bis 125th St) bringt in seiner neuen Spielstätte im Riverside Theatre in Uptown eindrucksvolle Inszenierungen auf die Bühne. Die Operntruppe **Opera on Tap** (www.operaontap.org/newyork) spielt nicht in prächtigen Theatern, sondern in Kneipen in Brooklyn. Noch ein kreatives Ensemble aus Brooklyn ist die **LoftOpera** (☎347-915-5638; www.loftopera.com; Brooklyn; Tickets 30 $), das gekürzte Opern in einem Loft in Gowanus aufführt.

Die Auswahl an Orchestern, Kammermusik und Solokünstlern ist umwerfend, wobei die progressiveren Ensembles den anderen oft die Schau stehlen. Top-Adressen für traditionelle Großevents sind das Lincoln Center (S. 245) und die Carnegie Hall (S. 214). Avantgardistischer geht's in der Brooklyn Academy of Music zu.

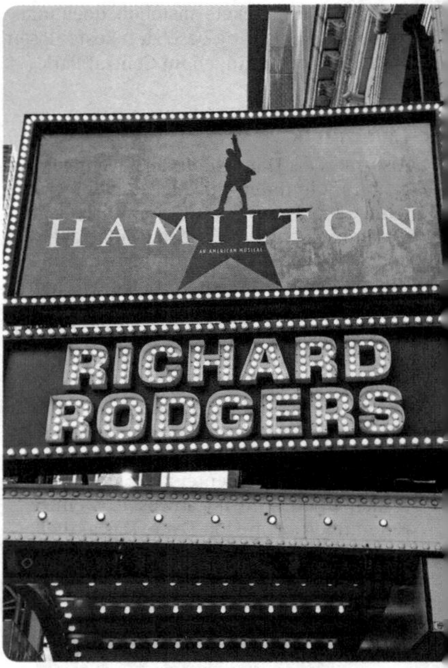

Das Richard Rodgers Theatre (S. 212), in dem *Hamilton* läuft

Unterhaltung nach Stadtvierteln

Lower Manhattan & Financial District (S. 84) Tribeca beherbergt das Flea Theater und SoHo Rep, zwei altbewährte Theatertruppen.

East Village & Lower East Side (S. 129) Experimentalbühnen, Poetry-Slams und Stand-up-Comedy in diversen Kellerlokalen.

West Village, Chelsea & Meatpacking District (S. 164) Inoffizielles Zentrum der weltweiten Jazzclubszene; Chelsea ist zudem Heimat diverser Tanztruppen.

Midtown (S. 212) Glanzvolle Spektakel, frisches amerikanisches Theater, Weltklassejazz und der Hochadel der Stand-up-Comedy.

Upper West Side & Central Park (S. 254) Das Lincoln Center ist die Adresse der Hochkultur. Andere Spielstätten bieten ein intimeres Ambiente.

Brooklyn (S. 310) Hier gibt es von allem etwas, von Klassikern bis zu Indie-Rock in Williamsburg.

Top-Tipps

Richard Rodgers Theatre (S. 212) Mit einem der größten Broadway-Hits aller Zeiten: *Hamilton*, US-Historie als mitreißendes Musical.

Brooklyn Academy of Music (S. 310) Renommierte Bühne mit progressiven Werken, besonders beim berühmten Next Wave Festival.

Eugene O'Neill Theatre (S. 213) Mit einigen der besten Broadway-Produktionen wie dem irre witzigen *Book of Mormon*.

Jazz at Lincoln Center (S. 214) Das funkelnde Abendpanorama des Central Park und Musiker von Weltrang.

Carnegie Hall (S. 214) Legendärer Konzertsaal mit perfekter Akustik und vielfältigem Programm von Oper bis Jazz.

Brooklyn Bowl (S. 312) Prima Programm mit Funk, Indie-Rock, internationaler Musik plus Bier und Bowling.

Broadway-Shows

Book of Mormon (S. 213) Sehr witzige, preisgekrönte Show der Schöpfer von *South Park*.

Chicago (S. 218) Eine der brillantesten Shows am Broadway.

Kinky Boots (S. 213) Die Tickets für dieses überdrehte Musical sollte man weit im Voraus buchen!

Hamilton (S. 212) Kein Ticket? Vielleicht gibt's noch nicht abgeholte oder zurückgegebene Karten.

Theater abseits des Broadway

Playwrights Horizons (S. 214) Eine Bühne für zeitgenössische amerikanische Stücke.

Signature Theatre (S. 214) Stücke von einigen der besten Bühnenautoren der Welt.

SoHo Rep (S. 84) Hier laufen einige der eindringlichsten und originellsten Stücke der Stadt.

St. Ann's Warehouse (S. 282) Kreative Bühne in schöner neuer Spielstätte in Brooklyn.

Oper & klassische Musik

Metropolitan Opera House (S. 254) Reizendes Ambiente für große Opern.

National Sawdust (S. 312) Avantgarde-Komponisten verschmelzen Klassik-, Opern- und Weltmusikklänge.

Brooklyn Academy of Music (S. 310) Innovative Werke in renommiertem Konzertsaal.

Bargemusic (S. 313) Streichquartette auf einem Kahn auf dem East River.

Tanz

Joyce Theater (S. 166) New Yorks beste auf Tanz spezialisierte Bühne.

New York Live Arts (S. 165) Experimentelles von Ensembles aus aller Welt.

New York City Center (S. 165) Erstklassige Tanzensembles und kleine Festivals.

Brooklyn Academy of Music (S. 310) Die Mark Morris Dance Group und andere Ensembles.

Kino

Nitehawk Cinema (S. 312) Das Kino in Williamsburg reicht zu Erstaufführungen und ausländischen Filmen leckere Häppchen und Cocktails.

Film Forum (S. 107) Noch ein innovatives Kino in Downtown mit tollen Independentfilmen.

Museum of Modern Art (S. 191) Ein Muss für Filmfreunde, mit tollem Filmprogramm.

Film Society of Lincoln Center (S. 254) Zwei tolle Kinos im Zentrum der Hochkultur.

Jazz

Jazz at Lincoln Center (S. 214) Innovative Kost unter der Leitung der Jazzgröße Wynton Marsalis.

Village Vanguard (S. 165) Legendärer Jazzclub im West Village.

Smalls (S. 165) Das winzige Kellerlokal im West Village erinnert an vergangene Zeiten.

Barbès (S. 311) Unbekannte, aber mitreißende Rhythmen aus aller Welt in Park Slope.

Birdland (S. 218) Schicker Laden in Midtown mit Big Bands, afrokubanischem Jazz und mehr.

Rock

Bowery Ballroom (S. 131) Berühmte Konzerthalle in Downtown.

Music Hall of Williamsburg (S. 313) Indie-Rock in Brooklyn.

Rockwood Music Hall (S. 130) Täglich Livemusik satt in der Lower East Side.

Bell House (S. 312) Charmanter Laden in South Brooklyn mit interessantem Indie- und Folk-Programm.

Zum Lachen

Upright Citizens Brigade Theatre (S. 212) Urkomische Sketche und Stehgreiftheater.

Caroline's on Broadway (S. 218) Top-Adresse für bekannte Comedians.

Creek and the Cave (S. 336) Schräger Comedyclub in Long Island City.

Brooklyn Flea (S. 315)

Shoppen

New York ist zweifellos eine der besten Shopping-Destinationen der Welt – nicht überraschend für ein Mekka des Kommerzes, der Kreativität und der Mode. Hier ist alles abgedeckt: Ob in kleinen Designer-Boutiquen oder großen Kaufhäusern, in Secondhandläden oder edlen Schuppen, in Plattenläden oder Apple-Stores, in Antiquitätengeschäften oder Feinkostläden – hier kann man wunderbar seine Kreditkarte plündern.

Epizentrum der Mode

Als eine der Modehauptstädte der Welt setzt New York immer wieder Maßstäbe für den Rest des Landes. Die aktuellsten Trends findet man in Modeboutiquen in der ganzen Stadt. Zu den beliebtesten Läden zählen die von Opening Ceremony, Issey Miyake, Marc Jacobs, Steven Alan, Rag & Bone, John Varvatos, By Robert James und Piperlime.

Wer nicht so viel Zeit hat oder sich einfach mehrere Labels nebeneinander anschauen möchte, der sollte eins der berühmten New Yorker Kaufhäuser aufsuchen: Die Konsumtempel wie Barneys (S. 219), Bergdorf Goodman (S. 219), Macy's (S. 220) und Bloomingdale's (S. 219) darf man als Shoppingfreak keinesfalls verpassen.

New Yorker Kultläden

Einige Geschäfte sind altgediente New Yorker Legenden. Für Markenklamotten-Schnäppchenjäger ist Century 21 (S. 256) eine echte Big-Apple-Institution, mit Mode von z. B. D&G, Prada und Marc Jacobs zu günstigen Preisen. Bücherfreunde treffen sich bei Strand (S. 167), dem größten und besten Buchladen der Stadt. Ein Mekka für Digital-

und Audiofreaks ist das von chassidischen Juden betriebene B&H (S. 221). Für Kleidung, Möbel und Bücher aus zweiter Hand sind die in der ganzen Stadt zu findenden Housing-Works-Läden (S. 169) eine seit Langem beliebte Adresse.

Flohmärkte & Secondhand

So sehr sich die New Yorker zu allem hingezogen fühlen, was funkelnagelneu ist, haben sie andererseits auch Riesenspaß daran, sich durch Berge von abgelegten Klamotten zu wühlen. Der beliebteste Flohmarkt ist Brooklyn Flea (S. 315), der je nach Jahreszeit seinen Standort wechselt. Ein weiteres Juwel ist Artists & Fleas (S. 316) mit Dutzenden von Händlern. Das East Village ist die Gegend schlechthin für Läden mit Secondhand- und Retro-Klamotten – dem Markenzeichen der New Yorker Hipster.

Musterverkäufe

Außer den üblichen Schlussverkäufen zum Saisonende finden häufig Musterverkäufe *(sample sales)* statt, vor allem in den großen Lagerhäusern im Fashion District von Midtown oder in SoHo. Ursprünglich veräußerten die Modedesigner auf diese Weise Prototypen, die es nicht in die Serienproduktion geschafft hatten. Heute sind die Musterverkäufe meist Veranstaltungen, bei denen Nobelmarken ihre Restbestände mit saftigen Rabatten losschlagen. Aktuelle *sample-sale*-Termine finden sich unter **NY Racked** (http://ny.racked.com/sales). Gute Adressen, um edle (und nur leicht eingetragene) Mode zu Schnäppchenpreisen abzustauben, sind auch Designer-Secondhandläden mit Kommissionsware; mit tollen Läden wie Michael's (S. 283) ist die Upper East Side bestes Jagdrevier.

Shoppen nach Stadtvierteln

Lower Manhattan & Financial District (S. 85) Nicht gerade ein Shopping-Hotspot, verfügt aber über ein paar Ladenperlen.

SoHo & Chinatown (S. 107) Der West Broadway ist eine Einkaufsstraße von gigantischen Dimensionen, so etwas wie der Olymp des Einzelhandels.

East Village & Lower East Side (S. 131) Fundgrube für Secondhand und Designerprodukte.

West Village, Chelsea & Meatpacking District (S. 167) Die Bleecker St, die vom Abingdon Square

GUT ZU WISSEN

Websites

Racked (www.ny.racked.com) Der informative Shoppingblog hat seinen Finger am Puls der Szene.

New York Magazine (www.nymag.com) Verlässliche Meinungen über das Shoppen im Big Apple.

The Glamourai (www.theglamourai.com) Mondäner Downtown-Modeblog voller aufregender innovativer Stiltipps.

Auf dem Laufenden

Women's Wear Daily (twitter.com/wwd) Aktuelle Modenews von einem Top-Modefachblatt.

Andre Leon Talley (www.twitter.com/OfficialALT) Anna Wintours Top-Mode-Redakteur bei der *Vogue*.

New York Times (www.twitter.com/NYT Fashion) Alles, was in der Modebranche läuft.

Öffnungszeiten

Die meisten Geschäfte öffnen werktags ca. von 10 bis 19 Uhr und samstags von 11 bis 20 Uhr. Sonntags bleiben manche Läden zu; andere haben ihre normalen Öffnungszeiten. Die Läden in Downtown haben meist länger auf. Die Öffnungszeiten kleiner Geschäfte sind sehr individuell; manche machen erst mittags auf.

Mehrwertsteuer *(sales tax)*

In New York wird auf jeden Kauf 8,875 % *retail sales tax* aufgeschlagen – außer auf Kleidung und Schuhe zu einem Preis von unter 110 $.

abgeht, ist von Boutiqen gesäumt. Eine Handvoll versteckt sich auch in der nahen W 4th St.

Midtown (S. 219) Legendäre Kaufhäuser, internationale Ketten und hier und da ein Kleinod für Insider – ein Mekka für Schaufensterbummler!

Upper East Side (S. 237) Die teuersten Boutiquen des Landes säumen die Madison Ave.

Upper West Side & Central Park (S. 256) Einige tolle Antiquariate und Buchhandlungen sowie ein paar kleine Boutiquen.

Brooklyn (S. 314) Eine gesunde Mischung aus unabhängigen Boutiquen und gemeinnützigen Gebrauchtwarenläden.

Top-Tipps

Barneys (S. 219) Echte Modefreaks finden bei Barneys die topaktuellen Kollektionen der angesagtesten Labels.

Brooklyn Flea (S. 315) Antikes Mobiliar, Retroklamotten und Krimskrams jeder Art.

ABC Carpet & Home (S. 182) Mit seinen sechs Etagen wirkt das Geschäft wie ein Museum voller großer und kleiner Schätze.

MoMA Design & Book Store (S. 220) Der perfekte Laden für Bildbände, Kunstdrucke und tolle Haushaltswaren.

Idlewild Books (S. 168) Klasse Laden für Traveller und Träumer mit Büchern über den gesamten Globus.

Fishs Eddy (S. 182) Hübsche Stücke fürs Heim in auffallendem Laden beim Union Square.

Modeboutiquen

Rag & Bone (S. 108) Schön geschneiderte Kleidung für Frauen und Männer in SoHo und anderswo.

John Varvatos (S. 134) Robust-schicke Bekleidung in ehemaligem Rockclub in Downtown.

Opening Ceremony (S. 108) Abgefahrene Klamotten für die Mode-Avantgarde in SoHo.

Für Sie

Shishi (S. 256) Eine neue Garderobe, ohne das Konto zu plündern, in Upper-West-Side-Juwel.

Verameat (S. 134) Exquisiter Schmuck irgendwo zwischen schön und schräg.

MiN New York (S. 107) Einzigartige Düfte in apothekenähnlichem Ambiente.

Für Ihn

By Robert James (S. 135) Klamotten für echte Männer von neuem New Yorker Designer.

Nepenthes New York (S. 220) Japanisches Kollektiv mit angesagten Labels.

Odin (S. 108) Winzige Boutique mit Unikaten in Downtown.

Für Kinder

Dinosaur Hill (S. 134) Kreatives Spielzeug, Bücher und Musik für wache junge Geister im East Village.

Mary Arnold Toys (S. 237) Eine Schatztruhe voller Spiele, Spielzeug und anderer Geschenkideen.

Books of Wonder (S. 183) Tolle Geschenkideen für Kinder; auch Lesungen.

Secondhandmode

Beacon's Closet (S. 315) Der Laden, um sich neu einzukleiden, ohne dabei arm zu werden.

Screaming Mimi's (S. 169) Schöne Klamotten aus lang vergangenen Jahrzehnten.

Resurrection (S. 109) Modelle bekannter Labels in fast neuwertigem Zustand.

Buchhandlungen

Strand Book Store (S. 167) Das bei Weitem beste Antiquariat der Stadt.

McNally Jackson (S. 108) Toller Buchladen mit Autorenlesungen in SoHo.

Housing Works Book Store (S. 109) Secondhand-Buchladen und Café in stimmungsvollem Ambiente in Nolita.

192 Books (S. 170) Netter Stadtteilbuchladen in Chelsea.

Musikläden

Rough Trade (S. 309) In dem großen Musikladen mit Bühne ist die Vinylplatte quicklebendig.

A-1 Records (S. 134) Schallplatten ohne Ende im East Village.

Black Gold Records (S. 314) Seltene Vinylscheiben, Kaffee – und ausgestopfte Tiere.

Haushaltswaren & Designerartikel

Shinola (S. 85) Ungewöhnliche Accessoires von einer Detroiter Designfirma in Tribeca.

A&G Merch (S. 316) Aparter Laden mit cleveren Einrichtungsideen.

Magpie (S. 256) Kuriose Wohnaccessoires aus einem Ökoladen.

New-York-Souvenirs

Lower East Side Tenement Museum (S. 113) Bücher, Schmuck, Taschen, Schals …

New York Public Library (S. 202) Schreibwaren, Buchstützen und bedruckte T-Shirts.

Museum of the City of New York (S. 231) Musuemsshop mit allen möglichen Mitbringseln mit New-York-Bezug.

Ausgefallene Geschenke

De Vera (S. 108) Schöne Glaswaren und Kunstobjekte.

Brooklyn Superhero Supply Co (S. 315) Schräge Ausrüstung für kleine Superhelden.

Obscura Antiques (S. 131) Kuriositätenkabinett voller seltsamer und gruseliger Artikel.

Bowne Stationers & Co (S. 86) Druckerei mit alten New-York-Postern und Schreibwaren mit Big-Apple-Motto.

Sport & Aktivitäten

Sich in New York ein Taxi zu sichern, ist schon fast eine Kampfsportübung, und bei Sommerschwüle kommt man auf dem U-Bahnsteig heftiger ins Schwitzen als in der Sauna. Trotzdem betätigen sich die New Yorker auch in ihrer Freizeit gern sportlich. Angesichts der knappen Grünflächen der Stadt ist es geradezu erstaunlich, wie viel Aktivität sie dabei entwickeln.

Zuschauersport

BASEBALL

New York ist eine der letzten Bastionen der USA, wo Baseball wichtiger ist als Football oder Basketball. Tickets gibt es schon ab ca. 15 $. Die beiden Baseballteams der Spitzenliga tragen von April bis Oktober 162 Spiele aus; danach beginnen die Playoffs.

New York Yankees (S. 273) Die „Bronx Bombers" haben seit 1900 schon 27-mal den World-Series-Titel gewonnen.

New York Mets (S. 336) Obwohl sie seit 1962 in der National League spielen, bleiben die Mets das „neue" Baseballteam New Yorks. 2015 waren sie das Siegerteam der National League.

BASKETBALL

Zwei New Yorker Teams spielen in der NBA (National Basketball Association). Die New York Knicks (www.nyknicks.com) sind bei den New Yorkern trotz gelegentlicher Skandale zeitlos beliebt. Sie tragen ihre Heimspiele im Madison Square Garden (S. 219) aus. Die Brooklyn Nets spielen im hypermodernen Barclays Center (S. 314). Die NBA-Saison geht von Oktober bis Mai oder Juni. Das Profi-Basketballteam der Frauen, New York Liberty, hat schon viermal an der Finalrunde teilgenommen, aber noch keinen Titel gewonnen. Die WBNA-Saison dauert von Mai bis Oktober; gespielt wird im Madison Square Garden.

AMERICAN FOOTBALL

Die meisten New Yorker fiebern mit ihren NFL-Teams (National Football League) mit: den New York Giants (www.giants.com), einem der ältesten Teams der NFL, mit vier Super-Bowl-Siegen, zuletzt 2011, und den New York Jets (www.newyorkjets.com).

Beide Teams spielen im **MetLife Stadium** (☎201-559-1500, Kasse 201-559-1300; www.metlifestadium.com; Meadowlands Sports Complex, East Rutherford, NJ; 🚌351 ab Port Authority, 🚆NJ Transit ab Penn Station bis Meadowlands) in New Jersey (von Manhattan mit NJ Transit über Seacaucus Junction zu erreichen, 11 $ hin und zurück). Die Football-Saison dauert vom August bis Januar/Februar und umfasst 16 reguläre Spiele (meist sonntagnachmittags) und bis zu drei Playoffs vor dem Super Bowl (Finale).

EISHOCKEY

Drei Clubs aus dem Großraum New York spielen in der NHL (National Hockey League). Jedes Team absolviert von September bis April drei oder vier Spiele pro Woche.

New York Rangers (www.nyrangers.com) Manhattans liebste Eishockeymannschaft spielt im Madison Square Garden.

New York Islanders (www.newyorkislanders.com) In den 1980er-Jahren gewannen die Islanders viermal in Folge den Stanley Cup, gaben aber seitdem wenig Anlass zu Begeisterung. Doch seit dem Umzug ins Brooklyner Barclays Center (S. 314) 2015 geht es mit dem Team wieder bergauf.

ROLLER DERBY

New Yorks einzige Frauen-Roller-Derby-Liga, **Gotham Girls Roller Derby** (www.gothamgirlsrollerderby.com; Tickets 20–50 $; ⊘März–Aug.; 📍), hat vier *borough*-Teams: Bronx Gridlock, Brooklyn Bombshells, Manhattan Mayhem und Queens of Pain. Die Spielerinnen gehören zu den besten ihres Sports: Das Top-Auswahl-

GUT ZU WISSEN

Websites

NYC Parks (www.nycgovparks.org) Infos über Parkeinrichtungen wie kostenlose Pools und Basketballplätze sowie Fahrrad-Stadtpläne.

New York Road Runners Club (www. nyrr.org) Organisiert Wochenendläufe und Wettbewerbe in der ganzen Stadt.

Central Park (www.centralparknyc.org) Infos über Aktivitäten und Events in New Yorks beliebtester Grünanlage.

NYC (www.nycgo.com/sports) Hier finden sich alle großen Sportveranstaltungen und -aktivitäten in der Stadt.

Ticketkauf

Bei so vielen Teams und Spielzeiten steht immer irgendein Spiel an. Manche Clubs vertreiben ihre Tickets über Hotlines oder Kassenschalter (auf der Website unter „Tickets"), die meisten aber über Ticketmaster (www.ticketmaster.com). Eine weitere große Ticketbörse ist StubHub (www.stubhub.com).

team, die All-Stars, haben schon fünf Weltmeistertitel gewonnen, vier davon in Folge.

Die Spiele werden von März bis August an verschiedenen Orten der Stadt ausgetragen; dabei geht's durchaus laut, aber familienfreundlich zu. Die Spiele sind oft ausverkauft, sodass man sich sein Ticket am besten im Voraus besorgt.

Joggen

Die Rundstraßen des Central Park sind in den verkehrsfreien Zeiten gut zum Laufen, auch wenn man sie mit Radlern und Inlinern teilt. Der knapp 2,6 km lange Weg um das Jacqueline Kennedy Onassis Reservoir ist Läufern und Spaziergängern vorbehalten; Zugang zwischen 86th und 96th St. Noch eine beliebte Laufstrecke führt am Hudson entlang, am besten von etwa der 30th St bis hinunter zum Battery Park. Auf der Upper East Side führt ein Weg von der 63rd zur 115th St am FDR Dr und East River entlang. Mehrere Wege (und eine fast 5 km lange Rundstrecke) gibt es auch im Prospect Park in Brooklyn. Der 2 km lange Brooklyn Bridge Park verspricht umwerfende Ausblicke auf Manhattan. Der New York Road Runners Club

organisiert Wochenendläufe in der ganzen Stadt und auch den New York Marathon.

Radfahren

New York ist sehr bemüht, die Stadt fahrradfreundlicher zu machen, und hat in den letzten Jahren Hunderte neuer Radwege und -spuren angelegt. Ortsunkundige tun aber gut daran, sich an die Wege in den Parks und am Wasser zu halten.

Die Citi Bikes (www.citibikenyc.com) sind praktisch für kurze Strecken, aber für längere Touren braucht man ein vernünftiges Mietrad. Gut sind auch geführte Radtouren, denn man bekommt viel zu sehen; ein empfehlenswerter Anbieter ist Big Apple (S. 415).

Wassersport

In New York gibt's zahlreiche Wassersportangebote. Das Downtown Boathouse (S. 87) bietet in einer geschützten kleinen Bucht im Hudson kostenlose 20-minütige Kajaktrips; es hat auf Governors Island noch einen Ableger. Das Manhattan Community Boathouse (S. 221) am Pier an der 56th St bietet ebenfalls kostenloses Kajaken sowie Unterricht.

Im Central Park verleiht das Loeb Boathouse (S. 258) Ruderboote sowie im Sommer sogar venezianische Gondeln. Ein Segelabenteuer verspricht der Schoner *Adirondack* (S. 170) an den Chelsea Piers.

Surfer finden auf New Yorker Stadtgebiet am Rockaway Beach (S. 325), Höhe 90th St in Queens, 75 Minuten mit der Linie A von Midtown, eine eingeschworene Wellenreitergemeinde.

Straßensport

Bei so viel Beton rundum haben sich viele New Yorker auf diverse Sportarten verlegt, die direkt auf der Straße gespielt werden.

Fans der Korbakrobatik finden überall in der Stadt spontane Basketballmatches. Am berühmtesten sind die West 4th Street Basketball Courts, auch „the Cage" (der Käfig) genannt. Im Holcombe Rucker Park in Harlem haben viele bekannte NBA-Spieler ihre Laufbahn begonnen. Spontane Spiele laufen auch im Tompkins Square Park und Riverside Park.

Auch Handball und Stickball (eine Baseball-Variante) sind in New York beliebt – hierfür gibt es in diversen Parks einwandige Plätze. Die Emperors Stickball League (www.stickball.com) ist in der Bronx daheim und spielt in der warmen Jahreszeit immer sonntags.

Top-Tipps

Central Park (S. 241) Tummelplatz der ganzen Stadt mit sanften Hügeln, Grünflächen und einem idyllischen See.

Chelsea Piers Complex (S. 170) Alle erdenklichen Aktivitäten – von Kickboxen bis Eishockey – unter einem Riesendach vereint.

New York Spa Castle (S. 337) Das gigantische Badeparadies mit zivilen Preisen ist von alten koreanischen Wellness-Traditionen inspiriert.

Brooklyn Bridge Park (S. 277) Die herrliche Grünanlage ist der ganze Stolz Brooklyns.

Prospect Park (S. 279) Den Massen entkommen in wunderschönem Brooklyner Park mit Wegen, Hügeln, See und Wiesen.

Zuschauersport

New York Yankees (S. 273) Eines der erfolgreichsten Baseballteams der USA.

New York Giants (S. 53) American-Football-Gigant, der seine Heimspiele trotz des Namens in New Jersey austrägt.

New York Knicks (S. 219) Die 3-Punkte-Würfe der Basketball-Profis sind im Madison Square Garden zu bestaunen.

Brooklyn Nets (S. 314) Das neue NBA-Team der Stadt ist ein Symbol für Brooklyns Wiederauferstehung.

Brooklyn Cyclones (S. 313) Minor League Baseball bei der Promenade von Coney Island.

New York Mets (S. 336) Das andere Baseballteam der Stadt spielt im Citi Field in Queens.

Grünanlagen

Governors Island (S. 76) Die autofreie Insel liegt nur einen Katzensprung von Lower Manhattan oder Brooklyn entfernt.

Bryant Park (S. 202) Einladendes kleines Refugium inmitten der Wolkenkratzer von Midtown.

Madison Square Park (S. 175) Hübscher überschaubarer Park zwischen Mid- und Downtown.

Fort Greene Park (S. 284) Die schöne kleine Oase in Brooklyn ist perfekt für ein Picknick.

Gantry Plaza State Park (S. 323) Ein wunderbarer Ort zum Entspannen am Flussufer in Long Island City.

Inwood Hill Park (S. 266) Stiller Wald und Salzmarschen in Upper Manhattan.

Indooraktivitäten

Cliffs (S. 337) Riesiges Kletterzentrum in Long Island City.

Brooklyn Boulders (S. 317) Tolle Adresse für Felskletterer – diesmal im südlichen Brooklyn.

Jivamukti (S. 183) Ein opulentes Yogazentrum beim Union Square.

Area Yoga & Spa (S. 317) Prima Yogastudio im gesundheitsbewussten Cobble Hill.

24 Hour Fitness (S. 222) Rund um die Uhr geöffnetes Center mit zahlreichen Filialen.

MNDFL (S. 170) Sich nach einer Meditation wieder jung fühlen.

Wellness

New York Spa Castle (S. 337) Reizendes Wunderland mit Wasserfällen und Schwitzstuben draußen in Queens.

Russian & Turkish Baths (S. 136) Kultinstitution des East Village seit 1892.

Great Jones Spa (S. 110) Massagen, Dampfbäder, Whirlpools und Felssauna.

Bowling

Brooklyn Bowl (S. 312) Ein Williamsburger Klassiker – Hipstertreff, Konzertbühne und Bowlingbahn in einem.

Chelsea Piers Complex (S. 170) Nett für eine Runde Bowling mit anschließendem Bummel am Hudson River entlang.

Lucky Strike (S. 222) Abendlicher Bowlingspaß in Midtown.

Ausgefallene Aktivitäten

Royal Palms (S. 306) Ein Mekka für Freunde des Shuffleboard-Spiels mit Shuffleboard-Bahnen, Imbisswagen und Craft-Bier.

New York Trapeze School (S. 170) In dieser Trapezschule kann man sich wie ein Zirkusstar fühlen.

Gotham Girls Roller Derby (S. 53) Bei einem Spiel dieses Kontaktsports eins der weltweit besten Teams sehen.

Jump into the Light VR (S. 136) Spannende Abenteuer in hypermoderner Virtual-Reality-Spielhölle.

Gartenanlagen

Brooklyn Botanic Garden (S. 287) Japanische Gärten, heimische Flora und fotogene Kirschblüte im Frühjahr.

New York Botanical Garden (S. 273) Ein 20 ha großer Urwald in der Bronx.

Cloisters Museum & Gardens (S. 266) Hübsche Gartenanlage neben mittelalterlich anmutenden Gebäuden.

High Line (S. 142) Ein Paradies aus Wildpflanzen und wild wuchernden „Unkräutern".

LGBTIQ

Von Händchen haltenden Ehepaaren auf den Stufen des Standesamts bis zum in Regenbogenfarben leuchtenden Empire State Building anlässlich des NYC Pride gehört New York ganz ohne Frage zu den großen Schwulen- und Lesbenstädten der Welt. Nur wenige Orte können es mit der Vielfalt und Angebotsfülle der hiesigen queeren Szene aufnehmen, von Varietés und Clubs bis zu Festivals und Lesungen.

Unter der Woche ist Partytime

Jeder Abend der Woche ist recht, um den Big Apple unsicher zu machen, und gerade die Schwulen- und Lesbenszene geht auch unter der Woche auf die Piste. Beliebte Partyabende sind Mittwoch und Donnerstag und auch am Sonntag steppt der Bär (vor allem im Sommer). Freitag- und samstagabends kann man sich natürlich auch amüsieren, doch das ist eher was fürs „Brücken-und-Tunnel-Volk" (aus dem Umland). Wer in Manhattan wohnt, trifft dann eher Freunde, testet neue Restaurants aus oder geht zu privaten Partys.

Veranstalter

Mit den Infos der persönlichen Lieblingsveranstalter bleibt man am Puls der Partyszene:

BoiParty (www.boiparty.com)

The Saint at Large (www.saintatlarge.com)

Daniel Nardicio (www.danielnardicio.com)

Josh Wood (www.joshwoodproductions.com)

Spank (www.spankartmag.com)

Die Szene nach Stadtvierteln

East Village & Lower East Side Etwas rustikalere, grungigere Versionen der West-Side-Treffs.

Union Square, Flatiron District & Gramercy Eine Handvoll einschlägiger Läden hat sich vom East Village, West Village und Chelsea bis hierher ausgebreitet.

West Village, Chelsea & Meatpacking District Klassische Bars und Clubs im Village; schwächelnde Szene im hochpreisigen Chelsea.

Midtown Als derzeitiges schwules Epizentrum der Stadt wimmelt Hell's Kitchen von gay-freundlichen Esslokalen, Bars, Clubs und Läden.

Brooklyn Der breit gefächerte Bezirk ist Wohn- und Ausgehviertel für Schwule und Lesben sämtlicher Subkulturen.

INFO & UNTERSTÜTZUNG

Das LGBT Community Center (S. 167) gibt tonnenweise Informationsmaterial über einschlägige Veranstaltungen und das Nachtleben der Szene heraus und veranstaltet häufig Events wie Tanzpartys, Kunstausstellungen, Broadway-würdige Aufführungen, Lesungen und Politdiskussionen. Außerdem beherbergt es das National Archive for Lesbian, Gay, Bisexual & Transgender History (zu Recherchezwecken nach Anmeldung zugänglich), einen kleinen Ausstellungssaal, die Campbell-Soady Gallery und ein Cybercenter.

Top-Tipps

NYC Pride (S. 30) Kunterbunter Trubel unter der Regenbogenfahne.

Leslie-Lohman Museum of Gay & Lesbian Art (S. 92) Das weltweit erste LGBT-Kunstmuseum.

Industry (S. 211) Gehört zu den beliebtesten Bars/Clubs im angesagten Hell's Kitchen.

Marie's Crisis (S. 161) In der wunderbar witzigen Showtunes-Bar im West Village kann man sich die Seele aus dem Leib singen.

Duplex (S. 166) Tuntige Witzereißer, Schmachtsänger und eine trubelige Pianobar prägen die altbewährte Village-Institution.

Eagle NYC (S. 164) Der Lotterladen mit viel Leder wird ebenso heftig geliebt wie gehasst.

Unterkünfte

Ink48 (S. 362) Blicke auf die Skyline und nur einen Katzensprung von den Bars und Clubs von Hell's Kitchen entfernt.

Standard East Village (S. 356) Frisches, schickes Boutiquehotel im funkigen East Village.

Chelsea Pines Inn (S. 357) Hollywood-Poster und Divenzimmer in Chelsea.

Hotel Gansevoort (S. 358) Jetsetter-Coolness samt Dachpool im Meatpacking District.

Klassische Szenelokale

Marie's Crisis (S. 161) Früher Prostituiertentreff, heute Showtune-Pianobar im Village.

Stonewall Inn (S. 163) Hier randalierten die Dragqueens bei den Stonewall Riots 1969.

Julius Bar (S. 162) Die älteste Gay-Bar im Village.

Cock (S. 128) Lasterhöhle mit Augenzwinkern in einem früheren Gay-Punktreff.

Für Frauen

Ginger's (S. 306) Happy-Hour-Specials, Karaoke und Sonntags-Bingo im Brooklyner Lesbentreff.

Cubbyhole (S. 162) Unprätentiöser Village-Veteran mit Jukebox-Musik und geselligen Stammgästen.

Henrietta Hudson (S. 162) Nette klassische Kneipe voller supercooler Rockermädels.

Tagsüber

Brunch an der Ninth Avenue (S. 148) Vom Straßentisch kann man hier ganz gemütlich die Szene von Hell's Kitchen beäugen.

Shoppen in Chelsea (S. 167) Bei Nasty Pig und anderen einschlägigen Boutiquen in Chelsea aufstylen.

Pier 45 (S. 146) Enge Shorts und verliebte Paare – toll zum Braten in der Sommersonne.

Fire Island (S. 341) Den sandigen Tummelplatz der Reichen und Schönen erkunden.

Für Tanzwütige

Industry (S. 211) Am späten Abend verwandelt sich der beliebte Laden in Hell's Kitchen von einer munteren Bar in einen pulsierenden Club.

Monster (S. 163) Freche Go-go-Boys und noch frechere Dragqueens halten die Gäste bei Laune.

Therapy (S. 211) Kleiner Dancefloor als Abwechslung zu den Megaclubs.

Unter der Woche

Therapy (S. 211) Musik, Dragshows und Promigäste verleihen Werktagsabenden den dringend benötigten Glamour.

Flaming Saddles (S. 211) Barkeeper in Cowboystiefeln gießen den Gästen den Schnaps in den Rachen – das ist doch was!

Boxers NYC (S. 180) Ob nach der Arbeit oder spät am Abend, in dieser Sportbar ist immer voller Körpereinsatz angesagt – auf dem Platz und anderswo.

Veranstaltungen

NYC Pride (S. 30) Einmonatige Festivität im Juni mit Partys, Kulturevents und der berühmten Parade auf der Fifth Ave.

NewFest (www.newfest.org) New Yorks wichtigstes queeres Filmfest läuft eine Woche im Oktober.

MIX New York Queer Experimental Film Festival (www. facebook.com/mixnyc) Vier Tage queeres Avantgarde- und Politkino im März.

New York erkunden

WTC Transportation Hub (S. 69)

NEW YORK HIGHLIGHTS

Die Stadtviertel im Überblick

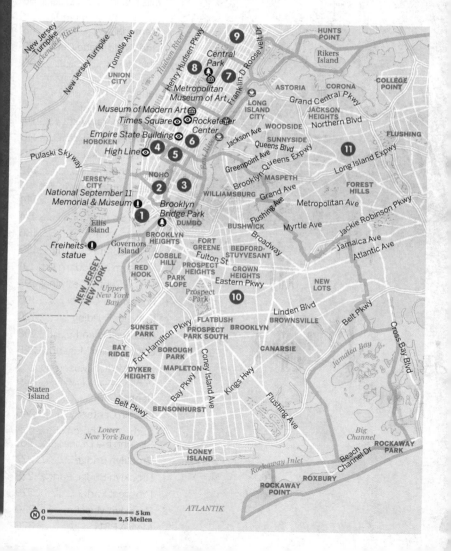

New Jersey Turnpike
Hackensack River
Tonnelle Ave
New Jersey Turnpike
UNION CITY
Hudson River
Henry Hudson Pkwy
HUNTS POINT
Rikers Island
Central Park
9
8 Metropolitan Museum of Art
7
Franklin D. Roosevelt Dr
ASTORIA
CORONA
COLLEGE POINT
Grand Central Pkwy
LONG ISLAND CITY
JACKSON HEIGHTS
Northern Blvd
Museum of Modern Art
Times Square
Empire State Building
HOBOKEN
Rockefeller Center
6
WOODSIDE
FLUSHING
Pulaski Skyway
High Line
4 **5**
Jackson Ave
SUNNYSIDE
Queens Blvd
Greenpoint Ave
Brooklyn-Queens Expwy
Long Island Expwy
11
JERSEY CITY
NOHO
2 **3**
Brooklyn Bridge Park
WILLIAMSBURG
MASPETH
Grand Ave
Flushing Ave
Metropolitan Ave
FOREST HILLS
National September 11 Memorial & Museum **!**
1
DUMBO
Jackie Robinson Pkwy
Ellis Island
Governors Island
BROOKLYN HEIGHTS
FORT GREENE
BUSHWICK
Broadway
Myrtle Ave
Jamaica Ave
Atlantic Ave
Freiheits-statue **!**
COBBLE HILL
Fulton St
BEDFORD-STUYVESANT
NEW JERSEY
NEW YORK
RED HOOK
PROSPECT HEIGHTS
PARK SLOPE
CROWN HEIGHTS
Eastern Pkwy
NEW LOTS
Upper New York Bay
Prospect Park
10
Linden Blvd
BROWNSVILLE
Belt Pkwy
Cross Bay Blvd
SUNSET PARK
Fort Hamilton Pkwy
FLATBUSH
PROSPECT PARK SOUTH
BROOKLYN
CANARSIE
Jamaica Bay
BAY RIDGE
BOROUGH PARK
DYKER HEIGHTS
MAPLETON
Bay Pkwy
Coney Island Ave
Kings Hwy
Staten Island
Belt Pkwy
BENSONHURST
Flushing Ave
Big Channel
ROCKAWAY PARK
Lower New York Bay
CONEY ISLAND
Rockaway Inlet
Beach Channel Dr
ROXBURY
ROCKAWAY POINT
ATLANTIK

0 — 5 km
0 — 2,5 Meilen

❶ Lower Manhattan & Financial District S. 62

Der Südzipfel von Manhattan lockt mit Wahrzeichen wie der Wall Street, dem National September 11 Memorial and Museum und der Freiheitsstatue. Auf geschäftiges Treiben folgt hier eine ruhige Nacht. Tribeca hingegen ist dank seiner Restaurants und Lounges auch nach Sonnenuntergang quicklebendig.

❷ SoHo & Chinatown S. 88

Tempelanlagen, Nippeshändler und *dimsum*-Lokale prägen die hektischen Straßen von Chinatown, während SoHo gleich nebenan mit stromlinienförmigen Durchgangsstraßen aufwartet, auf deren Ladenfronten die großen internationalen Namen prangen. Irgendwo dazwischen liegt Little Italy, das in der Tat ziemlich winzig ist.

❸ East Village & Lower East Side S. 111

Diese Innenstadtviertel im Doppelpack sind eine Kombi aus Alt und Neu und ziehen mit brandheißem Nachtleben und billigen Esslokalen Studis und Banker ebenso an wie abgerissenere Typen.

❹ West Village, Chelsea & Meatpacking District S. 138

Malerische Sträßchen und restaurierte Stadthäuser bilden eine schöne Kulisse fürs gesellige Beisammensein in den Restaurants und Bars des West Village. Gleich nebenan liegt der Meatpacking District mit angesagtem Nachtleben, ein Stück weiter Chelsea mit Hunderten von Kunstgalerien und einer dynamischen Schwulenszene.

❺ Union Square, Flatiron District & Gramercy S. 172

Rund um den Union Square ist immer jede Menge los; auf dem Platz tummeln sich Demonstranten, Straßenmusiker und Geschäftsleute. Nördlich liegt der Madison Square Park, eine elegante Oase auf dem Weg nach Midtown. Gramercy ist ein stilles Wohngebiet mit einigen edleren Restaurants und Bars.

❻ Midtown S. 184

Postkartenmotive en masse: Times Square, Empire State Building, Broadway-Theater, Wolkenkratzerschluchten und Gewusel auf den Straßen. Hier befinden sich auch das Museum of Modern Art (MoMA), der Bryant Park, die edlen Läden der Fifth Ave und die Schwulenkneipen von Hell's Kitchen.

❼ Upper East Side S. 223

Teure Boutiquen säumen die Madison Ave, mondäne Villen die Fifth Ave. Sie mündet in die architektonisch faszinierende Museum Mile, eine Kulturballung, wie sie auf der Welt ihresgleichen sucht.

❽ Upper West Side & Central Park S. 239

Der Central Park, eine grüne Oase inmitten hupender Autos und Straßen ohne Sonnenlicht, verspricht Erholung von New Yorks endlosen Betonwüsten. Die Upper West Side begrenzt den Park mit interessanten Wohnblöcken; hier steht auch das Lincoln Center.

❾ Harlem & Upper Manhattan S. 259

Harlem und Hamilton Heights sind die Hochburg der afroamerikanischen Kultur, mit globaler Küche und einer bunten Musikszene. Schattige Parks gibt es in Inwood, quirliges Studentenleben in Morningside Heights.

❿ Brooklyn S. 275

Heuzutage gilt Brooklyn überall als szenig-cool, doch hier gibt's noch viel mehr als Hipster. Der große Bezirk beherbergt einige der interessantesten, ältesten und buntesten Viertel der Stadt mit phantastischen Möglichkeiten zum Ausgehen und Shoppen.

⓫ Queens S. 318

Queens ist ein Mosaik aus verschiedensten Gemeinden und ein toller Tummelplatz für kundige Besucher und Einheimische. Astoria lockt mit Ethno-Delis, Long Island City mit zeitgenössischer Kunst und Rockaway Beach mit surftauglicher Brandung.

Lower Manhattan & Financial District

WALL STREET & FINANCIAL DISTRICT | NEW YORK HARBOR | BATTERY PARK CITY | EAST RIVER WATERFRONT | CITY HALL & CIVIC CENTER

Highlights

❶ **Freiheitsstatue** (S. 64) Die berühmteste Statue der USA erklimmen und auf eine der wundervollsten Städte der Welt blicken.

❷ **National September 11 Memorial & Museum** (S. 68) Am Ground Zero über Verlust, Hoffnung und Widerstandskraft nachdenken.

❸ **One World Trade Center** (S. 70) Vom höchsten Gebäude der westlichen Erdhalbkugel den Panoramablick auf Manhattan genießen.

❹ **Staten Island Ferry** (S. 86) Die Aussicht von der kostenlosen Fähre auf die funkelnden Wolkenkratzer genießen.

❺ **Ellis Island** (S. 66) Am berühmtesten Zugangstor des Landes die Entstehung der modernen USA nachvollziehen.

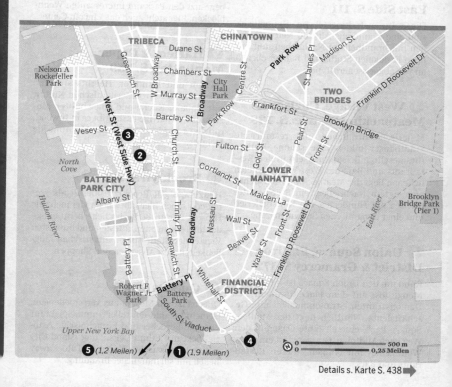

Details s. Karte S. 438 ➡

Rundgang: Lower Manhattan & Financial District

Wer nicht viel Zeit hat, bucht Eintrittskarten für Ellis Island (S. 66) und die Freiheitsstatue (S. 64) am besten online. Um diese Sehenswürdigkeiten zu erkunden, braucht man mindestens vier Stunden. Am besten nimmt man Proviant mit – das Essen vor Ort ist schrecklich. Auch für das National September 11 Memorial Museum und das benachbarte One World Observatory ist es ratsam, sich die Eintrittskarten vorher im Internet zu besorgen.

Mehrere Museen an der Battery wie Skyscraper Museum (S. 77), Museum of Jewish Heritage (S. 74) und National Museum of the American Indian (S. 72) können leicht einen halben Tag beanspruchen. Um den Financial District authentisch zu erleben, sucht man ihn während der Geschäftszeiten auf; nach Feierabend kann man die Bauten im Federal- und Greek-Revival-Stil und die Wolkenkratzer der frühen Moderne in Ruhe genießen.

Bei gutem Wetter hat man vom Pier 15 am South Street Seaport einen tollen Blick auf den Fluss. Abends locken Restaurants und Bars in Tribeca.

Lokalkolorit

➡ **Kaffee** Weg von den Ketten, hin zu den Kaffeetempeln Bluestone Lane (S. 83) und La Colombe (S. 84).

➡ **Wein** Sonntagnachmittags gibt's bei Pasanella & Son (S. 86) kostenlose Weinproben.

➡ **Shoppen** Witzige Geschenke mit asiatischem Touch sind im Pearl River Mart (S. 85) zu finden.

➡ **Kultur** Tolles Theater präsentiert das Flea Theater (S. 84).

➡ **Auszeit** Radfahren, Entspannung und Kunst auf Governors Island (S. 76).

Anfahrt

➡ **Subway** Der Financial District ist von Manhattan, Brooklyn, Queens und der Bronx gut per Subway zu erreichen. Der wichtigste Knotenpunkt ist der Bahnhof Fulton St; hier verkehren die Linien A/C, J/Z, 2/3 und 4/5. Die Linie 1 endet beim Bahnhof South Ferry, wo die Fähre nach Staten Island abfährt.

➡ **Bus** Vom Fährterminal der Staten Island Ferry fährt die Linie M15 zum East Village, nach Midtown East, zur Upper East Side und nach East Harlem, die M55 und M20 nach Tribeca, zum West Village, nach Chelsea und Midtown West.

➡ **Schiff/Fähre** Das Staten Island Ferry Terminal (S. 86) liegt am südlichen Ende der Whitehall St. Die Fähren nach Governors Island (S. 76) fahren vom benachbarten Battery Maritime Building. Die Fähren zur Freiheitsstatue und nach Ellis Island (S. 66) fahren vom nahen Battery Park.

Top-Tipp

Fans der Broadway-Shows steuern für billige Tickets besser nicht den TKTS-Kiosk am Times Square mit Warteschlangen an, sondern den **TKTS Booth** (www.tdf.org; Ecke Front & John St; Mo–Sa 11–18, So bis 16 Uhr; A/C, 2/3, 4/5, J/Z bis Fulton St; R/W bis Cortlandt St) am South Street Seaport: Hier ist viel weniger los und es gibt auch Karten für Matineen am nächsten Tag (die es am Times Square nicht gibt). Die TKTS-Smartphone-App zeigt an, welche Karten noch zu haben sind.

 Gut essen

➡ Locanda Verde (S. 81)

➡ Bâtard (S. 81)

➡ North End Grill (S. 81)

➡ Brookfield Place (S. 81)

➡ Two Hands (S. 81)

Mehr dazu S. 80 ➡

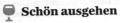 **Schön ausgehen**

➡ Dead Rabbit (S. 83)

➡ Brandy Library (S. 83)

➡ Smith & Mills (S. 84)

➡ Bluestone Lane (S. 83)

Mehr dazu S. 83 ➡

 Große Geschichte

➡ Ellis Island (S. 66)

➡ Fraunces Tavern Museum (S. 72)

➡ South Street Seaport Museum (S. 77)

➡ African Burial Ground National Monument (S. 80)

➡ Federal Hall (S. 74)

Mehr dazu S. 66 ➡

HIGHLIGHT
FREIHEITSSTATUE

Seit 1886 blickt „Lady Liberty" streng über das Meer nach Europa. Die als „Mutter der Exilanten" bekannte Statue erinnert an die schwierigen sozialen Verhältnisse in der Alten Welt. „Gib mir deine müden, deine armen, deine niedergedrückten Massen, die sich danach sehnen, frei zu atmen, das armselige Strandgut deiner überfüllten Küsten", so die Dame der Freiheit in dem berühmten Gedicht „The New Colossus" von Emma Lazarus aus dem Jahr 1883.

Von Ägypten in die USA

Was viele nicht wissen: Das französische Mega-Geschenk an die Vereinigten Staaten war ursprünglich gar nicht für die USA gedacht. Als der Bildhauer Frédéric-Auguste Bartholdi mit der Planung begann, wollte er ein Monumentalstandbild für die Einfahrt zum ägyptischen Suezkanal schaffen, einem der größten Meisterwerke der französischen Ingenieurskunst des 19. Jhs. Bartholdis Huldigung an den gallischen Erfindergeist sollte Elemente von zweien der sieben Weltwunder der Antike in sich vereinen: des Kolosses von Rhodos und des Leuchtturms von Alexandria. Jedoch konnte für das gewaltige Monument nicht genügend Geld aufgebracht werden, weder von Frankreich noch von Ägypten – Bartholdis Traum schien zum Scheitern verurteilt. Die Lösung hatte Bartholdis Freund Edouard René Lefèbvre de Laboulaye parat. Der französische Jurist, Schriftsteller und Sklavereigegner schlug vor, die Statue den Vereinigten Staaten als Symbol des Triumphes der Republik und der Demokratie – Errungenschaften von Frankreich und den USA – zu schenken. Bartholdi erkannte seine einmalige Chance, machte sich an die Arbeit, passte seine Pläne an und machte aus seinem Suez-Flop ein

SCHON GEWUSST?

➡ Bis zur Spitze der Fackel ist die Freiheitsstatue 93 m hoch und wiegt 225 t.

PRAKTISCH & KONKRET

➡ Karte S. 438, C8
➡ ☎212-363-3200, Tickets 877-523-9849
➡ www.nps.gov/stli
➡ Liberty Island
➡ Erw./Kind mit Ellis Island 18,50/9 $, mit Krone 21,50/12 $
➡ ⊙8.30–17.30 Uhr, saisonale Abweichungen
➡ 🚢bis Liberty Island, Ⓢ1 bis South Ferry oder 4/5 bis Bowling Green

wundervolles Geschenk zur Hundertjahrfeier der Unabhängigkeitserklärung der USA: „Die Freiheit erleuchtet die Welt."

Bau der Statue

Der Künstler verbrachte fast 20 Jahre damit, das Denkmal zu vollenden und es im Hafen von New York aufzustellen – und seinen Traum Wirklichkeit werden zu lassen. Geldnöte standen ihm dabei im Weg, aber Bartholdi wurde unterstützt durch den Zeitungsverleger Joseph Pulitzer, der zu Spenden aufrief. Als Unterstützerin betätigte sich auch die Dichterin Emma Lazarus, deren oben erwähnte Ode an Lady Liberty Teil einer Spendenaktion für den Sockel der Statue war, den der amerikanische Architekt Richard Morris Hunt entwarf. Bartholdi hatte außerdem Konstruktionsprobleme mit der Statue, die dann durch den Meister des Metallgerüstbaus, den Ingenieur Gustave Eiffel, gelöst wurden. Das Kunstwerk wurde schließlich 1884 in Frankreich vollendet, etwas verspätet für die Hundertjahrfeier. Es wurde in 350 Einzelstücken in 214 Kisten verpackt nach New York verschifft, über einen Zeitraum von vier Monaten wieder zusammengesetzt und auf einen in den USA gefertigten Granitsockel gestellt, um schließlich im Oktober 1886 spektakulär eingeweiht zu werden, u. a. mit der ersten Konfettiparade New Yorks und einer Flotte von fast 300 Schiffen. 1933 wurden die Statue und Liberty Island der Verwaltung der National Park Services unterstellt; 1984 begann eine Restaurierung der oxidierten Kupferhaut und im selben Jahr erklärte die Unesco die Statue zum Weltkulturerbe.

Die Freiheitsstatue heute

Besucher können die 393 steilen Stufen bis zur Krone der Freiheitsstatue hinaufklettern und den grandiosen Ausblick auf den Hafen genießen. Allerdings ist der Zugang zur Krone beschränkt und der Aufstieg muss im Voraus gebucht werden – je früher, desto besser. Reservierungen sind bis zu einem halben Jahr im Voraus möglich, Kinder müssen für die Krone mindestens vier Fuß (1,22 m) groß sein.

Wer bei den Tickets für die Krone kein Glück hatte, ist vielleicht beim Sockel erfolgreicher, doch auch diese Tickets sind nur begrenzt erhältlich und müssen reserviert werden. Nur mit Ticket für Krone oder Sockel kommt man ins Museum im Sockel.

Wer leer ausgegangen ist, hat mit seinem Fährticket immerhin Zugang zu den Außenanlagen und kann sich einer Führung der Ranger anschließen oder einen Rundgang per Audioguide unternehmen. Außerdem gibt's einen Andenkenladen und ein Café.

TOP-TIPP

Wer sowohl zur Freiheitsstatue als auch nach Ellis Island möchte, muss eine **Fähre** (Karte S. 438; ☎877-523-9849; www.statuecruises.com; Erw./Kind ab 18,50/9 $; 🕒Abfahrten 8.30–16 Uhr; [S]4/5 bis Bowling Green; R/W bis Whitehall St; 1 bis South Ferry) nehmen, die vor 14 Uhr abfährt. Der Sicherheitscheck am Fähranleger ähnelt dem am Flughafen – keine Taschenmesser mitnehmen! – und kann in der Hauptsaison bis zu 90 Minuten dauern.

Tickets vorab besorgen: Damit bekommt man eine feste, garantierte Besuchszeit zugewiesen und kann an den langen Schlangen vor den Kassen vorbeihuschen.

SYMBOLE

Das Gesetzbuch in der linken Hand der Statue trägt die Inschrift „July IV MDCCLXXVI" (4. Juli 1776), das Datum der amerikanischen Unabhängigkeitserklärung. Die Strahlen an der Krone repräsentieren die sieben Weltmeere und Kontinente, die 25 Fenster der Krone die Edelsteine der Erde, die zerbrochenen Ketten zu ihren Füßen die Befreiung von Unterdrückung und Sklaverei. Die Originalfackel wurde 1986 ersetzt und befindet sich heute im Museum auf der Insel.

HIGHLIGHT
ELLIS ISLAND

Ellis Island ist das berühmteste und historisch bedeutendste Tor nach Amerika – hier traf die Verzweiflung der Alten Welt auf das Versprechen der Neuen Welt. Zwischen 1892 und 1924 passierten über 12 Mio. Einwanderer mitsamt ihren Träumen diese Aufnahmestation. Geschätzte 40 % aller Amerikaner haben heute mindestens einen Vorfahren, der auf Ellis Island eintraf. Diese Zahl verdeutlicht die Bedeutung der winzigen Insel im Hafen von New York.

Restaurierung

Nach einer 160 Mio. $ teuren Renovierung wurde das Hauptgebäude auf der Insel 1990 als Ellis Island Immigration Museum wiedereröffnet. Wer heute mit der Fähre zur Insel hinüberfährt, kann die Ankunft der Einwanderer früherer Zeiten in einer aufgehübschten, modernen Version nachempfinden: Die interaktiven Exponate des Museums vermitteln einen Eindruck von den Hoffnungen, Freuden und manchmal bitteren Enttäuschungen der Millionen Menschen, die hier einen neuen Anfang suchten. Darunter befanden sich z. B. der Ungar Erik Weisz (der Zauberkünstler Harry Houdini), der Italiener Rodolfo Guglielmi (der Schauspieler vieler Stummfilmklassiker Rudolph Valentino) und der Brite Archibald Alexander Leach (Cary Grant).

Ausstellungen im Immigration Museum

Die Ausstellungen des Museums erstrecken sich über drei Stockwerke. Am besten besorgt man sich in der Museumslobby einen Audioguide (mit Fährticket kostenlos) für einen 50-minütigen Rundgang. Der Führer liefert Beiträge aus unterschiedlichsten Quellen, etwa von Historikern, Architekten und auch Einwanderern, und lässt so die umfassende Sammlung an persönlichen Gegenständen, offiziellen Dokumenten, Fotos und Filmen lebendig werden. Persönliche Erinnerungen nachzuerleben – sowohl gute als auch schlechte – und zwar in denselben Hallen und Korridoren, in denen sie passierten, ist ein bewegendes Erlebnis.

Die Sammlung selbst teilt sich in verschiedene Dauer- und Wechselausstellungen. Wer nicht viel Zeit hat, sollte die Ausstellung „Journeys: The Peopling of America 1550–1890" im Erdgeschoss *(1st floor)* auslassen und sich auf den 1. Stock *(2nd floor)* konzentrieren. Hier befinden sich zwei der faszinierendsten Ausstellungen des Komplexes: „Through America's Gate" befasst sich Schritt für Schritt mit der Einwanderungsprozedur, der sich die Neuankömmlinge unterziehen mussten: Markierung mit Kreide derjenigen, die unter dem Verdacht standen, krank zu sein, eine etwas schauderhafte Augenuntersuchung sowie 29 Fragen im schönen Registry Room. Die Ausstellung „Peak Immigration Years" untersucht die Motive der Einwanderer und die Herausforderungen, denen sie sich in den USA gegenübersahen. Besonders interessant sind hier Fotografien, die einen Einblick in den Alltag dieser mutigen neuen Amerikaner gewähren.

Mit der Geschichte des Gebäudes selbst beschäftigt sich die Abteilung „Restoring a Landmark" im 2. Stock *(3rd floor)*; die kaputten Schreibtische, Stühle und anderen zurückgelassenen Gegenstände sind auf merkwürdige Weise anrührend. Für alle, die sich näher mit den Sammlungen und der Geschichte der Insel befassen möchten, bietet der Audioguide detailliertere Informationen. Wem ein Audioguide nicht zusagt, der kann sich in den verschiedenen Ausstellungen über die dort vorhandenen Telefonhörer informieren

---

NICHT VERSÄUMEN

➡ Ausstellungen im Immigration Museum
➡ Architektur des Main Building
➡ American Immigrant Wall of Honor & Ruinen von Fort Gibson

PRAKTISCH & KONKRET

➡ Karte S. 438, B8
➡ 📞212-363-3200, Tickets 877-523-9849
➡ www.nps.gov/elis
➡ Ellis Island
➡ Fähre mit Freiheitsstatue Erw./Kind 18,50/9 $
➡ ⏱8.30–18 Uhr, saisonale Abweichungen
➡ 🚢bis Ellis Island, Ⓢ1 bis South Ferry oder 4/5 bis Bowling Green

und sich in den 1980er-Jahren aufgenommene Erinnerungen echter Ellis-Island-Immigranten anhören. Eine weitere Möglichkeit ist eine kostenlose 45-minütige Führung mit einem Ranger.

Architektur des Hauptgebäudes

Mit dem Main Building (Hauptgebäude) schufen die Architekten Edward Lippincott Tilton und William A. Boring ein eindrucksvolles, imposantes Tor nach Amerika. Ein Neubau war notwendig geworden, nachdem das ursprüngliche Holzgebäude 1897 abgebrannt war. Beide Architekten hatten an der École des Beaux-Arts in Paris studiert, sodass die Wahl des Beaux-Arts-Stils nicht überrascht. Das Gebäude wirkt wie ein großer Bahnhof, mit majestätischen dreibogigen Eingängen, dekorativem flämischem Backsteinmauerwerk und Ecksteinen und Türmen aus Granit. Im Inneren des Gebäudes ist vor allem der 103 m lange Registry Room (auch als Great Hall bekannt) im 1. Stock *(2nd floor)* atemberaubend. Unter der schönen Gewölbedecke mussten sich die Neuankömmlinge anstellen, um ihre Papiere prüfen zu lassen. Polygamisten, Arme, Kriminelle und Anarchisten wurden ausgesondert und zurückgeschickt. Die ursprüngliche Gipsdecke wurde durch eine Explosion auf Munitionsschiffen an der nahen Black Tom Wharf schwer beschädigt. Das erwies sich am Ende jedoch als Segen, denn es bescherte dem Saal wunderschöne Kacheln im Fischgrätenmuster von Rafael Guastavino. Der in Katalonien gebürtige Ingenieur schuf übrigens auch die schöne Kacheldecke in der Grand Central Oyster Bar mit Restaurant (S. 206) im Grand Central Terminal.

American Immigrant Wall of Honor & Ruinen von Fort Gibson

Von der Ausstellung „Journeys: The Peopling of America 1550–1890" im Erdgeschoss gelangt man nach draußen zur American Immigrant Wall of Honor mit über 700 000 Namen von Einwanderern. Diese Ehrenwand soll die größte ihrer Art weltweit sein. Gegen eine Spende kann jeder US-Bürger den Namen eines mit ihm verwandten Einwanderers auf der Wand verewigen lassen. Beim Bau der Mauer in den 1990er-Jahren wurden die Überreste von Fort Gibson, dem ersten Bauwerk auf der Insel, zutage gefördert. Die Ruinen sind an der südwestlichen Ecke des Denkmals zu sehen. Die 1808 errichtete Festung war Teil eines Hafenverteidigungssystems gegen die Briten, zu dem auch Castle Clinton im Battery Park und Castle Williams auf Governors Island gehörten. Zu jener Zeit war Ellis Island nur 1,3 ha groß und bestand aus Sand und Schlick. Zwischen 1892 und 1934 wurde die Insel erheblich vergrößert, indem Schiffsballast und die beim Bau der New Yorker Subway ausgehobene Erde hierher verfrachtet wurden.

IRISCHES DEBUT

Die erste Einwanderin, die auf Ellis Island ankam, war die 15 Jahre alte Anna Moore. Nach einer zwölf Tage langen Überfahrt vom irischen County Cork betrat sie am 1. Januar 1892 die Insel in Begleitung ihrer Brüder Phillip und Anthony. Die drei Geschwister waren auf dem Weg zu ihren Eltern, die vier Jahre zuvor nach New York ausgewandert waren. Nach ihrer Heirat mit dem deutschen Immigranten Joseph Augustus Schayer gebar Annie mindestens elf Kinder, von denen nur fünf überlebten. Annie starb am 6. Dezember 1924 und wurde auf dem Calvary Cemetery in Queens beigesetzt.

KRANKENHAUS ALLER NATIONEN

Zu Beginn des 20. Jh. war das ehemalige Krankenhaus auf Ellis Island eins der größten der Welt. Es bestand aus 22 Gebäuden und wurde das „Krankenhaus aller Nationen" genannt. Es war die erste Verteidigungslinie der USA gegen eingeschleppte Krankheiten. Die faszinierende Geschichte der Institution wird anschaulich erzählt in dem Dokumentarfilm und Begleitbuch *Forgotten Ellis Island* von Lorie Conway. Wer sein Ticket im Internet bucht, kann dabei auch die „Hard Hat"-Führung (53,50 $) durch das nicht renovierte Krankenhaus reservieren.

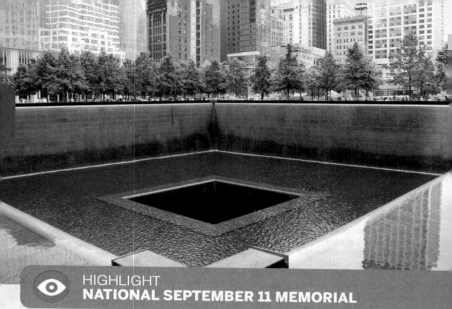

HIGHLIGHT
NATIONAL SEPTEMBER 11 MEMORIAL

Das National September 11 Memorial and Museum gedenkt der Opfer des schlimmsten Terroranschlags auf US-amerikanischem Boden. Um die beiden großen Wasserbecken – *Reflecting Absence* – sind die Namen der Tausenden von Menschen, die damals ihr Leben ließen, eingraviert. Daneben steht das Memorial Museum, ein beeindruckendes, würdevolles Gebäude, in dem an den schicksalhaften Tag im Jahr 2001 erinnert wird.

Reflecting Absence

Die Wasserbecken des 9/11 Memorial sind von einem mit über 400 Zweifarbigen Eichen bepflanzten Platz umgeben. Sie befinden sich genau auf den Grundflächen der eingestürzten Twin Towers. Von ihrem Rand ergießt sich ununterbrochen Wasser 9 m hinunter in eine Vertiefung in der Mitte. Der Fluss des Wassers ist symbolisch; er beginnt als Tausende kleiner Ströme, die sich zu einem großen Strom kollektiver Verwirrung vereinen, und endet mit einer langsamen Reise Richtung Abgrund. Die Becken sind von Bronzeplatten umgeben, auf denen die Namen derjenigen verzeichnet sind, die bei den Anschlägen des 11. September 2001 und beim Bombenanschlag auf das World Trade Center am 26. Februar 1993 umkamen. Die von Michael Arad und Peter Walker entworfenen Becken sind nicht nur ein faszinierendes, sondern auch sehr ergreifendes Werk.

Memorial Museum

Der emotionale Aspekt des Mahnmals wird im **National September 11 Memorial Museum** (Karte S. 438; www.911memorial.org/museum; Museum Erw./Kind 24/15 $, Di 17–20 Uhr frei; ☉So–Do 9–20, Fr & Sa bis 21 Uhr, letzter Einlass 2 Std. vor Schließung) fortgeführt. Der gläserne Eingangspavillon des Museums zwischen den beiden Wasserbecken erinnert unheilvoll

NICHT VERSÄUMEN

➡ Wasserbecken
➡ Memorial Museum
➡ Santiago Calatravas *Oculus*

PRAKTISCH & KONKRET

➡ www.911memorial.org
➡ 180 Greenwich St
➡ Eintritt frei
➡ ☉7.30–21 Uhr
➡ Ⓢ E bis World Trade Center; R/W bis Cortlandt St; 2/3 bis Park Pl

an einen umgestürzten Turm. Drinnen führt eine Treppe im Schatten der beiden Stahlträger, die ursprünglich im Fels am Fuß des Nordturms verankert waren, hinunter zur unterirdischen Hauptlobby des Museums. Die beiden Träger, jeweils knapp 25 m hoch und 45 t schwer, ermöglichten es, dass sich die Türme 414 m weit in die Höhe schwingen konnten. Nach den Anschlägen ragten sie weiterhin aufrecht stehend aus dem Meer aus Schutt heraus und wurden so bald zum Symbol der Widerstandskraft.

Die Stahlträger sind nur zwei von über 10 300 Gegenständen in der Sammlung des Museums. Dazu zählen auch die Vesey Street Stairs, die „Überlebendentreppe", über die am Morgen des 11. September Hunderte von Angestellten aus dem World Trade Center fliehen konnten. Am Fuß dieser Treppe befindet sich die ergreifende Galerie „In Memoriam" mit Porträts und Namen der zu Tode Gekommenen. Interaktive Touchscreens und ein Andachtsraum in der Mitte liefern Informationen zu den Opfern, genauso wie die zahlreichen ausgestellten persönlichen Gegenstände. Dazu gehört die staubige Geldbörse von Robert Joseph Gschaar, einem Versicherungsangestellten, der im 92. Stock des Südturms arbeitete. In der Brieftasche befinden sich ein Foto seiner Frau Myrta sowie eine 2-$-Note, die Gschaar Myrta bei seinem Heiratsantrag als Zeichen für ihre zweite Chance auf Glück geschenkt hatte.

Um die Ecke der „In Memoriam"-Galerie steht eines der größten Ausstellungsstücke: der Feuerwehrwagen der Engine Company 21 des New York City Fire Department, dessen ausgebranntes Führerhaus an das Inferno erinnert, das die Helfer vor Ort erwartete. Der Wagen befindet sich am Eingang zur Hauptausstellung des Museums. Diese ist in drei Teile untergliedert – „Ereignisse des Tages", „Vor 9/11" und „Nach 9/11". Mit Videos, Audiomitschnitten, Bildern, Gegenständen und Augenzeugenberichten bietet die Ausstellung eine würdevolle und nachdenkliche Möglichkeit, sich der Tragödie und den vorausgehenden Ereignissen (etwa dem Anschlag auf das World Trade Center 1993) zu nähern und den Geschichten von Trauer, Widerstandskraft und Hoffnung in der Zeit nach den Anschlägen zu begegnen.

Von dieser „Historical Exhibition" geht's in die monumentale Foundation Hall mit einem großen Stück der ursprünglichen Schlitzwand, die beim Bau der Türme das Wasser des Hudson zurückhielt. Außerdem findet sich hier der letzte bei den Aufräumarbeiten beseitigte Stahlträger, geschmückt mit Nachrichten und Hinterlassenschaften von Arbeitern, Ersthelfern und Angehörigen der Opfer.

ENGEL VON 9/11

Eines der seltsamsten und berühmtesten Objekte im Memorial Museum ist der „Engel von 9/11": Ein verbogener Träger zeigt das unheimliche, angstverzerrte Gesicht einer Frau, angeblich genau an der Stelle, an der die American-Airlines-Flug Nr. 11 in den Nordturm einschlug. Experten haben jedoch eine banalere Erklärung dafür: Korrosion und Zufall.

DER CALATRAVA-BAU

Der Architekt Santiago Calatrava ließ sich zu seinem *Oculus* (Ochsenauge) über dem neuen WTC Transportation Hub durch das Bild einer fliegenden Taube inspirieren. Das spannende Bauwerk aus 36 500 t Stahl leitet natürliches Licht in den 3,9 Mio. $ teuren Umsteigebahnhof, der jeden Tag von 250 000 Bahnpendlern frequentiert wird. Er ist zweieinhalb Mal so groß wie das Grand Central Terminal und umfasst mehrere Etagen mit Geschäften und Restaurants. Jedes Jahr am 1. September wird das Oberlicht in der Mitte für 102 Minuten geöffnet – so lange dauerte es vom ersten Angriff bis zum Einsturz des zweiten Turms.

HIGHLIGHT
ONE WORLD TRADE CENTER

Das One World Trade Center füllt eine schmerzhafte Lücke in der New Yorker Skyline und steht für Wiedergeburt, Entschlossenheit und Widerstandskraft. Mehr als jeder andere Superwolkenkratzer ist dieser extrem symbolbehaftet – sich der Vergangenheit bewusst, doch mit festem Blick in die Zukunft. Für New-York-Liebhaber ist dies außerdem die angesagte neue Topadresse für umwerfende und unvergessliche Weltstadtpanoramen.

Das Gebäude

An der Nordwestecke des World-Trade-Center-Geländes strebt der 104-stöckige Turm des Architekten David M. Childs gen Himmel. Die umgestaltete Version von Daniel Libeskinds ursprünglichem Entwurf von 2002 ist nicht nur das höchste Gebäude der USA, sondern der gesamten westlichen Hemisphäre. Weltweit ist es das vierthöchste. Vom Fuß des Gebäudes aus gesehen scheint es sich aufgrund der gleichschenkligen Dreiecke an seinen Kanten ins Unendliche zu erheben. Gekrönt wird der Gigant durch eine von dem Bildhauer Kenneth Snelson mitgestaltete, 124 m hohe Schrägseilspitze. Zusammen mit dieser ist das Gebäude insgesamt 1776 Fuß (541 m) hoch – eine symbolische Anspielung auf das Jahr der amerikanischen Unabhängigkeit.

Auch andere Elemente des Bauwerks sind symbolträchtig: So ist die Grundfläche identisch mit derjenigen der ursprünglichen beiden Türme und die Aussichtsplattform befindet sich auf derselben Höhe wie die des alten Komplexes. Das One WTC wurde mit ganz neuen Sicherheitskonzepten erbaut; dazu zählen ein 60 m hoher bombensicherer Sockel – eingefasst in über 2000 Stücke glitzernden Spektralglases – sowie 1 m dicke Betonwände um alle Fahrstühle, Treppenhäuser und Kommunikations- und Sicherheitssysteme. Was die Architekten und Ingenieure jedoch nicht voraussahen, war der durch die Antenne

NICHT VERSÄUMEN

➡ Ein Foto vom Fuß des Gebäudes gen Himmel

➡ Sky-Pod-Aufzüge

➡ Ausblicke vom Observatory

PRAKTISCH & KONKRET

➡ One WTC

➡ Karte S. 438, B4

➡ Ecke West & Vesey St

➡ S E bis World Trade Center; 2/3 bis Park Pl; A/C, J/Z, 4/5 bis Fulton St; R/W bis Cortlandt St

verursachte Lärm: Die starken Winde, die durch ihr Gitterwerk toben, erzeugen ein unheimliches Heulen, das einigen Anwohnern nachts den Schlaf raubt.

One World Observatory

Der Wolkenkratzer beherbergt mit dem **One World Observatory** (Karte S. 438; ☎844-696-1776; www.oneworldobservatory.com; Ecke West & Vesey St; Erw./Kind 34/28 $; 🕘9–20 Uhr, letzter Ticketverkauf um 19.15 Uhr; [S]E bis World Trade Center; 2/3 bis Park Pl; A/C, J/Z, 4/5 bis Fulton St; R/W bis Cortlandt St) auf den Stockwerken 100 bis 102 die höchsten Aussichtsplattformen der Stadt. Der Höhenrausch nimmt seinen Anfang im Global Welcome Center im Erdgeschoss. Hier zeigt eine elektronische Weltkarte die Herkunftsländer der Besucher – die Daten stammen von den Eintrittskarten. Die Querelen aus der Entstehungszeit des Komplexes sind in der benachbarten Ausstellung „Voices" so gut wie vergessen: Da schwärmen Architekten und Bauarbeiter auf 144 Videobildschirmen vom Werden des Turms.

Dann gibt's noch ein paar Infos zur hiesigen Geologie und schließlich betritt man einen der fünf Sky-Pod-Aufzüge, die zu den schnellsten Liften der Welt gehören. Auf der 381-m-Himmelfahrt werden die Besucher von LED-Bildschirmen unterhalten. In einer Art Zeitreise wohnt man der Entwicklung Manhattans von einer bewaldeten Insel zu einem wimmelnden Betondschungel bei. 47 Sekunden (und 500 Jahre) später landet man auf Ebene 102.

Die überteuerten Restaurants auf Ebene 101 lässt man am besten links liegen und begibt sich zum eigentlichen Highlight, der 100. Etage. Hier bietet sich einem schließlich das atemberaubende Rundumpanorama mit Highlights wie Brooklyn und Manhattan Bridge, Freiheitsstatue und Woolworth, Empire State und Chrysler Building. Wer beim Erkennen der Wahrzeichen Hilfe braucht, kann sich für 15 $ ein interaktives Tablet ausleihen, das Infos in acht Sprachen bereithält. Besonders an klaren Tagen ist der Ausblick auf alle fünf Stadtbezirke und das Umland wirklich berauschend. Ein besserer Blick auf die Wolkenkratzer in Midtown bietet sich allerdings vom Empire State Building oder vom Top of the Rock des Rockefeller Center.

BERÜHMTE BEWOHNER

Berühmte Bauten brauchen berühmte Bewohner und das ist auch beim One World Trade Center der Fall. Der bekannteste Mieter ist der Verlag Condé Nast Publications, der 2014 vom 4 Times Square hierherzog. Zu den Publikationen gehören Edelmagazine wie *Vogue, Vanity Fair, GQ, Architectural Digest* und – passenderweise – *The New Yorker*. Natürlich ist der Hauptsitz des Unternehmens fabelhaft, mit eindrucksvoller Wendeltreppe und schicker Cafeteria mit Gourmetessen und grandiosem Ausblick.

TICKETS & TIPPS

Um die längsten Warteschlangen zu umschiffen, besorgt man sich Tickets am besten online (www.oneworldobservatory.com/tickets). Wer sein Ticket per Smartphone kauft, muss es nicht ausgedruckt vorlegen: Einfach vom Ticket inklusive Barcode einen Screenshot machen und dann bei der Ankunft im Gebäude scannen.

Beim Kauf des Tickets muss eine Besuchszeit festgelegt werden – am besten ist man vor 9.15 Uhr da. Am vollsten ist es zum Sonnenuntergang.

Auf jeden Fall sollte man immer 15 Minuten vor der angegebenen Besuchszeit vor Ort sein, um genügend Zeit für den Sicherheitscheck zu haben.

⊙ SEHENSWERTES

⊙ Wall Street & Financial District

Die meisten Top-Sehenswürdigkeiten von Lower Manhattan befinden sich im Financial District, darunter die New Yorker Kirchen aus der Kolonialzeit und die Stätte der ersten Amtseinführung George Washingtons als Präsident. Der jüngeren Geschichte sind mehrere empfehlenswerte Museen gewidmet wie das National September 11 Memorial Museum.

NATIONAL SEPTEMBER 11 MEMORIAL   MAHNMAL
Siehe S. 68.

NATIONAL SEPTEMBER 11 MEMORIAL MUSEUM   MUSEUM
Siehe S. 68.

ONE WORLD TRADE CENTER   BEMERKENSWERTES GEBÄUDE
Siehe S. 70.

ONE WORLD OBSERVATORY   AUSSICHTSPUNKT
Siehe S. 71.

NATIONAL MUSEUM OF THE AMERICAN INDIAN   MUSEUM
Karte S. 438 (☏212-514-3700; www.nmai.si.edu; 1 Bowling Green; ⊙Fr–Mi 10–17, Do bis 20 Uhr; Ⓢ4/5 bis Bowling Green; R/W bis Whitehall St) GRATIS Das elegante Museum gehört zur Smithsonian Institution und ist in Cass Gilberts spektakulärem **Custom House** von 1907 untergebracht, einem der schönsten Beaux-Arts-Gebäude der Stadt. Hinter einer großen elliptischen Rotunde werden in eleganten Galerien wechselnde Ausstellungen zu Kunst und Kultur, zum Alltag und zu den Glaubensvorstellungen der amerikanischen Ureinwohner präsentiert. Zur ständigen Sammlung des Museums zählen wunderschöne Gebrauchskunst, Textilien und zeremonielle Objekte, die die unterschiedlichen Kulturen der Ureinwohner beleuchten.

Die vier großen Frauenskulpturen vor dem Gebäude stammen von **Daniel Chester French**, der später auch die Sitzstatue von Abraham Lincoln im Lincoln Memorial in Washington schuf. Die Statuen repräsentieren (von links nach rechts) Asien, Nordamerika, Europa und Afrika und geben einen aufschlussreichen Einblick in die amerikanische Weltsicht zu Beginn des 20. Jhs.

Im Museum finden auch Kulturveranstaltungen statt, darunter Tanzevents, Konzerte, Lesungen für Kinder, handwerkliche Vorführungen, Filme und Workshops. Ein Museumsshop bietet indianischen Schmuck, Bücher, CDs und Kunsthandwerk zum Verkauf an.

FRAUNCES TAVERN MUSEUM   MUSEUM
Karte S. 438 (☏212-425-1778; www.frauncestavernmuseum.org; 54 Pearl St zw. Broad St & Coenties Slip; Erw./6–18 J./unter 6 J. 7/4 $/frei; ⊙Mo–Fr 12–17, Sa & So 11–17 Uhr; Ⓢ J/Z bis Broad St; 4/5 bis Bowling Green; R/W bis Whitehall St; 1 bis South Ferry) Die einzigartige Kombination aus Museum, Restaurant und Bar in einem Komplex aus fünf Gebäuden vom frühen 18. Jh. ist den für die Geschichte der USA bedeutsamen Ereignissen des Jahres 1783 gewidmet: Die Briten verabschiedeten sich am Ende des Unabhängigkeitskrieges aus New York und General George Washington hielt am 4. Dezember im Speisesaal im 1. Stock vor seinen Offizieren eine Abschiedsrede, um danach auf seinen Landsitz Mount Vernon zurückzukehren.

Ursprünglich diente das zu Beginn der 1720er-Jahre errichtete Gebäude als schickes Wohnhaus für den Kaufmann Stephen DeLancey und seine Familie. Schankwirt Samuel Fraunces kaufte es 1762 und machte daraus die Taverne The Queen's Head. Nach dem Krieg, als New York die erste Hauptstadt der USA war, wurden die Räumlichkeiten vom Kriegs-, Finanz- und Außenministerium genutzt. Im 19. Jh. wurde die Taverne geschlossen und das Gebäude verfiel zusehends. In der Folgezeit wurde es durch Großfeuer beschädigt, die mehrfach in der Altstadt wüteten und die meisten Kolonialbauten sowie fast alle holländischen Häuser zerstörten. 1904 kaufte die historische Gesellschaft Sons of the Revolution das Gebäude, restaurierte es und gab ihm sein Erscheinungsbild aus der Kolonialzeit zurück – wahrscheinlich die erste bedeutende Denkmalschutzmaßnahme in den USA.

TRINITY CHURCH   KIRCHE
Karte S. 438 (☏212-602-0800; www.trinitywallstreet.org; 75 Broadway Höhe Wall St; ⊙7–18 Uhr;

S1, R/W bis Rector St; 2/3, 4/5 bis Wall St) Bei ihrer Fertigstellung 1846 war die Trinity Church mit ihrem 85 m hohen Glockenturm das höchste Gebäude der Stadt. Außerdem gibt es hier über dem Altar ein sehr farbenfrohes Buntglasfenster. Auf dem stillen Friedhof liegt u. a. der US-Gründungsvater und erste Schatzkanzler Alexander Hamilton bestattet. In der Kirche finden hervorragende Konzerte statt, darunter die Concerts at One (donnerstags um 13 Uhr) und Chorkonzerte, z. B. jeden Dezember eine Aufführung von Händels *Messias*.

Diese erste anglikanische Gemeindekirche wurde 1697 von dem englischen König Wilhelm III. begründet. Ihr unterstanden einst mehrere andere Kirchen, darunter auch die St. Paul's Chapel (s. u.). Dank ihres gewaltigen Landbesitzes in Lower Manhattan galt die Kirchengemeinde der Trinity Church im 18. Jh. als reichste und einflussreichste der USA. 1776 brannte die Kirche ab, ihre Nachfolgerin wurde 1839 abgerissen. Die heutige – dritte – Trinity Church wurde von dem englischen Architekten Richard Upjohn gebaut und war wegweisend für die amerikanische Neugotik.

ST. PAUL'S CHAPEL   KIRCHE
Karte S. 438 (☎212-602-0800; www.trinitywall street.org; 209 Broadway Höhe Fulton St; ☺Mo-Sa 10–18, So 7–18 Uhr, Friedhof bis 16 Uhr; SA/C, J/Z, 2/3, 4/5 bis Fulton St; R/W bis Cortlandt St; E bis Chambers St) Die klassizistische Kirche aus rötlich braunem Sandstein war lange Zeit vor allem dafür bekannt, dass George Washington nach seiner Amtseinführung 1789 in dieser Kirche betete. Das änderte sich mit dem schicksalhaften 11. September: Obwohl das World Trade Center nur einen Block entfernt war, zerbrach in St. Paul's nur eine Fensterscheibe, was der Kirche den Beinamen „The Little Chapel That Stood" (die kleine Kapelle, die widerstand) einbrachte. In den Tagen nach den Anschlägen diente die Kirche rund um die Uhr als Zufluchtsstätte und bot Ersthelfern und Rettungspersonal geistliche und emotionale Unterstützung sowie Verpflegung.

Das karge, weiße Interieur bildet einen starken Kontrast zum vergoldeten „Glorien"-Altarbild von Pierre L'Enfant, der später das Straßennetz von Washington entwarf. Auf Tafeln an den Seiten der Kirche wird von der Bedeutung von St. Paul's in der Geschichte New Yorks erzählt. In der kleinen Chapel of Remembrance im hinteren Bereich sind berührende Gegenstände vom 1. September zu sehen wie ein Kreuz aus Stahl aus den Trümmern.

2016 wurde zum 250. Bestehen der Kirche eine umfassende Sanierung abgeschlossen. Auf dem Friedhof hinter der Kapelle, der um 16 Uhr schließt, liegen einige bekannte Amerikaner der Revolutionszeit begraben.

MUSEUM OF AMERICAN
FINANCE   MUSEUM
Karte S. 438 (☎212-908-4110; www.moaf.org; 48 Wall St zw. Pearl & William St; Erw./Kind 8 $/ frei; ☺Di-Sa 10–16 Uhr; S2/3, 4/5 bis Wall St) In dem interaktiven Museum dreht sich alles ums Geld: Die Ausstellungen befassen sich mit wichtigen Episoden der amerikanischen Finanzgeschichte. Die ständige Sammlung beinhaltet seltene historische Banknoten (u. a. Banknoten der Konföderierten aus dem Bürgerkrieg), Aktien- und Bond-Zertifikate aus dem „Gilded Age" (wirtschaftliche Blütezeit 1870–1900), das älteste bekannte Foto der Wall Street und einen Börsenticker von etwa 1875.

Das Museum befindet sich in der einstigen Zentrale der Bank of New York, einem prachtvollen Gebäude mit über 9 m hohen Decken, palladianischen Bogenfenstern, einer majestätischen Treppe zum Zwischengeschoss, mit Kronleuchtern aus Glas und Wandmalereien mit historischen Szenen zum Thema Finanzen und Handel.

FEDERAL
RESERVE BANK
OF NEW YORK   BEMERKENSWERTES GEBÄUDE
Karte S. 438 (☎212-720-6130; www.newyorkfed. org; 33 Liberty St Höhe Nassau St, Eingang 44 Maiden Lane; Buchung erforderlich; ☺Führungen Mo–Fr 13 & 14 Uhr; SA/C, J/Z, 2/3, 4/5 bis Fulton St) GRATIS Der gewichtigste Grund für einen Besuch der US-Zentralbank ist die einzigartige Gelegenheit, einen Blick auf den streng gesicherten Tresorraum werfen zu können: Hier werden in 25 m Tiefe über 10 000 t Goldreserven gelagert. Besucher bekommen zwar nur einen kleinen Teil des Goldes zu sehen, dennoch lohnen sich die kostenlosen Führungen (Zutritt zum Tresor nur mit Führung); wer teilnehmen möchte, muss mehrere Monate im Voraus reservieren!

Ins interaktive Museum der Bank, das sich mit der Geschichte der Bank befasst, gelangt man auch ohne Führung, jedoch muss man online ein festen Zeitpunkt buchen. Führerschein oder Pass mitnehmen!

FEDERAL HALL
MUSEUM

Karte S. 438 (📞212-825-6990; www.nps.gov/feha; 26 Wall St; ⊙ganzjährig Mo–Fr 9–17 Uhr, Juli–Okt. außerdem Sa 9–17 Uhr; ⓈJ/Z bis Broad St; 2/3, 4/5 bis Wall St) GRATIS Die Federal Hall, ein Greek-Revival-Meisterwerk, zeigt in ihrem Museum zur postkolonialen Geschichte New Yorks u. a. eine Ausstellung zur Vereidigung von George Washington, zu Alexander Hamiltons Verhältnis zu NYC und zum Kampf von John Peter Zenger, der hier 1734 angeklagt, inhaftiert und schließlich vom Vorwurf der Verleumdung freigesprochen wurde: Er hatte in seiner Zeitung die Regierung der Korruption bezichtigt. Außerdem gibt's ein Besucherzentrum mit Stadtplänen und Broschüren.

Das Gebäude selbst, bewacht von der riesigen Statue George Washingtons, steht an der Stelle des zweiten New Yorker Rathauses, erbaut 1703, dann 1788 durch den Franzosen Pierre L'Enfant umgebaut und in Federal Hall umbenannt. Auf dem Balkon des Gebäudes leistete George Washington am 30. April 1789 seinen Amtseid als erster Präsident der Vereinigten Staaten. Zur Sammlung des Museums zählt auch jene Steinplatte, auf der Washington stand, als er seinen Eid schwor. Nach dem Abriss 1812 wurde zwischen 1834 und 1842 das jetzige Gebäude erbaut, das bis 1862 die US-Zollbehörde beherbergte.

Täglich um 10, 13, 14 und 15 Uhr werden kostenlose 30-minütige Führungen angeboten. Die Öffnungszeiten am Samstag kann man vorher telefonisch checken, da das Museum manchmal wegen Personalmangel geschlossen ist.

ARTISTS SPACE
GALERIE

Karte S. 438 (📞212-226-3970; www.artistsspace.org; 55 Walker St zw. Broadway & Church St, SoHo; ⊙unterschiedlich; ⓈA/C/E, N/Q/R, 1 bis Canal St) GRATIS Der Artists Space war eine der ersten alternativen Galerien New Yorks: Seit 1972 bietet er zeitgenössischen bildenden Künstlern eine Plattform für Werke im Bereich Video, elektronische Medien und Performance sowie Architektur und Design. Über 40 Jahre später wartet der Artists Space nun an anderer Stelle mit teils provokanter und experimenteller Kunst auf. Was gerade zu sehen ist, steht auf der Website.

USCGC LILAC
SCHIFF

Karte S. 438 (www.lilacpreservationproject.org; Pier 25 Höhe N Moore St; ⊙Ende Mai–Okt. Do 16–19, Sa & So 14–19 Uhr; 🚼; Ⓢ1 bis Franklin St; A/C/E bis Canal St) GRATIS Freunde der Seefahrt können den US Coast Guard Cutter *Lilac* besteigen, den letzten existierenden dampfbetriebenen Leuchtturmtender der USA. Er versorgte einst Leuchttürme und ihre Wärter, bis die Leuchttürme automatisiert wurden. Die 1933 in Betrieb genommene *Lilac* wurde 1972 ausgemustert und liegt seit 2011 am Pier 25, wo sie restauriert wird und besichtigt werden kann.

BOWLING GREEN
PARK

Karte S. 438 (Ecke Broadway & State St; Ⓢ4/5 bis Bowling Green; R/W bis Whitehall St) New Yorks ältester – und vielleicht kleinster – öffentlicher Park ist überliefert als der Ort, an dem der niederländische Siedler Peter Minuit amerikanischen Ureinwohnern die Insel Manhattan für umgerechnet etwa 24 $ abgekauft haben soll. Am nördlichen Rand des Parks steht die berühmte, über 3 t schwere Skulptur *Charging Bull* von Arturo Di Modica. Der Bronzestier wurde endgültig an diesen Ort verfrachtet, nachdem er 1989 (zwei Jahre nach einem Börsencrash) auf rätselhafte Weise vor der New Yorker Börse aufgetaucht war.

Im März 2017 stand der Park wieder im Mittelpunkt von Kontroversen: Ein Finanzunternehmen hatte die Skulptur *Fearless Girl* aufstellen lassen, die dem Bullen zu trotzen scheint. Einige sahen das Mädchen als Symbol des Feminismus und Antikapitalismus. Di Modica jedoch sah sein Kunstwerk missinterpretiert und forderte die sofortige Entfernung. Nach Debatten und Verhandlungen soll die Skulptur erst einmal bis 2018 stehen bleiben.

⊙ New York Harbor

FREIHEITSSTATUE
DENKMAL

Siehe S. 64.

ELLIS ISLAND
WAHRZEICHEN

Siehe S. 66.

⊙ Battery Park City

★ MUSEUM OF JEWISH HERITAGE
MUSEUM

Karte S. 438 (📞646-437-4202; www.mjhnyc.org; 36 Battery Pl; Erw./Kind 12 $/frei, Mi 16–20 Uhr frei; ⊙So–Di 10–18, Mi & Do bis 20, Fr Mitte März–Mitte Nov. bis 17, sonst bis 15 Uhr, Sa geschl.; 🚼; Ⓢ4/5 bis Bowling Green; R/W bis Whitehall St)

STATEN ISLAND

Das Land der Shaolin – zumindest der Hip-Hop-Gruppe Wu-Tang Clan zufolge –, der Velours-Taucheranzüge und der Häuser aus Holz und Aluminiumverkleidung: Staten Island ist eine ganz andere Welt als Manhattan. Ohne die Fähre, die im Zentrum von St. George anlegt, wäre die ganz untrendige vorstädtische Insel wohl so gut wie vergessen. Doch sie hat einiges zu bieten, besonders in Sachen Kultur und Essen. Und im Sommer kann man sich im **County Bank Ballpark** (☎718-720-9265; www.siyanks.com; Richmond County Bank Tce; Tickets 12 $; ⊗Kasse Mo–Fr 9–17 Uhr; ⛴Staten Island) am Wasser Baseball-Spiele der Minor League anschauen.

Snug Harbor Cultural Center & Botanical Garden (☎718-425-3504; www. snug-harbor.org; 1000 Richmond Tce; Galerien & Chinese Scholar's Garden Erw./Kind 8 $/frei, Außenanlagen frei; ⊗Außenanlagen tgl. Sonnenauf- bis Sonnenuntergang, Chinese Scholar's Garden Mi–So 10–17 Uhr, Nov.–März Fr–So 11–16 Uhr, Newhouse Center for Contemporary Art Mi–So 10–17 Uhr, Noble Maritime Collection Do–So 13–17 Uhr, Staten Island Museum Di–Fr 11–17, Sa & So 10–17 Uhr; ⛴S40 bis Snug Harbor), die wichtigste Sehenswürdigkeit auf Staten Island, umfasst ein weites Gelände mit Gärten, historischen Gebäuden und Museen. Zu den Highlights zählen das Staten Island Museum mit viel Kunst, ein Gelehrtengarten im altchinesischen Stil, ein toskanischer Garten nach dem Vorbild der Villa Gamberaia in Florenz und ein faszinierendes Seefahrtmuseum. Die Anlage befindet sich gut 3 km westlich des Fähranlegers; Bus S40 hält am Haupteingang.

Die 40 ha große **Historic Richmond Town** (☎718-351-1611; www.historicrichmondtown. org; 441 Clarke Ave; Erw./Kind 8/5 $, Fr frei; ⊗Mi–So 13–17 Uhr, Juni–Aug. ab 12 Uhr; ⛴S74 bis Arthur Kill Rd & Clarke Ave) in der Mitte der Insel besteht aus berühmten Gebäuden wie dem 300 Jahre alten zweistöckigen Voorlezer's House aus Redwood-Holz, es ist das älteste Schulgebäude der USA. Im Eintrittsgeld inbegriffen ist eine Führung (Mo–Fr 13.30, Sa & So 13.30 und 15.30 Uhr). Von der Fähre fährt ein Bus in ca. 40 Minuten hierher.

Alice Austen war die erste bekannte Fotografin der USA: Ihr **Haus** (☎718-816-4506; www.aliceausten.org; 2 Hylan Blvd Höhe Edgewater St; empfohlene Spende 3 $; ⊗März–Dez. Di–So 11–17 Uhr, Jan. & Feb. nur nach Vereinbarung; ⛴S51 bis Hylan Blvd & Bay St) am Wasser gibt einen Einblick in ihr Leben und künstlerisches Schaffen. Das Haus befindet sich etwas nördlich der Verrazano-Narrows Bridge, vom knapp 4 km entfernten Fährterminal mit dem Bus in etwa einer Viertelstunde zu erreichen.

Die **Enoteca Maria** (☎718-447-2777; www.enotecamaria.com; 27 Hyatt St; Hauptgerichte 16–25 $; ⊗Mi–Fr 12–23, Sa & So ab 15 Uhr; 🅿; ⛴Staten Island) ein Stückchen vom Fähranleger entfernt ist ein nettes, in warmes Licht getauchtes italienisches Lokal mit feinen altmodischen Speisen, die nette und sehr fachkundige *nonne* (italienische Großmütter) mit viel Sorgfalt zubereiten. Reservieren!

Fair-Trade-Kaffee, Hummus-Sandwiches, antiquarische Bücher und soziales Engagement – all dies bietet **Everything Goes Book Café & Neighborhood Stage** (☎718-447-8256; www.etgstores.com/bookcafe; 208 Bay St; Sandwiches 4–7 $; ⊗Di–Do 12–21, Fr & Sa bis 22, So 12–17 Uhr; 🛜🅿; ⛴Staten Island) knapp 1 km südlich des Fähranlegers, zu erreichen über die Bay St.

Ein Besuch im **Lakruwana** (☎347-857-6619; http://lakruwana.com; 668 Bay St, Ecke Broad St; Hauptgerichte 12–14 $; ⊗Di–Fr 12–15 & 17–22, Sa & So 12–22 Uhr; ⛴Staten Island) ist wie ein Besuch in einem hinduistischen Tempel. Das stimmungsvolle Restaurant serviert köstliche Currys, Safran-Reis und andere Leckereien aus Sri Lanka. Am besten ist es hier am Wochenende: Dann wartet ein Buffet mit allerlei Verführungen auf. Nach dem Essen kann man sich unten noch das Museum mit den rituellen Gegenständen aus Sri Lanka anschauen. Das Restaurant liegt knapp 2 km südlich des Fähranlegers.

In einem großen Schankraum, in dem auch Bands aufspielen, serviert die **Flagship Brewing Company** (☎718-448-5284; www.flagshipbrewery.nyc; 40 Minthorne St; ⊗Di & Mi 14–22, Do–Sa 12–24, So 12–20 Uhr; ⛴Staten Island) durstlöschende Craft-Biere – Grund genug, ein bisschen auf der Insel zu verweilen.

Zu erreichen ist die Insel mit der kostenlosen Staten Island Ferry (S. 86): Sie pendelt rund um die Uhr zwischen Lower Manhattan und St. George an der Nordspitze von Staten Island.

ABSTECHER

GOVERNORS ISLAND

Der 200 Jahre lang für die Öffentlichkeit gesperrte Militärposten **Governors Island** (☎212-825-3045; www.govisland.com; ◷Mai–Okt. Mo–Fr 10–18, Sa & So bis 19 Uhr; Ⓢ4/5 bis Bowling Green; 1 bis South Ferry) **GRATIS** ist heute eines der beliebtesten Sommerausflugsziele der Stadt: In der wärmeren Zeit des Jahres verkehren kostenlose Fähren in sieben Minuten von Lower Manhattan zur knapp 70 ha großen Oase. Die 12-ha-Parklandschaft umfasst die 2,4 ha große, kunstbestückte **Liggett Terrace**, den 4 ha großen **Hammock Grove** (mit 50 Hängematten) und den 5,7 ha großen **Play Lawn** mit Spielfeldern für Softball (Erwachsene) und Baseball (Kinder).

Noch besser ist es seit Juli 2016: Da wurden **The Hills** fertiggestellt, vier künstliche Hügel mit spektakulären Ausblicken auf die Stadt und das Wasser; einer der Hügel verfügt über vier Rutschen, darunter die mit knapp 17,5 m längste in New York. Tolle Aussichten eröffnen sich außerdem entlang der 3,5 km langen **Great Promenade**, mit Blick auf Lower Manhattan und Brooklyn sowie Staten Island und New Jersey. Wer möchte, kann auf der Insel **Fahrräder** ausleihen.

Die historische Bedeutung der Insel ist vielfältig: Während des Unabhängigkeitskrieges diente sie als wichtiges militärisches Fort und während des Sezessionskrieges war sie zentrale Rekrutierungsstelle der Unionsarmee. Hier startete Wilbur Wright 1909 seinen berühmten Flug um die Freiheitsstatue und 1988 signalisierte ein Gipfeltreffen zwischen Reagan und Gorbatschow auf der Insel das Ende des Kalten Krieges. Wer mag, kann das Admiral's House besuchen, in dem dieses Gipfeltreffen stattfand: Die Militärresidenz gehört zur eleganten „Geisterstadt" **Nolan Park**.

Andere historische Stätten sind **Fort Jay**, das 1776 angelegt wurde, um die Briten daran zu hindern, Manhattan einzunehmen – was aber vergeblich war; die **Colonel's Row**, eine Reihe von hübschen Backstein-Offiziershäusern aus dem 19. Jh.; und das unheimliche **Castle Williams**, ein Fort aus dem 19. Jh., das später zum Militärgefängnis umgewidmet wurde. Am besten lässt sich das Ganze mit dem **National Park Service** (www.nps.gov/gois) erkunden, dessen Ranger Führungen durch den historischen Bezirk der Insel anbieten – Termine und Zeiten siehe Website.

An einem Wochenende im Juni steht die Insel beim interaktiven Kulturfestival **Figment** (www.figmentproject.org) ganz im Zeichen der Kunst.

Die Insel ist mit einer **Fähre** (Karte S. 438; www.govisland.com; Battery Maritime Bldg, 10 South St; hin & zurück Erw./Kind 2 $/frei, Sa & So 10–11.30 Uhr frei; ◷Abfahrten Mai–Okt. Mo–Fr 10–16.15, Sa & So bis 17.30 Uhr; Ⓢ1 bis South Ferry; R/W bis Whitehall St; 4/5 bis Bowling Green) vom Battery Maritime Building zu erreichen.

Das stimmungsvolle Museum am Wasser erkundet sämtliche Aspekte des modernen jüdischen Selbstverständnisses und der jüdischen Kultur, von religiösen Traditionen bis zu künstlerischen Errungenschaften. Zur Hauptausstellung gehört eine detaillierte Abhandlung zum Holocaust anhand oft sehr bewegender persönlicher Gegenstände, Fotos und Dokumentarfilme. Draußen befindet sich der **Garden of Stones**, ein von dem Künstler Andy Goldsworthy als Gedenkstätte geschaffener Garten. 18 Felsblöcke bilden eine schmale Gasse, die zum Nachdenken über die Fragilität des Lebens anregt; die Felsblöcke sind den Menschen gewidmet, die unter dem Naziterror Angehörige und Freunde verloren.

Das Gebäude selbst symbolisiert als dreistufiges Sechseck den Davidstern und erinnert an die 6 Mio. Juden, die im Holocaust umkamen. Im Museum finden Filmvorführungen, Konzerte, Vortragsreihen und an manchen Feiertagen auch spezielle Events statt. Oft werden kostenlose Workshops für Familien mit Kindern veranstaltet. Ein Café bietet leichte koschere Mahlzeiten wie *lox* (Räucherlachs) in allen möglichen Variationen.

BATTERY PARK
PARK

Karte S. 438 (www.nycgovparks.org; Broadway Höhe Battery Pl; ◷Sonnenaufgang bis 1 Uhr; Ⓢ4/5 bis Bowling Green; R/W bis Whitehall St; 1 bis South Ferry) Die knapp 5 ha große Oase am Südzipfel von Manhattan lockt mit

Kunst im öffentlichen Raum, Spazierwegen und Staudengärten. Zu den Denkmälern hier zählen ein Holocaust Memorial und das Irish Hunger Memorial. An dieser Stelle ließen sich 1623 die Niederländer auf der Insel nieder. Und genau hier entstand auch die erste Geschützbatterie zur Verteidigung der kleinen Siedlung Neu-Amsterdam. Im Park befinden sich das historische **Castle Clinton** (Karte S. 438; ☎212-344-7220; www.nps.gov/cacl/index.htm; 🕘7.45–17 Uhr) sowie der Anleger für Fähren nach Ellis Island und zur Freiheitsstatue.

Achtung: Es wird hier oft versucht, Touristen, die zur Freiheitsstatue möchten, abzuzocken. Nur das Unternehmen Statue Cruises darf diese Karten verkaufen. Wer sie nicht online erwirbt, sollte sie am Kartenschalter im Castle Clinton kaufen. Die offiziell aussehenden Schlepper, die gefälschte Tickets oder Fahrkarten für andere Bootsgesellschaften verkaufen, am besten einfach ignorieren!

SKYSCRAPER MUSEUM — MUSEUM

Karte S. 438 (☎212-968-1961; www.skyscraper.org; 39 Battery Pl; 5 $; 🕘Mi–So 12–18 Uhr; [S]4/5 bis Bowling Green; R/W bis Whitehall) Freunde phallischer Architektur werden Gefallen finden an diesem kompakten, schicken Museum, in dem Wolkenkratzer als Objekte des Designs, der Ingenieurskunst und der städtischen Erneuerung erkundet werden. Der größte Teil des Museums wird von wechselnden Ausstellungen eingenommen; zuletzt gab's z. B. eine über die neue Generation ultraschlanker Wohntürme in New York sowie eine zu den neuen Superwolkenkratzern überall in der Welt. Die Dauerausstellung hält u. a. Infos zu Architektur und Bau des Empire State Building und des World Trade Center bereit.

East River Waterfront

SOUTH STREET SEAPORT MUSEUM — MUSEUM

Karte S. 438 (www.southstreetseaportmuseum.org; 12 Fulton St; Druckerei & Shop frei; [S]2/3, 4/5, A/C, J/Z bis Fulton St) Das Museum an den Kopfsteinpflasterstraßen des South Street Seaport feierte 2017 sein 50. Bestehen. Es beherbergt tolle Ausstellungen zur Seefahrtsgeschichte der Stadt, eine Druckerei aus dem 18. Jh. mitsamt Laden (S. 86) sowie am Pier 16 einige große Segelschiffe wie die *Pioneer* (S. 86) aus dem 19. Jh., auf der im Sommer zweistündige Hafenrundfahrten unternommen werden.

City Hall & Civic Center

WOOLWORTH BUILDING — BEMERKENSWERTES GEBÄUDE

Karte S. 438 (☎203-966-9663; www.woolworthtours.com; 233 Broadway Höhe Park Pl; 30-/60-/90-min. Führungen 20/30/45 $; [S]R/W bis City Hall; 2/3 bis Park Pl; 4/5/6 bis Brooklyn Bridge–City Hall) Cass Gilberts 60-stöckiges, über 240 m hohes Woolworth Building, bei seiner Fertigstellung 1913 das höchste Gebäude der Welt, ist ein Wunderwerk der Neugotik, elegant in Stein und Terrakotta gekleidet. Erst 1930 wurde der Turm vom Chrysler Building als höchstes Gebäude der Welt abgelöst. In die wunderschöne Lobby mit byzantinischen Mosaiken können Besucher nur im Rahmen von vorgebuchten **Führungen**, auf denen man auch Einblick in weitere Einrichtungen des Gebäudes wie die hauseigene Subway-Station und ein verstecktes Hallenbad erhält.

SOUTH STREET SEAPORT

Bevor die Enklave mit Kopfsteinpflasterstraßen, Lagerhäusern und Touristengeschäften 2012 von Hurricane „Sandy" unter Wasser gesetzt wurde, überließen die Einheimischen dieses Gebiet den Touristen, denn seine historische Bedeutung war durch ein künstliches „Main Street"-Flair, Straßenkünstler und schlechte, oft übervolle Restaurants verwässert. Die Neuerschließung und Wiederbelebung des Areals ging nur langsam vonstatten, aber in letzter Zeit hat das Ganze etwas mehr Fahrt aufgenommen. Im Sommer 2018 soll am Pier 17 eine edle vierstöckige Mall mit riesigem Food Court und Entertainment auf dem Dach eröffnen; es sind eventuell auch Hochhäuser in Planung. Wie überall in der Stadt bedroht das Neue das Alte, doch ein paar Bars und Restaurants haben sich ihr authentisches Flair bewahrt und lohnen auf jeden Fall einen Besuch.

PRICEM / SHUTTERSTOCK ©

. **Registry Room, Ellis Island (S. 66)**
chätzungsweise 40 % aller Amerikaner haben
mindestens einen Vorfahren, der über Ellis Island
ingewandert ist.

**. Lower Manhattan & Financial
District (S. 62)**
Die Skyline von Lower Manhattan wird vom
One World Trade Center (S. 70) überragt, dem
öchsten Gebäude in New York.

. Freiheitsstatue (S. 64)
Die 393 Stufen hinauf in die Krone sind keine
leinigkeit, aber die Sicht von hier oben über die
tadt und den Hafen ist atemberaubend.

. Staten Island Ferry (S. 86)
Die orangefarbenen Fähren verkehren kostenlos
zwischen Manhattan und Staten Island und bieten
errliche Panormablicke auf die Stadt.

3

Bei seiner Einweihung wurde das Bauwerk als „Cathedral of Commerce" bezeichnet, was eigentlich als Beleidigung gemeint war. Doch F. W. Woolworth, Chef der Billigwarenhauskette, der hier seine Zentrale einrichtete, münzte den Titel zum Kompliment um und warf damit geradezu um sich. Heute ist das Gebäude eher eine Kathedrale der Edelwohnungen: Die oberen 30 Stockwerke wurden zu ultraluxuriösen Residenzen umgebaut; allein das „Pinnacle Penthouse" nimmt die obersten sieben Etagen ein!

AFRICAN BURIAL GROUND NATIONAL MONUMENT — DENKMAL

Karte S. 438 (☎212-637-2019; www.nps.gov/afbg; 290 Broadway zw. Duane & Reade St; ⏲Denkmal April–Okt. Di–Sa 10–16 Uhr, Besucherzentrum ganzjährig Di–Sa 10–16 Uhr; [S]J/Z bis Chambers St; R/W bis City Hall; 4/5/6 bis Brooklyn Bridge-City Hall) [GRATIS] Bauarbeiter entdeckten hier 1991 nur 5 bis 8,5 m unter der Erde mehr als 400 gestapelte Holzsärge. In den Kisten befanden sich die sterblichen Überreste sowohl afrikanischer Sklaven als auch freier Afroamerikaner aus dem 17. und 18. Jh. – damals weigerte sich die nahe Trinity Church, Afrikaner kirchlich zu bestatten. Ein **Denkmal** und ein **Besucherzentrum** erinnern an die etwa 15 000 Männer, Frauen und Kinder, die hier begraben wurden.

🍴 ESSEN

Der kulinarischen Szene des Financial District ist durch die vielen gehobenen Lokale und Imbisse im Brookfield Place neues Leben eingehaucht worden – sie passen bestens zu etablierten Erfolgsläden wie dem North End Grill (S. 81) und dem Shake Shack. Weiter nördlich beeindruckt nach wie vor das coole Tribeca mit angesagten Restaurants von Promiköchen und einer der besten Bäckereien der Stadt, der Arcade Bakery.

ARCADE BAKERY — BÄCKEREI $

Karte S. 438 (☎212-227-7895; www.arcadebakery.com; 220 Church St zw. Worth & Thomas St; Gebäck ab 3 $, Sandwiches 9 $, Pizza 9–13 $; ⏲Mo–Fr 8–16 Uhr; [S]1 bis Franklin St) Das kleine Juwel unter der gewölbten Lobbydecke eines Bürogebäudes aus den 1920er-Jahren ist leicht zu übersehen. An einem Tresen werden Backwaren frisch aus dem Ofen verkauft, z. B. kunstvolle Sandwiches. Zwischen 12 und 16 Uhr gibt's auch eine kleine Auswahl an fluffig-krossen Pizzas mit Belägen wie Pilzen, karamellisierten Zwiebeln und Ziegenkäse. Superlecker sind die Mandel-Croissants, die zu den besten der Stadt zählen.

SHAKE SHACK — FASTFOOD $

Karte S. 438 (☎646-545-4600; www.shakeshack.com; 215 Murray St zw. West St & North End Ave; Burger 5,55–9,95 $; ⏲11–23 Uhr; 📶; [S]A/C, 1/2/3 bis Chambers St) Danny Meyers kultige Burgerkette bietet Fastfood vom Feinsten: saftige Burger aus erstklassigem, frisch zubereitetem Hackfleisch, hormon- und antibiotikafreie Hotdogs und wirklich gute Käse-Fritten. Dazu passt ein Bierchen von der Brooklyn Brewery oder ein kalorienreicher Frozen Custard Shake, der kaum durch den Strohhalm zu ziehen ist.

EL LUCHADOR — MEXIKANISCH $

Karte S. 438 (☎646-398-7499; www.elluchador.nyc; 87 South St Höhe John St; Hauptgerichte 7,25–9,50 $; ⏲11–22 Uhr; 🖉; 🚌M15 bis Pearl St/Fulton St, [S]2/3 bis Wall St) Wer den riesigen silbernen Airstream-Wohnwagen aus den 1960er-Jahren entdeckt hat, ist im Hof dieses Ecklokals mit frisch zubereiteten Burritos, Tacos und Quesadillas gelandet, die mit *short ribs* (Querrippe), *carnitas, adobo*-Huhn oder gebratenen Champignons zubereitet werden. Dies ist eine bodenständige Alternative zu all den anderen Verpflegungsmöglichkeiten am South Street Seaport.

DA MIKELE — PIZZA $$

Karte S. 438 (☎212-925-8800; www.luzzosgroup.com/about-us-damikele; 275 Church St zw. White & Franklin St; Pizza 17–21 $; ⏲So–Mi 12–22.30, Do–Sa bis 23.30 Uhr; [S]1 bis Franklin St; A/C/E, N/Q/R, J/Z, 6 bis Canal St) In diesem Italo-Laden in Tribeca treffen recyceltes Holz und Pressblech auf Retro-Vespas. Da Mikele sorgt unter der Woche mit seinem *aperitivo* (17–19 Uhr) fürs *dolce vita* – zum Getränk erhalten die Gäste gratis köstliche kleine Speisen. Doch die Spezialität des Hauses ist eindeutig die Pizza: dünne Offenbarungen, die gleichzeitig knusprig und weich sind und einem Neapolitaner Glückstränen in die Augen treiben.

BROOKFIELD PLACE   GASTROHALLE, MARKT **$$**
Karte S. 438 (☑212-978-1698; www.brookfield
placeny.com; 230 Vesey St Höhe West St; ☎; Ⓢ E
bis World Trade Center; 2/3 bis Park Pl; R/W bis
Cortlandt St; 4/5 bis Fulton St; A/C bis Chambers
St) Der edle Büro- und Einkaufskomplex
umfasst zwei fabelhafte Gastrohallen. Frankophile Feinschmecker sollten Le District
(s. u.) ansteuern, einen reizenden Markt
mit mehreren Restaurants und Tresen, wo
es alles von geruchsintensivem Käse bis
zu *steak frites* gibt. Ein Stockwerk höher
befindet sich **Hudson Eats** (Karte S. 438;
☑212-417-2445; ⊘Mo–Sa 10–21, So 12–19 Uhr;
☎), eine angesagte Location mit gehobenen
Imbissspeisen von Sushi und Tacos bis zu
Salaten und Burgern.

TWO HANDS   AUSTRALISCH **$$**
Karte S. 438 (www.twohandsnyc.com; 251 Church
St zw. Franklin & Leonard St; Hauptgerichte mittags & Brunch 14–19 $, abends 18–29 $; ⊘8–
22 Uhr; ☑; Ⓢ 1 bis Franklin St; N/Q/R/W, 6
bis Canal St) Blasse Blautöne und weiß
getünchte Backsteinmauern verleihen diesem modernen Café-Restaurant ein ansprechendes, luftiges Flair. Tagsüber werden
leichte Speisen geboten, vom Toast mit Avocadopüree oder Pilzen bis zu australischen
Burgern mit Käse, Spiegelei und Rote-Bete-
Relish. Abends wird's dann etwas substanzieller, z. B. Lachs mit Kräuter-Tahini und
Broccolini oder Brathähnchen. Auch der
Kaffee ist erste Sahne.

GRAND BANKS   FISCH & MEERESFRÜCHTE **$$**
Karte S. 438 (☑212-660-6312; www.grandbanks.
org; Pier 25 nahe N Moore St; Austern 3–4 $,
Hauptgerichte 23–27 $; ⊘Mai–Mitte Okt. Mo &
Di 15–24, Mi–Fr ab 12, Sa & So ab 11 Uhr; Ⓢ 1 bis
Franklin St; A/C/E bis Canal St) 🕸 In diesem
Restaurant auf dem *Sherman Zwicker,* einem Schoner von 1942 auf dem Hudson,
verarbeitet Küchenchef Kerry Heffernan
Fisch und Meeresfrüchte aus nachhaltigem
Fang. Der Schwerpunkt liegt auf Austern
aus dem Atlantik, es gibt auch Ceviche,
Hummerbrötchen und Weichschalenkrabben. Nach der Arbeit und an den Wochenenden tummeln sich hier nobel aufgebrezelte Gäste. Schön ist auch ein Drink zum
wundervollen Sonnenuntergang.

★LOCANDA VERDE   ITALIENISCH **$$$**
Karte S. 438 (☑212-925-3797; www.locandaver
denyc.com; 377 Greenwich St Höhe N Moore St;
Hauptgerichte mittags 23–34 $, abends 25–38 $;

⊘Mo–Do 7–23, Fr bis 23.30, Sa 8–23.30, So bis
23 Uhr; Ⓢ A/C/E bis Canal St; 1 bis Franklin St)
Wer das Restaurant durch die roten Samtvorhänge betritt, findet eine Szenerie vor,
die von gelockerten Hemdkragen, schwarzen Kleidern und schicken Barkeepern hinter einer langen, gut frequentierten Bar geprägt ist. Die hochgelobte Brasserie bietet
zeitgenössische italienisch inspirierte Kost
wie hausgemachte Rigatoni mit Kaninchen
genovese oder gegrillten Schwertfisch mit
Auberginen-*caponata*. Nicht weniger kreativ geht's beim Wochenendbrunch zu. Tipp:
Scampi mit Maisgrütze oder Zitronen-Ricotta-Pfannkuchen mit Blaubeeren.

BÂTARD   MODERN AMERIKANISCH **$$$**
Karte S. 438 (☑212-219-2777; www.batardtribeca.
com; 239 W Broadway zw. Walker & White St;
2/3/4 Gänge 58/75/85 $; ⊘Mo–Sa 17.30–22.30,
Fr außerdem 12–14.30 Uhr; Ⓢ 1 bis Franklin St;
A/C/E bis Canal St) In dem einladenden, mit
einem Michelin-Stern ausgezeichneten Laden schwingt der österreichische Koch Markus Glocker das Zepter. Im dezenten Ambiente des angesagten Restaurants steht
ganz klar das Essen im Mittelpunkt. Glockers Gerichte sind schön ausbalanciert und
strukturiert, sei es der knusprige *branzino*
(Seebarsch) mit Kirschtomaten, Basilikum
und Spargel, das Risotto mit Kaninchenwurst, *broccoli spigarello* und eingelegter
Zitrone oder der Jakobsmuschel-Crudo mit
Avocadomousse, Limette, Radieschen und
schwarzem Sesam.

NORTH END GRILL   AMERIKANISCH **$$$**
Karte S. 438 (☑646-747-1600; www.northend
grillnyc.com; 104 North End Ave Höhe Murray St;
Hauptgerichte mittags 27–36 $, abends 36–48 $;
⊘Mo–Do 11.30–22, Fr bis 22.30, Sa 11–22.30,
So 11–20 Uhr; ☎; Ⓢ 1/2/3, A/C bis Chambers
St; E bis World Trade Center) Dieses hübsche,
elegante und freundliche Lokal ist Promikoch Danny Meyers Version eines amerikanischen Grillrestaurants. Nur allerfeinste
Zutaten, u. a. Kräuter und Gemüse vom
Dachgarten des Restaurants, bilden die
Grundlage für moderne Interpretationen
alter Klassiker. Die Gerichte werden von
Anzug tragenden Senioren wie auch legerer gewandten Gästen mit großer Freude
verschlungen.

LE DISTRICT   FRANZÖSISCH, GASTROHALLE **$$$**
Karte S. 438 (☑212-981-8588; www.ledistrict.
com; Brookfield Place, 225 Liberty St Höhe West St;

🏃 Spaziergang
Lower Manhattan

START LA COLOMBE
ZIEL FEDERAL HALL
LÄNGE/DAUER 4 KM; 3 STUNDEN

Los geht's mit einem Kaffee im ❶ **La Colombe**. Im 19. Jh. war das Gebäude eine Station auf der „Underground Railway", einem geheimen Netz von Routen und sicheren Unterkünften, mit dessen Hilfe Afroamerikaner in sklavenfreie US-Staaten und nach Kanada gelangen konnten. Eine Tafel an der Lispenard St erinnert daran.

Weiter westlich befindet sich an der Kreuzung von Varick und N Moore St ❷ **Hook & Ladder 8**, besser bekannt als Geisterjägerhauptquartier im Film *Ghostbusters* von 1984.

Weiter geht's die Varick St entlang nach Süden, dann links in die Leonard St bis zur Kreuzung mit der Church St. An der Südostecke steht das 1901 erbaute ❸ **Textile Building**. Architekt Henry J. Hardenbergh entwarf später das monumentale Plaza Hotel in Midtown.

Weiter südlich die Church St entlang läuft man links in den Park Place und rechts auf den Broadway zum neugotischen ❹ **Woolworth Building** (S. 77).

Weiter geht's auf dem Broadway Richtung Süden, hinter der Vesey St erscheint rechts die ❺ **St. Paul's Chapel** (S. 73) – die einzige noch intakte Kirche in New York aus der Zeit vor dem Unabhängigkeitskrieg.

Dahinter befindet sich das Areal des World Trade Center mit dem ❻ **National September 11 Memorial** und ❼ **Museum** (S. 68). Das Museum beherbergt Gegenstände, die mit dem Terrorangriff von 2001 zu tun haben; das Mahnmal besteht aus zwei großen Wasserbecken auf der Grundfläche der eingestürzten Türme. Daneben erhebt sich das 541 m hohe One World Trade Center, von dessen ❽ **Observatory** (S. 71) sich umwerfende Ausblicke bieten.

Weiter Richtung Süden steht am Broadway die ❾ **Trinity Church** (S. 72), bei ihrer Fertigstellung 1846 das höchste Gebäude der Stadt; auf dem Friedhof liegt der US-Gründervater Alexander Hamilton begraben.

Von hier führt der Rundgang nach Osten in die Wall St mit ❿ **New York Stock Exchange** und ⓫ **Federal Hall** (S. 74).

Hauptgerichte Markt 12–30 $, Beaubourg Hauptgerichte abends 25–37 $; ⏲Beaubourg Mo–Fr 7.30–23, Sa & So ab 8 Uhr, andere Lokale unterschiedlich; 📶; [S]E bis World Trade Center; 2/3 bis Park Place; R/W bis Cortlandt St; 4/5 bis Fulton St; A/C bis Chambers St) Paris am Hudson: In der großen französischen Gastrohalle gibt's alles von glänzendem Gebäck und hübschen *tartines* bis zu Käse und rustikalen *steak frites*. Das Hauptrestaurant **Beaubourg** wartet mit einer großen Bistrokarte auf, wer aber schnell etwas (im Sitzen) verspeisen möchte, sollte vielleicht im **Market District** einen Burger oder im **Cafe District** einen herzhaften Crêpe verdrücken.

Der **Garden District** bietet Lebensmittel und eine Salatbar – perfekt für ein spontanes Mittagessen am Fluss.

Die Öffnungszeiten der verschiedenen Restaurants und der Bereiche Market, Cafe und Garden District variieren – Näheres auf der Website.

🍷 AUSGEHEN & NACHTLEBEN

Nicht alle Krawattenträger, die im Finanzbusiness ihrer Arbeit nachgehen, verziehen sich nach Feierabend gleich in ihre Vororte. Wer einen After-Work-Drink nehmen möchte, findet rund um Stone St, Wall St und South Street Seaport ein paar Weinbars und Kneipen. Weiter nördlich liegt Tribeca mit seinen Cafés für Espressofreunde und altehrwürdigen Cocktailbars.

★DEAD RABBIT — COCKTAILBAR

Karte S. 438 (☎646-422-7906; www.deadrabbitnyc.com; 30 Water St zw. Broad St & Coenties Slip; ⏲Taproom 11–4 Uhr; Parlor Mo–Sa 17–2, So bis 24 Uhr; [S]R/W bis Whitehall St; 1 bis South Ferry) Die nach einer gefürchteten irisch-amerikanischen Gang benannte Bar wird regelmäßig zu den besten der Welt gewählt. Tagsüber steht der mit Sägespänen bestreute Taproom (Schankraum) ganz im Zeichen von Bierspezialitäten, historischen Punschen und *pop-inns* (leicht gesäuerten Ales mit verschiedenen Geschmacksnoten). Abends zieht es die Gäste dann nach oben in den gemütlichen Parlor, in dem über 70 wunderbare Cocktails gemixt werden. Nach der Arbeit drängen sich hier viele Wall-Street-Angestellte.

★BLUESTONE LANE — KAFFEE

Karte S. 438 (☎646-684-3771; www.bluestonelaneny.com; 30 Broad St, Eingang New St; ⏲Mo–Fr 7–17.30, Sa & So 8–16.30 Uhr; [S]J/Z bis Broad St; 2/3, 4/5 bis Wall St) Während in der Börse mit Aktien gehandelt wird, macht ihr winziger australischer Nachbar ein Supergeschäft mit umwerfendem Kaffee. In dem mit Retro-Andenken aus Melbourne vollgestopften und in die Ecke eines Art-déco-Bürogebäudes gezwängten Laden tummeln sich stets Leute in schicken Anzügen sowie Australier mit Heimweh und Sehnsucht nach einer guten Tasse Kaffee.

BRANDY LIBRARY — COCKTAILBAR

Karte S. 438 (☎212-226-5545; www.brandylibrary.com; 25 N Moore St nahe Varick St; ⏲So–Mi 17–1, Do 16–2, Fr & Sa 16–4 Uhr; [S]1 bis Franklin St) Die Brandy Library ist der richtige Laden für jene, die es ernst meinen mit dem Feierabenddrink: Flaschen verzieren die deckenhohen Regale, Clubsessel laden ein zum Trinken mit Niveau. Zu den edlen Cognacs, Malt Whiskys und alten Brandys werden perfekt passende Snacks wie die Gruyère-Käsebällchen gereicht. Samstagabends ist es in der Regel ruhiger als unter der Woche – prima für ein kultiviertes Tête-à-tête.

COWGIRL SEAHORSE — BAR

Karte S. 438 (☎212-608-7873; www.cowgirlseahorse.com; 259 Front St Höhe Dover St; ⏲Mo–Do 11–23, Fr 11 Uhr bis spät, Sa 10 Uhr bis spät, So 10–23 Uhr; [S]A/C, J/Z, 2/3, 4/5 bis Fulton St) In einem Meer sehr ernsthafter Bars und Restaurants ist das Cowgirl Seahorse ein Partyschiff. Das maritime Motto und die perfekte Kneipenkost – riesige Portionen Nachos mit viel Fleisch und Frozen Margaritas, die so süß und würzig sind, dass man zu einer zweiten Runde kaum Nein sagen kann – machen diese Kneipe zu einer tollen Adresse für alle auf der Suche nach guter Laune.

TERROIR TRIBECA — WEINBAR

Karte S. 438 (☎212-625-9463; www.wineisterroir.com; 24 Harrison St Höhe Greenwich St; ⏲Mo & Di 16–24, Mi–Sa bis 1, So bis 23 Uhr; [S]1 bis Franklin St) Das preisgekrönte Terroir hält Bacchusjünger mit einer wohlsortierten Weinkarte voller Tröpfchen zu guten Preisen bei Laune. Die Weine stammen aus der Alten wie der Neuen Welt, darunter Naturweine und Rebensäfte von kleinen Erzeugern. Eine große Auswahl ist auch offen (glasweise) erhältlich – gut für eine Weinweltreise. Außerdem gibt's hier eine Happy Hour zu früher *und* zu später Stunde.

PIER A HARBOR HOUSE BAR
Karte S. 438 (☎212-785-0153; www.piera.com; 22 Battery Pl, Battery Park; ⏰Mo–Mi 11–2, Do–Sa bis 4, So bis 24 Uhr; 🛜; Ⓢ4/5 bis Bowling Green; R/W bis Whitehall St; 1 bis South Ferry) Das Pier A sieht nach einer größeren Erfrischungskur toll aus – ein sehr geräumiges Speise- und Trinklokal direkt am New York Harbor. Bei gutem Wetter locken die Plätze auf der Terrasse am Wasser. Hier kann man im Schatten der New Yorker Skyline an Picknicktischen und unter Sonnenschirmen wunderbar ein Craft-Bier oder einen der Hauscocktails genießen.

LA COLOMBE KAFFEE
Karte S. 438 (☎212-343-1515; www.lacolombe.com; 319 Church St Höhe Lispenard St; ⏰Mo–Fr 7.30–18.30, Sa & So ab 8.30 Uhr; Ⓢ A/C/E bis Canal St) In dieser Rösterei gibt's zwar nur Kaffee und ein paar Backwaren – aber die haben's in sich! Ein endloser Strom von schicken Menschen und eingeweihten Europäern erfreut sich an starkem, dunklem Espresso sowie u. a. an einem natürlich süßen *iced caffè latte* aus dem Zapfhahn. Ebenfalls gezapft gibt's den „Pure Black Coffee" des La Colombe, 16 Stunden lang gereift in luftdichten Edelstahl-Weintanks.

WEATHER UP COCKTAILBAR
Karte S. 438 (☎212-766-3202; www.weatherupnyc.com; 159 Duane St zw. Hudson St & W Broadway; ⏰Mo–Mi 17–1, Do–Sa bis 2, So bis 22 Uhr; Ⓢ1/2/3 bis Chambers St) Zugleich cool und edel: Sanft beleuchtete Subway-Kacheln, leutseliges und schickes Thekenpersonal und verführerische Drinks sorgen für die besondere Magie des Weather Up. Bei einem Fancy Free (Bourbon, Maraschino, Orangen- und Angostura-Bitterlikör) kann man nett mit den Barkeepern plaudern. Oder man hält sich an die sättigenden Speisen wie Austern und Rindertatar. Mit Filiale in Prospect Heights in Brooklyn (S. 306).

MACAO TRADING CO COCKTAILBAR
Karte S. 438 (☎212-431-8642; www.macaonyc.com; 311 Church St zw. Lispenard & Walker St; ⏰Bar So–Mi 17–2, Do–Sa bis 4 Uhr; Ⓢ A/C/E bis Canal St) Das „Spielsalon"-Restaurant im Stil der 1940er-Jahre ist zwar auch schön, doch so richtig angetan hat es uns die „Opiumhöhle" (geöffnet Do–Sa) im Untergeschoss. Mit seiner Mischung aus portugiesischem

und chinesischem Essen und Alkohol ist das Ensemble ein Top-Plätzchen für einen Drink und Snack am späten Abend – besonders für Leute, die auf der Zunge prickelnde Drinks lieben.

KAFFE 1668 SOUTH KAFFEE
Karte S. 438 (☎212-693-3750; www.kaffe1668.com; 275 Greenwich St zw. Warren & Murray St; ⏰Mo–Do 6.30–21, Fr bis 20.30, Sa & So 7–20 Uhr; 🛜; Ⓢ A/C, 1/2/3 bis Chambers St) Ein Mekka für Kaffee-Geeks: Aus den Synesso-Espressomaschinen kommt hier sortenreiner Zaubertrank. Am großen Gemeinschaftstisch tummeln sich Anzugträger und Kreative, unten gibt es noch mehr Plätze.

SMITH & MILLS COCKTAILBAR
Karte S. 438 (☎212-226-2515; www.smithandmills.com; 71 N Moore St zw. Hudson & Greenwich St; ⏰So–Mi 11–2, Do–Sa bis 3 Uhr; Ⓢ1 bis Franklin St) Der winzige Laden erfüllt alle Coolness-Kriterien: kein Schild draußen, eine Einrichtung im Fabrikschick und fachkundig gemixte Cocktails mit einem Hang zu Klassikern. Es gibt nicht viel Platz, wer also auf einer bequemen Sitzbank Platz nehmen möchte, sollte früh da sein. Auf der saisonalen Karte stehen Snacks wie auch ein besonders toller Burger mit karamellisierten Zwiebeln.

☆ UNTERHALTUNG

★ FLEA THEATER THEATER
Karte S. 438 (☎Tickets 212-226-0051; www.theflea.org; 20 Thomas St zw. Church St & Broadway; ♿; Ⓢ A/C, 1/2/3 bis Chambers St; R/W bis City Hall) Das Flea Theater ist eine der besten Off-off-Broadway-Bühnen: In einer nagelneuen Location zeigt es in drei Sälen – einer davon benannt nach dem ehemaligen Mitglied Sigourney Weaver – innovative, zeitgemäße neue Stücke. Zum ganzjährigen Programm zählen auch Musik- und Tanzveranstaltungen sowie Vorstellungen für ein junges Publikum ab fünf Jahren und eine witzige Wettbewerbsreihe mit zehnminütigen Stücken am späten Abend.

SOHO REP THEATER
Karte S. 438 (Soho Repertory Theatre; ☎212-941-8632; www.sohorep.org; 46 Walker St zw. Church St & Broadway; Ⓢ A/C/E, 1 bis Canal St) Eine der besten Off-Broadway-Truppen der Stadt begeistert Theaterfreunde und -kritiker jedes

Jahr mit drei innovativen neuen Stücken. Allison Janney, Ed O'Neill und John C. Reilly haben hier ihre Karrieren gestartet und die Inszenierungen haben schon mehr als ein Dutzend Obie (Off-Broadway Theater) Awards eingeheimst. Das Programm gibt's auf der Website.

CITY VINEYARD LIVEMUSIK

Karte S. 438 (www.citywinery.com; Pier 26 nahe N Moore St; S 1 bis Franklin St; A/C/E bis Canal St) Das Bar-Restaurant am Wasser verfügt über ein kleines Kabaretttheater mit 233 Plätzen und allabendlicher Livemusik. Auf dem Programm stehen v. a. aufstrebende Singer-Songwriter, Folk-Superstars und manchmal Indie-Rock-Bands; hier sind schon Größen wie Suzanne Vega, die Squirrel Nut Zippers, Shawn Colvin, Robyn Hitchcock, Los Lobos, Aimee Mann, Billy Bragg und Yo La Tengo aufgetreten.

 SHOPPEN

Der Financial District ist nicht gerade als Shoppingmekka bekannt, doch zieht es Schnäppchenjäger in den Billigmodetempel Century 21. In Tribeca regieren am unteren Ende des Hudson St und in den umliegenden Straßen angesagte Einrichtungsgeschäfte, Antiquitätenläden und ein paar Fachgeschäfte für alles Erdenkliche von der handgemachten Axt bis zum Zwirn.

⭐ PHILIP WILLIAMS POSTERS POSTER

Karte S. 438 (☎212-513-0313; www.postermuseum.com; 122 Chambers St zw. Church St & W Broadway; ⊙Mo-Sa 10-19 Uhr; S A/C, 1/2/3 bis Chambers St) In der riesigen Fundgrube gibt's über eine halbe Million Poster, von übergroßen französischen Werbeplakaten für Parfüm und Cognac bis zu osteuropäischen Filmplakaten und Retro-Werbung von TW Airlines. Die Preisspanne liegt bei 15 $ für kleinere Reproduktionen bis mehrere Tausend Dollar für seltene Originale. Es gibt einen zweiten Eingang in der 52 Warren St.

⭐ CENTURY 21 MODE & ACCESSOIRES

Karte S. 438 (☎212-227-9092; www.c21stores.com; 22 Cortlandt St zw. Church St & Broadway; ⊙Mo-Mi 7.45-21, Do & Fr bis 21.30, Sa 10-21, So 11-20 Uhr; S A/C, J/Z, 2/3, 4/5 bis Fulton St; R/W bis Cortlandt St) Für Modefreaks mit kleinem Geldbeutel ist dieser Billigladen das Gelobte Land – in dem man sich jedoch schon mal mit den Ellenbogen gegen die Konkurrenz durchsetzen muss. Nicht alles ist toll oder günstig, aber wer sucht, findet auch was Gutes. Außerdem im Angebot: Accessoires, Schuhe, Kosmetik, Haushaltswaren und Spielzeug.

⭐ PEARL RIVER MART KAUFHAUS

Karte S. 438 (☎212-431-4770; www.pearlriver.com; 395 Broadway Höhe Walker St; ⊙10-19.20 Uhr; S N/Q/R/W, J/M/Z, 6 bis Canal St) Der mit asiatischen Geschenken, Haushaltswaren, Kleidungsstücken und Accessoires vollgestopfte Pearl River Mart ist schon seit 40 Jahren eine tolle Shopping-Adresse in Downtown. Hier gibt's Seidenpyjamas für Herren, Cheongsam-Kleider, blau-weißes japanisches Geschirr, clevere Küchenutensilien, Papierlaternen, Origami- und Kalligrafie-Kästen, Bambuspflanzen und zahllose Winkekatzen. Ein super Laden für Mitbringsel!

BEST MADE COMPANY MODE & ACCESSOIRES

Karte S. 438 (☎646-478-7092; www.bestmadeco.com; 36 White St Höhe Church St; ⊙Mo-Sa 12-19, Fr 11-19, So 11-18 Uhr; S A/C/E bis Canal St; 1 bis Franklin St) Den nächsten Campingurlaub kann man mit ein bisschen Manhattan Style aufpeppen: In dieser Mischung aus Laden und Designatelier gibt's tolle handgefertigte Äxte, lederne Seesäcke, Sonnenbrillen, Emaille-Campingbecher und sogar Designer-Dartboards und -Verbandskästen, vieles davon mit dem „X"-Logo des Ladens gekennzeichnet. Das kleine, schicke Sortiment an Herrenbekleidung umfasst z. B. Flanellhemden und -pullover, Sweatshirts und robuste Strickwaren von den Dehen Knitting Mills aus Portland.

SHINOLA MODE & ACCESSOIRES

Karte S. 438 (☎917-728-3000; www.shinola.com; 177 Franklin St zw. Greenwich & Hudson St; ⊙Mo-Sa 11-19, So 12-18 Uhr; S 1 bis Franklin St) Die für ihre begehrten Armbanduhren bekannte Marke Shinola aus Detroit bietet inzwischen auch supercoole amerikanische Lifestyle-Accessoires: Tablet- und Zeitschriftenhüllen aus Leder, Pflegeprodukte, Schmuck und in kleiner Stückzahl gefertigte Fahrräder mit maßgeschneiderten Taschen. Lederartikel und Briefpapier werden auf Wunsch gratis mit einem Monogramm versehen. Außerdem gibt's hier die Espressobar **Smile Newstand** (Karte S. 438; ☎917-728-3023; www.thesmilenyc.com; 🕒Mo–Fr 7–19, Sa 8–19, So 8–18 Uhr; 📶).

PASANELLA & SON
WEIN

Karte S. 438 (☎212-233-8383; www.pasanellaandson.com; 115 South St zw. Peck Slip & Beekman St; 🕒Mo–Sa 10–21, So 12–19 Uhr; [S]A/C, J/Z, 2/3, 4/5 bis Fulton St; R/W bis Cortlandt St) In diesem Paradies für Weinkenner stehen über 400 Tropfen zur Auswahl, von teuer bis erschwinglich. Der Schwerpunkt liegt auf kleinen Winzern und es sind auch biodynamische und Bio-Weine darunter. Beeindruckend ist auch das Angebot an amerikanischen Whiskeys. Sonntags kann man kostenlos die Neuankömmlinge der vergangenen Woche probieren und ganzjährig finden thematische Wein- und Käseverkostungen statt.

BOWNE STATIONERS & CO
GESCHENKE & SOUVENIRS

Karte S. 438 (☎646-628-2707; 211 Water St zw. Beekman & Fulton St; 🕒11–19 Uhr; [S]2/3, 4/5, A/C, J/Z bis Fulton St) In passender Lage im kopfsteingepflasterten South Street Seaport verkauft dieser Veteran aus dem 18. Jh., der mit dem benachbarten South Street Seaport Museum (S. 77) verbandelt ist, Reproduktionen alter New-York-Poster sowie Notizblöcke, Bleistiftschachteln, Karten, Briefmarken und sogar Geschenkpapier mit New-York-Motiven. Nebenan befindet sich die **Druckerei**, wo man Visitenkarten bestellen oder bei einem der monatlichen Workshops seine Druckerkenntnisse vertiefen kann – siehe unter „Events" auf der Website.

STEVEN ALAN
MODE & ACCESSOIRES

Karte S. 438 (☎212-343-0692; www.stevenalan.com; 103 Franklin St zw. Church St & W Broadway; 🕒Mo–Sa 11–19, So 12–18 Uhr; [S]A/C/E bis Canal St; 1 bis Franklin St) In dieser Boutique für Damen- und Herrenmode finden Kenner neben hippen, an Retro-Stile angelehnten Klamotten des New Yorkers Steven Alan auch Indie-Schick-Labels wie Arpenteur aus Frankreich und Acne und Norse Projects aus Skandinavien. An Accessoires werden seltene Parfüms, Taschen, Schmuck sowie Schuhe von Liebhabermarken wie Common Projects und Isabel Marant Étoile verkauft.

CITYSTORE
GESCHENKE & SOUVENIRS

Karte S. 438 (☎212-386-0007; www.nyc.gov/citystore; North Plaza, Municipal Bldg, 1 Centre St Höhe Chambers St; 🕒Mo–Fr 10–17 Uhr; [S]4/5/6 bis Brooklyn Bridge–City Hall; R/W bis City Hall; J/Z bis Chambers St) Der Laden bietet allerlei offizielle New-York-Andenken wie Taxi-Schilder, Gullydeckel-Untersetzer, Borough-T-Shirts, NYPD-Baseballkappen, Subway-Stationsschilder und Bücher zu New York.

SPORT & AKTIVITÄTEN

★STATEN ISLAND FERRY
BOOTSFAHRT

Karte S. 438 (www.siferry.com; Whitehall Terminal, 4 South St Höhe Whitehall St; 🕒24 Std.; [S]1 bis South Ferry; R/W bis Whitehall St; 4/5 bis Bowling Green) [GRATIS] Die Bewohner von Staten Island kennen die großen, orangefarbenen Fähren als Pendlerboote, die Bewohner von Manhattan sehen sie als ihre geheimen, romantischen Vehikel für spontane Stadtflucht an einem Frühlingstag. Auch viele Touristen – bei der letzten Zählung 2 Mio. jährlich – entdecken den Charme der Staten Island Ferry: Die 25-minütige, gut 8 km lange Überfahrt von Lower Manhattan nach St. George auf Staten Island gehört zu den schönsten kostenlosen Unternehmungen der Stadt.

INSTITUTE OF CULINARY EDUCATION
KOCHEN, WEIN

Karte S. 438 (ICE; ☎212-847-0700; http://recreational.ice.edu; Brookfield Place, 225 Liberty St; Kurse 90–250 $; [S]E bis World Trade Center; 4/5 bis Fulton St; R/W bis Cortlandt St) Mit einem Kochkurs beim Institute of Culinary Education (ICE) kann man seinem inneren Jean-Jacques auf die Spur kommen. Das ICE bietet das USA-weit größte Programm an Koch-, Back- und Weinverkostungskursen, von 90-minütigen Sessions bis zu mehrtägigen Kursen. Themen sind beispielsweise die toskanische Küche, amerikanische Hausmannskost oder auch klassische Cocktails. Wanderlustige Gourmets können sich auf diverse kulinarische Stadtführungen (ab 50 $) begeben.

PIONEER
BOOTFAHREN

Karte S. 438 (☎212-748-8600; www.southstreetseaportmuseum.org; Kasse 12 Fulton St; Erw./Kind 32/28 $; 🕒unterschiedlich; [S]2/3, 4/5, A/C bis Fulton St) In der wärmeren Jahreszeit unternimmt einer der historischen Schoner des South Street Seaport, die *Pioneer*, Segeltörns. Tickets gibt's auf der Website des

South Street Seaport Museum und an der Museumskasse.

DOWNTOWN BOATHOUSE KAJAKFAHREN

Karte S. 438 (www.downtownboathouse.org; Pier 26 nahe N Moore St; ⏲Mitte Mai–Mitte Okt. Sa & So 9–17 Uhr, Mitte Juni–Mitte Sept. außerdem Di–Do 17–19.30 Uhr; [S]1 bis Houston St) [GRATIS]

New Yorks aktivstes öffentliches Bootshaus bietet in einer geschützten kleinen Bucht am Hudson am Wochenende und teils auch abends unter der Woche kostenlose 20-minütige Kajakfahrten an (mit Ausrüstung, ohne Voranmeldung). Infos zu weiteren Aktivitäten wie Kajaktouren, Stehpaddeln (SUP) und Unterricht sowie zu den vier anderen Kajak-Locations am Hudson stehen auf www.hudsonriverpark.org. Im Sommer befindet sich eine zusätzliche Kajak-Location auf Governors Island (S. 76).

SoHo & Chinatown

SOHO, NOHO & NOLITA | CHINATOWN & LITTLE ITALY

Highlights

1 Shoppen (S. 107) Auf den Modemeilen von SoHo die Kreditkarte bis zum Anschlag einsetzen und dann im nahen Nolita und NoHo nach coolen Sachen und unbekannteren Labels stöbern.

2 Chinatown (S. 90) Inmitten der strahlenden Lichter des Viertels Teigtaschen mit Suppe schlürfen

und um Designerwaren von zweifelhafter Herkunft feilschen.

3 Little Italy (S. 94) Tiramisu- und Sugogelüste befriedigen und Großväter belauschen, die bei einem Grappa in ihrer Muttersprache plaudern.

4 Merchant's House Museum (S. 93) Durch das

geschichtsträchtige, wahrscheinlich spukende Kaufmannshaus schlendern und sich das New Yorker Leben im wilden und staubigen 19. Jh. vorstellen.

5 Peking Duck House (S. 103) Eine zarte, saftige Pekingente in dem dafür berühmtesten Restaurant außerhalb Beijings genießen.

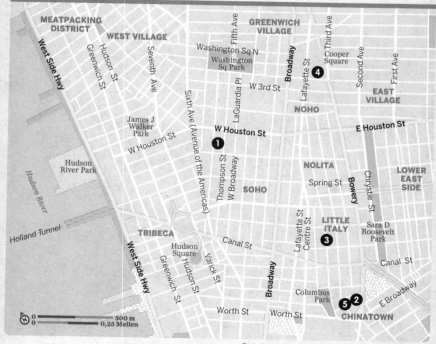

Details s. Karte S. 440 und Karte S. 443 ▶

Rundgang: SoHo & Chinatown

Die Viertel, die SoHo (SOuth of HOuston St) wie ein kunterbunter Flickenteppich umgeben, wirken jeweils wie eigene kleine Republiken. Stilexperten durchstöbern die Boutiquen im boomenden Nolita (NOrth of LIttle ITAly), Italo-Amerikaner bringen einen Hauch Neapel ins schrumpfende Little Italy und chinesische Großfamilien plaudern bei *xiao long bao* (mit Fleisch und Brühe gefüllte Teigtaschen) im hyperaktiven Chinatown.

Niedrigere Gebäude verleihen diesen Straßen eine behäbige, dorfähnliche Atmosphäre. Prominente, Fabriketagen-Lofts und Edelboutiquen sind in den gepflasterten Seitenstraßen von SoHo zu finden, das benachbarte Nolita hingegen besitzt bescheidenere Mietshäuser aus dem 19. Jh. und originellere, unabhängige Boutiquen.

In Chinatown, wo wuselnde Menschenmassen und Straßenhändler unter verblichenen Reklametafeln aufeinandertreffen und feilschen, scheint alles möglich zu sein. Am besten geht's hier zu Fuß durchs Gewimmel. Und einen Plan kann man ganz vergessen. Stattdessen weisen die Sinne den Weg: Ob der Geruch frisch gebackener Schweinefleischbrötchen in den Gassen oder der Gebetsgong in einem buddhistischen Tempel – Überraschungen warten an jeder Ecke.

Lokalkolorit

→ **Nach Familienart** Wer mit ein paar Freunden Chinatowns quirlige kleine Restaurants besucht, bestellt am besten „nach Familienart" einen Haufen Gerichte und probiert von allem ein bisschen. Ob der Kellner wohl eine Null hinter der Rechnungssumme vergessen hat?

→ **Seitenstraßen** Auf dem Broadway tummeln sich die Touristen – die New Yorker suchen in den Nebenstraßen nach eigenwilligen Läden mit tollen Angeboten.

→ **Kulturpausen** Nicht alles dreht sich in SoHo ums Shoppen. Es lohnt sich, die Kunstschätze der Gegend im Drawing Center (S. 92) und dem Leslie-Lohman Museum of Gay & Lesbian Art (S. 92) zu erkunden oder einfach 127 000 kg Erde im New York Earth Room (S. 93) zu bestaunen.

Anfahrt

→ **Subway** Die Subway-Linien J/Z, N/Q/R/W und 6 halten an verschiedenen Punkten entlang der Canal Street. Von da aus geht's am besten zu Fuß weiter.

→ **Bus & Taxi** In SoHo lässt man sich vom Fahrer am besten irgendwo am Broadway absetzen, solange man nicht bis zu einem bestimmten Ziel gefahren werden will. Das Viertel ist so klein, dass man zu Fuß viel schneller unterwegs ist, als wenn man im Auto an den roten Ampeln warten muss.

Top-Tipp

Echte Schnäppchenjäger sollten sich vor einer Einkaufstour durch SoHo und Umgebung auf den einschlägigen Shopping-Blogs (S. 51) umschauen – es gibt immer eine oder andere „Sample Sale" (Verkauf der Musterkollektion) und Sonderangebote, ganz zu schweigen von der einen oder anderen neuen Boutique mit aktuellen Sachen junger Designer.

 Gut essen

→ Uncle Boons (S. 97)

→ Dutch (S. 99)

→ Il Buco Alimentari & Vineria (S. 99)

→ Prince Street Pizza (S. 96)

→ Chefs Club (S. 99)

Mehr dazu S. 95 ➡

 Schön ausgehen

→ Pegu Club (S. 105)

→ Spring Lounge (S. 105)

→ Genuine Liquorette (S. 105)

→ Joe's Pub (S. 107)

→ Apothéke (S. 105)

Mehr dazu S. 103 ➡

 Schick shoppen

→ MoMA Design Store (S. 104)

→ Rag & Bone (S. 108)

→ MiN New York (S. 107)

→ Evolution Nature Store (S. 110)

→ Saturdays (S. 107)

Mehr dazu S. 107 ➡

HIGHLIGHT
CHINATOWN

In den Straßen duftet es nach frischem Fisch und reifen Kakifrüchten, auf improvisierten Tischen ertönt das Klacken von Mahjongg-Spielsteinen und in Schaufenstern hängen geröstete Enten. Und man kann alles nur Erdenkliche kaufen, von Reispapierlaternen und gefälschten Uhren bis zu Reifenmontierhebeln und Muskatnusspulver. Das größte chinesische Viertel der USA wartet darauf, erkundet zu werden.

Canal Street

Die Canal Street entlangzugehen ist wie eine Partie Frogger auf den Straßen von Shanghai. Diese breite Straße bildet das Rückgrat des Viertels und man muss sich durch die Menschentrauben in die Seitenstraßen kämpfen, in denen die wahren Schätze des Fernen Ostens verborgen sind. Vorbei geht's an stinkenden Fischständen mit glitschigen Meeresfrüchten, an kleinen Kräuterläden mit geheimnisvollen Wurzeln und Arzneien, Bäckereien mit beschlagenen Fenstern und den leckersten 80-Cent-Schweinefleischtaschen, Restaurants mit ganzen gerösteten Enten und Schweinen im Fenster, Obst- und Gemüsemärkten mit haufenweise frischen Litschis, *bok choy* und japanischen Birnen. Dazwischen verkaufen fliegende Händler alle möglichen Imitate, z. B. vermeintliche Gucci-Sonnenbrillen oder Prada-Handtaschen.

Buddhistische Tempel

In Chinatown gibt es viele große und kleine, augenfällige und versteckte buddhistische Tempel. Bei einem ausgedehnten Spaziergang durch das Viertel kommt man automatisch an ihnen vorbei. Die bekanntesten sind der **Eastern States Buddhist Temple** (Karte S. 443; ☎212-966-6229; 64 Mott St zw. Bayard & Canal St, Chinatown; ⏱8.30–18 Uhr; ⓢN/Q/

NICHT VERSÄUMEN

➡ Eine Mahlzeit nach Familienart in einem vollen Lokal in einer Nebenstraße
➡ Museum of Chinese in America
➡ Verkäufer und Straßenleben in der Canal Street
➡ Mahayana Temple
➡ Peking Duck House
➡ Apothéke

PRAKTISCH & KONKRET

➡ Karte S. 443, B3
➡ www.explorechinatown.com
➡ südlich der Broome St & östlich des Broadway
➡ ⓢN/Q/R/W, J/Z, 6 bis Canal St; B/D bis Grand St; F bis East Broadway

R/W, J/Z, 6 bis Canal St) mit Hunderten von Buddhas und der **Mahayana Temple** (Karte S. 443; ☎212-925-8787; http://en.mahayana.us; 133 Canal St Höhe Manhattan Bridge Plaza, Chinatown; ⏱8.30–18 Uhr; Ⓢ B/D bis Grand St; J/Z bis Bowery; 6 bis Canal St) mit einer goldenen, fast 5 m hohen Buddhafigur im Lotussitz, die von Opfergaben (frischen Orangen, Äpfeln und Blumen) umgeben ist. Der Eingang des Mahayana, des größten buddhistischen Tempels in Chinatown, liegt direkt an der belebten Zufahrt zur Manhattan Bridge und wird von zwei stolzen, stattlichen Löwen bewacht. Der Innenraum ist schlicht: Holzböden und rote Papierlaternen, die vom prachtvollen Buddha des Tempels, der mutmaßlich der größte der Stadt ist, überstrahlt werden.

Essen vom Feinsten

Die beste Art für Chinatown-Neulinge, sich dieser wilden und wunderbaren Welt anzunähern, ist über die Geschmacksnerven. Hier haben weder Ambiente oder Hype noch Renommee die Preise in die Höhe getrieben, nirgends in Manhattan lässt sich günstiger schlemmen. Jenseits der niedrigen Preise besticht dieses Viertel mit den vielen traditionellen Rezepten, die von Generation zu Generation und von Kontinent zu Kontinent weitergereicht werden. Präsentation und Zubereitung der Speisen wurden aber nicht an amerikanische Geschmäcker angepasst: Hier ist es normal, an Schaufenstern mit glacierten Hühnern, Kaninchen und Enten vorbeizugehen, fertig zubereitet für die Verarbeitung bei einer Familienfeier. An dampfenden Straßenständen gibt's Schweinefleischtaschen und andere Speisen auf die Hand. In den Nebensträßchen finden sich Läden mit allerlei leuchtend bunten Gewürzen und Kräutern zur Abrundung eigener fernöstlicher Gerichte.

Museum of Chinese in America

Von der Architektin Maya Lin, die das berühmte Vietnam Memorial in Washington DC entworfen hat, stammt auch das **Museum of Chinese in America** (MOCA; Karte S. 443; ☎212-619-4785; www.mocanyc.org; 215 Centre St zw. Grand & Howard St, Chinatown; Erw./Kind 10/5 $, 1. Do im Monat frei; ⏱Di, Mi & Fr–So 11–18, Do bis 21 Uhr; Ⓢ N/Q/R/W, J/Z, 6 bis Canal St). Die interessanten Dauer- und Sonderausstellungen in dem facettenreichen Gebäude informieren über das Leben von Chinesen in Amerika sowohl in der Vergangenheit als auch heute. Es gibt interaktive Multimediaexponate, Karten, Zeitleisten, Fotos, Briefe, Filme und Artefakte. Das Kernstück ist die Ausstellung „With a Single Step: Stories in the Making of America", die Themen wie Einwanderung, Kultur, Identität und Vorurteile behandelt.

GESCHICHTE DER CHINESISCHEN IMMIGRANTEN

Die Geschichte der chinesischen Einwanderung nach New York ist lang und turbulent. Die ersten Chinesen kamen nach Amerika, um unter schwierigen Bedingungen beim Bau der Central Pacific Railroad mitzuarbeiten; andere wurden von den Goldfunden an der Westküste angezogen. Später zogen viele ehemalige Goldsucher nach New York, um hier in Fabriken und den Wäschereien von New Jersey zu arbeiten.

DER CHINESE EXCLUSION ACT

Zunehmender Rassismus führte 1882 zur Verabschiedung des Chinese Exclusion Act: Für einen Zeitraum von mehr als 60 Jahren wurde durch dieses Gesetz eine Einbürgerung von Chinesen unmöglich gemacht und es war für Festlandchinesen sehr schwer, Arbeit in den USA zu bekommen. Als das Gesetz 1943 endlich aufgehoben wurde, folgte der Magnuson Act, der den Chinesen bis 1965 nur eine extrem niedrige Einwanderungsquote zugestand. In den aus allen Nähten platzenden Wohnblocks um die Mott Street herum leben schätzungsweise über 150 000 Menschen.

SEHENSWERTES

SoHo, NoHo & Nolita

INTERNATIONAL CENTER OF PHOTOGRAPHY — GALERIE

Karte S. 440 (ICP; ☎212-857-0003; www.icp.org; 250 Bowery zw. Houston & Prince St, Nolita; Erw./Kind 14 $/frei, Do 18–21 Uhr per Spende; ⏲Di–So 10–18, Do bis 21 Uhr; 📶; [S]F bis 2nd Ave; J/Z bis Bowery) Das ICP ist New Yorks wichtigste Bühne für Fotografie, mit einem Schwerpunkt auf Fotojournalismus und Wechselausstellungen zu unterschiedlichsten Themen. In der Vergangenheit waren hier z. B. Werke von Sebastião Salgado, Henri Cartier-Bresson, Man Ray und Robert Capa zu sehen. Mit dem über 1000 m² großen, 2016 eröffneten Haus an der Bowery (vorher hatte das Zentrum seinen Sitz in Midtown) befindet sich das ICP jetzt ganz in der Nähe des Epizentrums der Kunstszene von Downtown.

Das Center bietet außerdem Unterricht und öffentliche Vortragsreihen an. Im tollen Shop gibt's Sofortbildkameras, Fotobände, coole kleine Geschenke und New-York-Andenken.

DRAWING CENTER — GALERIE

Karte S. 440 (☎212-219-2166; www.drawingcenter.org; 35 Wooster St zw. Grand & Broome St, Soho; Erw./Kind 5 $/frei; ⏲Mi & Fr–So 12–18, Do bis 20 Uhr; [S]A/C/E, 1, N/Q/R bis Canal St) Das Drawing Center ist Amerikas einziges gemeinnütziges Institut, das sich ausschließlich auf Zeichnungen konzentriert. Es benutzt sowohl Werke bekannter Meistern als auch unbekannter Künstler, um die verschiedenen Stilformen des Mediums darzustellen. Neben historischen Ausstellungen mit Werken von Michelangelo, James Ensor und Marcel Duchamp wurden auch zeitgenössische Arbeiten von Schwergewichten wie Richard Serra, Ellsworth Kelly und Richard Tuttle gezeigt. Die Themen selbst decken vom Skurrilen bis zum politisch Kontroversen alles ab.

Sehr guten Zuspruchs erfreuen sich die Vorträge der Künstler und Performance-Veranstaltungen – Programm siehe Website.

NEW YORK CITY FIRE MUSEUM — MUSEUM

Karte S. 440 (☎212-691-1303; www.nycfiremuseum.org; 278 Spring St zw. Varick & Hudson St, SoHo; Erw./Kind 8/5 $; ⏲10–17 Uhr; [S]C/E bis Spring St) Diese Hommage an Feuerwehrleute in einer prachtvollen alten Feuerwache von 1904 hat eine phantastische Sammlung historischer Geräte, von pferdebespannten Löschfahrzeugen und alten Schutzausrüstungen wie zylindrigen Feuerwehrhüten bis zu Chief, einem vierbeinigen Feuerwehrhelden aus Brooklyn. Die Exponate zeigen die Entwicklung der New Yorker Feuerwehr; dank der großen Maschinen und netten Museumsmitarbeiter ist das Museum auch für Kids spannend.

Beim Einsturz des World Trade Center am 11. September 2001 verlor das Fire Department New York (FDNY) die Hälfte seiner Mitglieder; eine Dauerausstellung erinnert an die schrecklichen Ereignisse. Im Museumsshop können sich Fans mit Büchern zur Geschichte der Brandbekämpfung und offizieller FDNY-Kleidung und -Aufnähern eindecken.

CHILDREN'S MUSEUM OF THE ARTS — MUSEUM

Karte S. 440 (☎212-274-0986; www.cmany.org; 103 Charlton St zw. Greenwich & Hudson St, SoHo; Eintritt 12 $, Do 16–18 Uhr per Spende; ⏲Mo 12–17, Do & Fr 12–18, Sa & So 10–17 Uhr; 👪; [S]1 bis Houston St; C/E bis Spring St) Das kleine, aber lohnende Museum ermuntert Kinder im Alter von zehn Monaten bis 15 Jahren dazu, Kunst zu betrachten, herzustellen und sich darüber auszutauschen. Neben wechselnden Ausstellungen bietet es ein riesiges Programm an Aktivitäten für junge Künstler, darunter Workshops zu verschiedenen Kunstformen wie Bildhauerei oder gemeinschaftlicher Wandmalerei oder auch zu Songwriting und Kinderbuchdesign. Außerdem werden Kinoabende und andere tolle Sachen veranstaltet. Programm siehe Website.

LESLIE-LOHMAN MUSEUM OF GAY & LESBIAN ART — MUSEUM

Karte S. 440 (☎212-431-2609; www.leslielohman.org; 26 Wooster St zw. Grand & Canal St, Little Italy; empfohlene Spende 8 $; ⏲Mi & Fr–So 12–18, Do bis 20 Uhr; [S]A/C/E, N/Q/R, 1 bis Canal St) [GRATIS] Das erste Museum der Welt zu LGBT-Themen ist 2017 erweitert worden. Es zeigt sechs bis acht Ausstellungen mit US-amerikanischer und internationaler Kunst pro Jahr. Bislang gehörten dazu Retrospektiven einzelner Künstler oder thematische Ausstellungen wie Kunst und Sex im New Yorker Hafengebiet. Viele der ausgestellten Werke stammen aus der museumseigenen Sammlung mit über 24 000 Werken. Hinzu kommen Vorträge, Lesungen, Filme und Aufführungen; das aktuelle Programm steht auf der Website.

DONALD JUDD HOME STUDIO GALERIE

Karte S. 440 (☎212-219-2747; http://juddfoundation.org; 101 Spring St Höhe Mercer St, SoHo; Führungen Erw. 25 $, Stud. 11,50, Schüler frei; 🕒Di–Sa je nach gebuchter Führung; [S]N/R bis Prince St; 6 bis Spring St). Das ehemalige Haus und Atelier des verstorbenen amerikanischen Künstlers Donald Judd bietet einen faszinierenden Einblick in Leben und Kunstschaffen des eigenbrötlerischen Minimalisten. Die etwa 90-minütigen Führungen müssen vorab gebucht werden (und sind oft schon einen Monat vorher ausverkauft). In dem Atelier werden auch Zeichenkurse und Kunstvorträge veranstaltet, Details finden sich auf der Webseite.

NEW YORK EARTH ROOM GALERIE

Karte S. 440 (☎212-989-5566www.earthroom.org; 141 Wooster St zw. Prince & W Houston St, SoHo; 🕒Mi–So 12–15 & 15.30–18 Uhr, Mitte Juni–Mitte Sept. geschl.; [S]N/R bis Prince St) [GRATIS] Der eigenwillige New York Earth Room ist das Werk des Künstlers Walter De Maria. Seit 1980 lockt er Neugierige mit etwas an, was in der Stadt nicht so leicht zu finden ist: Erde. Und zwar gleich 197 m³ oder 127 t, um genau zu sein. Diesen kleinen Raum zu betreten ist ein berauschendes Erlebnis, da der Geruch den Eindruck eines feuchten Waldes erweckt. Der Anblick der schönen, reinen Erde mitten in dieser verrückten Stadt überrascht und bewegt.

BROKEN KILOMETER GALERIE

Karte S. 440 (☎212-989-5566; www.diaart.org; 393 W Broadway zw. Spring & Broome St, SoHo; 🕒Mi–So 12–15 & 15.30–18 Uhr, Mitte Juni–Mitte Sept. geschl.; [S]N/R bis Prince St, C/E bis Spring St) [GRATIS] Die Installation des verstorbenen amerikanischen Künstlers Walter De Maria von 1979 nimmt einen großzügigen Parterreraum in SoHo ein. Die Arbeit besteht aus 500 massiven Kupferstäben, die in fünf parallelen Reihen angeordnet sind. Die Abstände zwischen den Stäben vergrößern sich von vorne nach hinten jeweils

HIGHLIGHT
MERCHANT'S HOUSE MUSEUM

Die Backsteinvilla wurde 1832 erbaut und drei Jahre später von dem Handelsmagnaten Seabury Tredwell erworben. Von den etwa 300 Häusern im Federal Style, die es in der Stadt noch gibt, ist es das authentischste. In diesem Traum für Geschichtsfans lässt sich die Kaufmannsvergangenheit ebenso gut studieren wie die edle Möblierung des 19. Jhs. Alles in dem Haus zeugt von Reichtum, von den Schiebetüren aus Mahagoni, den Gaslampen aus Bronze und Kaminsimsen aus Marmor bis hin zu den eleganten Salonstühlen, die dem bekannten Möbeldesigner Duncan Phyfe zugeschrieben werden. Selbst das ausgefeilte System mehrstufiger Dienstbotenklingeln funktioniert bis heute.

Viele glauben, dass einige der alten Tredwells in dem alten Gemäuer herumspuken und sich spät abends und manchmal bei öffentlichen Veranstaltungen kurz blicken lassen. In der Tat bemerkten mehrere Zuhörer bei einem Valentinstagskonzert vor ein paar Jahren den Schatten einer Frau, der zu den Aufführenden hinging und sich auf einen Salonstuhl setzte – angeblich der Geist von Seaburys jüngster Tochter Gertrude Tredwell, der letzten Bewohnerin des Hauses. Entsprechend bietet das Museum nachts Geistertouren an (meist Ende Oktober), ebenso wie Vorträge, Fachveranstaltungen und historische Stadtrundgänge durch NoHo. Infos auf der Website.

NICHT VERSÄUMEN

- Stühle, die Duncan Phyfe zugeschrieben werden
- Dienstmädchenzimmer

PRAKTISCH & KONKRET

- Karte S. 440, G2
- ☎212-777-1089
- www.merchantshouse.org
- 29 E 4th St zw. Lafayette St & Bowery
- Erw./Kind 15 $/frei
- 🕒Fr–Mo 12–17, Do bis 20 Uhr, Führungen Do–Mo 14 & Do 18.30 Uhr
- [S]6 bis Bleecker St; B/D/F/M bis Broadway–Lafayette St

um 5 mm. Hier wird die räumliche Wahrnehmung spielerisch unterwandert. Der Abstand der Stäbe erscheint ganz gleichmäßig, obwohl er hinten auf 60 cm angewachsen ist. Keine Fotos erlaubt.

BASILICA OF ST PATRICK'S OLD CATHEDRAL KIRCHE

Karte S. 440 (☎212-226-8075; www.oldcathedral.org; 263 Mulberry St, Eingang Mott St, Nolita; ⏲6–21 Uhr; [S]N/R bis Prince St; B/D/F/M bis Broadway–Lafayette St; 6 bis Bleecker St) Die St. Patrick's Cathedral steht zwar heute in der Fifth Ave in Midtown, doch ihre erste Gemeinde traf sich in dieser restaurierten Kirche, die zwischen 1809 und 1815 im neugotischen Stil nach Plänen von Joseph-François Mangin erbaut wurde. Einst war die Kirche Sitz der Erzdiözese New York und ein wichtiger Anlaufpunkt für neue Einwanderer, vor allem aus Irland.

Als die Kirche gebaut wurde, hatte sich die Stadt noch nicht so weit nach Norden ausgedehnt. Die bewusste Absonderung schützte vor der Feindseligkeit der protestantischen Mehrheit New Yorks. Die antikatholische Stimmung war auch Grund für die Ziegelmauer um die Kirche, die Steinewerfer abhalten sollte.

Die Kirche und ihr schöner Friedhof kamen auch in Martin Scorseses Filmklassiker *Hexenkessel* (1973) vor. Der italo-amerikanische Autorenfilmer kannte den Ort gut, da er in der benachbarten Elisabeth Street aufwuchs.

Chinatown & Little Italy

CHINATOWN STADTVIERTEL

Siehe S. 90

MULBERRY STREET STRASSE

Karte S. 443 (Little Italy; [S]N/Q/R, J/Z, 6 bis Canal St; B/D bis Grand St) Die Mulberry Street erhielt ihren Namen von den Maulbeerbaumplantagen, die hier einst standen, ist heute aber besser bekannt als der Kern von

HIGHLIGHT LITTLE ITALY

In den letzten 50 Jahren schrumpfte Little Italy von einem großen, ungestümen Stiefel zu einer ultraschmalen Sandale. Mitte des letzten Jahrhunderts zogen viele Bewohner in die Vorstädte von Brooklyn und weiter hinaus; das einst solide italienische Viertel wandelte sich zu einem verkleinerten Abklatsch seines früheren Selbst. Tatsächlich besteht Little Italy heute aus kaum mehr als der Mulberry Street, einer liebenswert kitschigen Straße mit Karo-Tischdecken, Mandolinengedudel und Nostalgie für die alte Heimat.

Ende September jedoch tobt in der Straße elf Tage lang ein ausgelassenes Stadtteilfest zum **San Gennaro Festival** (www.sangennaro.org), dem Festtag zu Ehren des Schutzheiligen von Neapel. Es ist eine lärmende und gesellige Party mit Imbiss- und Kirmesbuden, kostenloser Unterhaltung und mehr aufgedonnertem Volk als bei *Jersey Shore*.

Ebenfalls in der Mulberry Street befindet sich das winzige **Italian American Museum** (Karte S. 443; ☎212-965-9000; www.italianamericanmuseum.org; 155 Mulberry St Höhe Grand St, Little Italy; empfohlene Spende 7 $; ⏲Fr–So 12–18 Uhr; [S]J/Z, N/Q/R/W, 6 bis Canal St; B/D bis Grand St), ein wahlloses Sammelsurium historischer Gegenstände zum italienischen Alltag in New York, von sizilianischen Marionetten über den berühmten New Yorker Anti-Mafia-Polizisten Giuseppe „Joe" Petrosino bis zu alten italienischen Comics.

NICHT VERSÄUMEN

- Mulberry Street
- San Gennaro Festival im September
- Pizza auf die Hand
- Traumhaftes Tiramisu

PRAKTISCH & KONKRET

- Karte S. 443, B2
- [S]N/Q/R/W, J/Z, 6 bis Canal St; B/D bis Grand St

Little Italy. In der lebhaften Straße wimmelt es von einschmeichelnden Restaurantwerbern (besonders zwischen Hester und Grand Street), witzelnden Baristas und reichlich kitschigen Souvenirs.

Geschichte ist hier noch stark zu spüren, obwohl das Viertel über die Jahre viele Veränderungen erfuhr. Im Restaurant **Da Gennaro** (Karte S. 443; ☏212-431-3934; www.dagennarorestaurant.com; 129 Mulberry St Höhe Hester St, Little Italy; Pizza 19–23 $, Hauptgerichte 17–28 $; ☉So–Do 10–24, Fr & Sa bis 1 Uhr; ⓈN/Q/R, J/Z, 6 bis Canal St; B/D bis Grand St), ehemals Umberto's Clam House, wurde am 2. April 1972 „Crazy Joe" Gallo niedergeschossen, eine unerwartete Geburtstagsüberraschung für den in Brooklyn geborenen Mafioso. Einen Block weiter nördlich befindet sich das **Alleva** (Karte S. 443; ☏212-226-7990; www.allevadairy.com; 188 Grand St Höhe Mulberry St, Little Italy; ☉Mo–Sa 9.30–19, So bis 15 Uhr; ⓈJ/Z, N/Q/R, 6 bis Canal St; B/D bis Grand St), einer der ersten Käseläden der Stadt, der in vierter Generation geführt wird und berühmt für seinen Mozzarella ist. Gegenüber ist gleich ein weiterer Veteran, das Ferrara Cafe & Bakery (S. 103), hoch geschätzt für klassische italienische Backwaren und Eis. Die alte Mulberry Street Bar (S. 106) in der Mulberry Street war eine Lieblingskneipe von Frank Sinatra und sie tauchte auch in Fernsehserien wie *Law & Order* und *Die Sopranos* auf.

Während der Prohibition wurde an der Ecke Mulberry und Kenmare Street offen Alkohol verkauft, was dem Haus den Spitznamen „Curb Exchange" (Bordsteinbörse) verlieh. Dass die Polizeidirektion nur einen Block weiter in der Center Street 240 war, beweist die Macht der guten alten Schmiergelder. Ab hier Richtung Norden weichen die altmodischen Delis und Restaurants von Little Italy den modernen Galerien und Restaurants von Nolita. Einen kurzen Blick verdient der einstige **Ravenite Social Club** (Karte S. 440; 247 Mulberry St, Nolita; Ⓢ6 bis Spring St; N/R bis Prince St), an dem die Veränderung der Gegend abzulesen ist: Heute ist er ein Laden für Designerschuhe, aber einst war er das Stammlokal von Gangstern (ursprünglich mit dem Namen Alto Knights Social Club). Genau hier hielten sich auch Gangsterbosse wie Lucky Luciano und John Gotti auf – ebenso das FBI, das vom Gebäude gegenüber aus die Jungs im Auge behielt. Aus dieser Zeit stammt nur noch der Fußboden des Ladens, die Schaufenster ersetzen die einstige einschüchternde Ziegelmauer.

COLUMBUS PARK
PARK

Karte S. 443 (Mulberry & Bayard St, Chinatown; ⓈJ/Z, N/Q/R, 6 bis Canal St) Mahjongg-Meister, Leute, die Tai-Chi in Zeitlupe praktizieren, und alte Frauen, die bei hausgemachten Teigtaschen schwatzen: Es mag wie Shanghai wirken, aber die grüne Oase zeugt zutiefst von New Yorker Geschichte. Im 19. Jh. war der Park Teil des berüchtigten Viertels Five Points, des ersten Mietskasernenslums der Stadt und Inspiration für Martin Scorseses Film *Gangs of New York*.

Die „fünf Punkte" waren die fünf Straßen, die hier aufeinandertrafen; heute sind davon nur noch die Mosco, Worth und Baxter St übrig. Der Park bietet neben seinem faszinierenden multikulturellen Leben auch eine öffentliche Toilette, ideal also für eine kleine Pause.

CHURCH OF THE TRANSFIGURATION
KIRCHE

Karte S. 443 (☏212-962-5157; www.transfiguration nyc.org; 29 Mott St zw. Bayard & Mosco St, Chinatown; Spende willkommen; ☉englischsprachige Gottesdienste Mo–Fr 12.10, Sa 18, So 11.30 Uhr; ⓈJ/Z, N/Q/R, 6 bis Canal St) Die Church of the Transfiguration (Verklärungskirche) dient den New Yorker Einwanderergruppen schon seit 1801 als Gemeindekirche und passt sich stets an die gewandelten Verhältnisse an. Erst beteten hier Iren, dann Italiener und nun Chinesen. Heute wird auf hier auf Kantonesisch, Mandarin und Englisch gepredigt. Dieses kleine Wahrzeichen steht nicht weit entfernt von der Pell und der Doyers St, zwei gewundenen Sträßchen, die eine Erkundung lohnen.

✕ ESSEN

✕ SoHo, NoHo & Nolita

Das Gebiet mit den merkwürdig abgekürzten Namen ist ein Paradies für den Gaumen. Und wer aufs Geld achten muss: In Chinatown gibt's für wenig Bares jede Menge Kalorien auf den Teller. Fisch und Meeresfrüchte in allen erdenklichen Formen – darunter Kreaturen, die man üblicherweise niemals im Lebensmittelladen finden würde – liegen auf Eis gekühlt in Geschäften aus, die sich mit ihrer Ware bis auf den Gehweg erstrecken. SoHo ist zwar noch immer ein Hotspot für schummrige europäische Brasserien, aber inzwischen gibt es nicht mehr nur im benachbarten East und West Village, sondern auch hier hippe Mini-Lokale mit allem nur erdenklichem Essen, kultige Delis und mit Michelin-Sternen ausgezeichnete Restaurants mit neuer amerikanischer Küche.

★PRINCE STREET PIZZA

PIZZA $

Karte S. 440 (☎212-966-4100; 27 Prince St zw. Mott & Elizabeth St, Nolita; Pizzastücke ab 2,95 $; 🕐So–Do 11.45–23, Fr & Sa bis 2 Uhr; [S]N/R bis Prince St; 6 bis Spring St) Es ist ein Wunder, dass in diesem klassischen Pizzaladen, dessen Wände Fotos von B-Promis zieren, die Ofentür noch nicht abgefallen ist. Am besten vergisst man die eher durchschnittlichen normalen Pizzen und entscheidet sich für die außergewöhnlichen quadratischen – die mit Peperoni zieht einem wahrlich die Schuhe aus! Die Saucen, der Mozzarella und der Ricotta stammen allesamt aus eigener Herstellung. Zwar können sich hier lange Warteschlangen bilden, aber gewöhnlich geht's schnell vorwärts.

TWO HANDS

CAFÉ $

Karte S. 443 (www.twohandsnyc.com; 164 Mott St zw. Broome & Grands St, Nolita; Gerichte 9–15 $; 🕐8–17 Uhr; 📶; [S]B/D bis Grand St, J/Z bis Bowery) Das nach der Krimikomödie mit Heath Ledger benannte Two Hands steht für die relaxte und kultivierte Kaffeekultur Australiens. Bei einer Kaffeespezialität und tollem Essen wie Maisküchlein (14 $) mit Spinat, Avocado, *sour cream,* eingelegter Roter Bete und Chili oder einer megagesunden Acai Bowl (12 $) lässt es sich wunderbar von Byron Bay träumen.

RUBY'S

CAFÉ $

Karte S. 440 (☎212-925-5755; www.rubyscafe.com; 219 Mulberry St zw. Spring & Prince St, Nolita; Hauptgerichte 10–15 $; 🕐Mo–Do 9–23, Fr & Sa bis 24 Uhr; [S]6 bis Spring St, N/R bis Prince St) Das fast immer volle, winzige Café (nur Barzahlung) hat für jeden etwas: zum Frühstück vielleicht „Avo-Toast" (Avocadocreme auf Ciabatta oder Achtkorn-Toast), außerdem Buttermilch-Pfannkuchen, professionell zubereitete Pasta und Salate sowie vor allem herzhafte Hamburger, die nach Surfstränden in Down Under benannt sind. Australische Milchkaffees und Biere machen dieses kulinarische Australien-Abenteuer komplett.

GREY DOG

AMERIKANISCH $

Karte S. 440 (☎212-966-1060; www.thegreydog.com; 244 Mulberry St, Nolita; Hauptgerichte 9–14 $; 🕐Mo–Fr 7.30–22, Sa & So 8.15–22 Uhr; [S]F/M/D/B bis Broadway–Lafayette) Egal, ob man mit seinen Freunden nur eine Käseplatte teilen oder sich mit einem ordentlichen New Yorker Brunch verwöhnen will – das Grey Dog lässt keine Wünsche offen. Auf den Tisch kommen köstliche, aber nicht übertrieben gewollte Variationen amerikanischer Klassiker, die super schmecken. Dadurch, dass hier am Tresen bestellt wird, ist es den ganzen Tag lang wuselig. Nach Küchenschluss gibt es noch Nachspeisen und Cocktails.

LAN LARB

THAILÄNDISCH $

Karte S. 443 (☎646-895-9264; www.lanlarb.com; 227 Centre St Höhe Grand St, SoHo; Gerichte 9–21 $; 🕐11.30–22.15 Uhr; [S]N/Q/R/W, J/Z, 6 bis Canal St) Freunde des guten Essens erfreuen sich an den Plastiktischen des Lan Larb an billiger, geschmacksintensiver thailändischer Kost. Die Spezialität des Hauses ist *larb*, ein pikanter Hackfleischsalat aus der Region Isan im Nordosten Thailands (am besten ist die Version mit Ente; 12 $). Toll sind auch der *som tam* (Salat mit grüner Papaya; 11 $) und das feine *kui teiw nam tok nuer* (dunkle Nudelsuppe mit Rindfleisch, Wasserspinat, Frühlingszwiebel, Koriander und Bohnensprossen; 11 $).

TACOMBI FONDA NOLITA

MEXIKANISCH $

Karte S. 440 (☎917-727-0179; www.tacombi.com; 267 Elizabeth St zw. E Houston & Prince St, Nolita; Tacos 4–7 $; 🕐Mo–Mi 11–24, Do–Sa bis 1 Uhr; [S]F bis Second Ave, 6 bis Bleecker St) Lichterketten, Klappstühle und Mexikaner, die in einem alten VW-Bulli Tacos brutzeln: Wer es nicht bis Yucatan schafft, findet hier Ersatz. Das lässige, fröhliche und seit je her beliebte Tacombi serviert gute, frische Tacos, darunter ein delikater *barbacoa* (Angus-Rindfleisch vom Grill). Kommt noch eine Kanne Sangria hinzu, träumt jeder von Mexiko.

LOVELY DAY

THAILÄNDISCH $

Karte S. 440 (☎212-925-3310; www.lovelydaynyc.com; 196 Elizabeth St zw. Spring & Prince St, Nolita; Hauptgerichte 9–18 $; 🕐So–Do 11–22.45, Fr & Sa bis 24 Uhr; [S]J/Z bis Bowery; 6 bis Spring St) Diese niedliche Mischung aus Puppenhaus und Hipster-Diner scheint auf den ersten Blick eine etwas unpassende Kulisse für günstige, thailändisch inspirierte Köstlichkeiten zu sein. Aber das Leben ist schließlich voller Überraschungen. Die begeisterte Kundschaft gibt sich die Klinke in die Hand und erfreut sich an gekonnt zubereitetem pad thai (10,50 $) und Fusionsgerichten wie gebratenem Ingwerhühnchen mit scharfer Aioli (8,50 $). Nur Barzahlung oder American Express.

CAFÉ GITANE
MEDITERRAN **$**

Karte S. 440 (☎212-334-9552; www.cafegitanenyc.com; 242 Mott St Höhe Prince St, Nolita; Salate 9,50–16 $, Hauptgerichte 14–17 $; ☺So–Do 8.30–24, Fr & Sa bis 0.30 Uhr; ☑; ⬟N/R bis Prince St, 6 bis Spring St) Wer glaubt, sich in Frankreich zu befinden, sollte sich den Gauloise-Rauch aus den Augen wedeln und nochmals genau hinschauen. Das bistroartige Gitane hat tatsächlich ein schummriges Pariser Flair und ist ein Ort zum Sehen und Gesehenwerden. Entsprechend beliebt ist es auch bei Salat mümmelnden Models und dem einen oder anderen Hollywoodstar. Mit ihnen kann man sich hier Sachen wie *friands* (kleine französische Kuchen) mit Blaubeeren und Mandeln, Palmherzensalat oder marokkanisches Couscous mit Biohühnchen schmecken lassen.

MARCHÉ MAMAN
BISTRO **$**

Karte S. 443 (☎212-226-0700; www.mamannyc.com; 239 Centre St, Nolita; Hauptgerichte 12–16 $, Eis 4 $; ☺Mo–Fr 8–16, Sa & So ab 9 Uhr, Eis Mo–Fr 12–18 Uhr) Dieses adrette Café und der angeschlossene „Geheimgarten" bringen frischen französischen Wind nach Little Italy und wirken, als seien sie direkt aus der Provence hierher verpflanzt worden. Die wechselnde Karte beglückt u. a. mit vorzüglichen Avocado-Tartinettes mit Räucherlachs (10 $). Die Milcheiscreme ist erste Sahne und die Waffelhörnchen aus blauem Maismehl sind ein schmackhafter Bestseller.

Der Besitzer ist der Gründer des Blogs Yellow Table (www.theyellowtable.com) und veranstaltet in seinem Bistro auch Kochkurse.

★ UNCLE BOONS
THAILÄNDISCH **$$**

Karte S. 440 (☎646-370-6650; www.uncleboons.com; 7 Spring St zw. Elizabeth St & Bowery, Nolita; kleine Teller 12–16 $, große Teller 21–29 $; ☺Mo–Do 17.30–23, Fr & Sa bis 24, So bis 22 Uhr; ☎; ⬟J/Z bis Bowery; 6 bis Spring St) Das Boons serviert in einem selbstironischen Ambiente aus alter Holzvertäfelung, thailändischen Filmplakaten und alten Familienfotos thailändische Kost in Michelin-Stern-Qualität. Zu den pikant-würzigen Speisen, einer Kombination aus Alt und Neu, zählen z. B. phantastisch knuspriger *mieng kum* (Betelblatt-Wrap mit Ingwer, Limone, getoasteter Kokosnuss, getrockneten Garnelen, Erdnüssen und Chili; 12 $), *kao pat puu* (Bratreis mit Krabben; 26 $) und Bananenblütensalat (15 $).

BUTCHER'S DAUGHTER
VEGETARISCH **$$**

Karte S. 440 (☎212-219-3434; www.thebutchersdaughter.com; 19 Kenmare St Höhe Elizabeth St, Nolita; Salate & Sandwiches 12–14 $, Hauptgerichte abends 16–19 $; ☺8–23 Uhr; ☑; ⬟J bis Bowery; 6 bis Spring St) Die „Metzgerstochter" hat offenbar rebelliert, da sie nichts als frische pflanzliche Kost in ihrem weiß gestrichenen Café feilbietet. Es ist zwar gesund, aber deswegen keineswegs langweilig: Alles ist irre lecker, vom Biomüsli über den Cäsarsalat aus Grünkohl mit Mandelparmesan bis hin zum Butcher's Burger (Frikadellen aus Gemüse und Schwarzbohnen mit Cashew-Cheddar).

SIGGI'S
CAFÉ **$$**

Karte S. 440 (☎212-226-5775; www.siggysgoodfood.com; 292 Elizabeth St zw. E Houston & Bleecker St, NoHo; Gerichte 13–25 $; ☺Mo–Sa 11–22.30 Uhr; ☑; ⬟6 bis Bleecker St; B/D/F/M bis Broadway-Lafayette St) Das Café hängt voll mit Kunst (Pluspunkt ist der Kamin im Winter). Geboten werden Ökoköstlichkeiten, die alle Ansprüche befriedigen, von Suppen und Salaten bis zu hausgemachten Hamburgern, Sandwiches und sogar vegetarischer Lasagne. Zum Getränkeangebot gehören Smoothies und frisch gepresste Säfte mit optionalen gesundheitsfördernden Zusätzen. Vegane und glutenfreie Kost gibt's auch.

LA ESQUINA
MEXIKANISCH **$$**

Karte S. 440 (☎646-613-7100; www.esquinanyc.com; 114 Kenmare St Höhe Petrosino Sq, Nolita; Tacos ab 3,25 $, Hauptgerichte Café 15–25 $, Brasserie 18–34 $; ☺Taqueria tgl. 11–1.45 Uhr, Café Mo–Fr 12–24, Sa & So ab 11 Uhr, Brasserie tgl. 18–2 Uhr; ⬟6 bis Spring St) Der megabeliebte und schräge kleine Laden besteht eigentlich aus drei Teilen: einem Taco-Imbiss zum Essen im Stehen, einem zwanglosen mexikanischen Café (mit Eingang in der Lafayette St) und unten einer schummrigen, schnieken und riesigen Brasserie, für die reserviert werden muss. Zu den Highlights zählen *elotes callejeros* (gegrillter Mais mit

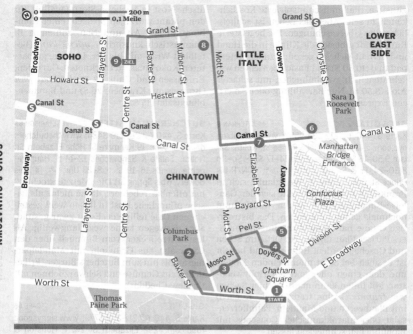

🏃 Spaziergang
Chinatown

START CHATHAM SQ
ZIEL MUSEUM OF CHINESE IN AMERICA
LÄNGE/DAUER 1,4 KM; 1½ STUNDEN

Los geht's am ❶ **Chatham Square** mit dem Kim Lau Memorial Arch, 1962 für die gefallenen chinesischen Amerikaner erbaut. Dort steht auch eine Statue von Lin Ze Xu, einem Gelehrten aus der Qing-Dynastie.

Vom Chatham Square führt der Weg über die Worth Street nach Nordwesten bis zum ❷ **Columbus Park** (S. 95). Im 19. Jh. befand sich hier der berüchtigte Slum Five Points. Die ❸ **Mosco Street** an der Ostseite wurde im 19. Jh. Bandits Roost („Banditennest") genannt und war das Revier irischer Banden. Weiter geht's links in die Mott Street, rechts in die Pell Street und dann nochmals rechts in die ❹ **Doyers Street**, wegen der vielen Friseure „Barbers Row" genannt. Anfang des letzten Jahrhunderts Tummelplatz sich bekämpfender *tongs* (Geheimgesellschaften), erhielt die Gasse den Spitznamen Bloody Angle („blutiger Winkel"). Der amerikanische Musiker und Textdichter Irving Berlin probte oben in der

Nr. 10. In der Nr. 12 residiert das älteste chinesische Restaurant des Viertels (seit 1920).

Links geht's in die Bowery, dann weiter nach Norden. An der Südwestecke von Pell Street und Bowery steht das ❺ **Edward Mooney House**, New Yorks ältestes Stadthaus, das der Metzger Edward Mooey 1785 baute. Der georgianische Federal-Style-Veteran beherbergte schon einen Laden, ein Hotel, eine Billardhalle und einen chinesischen Freizeitclub; heute ist es eine Bank. Weiter nordwärts auf der Bowery folgt die Canal Street, wo die Manhattan Bridge und dahinter der ❻ **Mahayana Buddhist Temple** (S. 91) zu sehen sind. Nach Besichtigung des goldenen Buddhas im Tempel geht's in die ❼ **Canal Street**, das hyperaktive Rückgrat Chinatowns und einstiger jüdischer Diamond District New Yorks. Rechts in der Mott Street warten im ❽ **Golden Steamer** (S. 103) gedämpfte *bao* (chinesische Teigtaschen, meist als Dim Sum serviert). Links in die Grand Street und nochmals links in die Centre Street ist im ❾ **Museum of Chinese in America** (S. 91) mehr über das Leben der chinesischen Amerikaner zu erfahren.

Cotija-Käse, Mayonnaise und Chilipulver), Tacos mit Pulled Pork und Salat aus Mango und Yambohnen.

★CHEFS CLUB FUSIONSKÜCHE $$$

Karte S. 440 (☎212-941-1100; www.chefsclub.com; 275 Mulberry St, Nolita; Hauptgerichte 19–68 $; ⏲Mo–Do 18–22.30, Fr bis 23.30 Uhr) In dem Gebäude, das teilweise für die Fernsehserie *Will & Grace* genutzt wird und einen Outdoor-Ausrüstungsladen beherbergt, vermutet man nicht so schnell ein solch spektakuläres Restaurant: Gastköche bespielen die Küche für einen Zeitraum von drei Wochen bis zu drei Monaten und komponieren aus den Aromen der ganzen Welt exquisite Speisen.

★DUTCH MODERN AMERIKANISCH $$$

Karte S. 440 (☎212-677-6200; www.thedutchnyc.com; 131 Sullivan St Höhe Prince St, SoHo; Hauptgerichte mittags 18–37 $, abends 28–66 $; ⏲Mo–Do 11.30–23, So ab 10, Fr & Sa bis 23.30 Uhr; [S]C/E bis Spring St; R/W bis Prince St; 1 bis Houston St) Ob nun vorne an der Bar oder gemütlich im Hinterzimmer, das Essen in dem angesagten und etablierten Lokal ist immer farmfrisches Soul Food, das den ganzen Globus umspannt und von knusprigen Fisch-Tacos mit Wasabi und Yuzu (18 $) bis zum Kalbsschnitzel (35 $) reicht. Verführerisch gut sind auch die Cocktails, z. B. der Macadamia Maitai (16 $). Reservierung ist ratsam, besonders fürs Abendessen und fürs Wochenende.

★IL BUCO ALIMENTARI & VINERIA ITALIENISCH $$$

Karte S. 440 (☎212-837-2622; www.ilbucovineria.com; 53 Great Jones St zw. Bowery & Lafayette St, NoHo; Hauptgerichte mittags 16–34 $, Hauptgerichte abends 34–65 $; ⏲Mo–Do 8–23, Fr–So 9–24 Uhr; 📶; [S]6 bis Bleecker St; B/D/F/M bis Broadway–Lafayette St) Ob ein Espresso an der Bar, etwas zum Mitnehmen aus dem Deli oder ein geruhsames italienisches Essen im Speiseraum – die trendigere Filiale des Il Buco erfüllt alle Erwartungen. Sichtmauerwerk und riesige Industrielampen sorgen für eine coole und rustikale Atmosphäre, was seine Entsprechung in den Speisen findet. Auch für ein Kaffeepäuschen mit Dessert ist Il Buco eine Topadresse. Ein Hochgenuss ist z. B. der Olivenölkuchen mit Rhabarber und Erdbeeren (11 $).

BISTRO LES AMIS FRANZÖSISCH $$$

Karte S. 440 (☎212-226-8645; www.bistrolesamis.com; 180 Spring St, SoHo; Tagesmenü mittags/abends 14/36 $, Hauptgerichte abends 27–40 $; ⏲So–Do 11.30–23.30, Fr & Sa bis 0.30 Uhr; [S]C/E bis Spring St) Das nette, kleine Restaurant bietet sowohl mittags als auch abends günstige Tagesmenüs. Bei gutem Wetter kann man draußen an Tischen entlang der Spring und Thompson Street essen, drinnen verbreiten die Holzeinrichtung und die weißen Tischdecken eine romantische Atmosphäre. Eine gute Wahl für kühle Nachmittage ist die französische Zwiebelsuppe. Bon appétit!

CHERCHE MIDI AMERIKANISCH, FRANZÖSISCH $$$

Karte S. 440 (☎212-226-3055; www.cherchemidiny.com; 282 Bowery Höhe E Houston St, Nolita; 2-Gänge-Mittagsmenü 25 $, Hauptgerichte abends 19–39 $; ⏲Mo–Fr 12–15.30, Sa & So ab 11, So–Mo 18–22, Di–Do bis 23, Fr & Sa bis 24 Uhr; 📶; [S]F bis 2nd Ave) Angeschlagene Subway-Kacheln, rote Sitzbänke und ein nostalgisches dunkles Ambiente: In diesem sorgfältig auf Alt getrimmten Lokal trifft Montparnasse auf Manhattan. Die Gäste können mittags mit einem Nizzasalat oder einer *tartine* rein französisch speisen oder bei einem ganztätig erhältlichen Rostbraten-Burger mit durch Cognac verfeinerter Schinken-Marmelade, altem Gruyère und perfekten Pommes die amerikanisch-französische Freundschaft feiern. Wenn es auf der Abendkarte steht, sollte jemand in der Runde die Hummer-Ravioli mit Ingwer-*beurre blanc* bestellen.

ESTELA MODERN AMERIKANISCH $$$

Karte S. 440 (☎212-219-7693; www.estelanyc.com; 47 E Houston St zw. Mulberry & Mott St, Nolita; Hauptgerichte mittags 13–30 $, Hauptgerichte abends 17–39 $; ⏲So–Do 17.30–23, Fr & Sa bis 23.30 Uhr; [S]B/D/F/M bis Broadway–Lafayette St, 6 bis Bleecker St) Das Estela ist auf vielen New Yorker Restaurant-Bestenlisten vertreten, ruht sich aber ein bisschen auf seinen Lorbeeren aus. Das Essen ist vortrefflich und überrascht mit eigenwilligen Geschmackskombinationen, aber die Tische sind so dicht besetzt, dass man kaum ein Gespräch führen kann, ohne dabei die Tischnachbarn kennenzulernen. Außerdem sind die Portionen winzig.

Nichtsdestotrotz ist der Besuch ein lukullisches Erlebnis, wenn man zum Warten bereit ist, die Tuchfühlung mit den Sitznachbarn nicht scheut und keine Reste mit nach Hause nehmen will. Kompositionen wie Flunder mit Seeigelpastete (23 $) oder das Pastinakeneis (12 $) sind ein echter Gaumenkitzel. Besonders beliebt ist der Brunch am Freitag und Samstag.

PAUL DE GREGORIO / GETTY IMAGES ©

1. Cannoli (S. 102)
In Little Italys authentischer Küche schwelgen.

2. Mahayana Temple (S. 91)
Der Eingang des Tempels wird von zwei stolzen
goldenen Löwen bewacht.

3. SoHo (S. 102)
Zwischen Backstein-Apartmentblocks durch Kopfsteinpflastergassen schlendern.

4. Straßenstände Chinatown (S. 91)
Der Charakter Chinatowns lässt sich am besten bei
einem guten Essen entdecken.

✕ Chinatown & Little Italy

BAZ BAGELS
JÜDISCH $

Karte S. 443 (☎212-335-0609; www.bazbagel.
com; 181 Grand St zw. Baxter & Mulberry St, Little
Italy; Bagels 12–16 $; ⓢMo–Fr 7–15, Sa & So
8–16 Uhr; ⓢJ/Z, N/Q/R, 6 bis Canal St; B/D bis
Grand St) New Yorks kitschigster Diner, eine
schamlos extravagante Kombi aus Rosa, Pal-
menmotiven und Porträts von Dolly Parton
und Barbra Streisand, beeindruckt mit seinen handgerollten, im Kessel gekochten Bagels. Der Stern am hiesigen Bagelhimmel ist
der Mooch (16 $), halb schottischer Lachs
und halb kalt geräucherter Kohlenfisch –
ungemein lecker! Neben Bagels gibt's auch
tolle Plinsen und Latkes – Letztere werden
nach dem Rezept der Großmutter des Eigentümers zubereitet.

DI PALO
DELI $

Karte S. 443 (☎212-226-1033; www.facebook.
com/dipalofinefoods; 200 Grand St Höhe Mott St,
Little Italy; Sandwiches 7–10 $; ⓢMo–Sa 9–19, So
bis 17 Uhr; ⓢB/D bis Grand St; N/Q/R, J/Z, 6 bis
Canal St) Die einzige Sandwichvariante in
diesem Familienbetrieb in fünfter Generation ist das *porchetta*-Sandwich: knuspriges
Baguette mit zartem Spanferkel, gewürzt
mit Knoblauch, Fenchel und Kräutern. Nicht
nur ist es sündhaft gut, es ist auch riesig,
also nur eine Scheibe *porchetta* verlangen.
Das begehrte Fleisch gibt es üblicherweise
ab 13.30 Uhr, es ist aber meist nach 20 Minuten ausverkauft.

DELUXE GREEN BO
CHINESISCH $

Karte S. 443 (Nice Green Bow; ☎212-625-2359;
www.deluxegreenbo.com; 66 Bayard St zw. Elizabeth & Mott St, Chinatown; Hauptgerichte 5,95–
19,95 $; ⓢ11–24 Uhr; ⓢN/Q/R, J/Z, 6 bis Canal
St; B/D bis Grand St) In diesem schnörkellosen chinesischen Lokal steht das Essen im
Mittelpunkt: wunderbare *xiao long bao* in
dampfenden Behältern, große Portionen Nudeln und gesunder sautierter Spinat. Nur
Barzahlung.

NOM WAH TEA PARLOR
CHINESISCH $

Karte S. 443 (☎212-962-6047; www.nomwah.com;
13 Doyers St, Chinatown; Dim Sum ab 3,75 $; ⓢSo–
Do 10.30–21, Fr & Sa bis 22 Uhr; ⓢJ/Z bis Chambers St; 4/5/6 bis Brooklyn Bridge-City Hall) Der
in einer engen Gasse versteckte Nom Wah
Tea Parlor mag aussehen wie ein traditio-
neller amerikanischer Diner, tatsächlich
ist er aber der älteste Dim-Sum-Imbiss der

Stadt. Man setzt sich einfach an einen der
Tische mit roten Bankettstühlen oder auf
einen der Barhocker und trifft per Finger-
zeig eine Auswahl der delikaten (und oft
fettigen) Schmankerl, die auf Servierwagen
umhergeschoben werden.

XI'AN FAMOUS FOODS
CHINESISCH $

Karte S. 443 (www.xianfoods.com; 45 Bayard St
zw. Elizabeth St & Bowery, Chinatown; Gerichte
3–12 $; ⓢSo–Do 11.30–21, Fr & Sa bis 21.30 Uhr;
ⓢN/Q/R/W, J/Z, 6 bis Canal St, B/D bis Grand St)
Food-Blogger hyperventilieren allein schon
beim Gedanken an die per Hand gezogenen
Nudeln dieser kleinen, chinesischen Restau-
rantkette. Ein weiterer Star unter den Speisen hier ist der würzige Lammburger mit
Kreuzkümmel: zartes Lamm sautiert mit
gemahlenem Kumin, gerösteten Chilisa-
men, Paprikaschoten, roten Zwiebeln und
Frühlingszwiebeln.

BÁNH MÌ SAIGON BAKERY
VIETNAMESISCH $

Karte S. 443 (☎212-941-1541; www.banhmisaigon
nyc.com; 198 Grand St zw. Mulberry & Mott St,
Little Italy; Sandwiches 3,50–6 $; ⓢ8–18 Uhr;
ⓢN/Q/R, J/Z, 6 bis Canal St) Der schlichte
Laden verkauft mit die besten *bánh mì* der
Stadt – knusprige, getoastete Baguettes dick
belegt mit scharfen Chilis, eingelegten Ka-
rotten, asiatischem Rettich, Gurke, Koriander und Fleisch nach Wahl. Die Spitzennote
erhält die klassische Version mit gegrilltem
Schweinefleisch. Am besten ist man vor
15 Uhr da, weil die *bánh mì* manchmal zur
Neige gehen und das Lokal dann früher
schließt. Nur Barzahlung.

AUGUST GATHERINGS
CHINESISCH $

Karte S. 443 (☎212-274-1535; www.augustgathe
ringsny.com; 266 Canal St zw. Lafayette St &
Cortland Alley, Chinatown; Hauptgerichte 14–
35 $; ⓢ10–23 Uhr; ⓢ6, N/R/Q, J/Z bis Canal St).
Wenn das kein gutes Zeichen ist: In diesem
aufgeräumten, gut organisierten Lokal lassen sich die Angestellten der benachbarten
Restaurants hervorragende gebratene Enten und andere erstklassige kantonesische
Speisen schmecken. Es ist vielleicht symbolisch für die Entwicklung des Viertels,
dass August Gatherings neben einem Mc-
Donald's an der dauerbelebten Canal Street
liegt und auch viele amerikanisierte chinesische Gerichte im Angebot hat.

BUDDHA BODAI
CHINESISCH $

Karte S. 443 (☎212-566-8388; www.chinatown
vegetarian.com; 5 Mott St, Chinatown; Hauptge-

richte 9–22 $; ⏰10–22 Uhr; 🚇; 🚊J/Z bis Chambers St; 4/5/6 bis Brooklyn Bridge–City Hall) Die exquisite vegetarische Küche mit kantonesischen Aromen überzeugt mit Kreationen wie einem veganen Entenauflauf, Spinat-Reis-Rollen und vegetarischen „Schweinebraten"-Teigtaschen. Da 2015 ein weiteres Restaurant gleichen Namens und mit ähnlicher Speisekarte ein paar Blocks weiter eröffnete, wird dieses Restaurant (das 2004 eröffnete) als das „Original Buddha Bodai" bezeichnet.

GOLDEN STEAMER CHINESISCH $

Karte S. 443 (📞212-226-1886; 143a Mott St zw. Grand & Hester St, Chinatown; Teigtaschen 0,80–1,50 $; ⏰7–19.30 Uhr; 🚊B/D bis Grand St; N/Q/R, 6 bis Canal St; J/Z bis Bowery) In dem winzigen Lokal warten die lockersten und leckersten *bao* (gedämpfte Teigtaschen) in Chinatown, hausgemacht von brüllenden chinesischen Köchen. Gefüllt sind sie jeweils mit saftigem gebratenen Schweinefleisch, chinesischer Wurst, gesalzenen Eiern oder (der Favorit bei den Gästen) mit Kürbis. Wer es süßer mag, sollte das traumhafte Puddingtörtchen probieren.

FERRARA CAFE & BAKERY BÄCKEREI, CAFÉ $$

Karte S. 443 (📞212-226-6150; www.ferraranyc. com; 195 Grand St zw. Mulberry & Mott St, Little Italy; Gebäck 7–9 $; ⏰8–24, Fr & Sa bis 1 Uhr; 🚊J/Z, N/Q/R, 6 bis Canal St; B/D bis Grand St) Seit 1882 ist die legendäre Café-Bäckerei mit dem wunderbar altmodischen Flair hier beheimatet. Nur einen halben Block von der Mulberry Street entfernt stapeln sich im Ferrara traditionelle italienische Konditoreiwaren. Besonders himmlisch ist das Tiramisu mit espressogetränkten Löffelbiskuitschichten, reichhaltigem Mascarpone und einem Hauch Vanille.

NYONYA MALAYSISCH $$

Karte S. 443 (📞212-334-3669; www.ilovenyonya. com; 199 Grand St zw. Mott & Mulberry St, Little Italy; Hauptgerichte 8–26 $; ⏰So–Do 11–23, Fr & Sa bis 24 Uhr; 🚊N/Q/R/W, J/Z, 6 bis Canal St; B/D bis Grand St) Der quirlige Tempel chinesisch-malaysischer Küche führt auf eine kulinarische Reise ins schwüle Malakka. Serviert werden süße, saure und scharfe Klassiker wie pikanter Assam-Fischkopf-Auflauf (20 $), ein sämiges Rinds-*randang* (scharfes Curry, 14,50 $) und erfrischender *rojak* (herzhafter Obstsalat in einer pikanten Tamarindensauce, 6,25 $). Für Vegeta-

rier gibt es allerdings keine große Auswahl. Nur Barzahlung.

AMAZING 66 CHINESISCH $$

Karte S. 443 (📞212-334-0099; www.amazing66. com; 66 Mott St zw. Canal & Bayard St, Chinatown; Hauptgerichte 11–29 $; ⏰11–23 Uhr; 🚊N/Q/R/W, J/Z, 6 bis Canal St) Dieses helle, geschäftige Lokal ist einer der besten Orte, um sich an der kantonesischen Küche gütlich zu tun. Chinesische Einwanderer stillen hier scharenweise ihre Sehnsucht nach heimatlichen Genüssen. Zu den Glanznummern auf der Karte zählen gegrillte Honig-Spare-Ribs, Shrimps mit Schwarzbohnen-Sauce und Hähnchenflügel mit Salz und Pfeffer. Mittagsangebote ab 7 $.

⭐ PEKING DUCK HOUSE CHINESISCH $$$

Karte S. 443 (📞212-227-1810; www.pekingduck housenyc.com; 28a Mott St, Chinatown; Pekingente pro Pers. 45 $; ⏰So–Do 11.30–22.30, Fr & Sa 11.45–23 Uhr; 🚊J/Z bis Chambers St, 6 bis Canal St) Das Peking Duck House trumpft mit der vorzüglichsten Pekingente weit und breit auf. Die Spezialität des Hauses, auf die der Name zurückgeht, wird u. a. als Bestandteil verschiedener Menükombinationen angeboten. Das Restaurant ist schicker als manch anderes Lokal in Chinatown und hervorragend für ein besonderes Date. Bestellen sollte man auf jeden Fall die Ente: Das in Scheiben geschnittene, saftige Fleisch mit perfekt knuspriger Haut harmoniert grandios mit den Pfannkuchen, Frühlingszwiebeln und der Sauce.

🍸 AUSGEHEN & NACHTLEBEN

Von ehemaligen Flüsterkneipen bis hin zu diskret-verschwiegenen Cocktaillounges – viele Bars in dieser Gegend sind geheimnisumwittert und geschichtsträchtig.

⭐ GHOST DONKEY BAR

Karte S. 440 (📞212-254-0350; www.ghostdon key.com; 4 Bleecker St, NoHo; ⏰17–2 Uhr; 🚊6 bis Bleecker St; B/D/F/M bis Broadway–Lafayette St) Diese stilvolle Mezcal-Bar ist ein echtes Unikum. Das Ambiente ist eine Mischung aus Orient, Wild-West und Mexiko, entspannte Vibes treffen auf abgedrehten Charme und kunsthandwerkliche Deko-

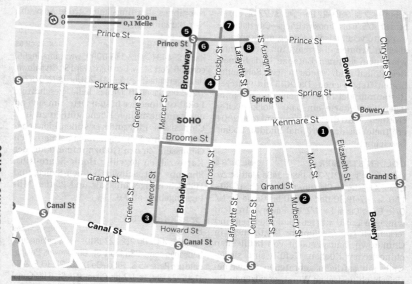

🏃 Lokalkolorit
Originelle Läden in SoHo

Kaufwütige aus aller Welt schwärmen von SoHo und den schicken Flagship-Stores, den begehrten Labels und umherstolzierenden Fashionistas. Aber jenseits der großen globalen Marken ist eine ganz andere Shoppingszene zu entdecken, in der begabte Kunstgewerbler und unabhängige, individuelle Läden lokal erzeugte, einzigartige und absolut spannende Dinge feilbieten.

❶ Ein sortenreiner Laden
Sortenreiner Kaffee erfrischt im hell und luftig gestalteten **Café Integral** (Karte S. 440; ☎646-801-5747; www.cafeintegral.com; 149 Elizabeth St zw. Broome & Kenmare St, Nolita; ◷Mo–Fr 7–18, Sa & So ab 8 Uhr; Ⓢ N/Q/R, J/Z, 6 bis Canal St). Dazu gibt's tolle Croissants und Gebäck.

❷ Tiramisu der Extraklasse
Ferrara Cafe & Bakery (S. 103) hat eine Riesenauswahl an Köstlichkeiten, aber das erstklassige Tiramisu sollte man sich auf keinen Fall entgehen lassen. Direkt vor Ort essen oder einpacken lassen.

❸ Perfekte Jeans
3x1 (Karte S. 440; ☎212-391-6969; www.3x1. us; 15 Mercer St zw. Howard & Grand St, SoHo; ◷Mo–Sa 11–19, So 12–18 Uhr; Ⓢ N/Q/R/W, J/Z, 6 bis Canal St) lässt Kunden selbst die eigenen perfekten Jeans entwerfen. Für Konfektionsjeans (Frauen ab 250 $, Männer ab 265 $) können sie Säume auswählen, Schnitte, Stoffe und Verzierungen kombinie-

ren (625–850 $) oder sie bestellen ein Beinkleid ganz nach eigenem Wunsch (1500 $).

❹ Modern Art
Der Ableger des beliebten **MoMA Design Store** (Karte S. 440; ☎646-613-1367; http:// store.moma.org; 81 Spring St Höhe Crosby St, SoHo; ◷Mo–Sa 10–20, So 11–19 Uhr; Ⓢ N/R bis Prince St; 6 bis Spring St) verkauft stilvolle, ausgefallene Geschenke, Souvenirs und Klamotten, alles von Mülleimern über Skateboards bis hin zu kunstinspiriertem Besteck.

❺ Bordsteinkunst
Die Gravuren auf dem Bürgersteig an der Nordwestecke von Prince Street und Broadway sind das Werk des japanischstämmigen Bildhauers Ken Hiratsuka, der seit seiner Ankunft in New York 1982 fast 40 Bürgersteige graviert hat. Für die eigentliche Arbeit brauchte er zwar nur etwa fünf Stunden, aber die tatsächliche Vollendung dauerte zwei Jahre (1983–1984), da Hiratsukas illegale nächtliche Meißelei oft von lästigen Polizeistreifen unterbrochen wurde.

Dean & DeLuca

6 Gourmethäppchen

New York liebt seine Gourmetläden und **Dean & DeLuca** (Karte S. 440; ☎212-226-6800; www.deananddeluca.com; 560 Broadway Höhe Prince St, SoHo; Gebäck ab 3 $, Sandwiches 11 $; 🕒Mo–Fr 7–21, Sa & So 8–21 Uhr; [S]N/R bis Prince St; 6 bis Spring St) ist eine der feinsten Adressen der Stadt. Im Angebot sind Leckereien wie frisch gebackene Käsestangen, Gourmet-Quesadillas und Mandelcroissants.

7 Schnuppererlebnis

In der Drogerie MiN New York werden kostenlose „Fragrance Flights" angeboten, Führungen durch die außergewöhnliche Sammlung von Parfüms der hauseigenen Reihe „Stories", die Geschichten in Duftform erzählen. Die Mitarbeiter sind sehr freundlich und auf dem Heimweg riecht man vielleicht wie eine Rose, ein Heilbad, die Brandung oder das Meer.

8 Bücher & Konversation

McNally Jackson (S. 108) ist einer der beliebtesten unabhängigen Buchläden der Stadt, voller Fachzeitschriften und -bücher sowie mit einem Café für ein schönes Päuschen und kultivierte Konversation – ein toller Schlusspunkt in Downtown.

Hingucker. Wenn es einen Saloon auf dem Mond gäbe, dann vielleicht diesen. Im pinken Schummerlicht gruppieren sich gemütliche Sofas um niedrige Couchtische und es gibt exzellente Craft-Cocktails (z. B. den Frozen House Margarita!).

★GENUINE LIQUORETTE COCKTAILBAR

Karte S. 443 (☎212-726-4633; www.genuineliquorette.com; 191 Grand St Höhe Mulberry St, Little Italy; 🕒Di, Mi & So 18–24, Do–Sa bis 2, Fr ab 5 Uhr; [S]J/Z, N/Q/R/W, 6 bis Canal St; B/D bis Grand St) Eine rundum liebenswerte, wuselige Kellerbar mit Cocktails aus Getränkedosen und einem Klo mit Farrah-Fawcett-Motto. Und man kann sich sogar selbst Flaschen und Mixer greifen und seine eigenen Drinks herstellen. Am Ruder steht Getränkechef Ashlee, der regelmäßig New Yorks beste Barkeeper einlädt, hier Cocktails aus weniger begehrten Spirituosen zuzubereiten.

★APOTHÉKE COCKTAILBAR

Karte S. 443 (☎212-406-0400; www.apothekenyc.com; 9 Doyers St, Chinatown; 🕒Mo–Sa 18.30–2, So ab 20 Uhr; [S]J/Z bis Chambers St; 4/5/6 bis Brooklyn Bridge–City Hall) Es erfordert etwas Einsatz, diese ehemalige Opiumhöhle und spätere Apotheke in der Doyers Street zu finden. Drinnen kredenzen Barkeeper wie umsichtige Apotheker aus saisonalen Marktprodukten starke, schmackhafte „Rezepturen". Das Zutatenverhältnis ist immer punktgenau abgestimmt, so auch bei der Ananas-Koriander-Mischung für den Sitting Buddha, einen der Top-Cocktails auf der Karte.

SPRING LOUNGE BAR

Karte S. 440 (☎212-965-1774; www.thespringlounge.com; 48 Spring St Höhe Mulberry St, Nolita; 🕒Mo–Fr 8–4, Sa & So ab 12 Uhr; [S]6 bis Spring St; R/W bis Prince St) Der neonrote Rebell hat sich seinen Spaß nie verderben lassen. Während der Prohibition verkaufte er eimerweise Bier. In den 1960er-Jahren diente der Keller als Spielhölle. Heute beruht sein Ruhm auf en irren ausgestopften Haien, den Stammkunden, die schon morgens einen kippen, und der nächtlichen, allumfassenden Partystimmung. Der ideale letzte Stopp für eine Kneipentour in der Gegend.

PEGU CLUB COCKTAILBAR

Karte S. 440 (☎212-473-7348; www.peguclub.com; 77 W Houston St zw. W. Broadway & Wooster St, SoHo; 🕒So–Mi 17–2, Do–Sa bis 4 Uhr; [S]B/D/F/M bis Broadway–Lafayette St; C/E bis Spring St)

Der dunkle, elegante Pegu Club (benannt nach einem legendären Herrenclub aus der Kolonialzeit in Rangun) ist ein Muss für Cocktailkenner. Auf weichen Samtsofas schlürfen Gäste perfekte Mixturen wie den angenehm süffigen Earl Grey MarTEAni (Gin mit Tee, Zitronensaft und rohem Eiweiß). Die Gaumenfreuden sind asiatisch angehaucht, darunter Enten-Wan-Tans und Mandalay-Kokosnuss-Shrimps.

LA COMPAGNIE DES VINS SURNATURELS
WEINBAR

Karte S. 443 (☑212-343-3660; www.compagnie nyc.com; 249 Centre St zw. Broome & Grand St, Nolita; Wein pro Glas 11–22 $ ☺Mo–Mi 17–1, Do & Fr bis 2, Sa 15–2, So 15–1 Uhr; Ⓢ6 bis Spring St; R/W bis Prince St) Das La Compagnie des Vins Surnaturels, der Ableger einer gleichnamigen Bar in Paris, ist eine behagliche Melange aus Tapeten mit französischen Motiven, anmutigen Sesseln und Teelichten. Chefsommelier Theo Lieberman wacht über eine mit rund 600 Tropfen eindrucksvolle Weinauswahl mit französischem Schwerpunkt – viele davon gibt's auch glasweise. Auf der kurzen, aber feinen Karte stehen z. B. hausgemachte Wurstwaren und Hähnchen-*rillettes*.

MULBERRY PROJECT
COCKTAILBAR

Karte S. 443 (☑646-448-4536; www.mulberry project.com; 149 Mulberry St zw. Hester & Grand St, Little Italy; ☺So–Do 18–2, Fr & Sa bis 4 Uhr; ⒮N/Q/R, J/Z, 6 bis Canal St) Die intime, höhlenartige Cocktailbar hinter einer nicht beschilderten Tür ist mit ihrem stimmungsvollen „Gartenpartyhof" eine der besten Locations im Viertel zum Chillen. Cocktails nach Wunsch sind die Spezialität, dem Barkeeper muss man nur seine Vorlieben mitteilen – er erledigt den Rest. Hungrige haben die Auswahl zwischen mehreren gekonnt zubereiteten Kleinigkeiten, darunter Pfirsichsalat mit Pecorino.

FANELLI'S CAFE
BAR

Karte S. 440 (☑212-226-9412; 94 Prince St Höhe Mercer St, SoHo; ☺Mo–Do 10–1, Fr & Sa bis 2, So bis 24 Uhr; ⒮N/R bis Prince St) Im gemütlichen, geselligen Fanelli's werden an dieser Ecke schon seit 1847 Getränke ausgeschenkt. Und während sich SoHo im Lauf der Jahre gewandelt hat, ist das Fanelli's seinen Wurzeln treu geblieben, mit getönten Spiegeln, Fotos von Boxweltmeistern an den Wänden und dem ganzen Drum und Dran. Das Essen ist nur durchschnittlich –

hierher kommt man, um mit alten und neuen Freunden zu trinken und in Erinnerungen zu schwelgen.

JIMMY
COCKTAILBAR

Karte S. 440 (☑212-201-9118; www.jimmysoho. com; James New York, 15 Thompson St Höhe Grand St, SoHo; ☺Mo–Mi 17–1, Do & Fr bis 2, Sa 15–2, So 15–1 Uhr; ⒮A/C/E, 1 bis Canal St) In himmlischen Höhen und mit einem umwerfenden Ausblick auf die Stadt thront Jimmy über dem James New York Hotel. In den Sommermonaten tummeln sich die beschwipsten Gäste rund um den Pool auf der Außenterrasse. Bei kühlerem Wetter lockt drinnen die mittig platzierte und von bodentiefen Fenstern umgebene Bar.

MULBERRY STREET BAR
BAR

Karte S. 443 (☑212-226-9345; www.mulberry streetbar.com; 176 Mulberry St Höhe Broome St, Little Italy; ☺So–Do 11–3, Fr & Sa bis 4 Uhr; ⒮B/D bis Grand St; J/Z bis Bowery) Diese 100 Jahre alte und einst von Frank Sinatra geschätzte Spelunke in Little Italy diente schon als Kulisse in Filmen und Serien wie *Die Sopranos, Der Pate III* und *Donnie Brasco*. Ein netter Ort, um sich die Zeit zu vertreiben, auch wenn Little Italy langsam dahinschwindet. Die schroffen Barkeeper alter Schule tragen ebenso zum Charisma der Bar bei wie der schräge Mix aus staunenden Touristen, bärbeißigen Stammgästen und jeder Menge Hipsters.

RANDOLPH
CAFÉ, COCKTAILBAR

Karte S. 443 (☑646-383-3623; www.randolphnyc. com; 349 Broome St zw. Bowery & Elizabeth St, Nolita; ☺Mo–Mi 17–2, Do & Fr 17–4, Sa 13–4, So 13–24 Uhr; ☏; ⒮J/Z bis Bowery) Die weitläufige Bar mit dunklem Holzdekor serviert eine Reihe einfallsreicher Cocktails und eignet sich bestens für größere Gruppen. Nachmittags ist es hier eher ruhig, fast besinnlich – die Art von Bar, in die Schriftsteller gerne ihre Laptops oder Schreibmaschinen mitbringen, um bei einem frisch gezapften Bier an ihren zukünftigen Bestsellern zu arbeiten. Apropos – vom Fass gibt es ein eigenes Randolph Bier, derzeit ein Session IPA. Täglich ab 20 Uhr ist Happy Hour.

LA COLOMBE
KAFFEE

Karte S. 440 (☑212-625-1717; www.lacolombe. com; 270 Lafayette St zw. Prince & Jersey St, Nolita; ☺Mo–Fr 7.30–18.30, Sa & So ab 8.30 Uhr; ⒮N/R bis Prince St; 6 bis Spring St) Nach einer SoHo-Shoppingtour ist diese winzige Espressobar ein idealer Ort zum Auftanken. Der Kaffee ist stark, vollmundig und kann es mit dem einer italienischen Bar aufnehmen (cool ist auch das Wandgemälde von Rom). Auf Hungrige wartet eine kleine Snackauswahl mit Keksen und Croissants. Eine größere Filiale mit mehr Sitzplätzen, aber längeren Schlangen gibt's im benachbarten **NoHo** (Karte S. 440; 212-677-5834; 400 Lafayette St Höhe 4th St; 6 bis Bleecker St; B/D/F/M bis Broadway-Lafayette St).

 UNTERHALTUNG

JOE'S PUB
LIVEMUSIK

Karte S. 440 (212-539-8778, Tickets 212-967-7555; www.joespub.com; Public Theater, 425 Lafayette St zw. Astor Pl & 4th St, NoHo; 6 bis Astor Pl; R/W bis 8th St-NYU) Das kleine Joe's, teils Bar, teils Cabaret und teils Veranstaltungsraum, hat neben aufstrebenden Acts auch etablierte Künstler im Programm. So sind hier schon Patti LuPone, Amy Schumer, der verstorbene Leonard Cohen und die britische Sängerin Adele aufgetreten (2008 gab Adele hier ihr allererstes Konzert auf amerikanischem Boden!).

FILM FORUM
KINO

Karte S. 440 (212-727-8110; www.filmforum. com; 209 W Houston St zw. Varick St & Sixth Ave, SoHo; 12–24 Uhr; 1 bis Houston St) In diesem gemeinnützigen Kino mit drei Sälen – ein vierter ist in Planung – laufen die unterschiedlichsten Arthaus-Filme, Filmreihen und Retrospektiven berühmter Filmgrößen wie Orson Welles. Die Säle sind klein, sodass man am besten früh da ist, um einen guten Platz zu ergattern. Zu den Vorführungen gibt's oft Gespräche mit den Regisseuren sowie Gesprächsrunden zum Thema Film für Hardcore-Cineasten.

PUBLIC THEATER
THEATER

Karte S. 440 (212-539-8500; www.publictheater.org; 425 Lafayette St zw. Astor Pl & 4th St, NoHo; 6 bis Astor Pl; R/W bis 8th St-NYU) Dieses legendäre Theater erblickte 1954 unter dem Namen The Shakespeare Workshop das Licht der Welt und hat einige der größten Bühnenhits New Yorks aus der Taufe gehoben, z. B. das Musical *Hamilton* von 2015. Heute besteht das Programm aus einer Mischung innovativer Stücke und neu inszenierter Klassiker, wobei Shakespeare regelmäßig mit von der Partie ist. Apropos,

im Sommer veranstaltet das Public Theater auch das Festival Shakespeare in the Park unterm Sternenhimmel.

 SHOPPEN

SoHo ist eine Gegend voller schicker Läden in allen Variationen. Filialen von Ketten, Schuhläden und Jeans-Outlets gibt es am Broadway, exquisite Mode und Accessoires sind in den Straßen westlich davon zu finden. Die Läden in der Lafayette Street haben alles für die DJ- und Skaterszene, außerdem sind dort Indie-Labels und Vintage-Mode zu haben. Wer auf Indie-Chic steht, findet weiter östlich in Nolita mit seinen winzigen, schmucken Boutiquen einzigartige Klamotten, Schuhe und Accessoires. Viel Auswahl hat die Mott Street, gefolgt von der Mulberry und Elizabeth Street. Heilkräuter, exotische Früchte aus Asien, Woks und chinesische Teekannen findet man in den trubeligen Straßen von Chinatown.

★ MIN NEW YORK
KOSMETIK

Karte S. 440 (212-206-6366; www.min.com; 117 Crosby St zw. Jersey & Prince St, SoHo; Di–Sa 11–19, So & Mo 12–18 Uhr; B/D/F/M bis Broadway–Lafayette St; N/R bis Prince St) Die supernette, edle, bibliotheksartige Duftdrogerie verkauft exklusive Parfüme, Badeprodukte, Kosmetika und Duftkerzen. Besonders interessant ist die traditionell hergestellte Parfümkollektion stories der hauseigenen Marke MiN. Die Preisspanne der göttlichen Gerüche reicht von erschwinglich bis astronomisch. Anders als in vielen Geschäften in diesem Viertel wird nicht unbedingt erwartet, dass man etwas kauft.

★ SATURDAYS
MODE & ACCESSOIRES

Karte S. 440 (212-966-7875; www.saturdaysnyc.com; 31 Crosby St zw. Broome & Grand St, SoHo; Geschäft 10–19 Uhr, Kaffeebar Mo–Fr 8–19, Sa & So 10–19 Uhr; ; N/Q/R/W, J/Z bis Canal St, 6 bis Spring St) SoHos Version eines Surferladens verkauft neben Brettern und Wachs auch Designerkosmetika, Grafiken und Surferbücher sowie die eigene Linie hochwertiger Klamotten für modebewusste Kerle. Aufgestylt und mit einem Kaffee von der hauseigenen Espressobar bewaffnet geht es ab in den Garten, um sich verrückte Geschichte über beinahe tödliche

Abenteuer mit Haien anzuhören. Eine weitere Filiale gibt's im West Village (S. 168).

RAG & BONE MODE & ACCESSOIRES

Karte S. 440 (☎212-219-2204; www.rag-bone.com; 117–119 Mercer St zw. Prince & Spring St, SoHo; 🕐Mo–Sa 11–21, So 11–19 Uhr; [S]N/R bis Prince St) Das Label Rag & Bone ist ein Hit bei vielen der coolsten und trendigsten Modefans New Yorks, sowohl bei Frauen als auch bei Männern. Die Stücke mit Auge fürs Detail reichen von adretten Hemden und Blazern über bedruckte T-Shirts, unifarbige Pullover, federleichte Trägerkleider und Lederwaren bis hin zu den ebenso hochpreisigen wie hochgeschätzten Rag & Bone-Jeans. Die Verarbeitung ist generell exzellent. Außerdem werden Schuhe, Hüte, Taschen und Geldbörsen verkauft.

OPENING CEREMONY MODE, SCHUHE & ACCESSOIRES

Karte S. 440 (☎212-219-2688; www.openingceremony.com; 35 Howard St zw. Broadway & Lafayette St, SoHo; 🕐Mo–Sa 11–20, So 12–19 Uhr; [S]N/Q/R/W, J/Z, 6 bis Canal St) Das Opening Ceremony ist berühmt für seine nie langweiligen Indie-Labels und präsentiert stets wechselnde Namen aus der ganzen Welt, ergänzt von hauseigenen Kreationen. Egal, was gerade vorhanden ist, es sind immer umwerfende und augenfällige Klamotten, die angesagt, pfiffig und erfrischend avantgardistisch sind.

DE VERA ANTIQUITÄTEN

Karte S. 440 (☎212-625-0838; www.deveraobjects.com; 1 Crosby St Höhe Howard St, SoHo; 🕐Di–Sa 11–19 Uhr; [S]N/Q/R/W, J/Z, 6 bis Canal St) Federico de Vera bereist die ganze Welt, immer auf der Suche nach seltenen und erlesenen Schmuckstücken, Schnitzereien, Lackarbeiten und anderen Kunstobjekten für seinen feinen Laden. 200 Jahre alte Buddhas, venezianisches Glas und vergoldete Intarsienkästchen aus der Meiji-Zeit in beleuchteten Vitrinen sowie Ölgemälde und Schnitzarbeiten an den Wänden verbreiten eine Atmosphäre wie im Museum.

ODIN MODE & ACCESSOIRES

Karte S. 443 (☎212-966-0026; www.odinnewyork.com; 161 Grand St zw. Lafayette & Centre St, Nolita; 🕐Mo–Sa 11–20, So 12–19 Uhr; [S]6 bis Spring St; N/R bis Prince St) Odins Männerboutique führt trendige Labels. Dazu gesellen sich importierte Markennamen wie Acne aus Skandinavien. Verlockend sind auch die Parfüme, der Schmuck von den Brooklyner Designern Naval Yard und Uhuru und die Schuhe von Kultlabels wie Common Projects. Eine weitere Filiale gibt's im West Village (S. 167).

MCNALLY JACKSON BÜCHER

Karte S. 440 (☎212-274-1160; www.mcnallyjackson.com; 52 Prince St zw. Lafayette & Mulberry St, Nolita; 🕐Laden Mo–Sa 10–22, So bis 21 Uhr, Café Mo–Fr 9–21, Sa ab 10, So 10–20 Uhr; [S]N/R bis Prince St; 6 bis Spring St) Der geschäftige, unabhängige Buchladen führt eine tolle Auswahl an Zeitschriften und Büchern (zeitgenössische Belletristik und Sachbücher zu Themen wie Kochen, Architektur, Design, Kunst und Geschichte). In dem gemütlichen Café im Laden kann man – sofern man einen Platz ergattert – wunderbar schmökern oder sich zu einer der zahlreichen Lesungen und Signierstunden einfinden.

Wer als angehender Autor vorhat, seine Bücher selbst zu verlegen, kann seine Wälzer von der hauseigenen Espresso Book Machine, einem Print-on-Demand-Drucker, anfertigen lassen.

INA WOMEN VINTAGE

Karte S. 440 (☎212-334-9048; www.inanyc.com; 21 Prince St zw. Mott & Elizabeth St, Nolita; 🕐Mo–Sa 12–20, So bis 19 Uhr; [S]6 bis Spring St; N/R bis Prince St) Noble Mode, Schuhe und Accessoires aus zweiter Hand für Fashionistas.

JOE'S JEANS MODE & ACCESSOIRES

Karte S. 440 (☎212-925-5727; www.joesjeans.com; 77 Mercer St zw. Spring & Broome St, SoHo; 🕐Mo–Sa 11–19, So 12–18 Uhr; [S]N/R bis Prince St; 6 bis Spring St) Schöne Beine gefällig? Das hippe Label aus L.A. hat dafür so einiges im Angebot. Das Sortiment umfasst u. a. die Jeans „Flawless" mit figurbetonendem Stretchanteil und verschiedene Skinny Jeans, die nicht nur Supermodel-Maße berücksichtigen. Zum Kombinieren gibt's extrem bequeme Hemden, Hoodies, Pullis und die zeitlose Jeansjacke.

INA MEN VINTAGE

Karte S. 440 (☎212-334-2210; www.inanyc.com; 19 Prince St Höhe Elizabeth St, Nolita; 🕐Mo–Sa 12–20, So bis 19 Uhr; [S]6 bis Spring St; N/R bis Prince St) Das INA ist etwas für stilbewusste Männer, die Luxuskleidung, -schuhe und -accessoires aus zweiter Hand lieben. Die Teile sind durchweg hochwertig, darunter gefragte Sachen wie Jeans von Rag & Bone,

Wollhosen von Alexander McQueen, Burberry-Hemden und Schuhe von Church.

RUDY'S MUSIC · GITARREN

Karte S. 440 (☏212-625-2557; http://rudysmusic. com; 461 Broome St zw. Greene & Mercer St, SoHo; ⏰Mo–Sa 10.30–19 Uhr; Ⓢ6 bis Spring St; N/R bis Prince St) Zur Kundschaft zählen einige der berühmtesten Musiker der Welt. Das überrascht nicht, schließlich gilt die erlesene Kollektion an D'Angelico-Gitarren hier als eine der besten auf Erden. Vor Ort gibt es zudem einen Reparaturservice. Rock on!

UNIQLO · MODE & ACCESSOIRES

Karte S. 440 (☏877-486-4756; www.uniqlo.com; 546 Broadway zw. Prince & Spring St, SoHo; ⏰Mo–Sa 10–21, So 11–20 Uhr; ⓈR/W bis Prince St; 6 bis Spring St) Das riesige, dreistöckige Kaufhaus war die erste Niederlassung der japanischen Modemarke in den USA. Seine Popularität verdankt es den ansprechenden, gut verarbeiteten Klamotten zu Discountpreisen. Verkauft werden japanische Jeans, mongolischer Kaschmir, bedruckte T-Shirts, elegante Röcke, Hightech-Funktionswäsche und haufenweise poppige Konfektionsware – das meiste für unter 100 $.

ADIDAS FLAGSHIP STORE · SCHUHE, MODE

Karte S. 440 (☏212-966-0954; www.adidas.com; 115 Spring St zw. Greene & Mercer St, SoHo; ⏰Mo–Sa 10–20, So 11–19 Uhr; ⓈN/R bis Prince St) Hier gibt es die kultigen Sportschuhe mit den drei Streifen. Abgesehen von den Tretern können sich Kunden auch mit Hoodies, Trainingsklamotten, T-Shirts und Accessoires wie Brillen, Uhren und abgefahrenen Retrotaschen eindecken.

Noch größer ist das 2740 m² umfassende Sportschuhwarenhaus **Adidas Sneaker Emporium** (Karte S. 440; ☏212-529-0081; 610 Broadway Höhe Houston St, SoHo; ⏰Mo–Sa 10–21, So 11–20 Uhr; ⓈB/D/F/M bis Broadway–Lafayette St; N/R bis Prince St) ein paar Straßen weiter.

RESURRECTION · VINTAGE

Karte S. 440 (☏212-625-1374; www.resurrection vintage.com; 45 Great Jones Rd zw. Lafayette & Bowery St, NoHo; ⏰Mo–Sa 11–19 Uhr; Ⓢ6 bis Spring St; N/R bis Prince St) Das Resurrection verleiht innovativen Kreationen aus vergangenen Dekaden neues Leben. Die ausgefallenen, fast neuwertigen Teile stammen aus der Zeit der Mods, des Glamrock und des New Wave. Designgötter wie Marc Jacobs ließen sich hier inspirieren. Spitzen-

stücke sind Kleider von Halston und Jacken und Mäntel von Courrèges.

FJÄLLRÄVEN · OUTDOORMODE & -AUSRÜSTUNG

Karte S. 440 (☏646-682-9253; www.fjallraven. us; 38 Greene St, SoHo; ⏰Mo–Sa 10–20, So bis 19 Uhr; ⓈN/Q/R/W bis Canal St, B/D/F/M bis Broadway–Lafayette St) Der einst nur Schweden, Dänen und ein paar Touristen bekannte Rucksack mit dem unverwechselbaren Fuchslogo und unaussprechlichen Namen ist inzwischen megaangesagt und in den Großstädten rund um den Globus allgegenwärtig. Neben verschiedenen Modellen in allen möglichen Farben und Größen offeriert der Laden auch andere outdoortaugliche Utensilien und Mode.

PURL SOHO · HANDARBEITSBEDARF

Karte S. 440 (☏212-420-8796; www.purlsoho. com; 459 Broome St zw. Greene & Mercer St, SoHo; ⏰Mo–Fr 12–19, Sa & So bis 18 Uhr; Ⓢ6 bis Spring St; N/R bis Prince St) Dieses bunte Sammelsurium an Stoffen und Garnen wirkt wie eine persönliche Etsy-Boutique. Der Laden war die Idee einer ehemaligen Redakteurin von *Martha Stewart Living* und bietet jede Menge Inspirationen zum Selbermachen sowie einige fertige Produkte, die sich prima als kleine Geschenke oder Mitbringsel eignen.

NEW KAM MAN · HAUSHALTSWAREN

Karte S. 443 (☏212-571-0330; www.newkamman. com; 200 Canal St zw. Mulberry & Mott St, Chinatown; ⏰9.30–19.30 Uhr; ⓈN/Q/R, J/Z, 6 bis Canal St) Vorbei an aufgehängten Enten geht es hinunter in den Keller dieses klassischen Lebensmittelladens in der Canal Street. Dort türmen sich billige chinesische und japanische Teeservices und Haushaltswaren wie Essstäbchen, Schalen, Pfannen, Woks und Reiskocher. Oben gibt es eine große Auswahl an asiatischen Lebensmitteln.

HOUSING WORKS BOOKSTORE · BÜCHER

Karte S. 440 (☏212-334-3324; www.housing works.org/locations/bookstore-cafe; 126 Crosby St zw. E Houston & Prince St, SoHo; ⏰Mo–Fr 9–21, Sa & So 10–17 Uhr; ⓈB/D/F/M bis Broadway–Lafayette St; N/R bis Prince St) Dieses knarzige Refugium ist relaxt und erdverbunden und bietet ein umfangreiches Sortiment an Secondhand-Büchern, -Schallplatten, -CDs und -DVDs – und man konsumiert für einen guten Zweck, da die Erlöse HIV-positiven und aidskranken Obdachlosen zugutekommen.

Hier kann man schön ein paar Stunden herumstöbern und es gibt auch ein hauseigenes Café.

Die regelmäßig stattfindenden Veranstaltungen wie sehr unterhaltsame Moth-StorySLAM-Wettbewerbe (www.themoth.org) sind auf der Website aufgelistet.

EVOLUTION NATURE STORE
GESCHENKE & SOUVENIRS

Karte S. 448 (☎212-343-1114; www.theevolutionstore.com; 687 Broadway zw. W 3rd & W 4th St, SoHo; ⏰11–20 Uhr; [S]R/W bis 8th Ave–NYU; 6 bis Astor Pl) Wie wär's mit einem Schrumpfkopf? Oder einem getrockneten Skarabäuskäfer? Dieser Laden versammelt in seinen Schaukästen vielerlei seltsame Fundstücke aus aller Welt. In dem lang gestreckten Geschäft drängt sich oft die Kundschaft, besonders am Wochenende, wenn die Passanten bei ihrem Boutiquebummel durch SoHo hereinschauen, um die Kuriositäten zu bestaunen.

AJI ICHIBAN
LEBENSMITTEL

Karte S. 443 (☎212-233-7650; 37 Mott St zw. Bayard & Mosco St, Chinatown; ⏰Mo–Fr 10–19, Sa & So bis 20 Uhr; [S]N/Q/R, J/Z, 6 bis Canal St) Diese Kette aus Hongkong ist ein echtes Schlaraffenland für Naschkatzen aus aller Welt. Jeglichen zahnärztlichen Ratschlägen zum Trotz sollte man sich hier nicht die Marshmallows mit Sesamgeschmack, Milchbonbons, Honigsüßigkeiten oder eingelegten Pflaumen und Rosen entgehen lassen. Wer es herzhafter mag, kann sich an asiatischen Snacks wie getrocknetem scharfem Tintenfisch, Anchovis, Krabbenchips und den omnipräsenten Wasabi-Erbsen gütlich un.

SPORT & AKTIVITÄTEN

GREAT JONES SPA
SPA

Karte S. 440 (☎212-505-3185; www.gjspa.com; 29 Great Jones St zw. Lafayette St & Bowery, NoHo; ⏰9–22 Uhr; [S]6 bis Bleecker St; B/D/F/M bis Broadway–Lafayette St) Das Verwöhnprogramm dieser nach Feng-Shui-Aspekten entworfenen Wohlfühloase samt dreistöckigem Wasserfall sollte sich niemand entgehen lassen. Das Angebot umfasst u. a. Peelings mit Blutorangensalz und Stammzellen-Gesichtsbehandlungen. Wer pro Person über 100 $ investiert (was angesichts von Preisen wie einstündige Massage/Gesichtsbehandlung ab 145/135 $ nicht schwer ist), kann es sich im Whirlpool der Water Lounge, in der Sauna, im Dampfraum und im Abkühlbecken gut gehen lassen. Badekleidung ist vorgeschrieben.

East Village & Lower East Side

EAST VILLAGE | LOWER EAST SIDE

Highlights

❶ New Museum of Contemporary Art (S. 114) Staunend vor der Fassade dieses Museums stehen, um anschließend genauso fasziniert die vielfältigen Kunstwerke im Inneren zu bewundern.

❷ Lower East Side Tenement Museum (S. 113) In diesem hervorragend kuratierten Museum die entsetzlich beengten Lebensbedingungen der ersten Einwanderer nachempfinden.

❸ St. Marks Place (S. 116) Die Nippesläden und Sake-Bars am St. Marks Place links liegen lassen, um in den angrenzenden Straßen in Ruhe etwas zu essen und die Boutiquen abzuklappern.

❹ Alphabet City (S. 112) Bei einer ausgiebigen Kneipentour die Pubs und Cocktailbars erkunden und unterwegs einen Happen essen.

❺ Vanessa's Dumpling House (S. 123) Ein paar der besten und günstigsten Dumplings der Stadt probieren.

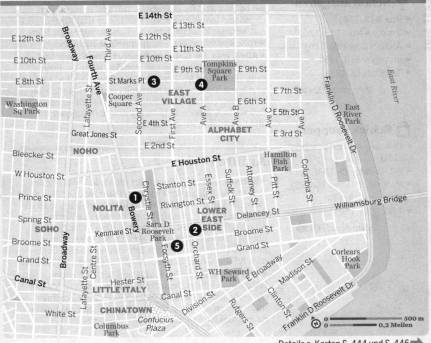

Details s. Karten S. 444 und S. 446

Top-Tipp

In vielen Restaurants dieser Gegend kann nicht reserviert werden. Wer aber am frühen Nachmittag im Restaurant seiner Wahl vorbeischaut (14 Uhr ist meist eine gute Zeit) und seinen Namen auf die Liste fürs Abendessen schreiben lässt, hat gute Chancen, abends einen Tisch zu bekommen.

Gut essen

➡ Upstate (S. 121)

➡ Degustation (S. 122)

➡ Momofuku Noodle Bar (S. 121)

➡ Mamoun's (S. 120)

➡ Veselka (S. 121)

Mehr dazu S. 119 ➡

Schön ausgehen

➡ Rue B (S. 124)

➡ Jimmy's No 43 (S. 126)

➡ Angel's Share (S. 126)

➡ Immigrant (S. 126)

➡ Ten Bells (S. 128)

Mehr dazu S. 124 ➡

Schick shoppen

➡ Obscura Antiques (S. 131)

➡ A-1 Records (S. 134)

➡ By Robert James (S. 135)

➡ Verameat (S. 134)

➡ Tokio 7 (S. 134)

Mehr dazu S. 131 ➡

Rundgang: East Village & Lower East Side

Alles, was als „typisch New York" gilt, ist im East Village zu haben: Graffiti auf roten Backsteinmauern, endlos hohe Wolkenkratzer, Punks, Börsenmakler und Omas in trauter Eintracht sowie schöne Cafés mit wackligen Tischen auf dem Gehsteig. In der Gegend um den Tompkins Square Park und in den durchbuchstabierten Avenues (der sogenannten *Alphabet City*) östlich des Parks gibt's noch viele kleine Ecken, in denen man das Flair des Viertels genießen kann. Hier laden eine Reihe Gemeinschaftsgärten zu Pausen im Schatten ein, zum Teil sogar mit Livedarbietungen. Die Straßen unterhalb der Houston Street und östlich der Bowery strotzen vor coolen kleinen Boutiquen und originellen Restaurants. Inmitten angesagter Flüsterkneipen halten hier und da noch ein paar abgeranzte Punkspelunken wacker die Stellung. Tagsüber ist die Atmosphäre entspannt, aber abends, wenn die Menschenmengen einfallen und der Alkohol- und Hormonpegel steigt, ist der Beat hier ein ganz anderer. Das Viertel ist bunt zusammengewürfelt und in diesem Sinne vielleicht eine Miniaturausgabe von ganz New York.

Lokalkolorit

➡ **Ein Block weiter** Alle wollen zum Shoppen und Ausgehen zum St. Marks Place (S. 116) und dementsprechend viel los ist hier auch. Wer Läden und Restaurants mit weniger Rummel bevorzugt, muss nur einen Häuserblock weiter gehen – egal in welche Richtung.

➡ **Alles, was der Gaumen begehrt** East Village und Lower East Side sind konkurrenzlos, wenn es darum geht, die besten Küchen aus allen Ecken der Erde zu probieren. Da eine Reservierung oft nicht möglich ist, sollte man einfach umherstöbern und nach einem freien Tisch Ausschau halten, um sich dann quer durch alle Kontinente zu schlemmen.

Anfahrt

➡ **Subway** Im East Village fährt die Linie L entlang der 14th St und hält an der First und Third Ave. Die Haltestelle der Linie F an der Kreuzung Second Ave und Houston St ist das Tor zum südlichen Bereich des Viertels. Alternativ kann man mit der Linie 6 bis Astor Pl fahren, um von hier den westlichen Bereich der Gegend zu erkunden. Für die Lower East Side empfehlen sich die Linien B/D bis Grand St und F, M/J/Z bis Delancey–Essex St.

➡ **Bus** Die Buslinien M14, M21 und B39, die entlang der 14th, Houston und Delancey St fahren, steuern jeweils die östlichen Blocks der beiden Viertel an (allerdings sollte man rechtzeitig aus dem B39 aussteigen, bevor er nach Brooklyn fährt).

HIGHLIGHT
LOWER EAST SIDE TENEMENT MUSEUM

Kein anderes Museum in New York bringt Besuchern die wechselhafte Geschichte der Stadt so nahe wie das Lower East Side Tenement Museum. Es beleuchtet das Erbe des Viertels anhand mehrerer rekonstruierter Mietskasernen. Das Museum wird permanent erweitert und bietet auch außerhalb der Museumsmauern verschiedene Touren und Vorträge an.

In den Mietskasernen

Diverse Touren führen durch die Mietskasernen, in denen im Lauf der Jahre Hunderte von Immigrantenfamilien wohnten und arbeiteten. „Hard Times", eine der beliebtesten Führungen, präsentiert Wohnungen aus zwei verschiedenen Epochen, den 1870er- und den 1930er-Jahren. Hier erlebt man hautnah die unwürdigen Bedingungen, in denen die Bewohner hausten – ohne Strom und fließendes Wasser und anfangs nur mit einem Gemeinschaftsklo draußen –, und wie das Leben der Familien aussah, die hier wohnten. Andere Führungen thematisieren die irischen Einwanderer, die brutale Ausbeutung der Arbeiter und das Leben von Händlern und Kneipiers (mit einer Führung durch eine nachgebaute deutsche Kneipe der 1870er-Jahre).

Im Stadtteil

Auf einer Führung durchs Viertel erhält man einen wunderbaren Einblick in das Leben der Einwanderer. Diese 75-minütigen bis zweistündigen Touren behandeln eine Vielzahl von Themen. „Then & Now" z. B. erkundet, wie sich das Viertel im Verlauf der Jahrzehnte verändert hat; „Outside the Home" betrachtet den Lebensalltag außerhalb der Wohnblocks – wo die Einwanderer ihre Ersparnisse aufbewahrten, die für das Gemeinschaftsleben so wichtigen Kirchen und Synagogen sowie die Versammlungsräume, in denen sich die schlecht bezahlten Arbeiter trafen, um für bessere Lebensbedingungen zu kämpfen.

NICHT VERSÄUMEN

➡ Themenführungen durch das Stadtviertel
➡ Ein Blick in die 1870er- und 1930er-Jahre auf der Führung „Hard Times"
➡ Das Menü „Tasting at the Tenement" (donnerstags um 18.30 Uhr)
➡ Der 30-minütige Film, der im Besucherzentrum gezeigt wird

PRAKTISCH & KONKRET

➡ Karte S. 446, B3
➡ ☎ 877-975-3786
➡ www.tenement.org
➡ 103 Orchard St zw. Broome & Delancey St, Lower East Side
➡ Führungen Erw./Stud. & Sen. 25/20 $
➡ ⊙ Fr–Mi 10–18.30, Do bis 20.30 Uhr
➡ Ⓢ B/D bis Grand St; J/M/Z bis Essex St; F bis Delancey St

Treffen mit Victoria

Eine Zeitreise führt zurück ins Jahr 1916: Dabei trifft man Victoria Confino, ein 14-jähriges Mädchen aus einer griechischen sephardischen Familie. Sie wird von einer kostümierten Führerin gespielt und beantwortet gern die Fragen der Besucher über ihr Leben zur damaligen Zeit. Diese einstündige Führung ist besonders für Familien mit Kindern interessant, denn man darf auch alle möglichen Haushaltsgegenstände in die Hand nehmen. Die Tour wird im Sommer täglich und ansonsten am Wochenende angeboten.

103 Orchard St

Das Besucherzentrum in der Orchard St 103 verfügt über einen Museumsshop und einen kleinen Vorführraum, in dem ein Film über die Geschichte und den Einfluss der Einwanderer in der Lower East Side gezeigt wird. An mehreren Abenden des Monats veranstaltet das Museum hier Vorträge, die sich oft mit dem Dasein von Immigranten in den heutigen USA befassen. Das Gebäude selbst war natürlich auch einst eine Mietskaserne; das Personal weiß eine Menge über die interessanten osteuropäischen und italienischen Familien zu erzählen, die hier gelebt haben.

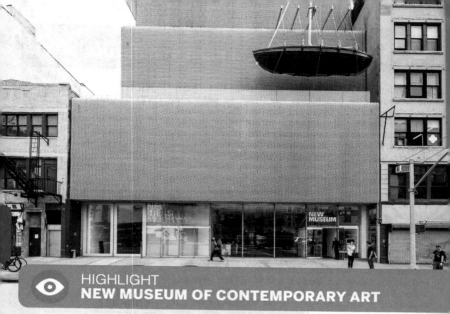

HIGHLIGHT
NEW MUSEUM OF CONTEMPORARY ART

Das New Museum of Contemporary Art in der Lower East Side mit dem inspirierenden Design des berühmten japanischen Architekturbüros SANAA beweist, dass es nicht nur die inneren Werte sind, die ein Museum auszeichnen. Schon allein die Außenansicht setzt einen starken Akzent im Straßenbild des Viertels und die ausgestellten Kunstwerke werden Besucher ebenso in den Bann ziehen wie die Fassade.

Museum mit Sendungsbewusstsein

Das 1977 von Marcia Tucker gegründete und über die Jahre an fünf Standorten ansässig gewordene Museum hat sich ein einfaches Motto auf die Fahnen geschrieben: „Neue Kunst, neue Ideen". Es hat Künstlern wie Keith Haring, Jeff Koons, Joan Jonas, Mary Kelly und Andres Serrano zu Beginn ihrer Karrieren Ausstellungsfläche geboten und zeigt auch weiterhin Größen der Gegenwart. Das einzige Museum für zeitgenössische Kunst in New York präsentiert seit jeher innovative Arbeiten in neuen Formen, wie etwa die vermeintlich zufällig zusammengefügten ausrangierten Materialien, die in der Mitte eines riesigen Raumes ausgestellt wurden.

Im New Museum Café kann man wunderbare New Yorker Lebensmittel wie Backwaren des Café Grumpy, Tees von McNulty, Kaffee von Intelligentsia und Sandwiches der Duck's Eatery probieren.

Kreativer Kosmos

Seit einigen Jahren ist das New Museum nun derartig im Viertel „angekommen", dass Neubauten in der Umgebung beginnen, das ätherische Design zu imitieren. Um einiges

NICHT VERSÄUMEN

➡ Blick auf die Fassade von der anderen Straßenseite

➡ New Museum Café

➡ New Museum Store

PRAKTISCH & KONKRET

➡ Karte S. 446, A3

➡ ☎212-219-1222

➡ www.newmuseum.org

➡ 235 Bowery zw. Stanton & Rivington St, Lower East Side

➡ Erw./Kind 18 $/frei, Do 19–21 Uhr per Spende

➡ ⏰Di, Mi & Fr–So 11–18, Do bis 21 Uhr

➡ Ⓢ R/W bis Prince St; F bis Second Ave; J/Z bis Bowery; 6 bis Spring St

interessanter ist jedoch seine Magnetwirkung auf Künstler: Wie ein großer Himmelskörper zieht es kleine Ateliers und Ausstellungsflächen (S. 118) an, die sich in seiner Umlaufbahn aufhalten.

Die Vision von SANAA

Während im Museum die Exponate regelmäßig wechseln und damit den Charakter des Ausstellungsraumes verändern, bleibt die geniale architektonische Aussage des umgebenden Baus eine Konstante, die im facettenreichen Gesicht der Stadt einzigartig ist. Und doch bringt das Gebäude gleichzeitig die ausgestellten Kunstwerke optimal zur Geltung, ohne sich selbst in den Vordergrund zu drängen.

Die Struktur des Baus ist eine Schöpfung des japanischen Architekturbüros SANAA, eines Gespanns der beiden architektonischen Leuchten Kazuyo Sejima und Ryue Nishizawa. 2010 räumte SANAA für seinen Beitrag zur Designlandschaft sozusagen den Oscar der Architektur ab: den Pritzker-Preis. Markenzeichen des Architektenteams sind „verschwindende" Fassaden, die weltweit dafür bekannt sind, dass sie sich strikt an das Prinzip *form follows function* (die Form folgt der Funktion) halten und dabei manchmal sogar den Umriss des Grundstücks in die Form des Bauwerks integrieren. Das bauklotzartige Schema bildet einen auffälligen Kontrast zu den dunkelroten Backsteinbauten mit ihren Feuerleitern aus Eisen und spielt gleichzeitig auf die geometrischen Ausstellungsräume im Inneren an.

MUSEUMSSHOP

Wer nichts mit der aktuellen Ausstellung anfangen kann, findet im Museumsshop eine Auswahl an wunderschönen Bildbänden. Teilweise entstanden die raffinierten Souvenirs in Zusammenarbeit mit den ausgestellten Künstlern. Der Laden hat die gleichen Öffnungszeiten wie das Museum.

Donnerstags zwischen 19 und 21 Uhr ist der Eintritt erheblich günstiger – man bezahlt, was man möchte. Je nach Ausstellung kann es dann sehr voll werden: Schlangestehen ist also angesagt und es empfiehlt sich, gegen 18.45 Uhr da zu sein.

ERSTER SAMSTAG FÜR FAMILIEN

Am ersten Samstag des Monats veranstaltet das New Museum besondere Events für kleine Künstler zwischen vier und 15 Jahren, bei denen diese schöpferisch aktiv werden können. Für erwachsene Begleitpersonen ist der Eintritt dann frei (Kinder kommen sowieso immer umsonst rein).

OSUGI /SHUTTERSTOCK ©

HIGHLIGHT
ST. MARKS PLACE

In New York hat jede Straße ihre eigene Geschichte – die sich auf den Gehsteigen abspielt oder hinter den bunten Fassaden verborgen liegt. Der vielleicht beste Geschichtenerzähler ist St. Marks Place, wo fast jedes Gebäude der Häuserblocks tausend Schauermärchen aus einer Zeit zu erzählen weiß, als das East Village vor allem für Anarchie stand.

Astor Place

Westlich von St. Marks Place liegt das lebhafte Straßenkarree des **Astor Place** (Karte S. 444; 8th St zw. Third & Fourth Ave, East Village; [S] N/R bis 8th St–NYU; 6 bis Astor Pl). In der Mitte steht eine seltsame quadratische Skulptur, die in New York den liebevollen (und treffenden) Beinamen *The Cube* trägt – der Würfel. Die über 815 kg schwere Plastik besteht komplett aus Cortenstahl und heißt in Wirklichkeit *Alamo*. Für die Anwohner ist sie ein beliebter Treffpunkt.

Ursprünglich stand am Astor Place das Astor Opera House, wo sich Mitte des 19. Jhs. die Finanzelite der Stadt zu regelmäßigen Vorführungen einfand. Hier war außerdem der Schauplatz der berüchtigten Astor-Place-Ausschreitungen. Damals protestierte die irische Bevölkerung New Yorks derart heftig gegen die Hungersnot in ihrer Heimat, dass die Polizei in die Menge schoss. Hunderte von Menschen wurden verletzt, mindestens 18 getötet.

Heute ist der Platz hauptsächlich bekannt als die ehemalige Adresse der *Village Voice* sowie des Designinstituts **Cooper Union** (Foundation Building, Great Hall; Karte S. 444; www.cooper.edu; 7 E 7th St zw. Third & Fourth Ave, East Village; [S] 6 bis Astor Pl, N/R bis 8th St–NYU).

NICHT VERSÄUMEN

- Die Gebäude Nr. 96 und Nr. 98, die auf der Led-Zeppelin-LP *Physical Graffiti* zu sehen sind
- Brunch in einem der guten Cafés
- Tompkins Square Park am Ende der Straße
- Sake in einer der japanischen Bars
- Schnickschnack und ausgefallene Souvenirs shoppen

PRAKTISCH & KONKRET

- Karte S. 444, C2
- St. Marks Pl, Ave A bis Third Ave, East Village
- [S] N/R/W bis 8th St–NYU; 6 bis Astor Pl

Third Avenue bis Avenue A

St. Marks Place, mit nur drei Häuserblocks zwischen Astor Place und Tompkins Square Park eine der kürzesten Straßen New Yorks, ist zugleich eine der bekanntesten Straßen der Stadt. Die bis vor Kurzem als St. Mark's Ale House bekannte Adresse 2 St. Marks Place (das St. Mark's Hotel steht noch immer) firmierte eine Zeit lang unter dem berühmten Namen Five Spot, wo Jazz-Schwergewicht Thelonious Monk in den 1950er-Jahren bekannt wurde. Die Nr. 4 hat einen bunten Strauß bekannter Namen gesehen: Gebaut wurde das Haus vom Sohn Alexander Hamiltons, in den 1830er-Jahren lebte hier der Schriftsteller James Fenimore Cooper und in den 1960er-Jahren schneite Yoko Onos Künstlergruppe Fluxus herein. Die Fassaden der Hausnummern 96 und 98 sind auf dem Plattencover des Led-Zeppelin-Albums *Physical Graffiti* verewigt. An der 122 St. Marks Place befand sich bis zu seiner Schließung in den 1990er-Jahren das beliebte Café Sin-é, in dem Jeff Buckley und David Gray oft auftraten.

Tompkins Square Park

St. Marks Place endet an einer grünen Oase tief im Herzen des East Village. Der gut 4 ha große **Tompkins Square Park** (Karte S. 444; www.nycgovparks.org; E 7th & 10th St zw. Ave A & B; ☉6–24 Uhr; Ⓢ6 bis Astor Pl) erinnert an Daniel Tompkins, der von 1807 bis 1817 Gouverneur von New York und danach unter James Monroe Vizepräsident der USA war. In dem freundlichen Nachbarschaftspark treffen sich die Anwohner zum Schachspielen an Betontischen, zum Picknick auf dem Rasen oder zu spontanen Gitarren- und Schlagzeugsessions auf einem der grünen kleinen Hügel. Hier gibt's außerdem Basketballplätze, eine eingezäunte Auslauffläche für Hunde, im Sommer regelmäßig Konzerte und einen gut besuchten Kinderspielplatz. Aber der kürzlich umgestaltete Park war nicht immer solch ein gepflegtes Örtchen. In den 1980er-Jahren war er eine dreckige, nadelübersäte Heimstatt für Obdachlose und in keinster Weise für Spaziergänge oder Picknicks geeignet. Der umstrittene Wendepunkt kam 1988 (und dann noch einmal 1991), als die Polizei den Musikpavillon niederriss und mehr als 100 Bewohner der Zeltstadt im Park vertrieb. Die erste Polizeiaktion endete mit gewalttätigen Auseinandersetzungen, dem sogenannten Tompkins Square Riot. Danach kamen die ersten Yuppies, Modefreaks und Drogenpolizisten, die versuchten, sich als Punks auf der Suche nach Drogen auszugeben. Viel Drama gibt's hier heute nicht mehr, abgesehen von den gelegentlich stattfindenden Kunst- und Musikfestivals, die versuchen, das glorreiche Alternativflair des Parks kurzfristig wieder aufleben zu lassen.

PUNKLÄDEN

Einst war das East Village die Keimzelle neuer Punkrock-Talente. Viele bezogen die Ausstattung für ihren ureigenen Look aus den Klamottenläden am St. Marks Place. Die meisten sind leider Mainstream-Ware gewichen, die sich am Touristengeschmack orientiert, aber einige haben überlebt.

ESSEN AM ST. MARKS PLACE

St. Marks Place ist nicht nur voller kurioser und historischer Wahrzeichen; inzwischen kann man hier auch ganz wunderbar essen. Am Wochenende lohnt sich ein Brunch im East Village unbedingt, hier ist es meist günstiger (und weniger szenig) als in den angrenzenden Vierteln. Gut ist z. B. das Cafe Mogador (S. 122), das eine Mischung amerikanischer Standard- und verschiedener orientalischer Gerichte serviert.

SEHENSWERTES

East Village

ST. MARKS PLACE — STRASSE
Siehe S. 116.

TOMPKINS SQUARE PARK — MUSEUM
Siehe S. 117.

ST. MARK'S IN THE BOWERY — KIRCHE
Karte S. 444 (☎212-674-6377; www.stmarksbowery.org; 131 E 10th St Höhe Second Ave, East Village; ⌚Mo–Fr 10–18 Uhr; [S]L bis 3rd Ave; 6 bis Astor Pl) Diese Kirche mögen die Anwohner v. a. wegen des kulturellen Angebots, darunter Gedichtlesungen des Poetry Project oder supermoderne Tanzperformances von Danspace und dem Ontological Hysteric Theater. Aber dies ist auch ein historischer Ort, denn die Episkopalkirche steht dort, wo sich früher die Farm (*bouwerij*) von Peter Stuyvesant befand. Der frühere niederländische Gouverneur liegt hier in einer Gruft begraben.

Zusätzlich zu den kulturellen Events finden in der Kirche auch viele Veranstaltungen und Vorträge zu aktuellen politischen Themen statt. Die Website informiert über das Programm.

EAST RIVER PARK — PARK
Karte S. 444 (www.nycgovparks.org/parks/east-river-park; FDR Dr & E Houston St; ⌚Sonnenaufgang bis 1 Uhr; [S]F bis Delancey–Essex St) Neben tollen Spielfeldern für diverse Ballspiele, Rad- und Joggingwegen, einem Amphitheater für Konzerte (5000 Sitzplätze) und ausgedehnten Grünflächen lockt dieser Park mit einer kühlen Brise vom Wasser und schönen Aussichten auf drei Brücken über den East River (Williamsburg, Manhattan und Brooklyn Bridge).

GALERIEN DER LOWER EAST SIDE

Chelsea ist zwar das Schwergewicht der New Yorker Galerienszene, aber auch die Lower East Side hat Dutzende richtig gute Adressen zu bieten. Einer der hiesigen Ausstellungspioniere öffnete 1975 seine Pforten: Die Galerie **Sperone Westwater** (Karte S. 446; ☎212-999-7337; www.speronewestwater.com; 257 Bowery zw. E Houston & Stanton St, Lower East Side; ⌚Di–Sa 10–18 Uhr; [S]F bis 2nd Ave) stellt Größen wie William Wegman und Richard Long aus und residiert heute in neuen Räumen im Design des berühmten Norman Foster, der in New York bereits mit seinen Entwürfen für das Hearst Building und die Avery Fisher Hall Furore gemacht hat. Die avantgardistische Galerie **Salon 94** betreibt in der Lower East Side zwei Standorte: einen versteckt in der **Freeman Alley** (Karte S. 446; www.salon94.com; 1 Freeman Alley, abseits Rivington, Lower East Side; ⌚nach Vereinbarung; [S]F bis 2nd Ave; J/Z/M bis Bowery) und die andere an der **Bowery** (Karte S. 446; ☎212-979-0001; www.salon94.com; 243 Bowery Ecke Stanton St, Lower East Side; ⌚Di–Sa 11–18 Uhr; [S]F bis 2nd Ave; J/Z/M bis Bowery) beim New Museum of Contemporary Art. Letztere verfügt über eine 6 m große LCD-Videowand, auf der Videokunst auf die Straße projiziert wird. Ein paar Blocks weiter nördlich ist die 370 m² große Galerie **Hole** (Karte S. 444; ☎212-466-1100; theholenyc.com; 312 Bowery Höhe Bleecker, East Village; ⌚Mi–So 12–19 Uhr; [S]6 bis Bleeker St; B/D/F/M bis Broadway–Lafayette St) – gleichermaßen bekannt für ihre Kunst wie für ihre lauten Vernissagen, zu denen sowohl Typen aus der Kunstszene als auch Promis wie Courtney Love und Salman Rushdie auftauchen.

Die Broome St zwischen Chrystie und Bowery entwickelt sich immer mehr zum Zentrum der Kunstszene der Lower East Side: Bekannte Galerien wie White Box, Canada und Jack Hanley residieren hier Seite an Seite. Eine weitere quirlige Galeriemeile ist die Orchard St zwischen Rivington und Canal St.

Andere beliebte moderne Galerien sind **Lehmann Maupin** (Karte S. 446; ☎212-254-0054; www.lehmannmaupin.com; 201 Chrystie St zw. Stanton & Rivington St, Lower East Side; ⌚Di–Sa 10–18 Uhr; [S]F bis Delancey–Essex St), **Mesler/Feuer** (Karte S. 446; www.meslerfeuer.com; 319 Grand St, 1. OG, zw. Allen & Orchard St, Lower East Side; ⌚Mi–So 11–18 Uhr; [S]J/M/Z/F bis Delancey–Essex St; B/D bis Grand St) und **Lesley Heller** (Karte S. 446; ☎212-410-6120; www.lesleyheller.com; 54 Orchard St zw. Grand & Hester, Lower East Side; ⌚Mi–Sa 11–18, So ab 12 Uhr; [S]B/D bis Grand St; F bis East Broadway).

Fazit: Trotz der Lage zwischen einer hoch aufragenden Wohnsiedlung am verstopften FDR Drive und dem alles andere als sauberen East River ein toller Ort für einen Spaziergang oder eine morgendliche Joggingrunde.

👁 Lower East Side

LOWER EAST SIDE TENEMENT MUSEUM — MUSEUM

Siehe S. 113.

NEW MUSEUM OF CONTEMPORARY ART — MUSEUM

Siehe S. 114.

ANASTASIA PHOTO — GALERIE

Karte S. 446 (www.anastasia-photo.com; 143 Ludlow St zw. Stanton & Rivington St, Lower East Side; 🕓Di–So 11–19 Uhr; [S]F bis Delancey St; J/M/Z bis Essex St) Die kleine Galerie ist auf Dokumentarfotografie und Fotojournalismus spezialisiert. Zu sehen sind hier stimmungsvolle, zum Nachdenken anregende Arbeiten, etwa zur Armut im ländlichen Amerika, den Verwüstungen des Krieges und den verschwindenden Kulturen Afrikas. Die Mitarbeiter können den Bedeutungskontext für die schönen Aufnahmen beisteuern.

MUSEUM AT ELDRIDGE STREET SYNAGOGUE — MUSEUM

Karte S. 446 (☎212-219-0302; www.eldridgestreet.org; 12 Eldridge St zw. Canal & Division St, Lower East Side; Erw./Kind 14/8 $, Mo gegen empfohlene Spende; 🕓So–Do 10–17, Fr 10–15 Uhr; [S]F bis East Broadway) Diese berühmte Synagoge wurde 1887 erbaut und war einst ein wichtiger Ort des jüdischen Lebens in der Stadt, bevor sie in den 1920er-Jahren verlotterte. Das zwischenzeitlich stark verfallene Gebäude erstrahlt jedoch seit 2007 nach einer 20 Jahre währenden, 20 Mio. $ teuren Restaurierung wieder in seiner ganzen ursprünglichen Pracht. Im Eintritt zum Museum ist eine jeweils zur vollen Stunde beginnende Führung inbegriffen; die letzte startet um 16 Uhr.

KEHILA KEDOSHA JANINA SYNAGOGUE & MUSEUM — SYNAGOGE

Karte S. 446 (☎212-431-1619; www.kkjsm.org; 280 Broome St Höhe Allen St, Lower East Side; 🕓So 11–16 Uhr, Gottesdienst Sa 9 Uhr; [S]F, J/M/Z bis Delancey–Essex St) Diese kleine Synagoge ist das Zuhause eines exotischen Zweigs des Judentums, der Romanioten. Ihre Vorfahren waren Sklaven, die es durch einen Sturm nach Griechenland verschlug, als sie mit dem Schiff nach Rom transportiert werden sollten. Dies ist ihre einzige Synagoge in der westlichen Hemisphäre. Zum Gotteshaus gehört ein kleines Museum mit Stücken wie handgemalten Geburtsurkunden, einer Kunstgalerie, einem Holocaustmahnmal im Gedenken an griechische Juden und Trachten aus Ioannina, der romaniotischen Hauptstadt Griechenlands.

SARA D. ROOSEVELT PARK — PARK

Karte S. 446 (Houston St Höhe Chrystie St, Lower East Side; [S]F bis Delancey–Essex St) In dem drei Häuserblocks langen Park, der in den vergangenen Jahren einer Verjüngungskur unterzogen wurde, ist am Wochenende jede Menge los, denn hier gibt es Basketballplätze, einen kleinen Fußballplatz mit Kunstrasen und unmittelbar nördlich der Hester St einen beliebten Spielplatz. Tai-Chi-Jünger, Gemüsehändler (in den Nebenstraßen der Umgebung) und Spaziergänger aller Altersgruppen und jeglicher Herkunft gesellen sich zu der bunten Szene.

🍴 ESSEN

Hier findet sich der Inbegriff dessen, was am Essengehen in New York so schön ist: die schiere Vielfalt. Innerhalb eines einzigen Häuserblocks können sämtliche Kontinente und Preisklassen vertreten sein. Von winzigen italienischen Trattorias über Szechuan-Hot-Pot-Restaurants, innovative Sandwichläden, ukrainische Piroggen-Paläste, unzählige Sushi-Theken und Ramen-Küchen bis zu Pizzerien oder Falafelbuden – hier ist für jeden Geschmack etwas dabei. Auf dem auch als *Curry Row* bekannten Abschnitt der E 6th Street zwischen First und Second Avenue drängen sich die günstigen indischen Restaurants zwar nicht mehr ganz so dicht wie früher, aber ein paar halten hier immer noch die Stellung.

🍴 East Village

ESPERANTO — BRASILIANISCH $

Karte S. 444 (www.esperantony.com; 145 Ave C Höhe E 9th St, East Village; Hauptgerichte 18–24 $; 🕓So–Do 10–23, Fr & Sa bis 24 Uhr; [S]L bis 1st Ave) Die leuchtend grüne Fassade und die große Straßenterrasse erinnern an die gute alte Zeit in Alphabet City, als das Viertel noch nicht von grauen, verglasten Eigentumswohnungen und geschniegelten Cocktailbars heimgesucht wurde. Hier kann man die ganze Nacht draußen sitzen und Caipirinhas schlürfen oder ein vorzügliches blutiges Steak mit Chimichurri-Sauce genießen. Eine Spezialität ist auch die *feijoada* (traditioneller brasilianischer Fleischeintopf).

MAMOUN'S
ORIENTALISCH $

Karte S. 444 (646-870-5785; http://mamouns. com; 30 St. Marks Pl zw. Second & Third Ave, East Village; Sandwiches 4–7 $, kleine Teller 7–12 $; Mo–Mi 11–2, Do bis 3, Fr & Sa bis 5, So bis 1 Uhr; 6 bis Astor Pl; L bis 3rd Ave) Dieser ehemalige Take-Away-Außenposten der beliebten New Yorker Falafelkette hat seine kultige Ladenfront am St. Marks Place ausgebaut und drinnen und draußen um ein paar Sitzgelegenheiten erweitert. Spät am Wochenende stehen hier die angeschickerten Kneipengänger Schlange, um ihre Zechtour mit einem saftigen Schawarma samt Momouns berühmter scharfer Sauce zu krönen.

BAIT & HOOK
FISCH & MEERESFRÜCHTE $

Karte S. 444 (212-260-8015; www.baitandhook nyc.com; 231 Second Ave Höhe E 14th St, East Village; Tagesgerichte ab 5 $, Hauptgerichte 12–18 $; So–Mi 12–23, Do–Sa 12–24 Uhr; L bis 1st Ave) Bei den Happy-Hour-Angeboten in dieser Bar lohnt sich das Feiern und auch die Thementage sollte man sich nicht entgehen lassen. Egal ob am Muschel-Montag oder Taco-Dienstag, die Stimmung ist immer gut. Die Einrichtung ist hell, luftig und geschmackvoll mit nautischem Kitsch dekoriert.

ARTICHOKE BASILLE'S PIZZA
PIZZA $

Karte S. 444 (212-228-2004; www.artichoke pizza.com; 328 E 14th St zw. First & Second Ave, East Village; Artischockenpizza pro Stück 5 $; 10–17 Uhr; L bis 1st Ave) Die Pizzeria-Minikette wird von zwei Italienern aus Staten Island betrieben und ist berühmt für ihre großzügigen Toppings. Die Spezialität des Hauses ist eine Köstlichkeit mit Artischocken, Spinat und reichlich Käse; die schlichte Pizza Siciliana ist dünner und überzeugt schon allein durch ihre Knusperkruste und die leckere Sauce. Meistens bildet sich schnell eine Warteschlange.

MIKEY LIKES IT
EISCREME $

Karte S. 444 (www.mikeylikesiticecream.com; 199 Ave A zw. E 12th & E 13th St, East Village; Kugel 4 $; So–Do 12–24, Fr & Sa bis 2 Uhr; L bis 1st Ave) Die blau-weiße Eisdiele hat mehr in petto, als auf den ersten Blick ersichtlich. Die hausgemachten, teils wild kombinierten Eissorten sind köstlich: Erdbeeren mit Balsamessig und schwarzem Pfeffer, Bananeneis mit Erdnüssen im Schokoladenmantel. Die spannende Lebensgeschichte des Gründers und Besitzers der Eisdiele verleiht den vom Hip-Hop inspirierten Eissorten einen ganz besonderen Geschmackskick.

MIGHTY QUINN'S
GRILL $

Karte S. 444 (212-677-3733; www.mightyquinns bbq.com; 103 Second Ave Höhe 6th St, East Village; Fleischportionen 8–10 $; So–Do 11.30–23, Fr & Sa bis 24 Uhr; 6 bis Astor Pl; F bis 2nd Ave) Mit einem Tablett bewaffnet kann man sich in diesem sehr beliebten Fleischrestaurant ins Getümmel der BBQ-Freunde stürzen. Zarte Rinderbrust, geräucherte *spare ribs*, saftiges Pulled Pork und Beilagen in großzügigen Portionen (Krautsalat, Süßkartoffelauflauf, *baked beans*) ergeben ein dekadentes Festmahl für Karnivoren.

MUD
CAFÉ $

Karte S. 444 (212-529-8766; www.onmud.com; 307 E 9th St zw. Second & First Ave, East Village; Hauptgerichte 6–13 $, Brunch 18,50 $; Mo–Fr 7.30–24, Sa & So ab 8 Uhr; L bis 3rd Ave; L bis 1st Ave; 4/6 bis Astor Pl) Dieses Plätzchen in der 9th St ist ein Favorit bei East-Village-Bewohnern für einen schnellen Kaffee, ein stärkendes Frühstück nach einer langen Nacht oder auf ein Schwätzchen (es gibt kein WLAN). Der tägliche Brunch (Kaffee, Craft-Bier oder Mimosa und ein Hauptgericht) ist für 18,50 $ ein echtes Schnäppchen. Hinten raus gibt es einen überraschend großen Garten.

RAI RAI KEN
RAMEN $

Karte S. 444 (212-477-7030; 218 E 10th St zw. First & Second Ave, East Village; Ramen 10–13 $; 11.30–23.45 Uhr; L bis 1st Ave; 6 bis Astor Pl) Die Ladenfront von Rai Rai Ken ist zwar nicht größer als die Eingangstür, aber trotzdem nicht zu übersehen: Davor lungert nämlich meist die hauseigene Fangemeinde herum. Innen stehen niedrige Holzstühle um die Nudelbar, wo Köche die laufende Produktion der Schweinefleischsuppe in Gang halten, die siedend heiß auf den Tisch kommt.

GEMEINSCHAFTSGÄRTEN

Nach so viel Naturabstinenz in New York City sorgen die Gemeinschaftsgärten in der Alphabet City für eine Überraschung. Hier wurden verlassene Grundstücke in Gärten verwandelt, damit einkommensschwache Viertel in den Genuss gemeinschaftlich nutzbarer Hinterhöfe kommen. Auf Grünflächen zwischen einzelnen Gebäuden oder ganzen Blocks werden Bäume und Blumen gepflanzt, Sandkästen gebaut, irgendwo abgestaubte Skulpturen installiert und Dominotische aufgestellt. Und obwohl einige Gärten unter heftigem Protest zerstört wurden, um Bauprojekten Platz zu machen, konnten sich viele Grünflächen behaupten. Am Wochenende, wenn die meisten Gärten öffentlich zugänglich sind, bewundern Besucher die Pflanzungen und plaudern mit den Hobbygärtnern, von denen viele lokalen Bürgerinitiativen angehören und sich gut in der Kommunalpolitik auskennen.

Le Petit Versailles (Karte S. 444; www.alliedproductions.org; 346 E Houston St Höhe Ave C, East Village; ☉Do–So 14–19 Uhr; ⓢF bis Delancey St; J/M/Z bis Essex St) ist eine einzigartige Verschmelzung einer üppig grünen Oase mit einem engagierten Kulturprogramm; hier werden schräge Performances und Filmvorführungen geboten. Im gut organisierten **6th & B Garden** (Karte S. 444; www.6bgarden.org; E 6th St & Ave B, East Village; ☉April–Okt. Sa & So 13–18 Uhr; ⓢ6 bis Astor Pl; L bis 1st Ave) werden kostenlose Konzerte, Workshops und Yogastunden veranstaltet (Einzelheiten auf der Website). Drei spektakuläre Trauerweiden, ein sehr seltener Anblick in der Stadt, zieren die Zwillingsgärten **La Plaza Cultural** (Karte S. 444; www.laplazacultural.com; E 9th St Höhe Ave C, East Village; ☉April–Okt. Sa & So 10–19 Uhr; ⓢF bis 2nd Ave; L bis 1st Ave). Ebenfalls sehenswert sind der **All People's Garden** (Karte S. 444; 293 E 3rd St zw. Ave C & D, East Village; ☉April–Okt. Sa & So 13–17 Uhr; ⓢF bis 2nd Ave) und **Brisas del Caribe** (Karte S. 444; 237 E 3rd St, East Village; ☉April–Okt. Sa & So 13–17 Uhr; ⓢF bis 2nd Ave).

VESELKA OSTEUROPÄISCH $

Karte S. 444 (☎212-228-9682; www.veselka.com; 144 Second Ave Höhe 9th St, East Village; Hauptgerichte 10–19 $; ☉24 Std.; ⓢL bis 3rd Ave; 6 bis Astor Pl) Diese belebte Hommage an die ukrainische Vergangenheit des Viertels hat neben der üblichen öligen Nervennahrung z. B. *pierogi* (handgemachte Klöße) und Kalbsgulasch im Programm. Die dicht an dicht stehenden Tische laden Kalorienhungrige die ganze Nacht hindurch zum Schlemmen, aber das Lokal ist eigentlich zu jeder Tageszeit gut besucht – ganz besonders gern und regelmäßig auch von Schriftstellern, Schauspielern und anderen East-Village-Originalen.

★**MOMOFUKU NOODLE BAR** NUDELN $$

Karte S. 444 (☎212-777-7773; www.noodlebar-ny.momofuku.com; 171 First Ave zw. E 10th & 11th St, East Village; Hauptgerichte 16 $; ☉So–Do 12–23, Fr & Sa bis 1 Uhr; ⓢL bis 1st Ave; 6 bis Astor Pl) Da keine Reservierungen entgegengenommen werden, ist immer Wartezeit angesagt, bevor man sich in den wuseligen Laden mit nur 30 Hockern zwängen kann. Natürlich strömen die Gäste wegen der Ramen-Nudeln hierher, serviert mit verlorenem Ei und

Schweinebauch oder diversen interessanten Kombinationen. Die Karte wechselt täglich; u. a. gibt's Teigtaschen, z. B. mit Rinderbrust und Meerrettich, Snacks (geräucherte Hähnchenflügel) und Nachspeisen.

UPSTATE FISCH & MEERESFRÜCHTE $$

Karte S. 444 (☎212-460-5293; www.upstatenyc.com; 95 First Ave zw. E 5th & 6th St, East Village; Hauptgerichte 15–30 $; ☉17–23 Uhr; ⓢF bis 2nd Ave) Das Upstate serviert ausgezeichnete Seafood-Gerichte und Craft-Biere. Auf der kleinen, oft wechselnden Karte stehen vielleicht in Bier gedämpfte Muscheln, Meeresfrüchte-Eintopf, Jakobsmuscheln auf Pilzrisotto, Blaukrabbe und eine tolle Auswahl an Austern. Hier gibt es keinen Gefrierschrank – das Meeresgetier kommt täglich frisch vom Markt, sodass mit Sicherheit nur die allerfrischesten Zutaten im Kochtopf landen. Die Warteschlangen können lang sein, also früh auftauchen!

LUZZO'S PIZZA $$

Karte S. 444 (☎212-473-7447; www.luzzosgroup.com; 211 First Ave zw. E 12th & 13th St, East Village; Pizza 18–25 $; ☉So–Do 12–23, Fr & Sa bis 24 Uhr; ⓢL bis 1st Ave) Das allseits beliebte Luzzo's in einem rustikalen, schmalen Gebäude im

East Village ist jeden Abend voll mit anspruchsvollen Gästen, die die hauchdünnen Pizzaböden aus dem Holzkohleofen mit ihrem Belag aus reifen Tomaten zu schätzen wissen. Nur Barzahlung.

LAVAGNA ITALIENISCH **$$**

Karte S. 444 (☎212-979-1005; www.lavagnanyc.com; 545 E 5th St zw. Ave A & B, East Village; Hauptgerichte 19–34 $; ⌚Mo–Do 18–23, Fr bis 24, Sa 12–15.30 & 17–24, So bis 23 Uhr; 🍷 👪; [S]F bis 2nd Ave) Dunkles Holz, flackernde Kerzen und ein feuriges Glühen aus der teils offenen Küche machen das heimelige Lavagna zu einem spätabendlichen Versteck für Liebespaare. Aber es ist auch locker genug für einen Besuch mit Kindern, zumindest früh am Abend, bevor sich das kleine Lokal füllt. Famose Pastagerichte, dünne Pizzas und herzhafte Hauptgerichte wie Lammkarree bilden den Grundstock des Angebots.

CAFE MOGADOR MAROKKANISCH **$$**

Karte S. 444 (☎212-677-2226; www.cafemogador.com; 101 St. Marks Pl zw. 1st St & Ave A, East Village; Hauptgerichte mittags 9–18 $, abends 16–22 $; ⌚So–Do 9–24, Fr & Sa bis 1 Uhr; [S]6 bis Astor Pl) Das von einer Familie betriebene Mogador ist schon seit Langem ein New Yorker Klassiker: Hier gibt es bergeweise Couscous, Lamm vom Holzkohlegrill und scharfe Merguez-Würste auf Basmatireis sowie gemischte Teller mit Hummus und *baba ganoush*. Die eigentlichen Highlights sind jedoch die Tajines -traditionell gewürzte, langsam gegarte Huhn- oder Lammgerichte, die auf fünf verschiedene Arten zubereitet werden. Ausgezeichnet ist zudem der Brunch (Sa & So 9–16 Uhr).

Das Publikum, vorwiegend kommunikative junge Leute, findet an warmen Tagen auch draußen ein Plätzchen.

WESTVILLE EAST MODERN AMERIKANISCH **$$**

Karte S. 444 (☎212-677-2033; www.westvillenyc.com; 173 Ave A zw. E 10th & E 11th St, East Village; Hauptgerichte 13–23 $; ⌚10–23 Uhr; [S]L bis 1st Ave; 6 bis Astor Pl) Marktfrisches Gemüse und köstliche Hauptgerichte sind die Essenz des Westville, das nebenbei auch mit seinem charmanten Cottage-Chic bezaubert. Die New Yorker verbringen hier gerne ihre Mittagspause, um sich mit Grünkohlsalat oder Hotdogs zu stärken.

IPPUDO NY NUDELN **$$**

Karte S. 444 (☎212-388-0088; www.ippudo.com/ny; 65 Fourth Ave zw. 9th & 10th St, East Village; Ramen 15 $; ⌚Mo–Do 11–15.30 & 17–23.30, Fr bis 0.30, Sa 11–23.30, So 11–22.30 Uhr; [S]R/W bis 8th St–NYU; 4/5/6, N/Q/R/W, L bis 14th St–Union Sq; 6 bis Astor Pl) In New York macht Ippudo auf vornehm: Die verführerischen *ramen* (im Ernst – sie sind wirklich köstlich) werden in einer schicken Umgebung aus schwarzen Oberflächen mit kirschroten Akzenten serviert, von oben berieselt mit Rockmusik.

DEGUSTATION MODERN EUROPÄISCH **$$$**

Karte S. 444 (☎212-979-1012; www.degustation-nyc.com; 239 E 5th St zw. Second & Third Ave, East Village; kleine Teller 12–22 $, Probiermenü 85 $; ⌚Di–Sa 18–23.30 Uhr; [S]6 bis Astor Pl) Auf der Grundlage iberischer, französischer und amerikanischer Rezepte bietet das Degustation in seinem schmalen Speiseraum mit 19 Plätzen eine schöne Auswahl an tapasartigen Gerichten. Die Gäste sitzen nett um eine lange Holztheke herum, während Küchenchef Oscar Islas Díaz und sein Team in der Mitte Tintenfisch mit *mole*, Austern-Tacos und andere innovative Gerichte zaubern.

PRUNE AMERIKANISCH **$$$**

Karte S. 444 (☎212-677-6221; www.prunerestaurant.com; 54 E 1st St zw. First & Second Ave, East Village; abends 24–33 $; Hauptgerichte Brunch 14–24 $; ⌚17.30–23, Sa & So auch 10–15.30 Uhr; [S]F bis 2nd Ave) Am Wochenende, wenn die Katergeschädigten einen Brunch oder eine der elf verschiedenen Bloody Marys brauchen, um wieder auf die Füße zu kommen, stehen hier die Gäste um den ganzen Häuserblock Schlange. Auf der Karte stehen z. B. gegrillte Forelle mit Minze-Mandel-Salsa, scharf angebratene Entenbrust und reichhaltiges Kalbsbries. Kein Wunder, dass der Laden immer voll ist. Reservierung nur für abends möglich.

HEARTH ITALIENISCH **$$$**

Karte S. 444 (☎646-602-1300; www.restauranthearth.com; 403 E 12th St Höhe First Ave, East Village; einzelne Gerichte 14–29 $, Probiermenü pro Pers. 78 $; ⌚Mo–Do 18–22, Fr bis 23, Sa 11–14 & 18–23, So 11–15.30 & 18–22 Uhr; [S]L bis 1st Ave; L, N/Q/R/W, 4/5/6 bis 14th St–Union Sq) Das bei anspruchsvollen, betuchten Gästen beliebte Restaurant betört mit einer warmen, ziegelsteinverkleideten Inneneinrichtung. Die Speisekarte wechselt je nach Saison, bietet aber meist gebratenes Fleisch, pikant gewürztes, sautiertes Gemüse und ein paar Dauerbrenner wie Leberpastete oder Salbeibutter-Gnocchi.

✕ Lower East Side

AN CHOI
VIETNAMESISCH **$**

Karte S. 446 (☎212-226-3700; http://anchoinyc.
com; 85 Orchard St zw. Broome & Grand St, Lower
East Side; banh mi ab 10 $, Hauptgerichte ab 13 $;
⊙Mo 18–24, Di–Do & So 12–24, Fr & Sa 12–2 Uhr;
ⓈB/D bis Grand St; F bis Delancey St; J/M/Z bis
Essex St) An den Wänden hängen verbli-
chene kommunistische Poster und die Bar
wirkt, als wäre sie aus den 1970er-Jahren
hierher gebeamt worden. Das An Choi kultiviert einen Retrostil, den die Stammgäste
aus dem East Village lieben. Obendrein ist
das Essen – einfache vietnamesische Gerichte wie *pho* (Nudelsuppe) und *banh mi*
(Baguettesandwiches) – lecker und angesichts des Hipstergehabes relativ günstig.

KUMA INN
ASIATISCH **$**

Karte S. 446 (☎212-353-8866; www.kumainn.
com; 113 Ludlow St zw. Delancey & Rivington St,
Lower East Side; kleine Gerichte 9–15 $; ⊙So–Do
18–23, Fr & Sa bis 24 Uhr; ⒮F, J/M/Z bis Delancey-Essex St) Ohne Reservierung läuft hier
gar nichts. Das beliebte Lokal versteckt sich
im ersten Stock (nach einer kleinen roten
Tür mit der Aufschrift „Kuma Inn" suchen)
und beglückt mit philippinisch und thailändisch inspirierten Tacos. Das Angebot
reicht von vegetarischen Sommerrollen (mit
Erdnuss-Pflaumen-Sauce) über scharfe,
„betrunkene" Shrimps bis hin zu pfannen-
gerösteten Jakobsmuscheln mit Speck und
Sake. Bier, Wein oder Sake bringt man (gegen Korkgebühr) selbst mit.

SPAGHETTI INCIDENT
ITALIENISCH **$**

Karte S. 446 (☎646-896-1446; www.spaghetti
incidentnyc.com; 231 Eldridge St zw. Stanton & E
Houston St, Lower East Side; Hauptgerichte 11–
14 $; ⊙So & Mo 12–22.30, Di–Sa bis 23.30 Uhr;
⒮F bis 2nd Ave) Wer einen Platz an der Marmortheke oder an einem der Tische ergattert hat, kann den Köchen dabei zuschauen,
wie sie schmackhafte Spaghettigerichte
mit frischen Zutaten wie Grünkohl-Pesto,
Lachs und Spargel in einer leichten Sah-
nesauce oder italienischer Wurst und Wild-
brokkoli zaubern. Das Essen ist solide und
ziemlich preisgünstig. Außerdem gibt's noch
Salate, *arancini* (Reisbällchen) und erschwingliche Weine.

MEATBALL SHOP
ITALIENISCH **$**

Karte S. 446 (☎212-982-8895; www.themeatball
shop.com; 84 Stanton St zw. Allen & Orchard St,
Lower Eastside; Sandwiches 13 $; ⊙So–Do 11.30–
2, Fr & Sa bis 4 Uhr; Ⓢ2nd Ave; F bis Delancey St;
J/M/Z bis Essex St) Im Meatball Shop wird
aus dem bescheidenen Fleischklops ein
echtes Kunstwerk: Hier werden Frikadellen in fünf Saftigkeitsstufen serviert, auch
vegetarisch mit Linsen oder als *mac 'n'
cheese*-Variante. Wer seine Klopse auf einem Baguette mit Mozzarella und pikanter
Tomatensauce bestellt, bekommt eine fabelhafte, preisgünstige Mahlzeit. Das täto-
wierte Personal und die laute Musik sorgen
für beschwingte Rock-'n'-Roll-Vibes. Über
die Stadt verteilen sich noch sechs weitere
Filialen – Näheres auf der Website.

VANESSA'S DUMPLING HOUSE
CHINESISCH **$**

Karte S. 446 (☎212-625-8008; www.vanessas.
com; 118a Eldridge St zw. Grand & Broome St,
Lower East Side; Klöße 1,50–6 $; ⊙Mo–Sa
10.30–22.30, So bis 22 Uhr; ⒮B/D bis Grand St;
J bis Bowery; F bis Delancey St) Die köstlichen
Klöße sind gedünstet, gebraten oder in einer Suppe zu haben. Der Koch bastelt sie
in Windeseile in einer Eisenpfanne und ver-
füttert sie zu unschlagbaren Preisen an die
hungrigen Mäuler.

★CLINTON STREET BAKING COMPANY
AMERIKANISCH **$$**

Karte S. 446 (☎646-602-6263; www.clintonstreet
baking.com; 4 Clinton St zw. Stanton & Houston St,
Lower East Side; Hauptgerichte 12–20 $; ⊙Mo–Sa
8–16 & 17.30–23, So 9–17 Uhr; ⒮J/M/Z bis Essex
St; F bis Delancey St; F bis 2nd Ave) Ein Fami-
lienbetrieb allererster Güte, der in unend-
lich vielen Kategorien Lorbeeren verdient:
die besten Pfannkuchen (Heidelbeer!), die
besten Muffins, die besten *po'boys* (Sandwi-
ches im Stil der Südstaaten), die besten wei-
chen Brötchen – die Liste ist endlos. Egal zu
welcher Tageszeit, hier gibt's immer ein Es-
sen mit Topqualität. Abends kann man sich
auch für ein „Frühstück zum Abendessen"
entscheiden (mit Pfannkuchen oder Eiern
Benedikt) oder für Fisch-Tacos beziehungs-
weise das hervorragende Buttermilch-Brat-
huhn.

RUSS & DAUGHTERS CAFE
OSTEUROPÄISCH **$$**

Karte S. 446 (☎212-475-4881; www.russand
daughterscafe.com; 127 Orchard St zw. Delancey
& Rivington St, Lower East Side; Hauptgerichte
13–20 $; ⊙Mo–Fr 9–22, Sa & So ab 8 Uhr; ⒮F bis
Delancey St; J/M/Z bis Essex St) In dem altmodischen Diner kann man sich niederlassen,

um Bagels mit *lox* (Lachs) oder auch Kartoffel-Latkes, Borschtsch oder *eggs Benny* zu genießen.

KATZ'S DELICATESSEN DELI $$

Karte S. 446 (☎212-254-2246; www.katzsdelicatessen.com; 205 E Houston St Höhe Ludlow St, Lower East Side; Sandwiches 15–22 $; ⏰Mo–Mi & So 8–22.45, Do bis 2.45, Fr ab 8 Uhr, Sa 24 Std.; [S]F bis 2nd Ave) Auch wenn Besucher nicht mehr allzu viele Überbleibsel der traditionellen jüdischen Gastroszene in der Lower East Side vorfinden werden, gibt es immer noch ein paar herausragende alteingesessene Adressen, darunter Katz's Delicatessen, den Schauplatz von Meg Ryans berühmtem vorgetäuschten Orgasmus aus dem Film *Harry und Sally* von 1989. Wer klassische Deli-Kost wie Pastrami und Salami auf Roggenbrot liebt, wird hier vielleicht ähnliche Höhenflüge erleben.

Heutzutage sind die Warteschlangen atemberaubend lang und die Preise hoch (die Spezialität des Hauses, ein warmes Pastrami-Sandwich, kostet stolze 21,45 $). Wenn man jedoch nicht allzu gefräßig ist, reichen die meisten Sandwiches für zwei. Wer den größten Ansturm vermeiden möchte, sollte sehr früh oder spät kommen.

DIMES CAFÉ $$

Karte S. 446 (☎212-925-1300; www.dimesnyc.com; 49 Canal St zw. Orchard & Ludlow St, Lower East Side; Hauptgerichte Frühstück 8–13 $, abends 15–24 $; ⏰Mo–Fr 8–22, Sa & So 9–20 Uhr; 🌿; [S]F bis East Broadway, B/D bis Grand St) Dieses winzige, sonnendurchflutete Café hat sich mit freundlichem Service und gesunden, preisgünstigen Gerichten schnell eine loyale Kundschaft erkämpft. Hier gibt's Frühstücks-Tacos (bis 16 Uhr), außerdem Schüsseln mit Müsli und Acai-Beeren, kreativ zubereitete Salate (mit Topinambur, Anchovis, Ziegenkäse) und herzhaftere Gerichte zum Abendessen wie Felsenbarsch mit grünem Curry oder Pulled Pork mit Jasminreis.

FAT RADISH MODERN BRITISCH $$$

Karte S. 446 (☎212-300-4053; www.thefatradishnyc.com; 17 Orchard St zw. Hester & Canal St, Lower East Side; Hauptgerichte 23–28 $; ⏰Mo–Sa 17.30–24, So bis 22, Sa & So auch 11–15.30 Uhr; [S]F bis East Broadway; B/D bis Grand St) Das schummrig beleuchtete Restaurant mit nackten weißen Ziegelsteinwänden und Industrieflair quillt stets vor Jungen und Schönen über. Hier geht's immer recht laut zu und man beäugt sich neugierig, aber Aufmerksamkeit können auch die Hauptgerichte für sich in Anspruch nehmen: typisches gehobenes Kneipenessen nach der modernen Losung „lokal und saisonal". Als Vorspeise locken z. B. große Austern, gefolgt von einem Schweinskotelett mit glasiertem Kürbis oder einer Bachforelle mit Algen-Aioli.

FREEMANS AMERIKANISCH $$$

Karte S. 446 (☎212-420-0012; www.freemansrestaurant.com; am Ende der Freeman Alley, Lower East Side; Hauptgerichte mittags 14–18 $, abends 26–33 $; ⏰Di–Fr 11–23.30, Sa ab 10, So 10–23, Mo ab 11 Uhr; [S]F bis 2nd Ave) Das hübsch gelegene Freemans versteckt sich in einer kleinen Gasse. Die Kundschaft besteht vorwiegend aus Hipstern, deren Klunker auf den Tischen klappern, wenn sie sich zu ihren vollen Cocktailgläsern vorbeugen. Topfpflanzen und Jagdtrophäen verleihen dem Laden die sympathische Atmosphäre einer Jagdhütte. Ein schöner Ort, um der Hektik der Stadt zu entfliehen (vorausgesetzt, es ist nicht voll).

AUSGEHEN & NACHTLEBEN

Die Lower East Side hält nach wie vor an ihrem Status als coolstem Viertel Manhattans fest. Während einige der Bars bevorzugt von Leuten frequentiert wird, die nicht aus Manhattan stammen, dem „Bridge-and-tunnel-Volk" aus dem Umland (und Touristen, hüstel), zieht es die Einheimischen in neu eröffnete Clubs, die die Indie-Stars von morgen auf die Bühne bringen. Hier ist für jeden etwas dabei – einfach die kleinen Blocks ablaufen und einen Blick in die Läden werfen. Je weiter man im East Village nach Osten geht, desto wilder wird's. Abgeranzte Spelunken, in denen sich Studenten der NYU drängen, logieren direkt neben verschwiegenen, glamourösen Lounges, die sich hinter japanischen Restaurants verbergen. Am Wochenende geht's hier auf jeden Fall hoch her.

East Village

RUE B BAR

Karte S. 444 (☎212-358-1700; www.ruebnyc188.com; 188 Ave B zw. E 11th & 12th St, East Village; ⏰17–4 Uhr; [S]L bis 1st Ave) In der winzigen,

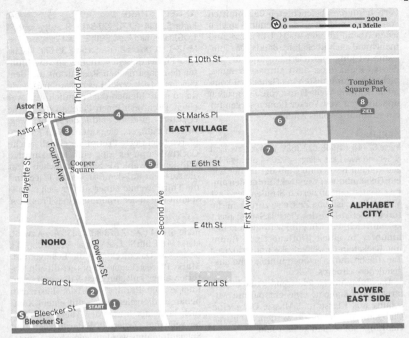

🏃 Spaziergang
East-Village-Nostalgie

START JOHN VARVATOS
ZIEL TOMPKINS SQUARE PARK
LÄNGE/DAUER 2,4 KM; 1½ STUNDEN

Von der Subway-Station Bleecker St führt die Tour ostwärts zur Boutique ❶ **John Varvatos** (S. 134), der einstigen Heimstätte des sagenumwobenen Musikclubs CBGB. Außer verblichenen Postern und Wandgraffitis zeugt kaum noch etwas von dem Kultschuppen, aber die Adresse ist immer noch eine Pilgerstätte. Nördlich von hier liegt der ❷ **Joey Ramone Place**, benannt nach dem verstorbenen Ramones-Sänger.

Weiter geht's auf der Bowery nach Norden und rechts über den Astor Pl zur ❸ **Cooper Union** (S. 116), wo der Präsidentschaftsaspirant Abraham Lincoln 1860 eine skeptische New Yorker Menge mit einer aufrüttelnden Anti-Sklaverei-Rede auf seine Seite zog.

Am ❹ **St. Marks Place** entlang läuft man weiter gen Osten, vorbei an Tattoo-Salons und billigen Lokalen. Steigende Mieten haben viele der Läden vertrieben, die diese Straße einst berühmt machten, aber man ahnt, wie hoch es hier zur Blütezeit herging.

Danach folgt man der Second Ave südwärts bis zur E 6th St, wo man eine Bank sieht, in der Bill Graham von 1968 bis 1971 die Konzerthalle ❺ **Fillmore East** mit 2000 Plätzen betrieb. In den 1980er-Jahren wurde daraus der legendäre Club Saint, der den Beginn einer fröhlichen, drogenlastigen, schwulen Diskokultur markierte.

Auf Höhe der E 6th St geht's über die Second Ave und dann in der 6th St an indischen Restaurants vorbei, anschließend links in die First Ave bis zum St. Marks Pl und dort rechts. Die Häuser 96–98 St. Marks Pl sind auf dem Cover des Led-Zeppelin-Albums ❻ **Physical Graffiti** abgebildet und hier saßen Mick Jagger und Keith Richards in dem Stones-Video für *Waiting on a Friend*. Auf der E 7th St zwischen First Ave und Ave A logiert das ❼ **Trash & Vaudeville** (S. 135), ein Urgestein vom St. Marks Pl, das kürzlich umgezogen ist.

Der Spaziergang endet am ❽ **Tompkins Square Park** (S. 117), wo Dragqueens an der Konzertmuschel, in der Jimi Hendrix in den 1960er-Jahren spielte, das Sommerfestival Wigstock ins Leben riefen.

bernsteinfarben beleuchteten Bar inmitten von vielen anderen an der Avenue B spielen jeden Abend ab von 21–24 Uhr Jazz- und manchmal auch Rockabilly-Bands. Das Publikum ist jung und feierlustig und der Laden so klein, dass man aufpassen muss, nicht dem Posaunisten ins Gehege zu kommen. Schwarz-Weiß-Fotos von Jazzgrößen und anderen New Yorker Ikonen sorgen für ein stimmungsvolles Ambiente.

BERLIN CLUB

Karte S. 444 (☎646-827-3689; 25 Ave A zw. First & Second Ave, East Village; 🕑20–4 Uhr; [S]F bis 2nd Ave) ein Besuch im Club Berlin, der wie ein Geheimbunker versteckt unter den immer weiter gentrifizierten Straßen des East Village liegt, ist eine Zeitreise zurück in die turbulenteren Tage des Viertels. Ist der nicht gekennzeichnete Eingang gefunden, geht's hinunter in einen grottenartigen Raum mit Backstein-Gewölbedecke und winziger Tanzfläche und es ertönen funkige und ausgefallenere Grooves.

Das Publikum ist feierfreudig und künstlerisch angehaucht, eine entspannte Mischung aus Klasse und Masse. Der kleine Club kann brechend voll werden, auf etwas Gedränge sollte man gefasst sein.

WAYLAND BAR

Karte S. 444 (☎212-777-7022; www.thewaylandnyc.com; 700 E 9th St Ecke Ave C, East Village; 🕑17–4 Uhr; [S]L bis 1st Ave) Weiß getünchte Wände, verwitterte Holzböden und aus dem Müll gerettete Lampen verleihen dieser Kneipe ein Mississippiflair. Dazu passt dann auch die Livemusik, die hier montag- bis mittwochabends erklingt: Bluegrass, Jazz, Folk. Die eigentliche Anziehungskraft üben aber die Drinks aus, besonders der „I Hear Banjos" mit *apple pie moonshine*, Roggenwhiskey und Apfelholz-Rauch – das Ganze schmeckt wie ein Lagerfeuer.

Unter der Woche werden von 16 bis 19 Uhr gute Getränke-Specials und 1-$-Austern geboten.

JIMMY'S NO 43 BAR

Karte S. 444 (☎212-982-3006; www.jimmysno43.com; 43 E 7th St zw. Second & Third Ave, East Village; 🕑Mo & Di 16–1, Mi & Do bis 2, Fr bis 4, Sa 13–4, So bis 1 Uhr; [S]R/W bis 8th St–NYU; F bis 2nd Ave; 6 bis Astor Pl) Zwischen Fässern und Hirschgeweihen schlürfen die Viertelbewohner in dieser gemütlichen Kellerkneipe ihr Bier. Auf der Karte stehen über 50 Importbiere (darunter ein Dutzend vom Fass) neben diversen köstlichen Snacks.

ANGEL'S SHARE BAR

Karte S. 444 (☎212-777-5415; 8 Stuyvesant St 1. OG, nahe Third Ave & E 9th St, East Village; 🕑So–Mi 18–1.30, Do bis 2, Fr & Sa bis 2.30 Uhr; [S]6 bis Astor Pl) Bei diesem verborgenen Juwel hinter dem japanischen Restaurant auf dem gleichen Stockwerk ist es ratsam, frühzeitig da zu sein. Bleiben darf nämlich nur, wer einen Tisch oder einen Platz an der Theke ergattert – und die sind leider schnell weg. In dem ruhigen, eleganten Lokal komponieren talentierte Profimixer einfallsreiche Cocktails und es gibt eine hochkarätige Whiskeyauswahl. Als Sahnehäubchen lockt die Aussicht auf den Stuyvesant Place und die Third Avenue – hier sitzt es sich so entspannt wie in der Wohnung eines Freundes.

LUCY'S BAR

Karte S. 444 (☎212-673-3824; 135 Ave A zw. St. Marks Pl & E 9th St, East Village; 🕑19–4 Uhr; [S]L bis 1st Ave) Das direkt um die Ecke vom St. Marks Place gelegene Lucy's erfüllt alle Kriterien einer kultigen East-Village-Stammkneipe. Die Bar ist nach der Besitzerin benannt, die gelegentlich mit einem Kopftuch bekleidet hinter der Theke das Zepter schwingt. Zwischen Billardtischen und Spielautomaten werden jede Menge spottbilliger Drinks ausgeschenkt – und das vielleicht authentischste Markenzeichen: nur Barzahlung.

IMMIGRANT BAR

Karte S. 444 (☎646-308-1724; www.theimmigrantnyc.com; 341 E 9th St zw. First & Second Ave, East Village; 🕑17–2 Uhr; [S]L bis 1st Ave; 4/6 bis Astor Pl) Diese gänzlich unprätentiöse Bar wird schnell zum Stammlokal für alle, die länger in der Stadt bleiben. Das freundliche Personal kennt sich gut aus, unterhält sich mit den Stammgästen, serviert würzige Oliven und schenkt den Gästen den guten Importwein nach.

Rechts geht es in die Weinbar mit ihrem exzellenten Angebot an offenen und Flaschenweinen. Der linke Eingang führt zum Schankraum, in dem auf einzigartige Biere aus kleinen Brauereien Wert gelegt wird. Beide Immigrant-Teile sind ähnlich eingerichtet, mit Kronleuchtern, nackten Backsteinwänden und jeder Menge altmodischem Charme.

POURING RIBBONS COCKTAILBAR

Karte S. 444 (☎917-656-6788; www.pouringribbons.com; 225 Ave B, 1. OG, zw. E 13th & 14th St, East Village; 🕑18–2 Uhr; [S]L bis 1st Ave) Einen solch gepflegten und stilvollen Ort in einem Obergeschoss in Alphabet City zu finden ist genauso erfrischend wie die Drinks dort. Das Pouring Ribbons hält nicht viel von Schnickschnack und Überheblichkeit, sondern setzt auf außergewöhnliche Aromen. Auf der enzyklopädischen Cocktailkarte mit praktischen Entscheidungshilfen findet jeder was für seinen Geschmack. Verführerisch ist auch die vielleicht größte Auswahl an Chartreuse in New York.

DEATH + CO · LOUNGE
Karte S. 444 (☏212-388-0882; www.deathand company.com; 433 E 6th St zw. First Ave & Ave A, East Village; ⊗So–Do 18–2, Fr & Sa bis 3 Uhr; ⓢF bis 2nd Ave; L bis 1st Ave) Bei gedämpftem Licht lässt es sich zwischen den massiven Holzleisten prima entspannen, während die begabten Profis hinter der Bar perfekt gemixte Cocktails (ab 16 $) aus dem Shaker zaubern. Hier ist es immer rappelvoll – man nennt seine Telefonnummer, geht wieder und wird angerufen, wenn ein Tisch frei geworden ist.

TEN DEGREES BAR · WEINBAR
Karte S. 444 (☏212-358-8600; www.10degrees bar.com; 121 St. Marks Pl zw. Ave A & First Ave, East Village; ⊗12–4 Uhr; ⓢF bis 2nd Ave; L bis 1st oder 3rd Ave) Diese reizende kleine Weinbar an der Straße St. Marks Place eignet sich mit ihren Ledersofas, freundlichen Barkeepern und ausgezeichneten Weinen und Cocktails wunderbar dafür, den Abend bei Kerzenlicht einzuläuten. Von 12 bis 20 Uhr gibt's zwei Drinks zum Preis von einem (sonst kosten Cocktails 12–15 $) und montagabends kosten Flaschenweine nur die Hälfte. Gemütlich sind die Sofas im vorderen Bereich, aber an den winzigen Tischen hinten ist es genauso nett.

PROLETARIAT · BAR
Karte S. 444 (☏212-777-6707; proletariatny.com; 102 St. Marks Pl zw. Ave A & First Ave, East Village; ⊗17–2 Uhr; ⓢL bis 1st Ave) Diese winzige Bar mit nur zehn Stühlen unmittelbar westlich des Tompkins Park Square lockt echte Bierkenner an. Das Proletariat verspricht „seltene, neue und ungewöhnliche" Biere und hält dieses Versprechen mit wechselnden Gebräuen, die es sonst nirgends gibt. Zu den Hits der letzten Zeit zählten Biere von handwerklich arbeitenden Brauereien aus Brooklyn und New Jersey.

CROCODILE LOUNGE · LOUNGE
Karte S. 444 (☏212-477-7747; www.crocodile loungenyc.com; 325 E 14th St zw. First & Second Ave, East Village; ⊗15–4 Uhr; ⓢL bis 1st Ave) Sehnsucht nach Williamsburg, aber zu faul, um rüberzufahren? Dann ist die Crocodile Lounge ein super Kompromiss. Der Ableger der angesagten Alligator Lounge in Brooklyn besticht mit billigen Drinks und kostenloser Pizza zu jeder Bestellung (echt wahr!). Der absolute Renner bei den 20-Jährigen aus dem East Village, die beim Feiern ihren Geldbeutel schonen wollen. Für zusätzlichen Spaß sorgen eine Skee-Ball-Liga (dienstags), Quizabende (mittwochs und sonntags) und Bingo (donnerstags).

WEBSTER HALL · CLUB
Karte S. 444 (☏212-353-1600; www.websterhall. com; 125 E 11th St Höhe Third Ave, East Village; ⊗Do–Sa 22–4 Uhr; ⓢL, N/Q/R/W, 4/5/6 bis 14th St–Union Sq) Als Großmutter aller Tanzlokale ist die Webster Hall schon so lange im Geschäft (die ersten Auftritte fanden 1886 statt), dass sie 2008 unter Denkmalschutz gestellt wurde. Getreu dem Motto „Bewährtes sollte man bewahren" gibt's hier günstige Drinks, Billardtische und genug Platz auf der Tanzfläche, um richtig loszulegen und ins Schwitzen zu kommen.

THREE SEAT ESPRESSO & BARBER · CAFÉ
Karte S. 444 (www.threeseatespresso.com; 137 Ave A zw. St. Marks Pl & E 9th St; ⊗Mo–Fr 7–20, Sa ab 8, So 8–19 Uhr; ⓢL bis 1st Ave) Die New Yorker schwören auf Effizienz und darin ist diese Café-Coiffeur-Kombi ein Meister. Vorne werden schaumige Latte macchiatos und Cappuccini serviert, hinten wartet die Frisierstube (Männerhaarschnitt ab 30 $) auf alle, die sich vor ihrem Kaffee noch ein wenig zurechtmachen oder den Bart stutzen lassen wollen.

ABC BEER CO · BAR
Karte S. 444 (☏646-422-7103; www.abcbeer.co; 96 Ave C zw. 6th & 7th St, East Village; ⊗So–Do 12–24, Fr & Sa bis 2 Uhr; ⓢF bis 2nd Ave; L bis 1st Ave) Auf den ersten Blick sieht das ABC wie ein schummriger Bierladen aus – und tatsächlich kann man auch Flaschenbier kaufen –, aber weiter hinten kommt man in ein kleines Gastropub, in dem Indie-Rock gespielt wird, mit langem Gemeinschaftstisch und ein paar gemütlichen Ledersofas und Sesseln an den Backsteinwänden.

MCSORLEY'S OLD ALE HOUSE · BAR
Karte S. 444 (☏212-473-9148; www.facebook. com/McSorleysOldAleHouse; 15 E 7th St zw. Second & Third Ave, East Village; ⊗12–0.30 Uhr;

Ⓢ6 bis Astor Pl) Etwa seit 1854 existiert Mc-Sorley's; entsprechend gleichgültig ist dem Laden auch die coole Szene im East Village. Hier trifft man eher auf Studis, Touristen und den einen oder anderen Feuerwehrmann. Dieser Schuppen ist wirklich schwer zu schlagen: Spinnweben, Sägemehlfußboden und wieselflinkes Personal, das zwei Krüge Ale der Hausmarke auf den Tisch knallt, obwohl man nur einen bestellt hat.

PDT
BAR

Karte S. 444 (☎212-614-0386; www.pdtnyc.com; 113 St. Marks Pl zw. Ave A & First Ave, East Village; ☺So–Do 18–2, Fr & Sa bis 4 Uhr; Ⓢ L bis 1st Ave) PDT steht für „Please Don't Tell" (Nicht verraten!). Die Bar punktet mit Kuriosem: Man betritt sie durch die Telefonzelle des benachbarten Hotdog-Ladens Crif Dogs. Wer eingelassen wird (am besten reserviert man), kommt in eine intime, schummrig beleuchtete Bar, an deren Wänden hier und da Tierköpfe hängen.

COCK
SCHWULE

Karte S. 444 (www.thecockbar.com; 93 Second Ave zw. E 5th & 6th St, East Village; ☺23–4 Uhr; Ⓢ F/M bis 2nd Ave) Die dunkle, feuchte Kneipe ist stolz auf ihre zwielichtig-schicke Reputation. Hier kann man zusammen mit schlaksigen Hipster-Jungs feiern, bis man um 4 Uhr vor die Tür gesetzt wird. Bei den verschiedenen Themennächten gibt's beliebte Partys mit Livebands, DJs, Dragqueens, fast nackten Go-go-Boys und Pornovideos in Endlosschleife. Wild und freundlich!

Lower East Side

TEN BELLS
BAR

Karte S. 446 (☎212-228-4450; www.tenbellsnyc.com; 247 Broome St zw. Ludlow & Orchard St, Lower East Side; ☺Mo–Fr 17–2, Sa & So ab 15 Uhr; Ⓢ F bis Delancey St; J/M/Z bis Essex St) Diese reizend versteckte Tapas-Bar wartet mit einem Grottendesign auf, mit flackernden Kerzen, dunklen Decken, Backsteinwänden und einer U-förmigen Theke, an der man sich schön mit seinen Sitznachbarn unterhalten kann.

Auf der Schiefertafel sind ausgezeichnete offene Weine verzeichnet, dazu passen z. B. *boquerones* (marinierte Sardellen), *txipirones en su tinta* (Tintenfisch in eigenem Saft) und regionale Käsesorten. Zur Happy Hour kosten die Austern nur 1 $ das Stück, eine Karaffe Wein 15 $. Der nicht beschil-

derte Eingang ist leicht zu übersehen – er befindet sich gleich rechts vom Geschäft Top Hat.

BAR GOTO
BAR

Karte S. 446 (☎212-475-4411; www.bargoto.com; 245 Eldridge St zw. E Houston & Stanton St, Lower East Side; ☺Di–Do & So 17–24, Fr & Sa bis 2 Uhr; Ⓢ F bis 2nd Ave) Mixkünstler Kenta Goto fesselt in seiner angesagten Bar die Cocktailkenner. Hier gibt's makellos zubereitete, elegante Drinks, die gern auf Kotos japanische Herkunft anspielen, wie der umwerfende Sakura Martini mit Sake. Dazu werden authentische japanische Kleinigkeiten wie *okonomiyaki* (herzhafte Pfannkuchen) serviert.

JADIS
WEINBAR

Karte S. 446 (☎212-254-1675; www.jadisnyc.com; 42 Rivington St zw. Eldridge & Forsyth St, Lower East Side; ☺17–2 Uhr; Ⓢ F bis 2nd Ave; J/Z bis Bowery) Das Jadis (französisch für „einst") beschwört mit seinen alten Ziegelwänden, der dunklen Einrichtung und dem warmen Ambiente ein wenig europäische Nostalgie herauf. Rund zwei Dutzend offene Weine werden ausgeschenkt, wobei die meisten aus Frankreich kommen. An kleinen Leckereien gibt's Schnecken, Salate, Sandwiches, hausgemachte Quiches und Käse, der es in sich hat.

ATTABOY
COCKTAILBAR

Karte S. 446 (134 Eldridge St zw. Delancey & Broome St, Lower East Side; ☺18–4 Uhr; Ⓢ B/D bis Grand St) Dies ist eine der Bars im Flüsterkneipenstil ohne Türschild, von denen es inzwischen sehr viele gibt. Attaboy sticht jedoch durch die umwerfenden Cocktails (jeweils 17 $) aus der Menge hervor. Eine Karte sucht man vergeblich – hier berät der Barkeeper.

BARRIO CHINO
COCKTAILBAR

Karte S. 446 (☎212-228-6710; www.barriochino nyc.com; 253 Broome St zw. Ludlow & Orchard St, Lower East Side; ☺11.30–16.30 & 17.30–1 Uhr; Ⓢ F, J/M/Z bis Delancey–Essex St) Dieses Restaurant kann auch gerne mal zum Partyschuppen mutieren. Die Atmosphäre ist ein lockerer Havanna-Beijing-Mix und der Schwerpunkt im Angebot liegt auf ausgesuchten Tequilas. So mancher hält sich da vielleicht lieber an frische Margaritas mit Blutorange oder Pflaumen, dazu kann man Snacks wie Chicken-Tacos und Guacamole bekommen.

EINE ANDERE SEITE DES SCHWULEN NEW YORKS

Wenn Chelsea die muskulöse, überambitionierte Sportskanone ist, dann ist die Lower East Side sein eigensinniger, jüngerer Punk-Bruder. Inmitten der Studentenkneipen und Cocktaillounges tummeln sich viele Schwulenbars für Jungs, die eher auf Holzfällerhemden und Dreitagebärte als auf Tanktops und Sixpacks stehen. Das **Nowhere** (Karte S. 444; ☎212-477-4744; www.nowherebarnyc.com; 322 E 14th St zw. First & Second Ave, East Village; 🕘15–4 Uhr; [S]L bis 1st Ave) und das **Phoenix** (Karte S. 444; ☎212-477-9979; www.phoenixbarnyc.com; 447 East 13th St zw.First Ave & Ave A, East Village; 🕘15–4 Uhr; [S]L bis 1st Ave) sind gut, um nette neue Bekanntschaften zu schließen, während das **Cock** (S. 128) ein etwas abenteuerlustigeres Publikum anzieht. Die Drinks sind hier meist auch viel günstiger.

BEAUTY & ESSEX — BAR

Karte S. 446 (☎212-614-0146; www.beautyandessex.com; 146 Essex St zw. Stanton & Rivington St, Lower East Side; 🕘Mo–Mi 17–24 , Do & Fr bis 1, Sa 11.30–15 & 17–1, So 11.30–24 Uhr; [S]F bis Delancey St; J/M/Z bis Essex St) Diese Bar versteckt ihren Glamour hinter der öden Fassade eines Pfandleihers. Dahinter verbergen sich 930 m² an schicken Lounge-Räumlichkeiten, mit Ledersofas und -bänken, eindrucksvoller Beleuchtung im Bernsteinton und einer Rundtreppe, die in einen weiteren Lounge- und Barbereich führt. Die Opulenz, die kostspieligen Getränke und das versnobte Publikum verleihen dem Ganzen ein Flair wie beim großen Gatsby. Durstige Damen können an der Theke vorbei gleich die Toilette ansteuern: Da gibt's nämlich Gratis-Sekt!

ROUND K — CAFÉ

Karte S. 446 (www.roundk.com; 99 Allen St zw. Delancey & Broome St, Lower East Side; 🕘Mo–Mi 8–22, Do & Fr bis 24, Sa 9–24, So bis 22 Uhr; [S]B/D bis Grand St; F bis Delancey St; J/M/Z bis Essex St) Das von außen charmant unscheinbare koreanische Café hat das gewisse Etwas. Drinnen kann man den Duft von geröstetem Kaffee einatmen, altertümlich anmutende Gerätschaften bewundern und anschließend einen perfekten Milchkaffee bestellen – und dazu vielleicht einen Mom's Toast, eine Waffel mit Bourbon-Bananen. Dann begibt man sich mit seiner feinen Tasse hinter den Vorhang, wo sich ein ruhiger Sitzbereich mit Glaslampen im Tiffany-Stil verbirgt.

Hier weiß man nie, wem man begegnet – zuletzt unterhielten wir uns mit einem serbischen Maler, der auf seinen Durchbruch in der Galerieszene hoffte.

☆ UNTERHALTUNG

METROGRAPH — KINO

Karte S. 446 (☎212-660-0312; www.metrograph.com; 7 Ludlow St zw. Canal & Hester St, Lower East Side; Tickets 15 $; [S]F bis East Broadway, B/D bis Grand St) Das neueste Mekka für Cineasten aus Downtown mit zwei Kinosälen und roten Samtsitzen zeigt ausgewählte Arthouse-Filme, von denen die meisten nie in irgendwelchen Multiplexkinos zu sehen sind. Aber ab und zu schaffen es auch skurrile Mainstreamproduktionen wie *Magic Mike* auf die Leinwand. Obendrein gibt es eine Buchhandlung für Filmfreaks, eine stilvolle Bar und ein Restaurant im Obergeschoss.

PERFORMANCE SPACE NEW YORK — THEATER

Karte S. 444 (☎212-477-5829; https://performancespacenewyork.org; 150 First Ave Höhe E 9th St, East Village; [S]L bis 1st Ave; 6 bis Astor Pl) Dieses avantgardistische Theater in den Räumen des ehemaligen PS 122 wurde im Januar 2018 als Performance Space New York wiedereröffnet – mit völlig neuer Fassade, modernsten Bühnen, Künstlerateliers, neuer Lobby und Dachterrasse. Geblieben sind das Gerüst des ehemaligen Schulgebäudes und das Erbe großer Namen des experimentellen Theaters: Hier sind schon Eric Bogosian, Meredith Monk, der verstorbene Spalding Gray und Elevator Repair Service aufgetreten.

SLIPPER ROOM — LIVEAUFFÜHRUNGEN

Karte S. 446 (☎212-253-7246; www.slipperroom.com; 167 Orchard St, Eingang in der Stanton St, Lower East Side; Eintritt 10–20 $; [S]F bis 2nd Ave) Der Slipper Room ist zurück und sieht dank einer umfassenden Sanierung jetzt besser aus als je zuvor. Im zweistöckigen Club finden alle möglichen Veranstaltungen statt, so dienstags um 21 Uhr Seth Herzogs beliebte Show *Sweet* (Eintritt 10 $) und mehrmals pro Woche Varieté-Shows mit Akrobatik, Anzüglichem, Comedy und Absurdem – lohnt in der Regel auf jeden Fall den Eintritt. Den Veranstaltungskalender und Tickets gibt's im Internet.

ROCKWOOD MUSIC HALL LIVEMUSIK

Karte S. 446 (☎212-477-4155; www.rockwoodmusichall.com; 196 Allen St zw. Houston & Stanton St, Lower East Side; 🕐Mo–Fr 17.30–2, Sa & So ab 15 Uhr; [S]F bis 2nd Ave) Das winzige Konzerthaus mit drei Bühnen hat Indie-Rocker Ken Rockwood eröffnet und es bietet etwa so viel Platz wie ein Schuhkarton. Dafür ist mächtig was los. Die Bands und Liedermacher geben einander hier das Mikro in die Hand. Wer knapp bei Kasse ist, begibt sich zur Bühne 1: Hier sind die Konzerte kostenlos und jede Band spielt höchstens eine Stunde – Hartgesottene können sich an einem Abend fünf oder mehr Bands geben. Gespielt wird am Wochenende ab 15 Uhr, unter der Woche ab 18 Uhr.

Bei allen Konzerten gilt ein Mindestverzehr: ein Getränk für Stehplätze und zwei Getränke für Sitzplätze.

PIANOS LIVEMUSIK

Karte S. 446 (☎212-505-3733; www.pianosnyc.com; 158 Ludlow St Höhe Stanton St, Lower East Side; Eintritt 8–12 $; 🕐14–4 Uhr; [S]F bis 2nd Ave) Das Schild an der Tür stammt noch aus früheren Zeiten, als hier ein Klavierladen war. Irgendwie hat nie jemand daran gedacht, es auszuwechseln. Heute sind hier alle möglichen Musikrichtungen zu Hause, aber tendenziell am ehesten Pop, Punk und New Wave (hin und wieder auch Hip-Hop und Indie). Manchmal läuft ein „Double Feature" – eine Band im ersten Stock, eine andere im Erdgeschoss.

NEW YORK THEATRE WORKSHOP THEATER

Karte S. 444 (☎212-460-5475; www.nytw.org; 79 E 4th St zw. Second & Third Ave, East Village; [S]F bis 2nd Ave) Seit über 30 Jahren ist das innovative Studiotheater ein Kleinod für alle, die topaktuelle, zeitgenössische Stücke mit Sendungsbewusstsein suchen. Die beiden großen Broadwayhits *Rent* und *Urinetown* entstanden auf dieser Bühne, das Musical *Once* feierte hier seine Broadwaypremiere und überhaupt wird nonstop Spitzentheater inszeniert.

STONE LIVEMUSIK

Karte S. 444 (www.thestonenyc.com; Ave C Höhe 2nd St, Lower East Side; Eintritt 20 $; 🕐Di–So ab 20.30 Uhr; [S]F bis 2nd Ave) Inhaber des Stone ist die Downtown-Jazzgröße John Zorn, und wie nicht anders zu erwarten, geht's hier wirklich um Jazz, Jazz und nochmals Jazz – Experimental und Avantgarde in Reinkultur. Irgendeine Bar oder Schnickschnack sucht man hier umsonst, auf dem nackten Betonboden stehen Klappstühle.

ANTHOLOGY FILM ARCHIVES KINO

Karte S. 444 (☎212-505-5181; www.anthologyfilmarchives.org; 32 Second Ave Höhe 2nd St, East Village; [S]F bis 2nd Ave) Das Kino wurde 1970 eröffnet und widmet sich dem Film als Kunstform. Es zeigt Independentfilme neuer Filmemacher und führt auch Klassiker und unbekannte Oldies vor, von surrealistischen Streifen des spanischen Regisseurs Luis Buñuel bis zu Ken Browns psychedelischen Werken.

ABRONS ARTS CENTER KULTURZENTRUM

Karte S. 446 (☎212-598-0400; www.abronsartscenter.org; 466 Grand St Ecke Pitt St, Lower East Side; 👪; [S]F, J, M, Z bis Delancey St–Essex St) Dieses altehrwürdige Kulturzentrum wartet mit drei Bühnen auf; die größte davon ist das denkmalgeschützte Playhouse Theater mit eigener Lobby, ansteigenden, fest installierten Sitzreihen, einer großen, tiefen Bühne und gutem Blick auf selbige. Das Abrons Art Center ist ein zentraler Veranstaltungsort beim Fringe Festival und für experimentelle und Gemeinschftsproduktionen sowie Kunstausstellungen.

Das Abrons scheut sich nicht vor schwierigen Themen und bietet Theater- und Tanzaufführungen sowie Fotoausstellungen einen Raum, die es ansonsten schwer haben.

LA MAMA ETC THEATER

Karte S. 444 (☎212-352-3101; www.lamama.org; 74a E 4th St zw. Bowery & Second Ave, East Village; Eintritt ab 20 $; [S]F bis 2nd Ave) La MaMa ist längst etabliert als Heimat des experimentellen Theaters (ETC steht ja auch für *Experimental Theater Club*). Heute gehören drei Theater, ein Café, eine Kunstgalerie und ein separates Studiogebäude zum Komplex, der Avantgardestücke, Comedysketche und Lesungen aller Art veranstaltet. Pro Show gibt es ein paar 10-$-Tickets zu ergattern. Für ein Schnäppchen frühzeitig buchen!

NUYORICAN POETS CAFÉ LIVEAUFFÜHRUNGEN

Karte S. 444 (☎212-780-9386; www.nuyorican.org; 236 E 3rd St zw. Ave B & C, East Village; Eintritt 8–25 $; [S]F bis 2nd Ave) Das legendäre Nuyorican eilt auch nach 40 Jahren immer noch mit Volldampf voraus und bietet Poetry Slams, Hip-Hop-Konzerte, Theateraufführungen sowie Film- und Video-Events. Dies ist ein Stück East-Village-Geschichte, aber eben auch eine muntere und immer noch wichtige gemeinnützige Kultureinrichtung. Der Veranstaltungskalender findet sich auf der Website. Für die beliebteren Wochenendshows sollte man online Tickets besorgen.

MERCURY LOUNGE LIVEMUSIK

Karte S. 446 (☎212-260-4700; www.mercuryloungenyc.com; 217 E Houston St zw. Essex & Ludlow St, Lower East Side; Eintritt 10–15 $; 🕒18–3 Uhr; [S]F/V bis Lower East Side–2nd Ave) Das Mercury lockt in schöner Regelmäßigkeit coole neue und alte Bands an, die jeder in Downtown sehen will, wie Dengue Fever oder die Slits. Der Sound ist gut und es gibt einen gemütlichen Sitzbereich und eine Tanzfläche.

BOWERY BALLROOM LIVEMUSIK

Karte S. 446 (☎212-533-2111, 800-745-3000; www.boweryballroom.com; 6 Delancey St Höhe Bowery St, Lower East Side; [S]J/Z bis Bowery; B/D bis Grand St) Diese grandiose, mittelgroße Location mit perfektem Sound ist die ideale Bühne für bekannte Indie-Größen wie The Shins, Stephen Malkmus oder Patti Smith.

SIDEWALK CAFÉ LIVEMUSIK

Karte S. 444 (☎212-473-7373; www.sidewalkmusic.net; 94 Ave A Höhe 6th St, East Village; 🕒 11–4 Uhr; [S]F bis 2nd Ave) Dass das Sidewalk aussieht wie ein Burgerladen, ist reine Makulatur. Drinnen lebt die Hochburg der New Yorker „Anti-Folk"-Szene, wo die Moldy Peaches an ihrer Karriere bastelten, bevor Juno groß rauskam. Montagabends steigt die Open-Mic-Sause „Anti-hootenanny". An den anderen Abenden hört man unterschiedlichste Sounds wie Garage, Indie-Pop oder Blues-Piano – auf jeden Fall keinen Folk!

SHOPPEN

Ob Klamotten, Möbel oder Lebensmittel – das East Village und die Lower East Side setzen auf ein skurriles, ausgefallenes und avantgardistisches Sortiment. Secondhand-Läden wie Tokio 7 trumpfen mit einzigartigen Looks von weltbekannten Modemachern und japanischen Designern auf, während Obscura Antiques (S. 131) Totenköpfe, medizinische Gerätschaften aus dem viktorianischen Zeitalter und allerlei andere Gruselartikel im Angebot hat. Die Kettenläden, die Einzug gehalten haben, verwässern das eigenwillige Flair zwar ein wenig, aber viele der kultigen alten Läden (Trash & Vaudeville) sind noch vor Ort und auch eine Reihe der neueren Läden (John Varvatos) orientieren sich an einer Kundschaft, die hier die Extravaganz sucht, für die die Lower East Side bekannt ist.

East Village

OBSCURA ANTIQUES ANTIQUITÄTEN

Karte S. 444 (☎212-505-9251; www.obscuraantiques.com; 207 Ave A zw. E 12th & 13th St, East Village; 🕒Mo–Sa 12–20, So bis 19 Uhr; [S]L bis 1st Ave) Dieses kleine Kuriositätenkabinett ist sowohl für die Liebhaber des Makabren als auch für notorische Antiquitätenjäger eine wahre Fundgrube. Zu bestaunen gibt es hier Tierpräparate, Schmetterlingssammlungen in Glaskästen, viktorianische Post-Mortem-Fotografien, verstörende kleine (Zahnarzt?)-Instrumente, deutsche Minenflaggen, alte Giftflaschen und Glasaugen.

Wer tiefer gräbt, stößt außerdem auf Riesenkröten-Portemonnaies, Feuerzeuge von Vietnam-Soldaten, anatomische Zeichnungen, ein zweiköpfiges Kalb, eine ausgestopfte Hyäne und andere Artikel, die normale Kaufhäuser heutzutage nicht mehr vorrätig haben.

STILL HOUSE HAUSHALTSWAREN

Karte S. 444 (☎212-539-0200; www.stillhousenyc.com; 117 E 7th St zw. First Ave & Ave A, East Village; 🕒12–20 Uhr; [S]6 bis Astor Pl) In dem kleinen, stillen Laden kann man Glas- und Töpferwaren bestaunen: handgeblasene Vasen, geometrische Tischartikel, Keramikschüsseln, Becher und anderes fürs Zuhause. Daneben gibt es noch minimalistischen Schmuck, fein gebundene Notizbücher und kleine gerahmte Kunstwerke zum Aufhängen.

Insgesamt steckt das Still House voller Geschenkideen und die Dinge sind klein genug, um sie mit nach Hause zu nehmen (allerdings auch recht zerbrechlich, also gut einpacken!).

1. Katz's Delicatessen (S. 124)
Dies ist eine der letzten Bastionen althergebrachter jüdischer Gastronomie in der Lower East Side.

2. McSorley's Old Ale House (S. 127)
Schon Abraham Lincoln genehmigte sich in dieser Bar von 1854 einen Drink.

3. St. Marks Place (S. 116)
Fast jedes Gebäude am St. Marks Place weiß eine spannende Geschichte zu erzählen.

VERAMEAT SCHMUCK

Karte S. 444 (☎212-388-9045; www.verameat.com; 315 E 9th St zw. First & Second Ave, East Village; ⏲10–20 Uhr; [S]6 bis Astor Pl; F/M bis 2nd Ave) Designerin Vera Balyura kreiert in diesem reizenden kleinen Laden in der 9th St exquisite Stücke mit einem schwarzen Sinn für Humor. Die winzigen, kunstvoll gestalteten Anhänger, Ringe, Ohrringe und Armreife erscheinen fast zu edel zum Tragen, bis sie sich bei näherem Blick als Zombies, Godzilla-Roboter, Tierköpfe, Dinosaurier und Tierklauen herausstellen – und so auf dem Gebiet des Schmucks ein völlig neues Niveau an miniaturisierter Komplexität schaffen.

Außerdem gibt es eine originelle, von Film- und Fernsehklassikern inspirierte Sammlung an Anstecknadeln und Schlüsselanhängern. Eine weitere Filiale befindet sich in Williamsburg.

JOHN VARVATOS MODE & ACCESSOIRES

Karte S. 444 (☎212-358-0315; www.johnvarvatos.com; 315 Bowery zw. E 1st & 2nd St, East Village; ⏲Mo–Fr 12–20, Sa 11–20, So 12–18 Uhr; [S]F/M bis 2nd Ave; 6 bis Bleecker St) In den geheiligten Hallen des alten Punkclubs CBGB in der Bowery residiert dieser John-Varvatos-Laden und gibt sich viel Mühe, Mode und Rock 'n' Roll miteinander zu verknüpfen. So kann man hier neben Jeans, Lederstiefeln, Gürteln und bedruckten T-Shirts auch Platten, Audiogeräte aus den 1970er-Jahren und sogar E-Gitarren erstehen. Die Verkäufer wirken in ihrem coolen Varvatos-Downtown-Outfit Lichtjahre entfernt von der rauen Vergangenheit der Bowery.

JOHN DERIAN HAUSHALTSWAREN

Karte S. 444 (☎212-677-3917; www.johnderian.com; 6 E 2nd St zw. Bowery & Second Ave, East Village; ⏲Di–So 11–19 Uhr; [S]F/M bis 2nd Ave) John Derian hat sich v. a. mit seinen Decoupage-Objekten einen Namen gemacht. Hierfür arbeitet er alte Originaldrucke von Pflanzen und Tieren in gläserne Briefbeschwerer, Untersetzer, Lampen, Schalen und Vasen ein.

Nebenan gibt's in den Läden **John Derian Dry Goods** und **John Derian Furniture** Textilien und Möbel zu kaufen.

TOKIO 7 MODE & ACCESSOIRES

Karte S. 444 (☎212-353-8443; www.tokio7.net; 83 E 7th St nahe First Ave, East Village; ⏲12–20 Uhr; [S]6 bis Astor Pl) Dieses kultige, hippe Warenlager in einem schattigen Teil der E 7th St bietet gut erhaltene Designerware für Damen und Herren zu recht heftigen Preisen. Der Laden in japanischem Besitz bietet oft hübsche Stücke von Issey Miyake und Yohji Yamamoto, außerdem ein gut bestücktes Sortiment an Bekleidung von Labels wie Dolce & Gabbana, Prada und Chanel.

Die Alien-Predator-Figur vorm Laden besteht übrigens aus zweckentfremdeten Maschinenteilen.

A-1 RECORDS MUSIK

Karte S. 444 (☎212-473-2870; www.a1recordshop.com; 439 E 6th St zw. First Ave & Ave A, East Village; ⏲13–21 Uhr; [S]F/M bis 2nd Ave) Das A-1, eines der letzten der vielen Plattengeschäfte, die es einst im East Village gab, ist seit über 20 Jahren im Geschäft. Die engen Gänge mit ihrer gigantischen Auswahl an Jazz, Funk und Soul ziehen Vinylfans und DJs von nah und fern an.

DINOSAUR HILL SPIELWAREN

Karte S. 444 (☎212-473-5850; www.dinosaurhill.com; 306 E 9th St zw. First & Second Ave, East Village; ⏲11–19 Uhr; [S]6 bis Astor Pl) Der kleine, altmodische Spielwarenladen lässt sich weniger von Disney-Filmen als von der Phantasie beflügeln und wartet mit jeder Menge wunderbarer Geschenkideen auf: tschechische Marionetten, Schattenpuppen, kleine Bauklötze, Kalligrafiesets, Spielzeugpianos, Kunst- und Naturwissenschaftskästen, Kindermusik-CDs aus der ganzen Welt sowie Kinderkleidung aus natürlichen Stoffen.

LODGE MODE & ACCESSOIRES

Karte S. 444 (☎212-777-0350; https://lodgegoods.com; 220 E 10th St zw. First & Second Ave, East Village; ⏲Mo, Fr & Sa 12–20, Di–Do bis 21, So bis 19 Uhr; [S]L bis 1st Ave) Lederportemonnaies von Cornado und Rasiersets von Baxter zieren die mit Flanell und Holz ausgekleideten Regale dieser Herrenboutique. Billiges gibt's hier nicht, aber wer einen unverwüstlichen Rucksack oder Bartöl gebrauchen kann, sollte sich hier umschauen. Übrigens: nicht wundern, wenn einem beim Stöbern ein Bourbon angeboten wird.

NO RELATION VINTAGE VINTAGE

Karte S. 444 (L Train Vintage; ☎212-228-5201; www.norelationvintage.com; 204 First Ave zw. E 12th & 13th St, East Village; ⏲Mo–Do & So 12–20, Fr & Sa bis 21 Uhr; [S]L bis 1st Ave) Aus den vielen Vintage-Läden im East Village sticht No Relation durch ein breites Sortiment hervor: Hier gibt es alles von Jeans- und Lederjacken über Vintage-Holzfällerhemden, funkige Sneakers, Levi's-Jeans, vorwitzig bedruckte T-Shirts, Universitätsmannschaftsjacke bis hin zu Clutches. Am Wochenende wird es hier voll, dann ist Ellbogenausfahren angesagt!

TRASH & VAUDEVILLE · BEKLEIDUNG

Karte S. 444 (☑212-982-3590; www.trashandvaudeville.com; 96 East 7th St zw. First Ave & Ave A, East Village; ◷Mo–Do 12–20, Fr 11.30–20.30, Sa 11.30–21, So 13–19.30 Uhr; Ⓢ6 bis Astor Pl) Das zweistöckige Punkrock-Paradies ist eine wundervolle Fundgrube und war einst der Kostümkleiderschrank von Stars wie Debbie Harry, die ihren Groove im East Village fanden, als es dort noch sehr viel rauer und wilder zuging. Tagtäglich begibt sich hier eine bunte Mischung aus Dragqueens und Mottopartygängern auf die Suche nach den schrägsten Schuhen, Shirts und Haarfärbemitteln.

🔒 Lower East Side

TICTAIL MARKET · MODE & ACCESSOIRES

Karte S. 446 (☑917-388-1556; https://tictail.com; 90 Orchard St Höhe Broome St, Lower East Side; ◷Mo–Sa 12–21, So bis 18 Uhr; ⒮B/D Grand St; F bis Delancey St; J/M/Z bis Essex St) Der Tictail Market hat sich auf Mode, Accessoires, Schmuck und Kunst aus aller Welt spezialisiert und erwirbt die guten Stücke direkt bei den Designern und Künstlern. Die Kunden unterstützen so mit jedem Kauf ein Kleingewerbe. Das Angebot ist sehr vielseitig, tendiert aber in Richtung cool/minimalistisch.

BY ROBERT JAMES · MODE & ACCESSOIRES

Karte S. 446 (☑212-253-2121; www.byrobertjames.com; 74 Orchard St zw. Broome & Grand St, Lower East Side; ◷Mo–Sa 12–20, So bis 18 Uhr; ⒮F bis Delancey St; J/M/Z bis Essex St) Robuste, schön geschneiderte Herrenkleidung ist das Markenzeichen von Robert James, der sein Designatelier direkt über dem Laden hat und auch alles in New York herstellen lässt. Hier hat man die Qual der Wahl zwischen Jeans für schlanke Beine, hübschen Hemden und klassischen Sakkos. Manchmal erkundet Lola, James' schwarzer Labrador, den Laden. Ein weiteres Geschäft gibt's in Williamsburg.

YUMI KIM · BEKLEIDUNG

Karte S. 446 (☑212-420-5919; www.yumikim.com; 105 Stanton St zw. Ludlow & Essex St, Lower East Side; ◷12–19.30 Uhr; ⒮F bis Delancey St; J/M/Z bis Essex St; F/M bis 2nd Ave) Wer seine Garderobe farblich aufpeppen möchte, sollte die reizende kleine Boutique Yumi Kim ansteuern. Sie verkauft schöne Kleider, Blusen, Röcke, Overalls und Accessoires, alle bunt bedruckt mit Blumen- und Tropenmotiven. Die Schnitte sind eher figurumschmeichelnd und die Stücke bestehen meistens zu 100 % aus Seide – sie sind also leicht und eignen sich gut als Reisekleidung.

EDITH MACHINIST · VINTAGE

Karte S. 446 (☑212-979-9992; www.edithmachinist.com; 104 Rivington St zw. Ludlow & Essex St, Lower East Side; ◷Di–Do 12–19, So, Mo & Fr bis 18 Uhr; ⒮F bis Delancey St; J/M/Z bis Essex St) Wer in der Lower East Side modisch dazugehören will, muss sich entsprechend kleiden. Hierbei hilft schnell Edith Machinist; sie sorgt für einen lässigen, aber edlen Look – ein bisschen Vintage-Glamour mit kniehohen, weichen Wildlederstiefeln, Seidenkleidern aus den 1930er-Jahren und Ballerinas.

ASSEMBLY · MODE & ACCESSOIRES

Karte S. 446 (☑212-253-5393; www.assemblynewyork.com; 170 Ludlow St zw. Stanton & Houston St, Lower East Side; ◷11–19 Uhr; ⒮F/M bis 2nd Ave) Weiß getünchte Böden und stilvolle Schrulligkeit prägen diesen Laden für Frauen- und Männermode in der Lower East Side. Zu sehen sind hier jede Menge begehrenswerte Sachen von Designern aus aller Welt, z. B. Knöchelturnschuhe aus Leinen von Shoes Like Pottery, Taschen von Le Bas, auffallender Schmuck von Open House und Oberbekleidung vom Hauslabel Assembly.

REFORMATION · BEKLEIDUNG

Karte S. 446 (☑646-448-4925; www.thereformation.com; 156 Ludlow St zw. Rivington & Stanton St, Lower East Side; ◷Mo–Sa 12–20, So bis 19 Uhr; ⒮F bis Delancey St oder 2nd Ave; J/M/Z bis Essex St) 🌿 Diese stylische Boutique verkauft schöne Klamotten, die mit minimaler Auswirkung auf die Umwelt hergestellt wurden, darunter einzigartige Tops, Blusen, Pullover und Kleider. Und im Vergleich zu anderen Boutiquen in der Lower East Side sind die Preise wirklich fair.

Die Kleidungsstücke werden in Kalifornien mit erneuerbarer Energie hergestellt und in zu 100 % recycelten Verpackungen verschickt. Außerdem herrschen faire Arbeitsbedingungen, es werden Freiwilligenorganisationen unterstützt und weitere für Bekleidungsmarken eher ungewöhnliche Maßnahmen getroffen.

TOP HAT GESCHENKE & SOUVENIRS

Karte S. 446 (☎212-677-4240; www.tophatnyc.com; 245 Broome St zw. Ludlow & Orchard St, Lower East Side; ⏲12–20 Uhr; [S]B/D bis Grand St) Der urige kleine Laden bietet Kurioses aus allen Ecken der Erde in Hülle und Fülle: von alten italienischen Bleistiften und hübschen kleinen Lederjournalen bis zu schön geschnitzten hölzernen Vogelpfeifen. Wer nach einer Tonaufnahme von Regengeräuschen in Endlosschleife, einer Spielzeugklarinette, japanischen Stoffen, einer zerknüllten Karte des Sternenhimmels oder geometrischen spanischen Tassen und Untertassen sucht – bei Top Hat findet man all dies und noch viel mehr.

MOO SHOES SCHUHE

Karte S. 446 (☎212-254-6512; www.mooshoes.com; 78 Orchard St zw. Broome & Grand St, Lower East Side; ⏲Mo–Sa 11.30–19.30, So 12–18 Uhr; [S]F bis Delancey St; J/M/Z bis Essex St) Die vegane, umweltfreundliche Boutique Moo Shoes verkauft erstaunlich stylische Schuhe, Hand- und Brieftaschen aus Mikrofaser (Kunstleder). So gibt es hier modische Pumps von Olsenhaus, rustikale Novacas-Herrenschuhe und schnieke Brieftaschen von Matt & Nat.

Angeschlossen ist der vor Kurzem eröffnete, ebenfalls vegane Lebensmittelladen Orchard Grocer, der im Grunde aus einem kleinen Café und einer Sandwichbar besteht.

ECONOMY CANDY LEBENSMITTEL

Karte S. 446 (☎212-254-1531; www.economycandy.com; 108 Rivington St Höhe Essex St, Lower East Side; ⏲So & Di–Fr 9–18, Sa & Mo 10–18 Uhr; [S]F, J/M/Z bis Delancey St–Essex St) Schon seit 1937 versorgt dieser Laden das Viertel mit Süßem. Vom Boden bis zur Decke findet man hier Naschwerk in kleinen und großen Mengen und es sind einige schöne alte Kaugummiautomaten zu bestaunen. Die Palette reicht von Geleebonbons, Lutschern, Kaugummikugeln, Cadbury-Schokolade, Weingummiwürmern und Kandiszucker, die sicher eher Kinderherzen erfreuen, bis zu Schleckereien für Erwachsene wie Halwa, Grünteebonbons, handgefertigten Pralinen sowie kandiertem Ingwer und Papaya. Ins Auge fällt auch das Sortiment von Pez-Bonbon-Spendern für Sammler.

BLUESTOCKINGS BÜCHER

Karte S. 446 (☎212-777-6028; www.bluestockings.com; 172 Allen St zw. Stanton & Rivington St, Lower East Side; ⏲11–23 Uhr; [S]F/M bis Lower East Side–2nd Ave) In dieser unabhängigen Buchhandlung mit Schwerpunktthemen wie Feminismus, LGBTQ, afroamerikanische Studien und Globalisierung kann man ausgiebig seinen Horizont erweitern. Außerdem gibt es hier ein Café mit Bioprodukten aus fairem Handel und veganen Leckerbissen sowie jede Menge Lesungen und Vorträge.

RUSS & DAUGHTERS LEBENSMITTEL $

Karte S. 446 (☎212-475-4800; www.russanddaughters.com; 179 E Houston St zw. Orchard & Allen St, Lower East Side; ⏲Fr–Mi 8–18, Do bis 19 Uhr; [S]F bis 2nd Ave) Seit 1914 serviert diese bekannte Institution osteuropäische jüdische Köstlichkeiten wie Kaviar, Hering und Lachs und natürlich pfundweise *smear* (Frischkäseaufstrich). Ein toller Ort, um sich fürs Picknick einzudecken oder Frühstücksvorräte für den heimischen Kühlschrank zu kaufen.

Wer lieber essen geht, kann ein paar Blocks weiter das Russ & Daughters Cafe (S. 123) mit Bedienung am Tisch besuchen.

SPORT & AKTIVITÄTEN

JUMP INTO THE LIGHT VR VIRTUAL REALITY

Karte S. 446 (☎646-590-1172; https://jumpintothelight.com; 180 Orchard St, East Village; 29 $; ⏲Mo–Mi 13–24, Do–Sa 11–2, So bis 24 Uhr; [S]F bis Delancy) Startklar für einen Sprung vom Wolkenkratzer, eine Bergklettertour, einen Fallschirmsprung von einem Flugzeug oder eine Schlacht gegen eine Horde Zombies? Dann nichts wie hin in diese unglaubliche Virtual-Reality-Spielhalle, die als erste ihrer Art dazu einlädt, alle möglichen Aktivitäten auszuprobieren. Beeindruckend ist vor allem, dass man so zu verstehen beginnt, wie cool VR noch werden wird. Außerdem gibt es interaktive Kunst und weitere futuristische Technologie zu bewundern.

RUSSIAN & TURKISH BATHS BADEHAUS $

Karte S. 444 (☎212-674-9250; www.russianturkishbaths.com; 268 E 10th St zw. First Ave &

Ave A, East Village; 45 $ pro Besuch; ⏲Mo–Di & Do–Fr 12–22, Mi ab 10, Sa ab 9, So ab 8 Uhr; [S]L bis 1st Ave; 6 bis Astor Pl) Seit 1892 zieht dieses beengte und etwas abgehalfterte Spa in Downtown ein polyglottes und kunterbuntes Publikum an: Schauspieler, Studenten, turtelnde Pärchen, karriereorientierte Singles, russische Stammgäste und alteingesessene Einheimische, die sich bis auf die Unterhose (oder die bereitgestellten geräumigen Baumwollshorts) ausziehen und zwischen Dampfbädern, einem eiskalten Tauchbecken, einer Sauna und der Sonnenterrasse rotieren.

Meistens ist gemischter Betrieb (Badekleidung Pflicht), aber es gibt einige Zeitblöcke nur für Männer bzw. Frauen (FKK optional). Das Angebot umfasst auch Massagen, Peelings und eine russische Eichenblätterbehandlung. Das daran angeschlossene Café serviert Spezialitäten wie polnische Wurst und *blinis*, zum Essen kann man sich in einen der zur Verfügung gestellten Bademäntel hüllen.

Wegen einer langjährigen, nahezu opernreifen Fehde der beiden Besitzer sind die Betriebszeiten ganz genau zwischen ihnen aufgeteilt. Eintrittskarten und Gutscheine, die von einem der Betreiber erworben werden, gelten nur zu dessen Schichten. Die Öffnungszeiten und der Schichtplan finden sich auf der Website.

West Village, Chelsea & Meatpacking District

WEST VILLAGE & MEATPACKING DISTRICT | CHELSEA

Highlights

❶ High Line (S. 142) Picknickzutaten auf dem Chelsea Market einkaufen und auf der begrünten High Line hoch über dem Verkehr eine idyllische Auszeit genießen.

❷ Galerien in Chelsea (S. 156) Die hellsten Sterne am Kunsthimmel der Stadt wie die Pace Gallery anschauen.

❸ Washington Square Park (S. 144) Durch den Park schlendern, unter dem berühmten Triumphbogen ein Päuschen einlegen und am Springbrunnen dem Tratsch der Studis lauschen.

❹ Rubin Museum of Art (S. 147) Faszinierende Kunst aus dem Himalaya entdecken.

❺ Stonewall National Monument (S. 145) In einem der neuesten Nationalparks der USA an die Nacht denken, die den Beginn der Schwulenbewegung markierte.

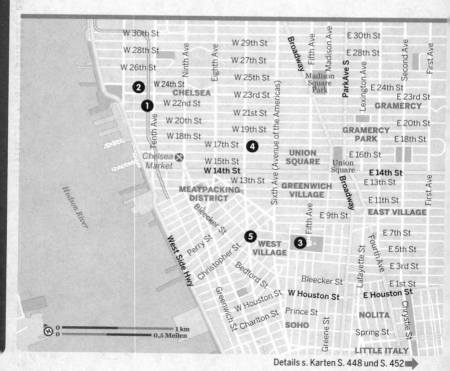

Details s. Karten S. 448 und S. 452

Rundgang: West Village, Chelsea & Meatpacking District

Dass das Stadtviertel West Village als „Dorf" bezeichnet wird, ist naheliegend, denn genauso wirkt es. Zwischen Stadthäusern aus braunem Backstein führen ruhige Sträßchen hindurch, in denen sich bei schönem Wetter Einheimische tummeln und Touristen die Lage peilen. Kein Zweifel: Hier ist es malerisch. Wer die Schätze des Village aufstöbern will, lässt sich am besten durch die Kopfsteinpflastergassen treiben und ruht sich anschließend im Café bei einem Cappuccino oder Glas Wein aus.

Ein Bummel durch den Meatpacking District – das ehemalige Schlachthausviertel – führt an schicken Boutiquen und wilden Clubs vorbei. Das nördlich anschließende Chelsea liegt zwischen West Village und Midtown und zeigt hier und da auch seine Verwandtschaft mit beiden. Die breiten Alleen sind gespickt mit lockeren Cafés, Konzeptbars und schweißtreibenden Clubs, denn hier lebt und feiert die aufbruchsfreudige Schwulengemeinde der Stadt. Die ausufernde Galerieszene liegt rund um die westlichen 20er-Straßen.

Lokalkolorit

→ **Brunch in der Eighth Ave** Boys auf der Suche nach anderen Boys, denen nicht der Sinn nach Abschleppbars steht, werden am Wochenende in der Brunchszene entlang der Eighth Ave fündig – und sei es nur zum Gucken. Hier therapieren scharenweise freundliche Chelsea-Jungs in engen Jeans und noch engeren T-Shirts den Kater von gestern Nacht.

→ **Cafés im West Village** Die Statistiken können nicht so falsch sein – das West Village ist eines der gefragtesten Wohngebiete in Manhattan. Also sollte man wie die Einheimischen das malerische Viertel mit seinen hübschen Cafés ausgiebig genießen: Latte macchiato bestellen, ein Buch lesen und Leute beobachten.

→ **Galeriebummel** Bei den Galerieausstellungen in Chelsea kann man sich unter das Kulturvolk mischen. Gut ist der Donnerstagabend, denn dann finden öfter Vernissagen statt – bei kostenlosem Wein.

Anfahrt

→ **Subway** Sixth Ave, Seventh Ave und Eighth Ave haben eigene Subway-Stationen. Weiter im Westen werden öffentliche Verkehrsmittel zunehmend rar, aber die Linien A, C und E sowie 1, 2 und 3 fahren in diese vielseitigen Stadtviertel. Ein guter Ausgangspunkt für einen Bummel ist die Haltestelle an der 14th St; an der Station W 4th St–Washington Sq landet man mitten im Village.

→ **Bus** Wer quer durch die Stadt zu den westlichsten Ecken von Chelsea und West Village will, ist mit den Linien M14 und M8 am besten beraten.

Top-Tipp

In den netten Sträßchen des West Village ist die Navigation nicht ganz einfach – selbst die Viertelbewohner haben manchmal damit Probleme. Hier einen Stadtplan (oder ein Smartphone) zur Hilfe zu nehmen, ist also keine Schande. Immer dran denken, dass die 4th St diagonal nach Nordwesten abknickt und damit eine Ausnahme zum üblichen Ost-West-Straßennetz bildet. Der Rest findet sich dann schon.

 Gut essen

→ Jeffrey's Grocery (S. 155)
→ RedFarm (S. 155)
→ Chelsea Market (S. 140)
→ Blue Hill (S. 155)
→ Barbuto (S. 153)

Mehr dazu S.148➡

 Schön ausgehen

→ Employees Only (S. 159)
→ Buvette (S. 159)
→ Pier 66 Maritime (S. 163)
→ Smalls (S. 165)
→ Duplex (S. 166)

Mehr dazu S.158➡

 Tolle Buchläden

→ Printed Matter (S. 169)
→ Strand Book Store (S. 167)
→ Three Lives & Company (S. 168)
→ 192 Books (S. 170)

Mehr dazu S.167➡

CHELSEA MARKET

Eine gelungene Kombination aus Stadtsanierung und Denkmalschutz: Der Chelsea Market hat eine ehemalige Fabrik in ein Shoppingmekka für Gourmets und Modefreaks verwandelt.

Bummeln & Medienbranche

Die Läden hier sind ein Shoppingparadies: Da gibt's z. B. bei Imports from Marrakesh Kunst und Design aus Marokko, bei Posman Books die neuesten Bestseller, bei Anthropologie neue Klamotten und Haushaltsaccessoires oder beim Chelsea Wine Vault mit seinem fachkundigen Personal ein Fläschchen Wein.

Der Markt nimmt nur den unteren Teil einer knapp 93 000 m² großen Fläche ein, die sich über einen ganzen Häuserblock erstreckt. Hier sind derzeit auch die TV-Sender Food Network und Oxygen Network sowie der lokale Nachrichtenkanal NY1 zu Hause, außerdem hat Google hier Büros. Den Hauptgang füllen Cellisten und Bluegrass-Bands mit Musik und direkt hinter dem Gebäude führt die neue High Line entlang.

Feinschmeckermekka

Mehr als zwei Dutzend Lebensmittelhändler verkaufen ihre Erzeugnisse, u. a. Mokbar (Ramen mit koreanischem Akzent), Takumi Taco (mit japanischen und mexikanischen Zutaten), **Tuck Shop** (Karte S. 452; www.tuckshopnyc.com; Chelsea Market, 75 Ninth Ave zw. W 15th & W 16th St, Chelsea; Pasteten 6 $; ⊙Mo–Sa 11–21, So bis 19 Uhr; Ⓢ A/C/E, L bis 8th Ave–14th St) (herzhafte Pasteten im australischen Stil), Bar Suzette (Crêpes), Num Pang (kambodschanische Sandwiches), Ninth St Espresso (perfekte Milchkaffees), Doughnuttery (heiße Mini-Donuts) und L'Arte de Gelato (sahnige Eiscreme).

NICHT VERSÄUMEN

➡ Takumi
➡ Lobster Place
➡ Chelsea Thai Wholesale
➡ Artists and Fleas

PRAKTISCH & KONKRET

➡ Karte S. 452, D5
➡ ☎212-652-2121
➡ www.chelseamarket.com
➡ 75 Ninth Ave Höhe W 15th St, Chelsea
➡ ⊙Mo–Sa 7–21, So 8–20 Uhr
➡ Ⓢ A/C/E, L bis 8th Ave–14th St

Wer eine größere Mahlzeit im Sinn hat, kann bei Green Table hoffrische Biozutaten, bei Cull & Pistol erstklassige Meeresfrüchte oder bei Friedman's Lunch gehobene amerikanische Hausmannskost genießen.

Einen Besuch lohnen auch die beiden alteingesessenen Läden des Marktes, Chelsea Thai Wholesale (schlichtes, köstliches Thai-Essen) und Lobster Place (großzügig gefüllte Hummerbrötchen und tolles Sushi).

Modeschnäppchen

Wer nach Schnäppchen bei edler Mode sucht, sollte sich zum Eventraum beim Eingang an der Ninth Ave begeben: Hier finden häufig Pop-up-Shows und Musterverkäufe mit reduzierter Herren- und Damenmode statt.

Am anderen Ende des Marktes befindet sich beim Eingang an der Tenth Ave Artists and Fleas, ein ständig stattfindender Markt für New Yorker Designer und Kunsthandwerker, die z. B. originelle Brieftaschen, trendige Sonnenbrillen und auffälligen Schmuck verkaufen.

Am Ninth-Ave-Eingang findet man im Untergeschoss außerdem einen großen Anthropologie-Bekleidungsladen mit großem Angebot an heruntergesetzter Ware.

NATIONAL BISCUIT COMPANY

Das lange Backsteingebäude, das heute den Chelsea Market beherbergt, wurde in den 1890er-Jahren als Fabrikkomplex erbaut, der Hauptsitz der National Biscuit Company war und wo Saltines, Fig Newtons und Oreos gebacken wurden. In den 1990er-Jahren haben sich in dem eröffneten Markt Feinkostläden und Boutiquen niedergelassen.

Am besten kauft man Essen „to go" – bei den meisten Imbissen gibt's nur wenige Plätze, es bieten sich aber Sitzmöglichkeiten im ganzen Markt.

WEST VILLAGE, CHELSEA & MEATPACKING DISTRICT CHELSEA MARKET

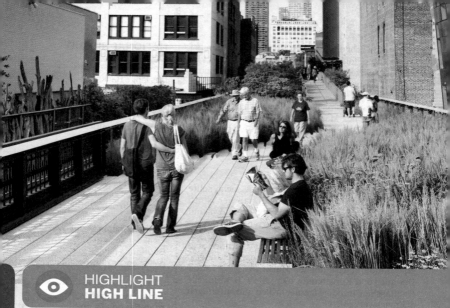

Heute kann man sich kaum vorstellen, dass dieses Paradebeispiel für Stadtsanierung einst eine schäbige Bahnlinie in einer rauen Gegend war, die von Schlachthäusern geprägt war. Die augenfällige Attraktion ist jetzt eine der beliebtesten Grünanlagen der Stadt. Sie zieht Besucher an, die hier 10 m über dem Boden bummeln, sich ausruhen und picknicken und dabei tolle Ausblicke auf die sich stets wandelnde Skyline New Yorks genießen.

Industrielle Vergangenheit

Lange bevor sich die High Line zu einem Naherholungsziel für gestresste New Yorker, neugierige Touristen und bewegungsfreudige Familien mauserte, führte die Hochbahntrasse durch dieses Viertel der Gangster und Schlachthäuser. Die Schienen der heutigen High Line wurden in den 1930er-Jahren verlegt, weil die Stadtverwaltung den vielen Straßenunfällen ein Ende setzen wollte. Bis dahin verlief der Schienenverkehr mitten durch die Tenth Ave, was dieser den makabren Beinamen „Death Avenue" eintrug. Der Bau kostete über 150 Mio. $ (umgerechnet wären das heute 2 Mrd. $) und dauerte etwa fünf Jahre. 20 Jahre lang tat die Frachtlinie ihren Dienst. Mit zunehmender Verlagerung des Lastverkehrs auf Lkw wurde sie immer weniger genutzt und in den 1980er-Jahren schließlich stillgelegt. Anwohner sammelten Unterschriften für ihren Abriss, als Joshua David und Robert Hammond 1999 das Komitee „Friends of the High Line" ins Leben riefen. Die Gruppe hatte die Idee, den Bahndamm in eine erhöhte Grünanlage zu verwandeln.

Grüne Zukunft

An einem warmen Frühlingstag 2009 wurde die High Line – bepflanzt mit Blumen und Laubbäumen – offiziell

NICHT VERSÄUMEN

➡ Große, stufige Aussichtsplattformen in der 17th und 26th St

➡ Chelsea Market Passage zwischen 15th und 16th St mit Kunstinstallationen und Essensständen in den warmen Monaten

PRAKTISCH & KONKRET

➡ Karte S. 448, A2

➡ ☏212-500-6035

➡ www.thehighline.org

➡ Gansevoort St, Meatpacking District

➡ ⏱Juni–Sept. 7–23 Uhr, April, Mai, Okt. & Nov. bis 22 Uhr, Dez.–März bis 19 Uhr

➡ 🚌M11 bis Washington St; M11, M14 bis 9th Ave; M23, M34 bis 10th Ave, Ⓢ A/C/E, L bis 8th Ave–14th St; 1, C/E bis 23rd St

eröffnet. Damit war der erste von drei Abschnitten fertiggestellt, die heute den Meatpacking District mit Midtown verbinden. Der erste Abschnitt beginnt an der Gansevoort St und verläuft parallel zur Tenth Ave bis zur West 20th S. Aufgrund der vielen Sitzgelegenheiten (von Riesen-Chaiselongues bis zu tribünenartigen Bankreihen) wurde er schnell für öffentliche Veranstaltungen und Aktivitäten genutzt, die viel auf die wachsende Zahl an Familien im Stadtviertel zugeschnitten sind. Zwei Jahre später wurde der zweite Abschnitt des Grünstreifens über zehn Häuserblocks fertiggestellt. Der letzte Abschnitt wurde 2014 eröffnet. Hier schlängelt sich die High Line von der 30th zur 34th St und in U-Form um die West Side Rail Yards. An dem Teilstück nach Westen Richtung Twelfth Ave wird der Pfad breiter und eröffnet einen unverstellten Blick auf den Hudson, während neben dem Gehweg die rostenden, von Unkraut überwucherten Gleise verlaufen – die Planer wollten im Herz der Metropole den Eindruck von Wildnis bewahren, den die Besucher früher hatten, wenn sie über die alten Gleise stolperten. Es gibt auch eine Art Dschungelspielplatz, auf dem Kinder an freigelegten, aber weich ummantelten Balken herumturnen können.

Zahlreiche Aufgänge führen hinauf zum Park, z. B. an der Gansevoort, 14th, 16th, 18th, 20th, 23rd, 26th, 28th, 30th und 34th St. An der Gansevoort, 14th, 16th, 23rd, 30th und 34th gibt's außerdem Aufzüge.

Mehr als nur ein öffentlicher Raum

Im frühen 20. Jh. war der Westen rund um den Meatpacking District und Chelsea das größte Gewerbegebiet Manhattans und auf der Hochbahn wurden Güter aus den verstopften Straßen darunter transportiert. Im Lauf der Zeit wurden die Bahngleise überflüssig und 1999 entstand der Plan, die rostende Bahntrasse in eine öffentliche Grünanlage zu verwandeln. Am 9. Juni 2009 wurde unter großem Bohei der erste Teil des beliebtesten New Yorker Stadtsanierungsprojekts eröffnet – seitdem ist die High Line eine der Top-Sehenswürdigkeiten.

Die High Line ist nicht nur ein Trendsetter unter den Begrünungsprojekten in Manhattan, ihre Bedeutung reicht noch viel weiter. Mit der Wiederauferstehung von West Village und Chelsea als beliebte Wohngebiete wird die High Line zum spannenden Treffpunkt für Familien und Freunde. Wer hier spazieren geht, trifft früher oder später auf High-Line-Angestellte (Erkennungszeichen: das Logo mit dem doppelten H), die Auskunft über die Geschichte der umgenutzten Schienenstrecke geben oder einfach nur wissen, wo's lang geht. Außerdem organisieren sie Ausstellungen und Aktivitäten sowie Führungen und Veranstaltungen zu unterschiedlichen Themen wie Geschichte, Gartenbau, Design, Kunst und Essen. Näheres auf www.thehighline.org.

FRIENDS OF THE HIGH LINE

Wer die High Line finanziell unterstützen möchte, kann sich über deren Website den Friends of the High Line anschließen. „Spike"-Mitglieder erhalten in Geschäften der Gegend Rabatte, z. B. in Diane von Furstenbergs Boutique und bei **Amy's Bread** (Karte S. 452; ☎212-462-4338; www.amysbread.com; Chelsea Market, 75 Ninth Ave zw. W 15th & W 16th St, Chelsea; 🕒Mo–Fr 7–20, Sa 8–20, So bis 19 Uhr; [S]A/C/E, L bis 8th Ave–14th St).

Gastronomen aus der ganzen Stadt sind eingeladen, Verkaufsstände auf der High Line aufzustellen, sodass Spaziergänger unterwegs leckere Sachen essen können. In den Sommermonaten sind auch gute Cafés und Eisdielen darunter.

KUNST IM ÖFFENTLICHEN RAUM

Die High Line ist nicht nur eine erhöhte Oase, sondern auch eine Freiluftgalerie mit Installationen, die teilweise eine Verbindung zu ihrem Standort herstellen, teilweise ganz unabhängig davon entstanden sind. Infos zur aktuell gezeigten Kunst unter art.thehighline.org.

HIGHLIGHT
WASHINGTON SQUARE PARK

Der einstige Armenfriedhof und öffentliche Hinrichtungsplatz ist heute der inoffizielle Dorfplatz des Village. Gepflegte Stadthäuser und großartige moderne Gebäude bilden den Rahmen des Washington Square Park. Wahrzeichen und Sahnehäubchen des Parks ist der Stanford White Arch an der Nordseite.

Geschichte

So hinreißend der Washington Square Park heute ist, so tragisch ist seine lange Vorgeschichte, bevor er (hauptsächlich dank der 30 Mio. $ teuren Sanierung bis 2014) in seiner heutigen Gestalt als Musterbeispiel städtischer Grünanlagen erstrahlte.

Als die Niederländer im Namen der Holländischen Ostindien-Kompanie Manhattan besiedelten, übergaben sie den Grund des heutigen Parks an befreite schwarze Sklaven – als eine Art Pufferzone zwischen den verfeindeten Siedlungen der Niederländer und der Ureinwohner. Das Land war zwar etwas sumpfig, aber fruchtbar und wurde rund 60 Jahre lang als Ackerland genutzt.

Ende des 19. Jhs. kaufte die Stadt New York den Grund an der Stadtgrenze als Friedhof. Der ursprünglich hauptsächlich für mittellose Arbeiter gedachte Gottesacker erreichte nach einer Gelbfieberepidemie schnell sein Limit. Bis heute liegen noch über 20 000 Tote unter dem Park begraben.

1830 fand der ehemalige Friedhof für Militärparaden Verwendung und wurde dann zügig zu einem Park für die wohlhabende Elite erklärt, die inzwischen luxuriöse Stadthäuser in den umgebenden Straßen baute.

NICHT VERSÄUMEN

⮕ Stanford White Arch

⮕ Springbrunnen in der Mitte

⮕ Häuser im Greek-Revival-Stil

⮕ „Birdman", der oft von Tauben umschwirrt auf einer Bank beim Südwesteingang sitzt

PRAKTISCH & KONKRET

⮕ Karte S. 448, F4

⮕ Fifth Ave Höhe Washington Sq N, West Village

⮕ 🚹

⮕ Ⓢ A/C/E, B/D/F/M bis W 4th St–Washington Sq; R/W bis 8th St–NYU

Stanford White Arch

Der über 20 m hohe Triumphbogen Stanford White Arch – allgemein bekannt als Washington Square Arch – beherrscht den Park mit seinem glänzend weißen Dover-Marmor. Ursprünglich stand hier ein Bogen aus Holz, errichtet zur Feier des hundertsten Jubiläums der Amtseinführung von George Washington im Jahr 1889. Der Bogen war so beliebt, dass er sechs Jahre später durch eine Steinkonstruktion ersetzt und mit Statuen des Generals in Krieg und Frieden versehen wurde. 1916 sorgte der Maler und Bildhauer Marcel Duchamp für Aufsehen, als er über die Treppe im Inneren des Triumphbogens hinaufkletterte und den Park zur „Freien und unabhängigen Republik Washington Square" erklärte.

Eine Bühne für die Politik

Der Washington Square Park ist schon seit Langem eine Bühne für politische Aktivitäten, es gab Proteste gegen eine Umgestaltung und die Nutzung des Parks oder auch Demonstrationen zu landesweit relevanten Fragen für bessere Arbeitsbedingungen im Jahr 1912.

2007 rührte Barack Obama als Präsidentschaftskandidat der Demokraten hier die Trommel für seine (erfolgreiche) Kampagne. Die Veranstaltung war überwältigend gut besucht – was allerdings keine wirkliche Überraschung war.

SEHENSWERTES

Besonders Kunstliebhaber sollten sich diese drei Viertel nicht entgehen lassen. Das Whitney Museum of American Art im Meatpacking District sollte auf jeden Fall ganz oben auf der Liste stehen, gefolgt von einem Bummel durch die Galerien von Chelsea in den westlichen 20er-Straßen – hier schlägt das Herz der New Yorker Kunstszene. Weitere wichtige Sehenswürdigkeiten sind die High Line, eine zur Grünanlage umgestaltete ehemalige Hochbahntrasse, der nahe Hudson River Park, der zum Entspannen am Wasser einlädt, und das gerade umgetaufte Stonewall National Monument direkt im Zentrum des West Village gegenüber der gleichnamigen Bar.

West Village & Meatpacking District

HIGH LINE — PARK

Siehe S. 142.

WASHINGTON SQUARE PARK — PARK

Siehe S. 144.

★ WHITNEY MUSEUM OF AMERICAN ART — MUSEUM

Karte S. 448 (☎212-570-3600; www.whitney.org; 99 Gansevoort St Höhe Washington St, West Village; Erw./Kind 25 $/frei, Fr 19–22 Uhr nach eigenem Ermessen; ⏲Mo, Mi, Do & So 10.30–18, Fr & Sa bis 22 Uhr; [S]A/C/E, L bis 8th Ave–14th St) Nach langer Bauzeit öffnete 2015 mit großem Trara das neue Haus des Whitney seine Pforten. Das architektonisch eindrucksvolle Gebäude von Renzo Piano am Ende der High Line (S. 142) bildet eine angemessene Kulisse für die hochrangige Sammlung des Museums. In den großen, lichtdurchfluteten Galerien befinden sich Werke aller großen amerikanischen Künstler wie Edward Hopper, Jasper Johns, Georgia O'Keeffe und Mark Rothko.

Neben im Wechsel ausgestellten Werken aus der Sammlung findet in jedem geraden Jahr die **Whitney-Biennale** statt: ein ambitionierter Überblick über zeitgenössische Kunst, der nur selten *keine* Kontroversen auslöst.

STONEWALL NATIONAL MONUMENT — NATIONALPARK

Karte S. 448 (www.nps.gov/ston/index.htm; W 4th St zw. Christopher & Grove St, West Village; ⏲9 Uhr bis Sonnenuntergang; [S]1 bis Christopher St–Sheridan Sq; A/C/E, B/D/F/M bis W 4th St–Washington Sq) 2016 erklärte Präsident Barack Obama den Christopher Park, einen kleinen eingezäunten Platz mit Bänken und etwas Grünzeug, zum Nationalpark und schuf darin wiederum das erste Nationaldenkmal zur Geschichte der Schwulen- und Lesbenbewegung. Zwar ist der Park klein, doch lohnt sich ein kurzer Stopp, um der Stonewall-Unruhen von 1969 zu gedenken, als sich Schwule und Lesben gegen Diskriminierungen durch die Polizei zur Wehr setzten. Viele halten diese Ereignisse für die Geburtsstunde der modernen Bewegung zum Schutz der Rechte von Schwulen, Lesben, Bi- und Transsexuellen.

SALMAGUNDI CLUB — GALERIE

Karte S. 448 (☎212-255-7740; www.salmagundi.org; 47 Fifth Ave zw. W 11th & 12th St, West Village; ⏲Mo–Fr 13–18, Sa & So bis 17 Uhr; [S]4/5/6, L, N/Q/R/W bis 14th St–Union Sq) Der Salmagundi Club ist Welten entfernt von der schnieken Galerieszene von Chelsea und umfasst in einem wunderschönen alten Brownstone-Haus an der Fifth Ave unterhalb des Union Sq mehrere Galerien mit amerikanischer Kunst. Der Club ist einer der ältesten Kunstclubs in den USA (gegründet 1871) und bietet auch heute noch Unterricht an und veranstaltet Ausstellungen.

GRACE CHURCH — KIRCHE

Karte S. 448 (☎212-254-2000; www.gracechurchnyc.org; 802 Broadway Höhe 10th St, West Village; ⏲12–17 Uhr, Gottesdienste tgl.; [S]R/W bis 8th St–NYU; 6 bis Astor Pl) Die neugotische Episkopalkirche wurde 1843 von James Renwick Jr. entworfen. Der verwendete Marmor wurde von Gefangenen in Sing Sing, dem Staatsgefängnis in Ossining 50 km flussaufwärts am Hudson River, abgebaut. Nach Jahren der Vernachlässigung wurde die Grace Church inzwischen wunderschön restauriert.

Heute ist sie denkmalgeschützt und mit ihren kunstvollen Steinmetzarbeiten, ihrem hohen Turm und dem grünen, gepflegten Kirchhof ein wahres Kleinod in diesem ansonsten eher gewöhnlichen Teil des Village. Die bunten Fenster im Inneren sind atemberaubend und das hoch aufstrebende Kirchenschiff bietet einen perfekten Rahmen für die Konzerte, die hier regelmäßig stattfinden – zuletzt gab's z. B. eine mittägliche Konzertreihe mit Orgelmusik von Bach. Sonntags um 13 Uhr werden kostenlose Führungen angeboten.

PIER 45 — PARK

Karte S. 448 (W 10th St Höhe Hudson River, West Village; Ⓢ1 bis Christopher St–Sheridan Sq) Der knapp 260 m lange Betonfinger, der vielen immer noch als Christopher Street Pier bekannt ist, wurde im Rahmen des Hudson-River-Park-Projekts schick mit Rasen, Blumenbeeten, einer Toilette, einem Café mit Terrasse, schattigen Zeltunterständen und einer Haltestelle des New York Water Taxi ausgestattet.

Jetzt ist er ein Magnet für alle möglichen Leute in Downtown Manhattan, tagsüber für Familien mit Kleinkindern und abends für Gruppen schwuler Jugendlicher aus der ganzen Stadt, denn der Pier hat eine lange Geschichte als Homosexuellen-Treffpunkt. Der Pier bietet wunderbare Ausblicke auf den Hudson und im Hochsommer eine kühle wohltuende Brise.

ABINGDON SQUARE — PLATZ

Karte S. 448 (Hudson St Höhe 12th St, West Village; ⓈA/C/E, L bis 8th Ave–14th St) Der gerade einmal 1000 m² große historische Park ist ein reizendes Fleckchen Grün – mit Blumenbeeten, grasbewachsenen Hügeln und gewundenen Wegen aus blauen Pflastersteinen und dem beliebten Wochenmarkt am Samstag. Der Park eignet sich bestens für ein Picknick oder eine Pause nach einem Bummel durch das Straßenlabyrinth des West Village.

Aus beschaulicher Horizontale schweift der Blick zum südlichen Ende des Parks, wo die Bronzestatue *Abingdon Doughboy* an Soldaten aus diesem Viertel erinnert, die im Ersten Weltkrieg gefallen sind (Soldaten wurden damals *doughboys* genannt).

NEW YORK UNIVERSITY — UNIVERSITÄT

Karte S. 448 (NYU; ☎212-998-4550; www.nyu.edu; Welcome Center, 50 W 4th St, West Village; ⓈA/C/E, B/D/F/M bis W 4th St–Washington Sq; N/R bis 8th St–NYU) 1831 gründete Albert Gallatin, ehemals Finanzminister unter Präsident Thomas Jefferson, eine kleine und gehobene Bildungseinrichtung. Sie sollte allen Studenten offen stehen, unabhängig von Hautfarbe oder Herkunft. Heute würde er

◉ HIGHLIGHT
HUDSON RIVER PARK

Die High Line ist derzeit schwer angesagt und nur einen Block weiter erstreckt sich noch ein (8 km langer) Grünstreifen, der die Stadt in den vergangenen zehn Jahren verändert hat.

Der 2,2 km² große Hudson River Park vom Battery Park am Südzipfel Manhattans bis zur 59th St in Midtown ist ein herrlicher Stadt-Garten. Der lange Uferpfad am Fluss ist wunderbar zum Joggen, Spazierengehen und Radfahren geeignet. Der **Waterfront Bicycle Shop** (Karte S. 448; ☎212-414-2453; www.bikeshopny.com; 391 West St zw. W 10th & Christopher St; Leihräder Std./Tag 12,50/35 $; ☺10–19 Uhr) verleiht dort Fahrräder. Mehrere **Bootshäuser** (S. 87) haben einen Kajakverleih und bieten längere Exkursionen für geübte Paddler. Es gibt auch Beachvolleyball-, Basketball- und Tennisplätze sowie einen Skatepark. Für Familien mit Kindern gibt es zahllose Angebote, darunter vier nagelneue Spielplätze, ein Karussell und einen Minigolfplatz.

Diejenigen, die nur eine Auszeit von der Stadt brauchen, lungern auf dem Rasen herum. Wer es weniger geruhsam mag, kann sich im Frying Pan (S. 163) am Ufer ins sangriaselige Getümmel stürzen. Außerdem lässt sich im Park wunderbar der Sonnenuntergang beobachten. Und natürlich gibt es am Fourth of July keinen besseren Ort in der Stadt – früh da sein!

NICHT VERSÄUMEN

➜ Kajakfahren auf dem Fluss

➜ Spaziergänge bei Sonnenuntergang

➜ Drinks im Frying Pan im Sommer

PRAKTISCH & KONKRET

➜ Karte S. 448, C7

➜ www.hudsonriverpark.org

➜ West Village

➜ ♿

➜ 🚌 M11 bis Washington St; M11, M14 bis 9th Ave; M23, M34 bis 10th Ave, Ⓢ1 bis Hudson Ave; A/C/E, L bis 8th Ave–14th St; 1, C/E bis 23rd St

die Uni wohl kaum wiedererkennen, denn sie hat inzwischen rund 50 000 Studenten, über 16 000 Angestellte und Institute an sechs verschiedenen Standorten in Manhattan.

Und sie wächst noch weiter, zur Bestürzung von Denkmalschützern und Ladenbesitzern. Die mussten zusehen, wie der akademische Gigant ein Gebäude nach dem anderen aufkaufte, um sie flugs durch hässliche Wohnheime oder Verwaltungsbauten zu ersetzen. Oder sie fallen wie das historische Provincetown Playhouse einer achtlosen Planung zum Opfer. Doch verfügt die Uni auch über reizvolle Ecken, so z. B. den schattigen Innenhof der School of Law, und ebenso über beeindruckend moderne Gebäude wie das Skirball Center for the Performing Arts, wo in einem Saal mit 850 Plätzen erstklassige Tanz-, Theater-, Musik- und Literaturveranstaltungen stattfinden.

Das akademische Angebot der Uni ist hoch angesehen und breit gefächert, besonders an den Fakultäten für Film, Theater, Literatur, Medizin und Recht. Eine einzigartige Gelegenheit, schnell Einheimische kennenzulernen, sind die öffentlichen Tages- oder Wochenendkurse (von amerikanischer Geschichte bis Fotografie) an der School of Professional Studies and Continuing Education.

SHERIDAN SQUARE PLATZ

Karte S. 448 (zw. Washington Pl & W 4th St, West Village; [S]1 bis Christopher St–Sheridan Sq) Der dreieckige Sheridan Sq besteht aus kaum mehr als ein paar Bänken und Bäumen sowie einem altmodischen schmiedeeisernen Zaun. Doch dank seiner Lage mitten im Herzen des schwulen Greenwich Village hat er jede Kundgebung, Demo und Revolte miterlebt, die hier im Kampf um die Schwulenrechte stattfanden.

Chelsea

CHELSEA MARKET MARKT

Siehe S. 140.

★RUBIN MUSEUM OF ART KUNSTMUSEUM

Karte S. 452 (☎212-620-5000; www.rmanyc.org; 150 W 17th St zw. Sixth & Seventh Ave, Chelsea; Erw./Kind 15 $/frei, Fr 18–22 Uhr frei; 🕐Mo & Do 11–17, Mi bis 21, Fr bis 22, Sa & So bis 18 Uhr; [S]1 bis 18th St) Das Rubin ist das erste Museum in der westlichen Welt, das sich der Kunst aus dem Himalaya widmet. Die beeindruckende Sammlung beinhaltet Stickarbeiten aus China, Metallskulpturen aus Tibet, Steinplastiken aus Pakistan, Gemälde aus Bhutan sowie Ritualobjekte und Tanzmasken aus den verschiedenen Regionen Tibets, alles aus dem 2. bis 19. Jh.

Zu den interessanten Sonderausstellungen zählten in der Vergangenheit die zum „Roten Buch“ von C. G. Jung und *Victorious Ones,* mit Skulpturen und Gemälden der Jainas, den Gründern des Jainismus. Das Café Serai serviert traditionelle Gerichte aus dem Himalaya mit Livemusik am Mittwoch ab 18 Uhr. Freitags verwandelt sich das Café in die K2 Lounge, in der nach dem abendlichen Museumsbesuch Wein und Martinis erfrischen.

GENERAL THEOLOGICAL SEMINARY GARTEN

Karte S. 452 (☎212-243-5150; www.gts.edu; 440W 21st St zw. Ninth & Tenth Ave, Chelsea; 🕐Mo–Fr 10–17.30 Uhr; [S]1, C/E bis 23rd St) [GRATIS] Das 1817 gegründete Priesterseminar ist das älteste der amerikanischen Episkopalkirche. Die Schule, die mitten im schönen historischen Teil von Chelsea liegt, hat in letzter Zeit viel Mühe darauf verwendet, ihren größten Schatz zu bewahren, den gartenähnlichen Campus mit einem Ring von Gebäuden rund herum – während in der Umgebung Immobilienhaie ihr Unwesen treiben.

Der friedliche Ort ermöglicht einen Moment der Ruhe, entweder vor oder nach einem Galerienbummel durch das Viertel. Wer rein will, muss nur am Gartentor klingeln, das auf halber Strecke die 21st St runter zwischen Ninth und Tenth Ave zu finden ist.

CHELSEA HOTEL HISTORISCHES GEBÄUDE

Karte S. 452 (222 W 23rd St zw. Seventh & Eighth Ave, Chelsea; [S]1, C/E bis 23rd St) Das in den 1880er-Jahren erbaute rote Ziegelgebäude mit reich verzierten Eisenbalkonen und nicht weniger als sieben Tafeln, die es zum literarischen Denkmal erklären, spielte in der Geschichte der (Pop-)Kultur eine wichtige Rolle. Hier waren Schriftsteller wie Mark Twain, Thomas Wolfe, Dylan Thomas und Arthur Miller zu Gast. Angeblich schuf Jack Kerouac hier in einer einzigen Mammutsession *Unterwegs*. Und Arthur C. Clarke schrieb hier seine *Odyssee im Weltraum.*

1953 starb Dylan Thomas im Hotel an Alkoholvergiftung und 1978 wurde Nancy Spungen von ihrem Freund Sid Vicious, dem Bassisten der Sex Pistols, erstochen. Zu den vielen Prominenten, die zeitweise im Chelsea Hotel gewohnt haben, zählten Joni Mitchell, Patti Smith, Robert Mapplethorpe, Stanley Kubrick, Dennis Hopper, Edith Piaf, Bob Dylan und Leonard Cohen, dessen Song *Chelsea Hotel* an ein Techtelmechtel mit Janis Joplin erinnert, die hier ebenfalls zeitweilig wohnte.

Leider sind die künstlerisch und zwischenmenschlich spannenden Jahre des Hotels schon lange vorbei und die Zukunft des Gebäudes liegt im Ungewissen, nachdem der Plan, das Hotel in einen Wohnkomplex umzubauen, gescheitert ist.

GAGOSIAN GALERIE

Karte S. 452 (☎212-741-1111; www.gagosian.com; 555 W 24th St zw. Tenth & Eleventh Ave, Chelsea; ⏲Mo–Sa 10–18 Uhr; [S]1, C/E bis 23rd St) Werke aus aller Welt zieren die Wände der Galerie Gagosian in Chelsea, darunter vielleicht gerade von Julian Schnabel, Willem de Kooning, Andy Warhol und Basquiat. Die Galerie Gagosian unterscheidet sich von anderen dadurch, dass sie rund um den Globus vertreten ist.

Lohnend ist auch der Standort in der 522 W 21st St, der es mit seinen Großinstallationen durchaus mit den Museen der Stadt aufnehmen kann.

CHEIM & READ GALERIE

Karte S. 452 (☎212-242-7727; www.cheimread.com; 547 W 25th St zw. Tenth & Eleventh Ave, Chelsea; ⏲Di–Sa 10–18 Uhr; [S]1, C/E bis 23rd St) Cheim & Read vertritt u. a. Bill Jensen, Jannis Kounellis, Jenny Holzer und Tal R und zeigt somit alles von riesigen Gemälden bis zu bombastischen Skulpturen. Vielleicht kommt man gerade richtig, wenn Fotos von William Eggleston an den Wänden hängen.

🍴 ESSEN

Während das West Village für stilvolle, gemütliche Lokale bekannt ist, sind die Restaurants im benachbarten Meatpacking District pompöser: Hinter einem Absperrseil stehen die Leute Schlange wie vor einem Club, die Einrichtung ist grell und das Publikum trendbesessen. Chelsea bildet zwischen den beiden den Mittelweg. Hier wird eine wilde Mischung aus sehr schwulen Lokalen in der total angesagten Eighth Ave (Pflichtprogramm zum Sehen und Gesehenwerden beim Brunch) und den weiter westlich gelegenen Cafés in der Ninth Ave geboten. In den Sommermonaten öffnen sich alle Fenster und Türen und Tische und Stühle wandern nach draußen.

🍴 West Village & Meatpacking District

P.S. BURGERS BURGER $

Karte S. 448 (☎646-998-4685; www.psburgers.com; 35 Carmine St; Burger ab 10 $; ⏲Mo–Fr 11–22, Sa & So 12–22 Uhr; [S]A/C/E, B/D/F/M bis W 4th St–Washington Sq) P.S. Burgers ist ein beliebter West-Village-Imbiss mit preiswerten Burger-Spezialitäten, die sich von Orten in aller Welt inspirieren lassen. Nach Rio geht's etwa mit Kochbananen und Spiegelei, nach Kanada mit Bacon und Ahorn-Ziegenkäse. Jeder Burger wird nach Kundenwunsch zubereitet und es werden auch jede Menge klassische Beilagen geboten.

RED BAMBOO VEGAN $

Karte S. 448 (☎212-260-7049; www.redbamboo-nyc.com; 140 W 4th St zw. Sixth Ave & MacDougal St; Hauptgerichte 8–13 $; ⏲Mo–Do 12.30–23, Fr bis 23.30, Sa 12–23.30, So bis 23 Uhr; [S]A/C/E, B/D/F/M bis W 4th St–Washington Sq) Flockige, heiße Popcorn-Shrimps, klebriges Huhn mit Parmesan, ungeheuer schwerer Schokoladenkuchen – das Red Bamboo bietet amerikanisches Soulfood sowie Asiatisches. Alles auf der Karte ist vegan – bei einigen Gerichten kann man aber auch echten Käse bekommen. Toll für Veganer, Vegetarier und alle, die mal was Neues ausprobieren möchten.

MAMOUN'S ORIENTALISCH $

Karte S. 448 (www.mamouns.com; 119 MacDougal St zw. W 3rd St & Minetta Ln, West Village; Sandwiches ab 3 $, Teller ab 6 $; ⏲11–5 Uhr; [S]A/C/E, B/D/F/M bis W 4th St–Washington Sq) Das Falafel- und Schawarma-Restaurant in Lower Manhattan ist auf große Tellerportionen und Wraps spezialisiert, die ruckzuck serviert werden und auch nicht die Welt kosten. Der beliebte Laden vermarktet sogar eine eigene scharfe Sauce – nichts für Leute mit empfindsamer Zunge! Die Filiale im West Village ist winzig, es gibt trotzdem sogar ein paar Sitzplätze.

GANSEVOORT MARKET

MARKT $

Karte S. 448 (www.gansmarket.com; 353 W 14th St Höhe Ninth Ave, Meatpacking District; Hauptgerichte 5–20 $; ⏲8–20 Uhr; [S]A/C/E, L bis 8th Ave–14th St) Der große Markt in einem Backsteingebäude im Herzen des Meatpacking District ist die neueste und größte Lebensmittelhalle in New York. In rauem, durch Oberlichter beleuchtetem Industrieambiente bieten mehrere Dutzend Gourmetläden Tapas, Arepas, Tacos, Pizza, Fleischpasteten, Eiscreme, Gebäck und vieles mehr.

TWO BOOTS PIZZA

PIZZA $

Karte S. 448 (☎212-633-9096; http://twoboots.com; 201 W 11th St Höhe Greenwich Ave, West Village; ⏲So–Mi 11–24, Do bis 1, Fr & Sa bis 2 Uhr; [S]A/C/E, L bis 8th Ave–14th St) Die sehr beliebte Minikette serviert authentische New Yorker Pizza mit unterschiedlichstem Belag. Spezialität des Hauses sind vegane Varianten und auf Wunsch glutenfreier Teig aller angebotenen Pizzas.

MAH ZE DAHR

BÄCKEREI $

Karte S. 448 (☎212-498-9810; https://mahzedahrbakery.com; 28 Greenwich Ave zw. W 10th & Charles St, West Village; Backwaren ab 3 $; ⏲Mo–Fr 7–18, Sa & So 8–17 Uhr; [S]A/C/E, L bis 8th Ave–14th St) Die Backkünste der ehemaligen Finanzberaterin Umber Ahmad wurden entdeckt, als sie für einen ihrer Kunden, den Promikoch Tom Colicchio, backte. Ihre Bäckerei wartet mit sahnigem Käsekuchen und luftigen Brioches auf. Wenn man einen der Scones oder Brownies probiert, weiß man, warum ihr Colicchio empfahl, den Beruf zu wechseln.

DOMINIQUE ANSEL KITCHEN

BÄCKEREI $

Karte S. 448 (☎212-242-5111; www.dominiqueanselkitchen.com; 137 Seventh Ave zw. Charles & W 10th St, West Village; Backwaren 4–8 $; ⏲Mo–Sa 8–19, So 9–19 Uhr; [S]1 bis Christopher St–Sheridan Sq) Der berühmte Erfinder des „Cronut" betreibt im West Village diese sonnendurchflutete kleine Bäckerei. Hier kann man sich an wunderbar lockeren Croissants, Himbeer-Passionsfrucht-Pavlova, Blaubeer-Shortcake und vielen anderen Leckereien erfreuen – Cronuts gibt's jedoch nicht. Geboten werden außerdem kleine herzhafte Speisen wie Truthahn-Pastete mit Foie-gras-Sauce und Edamame-Avocado-Toast.

UMAMI

BURGER $

Karte S. 448 (☎212-677-8626; www.umamiburger.com; 432 Sixth Ave zw. 9th & 10th St, West Village; Burger 10–15 $; ⏲So–Do 11.30–23, Fr & Sa bis 24 Uhr; [S]1 bis Christopher St–Sheridan Sq; F/M, L bis 6th Ave–14th St) Umami, die geheimnisvolle fünfte Qualität des Geschmackssinns, erlebt man sicher in dieser stilvollen Burgerbar. Erstklassig sind Burger wie der Truffle (mit Trüffelaioli und hausgemachtem Trüffelkäse), der Manly mit Schinken und der vegetarierfreundliche Black Bean. Abgerundet wird das Ganze durch köstliche Beilagen wie Tempura-Zwiebelringe sowie kreative Cocktails und Craft-Biere vom Fass.

COTENNA

ITALIENISCH $

Karte S. 448 (www.cotenna.nyc; 21 Bedford St zw. Downing & W Houston St, West Village; Hauptgerichte 12–14 $; ⏲So–Do 12–24, Fr & Sa bis 1 Uhr; [S]1 bis Houston St) Das schöne kleine Restaurant versteckt sich in einer malerischen Ecke des Village und eignet sich bestens für ein Date. Die kleine Karte wartet mit erschwinglichen Pastagerichten (ab 12 $), Bruschetta und Grillgerichten auf, jedoch kann man auch nur ein Gläschen Wein oder einen Cocktail trinken und sich dazu vielleicht eine Wurst- oder Käseplatte teilen.

MOUSTACHE

ORIENTALISCH $

Karte S. 448 (☎212-229-2220; www.moustachepitzawest.com; 90 Bedford St zw. Grove & Barrow St, West Village; Pizza 11–15 $; ⏲So–Do 12–23, Fr & Sa bis 24 Uhr; [S]1 bis Christopher St–Sheridan Sq) In einem warmen, irdenen Ambiente serviert das kleine und reizende Moustache deftige, schmackhafte Sandwiches (Lammkeule, Merguez-Wurst, Falafel), Pizzas mit dünnem Boden, würzige Salate und herzhafte Spezialitäten wie *ouzi* (Filorollen mit Huhn, Reis und Gewürzen gefüllt) und Moussaka. Die beste Vorspeise: ein Teller Hummus oder *baba ghanoush* (Auberginencreme) mit lockeren, ofenheißen Pitas.

SAIGON SHACK

VIETNAMESISCH $

Karte S. 448 (☎212-228-0588; www.saigonshacknyc.com; 114 MacDougal St zw. Bleecker & 3rd St, West Village; Hauptgerichte 7–10 $; ⏲So–Do 11–23, Fr & Sa bis 1 Uhr; [S]A/CE, B/D/F/M bis W 4th St–Washington Sq) Dampfende Schalen mit *pho* (Nudelsuppe), würziges *banh mi* (belegte Baguettes) und knusprige Frühlingsrollen gehören zum Angebot in diesem quirligen, holzverkleideten Lokal nur ein paar Schritte vom Washington Square Park. Die Preise sind in Ordnung und die Speisen kommen schnell. Der einzige Nachteil: Tische sind manchmal Mangelware, da der Laden bei den NYU-Studenten sehr beliebt ist.

1. Washington Square Park (S. 144)

Der inoffizielle Dorfplatz des Green Village dient scho lange als Bühne für politische Selbstdarsteller.

2. High Line (S. 142)

Auf der alten Hochbahnlinie erstreckt sich heute eine der beliebtesten Grünflächen New Yorks.

3. Gagosian (S. 148)

Die Ausstellungen in der Kunstgallerie Gagosian ändern sich ständig. Gezeigt werden Werke internationaler und lokaler Künstler.

MIZOULA / GETTY IMAGES ©

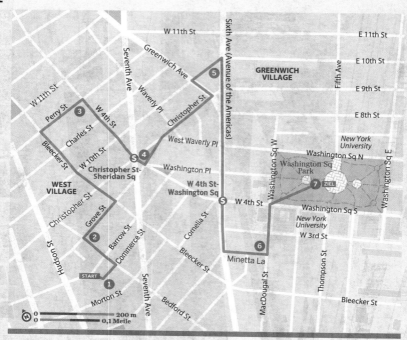

🏃 Spaziergang
Die Village-Tour

START COMMERCE STREET
ZIEL WASHINGTON SQUARE PARK
LÄNGE/DAUER 2 KM; 1 STUNDE

Greenwich Village weicht mit seinen diagonalen Straßen mit Schachbrettmuster der restlichen Insel ab und ist das fußgängerfreundlichste Stadtviertel New Yorks. Die Tour beginnt am 1924 erbauten **1 Cherry Lane Theater** (S. 165). Keine andere Off-Broadway-Bühne bringt schon so lange ununterbrochen Stücke auf die Bühne wie dieses kleine Theater.

Der Abzweig links in die Bedford St führt zum Apartmentblock **2 90 Bedford** rechts an der Ecke Grove St. Wer die TV-Serie *Friends* kennt, wird ihn vielleicht wiedererkennen (das Café Central Perk war leider nur eine Erfindung der Autoren).

Weiter geht's auf der Bleecker St und rechts in die Perry St zu einer weiteren TV-Pilgerstätte, der **3 66 Perry Street**. Hier wurden Fassade und Aufgang für die Wohnung von Carrie Bradshaw aus *Sex and the City* verwendet.

Danach auf die W 4th St abbiegen bis zum Christopher Park mit dem neuen **4 Stonewall National Monument** (S. 145). An der Nordseite dieser Grünfläche steht das Stonewall Inn, in dem 1969 eine Gruppe entnervter Schwuler und Lesben einen Aufstand anzettelte und damit den Beginn der homosexuelle Revolution markierte.

Die Tour führt weiter über die Christopher St bis zur Sixth Ave. Hier steht die **5 Jefferson Market Library**. Der Turm im Stil der „Ruskin'schen Gotik" war einst ein Feuerwachturm. Der Bau wurde in den 1870er-Jahren als Gerichtsgebäude genutzt; heute beherbergt er eine Filiale der Stadtbibliothek.

Weiter geht's über die Sixth Ave und dann links in die Minetta Lane ins **6 Cafe Wha?** – diese Institution hat viele junge Musiker und Komiker (z. B. Bob Dylan und Richard Pryor) bekannt gemacht.

Schließlich geht's entlang der MacDougal St zum **7 Washington Square Park** (S. 144). Hier hängen NYU-Studenten und Straßenmusikanten ab und es finden auch häufig politische Kundgebungen statt.

CORNER BISTRO BISTRO $

Karte S. 448 (☎212-242-9502; www.cornerbistrony.com; 331 W 4th St zw. Jane & 12th St, West Village; Burger 10–12 $; 🕒Mo–Do 11.30–2, Fr & Sa bis 3, So 12–2 Uhr; [S]A/C/E, L bis 8th Ave–14th St) Eine altmodische Kneipe mit billigem Bier vom Fass – das hört sich ziemlich gewöhnlich an, bis man in den köstlichen Corner-Bistro-Burger mit Bacon und Käse beißt. Dieser saftige Burger mit Pommes ist wirklich unschlagbar!

TAÏM ISRAELISCH $

Karte S. 448 (☎212-691-1287; www.taimfalafel.com; 222 Waverly Pl zw. Perry & W 11th St, West Village; Sandwiches 7–8 $; 🕒11–22 Uhr; [S]1/2/3, A/C/E bis 14th St; L bis 6th Ave–14th St) Die Falafel aus dem winzigen Laden gehören zu den besten der Stadt. Es gibt sie in den Varianten „Green" (traditionell), „Harissa" (tunesisch gewürzt) oder „Red" (mit gerösteter Paprika). Alle werden mit cremiger Tahini-Sauce und einer ordentlichen Portion israelischen Salats in ein Pita-Brot gestopft.

Es gibt auch gemischte Teller, pikante Salate und köstliche Smoothies (lecker: Dattel, Limette und Banane).

VILLAGE NATURAL VEGETARISCH $

Karte S. 448 (☎212-727-0968; http://villagenatural.net; 46 Greenwich Ave zw. Charles & Perry St, West Village; Hauptgerichte 12–18 $; 🕒Mo–Do 11.30–22.30, Fr bis 23, Sa 11–23, So bis 22 Uhr; [S]A/C/E, L bis 8th Ave–14th St) Schon seit Urzeiten zieht es Vegetarier, Veganer und andere in dieses schnörkellose Restaurant im West Village. Auf der Karte stehen v. a. große Portionen von Pfannengerührtem und Pasta, außerdem große, gesunde Salate und vegetarische Burger.

PEACEFOOD VEGAN $

Karte S. 448 (☎212-979-2288; www.peacefoodcafe.com; 41 E 11th St zw. University Pl & Broadway, West Village; Hauptgerichte 12–18 $; 🕒10–22 Uhr; 🌿; [S]4/5/6, L, N/Q/R bis 14th St–Union Sq) Das Peacefood ist mit Pizzas, Pfannengemüse, scharf angebratenen Klößen und anderen Köstlichkeiten ein Mekka für Veganer und Vegetarier. Mittags und abends kann es zu den Stoßzeiten hier ziemlich voll werden – dann muss man sich auf beengtes Speisen einstellen.

★BARBUTO MODERN ITALIENISCH $$

Karte S. 448 (☎212-924-9700; www.barbutonyc.com; 775 Washington St Höhe W 12th St, West Village; Hauptgerichte 22–28 $; 🕒Mo–Do 12–15.30 & 17.30–23, Fr & Sa bis 24, So bis 22 Uhr; [S]A/C/E, L bis 8th Ave–14th St; 1 bis Christopher St–Sheridan Sq) Das Barbuto ist in einer riesigen Autowerkstatt mit verglasten Toren untergebracht, die während der Sommermonate hochgezogen werden. Serviert wird eine herrliche Auswahl an italienischer Nouvelle Cuisine wie Entenbrust mit Pflaumen und Crème fraîche oder Calamari mit Tintenfischsud und Chili-Aioli.

NIX VEGETARISCH $$

Karte S. 448 (☎212-498-9393; www.nixny.com; 72 University Pl zw. 10th & 11th St, West Village; Hauptgerichte 20–28 $; 🕒Mo–Fr 11.30–14.30 & 17.30–23, Sa & So ab 10.30 Uhr; [S]4/5/6, N/Q/R/W, L bis 14th St–Union Sq) In diesem dezenten Sternerestaurant verwandeln die Chefköche Nicolas Farias und John Fraser Gemüse in schön zubereitete, die Sinne betörende, kunstvolle Gerichte. Los geht es vielleicht mit Brot aus dem Tandoor und kreativen Dips wie würziger Aubergine mit Pinienkernen, weiter mit komplexen Gerichten wie Blumenkohl-Tempura mit gedämpften Teigtaschen oder scharfem Tofu mit Pfifferlingen, Grünkohl und Szechuan-Pfeffer.

ROSEMARY'S ITALIENISCH $$

Karte S. 448 (☎212-647-1818; www.rosemarysnyc.com; 18 Greenwich Ave Höhe W 10th St, West Village; Hauptgerichte 14–40 $; 🕒Mo–Do 8–16 & 17–23, Fr bis 24, Sa & So ab 10, So bis 23 Uhr; [S]1 bis Christopher St–Sheridan Sq) Das Rosemary's ist eins der angesagtesten Restaurants im West Village und die italienische Edelküche wird dem Hype mehr als gerecht. In einem eher rustikalen Ambiente werden große Portionen hausgemachter, üppiger Salate sowie Käse und *salumi* (Wurst) serviert. Alles, vom einfachen Walnuss-Kräuter-Pesto bis zur saftigen geräucherten Lammschulter, ist unglaublich lecker.

MERMAID OYSTER BAR FISCH & MEERESFRÜCHTE $$

Karte S. 448 (☎212-260-0100; www.themermaidnyc.com; 79 MacDougal St zw. Bleecker & W Houston St, West Village; kleine Teller 12–15 $, Hauptgerichte 25–29 $; 🕒Mo 17–22, Di–Fr bis 22.30, Sa 16–22.30, So bis 22 Uhr; [S]A/C/E, B/D/F/M bis W 4th St–Washington Sq) Wem der Sinn nach Austern steht und Menschenmengen nichts ausmachen, sollte dieses beliebte Lokal im West Village ansteuern. Jeden Tag ist bis 19 Uhr Happy Hour (montags den ganzen Tag): Dann drängeln sich in dem kleinen

Restaurant junge Berufstätige, die sich bei Sekt für 7 $ pro Glas und 1-$-Austern entspannen. Also muss man sich zum Schlemmen einfach irgendwie ein Plätzchen an der Theke erobern!

BABU JI
INDISCH $$

Karte S. 448 (⏹212-951-1082; www.babujinyc. com; 22 E 13th St zw. University Pl & Fifth Ave, West Village; Hauptgerichte 16–26 $; ⊙So–Do 17–22.30, Fr & Sa bis 23.30, Sa & So außerdem 10.30–15 Uhr; §4/5/6, N/Q/R/W, L bis 14th St–Union Sq) Ein verspielter Geist zeichnet dieses exzellente, von Australiern geführte indische Restaurant aus, das kürzlich an den Union Sq umgezogen ist. Man kann sich aus Streetfood-Speisen wie *papadi chaat* (Kichererbsen, Granatapfel und Joghurt-Chutney) und mit Hummer gefüllten Kartoffelkroketten eine Mahlzeit zusammenbasteln oder greift bei herzhaften Gerichten wie Tandoori-Lammkotelett oder Jakobsmuschel-Kokoscurry zu. Angeboten wird außerdem ein Probiermenü für 62 $.

DOMINIQUE BISTRO
FRANZÖSISCH $$

Karte S. 448 (⏹646-756-4145; www.dominique bistro.nyc; 14 Christopher St Höhe Gay St, West Village; Hauptgerichte 21–41 $; ⊙So–Do 9–24, Fr & Sa bis 1 Uhr; §1 bis Christopher St–Sheridan Sq) Das Bistro an einer der hübschesten Ecken des West Village ist ein luftiger Raum mit hohen Decken, großformatigen Ölgemälden und übergroßen Fenstern, ideal zum Beobachten des Treibens auf der Straße. Küchenchef Dominick Pepe serviert klassische französische Bistrokost: Los geht's vielleicht mit Pâté oder Schnecken mit Petersilienbutter, gefolgt von Bouillabaisse, Enten-Cassoulet oder einer vegetarische Ratatouille.

Unten im behaglichen Piano Room kann man zu Livemusik speisen – das Programm steht auf der Website.

MALAPARTE
ITALIENISCH $$

Karte S. 448 (⏹212-255-2122; www.malaparte nyc.com; 753 Washington St Höhe Bethune St, West Village; Hauptgerichte 18–27 $; ⊙Mo–Fr 10.30–23, Sa & So ab 11 Uhr; §A/C/E, L bis 8th Ave–14th St) Das Malaparte ist eine zauberhafte kleine Trattoria in einer stillen Ecke des West Village. Es gibt einfache, wunderbar zubereitete italienische Gerichte – Spaghetti mit Steinpilzen, Pizza mit weichem Teig, Fenchel- und Rucolasalat, gegrillten *branzino* (Seebarsch) und zum Nachtisch (natürlich) Tiramisu. Der Brotkorb mit Fo-

caccia, der sofort serviert wird, ist eine nette Geste. Nur Barzahlung.

DOMA NA ROHU
EUROPÄISCH $$

Karte S. 448 (⏹347-916-9382; www.doma.nyc; 27½ Morton St Höhe Seventh Ave, West Village; Hauptgerichte 15–24 $; ⊙Mo–Do 8–23, Fr bis 24, Sa 9–24, So 9–22.30 Uhr; §1 bis Houston St) In reizendem Kneipenambiente nicht weit von der trubeligen Seventh Ave serviert das Doma Na Rohu mit einem Lächeln deutsche und tschechische Hausmannskost wie Bratwurst, Rindsgulasch und selbstgemachte Spätzle mit saisonalem Gemüse. Oder man kommt zur beliebten Happy Hour und genießt ein Glas Bier für 3 $ und dazu kleine Snacks. Am Wochenende lockt mittags der *palačinky* (Palatschinken) zahlreiche Gäste an.

MORANDI
ITALIENISCH $$

Karte S. 448 (⏹212-627-7575; www.morandiny. com; 211 Waverly Pl zw. Seventh & Charles St, West Village; Hauptgerichte 18–38 $; ⊙Mo–Mi 8–16 & 17.30–23, Do & Fr bis 24, Sa 10–16.30 & 17.30–24, So bis 23 Uhr; §1 bis Christopher St–Sheridan Sq) Im sanft beleuchteten Morandi des bekannten Gastronomen Keith McNally erschallt zwischen Ziegelsteinen, Dielenböden und rustikalen Kronleuchtern die Klangkulisse angeregt redender Gäste – im Sommer stehen auch draußen Tische. Es werden größere Mahlzeiten serviert: handgerollte Spaghetti mit Zitrone und Parmesan, Hackbällchen mit Pinienkernen und Rosinen oder gegrillte Dorade.

CAFÉ CLUNY
BISTRO $$

Karte S. 448 (⏹212-255-6900; www.cafecluny. com; 284 W 12th St, Ecke W 12th & W 4th St, West Village; Hauptgerichte mittags 12–28 $, abends 22–34 $; ⊙Mo 8–22, Di–Fr 8–23, Sa 9–23, So 9–22 Uhr; §A/C/E, L 8th Ave–14th St) Das Café Cluny bringt Pariser Flair ins West Village – Bistrostühle mit geflochtener Sitzfläche, helle Holzmöblierung und Gerichte, die definitiv für *joie de vivre* sorgen. Ob zum Frühstück oder Brunch, ob mittags oder abends: Die Gerichte sind stets köstlich und gut zubereitet.

SNACK TAVERNA
GRIECHISCH $$

Karte S. 448 (⏹212-929-3499; www.snacktaverna. com; 63 Bedford St zw. Morton & Commerce St, West Village; kleine Teller 14–19 $, große Teller 27–29 $; ⊙Mo–Sa 11–16.30 & 17.30–23, So bis 22 Uhr; §A/C/E, B/D/F/M bis W 4 St–Washington Sq; 1 bis Christopher St–Sheridan Sq) Mehr als nur ein Grieche: Gyros sucht man hier vergebens – dafür gibt's eine leckere Auswahl kleiner saisonaler Gerichte und köstliche Hauptgerichte aus frischen Marktzutaten. Die regionalen Weine kann man getrost vergessen, aber die mediterranen Biere sind erstaunlich erfrischend.

ALTA
TAPAS $$

Karte S. 448 (☎212-505-7777; www.altarestaurant.com; 64 W 10th St zw. Fifth & Sixth Ave, West Village; kleine Teller 11–23 $; ⌚Mo–Do 17.30–23, Fr & Sa 17–23.30, So 17.30–22.30 Uhr; [S]A/C/E, B/D/F/M bis W 4th St–Washington Sq) Das hinreißende Stadthaus unterstreicht den Charakter des Viertels und besticht innen mit Sichtmauerwerk, Holzbalken, flackernden Kerzen, riesigen Spiegeln und einem romantischen Kaminfeuer. Die Speisekarte ist so lang, wie die Gerichte klein sind. Unsere Tipps, um die Entscheidung zu erleichtern: saftige Lammfleischbällchen, gebratene Jakobsmuscheln mit Topinambur-Püree, japanische Avocado mit Feta, gebratener Ziegenkäse und geschmorte kurze Rippe. Die Weinkarte ist ebenfalls herausragend.

URBAN VEGAN KITCHEN
VEGAN $$

Karte S. 448 (☎646-438-9939; www.urbanvegankitchen.com; 41 Carmine St zw. Bleecker & Bedford St, West Village; Hauptgerichte Brunch 15–22 $, abends 17–22 $; ⌚Mo–Mi 11–23, Do & Fr bis 23.30, Sa 10–23.30, So bis 22.30 Uhr; 🍸; [S]A/C/E, B/D/F/M bis W 4th St–Washington Sq) Das ehemalige Blossom Cafe serviert in einem vergnüglichen Ambiente auch unter neuem Namen immer noch tolle vegane Küche. So gibt es zum Brunch z. B. Pseudo-Huhn und Waffeln mit Knoblauch-Grünkohl und Ahorn-Senf-Aioli und abends Doppeldecker-Seitan-Tacos.

★JEFFREY'S GROCERY
MODERN AMERIKANISCH $$$

Karte S. 448 (☎646-398-7630; www.jeffreysgrocery.com; 172 Waverly Pl Höhe Christopher St, West Village; Hauptgerichte 23–30 $; ⌚Mo–Mi 8–23, Do & Fr bis 1, Sa 9.30–1, So bis 23 Uhr; [S]1 bis Christopher St–Sheridan Sq) Das quirlige Jeffrey's ist ein Klassiker im West Village, in dem rundum alles stimmt. Meeresfrüchte stehen im Mittelpunkt: Es gibt eine Austernbar und wunderbar zubereitete Gerichte wie Muscheln mit Crème fraîche, Thunfischsteak-Tartine und Meeresfrüchteplatten für mehrere Personen. Zu den Fleischgerichten zählen Steaks mit geröstetem Gemüse an einer *romesco*-Sauce mit Nüssen und roten Paprika.

★REDFARM
FUSIONSKÜCHE $$$

Karte S. 448 (☎212-792-9700; www.redfarmnyc.com; 529 Hudson St zw. W 10th & Charles St, West Village; Hauptgerichte 19–57 $,Teigtaschen 14–20 $; ⌚17–23.45, So bis 23, Sa & So außerdem 11–14.30 Uhr; [S]A/C/E, B/D/F/M bis W 4th St–Washington Sq; 1 bis Christopher St–Sheridan Sq) Das kleine, geschäftige Lokal in der Hudson St erhebt chinesische Küche zur reinen, köstlichen Kunstform. Bruschetta mit frischem Krebsfleisch und Auberginen, saftiges Hochrippensteak (über Nacht in Papaya, Ingwer und Sojasauce mariniert) und Frühlingsrollen mit Pastrami gehören zu den kreativen Gerichten, die verschiedene Weltküchen genial verbinden. Weitere Highlights sind scharfes, knuspriges Rindfleisch, gebratene Teigtaschen mit Lamm und das rote Curry mit gegrillten Riesengarnelen.

★BLUE HILL
AMERIKANISCH $$$

Karte S. 448 (☎212-539-1776; www.bluehillfarm.com; 75 Washington Pl zw. Sixth Ave & Washington Sq W, West Village; Menü 95–108 $; ⌚Mo–Sa 17–23, So bis 22 Uhr; [S]A/C/E, B/D/F/M bis W 4th St–Washington Sq) Slow-Food-Fans mit dicker Brieftasche sind die Zielgruppe des Blue Hill, das sich schon früh für Produkte aus der Region stark machte. Der talentierte Küchenchef Dan Barber wuchs auf einer Farm in den Berkshires (Massachusetts) auf und verarbeitet Erzeugnisse von dort und von den umliegenden Farmen zu hochgelobten Kreationen.

FIFTY
AMERIKANISCH $$$

Karte S. 448 (☎212-524-4104; www.fiftyrestaurantnyc.com; 50 Commerce St; Hauptgerichte 29–33 $, Cocktails 15 $; ⌚Mo–Mi 17.30–22, Do & Fr 17.30–23, Sa 11–16 & 17–23, So 11–16 & 17–22 Uhr; [S]A/C/E, B/D/F/M bis W 4th St–Washington Sq) Das Fifty liegt an einer malerischen Nebenstraße im Manhattaner West Village und die Cocktailspezialitäten und die köstliche neue amerikanische Küche passen wunderbar zur legendären Lage. Alles von der sanften Beleuchtung bis zu den gepolsterten Stühlen und den exquisiten Gläsern machen das Essen hier zu einem ganz besonderen Erlebnis.

CHUMLEY'S
MODERN AMERIKANISCH $$$

Karte S. 448 (☎212-675-2081; http://chumleysnewyork.com; 86 Bedford St zw. Grove & Barrow St, West Village; Hauptgerichte 18–34 $; ⌚Mo–Do 17.30–22.15, Fr & Sa bis 22.30 Uhr; [S]1 bis Christopher St–Sheridan Sq) Das Chumley's resi-

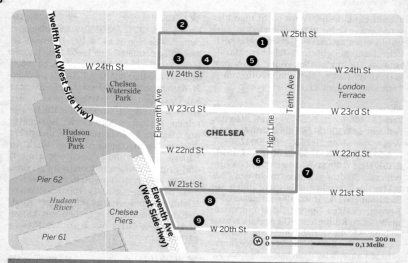

Lokalkolorit
Galerien in Chelsea

In keinem anderen Stadtviertel liegen die Kunstgalerien so dicht beieinander wie in Chelsea. Die meisten befinden sich in den 20er-Straßen zwischen der Tenth und der Eleventh Ave. Vernissagen finden meist donnerstagabends statt. Die meisten Galerien sind Dienstag bis Sonntag geöffnet, aber besser informiert man sich vorher. Das Heft *Art Info's Gallery Guide* (mit Stadtplan) liegt in den meisten Galerien kostenlos aus. Infos gibt's auch auf www.westchelseaarts.com.

❶ Pace Gallery
Die **Pace Gallery** (Karte S. 452; ☎212-255-4044; www.pacegallery.com; 510 W 25th St zw. Tenth & Eleventh Ave; ☉Di–Sa 10–18 Uhr; Ⓢ C/E bis 23rd St) in einer spektakulär umgebauten Autowerkstatt hat schon mit vielen führenden Künstlern der jüngeren Zeit zusammengearbeitet, darunter Sol LeWitt, David Hockney, Chuck Close und Robert Rauschenberg. Sie hat drei Filialen in der W 25th St und eine in Midtown.

❷ Cheim & Read
Bei Cheim & Read (S. 148) findet man Skulpturen aller Formen und Größen und aus unterschiedlichsten Materialien – die Ausstellungen wechseln monatlich. Erwarten darf man blitzende Lichtinstallationen und tolle Fotoausstellungen.

❸ Gagosian
Die Galerie Gagosian (S. 148) unterscheidet sich von den meisten anderen Galerien insofern, als sie Ausstellungsräume in der ganzen Welt unterhält.

❹ Mary Boone Gallery
Die Eigentümerin der **Mary Boone Gallery** (Karte S. 452; ☎212-752-2929; www.mary boonegallery.com; 541 W 24th St zw. Tenth & Eleventh Ave; ☉Di–Sa 10–18 Uhr) wurde in den 1980er-Jahren berühmt, als sie Jean-Michel Basquiat und Julian Schnabel entdeckte. Die Galerie zählt zu den Topadressen der Gegend – für einen Besuch muss man einen Termin vereinbaren.

❺ Barbara Gladstone Gallery
Die Kuratorin der gleichnamigen **Barbara Gladstone Gallery** (Karte S. 452; ☎212-206-9300; www.gladstonegallery.com; 515 W 24th St zw. Tenth & Eleventh Ave; ☉Mo–Fr 10–18 Uhr) hat in 30 Jahren Kunstszene Manhattan reichlich Erfahrung gesammelt. Ihre Ausstellungen erhalten immer die meisten und besten Kritiken.

❻ Matthew Marks Gallery
Matthew Marks (Karte S. 452; ☎212-243-0200; www.matthewmarks.com; 522 W 22nd St zw. Tenth & Eleventh Ave; ☉Di–Sa 10–18 Uhr),

Chelsea

berühmt für Ausstellungen von Kunstgrößen wie Jasper Johns und Ellsworth Kelly, ist ein echter Chelsea-Pionier.

7 192 Books

Diese Buchhandlung (S. 170) bietet eine wunderbare Atempause beim Galerie-Marathon. Sie führt eine super Auswahl an Künstlermonografien und Kinderbüchern u.v.m.

8 Paula Cooper Gallery

Paula (Karte S. 452; ☎212-255-1105; www.paulacoopergallery.com; 534 W 21st St zw. Tenth & Eleventh Ave; 🕒Mo–Fr 10–18 Uhr) ist eine Ikone der Kunstwelt und eine der ersten Galerien, die von SoHo nach Chelsea zogen. Sie sprengt noch immer Grenzen und ist ein Publikumshit, wie 2011 mit der Ausstellung *The Clock* – da war die Galerie an Wochenenden rund um die Uhr geöffnet.

9 David Zwirner

David Zwirner (Karte S. 452; ☎212-517-8677; www.davidzwirner.com; 537 W 20th St zw. Tenth & Eleventh Ave; 🕒Di–Sa 10–18 Uhr), einer der Hauptakteure in der Kunstwelt, eröffnete 2013 eine fünfstöckige, umweltzertifizierte Galerie mit 2800 m Ausstellungsfläche.

diert in denselben Räumlichkeiten wie die legendäre West-Village-Flüsterkneipe und strahlt noch historisches Flair aus, alles andere wurde modernisiert. Die ambitionierte saisonale Karte umfasst z. B. Ribeye-Steaks und Seesaibling, das Highlight sind vielleicht die Burger mit zwei 115-g-Bratlingen. Die Wände sind mit Porträts von Schriftstellern der Prohibitionszeit und Umschlägen ihrer Bücher dekoriert – viele der Autoren kehrten hier einst ein.

MINETTA TAVERN BISTRO **$$$**

Karte S. 448 (☎212-475-3850; www.minettatavernny.com; 113 MacDougal St Höhe Minetta Ln, West Village; Hauptgerichte 25–39 $; 🕒Mi 12–15 & 17.30–24, Do & Fr bis 1, Sa 11–15 & 17.30–1, So bis 24, Mo & Di 17.30–24 Uhr; [S]A/C/E, B/D/F/M bis W 4th St–Washington Sq) Wer einen Platz will, sollte entweder reservieren oder früh kommen: In der Minetta Tavern ist es unter der Woche oft rappelvoll. Angelockt werden die Gäste von den gemütlichen Sitzbänken aus rotem Leder, den dunkel getäfelten Wänden mit Schwarz-Weiß-Fotos und dem gelben Schein der Bistrolampen. Die schmackhaften Bistrogerichte (gebratene Markknochen, Brathähnchen aus Freilandhaltung und Muscheln) lassen bei manchem Gast den Wunsch aufkommen, gleich im Haus zu wohnen.

🍴 Chelsea

★CHELSEA MARKET MARKT **$**

Karte S. 452 (www.chelseamarket.com; 75 Ninth Ave zw. 15th & 16th St, Chelsea; 🕒Mo–Sa 7–21, So 8–20 Uhr; [S]A/C/E, L bis 8th Ave–14th St) In einer ehemaligen Fabrik des Keksgiganten Nabisco hat sich der Chelsea Market etabliert, eine 250 m lange Einkaufshalle für Gourmets. Vorbei sind die Tage der alten Backöfen, wo hier Kekse am Fließband produziert wurden. Heute füllen verschiedenste Restaurants die renovierten Hallen des Feinschmecker-Paradieses.

CHELSEA SQUARE DINER DINER **$**

Karte S. 452 (☎212-691-5400; www.chelseasquareny.com; 368 W 23rd St Höhe Ninth Ave, Chelsea; Hauptgerichte Frühstück 8–16 $, mittags & abends 9–33 $; 🕒24 Std.; [S]1, C/E bis 23rd St) Dies ist einer der größten und besten der altmodischen New Yorker Diner, mit köstlichem Essen und bester Lage im Barviertel von Chelsea. Tagsüber quatschen hier Stammkunden aus dem Viertel bei Club-

Sandwiches mit Truthahn und Chelsea Boys stärken sich nach einer langen Nacht auf der Piste mit einem Omelett.

JUN-MEN
RAMEN $$

Karte S. 452 (☑646-852-6787; www.junmen ramen.com; 249 Ninth Ave zw. 25th & 26th St, Chelsea; Ramen 16–19 $; ◷Mo–Do 11.30–15 & 17–22, Fr & Sa bis 23 Uhr; Ⓢ1, C/E bis 23rd St) Der klitzekleine, ultramoderne Ramen-Laden zaubert köstliche Nudelsuppen mit Schweineschulter, pikanter Miso oder in der Variante *uni mushroom* (mit Seeigel). Auch die Vorspeisen sollte man sich nicht entgehen lassen: Herausragend sind der Gelbschwanz-Ceviche und die Teigtaschen mit gegrilltem Schweinefleisch. Der Service ist flink und es macht Spaß, den geschickten Köchen bei ihrer Arbeit in der winzigen Küche zuzuschauen.

BLOSSOM
VEGAN $$

Karte S. 452 (☑212-627-1144; www.blossomnyc. com; 187 Ninth Ave zw. 21st & 22nd St, Chelsea; Hauptgerichte mittags 15–20 $, abends 22–24 $; ◷tgl. 12–14.45 & Mo–Do 17–21.30, Fr & Sa bis 22, So bis 21 Uhr; ☑; Ⓢ1, C/E bis 23rd St) Die vegane Oase (mit einer sündhaften Schokoladen- und Weinbar) bietet in entspanntem, romantischem Ambiente einfallsreiche Kreationen aus Tofu, Seitan (Weizengluten) und Gemüse, darunter viel Rohkost und alles koscher. Neben dem normalen Angebot gibt's abends auf der Karte auch noch eine „In Bloom"-Sparte mit frischem saisonalem Gemüse.

HEATH
BRITISCH $$

Karte S. 452 (☑212-564-1622; www.mckittrick hotel.com/the-heath; 542 W 27th St zw. Tenth & Eleventh Ave, Chelsea; Hauptgerichte 23–39 $; ◷unterschiedlich; Ⓢ1, C/E bis 23rd St) Die Macher des erfolgreichen interaktiven Theaterstücks *Sleep No More* eröffneten neben ihrem Theaterhaus in einer Lagerhalle dieses stimmungsvolle Restaurant. Wie das fiktive McKittrick Hotel in dem Stück ist das Heath in eine andere Zeit und an einen anderen Ort versetzt (erinnert an das Großbritannien der 1920er-Jahre): Barkeeper mit Hosenträgern, historische Möbel, eine Jazzband aus der Bühne und (falscher) Rauch im Speiseraum.

COOKSHOP
MODERN AMERIKANISCH $$

Karte S. 452 (☑212-924-4440; www.cookshop ny.com; 156 Tenth Ave zw. W 19th & 20th St, Chelsea; Hauptgerichte Brunch 15–22 $, mittags 17–21 $, abends 22–48 $; ◷Mo–Fr 8–23, Sa ab 10, So 10–22 Uhr; Ⓢ1, C/E bis 23rd St) Ein toller Ort zum Brunchen vor (oder nach) einem Spaziergang über die High Line auf der anderen Straßenseite. Das Cookshop kennt seine Pappenheimer und stellt sich optimal auf sie ein. Der Service hervorragend, das frischgebackene Brot ein Gedicht, die Cocktails eine Offenbarung und die einfallsreichen Eiergerichte allesamt lecker – perfekt für einen Sonntagnachmittag in Chelsea.

LE GRAINNE
FRANZÖSISCH $$

Karte S. 452 (☑646-486-3000; www.legrainne cafe.com; 183 Ninth Ave zw. 21st & 22nd St, Chelsea; Hauptgerichte 11–30 $; ◷8–23.30 Uhr; Ⓢ1, C/E bis 23rd St) Wer erinnert sich noch an die stets optimistische Amélie, wie sie die Karamellkruste auf ihrer Crème brûlée aufbricht? Ähnlich geht's den Gästen des Le Grainne bei der Käsehaube der französischen Zwiebelsuppe. Le Grainne transportiert die Sinne aus dem belebten Chelsea in die Sträßchen von Paris. Mittags brilliert das beengte Lokal mit der Blechdecke mit belegten Baguettes und herzhaften Crêpes.

Die Bedienung ist etwas chaotisch, aber freundlich und das Warten lohnt sich.

★FORAGERS TABLE
MODERN AMERIKANISCH $$$

Karte S. 452 (☑212-243-8888; www.foragersmar ket.com/restaurant; 300 W 22nd St Höhe Eighth Ave, Chelsea; Hauptgerichte 17–32 $; ◷Mo–Fr 8–16 & 17.30–22, Sa 10–14 & 17.30–22, So bis 21.30 Uhr; ☑; Ⓢ1, C/E bis 23rd St) Die Besitzer des ausgezeichneten Restaurants bewirtschaften im Hudson Valley eine 11 ha große Farm, von der viele ihrer Zutaten stammen. Die Karte mit saisonalen Rennern wechselt häufig. Vielleicht gibt's gerade Long-Island-Entenbrust mit geröstetem Eichelpüree, Äpfeln, Pfifferlingen und Feigen, gegrillten Rochen mit roter Quinoa, Grünkohl-Creme und *cippolini*-Zwiebeln und russische Eier mit Dijon-Senf.

🍷 AUSGEHEN & NACHTLEBEN

Das entscheidende Wort in „West Village" ist „West": Je weiter man nämlich Richtung Hudson geht, desto eher entgeht man der Gefahr, auf die Partyszene der Studenten rund um den Campus der New York University zu stoßen. So rich-

tig gut wird's in aller Regel rund um die verwinkelten Gassen westlich der Sixth Ave. Unmittelbar nördlich davon liegt der Meatpacking District, der sich ganz modern gibt: geräumige, moderne Locations mit großem Cocktailangebot, Einlasskontrolle und über allem ein Höllenlärm. Chelsea wiederum ist zwar immer noch Schwulenrevier, bietet aber auch was für andere Geschmäcker, ob Bars im Flüsterkneipenchic oder Spelunke.

🍷 West Village & Meatpacking District

HAPPIEST HOUR COCKTAILBAR

Karte S. 448 (☎212-243-2827; www.happiesthournyc.com; 121 W 10th St zw. Greenwich St & Sixth Ave, West Village; ⏲Mo–Fr 17 Uhr bis spät, Sa & So ab 14 Uhr; [S]A/C/E, B/D/F/M bis W 4th St–Washington Sq; 1 bis Christopher St–Sheridan Sq) Die supercoole Cocktailbar im Südseestil wartet mit Palmmustern, 60er-Jahre-Pop und verspielten Mixgetränken auf, als elegante Variationen fruchtiger Strandcocktails. Das Publikum besteht meist aus zugeknöpften After-Work-Menschen und Online-Datern. Unter der Bar befindet sich die „ernste Schwester" **Slowly Shirley**, ein unterirdischer Art-déco-Tempel für schön gefertigte, sorgsam ausgetüftelte Drinks.

BUVETTE WEINBAR

Karte S. 448 (☎212-255-3590; www.ilovebuvette.com; 42 Grove St zw. Bedford & Bleecker St, West Village; ⏲Mo–Fr 7–2, Sa & So ab 8 Uhr; [S]1 bis Christopher St–Sheridan Sq; A/C/E, B/D/F/M bis W 4th St–Washington Sq) Die rustikal-schicke Ausstattung (feine Blechfliesen an der Decke und ein ewig langer Marmortresen) in der selbst ernannten *gastrotèque* ist das ideale Ambiente für ein Glas Wein, egal zu welcher Tageszeit. Richtig genießen lassen sich die europäischen Weine (meist aus Frankreich und Italien) an einem der Tische mit einem kleinen Imbiss dazu.

EMPLOYEES ONLY BAR

Karte S. 448 (☎212-242-3021; www.employeesonlynyc.com; 510 Hudson St zw. W 10th & Christopher St, West Village; ⏲18–4 Uhr; [S]1 bis Christopher St–Sheridan Sq) Die Kneipe versteckt sich hinter der Neonreklame mit der Aufschrift „Psychic". Die Barmixer sind Profis, ihre verrückten Kreationen haben Suchtpotenzial (z. B. der Ginger Smash oder der feine Bellini). Nachteulen werden die Bar lieben – nicht nur wegen der Drinks, sondern auch, weil die Küche bis 3.30 Uhr geöffnet ist und Stärkung in Form von Hühnersuppe bereithält. Je später der Abend, desto mehr ist hier los!

BELL BOOK & CANDLE BAR

Karte S. 448 (☎212-414-2355; www.bbandcnyc.com; 141 W 10th St zw. Waverly Pl & Greenwich Ave, West Village; ⏲So–Mi 17.30–2, Do–Sa bis 4, Sa außerdem 11.30–15.30 Uhr; [S]A/C/E, B/D/F/M bis W 4th St–Washington Sq; 1 bis Christopher St–Sheridan Sq) Unten in dem kerzenbeleuchteten Gastropub gibt es starke, einfallsreiche Getränke z. B. mit rauchigem Mezcal sowie deftiges Kneipenessen. Die Gäste (meist Twens) drängen sich um die kleine, brechend volle Bar (zur Happy Hour mit billigen Getränken und Austern für 1 $), aber es gibt hinten auch Tische und große Sitznischen, die ideal für Gruppen sind.

UNCOMMONS CAFÉ

Karte S. 448 (☎646-543-9215; http://uncommonsnyc.com; 230 Thompson St zw. W 3rd & Bleecker St, West Village; Leihgebühr für Brettspiele 10 $; ⏲Mo–Do 8.30–24, Fr & Sa bis 1, So bis 23 Uhr; 📶; [S]A/C/E, B/D/F/M bis W 4th St–Washington Sq) Wer süchtig nach Brettspielen ist, sollte in diesem Café vorbeischauen: Hier hat man für eine kleine Gebühr (10 $) Zugriff auf eine gewaltige Sammlung von beliebten und auch seltenen Gesellschaftsspielen. Es herrscht eine entsprechend gesellige Stimmung und es gibt genügend Platz zum Spielen, auch wenn es zu den Stoßzeiten voll werden kann.

ARIA WEINBAR

Karte S. 448 (☎212-242-4233; www.ariawinebar.com; 117 Perry St zw. Greenwich & Hudson St, West Village; ⏲So–Do 11.30–22, Fr & Sa 11–23 Uhr; [S]1 bis Christopher St–Sheridan Sq) Das Aria im westlichen Bereich des Village ist eine einladende, musikbeschallte Bar. Das Ambiente prägen Ziegel- und Kachelwände und rustikale Holztische. Das Weinangebot ist recht gut, besonders die Ökoweine; pro (kleinem) Glas kosten sie etwa 8 $. Die empfehlenswerten *cicchetti* (italienische Tapas) bestehen aus mit Gorgonzola gefüllten Datteln, Krabbenküchlein und geschmorten Calamari.

VIN SUR VINGT WEINBAR

Karte S. 448 (☎212-924-4442; www.vinsur20nyc.com; 201 W 11th St zw. Seventh Ave & Waverly Pl, West Village; ⏲Mo–Fr 16–1, Sa & So bis 2 Uhr;

[S]A/C/E, L bis 8th Ave–14th St) Die schmale, gemütliche Weinbar gleich abseits der Hektik an der Seventh Ave hat sowohl Stühle an der Bar als auch eine Reihe hübscher Tische für zwei – wie gemacht für ein erstes Date. Wer aber meint, er kann vor dem Essen hier schnell einen Drink zischen, wird unweigerlich vom Charme des Vin Sur Vingt dazu verführt, sich durch die hervorragenden Snacks zu futtern und das Abendessen zu vergessen.

124 OLD RABBIT CLUB — BAR

Karte S. 448 (☎212-254-0575; 124 MacDougal St Höhe Minetta Ln, West Village; 🕐Mo–Mi 18–2, Do–Sa bis 4, So bis 24 Uhr; [S]A/C/E, B/D/F/M bis W 4th St–Washington Sq; 1 bis Houston St) Wer die gut versteckte Bar gefunden hat, kann sich selbst gratulieren (Tipp: nach der winzigen Aufschrift „Rabbit" über der Tür Ausschau halten). Endlich drinnen in dem schmalen, höhlenartigen Raum mit der gedämpften Atmosphäre wartet an der schummrigen Bar die Belohnung in Form eines erfrischenden Starkbiers oder eines der Dutzend Importbiere.

LITTLE BRANCH — COCKTAILBAR

Karte S. 448 (☎212-929-4360; 20 Seventh Ave S Höhe Leroy St, West Village; 🕐Mo–Sa 19–3, So bis 2 Uhr; [S]1 bis Houston St; A/C/E, B/D/F/M bis W 4th St–Washington Sq) Nur die Warteschlangen später am Abend lassen vermuten, dass sich hinter der schlichten Metalltür an dieser dreieckigen Kreuzung eine reizende Bar verbirgt. Wer eingelassen wird, findet sich in einer Kellerbar wieder, die wie aus der Zeit der Prohibition wirkt. Sonntags bis donnerstags tönt Live-Jazz durch den Raum, wo Gäste kreative, raffiniert zubereitete Cocktails schlürfen.

KETTLE OF FISH — BAR

Karte S. 448 (☎212-414-2278; www.kettleoffishnyc.com; 59 Christopher St nahe Seventh Ave, West Village; 🕐Mo–Fr 15–4, Sa & So ab 14 Uhr; [S]1 bis Christopher St–Sheridan Sq; A/C/E, B/D/F/M bis W 4th St–Washington Sq) Wer erst einmal in diese Kneipe voller Sofas und gemütlicher Sessel geraten ist, in der auch Jack Kerouac verkehrte, kommt so schnell nicht wieder heraus – schon weil die Leute so spannend sind. Die Kombi aus Kneipe, Sportbar und Schwulenbar funktioniert und alle verstehen sich prächtig.

ART BAR — BAR

Karte S. 448 (☎212-727-0244; www.artbar.com; 52 Eighth Ave nahe Horatio St, Meatpacking District; 🕐16–4 Uhr; [S]A/C/E, L bis 8th Ave–14th St) Vorne sieht der Laden eher unspektakulär aus (eine hölzerne Bar, die von zu vielen Sitznischen eingekesselt ist), hinten hat sie mehr zu bieten. Die Klientel ist unkonventionell. Auf einem der Sofas unter dem riesigen Wandgemälde des *Letzten Abendmahls* mit (unter anderen) James Dean und Marilyn Monroe ist ein Bier oder Cocktail des Tages (meist ein Martini) eine echt entspannte Sache.

TROY LIQUOR BAR — LOUNGE

Karte S. 448 (☎212-699-2410; www.troyliquorbar.com; 675 Hudson St Höhe W 13th St (Eingang W 13th St), Meatpacking District; 🕐Mi 18–24, Do bis 2, Fr & Sa bis 4 Uhr; [S]A/C/E, L bis 8th Ave–14th St) Unter Bill's Bar & Burger im Meatpacking District versteckt sich ein mit Graffiti übersäter Indie-Rock-Schuppen. Wer sich nicht für eine Partie Tischfußball erwärmen kann, verkriecht sich mit seinem Retro-Cocktail in eine der höhlenartigen Nischen.

FAT CAT — BAR

Karte S. 448 (☎212-675-6056; www.fatcatmusic.org; 75 Christopher St zw. 7th Ave & Bleecker St, West Village; Eintritt 3 $; 🕐Mo–Do 14–5, Fr–So ab 12 Uhr; [S]1 bis Christopher St–Sheridan Sq; A/C/E, B/D/F/M bis W 4th St–Washington Sq) Wenn Cocktails für 16 $ und Schickimicki-Village-Chic nerven, ist es vermutlich Zeit, diese abgehalfterte kleine Ping-Pong-Halle zu besuchen. Das Fat Cat ist eine Kellerkneipe mit jungen, anspruchslosen Gästen, die nur rumhängen und Billard, Shuffleboard oder eben Ping-Pong spielen wollen.

VOL DE NUIT — PUB

Karte S. 448 (☎212-982-3388; www.voldenuitbar.com; 148 W 4th St zw. Sixth Ave & MacDougal St; 🕐So–Do 16–1, Fr & Sa bis 3 Uhr; [S]A/C/E, B/D/F/M bis W 4th St–Washington Sq) Selbst die NYU-Studenten stören nicht weiter in der gemütlichen belgischen Bierbar. Hier gibt es Delirium Tremens vom Fass und ein paar Dutzend Flaschenbiere wie Duvel und Lindemans Framboise (Himbeerbier!). Hungrige können sich *moules* (Muscheln) und *frîtes* (Pommes) bestellen und sie sich vorne auf der Terrasse, in der Lounge, an den großen Holztischen oder an der Bar unter roten Hängelampen teilen.

STANDARD — BAR

Karte S. 448 (☎877-550-4646, 212-645-4646; www.standardhotels.com; 848 Washington St zw. 13th & Little W 12th St, Meatpacking District; [S]A/

KAFFEEKULTUR

New York ist in Sachen Kaffee schon lange nicht mehr zweitklassig. Gefeierte Baristas haben mit technischem Hokuspokus und hochwertigen, sortenreinen Kaffeebohnen die schlichte Tasse Kaffee neu erfunden. Das West Village ist ein exzellenter Startpunkt, um eine Mischung aus klassischen und neuartigen Cafés zu erleben.

Blue Bottle (Karte S. 452; https://bluebottlecoffee.com; 450 W 15th St zw. 9th & 10th Ave, Chelsea; 🕐Mo–Fr 7–18, Sa & So ab 8 Uhr; [S]A/C/E, L bis 8th Ave–14th St) Das Blue Bottle stammt zwar aus Oakland, aber die New Yorker haben diese erstklassige Rösterei mit offenen Armen eingemeindet. Der kleine Laden gegenüber vom Chelsea Market geht mit Waagen und Thermometern zu Werke, um den perfekten handaufgegossenen Kaffee zu zaubern. Wer keinen der wenigen Fensterplätze ergattert, kann es sich an den Tischen im Zwischengeschoss über den Baristas gemütlich machen.

Stumptown Coffee Roasters (Karte S. 448; ☎855-711-3385; www.stumptowncoffee.com; 30 W 8th St Höhe MacDougal St, West Village; 🕐7–20 Uhr; [S]A/C/E, B/D/F/M bis W 4th St–Washington Sq) Die bekannte Rösterei aus Portland trägt mit erlesenen Kaffeesorten zur Erneuerung der New Yorker Szene bei. Das Café ist mit Kassettendecke und Walnussholztheke elegant eingerichtet, die wenigen Tische sind oft von Menschen mit Laptops besetzt.

Joe the Art of Coffee (Karte S. 448; ☎212-924-6750; www.joetheartofcoffee.com; 141 Waverly Pl Höhe Gay St, West Village; 🕐Mo–Fr 7–20, Sa & So ab 8 Uhr; [S]A/C/E, B/D/F/M bis W 4th St–Washington Sq) In dem stets betriebsamen Café direkt am idyllischen Waverly Place im Herzen des Village gibt's hervorragenden Kaffee. Einige finden, es ist der beste der Stadt.

11th St Cafe (Karte S. 448; ☎646-692-4455; www.11thstreetcafe.com; 327 W 11th St zw. Washington & Columbia St, West Village; 🕐Mo–Fr 7–18.30, Sa & So ab 7.30 Uhr; 📶; [S]1 bis Christopher St–Sheridan Sq) Zwar wirkt das 11th St Cafe klein, doch mit seiner abgeschiedenen Lage und der freundlichen Atmosphäre bietet es sich geradezu dafür an, hier mit Laptop oder Buch zu verweilen. Neben gutem Kaffee gibt's eine beeindruckende Auswahl an erschwinglichen Frühstücks- und Mittagsspeisen sowie kostenloses WLAN.

C/E, L bis 8th Ave–14th St) Das Standard ragt auf Betonstelzen über der High Line empor und ist mit Schicki-Lounge und Club in den oberen Stockwerken – **Top of the Standard** (Karte S. 448; ☎212-645-7600; www.standardhotels.com/high-line; 🕐Mo–Fr 16–24, Sa & So ab 14 Uhr) und Le Bain – ein Tummelplatz der Promis. Hinzu kommen ein Grillrestaurant, eine Piazza (die im Winter zur Eisbahn wird) mit Restaurantbetrieb und ein Biergarten mit typischen deutschen Speisen und gut gezapften Bieren.

STANDARD BIERGARTEN — BIERGARTEN

Karte S. 448 (☎212-645-4100; www.standardhotels.com; 848 Washington St zw. 13th & Little W 12th St, Meatpacking District; 🕐So–Do 12–1, Fr & Sa bis 2 Uhr; [S]A/C/E, L bis 8th Ave–14th St) Hier kann man sich anschauen, wie die neue Generation von Rechtsanwälten, Börsenmaklern und Werbefuzzis aus sich herausgeht. Im Standard Biergarten ist immer Party angesagt und freitag- und samstagabends süffelt die junge Manhattan-Elite hier Hefeweizen und fordert sich gegenseitig zu Tischtennismatches heraus.

BRASS MONKEY — BAR

Karte S. 448 (☎212-675-6686; www.brassmonkeynyc.com; 55 Little W 12th St Höhe Washington St, Meatpacking District; 🕐11.30–4 Uhr; [S]A/C/E, L bis 8th Ave–14th St) Die meisten Bars im Meatpacking District setzen eher auf die schicke Schiene. Der „Messingaffe" versorgt dagegen lieber passionierte Biertrinker als Hipster, die sich nicht entscheiden können, welches Paar Schuhe sie heute anziehen sollen. Das Lokal hat mehrere Ebenen und ist locker und bodenständig, nicht zuletzt dank der knarzenden Holzböden und der langen Liste an Bier- und Whiskysorten. Bei schönem Wetter ist auch die Dachterrasse nicht zu verachten.

MARIE'S CRISIS — BAR

Karte S. 448 (☎212-243-9323; 59 Grove St zw. Seventh Ave & Bleecker St, West Village; 🕐Mo–Do 16–3, Fr & Sa bis 4, So bis 24 Uhr; [S]1 bis Christopher St–Sheridan Sq; A/C/E, B/D/F/M bis W 4th St–Washington Sq) Alternde Broadway-Queens, schwule Großstadtneulinge, kichernde Touristen und diverse andere Musicalfans stehen um das Klavier und singen abwechselnd kitschige Songs. Oft grölt der ganze Laden mit. Es ist ein richtig schöner, altmodischer Spaß. Auch wer erschöpft reingeht, kommt begeistert wieder raus.

CIELO
CLUB

Karte S. 448 (☎212-645-5700; www.cieloclub. com; 18 Little W 12th St zw. Ninth Ave & Washington St, Meatpacking District; Eintritt 15–25 $; ⓢA/C/E, L bis 8th Ave–14th St) In dem altbewährten Club mit hervorragendem Soundsystem tummeln sich ein entspanntes Publikum. Am TOCA Tuesday, wenn DJ Tony Touch klassischen Hip-Hop, Soul und Funk auflegt, wird hier fröhlich getanzt. In anderen Nächten treten verschiedene DJs aus Europa auf, die betörende, verlockende Sounds mischen und damit alle auf den Tanzboden ziehen.

LE BAIN
CLUB

Karte S. 448 (☎212-645-7600; www.standardhotels.com; 444 W 13th St zw. Washington St & Tenth Ave, Meatpacking District; ⊙Mo 16–3, Di–Do bis 4, Fr & Sa 14–4, So bis 3 Uhr; ⓢA/C/E, L bis 8th Ave–14th St) Die große Dachbar des schrecklich hippen Standard Hotels zieht selbstle Partygänger an, die ihr Ding an jedem Tag der Woche durchziehen. Zu erwarten sind ein umwerfender Blick auf die Skyline, ein riesiger Whirlpool, der in die Tanzfläche eingelassen ist, und Vertreter aller New Yorker Gesellschaftsschichten, die sich mit teurem Alkohol betrinken.

Wer Hunger hat, kann diesen die ganze Nacht lang am Crêpestand auf dem Dach stillen.

MATCHA BAR
CAFÉ

Karte S. 448 (www.matchabarnyc.com; 256 W 15th St zw. Seventh & Eighth Ave, Chelsea; Drinks ab 6 $; ⊙Mo–Fr 8–19, Sa & So ab 10 Uhr; ⓢA/C/E, L bis 8th Ave–14th St) Wer eine kleine Stärkung braucht, aber nicht schon wieder Espresso nachschießen möchte, kann in diesem Laden für grünen Tee köstliche *matcha*-Lattes sowie Eisvarianten mit Geschmacksrichtungen wie Fuji-Apfel-Ingwer oder Vanille-Mandel genießen. Andere *matcha*-Sorten sind Makrone und Doughnut.

CUBBYHOLE
SCHWULE & LESBEN

Karte S. 448 (☎212-243-9041; www.cubbyhole bar.com; 281 W 12th St Höhe W 4th St, West Vil-

lage; ⊙Mo–Fr 16–4, Sa & So ab 14 Uhr; ⓢA/C/E, L bis 8th Ave–14th St) Die West-Village-Kneipe nennt sich selbst „lesben-, schwulen- und heterofreundlich seit 1994“. Zwar besteht das Publikum zumeist aus Frauen, doch sind alle, die auf der Suche nach einem preiswerten Drink sind, willkommen. Es gibt eine tolle Jukebox, freundliche Barkeeper und jede Menge Stammgäste, die eher auf Bekanntschaften aus sind als darauf, gleich jemanden abzuschleppen.

BOOTS AND SADDLE
SCHWULE & LESBEN

Karte S. 448 (www.bootsandsaddlenyc.com; 100a 7th Ave S zw. Barrow & Grove St, West Village; ⊙So–Do 14–2, Fr & Sa bis 4 Uhr; ⓢ1 bis Christopher St–Sheridan Sq; A/C/E, B/D/F/M bis W 4th St–Washington Sq) Das Boots and Saddle gilt als eine der frechsten Schwulenkneipen im West Village. Einst in winzigen Erdgeschoss-Räumlichkeiten beheimatet, ist der Laden inzwischen in einen großen Keller mit viel Platz für Dragshows und Karaoke-Abende umgezogen, die ihn zu einem Liebling im Viertel gemacht haben. Die Drinks sind billig und es ist üblich, dass sich das Publikum am Spaßprogramm beteiligt.

JULIUS BAR
SCHWULE

Karte S. 448 (☎212-243-1928; www.juliusbarny. com; 159 W 10th St Höhe Waverly Pl, West Village; ⊙Mo–Sa 11–4, So bis 3 Uhr; ⓢA/C/E, B/D/F/M bis W 4th St–Washington Sq; 1 bis Christopher St–Sheridan Sq) Das berüchtigte alte Julius – die älteste Schwulenbar in New York – ist eine erfrischend unprätentiöse, echte Absturzkneipe. Die Klientel besteht aus älteren Pionieren der Schwulenszene und jüngeren Neulingen.

In der Bar wird ordentliche Kneipenkost serviert und neuerdings auch Frühstück (Sa 11–13, So 12–14 Uhr).

HENRIETTA HUDSON
LESBEN

Karte S. 448 (☎212-924-3347; www.henriettahud son.com; 438 Hudson St; ⊙16–4 Uhr; ⓢ1 bis Houston St) Junge Frauen aller Art, viele aus dem benachbarten New Jersey und Long Island, stürmen diese schicke Bar, in der Themennächte mit DJs auf dem Programm stehen, die einem bestimmten Musikstil (Hip-Hop, House, Rock) frönen. Die Besitzerin, Lisa Canistraci aus Brooklyn, ist eine beliebte Organisatorin in der Welt des lesbischen Nachtlebens und stürzt sich oft selbst mit ihren Fans ins Getümmel.

STONEWALL INN SCHWULE

Karte S. 448 (☎212-488-2705; www.thestonewall innnyc.com; 53 Christopher St; ⏲14–4 Uhr; [S]1 bis Christopher St–Sheridan Sq) Die Bar war Schauplatz des Stonewall-Aufstands 1969 und ist deswegen fast schon eine Pilgerstätte. Sie lockt mit täglichen Partys die unterschiedlichsten Leute unter dem schwullesbischen Regenbogen an. Trendig ist der Laden überhaupt nicht, eher eine normale freundliche Kneipe.

MONSTER SCHWULE

Karte S. 448 (☎212-924-3558; www.monsterbar nyc.com; 80 Grove St Höhe Sheridan Sq, West Village; ⏲Mo–Fr 16–4, Sa & So ab 14 Uhr; [S]1 bis Christopher St–Sheridan Sq; A/C/E, B/D/F/M W 4th St–Washington Sq) Dies ist ein altmodisches Schwulenmekka mit kleiner Tanzfläche unten sowie einer Pianobar und einer Räumlichkeit für Cabaret. Die munteren Themennächte reichen von Latino-Partys bis zu Dragqueen-Soireen.

TY'S SCHWULE & LESBEN

Karte S. 448 (☎212-741-9641; www.tys.nyc; 114 Christopher St zw. Bedford & Bleecker St, West Village; ⏲Mo–Mi 14–2, Do bis 3, Fr & Sa bis 4, So 13–4 Uhr; [S]1 bis Christopher St–Sheridan Sq; A/C/E, B/D/F/M bis W 4th St–Washington Sq) Die New Yorker Schwulenbarszene hat den Ruf, besonders auf junge Modeltypen aus zu sein, aber im West Village gibt's auch zahlreiche andere Bars. Das Ty's residiert schon seit den 1970er-Jahren im Viertel und richtet sich mit einem netten Kneipenambiente und superbilligen Drinks an ein älteres Publikum.

Chelsea

GALLOW GREEN BAR

Karte S. 452 (☎212-564-1662; www.mckittrick hotel.com/gallow-green; 542 W 27th St zw. Tenth & Eleventh Ave, Chelsea; ⏲Mo–Fr 17–24, Sa & So ab 12 Uhr; [S]1, C/E bis 23rd St; 1 bis 28th St) Die vom kreativen Team des Theaters Sleep No More (S. 164) betriebene Dachbar ist mit Kletter- und Topfpflanzen und Lichterketten geschmückt. Sie ist eine prima Anlaufstation vor oder nach der Show: Die Bedienung ist kostümiert, an den meisten Abenden spielt eine Band und es gibt leckere Rum-Cocktails. Reservieren!

In der kalten Jahreszeit errichtet das Gallow Green die „Lodge", ein gemütliches Chalet mit verschiedenen Räumen, darin Bücher, Stockbetten, Fellteppiche und Kamin – ein Refugium mitten in New York.

PIER 66 MARITIME BAR

Karte S. 452 (☎212-989-6363; www.pier66ma ritime.com; Pier 66 Höhe W 26th St, Chelsea; ⏲Mai–Okt. 12–24 Uhr; [S]1, C/E bis 23rd St) Die *Frying Pan* wurde vom Grund des Ozeans geborgen (bzw. vom Grund der Chesapeake Bay). Das ehemalige Feuerwehrschiff und die zweistöckige Hafenbar daneben sind ein toller Ort für einen Dämmerschoppen. Sobald es draußen warm wird, wirkt die rustikale Open-Air-Bar wie ein großer Magnet. Mit einem eiskalten Bier (7 $ für ein Craft-Bier, 25 $ für einen Krug) kann man sich ganz entspannt in einen Liegestuhl lümmeln.

BATHTUB GIN COCKTAILBAR

Karte S. 452 (☎646-559-1671; www.bathtubgin nyc.com; 132 Ninth Ave zw. W 18th & 19th St, Chelsea; ⏲Mo–Mi 17–2, Do & Fr bis 4, Sa 11.30–15.30 & 17–4, So bis 2 Uhr; [S]A/C/E, L bis 8th Ave–14th St; 1, C/E bis 23rd St; 1 bis 18th St) Bei aller Begeisterung der New Yorker für Flüsterkneipen-Bars schafft es das Bathtub Gin dennoch, sich von der Masse abzuheben. Der superheimliche Eingang verbirgt sich in der Wand des Stone Street Coffee Shop – nach der Frau in der Badewanne Ausschau halten! Drinnen finden sich dann chillige Sitzgelegenheiten, unaufdringliche Hintergrundmusik und freundliche Bedienung. Ein toller Ort für ein paar maßgeschneiderte Cocktails mit Freunden.

PETER MCMANUS TAVERN BAR

Karte S. 452 (☎212-929-9691; www.petermcma nuscafe.com; 152 Seventh Ave Höhe 19th St, Chelsea; ⏲Mo–Sa 10–4, So ab 12 Uhr; [S]1 bis 18th St; 1, C/E bis 23rd St) Der Familienbetrieb zapft seit den 1930er-Jahren Bier für seine Gäste und ist eine Art Museum für die Welt der McManuses, mit alten Fotos, einer ollen Telefonzelle und Tiffanyglas. In den gemütlichen grünen Sitzecken bekommt man auch fettiges Kneipenessen.

GYM SPORTSBAR SCHWULE

Karte S. 452 (☎212-337-2439; www.gymsports bar.com/nyhome.html; 167 8th Ave A; Drinks ab 7 $; ⏲Mo–Fr 16–2, Sa & So 14–2 Uhr; [S]A/C/E, L bis 8th Ave–14th St) Inmitten der berühmten Schwulenbarszene von Chelsea bietet die Gym Sportsbar einem LGBTQ-Publikum ein dezentes Ambiente mit freundlichen Barkeepern, billigen Drinks, einem Billardtisch im hinteren Bereich, einer Raucherterrasse vorne und Fernseher in der ganzen Kneipe, auf denen Sport läuft. Bei der Happy Hour unter der Woche gibt's zwei Getränke zum Preis von einem.

EAGLE NYC SCHWULE

Karte S. 452 (☎646-473-1866; www.eaglenyc.com; 554 W 28th St zw. Tenth & Eleventh Ave, Chelsea; 🕐Mo–Sa 22–4, So ab 17 Uhr; [S]1, C/E bis 23rd St) Der Club in einem umgebauten Stall aus dem 19. Jh. (Insiderwitz: Die Hengste kommen) ist zum Bersten gefüllt mit heißen Typen in engem Leder, denn hier trifft sich die Fetisch-Szene. Zwei Ebenen und eine Dachterrasse lassen den Gästen mehr als genug Platz zum Tanzen und Trinken – was sie auch mit Hingabe tun. Häufig werden Mottoabende veranstaltet, sodass man am besten auf der Website nachschaut, um nicht falsch angezogen aufzulaufen – vielleicht ist gerade Adamskostüm angesagt!

☆ UNTERHALTUNG

SLEEP NO MORE THEATER

Karte S. 452 (☎866-811-4111; www.sleepnomorenyc.com; 530 W 27th St zw. Tenth & Eleventh Ave, Chelsea; Tickets ab 105 $; 🕐Mo–Sa 19–24 Uhr; [S]1, C/E bis 23rd St) *Sleep No More* ist eines der ganzheitlichsten Theatererlebnisse, die je konzipiert wurden, ein Stück frei nach *Macbeth*, das in mehreren Lagerhäusern in Chelsea spielt, die so umgebaut wurden, dass sie wie das McKittrick Hotel aus den 1930er-Jahren und dessen quirlige Jazzbar aussehen.

Zuschauer gehen frei in den aufwendig gestalteten Räumen (Ballsaal, Friedhof, Tierpräparationsladen, Irrenanstalt) umher und interagieren mit den Schauspielern. Die Szenen grenzen teils ans Bizarre und Frivole. Hinweis: Gäste müssen bei Eintritt alles abgeben (Jacken, Taschen, Handys usw.) und eine Maske tragen – wie im Film *Eyes Wide Shut*.

LE POISSON ROUGE LIVEMUSIK

Karte S. 448 (☎212-505-3474; www.lepoissonrouge.com; 158 Bleecker St zw. Sullivan & Thompson St, West Village; [S]A/C/E, B/D/F/M bis W 4th St–Washington Sq) Der Konzeptladen hat ein sehr bunt gemischtes Konzertprogramm, u. a. mit Deerhunter, Marc Ribot und Cibo Matto. Hier mischen sich oft experimentell und genreübergreifend Klassik, Folk, Oper und andere Richtungen.

55 BAR LIVEMUSIK

Karte S. 448 (☎212-929-9883; www.55bar.com; 55 Christopher St Höhe Seventh Ave, West Village; Eintritt 10 $; 🕐13–4 Uhr; [S]1 bis Christopher St–Sheridan Sq) Die Geschichte der einladenden Kellerbar reicht bis in die Zeit der Prohibition zurück. Es gibt regelmäßig zwei Liveshows pro Abend von guten, fest engagierten Jazzern, manchmal auch Bluesbands und – Mike Stern (Supergitarrist bei Miles Davis in den 1980er-Jahren). Eine tolle Adresse für unprätentiöse Konzerte bei moderatem Eintritt ohne Dresscode. Mindestverzehr zwei Getränke.

CORNELIA STREET CAFÉ LIVEMUSIK

Karte S. 448 (☎212-989-9319; www.corneliastreetcafe.com; 29 Cornelia St zw. Bleecker & W 4th St, West Village; 🕐Frühvorstellung Einlass ab 17.45 Uhr; [S]A/C/E, B/D/F/M bis W 4th St–Washington Sq) Das kleine Café ist bekannt für intime Konzerte innovativer Jazztrios, genreübergreifender Sänger und diverser Musik- und Kunstcombos. Das Cornelia Street widmet sich auch der Literatur: Es veranstaltet jeden Monat einen Erzählertreff sowie *open-mic*-Lyrikabende und Lesungen.

BAR NEXT DOOR LIVEMUSIK

Karte S. 448 (☎212-529-5945; www.lalanternacaffe.com; 129 MacDougal St zw. W 3rd & 4th St, West Village; Eintritt 12–15 $; 🕐So–Do 18–2, Fr & Sa bis 3 Uhr; [S]A/C/E, B/D/F/M bis W 4th St–Washington Sq) Die Kellerbar in einem restaurierten Stadthaus ist mit niedrigen Decken, Backsteinwänden und romantischer Beleuchtung eine der schönsten Bars im Viertel. Jeden Abend gibt's entspannten Jazz, begleitet von den leckeren Gerichten des Italieners von nebenan (La Lanterna di Vittorio).

Bei Konzerten der Nachwuchskünstler, die montags bis donnerstags von 18.30 bis 19.45 Uhr stattfinden, ist der Eintritt frei.

IRISH REPERTORY THEATRE THEATER

Karte S. 452 (☎212-727-2737; www.irishrep.org; 132 W 22nd St zw. Sixth & Seventh Ave, Chelsea; [S]1, F/M bis 23 St; 1 bis 18th St) Das Repertoiretheater in einem renovierten Lagerhaus in Chelsea konzentriert sich auf bestes Theater aus der irischen und irisch-amerikanischen Ecke.

BARROW STREET THEATER THEATER

Karte S. 448 (☎212-243-6262; www.barrowstreettheatre.com; 27 Barrow St zw. Seventh Ave & W 4th St, West Village; [S]1 bis Christopher St–Sheridan Sq oder Houston St; A/C/E, B/D/F/M bis W 4th St–Washington Sq) Ein phantastisches Off-Broadway-Haus im Herzen des West Village mit amerikanischen wie auch ausländischen Stücken.

ATLANTIC THEATER COMPANY THEATER

Karte S. 452 (☎212-691-5919; www.atlanticthea ter.org; 336 W 20th St zw. Eighth & Ninth Ave, Chelsea; ⓢ1, C/E bis 23rd St; 1 bis 18th St) Das 1985 von David Mamet und William H. Macy gegründete Atlantik Theater ist Dreh- und Angelpunkt der Off-Broadway-Gemeinde und hat in den letzten 30 Jahren viele Preisträger des Tony Award und des Drama Desk Award auf die Bühne gebracht.

NEW YORK LIVE ARTS TANZ

Karte S. 452 (☎212-924-0077; www.newyorklive arts.org; 219 W 19th St zw. Seventh & Eighth Ave, Chelsea; ⓢ1 bis 18th St) Das moderne Tanzzentrum unter der künstlerischen Leitung von Bill T. Jones hat jährlich ein Repertoire von über 100 experimentellen, zeitgenössischen Aufführungen. Internationale Tanztruppen aus Serbien, Südafrika, Korea und anderen Ländern bringen frischen Wind auf die Bühne. Oft gibt's vor und nach der Aufführung Diskussionen mit Choreografen oder Tänzern.

CHERRY LANE THEATER THEATER

Karte S. 448 (☎212-989-2020; www.cherrylane theater.org; 38 Commerce St, abseits der Bedford St, West Village; ⓢ1 bis Christopher St–Sheridan Sq) Das Cherry Lane tief im West Village hat eine lange, herausragende Vergangenheit und ist ein Theater mit einem ganz eigenen Charme. Seit seiner Gründung durch die Dichterin Edna St Vincent Millay hat es zahlreiche Autoren und Schauspieler auf die Bühne gebracht. Dabei ist es stets dem

ALL THAT JAZZ

Das West Village ist nach wie vor das Zentrum der New Yorker Jazzszene: In Kellerclubs wie auch in gepflegten Konzertsälen wird tolle Musik geboten.

Village Vanguard (Karte S. 448; ☎212-255-4037; www.villagevanguard.com; 178 Seventh Ave S Höhe W 11th St, West Village; Eintritt ca. 33 $; ⏰19.30–0.30 Uhr; ⓢA/C/E, L bis 8th Ave–14th St; 1/2/3 bis 14th St) Das Vanguard hat buchstäblich alle großen Namen der letzten 50 Jahre auf die Bühne gebracht und ist wohl der renommierteste Jazzclub der Stadt. Ursprünglich war es eher dem gesprochenen Wort gewidmet; manchmal besinnt es sich seiner Wurzeln, aber meist wird die ganze Nacht wilder, ausdrucksstarker Jazz gespielt. Vorsicht auf der steilen Treppe und die Abnutzungserscheinungen ignorieren: Akustisch ist das hier eine der großartigsten Bühnen der Welt. Mindestverzehr ein Drink.

Smalls (Karte S. 448; ☎646-476-4346; www.smallslive.com; 183 W 10th St zw. W 4th St & Seventh Ave S, West Village; Eintritt 20 $; ⏰Mo–Fr 19.05–3.30, Sa & So ab 16 Uhr; ⓢ1 bis Christopher St–Sheridan Sq; A/C/E, B/D/F/M W 4th St–Washington Sq) In dem engen, einladenden Jazzkeller treten jeden Abend unterschiedlichste Künstler auf. Wer zwischendurch etwas zu essen braucht, kommt problemlos wieder rein. Samstag- und sonntagnachmittags finden geniale Jamsessions statt.

Blue Note (Karte S. 448; ☎212-475-8592; www.bluenote.net; 131 W 3rd St zw. Sixth Ave & MacDougal St, West Village; ⓢA/C/E, B/D/F/M bis W 4th St–Washington Sq) Der mit Abstand berühmteste (und teuerste) Jazzclub der Stadt kassiert 15 bis 30 $ für einen Platz an der Bar und 25 bis 45 $ am Tisch, der Eintritt kann noch höher liegen, wenn Superstars des Jazz auftreten. Es gibt auch einen Jazz-Brunch sonntags um 11.30 Uhr. Am besten ist ein normaler Abend mit voller Konzentration auf die Bühne.

Mezzrow (Karte S. 448; ☎646-476-4346; www.mezzrow.com; 163 W 10th St Höhe Seventh Ave, West Village; ⏰So–Do 19.30–1.30, Fr & Sa bis 2 Uhr; ⓢ1 bis Christopher St–Sheridan Sq) Sowohl Einheimische als auch Touristen freuen sich über diesen noch recht neuen kleinen Kellerjazzclub, der 2014 eröffnete. Es sind dieselben Betreiber, die das Smalls ganz in der Nähe managen. Mit der Eintrittskarte (gewöhnlich 20 $) kommt man am selben Abend auch ins Smalls.

Hier steht die Musik im Mittelpunkt – lautes Unterhalten ist unerwünscht – und die ganze Woche hindurch finden gute Acts statt. Tickets gibt's über die Website.

„lebendigen" und offenen Theater verpflichtet geblieben. Auf dem Spielplan stehen häufig wechselnde szenische Lesungen, Theaterstücke und anderes.

DUPLEX
CABARET

Karte S. 448 (☑212-255-5438; www.theduplex.com; 61 Christopher St Höhe Seventh Ave S, West Village; Eintritt 10–25 $; ⊙16–4 Uhr; Ⓢ1 bis Christopher St–Sheridan Sq; A/C/E, B/D/F/M bis W 4th St–Washington Sq) Im legendären Duplex sind Cabaret, Karaoke und tanzende Tunten angesagt. Von allen Wänden blickt Joan Rivers herab – und auch die Performer ahmen gerne ihre kecke Selbstironie nach, wenn sie nicht gerade das Publikum auf den Arm nehmen. Lustig und unprätentiös, aber ganz bestimmt nichts für Schüchterne.

In der Pianobar unten (ab 21 Uhr) kann man ein Liedchen zum Besten geben oder erleben, wie sehr talentierte Stammgäste (darunter Broadway-Künstler) und Angestellte Hits trällern. Mindestverzehr zwei Drinks.

JOYCE THEATER
TANZ

Karte S. 452 (☑212-691-9740; www.joyce.org; 175 Eighth Ave Höhe W 19th St, Chelsea; Ⓢ1 bis 18th St; 1, C/E bis 23rd St; A/C/E, L bis 8th Ave–14th St) Die kleine Bühne in einem renovierten Kino mit 472 Sitzen ist wegen der guten Sicht und des ausgefallenen Programms bei der Tanz-Community beliebt. Schwerpunkt sind moderne Kompanien wie Martha Graham, die Stephen Petronio Company und Parsons Dance sowie internationale Truppen wie Dance Brazil, das Ballet Hispanico und die MalPaso Dance Company.

KITCHEN
THEATER, TANZ

Karte S. 452 (☑212-255-5793; www.thekitchen.org; 512 W 19th St zw. Tenth & Eleventh Ave, Chelsea; Ⓢ A/C/E, L bis 8th Ave–14th St) In dem experimentellen Haus für Theater, Lesungen und Konzerte in West Chelsea gibt's neue, progressive Stücke und Werkkonzepte von lokalen Machern.

GOTHAM COMEDY CLUB
COMEDY

Karte S. 452 (☑212-367-9000; www.gothamcomedyclub.com; 208 W 23rd St zw. Seventh & Eighth Ave, Chelsea; Ⓢ1, C/E bis 23rd St) Der Club versteht sich als Comedy-Hall-of-Fame und unterstreicht diesen Anspruch regelmäßig mit großen Namen und New Yorker Stars. Der Club präsentiert auch Künstler, die bereits bei HBO, *The Tonight Show with Jimmy Fallon* und *The Late Show with Stephen Colbert* aufgetreten sind.

COMEDY CELLAR
COMEDY

Karte S. 448 (☑212-254-3480; www.comedycellar.com; 117 MacDougal St zw. W 3rd St & Minetta Ln, West Village; Eintritt 8–24 $; Ⓢ A/C/E, B/D/F/M bis W 4th St–Washington Sq) Der alteingesessene Kellerclub in Greenwich Village zeigt Mainstream-Shows und hat ein ansehnliches Stammpersonal, darunter Colin Quinn, Judah Friedlander und Wanda Sykes, gelegentlich auch Hochkaräter wie Dave Chappelle, Jerry Seinfeld und Amy Schumer. Der Erfolg setzt sich fort: Der Comedy Cellar hat jetzt einen weiteren Standort im Village Underground um die Ecke in der W 3rd St.

Zusätzlich zum Eintritt gilt pro Show ein Mindestverzehr von zwei Speisen oder Getränken.

IFC CENTER
KINO

Karte S. 448 (☑212-924-7771; www.ifccenter.com; 323 Sixth Ave Höhe W 3rd St, West Village; Tickets 15 $; ☎; Ⓢ A/C/E, B/D/F/M bis W 4th St–Washington Sq) Das Programmkino zeigt eine bestens sortierte Palette an Indie-Filmen, Kultklassikern und ausländischen Streifen. Dazu kommen Kurz- und Dokumentarfilme, alte Schätze aus den 1980er-Jahren, Regisseurreihen, Klassiker am Wochenende und viele Sonderreihen, z. B. mitternächtliche Kultfilme *(Shining, Taxi Driver, Alien)*.

CINÉPOLIS CHELSEA
KINO

Karte S. 452 (☑212-691-5519; www.cinepolisusa.com; 260 W 23rd St zw. Seventh & Eighth Ave, Chelsea; Ⓢ1, C/E bis 23rd St) Nachdem es eine Zeitlang geschlossen war, hat das beliebte Kiezkino unter neuem Namen wiedereröffnet. Neben aktuellen Streifen zeigt es am Wochenende Mitternachtsvorstellungen der *Rocky Horror Picture Show*, auch der New Yorker Drag-Star Hedda Lettuce tritt hier auf.

ANGELIKA FILM CENTER
KINO

Karte S. 448 (☑212-995-2570; www.angelikafilmcenter.com; 18 W Houston St Höhe Mercer St, West Village; Tickets 15 $; ◪; Ⓢ B/D/F/M bis Broadway–Lafayette St) Spezialität des Angelika sind ausländische und Indie-Filme. Das Kino hat selbst einen unkonventionellen Charme (ratternde Subway, lange Schlangen und teilweise schlechter Sound). Dafür ist die Schönheit des von Stanford White entworfenen Beaux-Arts-Gebäudes unbestritten und das große Café ist ein idealer Treffpunkt.

LGBT COMMUNITY CENTER KULTURZENTRUM
Karte S. 448 (☎212-620-7310; www.gaycenter.org; 208 W 13th St zw. Seventh & Greenwich Ave, West Village; empfohlene Spende 5 $; ⏲Mo–Sa 9–22, So bis 21 Uhr; [S]A/C/E, L bis 8th Ave–14th St; 1/2/3 bis 14th St) Seit mehr als 25 Jahren schlägt hier das Herz der LGBT-Kultur des Village. An diesem Ort finden queere Leute ein Zuhause, die sich andernorts vielleicht nicht so wohlfühlen. Er ist Treffpunkt zahlloser Gruppen und im Café, betrieben von Think Coffee, lässt sich bei Kaffee und Gebäck entspannen.

Außerdem ist das hier eine super Infoquelle für Schwulenevents und queeres Nachtleben und es finden auch Veranstaltungen statt – Tanzpartys, Kunstausstellungen, Theateraufführungen, Lesungen und politische Diskussionsrunden. Das National Archive for Lesbian, Gay, Bisexual & Transgender History kann nach Voranmeldung genutzt werden, es gibt auch die kleine Campbell-Soady Gallery und ein Cybercenter.

SHOPPEN

Im West Village warten herrliche Boutiquen und andere Läden auf Entdeckung. Luxusshopper halten sich an die Edelmarkengeschäfte in der Bleecker St zwischen Bank und W 10th St. Chelsea hat ein paar gute Antiquitätengeschäfte, Discount-Mode, Großketten und Kitschläden zu bieten, außerdem einen versteckten Buchladen und ein gut bestücktes Secondhandgeschäft. Highlight des Viertels ist der beliebte Chelsea Market, eine riesige Halle mit Läden für Feinkost, Wein, Mode und Haushaltswaren. Schicker und großräumiger Industriechic kennzeichnet den Meatpacking District, wo sehr innovative Designer in großen Boutiquen die Zügel in der Hand halten. Diese Läden gehören zu den angesagtesten der ganzen Stadt.

West Village & Meatpacking District

★**STRAND BOOK STORE** BÜCHER
Karte S. 448 (☎212-473-1452; www.strandbooks.com; 828 Broadway Höhe E 12th St, West Village; ⏲Mo–Sa 9.30–22.30, So ab 11 Uhr; [S]L, N/Q/R/W, 4/5/6 bis 14th St–Union Sq) Die beliebte und legendäre Buchhandlung Strand verkörpert die intellektuelle Downtown-Seele von New York – ein Mekka für Büchernarren, in dem sich schon Generationen von Buchliebhabern mit den typischen Einkaufstaschen des Ladens bewaffnet stundenlang verloren haben. Das 1927 gegründete Strand führt auf knapp 13 km Regalfläche über drei labyrinthartige Stockwerke mehr als 2,5 Mio. Bücher.

TRINA TURK BEKLEIDUNG
Karte S. 448 (☎212-206-7383; www.trinaturk.com; 67 Gansevoort St zw. Greenwich & Washington St, West Village; ⏲Mo–Sa 11–19, So 12–18 Uhr; [S]A/C/E, L bis 8th Ave–14th St) Wer scharf ist auf Stoffdrucke im Stil der 1970er-Jahre, macht sich zur Boutique Trina Turk auf den Weg. Das Ehepaar hinter der Modemarke hat eine Kollektion entworfen, die mit Etuikleidern, blumigen Blazern, sensationellen Hosen und Bademode von Surfshorts bis zu knackigen Bikinis an die bunten Glanzzeiten des coolen Kaliforniens anknüpft.

BEACON'S CLOSET VINTAGE
Karte S. 448 (☎917-261-4863; www.beaconscloset.com; 10 W 13th St zw. Fifth & Sixth Ave, West Village; ⏲11–20 Uhr; [S]L, N/Q/R/W, 4/5/6 bis 14th St–Union Sq) Der Laden führt eine gute Auswahl an wenig getragenen Klamotten (die ersichtlich unter Hipstern aus Downtown und Brooklyn angesagt sind). Sie kosten nur wenig mehr als in der Filiale in Williamsburg. Secondhandläden sind in der Gegend selten, was Beacon's umso attraktiver macht. Besser ist ein Besuch unter der Woche, am Wochenende ist es hier stets sehr gut besucht.

ODIN BEKLEIDUNG
Karte S. 448 (☎212-243-4724; www.odinnewyork.com; 106 Greenwich Ave nahe Jane St, West Village; ⏲Mo–Sa 12–20, So bis 19 Uhr; [S]A/C/E, L bis 8th Ave–14th St; 1/2/3 bis 14th St) Das nach dem mächtigen nordischen Gott benannte Odin zaubert einen neuen Look für Männer. Der große Laden wartet mit Labels wie Phillip Lim, Band of Outsiders und Edward auf und ist außerdem ein guter Ort, um Sachen von Newcomern in der Modebranche anzuschauen. Großartig sind auch die Brieftaschen von Comme des Garçons, schicken Sonnenbrillen, Pflegeprodukte von Sharps und Bildbände aus dem Taschen Verlag.

IDLEWILD BOOKS BÜCHER

Karte S. 448 (☎212-414-8888; www.idlewildbooks.com; 170 Seventh Ave S Höhe Perry St, West Village; ⏲Mo–Do 12–20, Fr–So bis 18 Uhr; [S]1 bis Christopher St–Sheridan Sq; 1/2/3 bis 14th St; A/C/E; L bis 8th Ave–14th St) Der unabhängige Reisebuchladen ist nach dem ursprünglichen Namen des John F. Kennedy Airport benannt und löst Fernweh aus. Die Titel sind nach Region geordnet und neben Reiseführern gibt's auch Belletristik, Reiseberichte, Geschichts- und Kochbücher und weitere Inspirationen. Außerdem bietet die Buchhandlung Sprachunterricht in Französisch, Italienisch, Spanisch und Deutsch – Näheres auf der Website.

PERSONNEL OF NEW YORK MODE & ACCESSOIRES

Karte S. 448 (☎212-924-0604; www.personnelofnewyork.com; 9 Greenwich Ave zw. Christopher & W 10th St, West Village; ⏲Mo–Sa 12–19.30, So bis 18 Uhr; [S]A/C/E, B/D/F/M bis W 4th St–Washington Sq; 1 bis Christopher St–Sheridan Sq) Der reizende kleine Laden verkauft Designermode für Frauen von einzigartigen Labels von der Ost- und Westküste und darüber hinaus. Zu entdecken sind hier leichte Kleider von Soja Link, weiche Pullover von Ali Golden, Schmuck von Marisa Mason, bequeme Leinenschuhe von Shoes Like Pottery und Couture-Kleidung von Rodobjer.

THREE LIVES & COMPANY BÜCHER

Karte S. 448 (☎212-741-2069; www.threelives.com; 154 W 10th St zw. Seventh Ave & Waverly Pl, West Village; ⏲Mo–Sa 10–20.30, So 12–19 Uhr; [S]1 bis Christopher St–Sheridan Sq; A/C/E, B/D/F/M bis W 4th St–Washington Sq) Der außergewöhnliche Nachbarschaftsbuchladen ist wahrhaft ein Ausflug in die magische Welt der Buchstaben. Der Laden selbst ist schon ganz wunderbar und das erstaunlich belesene Personal beseelt von der Liebe zum Buch.

GREENWICH LETTERPRESS GESCHENKE & SOUVENIRS

Karte S. 448 (☎212-989-7464; www.greenwichletterpress.com; 15 Christopher St Höhe Gay St, West Village; ⏲Sa–Mo 12–18, Di–Fr 11–19 Uhr; [S]1 bis Christopher St–Sheridan Sq; A/C/E, B/D/F/M bis W 4th St; 1/2/3 bis 14th St) Der süße Grußkartenladen wurde von zwei Schwestern gegründet und ist auf Hochzeitsannoncen und andere individuelle Drucksachen spezialisiert. Ist doch viel schöner, den Lieben zu Hause persönliche Grußkarten zu schicken – oder?

FORBIDDEN PLANET BÜCHER

Karte S. 448 (☎212-473-1576; www.fpnyc.com; 832 Broadway zw. E 12th & 13th St, West Village; ⏲Mo & Di 9–22, Mi 8–24, Do–Sa ab 9, So 10–22 Uhr; [S]L, N/Q/R/W, 4/5/6 bis 14th St–Union Sq) Angesichts der Berge von Comics, Mangas, Graphic Novels, Postern und Spielsachen zu allem von *Krieg der Sterne* und *Doctor Who* bis zu den neuesten Independant-Trends hat hier jeder heimliche Science-Fiction-Fan sein Coming-out. Im Laden oder auf der Website gibt es auch Infos zu aktuellen Büchersignierungen und anderen Events.

FLIGHT 001 MODE & ACCESSOIRES

Karte S. 448 (☎212-989-0001; www.flight001.com; 96 Greenwich Ave zw. Jane St & W 12th St; ⏲Mo–Sa 11–19, So 12–18 Uhr; [S]A/C/E, L bis 8th Ave–14th St) Reisen macht Laune – aber noch mehr Spaß macht es, sich mit Reiseutensilien einzudecken. Flight 001 führt Taschen aller Größen von Bree bis Rimowa, kitschige „she-mergency"-Notfallsets (Atemerfrischer, Lippenbalsam, Fleckenentferner und so weiter), mit Pin-up-Girls verzierte Flakons, knallbunte Reisepasshüllen und Gepäckanhänger aus Leder, Reiseliteratur, Kulturbeutel, Zahnpasta in Minituben, Augenmasken, Pillendöschen und und und.

SATURDAYS MODE & ACCESSOIRES

Karte S. 448 (☎347-246-5830; www.saturdaysnyc.com; 17 Perry St Höhe Waverly St, West Village; ⏲10–19 Uhr; [S]A/C/E, L bis 8th Ave–14th St; 1/2/3 bis 14th St) Etwas merkwürdig nimmt sich im West Village dieser auffallende Surfshop aus, komplett mit teuren Boards von Tudor, Fowler und Haydenshapes. Eigentlich geht es aber mehr um den Surfer-Lifestyle – mit stylischen Sonnenbrillen, Surfshorts, bunten T-Shirts und Pflegeprodukten für Surfer und Surfboard.

Das angeschlossene Café hat werktags ab 8 Uhr geöffnet.

MCNULTY'S TEA & COFFEE CO, INC ESSEN & TRINKEN

Karte S. 448 (☎212-242-5351; www.mcnultys.com; 109 Christopher St zw. Bleecker & Hudson St, West Village; ⏲Mo–Sa 10–21, So 13–19 Uhr; [S]1 bis Christopher St–Sheridan Sq) In der ansonsten eher derben Christopher St lässt McNulty mit abgewetzten Bodendielen, duftenden Kaffeesäcken und großen Gläsern voller Tee das Greenwich Village von einst wieder aufleben. Seit 1895 verwöhnt der Laden Genießer mit Kaffee und Tee bester Qualität.

YOYA
KINDERBEKLEIDUNG

Karte S. 448 (☑646-336-6844; www.yoyanyc. com; 605 Hudson St zw. Bethune & W 12th St, West Village; ☺Mo–Sa 11–19, So 12–17 Uhr; Ⓢ A/C/E, L bis 8th Ave–14th St) Hier gibt's gut gemachte Kinderkleidung und Accessoires von Marken wie Bobo Choses und 1+ in the family.

MURRAY'S CHEESE
ESSEN & TRINKEN

Karte S. 448 (☑212-243-3289; www.murrays cheese.com; 254 Bleecker St zw. Morton & Leroy St, West Village; ☺Mo–Sa 8–21, So 9–20 Uhr; Ⓢ 1 bis Christopher St–Sheridan Sq; A/C/E, B/D/F/M bis W 4th St–Washington Sq) Das 1914 eröffnete Geschäft ist eine der besten Adressen New Yorks für Käse. Der Besitzer Rob Kaufelt ist bekannt für seine unfehlbare Nase für die absolut köstlichsten Sorten aus aller Welt. Sein Angebot (das auch probiert werden darf) umfasst Nussiges, Mildes und Deftiges aus Europa wie auch von den kleinen Farmen in Vermont und im New York State.

CO BIGELOW CHEMISTS
KOSMETIK

Karte S. 448 (☑212-533-2700; 414 Sixth Ave zw. 8th & 9th St, West Village; ☺Mo–Fr 7.30–21, Sa 8.30–19, So 8.30–17.30 Uhr; Ⓢ 1 bis Christopher St–Sheridan Sq; A/C/E, B/D/F/M bis W 4th St–Washington Sq) „Amerikas älteste Apotheke" ist ein Liebling der New Yorker und eine tolle Adresse für edle Cremes und Gesichtsmasken, Bioseifen und Badekugeln, aber auch einfache Hygieneartikel. Hier kann man wunderbar teure Sachen testen, bevor man mit einer Tube Zahnpasta aus dem Laden marschiert.

AEDES DE VENUSTAS
KOSMETIK

Karte S. 448 (☑212-206-8674; www.aedes.com; 7 Greenwich Ave Höhe Christopher St, West Village; ☺Mo–Sa 12–20, So 13–19 Uhr; Ⓢ A/C/E, B/D/F/M bis W 4th St–Washington Sq; 1 bis Christopher St–Sheridan Sq) Der liebevoll dekorierte „Tempel der Schönheit" bietet über 40 verschiedene europäische Luxusparfums, darunter Hierbas de Ibiza, Mark Birley for Men, Costes, Odin und Shalini, außerdem Pflegeprodukte von Susanne Kaufmann und Acqua di Rose und die begehrten Duftkerzen von Diptyque.

MASK BAR
KOSMETIK

Karte S. 448 (www.themaskbar.com; 259 Bleecker St zw. Cornelia & Jones St, West Village; ☺12–20 Uhr; Ⓢ A/C/E, B/D/F/M bis W 4th St–Washington Sq) Die Mask Bar ist auf den derzeitigen Sheet-Masken-Trend aufgesprungen und bietet Anwendungen für alle Hauttypen. Auf den meisten Verpackungen fehlen englische Übersetzungen, aber auf Plakaten im Geschäft stehen Informationen und das Personal ist sehr hilfsbereit.

🏠 Chelsea

HOUSING WORKS THRIFT SHOP
VINTAGE

Karte S. 452 (☑718-838-5050; www.housing works.org; 143 W 17th St zw. Sixth & Seventh Ave, Chelsea; ☺Mo–Sa 10–19, So 11–17 Uhr; Ⓢ 1 bis 18th St) Mit seinen prachtvoll dekorierten Schaufenstern macht der Laden überhaupt nicht den Eindruck eines Secondhandshops, aber das Sortiment (Klamotten, Accessoires, Möbel, Bücher und Schallplatten) ist sehr preisgünstig. Hier findet man abgelegte Designerfummel zu Schnäppchenpreisen. Alle Einkünfte kommen einer sozialen Vereinigung zugute, die sich um obdachlose HIV-Infizierte und AIDS-Kranke kümmert. Es gibt 13 weitere Filialen in der Stadt.

SCREAMING MIMI'S
VINTAGE

Karte S. 448 (☑212-677-6464; www.screaming mimis.com; 240 W 14th St zw. Seventh & Eighth Ave, Chelsea; ☺Mo–Sa 12–20, So 13–19 Uhr; Ⓢ A/C/E, L bis 8th Ave–14th St) Dieser tolle Laden wartet mit einer ausgezeichneten Auswahl an alten Klamotten auf, wunderbar nach Jahrzehnten geordnet, von den 1950er- bis zu 1990er-Jahren. Wer möchte, kann sich auch die kleine Kollektion mit Sachen aus den 1920er- bis 1940er-Jahren zeigen lassen.

STORY
GESCHENKE & SOUVENIRS

Karte S. 452 (www.thisisstory.com; 144 Tenth Ave zw. W 18th & 19th St, Chelsea; ☺Mo–Mi, Fr & Sa 11–20, Do bis 21, So bis 19 Uhr; Ⓢ 1, C/E bis 23rd St; 1 bis 18th St) Dieser Conceptstore bei der High Line funktioniert wie eine Galerie und zeigt alle ein oder zwei Monate Produkte zu einem neuen Thema. In dem 185 m² großen Laden gibt's alles von raffiniertem Schmuck und auffallenden Accessoires bis zu hübschen Schreibwaren, inspirierendem Kinderspielzeug, umfangreichen Bildbänden, umweltfreundlichen Seifen und originellen Souvenirs.

PRINTED MATTER
BÜCHER

Karte S. 452 (☑212-925-0325; www.printedmat ter.org; 231 Eleventh Ave zw. 25th & 26th St, Chelsea; 🕒Sa & Mo–Mi 11–19, Do & Fr bis 20, So bis 18 Uhr; [S]7 bis 34th St–Hudson Yards; 1 bis 28th St) Printed Matter ist ein sagenhafter kleiner Laden für limitierte Künstlermonografien und merkwürdige Zeitschriften. Hier gibt es nichts von dem, was in den Mainstream-Buchläden zu haben ist. Stattdessen bergen die ordentlichen Regale Revolutionsmanifeste, kritische Essays über Comichefte, Daumenkinos, die Jesus' Gesicht hinter einem Strichcode freilegen, und Ratgeber, die von Häftlingen geschrieben wurden.

192 BOOKS BÜCHER

Karte S. 452 (☎212-255-4022; www.192books.com; 192 Tenth Ave zw. W 21st & 22nd St, Chelsea; 🕒11–19 Uhr; [S]1, C/E bis 23rd St) Inmitten des Galerieviertels behauptet sich dieser unabhängige Buchladen mit Abteilungen für Literatur, Geschichte, Reisen, Kunst und Philosophie. Er bietet auch interessante Wechselausstellungen, zu denen die Besitzer eine Auswahl an Büchern zusammenstellen, die thematisch zu den Kunstwerken oder dem Künstler passen. Außerdem finden wöchentlich Lesungen von gefeierten Autoren (meist mit Wohnsitz in New York) statt.

NASTY PIG BEKLEIDUNG

Karte S. 452 (☎212-691-6067; www.store.nastypig.com; 265 W 19th St zw. Seventh & Eighth Ave, Chelsea; 🕒Mo–Sa 12–20, So ab 13 Uhr; [S]A/C/E, L bis 8th Ave–14th St; 1 bis 18th St) T-Shirts, Socken und Unterwäsche mit Schweinelogo, auch ein bisschen Gummi- und Lederfetisch. Der ideale Ausstatter für Chelsea-Boys und ihre Liebhaber.

SPORT & AKTIVITÄTEN

MNDFL MEDITATION

Karte S. 448 (☎212-477-0487; www.mndflmeditation.com; 10 E 8th St zw. Fifth Ave & University Pl, West Village; A/C/E, B/D/F/V bis W 4th St–Washington Sq; 🕒30-/45-/60-min. Unterricht 18/25/30 $; [S]A/C/E, B/D, F/M bis W 4th St–Washington Sq) Die positiven Auswirkungen von Meditation sind erwiesen – und viele gestresste New Yorker haben sie auch bitter nötig. In dieser friedvollen Einrichtung im West Village wird der Kopf wieder frei. Die erste Session kostet nur 10 $.

CHELSEA PIERS COMPLEX GESUNDHEIT & FITNESS

Karte S. 452 (☎212-336-6666; www.chelseapiers.com; Pier 62 Höhe W 23rd St, Chelsea; 🕒Mo–Fr 5.30–23, Sa & So 5.30–21 Uhr; 👪; 🚌M23 bis Chelsea Piers, [S]1, C/E bis 23rd St) Das gigantische Sportzentrum am Wasser befriedigt sportliche Bedürfnisse jeder Art. Es gibt auf der vierstöckigen Driving Range eimerweise Golfbälle zu schlagen, in der Eishalle Schlittschuh zu laufen oder in der tollen Bowlingbahn ein paar Kegel umzuschmeißen. Dazu gibt's die Hoop City für Basketballer, eine Segelschule für Kids, einen Baseballkäfig, ein riesiges Fitnesscenter mit Hallenbad, eine Kletterhalle und und und.

Eine Tageskarte für das Fitnesscenter und den Pool inklusive Ermäßigungen für mehrere andere Aktivitäten kostet 60 $. Mehrere Snackbars servieren Sandwiches und Pizza für den Hunger und Durst nach dem Sport. Der Komplex ist zwar durch den viel befahrenen West Side Hwy (Eleventh Ave) ein wenig von den Wohnvierteln abgeschnitten, aber die Massen kommen allein schon wegen der Vielzahl an Attraktionen. Bus M23 hält direkt am Haupteingang und erspart den langen Fußmarsch von der Subway über vier Avenues. Außerdem gibt's vor dem Gebäude einen Taxistand – außerhalb der Hauptzeiten sind Taxis hier allerdings eher rar.

NEW YORK TRAPEZE SCHOOL ARTISTIK

Karte S. 448 (☎212-242-8769; www.newyork.trapezeschool.com; Pier 40 Höhe West Side Hwy, West Village; 50–70 $ pro Unterrichtseinheit; 🕒April–Okt., Termine siehe Website; [S]1 bis Houston St) Jeder kann sich hier seinen Traum vom Zirkusleben erfüllen: In dieser Anlage direkt am Fluss darf man sich wagemutig von Trapez zu Trapez schwingen. Die Schule ist am oberen Ende von Pier 40 und von April bis Oktober geöffnet. Es gibt auch eine überdachte Einrichtung in South Williamsburg in Brooklyn, die ganzjährig geöffnet ist. Unterrichtstermine stehen auf der Website. Einmalige Registrierungsgebühr 22 $.

SCHOONER ADIRONDACK BOOTSRUNDFAHRT

Karte S. 452 (☎212-627-1825; www.sail-nyc.com; Chelsea Piers Complex, Pier 62 Höhe W 22nd St,

Chelsea; Touren 52–86 $; S1, C/E bis 23rd St) Der Zweimaster *Adirondack* kreuzt von Mai bis Oktober viermal am Tag für jeweils zwei Stunden im New Yorker Hafen. Die 24-m-Jacht *Manhattan* und 30-m-Jacht *Manhattan II* im Stil der 1920er-Jahre lichten die ganze Woche über den Anker – Termine siehe Website.

WEST 4TH STREET
BASKETBALL COURTS BASKETBALL
Karte S. 448 (Sixth Ave zw. 3rd & 4th St, West Village; SA/C/E, B/D/F/M bis W 4th St–Washington Sq) Der kleine, auch als „The Cage" bekannte Basketballplatz ist mit Maschendraht eingezäunt und Treffpunkt einiger der besten Streetballer der USA.

Union Square, Flatiron District & Gramercy

Highlights

❶ ABC Carpet & Home (S. 182) In dem Einkaufstempel durch die Etagen mit ultrateuren Möbeln schlendern.

❷ Union Square Greenmarket (S. 182) An den Ständen dieses Markts, der im Winter ein bunter Weihnachtsmarkt ist, frischeste

Lebensmittel kaufen und handwerklich hergestellte Leckereien probieren.

❸ Flatiron Lounge (S. 179) In der dunklen, schön eingerichteten Art-déco-Bar zur Happy Hour Cocktails schlürfen.

❹ Gramercy Park (S. 176) Bei einem Spaziergang um

den eleganten Park eine der ruhigsten Ecken der Stadt genießen.

❺ Shake Shack (S. 175) Zwischen Kunstinstallationen im Schatten des berühmten Flatiron Building im Madison Square Park einen Burger futtern.

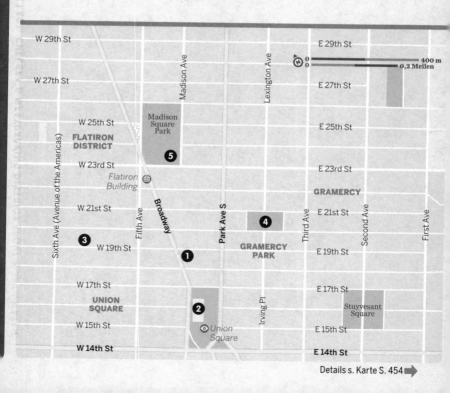

Details s. Karte S. 454 ➡

Rundgang: Union Square, Flatiron District & Gramercy

Das Gebiet ist recht überschaubar. Am besten nimmt man die beiden größeren öffentlichen Plätze – Union Square (S. 174) und Madison Square Park (S. 175) – als Eckpfeiler. Am Union Square spürt man angesichts der guten Cafés, der Demonstranten mit Protestschildern und der Straßenkünstler auf dem Platz die Vibes des Village und der Hochschulen herüberwehen – die NYU liegt unmittelbar südlich, die New School gleich westlich.

Nördlich Richtung 23rd St thront das Flatiron Building (S. 175) über dem Einkaufsviertel, in dem es von gut besuchten Lunchspots und Feierabendkneipen wimmelt. Östlich der beiden Plätze liegt Gramercy, das sich trotz der vielen Restaurants eher wie ein Wohnviertel anfühlt.

Im Madison Square Park quatschen junge Werbefuzzis bei einem Latte, gestresste Rechtsanwälte nehmen sich abseits des Büros eine kleine Auszeit und in den wärmeren Monaten lockt der Markt Mad Sq Eats in der Nordostecke des Parks Feinschmecker an.

Lokalkolorit

➡ **Mad Sq Eats** Im Frühling und Herbst zieht es Gourmets auf den winzigen General Worth Sq – gegenüber vom Madison Square Park eingeklemmt zwischen Fifth Ave und Broadway. Dann findet hier einen Monat lang Mad Sq Eats (S. 177) statt. An den rund 30 Lebensmittelständen sind auch Top-Restaurants der Stadt vertreten. Von Pizza bis Ochsenbrust-Tacos wird hier alles geboten, zubereitet aus besten regionalen Zutaten.

➡ **Feinkost** Eataly (S. 177) hat sich als *die* Einkaufsadresse für italienische Feinkost etabliert. Anwohner erledigen ihre Tageseinkäufe gern im Bio-Supermarkt Whole Foods.

Anfahrt

➡ **Subway** Unter dem Union Square verlaufen diverse Subway-Linien. Linien 4, 5 und 6 führen Manhattans East Side hoch nach Williamsburg an der L-Linie, die Linien N, Q und R führen nach Queens. Mit der L geht's auch rüber zur West Side, mit der Q schnell zum Herald Square und Times Square.

➡ **Bus** Linien M14A und M14D queren die Stadt auf der 14th St, die M23 auf der 23rd St. Wer zwischen zwei östlichen Punkten von Manhattan unterwegs ist, nimmt besser den Bus als die Subway.

Top-Tipp

Am Union Square kann extrem dichtes Gedränge herrschen, insbesondere auf der 14th St. Wer es eilig hat oder alles zu Fuß bewältigen möchte, wechselt hinüber zur 13th St: Hier lassen sich größere Entfernungen schneller zurücklegen.

 Gut essen

➡ Eleven Madison Park (S. 178)

➡ Gramercy Tavern (S. 178)

➡ Maialino (S. 178)

➡ Clocktower (S. 178)

➡ Cosme (S. 179)

Mehr dazu S. 177 ➡

 Schön ausgehen

➡ Flatiron Lounge (S. 179)

➡ Raines Law Room (S. 179)

➡ Birreria (S. 179)

➡ Old Town Bar & Restaurant (S. 179)

➡ Lillie's Victorian Establishment (S. 180)

Mehr dazu S. 179 ➡

 Tolle Fotospots

➡ Gramercy Park (S. 176)

➡ Flatiron Building (S. 175)

➡ Madison Square Park (S. 175)

➡ Union Square (S. 174)

Mehr dazu S. 174 ➡

HIGHLIGHT
UNION SQUARE

Der Union Square ist so etwas wie die Arche Noah von New York, denn hier findet mindestens ein Paar von jeder Art vor den Wogen des Betonmeeres Zuflucht. Hier, zwischen einer Kulisse aus Steinstufen und eingezäunten Sträuchern, sammeln sich Exemplare jeder Art: Angestellte im Anzug, die während ihrer Mittagspause frische Luft schnappen, Lebenskünstler mit Dreadlocks, die ihrer Tabla ein paar Töne entlocken, oder auch Skateboarder, die auf den Treppen in der Südostecke ihre akrobatischen Fähigkeiten unter Beweis stellen.

NICHT VERSÄUMEN

→ Union Square Greenmarket (S. 182)

→ Kunstinstallation *Metronome*

→ Ausblick vom Schuhgeschäft DSW

→ Straßen- und Lebenskünstler und Sit-ins

PRAKTISCH & KONKRET

→ Karte S. 454, D4

→ www.unionsquarenyc.org

→ 17th St zw. Broadway & Park Ave S, Union Square

→ S 4/5/6, N/Q/R, L bis 14th St–Union Sq

Arm & reich

Bald nach seiner Eröffnung 1831 wurde der Union Square zum Treffpunkt der Bewohner der nahe gelegenen hochherrschaftlichen Villen. Konzertsäle und Künstlerclubs verstärkten die gediegene Atmosphäre und schnell schossen am Broadway exklusive Geschäfte wie Pilze aus dem Boden, was zu dem Spitznamen „Ladies' Mile" führte.

Bei Ausbruch des Bürgerkriegs diente der große öffentliche Platz („groß" für New Yorker Verhältnisse natürlich) als zentrale Bühne für Demonstranten jeglicher Couleur – von Gewerkschaftlern bis Politaktivisten. Auf dem Höhepunkt des Ersten Weltkriegs war das Viertel ziemlich verwaist, was politischen und sozialen Organisationen wie der American Civil Liberties Union, der Kommunistischen und der Sozialistischen Partei sowie der Gewerkschaft der Textilarbeiterinnen ermöglichte, hier ihr Aktionsfeld zu finden. Bis heute finden auf dem Union Square Demonstrationen statt.

Einen unvergesslichen Blick auf den Union Square und das Empire State Building im Hintergrund hat man im DSW (S. 182), einem im zweiten Stock gelegenen Billigschuhladen am Südende des Platzes.

Die Factory

Nach über einem Jahrhundert des stetigen Hin und Her zwischen Wohlstandsbürgertum und politischem Protest floss noch eine dritte – künstlerische und ziemlich hippiemäßige – Komponente in die Mischung ein, denn Andy Warhol verlegte seine Factory in den fünften Stock des Decker Building am 33 Union Sq West. Hier schoss am 3. Juni 1968 die Schriftstellerin Valerie Solanas dreimal auf Warhol und verletzte ihn schwer. Heute ist im Erdgeschoss des Gebäudes die Filiale einer Süßwarenkette untergebracht – so ändern sich die Zeiten.

Metronome

Auf dem Union Square sind auch originelle Kunstwerke zu sehen. Zu den dauerhaft hier weilenden Skulpturen zählen eine Reiterstatue George Washingtons und eine Statue des Friedensstifters Mahatma Gandhi. Am Südrand des Platzes befindet sich eine massive Kunstinstallation, die entweder ratloses Staunen hervorruft oder einfach übersehen wird. *Metronome* ist ein Symbol für das Verstreichen der Zeit und besteht aus zwei Teilen: einer Digitaluhr mit einer verwirrenden Anordnung von Ziffern und einer zauberstabähnlichen Apparatur, aus der in konzentrischen Kreisen Dampf entweicht. Was Letztere bedeuten soll, lassen wir jeden selbst herausfinden, verraten aber, was es mit den blinkenden orangefarbenen Ziffern auf sich hat: Die 15 Zahlen müssen in zwei Gruppen aufgeteilt werden. Die sieben linken Zahlen zeigen die aktuelle Zeit an (Stunde, Minute, Sekunde, Zehntelsekunde) und die acht rechten Zahlen müssen von rechts nach links gelesen werden, dann zeigen sie an, wie viel Zeit noch bis zum Ende des Tages verbleibt.

SEHENSWERTES

Sehenswürdigkeiten gibt es hier nicht viele, doch auf dem Union Square mit seinen Straßenkünstlern, Anzugträgern und verführerischen Essensständen ist immer viel los. Nordwestlich erstrecken sich die schnieken Straßen von Gramercy, Richtung Norden liegt der Madison Square Park, wo Hunde und Eichhörnchen ebenso das Flair bestimmen wie Kunstinstallationen, Lesungen und ein berühmter Burgerschuppen.

UNION SQUARE
PLATZ

Siehe S. 174.

MADISON SQUARE PARK
PARK

Karte S. 454 (☎212-520-7600; www.madisonsquarepark.org; E 23rd bis 26th St zw. Fifth & Madison Ave, Flatiron District; 🕐6–23 Uhr; 👪; [S]R/W, F/M, 6 bis 23rd St) Der Park bildete die Nordgrenze Manhattans, bis die Stadtbevölkerung nach dem Amerikanischen Bürgerkrieg förmlich explodierte. Heute ist er eine sehr willkommene Oase inmitten des urbanen Trubels mit einem tollen Spielplatz, einer Hundewiese und der Burgerschmiede **Shake Shack** (Karte S. 454; ☎646-889-6600; www.shakeshack.com; Burger 4,20–9,50 $; 🕐Mo–Fr 7.30–23, Sa & So ab 8.30 Uhr). Dazu dient der Park als Open-Air-Kulturforum: Hier findet man eigens für den Platz in Auftrag gegebene Kunstinstallationen und in der wärmeren Jahreszeit werden z. B. Literaturdiskussionen sowie Konzerte veranstaltet – Näheres siehe Website.

THEODORE ROOSEVELT BIRTHPLACE
HISTORISCHE STÄTTE

Karte S. 454 (☎212-260-1616; www.nps.gov/thrb; 28 E 20th St zw. Broadway & Park Ave S, Flatiron District; 🕐40-min. Führungen Di–Sa 10, 11, 13, 14, 15 & 16 Uhr; [S]R/W, 6 bis 23rd St) [GRATIS] Das Haus ist, obwohl als nationalhistorische Stätte ausgewiesen, nicht das echte Geburtshaus des 26. US-Präsidenten, denn das wurde bereits zu dessen Lebzeiten ab-

HIGHLIGHT
FLATIRON BUILDING

Das 20-stöckige Flatiron Building wurde 1902 nach Plänen von Daniel Burnham erbaut. Der einzigartige schmale, dreieckige Grundriss erinnert an einen riesigen Schiffsbug. Je länger man die Kalkstein- und Terrakottafassade im traditionellen Beaux-Arts-Stil betrachtet, desto schöner und komplexer erscheint sie. Bis 1909 war das Flatiron das höchste Gebäude der Welt.

Einer der ersten Mieter, die in das Hochhaus einzogen, war der Verleger Frank Munsey. Im 17. Stock wurde damals *Munsey's Magazine* produziert, in dem O. Henry seine Kurzgeschichten veröffentlichte. Porters Betrachtungen (in beliebten Geschichten wie „The Gift of the Magi") sowie die Gemälde von John Sloan und die Fotografien von Alfred Stieglitz ließen das Flatiron jener Tage unsterblich werden. Die Schauspielerin Katharine Hepburn sagte einmal, sie würde sich wünschen, genauso bewundert zu werden wie das prachtvolle, altehrwürdige Gebäude.

Zwar soll das Gebäude irgendwann in ein Fünfsternehotel umgewandelt werden, aber die Pläne liegen auf Eis, bis der letzte Mieter freiwillig auszieht. In der Zwischenzeit ist das Erdgeschoss des „Bugs" in einen gläsernen Ausstellungsraum verwandelt worden. Hier war in der Vergangenheit z. B. ein lebensgroßer 3-D-Nachbau des Gemäldes *Nighthawks* von Edward Hopper (1942) zu sehen – der kantige Diner des Gemäldes ähnelt stark der Form des Flatiron.

NICHT VERSÄUMEN

- Blick auf die Fassade vom Madison Square Park aus
- Die kunstvollen Fassadendetails aus nächster Nähe würdigen
- Kunstraum Flatiron Prow

PRAKTISCH & KONKRET

- Karte S. 454, C2
- Broadway, Ecke Fifth Ave & 23rd St, Flatiron District
- [S]N/R, F/M, 6 bis 23rd St

HIGHLIGHT
GRAMERCY PARK

Bei den niederländischen Siedlern hieß die heute als Gramercy bekannte Gegend *Krom Moerasje* („kleiner krummer Morast"). Dem Sumpf wurde 1831 der Garaus gemacht: Damals kaufte der Rechtsanwalt und Stadtbedienstete Samuel Ruggles das Land; er ließ den Sumpf trockenlegen und teilte das Land in 108 Parzellen auf. Davon wurden 42 für einen privaten Park im englischen Stil reserviert, der bis in alle Ewigkeit den Bewohnern der umliegenden 66 Grundstücke gehören sollte.

Fast zwei Jahrhunderte später ist der Gramercy Park immer noch eine private Oase. Nur einmal wurde er Nichtanwohnern zugänglich gemacht: 1863 durften ihn während der „Draft Riots" (Einberufungskrawalle) Nordstaatensoldaten betreten.

Viele der alten Stadthäuser am Park wurden in den 1920er-Jahren durch Wohnhochhäuser ersetzt. Die Eleganz des National Arts Club (S. 176) zeugt von der alten Noblesse der Gegend. Tatsächlich wohnten am Gramercy Park schon diverse Promis. Im Stadthaus 4 Gramercy Park W beispielsweise lebte von 1847 bis 1869 der Verleger James Harper, 1844/45 Bürgermeister der Stadt. Ein weiterer berühmter Anwohner war Stanford White: Er entwarf den nach ihm benannten Triumphbogen auf dem Washington Square.

NICHT VERSÄUMEN

➡ Ein Bummel rund um den Park, um sich die wunderbaren Gebäude anzuschauen

➡ Im National Arts Club eine Ausstellung ansehen

PRAKTISCH & KONKRET

➡ Karte S. 454, D3
➡ E 20th St zw. Park & Third Ave, Gramercy
➡ Ⓢ N/R, 6 bis 23rd St

---

gerissen. Dennoch ist dies ein würdiger Nachbau, da die Erben alles getan haben, um Originalmöbel aus dem Haus durch Restaurierungen im Stil der damaligen Zeit zu ergänzen.

NATIONAL ARTS CLUB KULTURZENTRUM
Karte S. 454 (☎212-475-3424; www.nationalarts club.org; 15 Gramercy Park S, Gramercy; Zeichenunterricht 15–25 $; Ⓢ N/R, 6 bis 23rd St) In dem 1898 zur Förderung des öffentlichen Interesses an der Kunst gegründeten Club finden Kunstausstellungen statt, die gewöhnlich montags bis freitags zwischen 10 und 17 Uhr für die Öffentlichkeit zugänglich sind (Infos auf der Website). Das Gebäude wurde von Calvert Vaux entworfen, der auch an der Schaffung des Central Park beteiligt war. Der bildergesäumte vordere Salon besitzt eine schöne gewölbte Buntglasdecke. Einst lebte hier Samuel J. Tilden, Gouverneur von New York und gescheiterter Präsidentschaftskandidat des Jahres 1876.

TIBET HOUSE KULTURZENTRUM
Karte S. 454 (☎212-807-0563; www.tibethouse. us; 22 W 15th St zw. Fifth & Sixth Ave, Union Square;

empfohlene Spende 5 $; ⊘Mo–Fr 11–18, So bis 16 Uhr; Ⓢ F/M bis 14th St, L bis 6th Ave) Unter der Schirmherrschaft des Dalai Lama widmet sich die gemeinnützige Organisation tibetischen Traditionen. Zum Programm zählen Kunstausstellungen, eine wissenschaftliche Bibliothek, eigene Publikationen, Bildungsworkshops, offene Meditationen, Einkehrwochenenden und Reisen mit Dozenten nach Tibet, Nepal und Bhutan.

METROPOLITAN LIFE TOWER HISTORISCHES GEBÄUDE
Karte S. 454 (1 Madison Ave zw. E 23rd & E 24th St, Flatiron District; Ⓢ N/R, F/M, 6 bis 23rd St) Der 1909 fertig gestellte Uhrenturm, der sich 213 m hoch über der Südostecke des Madison Square Park gen Himmel reckt, ist ein Werk von Napoleon LeBrun, einem in Philadelphia geborenen französischstämmigen Architekten. Bei Italienfreunden ruft das Hochhaus Erinnerungen wach: Als Vorbild diente der weltberühmte *campanile* (Glockenturm) auf dem Markusplatz in Venedig. Und wie die Geschichte so spielt: LeBruns New Yorker Version ist jetzt älter

als das venezianische Original – das stürzte nämlich 1902 zusammen und der Ersatzbau war erst 1912 fertig.

🍴 ESSEN

TACOMBI CAFÉ EL PRESIDENTE
MEXIKANISCH $

Karte S. 454 (☎212-242-3491; www.tacombi.com; 30 W 24th St zw. Fifth & Sixth Ave, Flatiron District; Tacos 4–5,50 $, Quesadillas 6–9 $; ⏱Mo–Sa 11–24, So bis 22.30 Uhr; [S]F/M, R/W bis 23rd St) Das pink-grüne Tacombi ist quasi die Quintessenz aller Cafés von Mexiko-Stadt und damit eine Mischung aus Saft- und Schnapsbar bis Taco-Laden. Wer einen Tisch ergattert hat, kann sich bei einer Margarita in die Speisekarte mit köstlichen mexikanischen Imbissspeisen vertiefen. Tipp: *esquites* (gegrillter Mais mit *cotija*-Käse und Chipotle-Mayonnaise, serviert im Pappbecher) und saftige *carnitas-michoacan*-Tacos mit in Bier mariniertem Schweinefleisch.

MAD SQ EATS
MARKT $

Karte S. 454 (www.madisonsquarepark.org/mad-sq-food/mad-sq-eats; General Worth Sq, Flatiron District; ⏱Frühjahr & Herbst 11–21 Uhr; [S]R/W, F/M, 6 bis 23rd St) Auf dem zweimal im Jahr stattfindenden Markt sind einige der coolsten Restaurants und angesagtesten Köche der Stadt mit Ständen vertreten. Geboten wird Streetfood von *arancini* und *empanadas* bis zu Hummerbrötchen und Eiscreme-Sandwiches. Termine und Teilnehmer siehe Website.

BIG DADDY'S
DINER $

Karte S. 454 (☎212-477-1500; www.bigdaddysnyc.com; 239 Park Ave S zw. E 19th & E 20th St, Gramercy; Hauptgerichte 13–16 $; ⏱Mo–Do 8–24, Fr & Sa bis 5, So bis 23 Uhr; [S]6 bis 23rd St; 4/5/6, L, N/Q/R/W bis 14th St–Union Sq) Riesige, luftige Omeletts, herzhafte Burger und *tater tots* (eine Art Rösti-Kroketten; normal oder Süßkartoffeln) haben das Big Daddy's zu einer sehr beliebten Frühstücks- und Nachteulenadresse gemacht. Die Einrichtung ist wunderbar kitschig-amerikanisch, doch das Essen ist erschwinglich und schmeckt dazu noch gut. Auf keinen Fall sollte man versäumen, eins der Riesen-Shakes zu kosten!

EISENBERG'S SANDWICH SHOP
SANDWICHES $

Karte S. 454 (☎212-675-5096; www.eisenbergsnyc.com; 174 Fifth Ave zw. W 22nd & 23rd St, Flatiron District; Sandwiches 4–13 $; ⏱Mo–Fr 6.30–20, Sa 9–18, So bis 17 Uhr; [S]R/W bis 23rd St) Der altmodische Diner, in dieser Ecke mit meist teuren Immobilien eine Ausnahme, ist von morgens bis abends mit Stammgästen gefüllt, die sich hier traditionelle jüdische Kost wie gehackte Leber, Pastrami und Weißfisch-Salat einverleiben. An der langen Theke kann man sich wunderbar unter das bunte Publikum mischen.

REPUBLIC
ASIATISCH $

Karte S. 454 (☎212-627-7172; www.thinknoodles.com; 37 Union Sq W zw. E 16th & E 17th St, Union Square; Hauptgerichte 13–16 $; ⏱11.30–22.30 Uhr; [S]4/5/6, N/Q/R, L bis 14th St–Union Sq) Das Republic speist die Massen mit frischen und köstlichen asiatischen Klassikern wie wärmenden Nudelsuppen, saftigem Pad Thai oder leichten Salaten mit Papaya und Mango. Das direkt am Union Square gelegene Lokal ist eine praktische Adresse für ein billiges und unkompliziertes Essen. Hier ist immer viel los, aber die Bedienung ist auch flink.

BOQUERIA FLATIRON
TAPAS $$

Karte S. 454 (☎212-255-4160; www.boquerianyc.com; 53 W 19th St zw. Fifth & Sixth Ave, Flatiron District; Tapas 6–18 $; ⏱So–Do 11–22.30, Fr & Sa bis 23.30 Uhr; 📶; [S]1 bis 18th St, F/M, R/W bis 23rd St) Die Boqueria mit ihrer unschlagbaren Kombination aus Tapas nach spanischem Vorbild und marktfrischen Zutaten verwöhnt die Feierabendgäste mit einer erstklassigen Auswahl an kleinen Tapas und größeren *raciones*. Geboten werden Leckereien wie Knoblauch-Garnelen mit Brandy und Guindilla-Pfeffer oder Dattel-Schinken-Röllchen mit Mandeln und Valdeón-Blaukäse. Abgerundet wird das Ganze durch eine hervorragende Auswahl an spanischen Weinen. *¡Buen provecho!*

EATALY
GASTROHALLE $$

Karte S. 454 (☎212-229-2560; www.eataly.com; 200 Fifth Ave Höhe W 23rd St, Flatiron District; ⏱7–23 Uhr; ✏; [S]R/W, F/M, 6 bis 23rd St) Mario Batalis großer eleganter Tempel der italienischen Kochkunst ist ein Paradies. In den verschiedenen Restaurants des Food Market wird alles angeboten von geschmacksintensivem *crudo* (roher Fisch) und *fritto misto* (frittiertes Gemüse) bis zu Pasta und Pizza. Alternativ genehmigt man sich an der Bar einen Espresso oder stellt sich an den Tresen und Regalen ein leckeres Picknick zusammen.

★MAIALINO ITALIENISCH $$$

Karte S. 454 (☎212-777-2410; www.maialinonyc. com; Gramercy Park Hotel, 2 Lexington Ave Höhe 21st St; Hauptgerichte mittags 24–34 $, abends 27–44 $; ⊙Mo–Mi 7.30–10, 12–14 & 17.30–22, Do bis 22.30, Fr 10–14 & 17.30–22.30, Sa bis 22 Uhr; Ⓢ6, R/W bis 23rd St) In diesem Danny-Meyer-Klassiker reservieren Stammkunden ihren Tisch bis zu vier Wochen im Voraus, dabei befinden sich die besten Plätze an der Bar (keine Reservierung!), an der leutseliges Personal arbeitet, das sich bestens auskennt. Egal was man sitzt – die Geschmacksknospen der Gäste werden auf Italienreise geschickt. In der köstlich rustikalen italienischen Küche des Maialino kommen Zutaten vom nahen Union Square Greenmarket zum Einsatz.

★ELEVEN MADISON PARK MODERN AMERIKANISCH $$$

Karte S. 454 (☎212-889-0905; www.elevenmadi sonpark.com; 11 Madison Ave zw. 24th & 25th St, Flatiron District; Probiermenü 295 $; ⊙Mo–Mi 17.30–22, Do–So bis 22.30, Fr–So außerdem 12–13 Uhr; Ⓢ R/W, 6 bis 23rd St) Das noble Eleven Madison Park belegte 2017 unter den „San Pellegrino World's 50 Best Restaurants" den ersten Platz! Und das ist kaum überraschend: Dieses aufgefrischte Aushängeschild der modernen, nachhaltigen amerikanischen Küche ist eines von nur sechs Restaurants in New York mit drei Michelin-Sternen.

★GRAMERCY TAVERN MODERN AMERIKANISCH $$$

Karte S. 454 (☎212-477-0777; www.gramercyta vern.com; 42 E 20th St zw. Broadway & Park Ave S, Flatiron District; Hauptgerichte Taverne 29–36 $, Speisesaal 3-Gänge-Menü 125 $, Probiermenüs 149–179 $; ⊙Taverne So–Do 12–23, Fr & Sa bis 24 Uhr; Speisesaal Mo–Do 12–14 & 17.30–22, Fr bis 23, Sa 12–13.30 & 17.30–23, So 17.30–22 Uhr; ☎☑; Ⓢ R/W, 6 bis 23rd St) ✐ Saisonale regionale Zutaten prägen die Karte in diesem sich anhaltender Beliebtheit erfreuenden Restaurant im ländlichen Schick mit kupfernen Kerzenhaltern, Wandmalerei und umwerfendem Blumendekor. Die Gäste haben die Wahl zwischen zwei Speiseräumen: der Taverne (keine Reservierungen) mit Angebot à la carte und dem eleganteren Restaurant mit edlen Festpreis- und Probiermenüs. Zu den Highlights in der Taverne zählen ein herausragender Entenhackbraten mit Pilzen, Kastanien und Rosenkohl.

★CRAFT MODERN AMERIKANISCH $$$

Karte S. 454 (☎212-780-0880; www.craftrestau rant.com; 43 E 19th St zw. Broadway & Park Ave S, Union Square; mittags 29–36 $, Hauptgerichte abends 24–55 $; ⊙Mo–Do 12–14.30 & 17.30–22, Fr bis 23, Sa 17.30–23, So bis 21 Uhr; ☎; Ⓢ4/5/6, N/Q/R/W, L bis 14th St–Union Sq) ✐ Das muntere, noble Craft unterstützt familienbetriebene Höfe und kleine Lebensmittelerzeuger, deren Produkte hier in raffinierte Gerichte verwandelt werden. Ob man nun an makellos scharf angebratenem Tintenfisch, weichen Jakobsmuscheln oder Kürbis-Mezzaluna-Pasta mit Salbei, brauner Butter und Parmesan knabbert – jede Zutat kommt hier bestens zur Geltung. Mittwochs bis samstags sollte man vorausbuchen oder vor 18 bzw. nach 21.30 Uhr kommen.

ABC KITCHEN MODERN AMERIKANISCH $$$

Karte S. 454 (☎212-475-5829; www.abckitchen nyc.com; 35 E 18th St Höhe Broadway, Union Square; Pizza 18–22 $, Hauptgerichte abends 24–40 $; ⊙Mo–Mi 12–15 & 17.30–22.30, Do bis 23, Fr bis 23.30, Sa 11–15 & 17.30–23.30, So 11–15 & 17.30–22 Uhr; ☑; Ⓢ4/5/6, N/Q/R, L bis 14th St–Union Sq) ✐ Das ABC Kitchen sieht teils wie eine Galerie und teils wie ein rustikales Bauernhaus aus und ist der kulinarische Avatar des schmucken Einrichtungshauses ABC Carpet & Home (S. 182). Hier wird Biokost zur Haute Cuisine, etwa in Gerichten wie Skuna-Bay-Lachs mit Frühlingszwiebel-Rhabarber-Kompott und Limette oder knusprigem Schweinefleisch-Confit mit Räucherschinken-Marmelade und Schmorrübchen. Wer nicht so viel Hunger hat, ist vielleicht auch mit einer köstlichen Vollkornpizza zufrieden.

CLOCKTOWER MODERN BRITISCH $$$

Karte S. 454 (☎212-413-4300; http://theclock towernyc.com; 5 Madison Ave zw. 23rd & 24th St, Gramercy; Hauptgerichte abends 25–65 $; ⊙Mo & Di 6.30–10, 11.30–15 & 17.30–22, Mi–Fr bis 23, Sa 17–23, So bis 22 Uhr; ☎; Ⓢ F/M, R/W, 6 bis 23rd St) Jason Athertons clubartiger Gourmettempel, das neueste Projekt des mit Michelin-Sternen bekrönten britischen Kochs, versteckt sich im bekannten Metropolitan Life Tower. Die Speisesäle mit Holz und Stuck bilden einen reizvollen Rahmen für die edle Hausmannskost wie Karree vom Colorado-Lamm mit knusprigem Quinoa und Ente aus der Region mit einem süßen Pfirsichsalat.

TRATTORIA IL MULINO ITALIENISCH **$$$**

Karte S. 454 (☎212-777-8448; www.trattorialmulino.com; 36 E 20th St zw. Broadway & Park Ave, Flatiron District; Hauptgerichte 35–52 $; ⏰Mo–Mi 11.30–22, Do & Fr bis 23, Sa 16.30–23, So bis 22 Uhr; [S]R/W, 6 bis 23rd St) Dass Chefkoch Michele Mazza dem italienischen Filmstar Marcello Mastroianni verblüffend ähnlich sieht, ist durchaus passend: Seine schön zubereiteten Gerichte verkörpern italienisches *dolce vita*. Besonders gut sind die Pastagerichte und die Holzofenpizzas; im eleganten Limoncello-Tiramisu wiederum treffen verschiedene regionale Einflüsse zusammen. Der aufmerksame Service und ein schickes, aber trotzdem geselliges Ambiente machen das Restaurant zum perfekten Ort für eine besondere Gelegenheit.

COSME MEXIKANISCH **$$$**

Karte S. 454 (☎212-913-9659; http://cosmenyc.com; 35 E 21st St zw. Broadway & Park Ave S, Flatiron District; Gerichte abends 19–29 $; ⏰Mo–Do 12–14.30 & 17.30–23, Fr bis 24, Sa 11.30–14.30 & 17.30–24, So bis 23 Uhr; 📶; [S]R/W, 6 bis 23rd St) In dem schicken, in Holzkohletönen gehaltenen Restaurant von Koch Enrique Olvera mit innovativen Versionen mexikanischer Kost wird Gourmetküchenniveau erreicht. Olvera untergräbt kulinarische Stereotype und serviert z. B. feine, stärkende Jakobsmuscheln mit Avocado und Yambohne, einen frischen Bohnensalat mit einer Vinaigrette aus scharf angebratenen Gurken, eine Kräuter-Guacamole oder das Kultgericht des Cosme, die Enten-*carnitas*. Vorausbuchen oder sein Glück an der Bar versuchen.

🍷 AUSGEHEN & NACHTLEBEN

Perfekt gemixte klassische Cocktails und umfassende Weinkarten sind typisch für die Bars und Lounges rund um den Union Square, im Flatiron District und in Gramercy. Dies ist eine perfekte Gegend für Leute, die sich für einen Abend in der Stadt gern aufbrezeln: Hier findet man viele Gäste in Cocktailbarklamotten. Wem der Sinn eher nach einer irischen Kneipe steht, der sollte sich zur Third Ave nördlich der 14th St aufmachen.

★FLATIRON LOUNGE COCKTAILBAR

Karte S. 454 (☎212-727-7741; www.flatironlounge.com; 37 W 19th St zw. Fifth & Sixth Ave, Flatiron District; ⏰Mo–Mi 16–2, Do bis 3, Fr bis 4, Sa 17–4 Uhr; 📶; [S]F/M, R/W, 6 bis 23rd St) Wer den dramatischen Bogen durchschritten hat, gelangt in dunkle, vom Art déco inspirierte Räumlichkeiten mit lippenstiftroten Sitznischen, flotten Jazz-Tönen und einem schicken Publikum, das an saisonalen Drinks nippt. Die Cocktails kosten jeweils 14 $, zur Happy Hour (wochentags 16–18 Uhr) nur 10 $.

RAINES LAW ROOM COCKTAILBAR

Karte S. 454 (www.raineslawroom.com; 48 W 17th St zw. Fifth & Sixth Ave, Flatiron District; ⏰Mo–Mi 17–2, Do–Sa bis 3, So 19–1 Uhr; [S]F/M bis 14th St; L bis 6th Ave, 1 bis 18th St) Ein Meer aus Samtvorhängen und Ledersesseln, die perfekte Anzahl freigelegter Backsteine und fachmännisch gemixte Cocktails unter Verwendung perfekt abgelagerter Spirituosen – wenn es um gediegene Atmosphäre geht, bleibt hier nichts dem Zufall überlassen. Reservierungen (empfohlen) sind nur sonntags bis dienstags möglich. Aber egal wann man sich in eine weitaus opulentere Epoche entführen lassen möchte, man sollte sich schon ein bisschen herausputzen.

BIRRERIA BIERHALLE

Karte S. 454 (☎212-937-8910; www.eataly.com; 200 Fifth Ave Höhe W 23rd St, Flatiron District; ⏰11.30–23 Uhr; [S]F/M, R/W, 6 bis 23rd St) Das Tüpfelchen auf dem i des italienischen Feinschmeckermarktes Eataly (S. 177) ist sein zwischen den Bürotürmen des Flatiron versteckter Dach-Biergarten. Von einer Bierkarte in enzyklopädischen Ausmaßen können Biertrinker beste Brauerzeugnisse aus aller Welt bestellen. Beliebter Begleiter des eiskalten Gebräus ist die berühmte in Bier geschmorte Schweineschulter oder man wirft einen Blick in die saisonal wechselnde Karte des hiesigen Pop-up-Restaurants (Hauptgerichte 17–37 $).

Der Aufzug zum Dach versteckt sich bei den Kassen auf der zur 23rd St gewandten Seite des Geschäfts.

OLD TOWN BAR & RESTAURANT BAR

Karte S. 454 (☎212-529-6732; www.oldtownbar.com; 45 E 18th St zw. Broadway & Park Ave S, Union Square; ⏰Mo–Fr 11.30–23.30, Sa 12–23.30, So bis 22 Uhr; [S]4/5/6, N/Q/R/W, L bis 14th St-Union Sq) Hier sieht es immer noch aus wie

1892: Mit Mahagonitheke, original Fliesenboden und Zinndecke ist das Old Town ein altmodischer Klassiker für passionierte Trinker (und Trinkerinnen: In ihrem Video zu *Bad Girl* rauchte Madonna an dieser Bar, als man hier noch rauchen durfte). Es gibt auch Cocktails, aber die meisten Leute kommen auf ein Bier und einen Burger (ab 11,50 $) vorbei.

LILLIE'S VICTORIAN
ESTABLISHMENT
BAR

Karte S. 454 (☏212-337-1970; www.lilliesnyc. com; 13 E 17th St zw. Broadway & Fifth Ave, Union Square; ☺11–4 Uhr; ⎇4/5/6, L, N/Q/R/W bis 14th St–Union Sq) Dies ist einer der Läden, wo der Name schon alles sagt: In einem Ambiente mit hohen Blechdecken, kleinen Sofas aus rotem Samt und alten Fotos in extravaganten vergoldeten Rahmen an der Wand wird man schnurstracks in die Zeit der Petticoats und Taschenuhren entführt. Das Essen und das Angebot an Cocktails ist eindeutig modern, doch das Ambiente reicht aus, um den nostalgischen Schein zu wahren.

FLATIRON ROOM
COCKTAILBAR

Karte S. 454 (☏212-725-3860; www.theflatiron room.com; 37 W 26th St zw. Sixth Ave & Broadway, Flatiron District; ☺Mo–Fr 16–2, Sa 17–2, So bis 24 Uhr; ⎇R/W bis 28th St, F/M bis 23rd St) Alte Tapeten, ein glitzernder Kronleuchter und handbemalte Kassettendecken bilden eine passend elegante Kulisse für diese Kneipe, deren kunstvoll beleuchtete Schränke seltene Whiskeys bergen. Die feinen Cocktails passen bestens zu den edlen Tellern für mehrere Personen – von in Zitrus marinierter Oliventapenade bis zum Fladenbrot mit Guanciale (Schweinebackenspeck) und Feige ist darauf alles zu finden. An den meisten Abenden gibt's Livemusik, z. B. Bluegrass und Jazz. Reservierung sehr zu empfehlen.

71 IRVING PLACE
CAFÉ

Karte S. 454 (Irving Farm Coffee Company; ☏212-995-5252; www.irvingfarm.com; 71 Irving Pl zw. 18th & 19th St, Gramercy; ☺Mo–Fr 7–20, Sa & So ab 8 Uhr; ⎇4/5/6, N/Q/R/W, L bis 14th St–Union Sq) Von in die Tasten hämmernden Schreiberlingen bis zu tratschenden Freunden und Akademikern – hier ist immer was los. Die von Hand gepflückten Bohnen werden auf einer Farm im Hudson Valley (rund 150 km von NYC) liebevoll geröstet. Zum Kaffee gibt's Köstliches wie Croissants von Balthazar, Müsli, Eiergerichte, Bagels und getoastete Sandwiches.

BEAUTY BAR
BAR

Karte S. 444 (☏212-539-1389; www.thebeautybar. com/home-new-york; 231 E 14th St zw. Second & Third Ave, Union Square; ☺Mo–Fr 17–4, Sa & So ab 14 Uhr; ⎇L bis 3rd Ave) Die kitschige Anlehnung an einen altmodischen Schönheitssalon ist seit den 90er-Jahren ein Burner. Mit dem Retro-Soundtrack, dem Nostalgieambiente und einer Maniküre (plus kostenloser Blue-Rinse-Margarita) für 10 $ wochentags von 18 bis 23 Uhr und am Wochenende von 15 bis 23 Uhr zieht der Laden jede Menge coole New Yorker an. Die Abendveranstaltungen reichen von Comedy bis Varieté.

PETE'S TAVERN
BAR

Karte S. 454 (☏212-473-7676; www.petestavern. com; 129 E 18th St Höhe Irving Pl, Gramercy; ☺So–Mi 11–2.30, Do bis 3, Fr & Sa bis 4 Uhr; ⎇4/5/6, N/Q/R/W, L bis 14th St–Union Sq) Die dunkle, stimmungsvolle Kneipe mit Spiegeln, Presszinndecke und Rosenholztheke aus dem 19. Jh. ist ein New Yorker Klassiker. Die Burger schmecken hier genauso lecker wie die 17 verschiedenen Fassbiere. Das Publikum ist gemischt: Paare, die nach einem Theaterbesuch hereinschneien, treffen auf irische Einwanderer, NYU-Studenten und hin und wieder auch auf einen Promi, wie die Fotos bei den Toiletten zeigen.

TOBY'S ESTATE
CAFÉ

Karte S. 454 (☏646-559-0161; www.tobysestate. com; 160 Fifth Ave zw. 20th & 21st St, Flatiron District; ☺Mo–Do 7–21, Sa & So 8–20 Uhr; ⎇R/W, F/M, 6 bis 23rd St) Toby's Estate, das das Licht der Welt in Sydney erblickte und in Williamsburg röstet, ist Teil der sich in Manhattan ausbreitenden Gourmetkaffeekultur. Mit seiner maßgeschneiderten Strada-Espressomaschine versteckt sich das Café im Geschäft Club Monaco. Hier werden geschmacksintensive Gebräue wie der Plantagenkaffee Flatiron Espresso Blend kredenzt. Dazu gibt's Backwaren und Sandwiches.

BOXERS NYC
SCHWULE

Karte S. 454 (☏212-255-5082; www.boxersnyc. com; 37 W 20th St zw. Fifth & Sixth Ave, Flatiron District; ☺Mo–Do 16–2, Fr bis 4, Sa 13–4, So 13–2 Uhr; ⎇F/M, R/W, 6 bis 23rd St) Das Bier fließt reichlich und potenzielle neue Freunde findet man ohne Ende in dieser Gay-Sportsbar mitten im Flatiron District. Im Fernsehen gibt's Football und an der Bar *buffalo wings*. Oben-ohne-Kellner sorgen dafür,

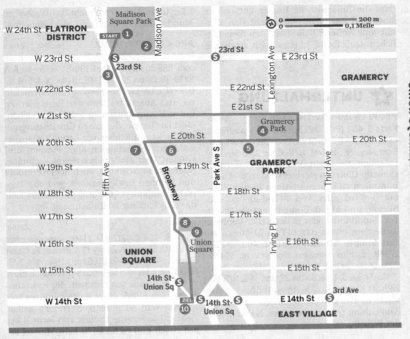

🚶 Spaziergang
Von Parks & Plätzen

START MADISON SQUARE PARK
ZIEL DSW
LÄNGE/DAUER 3,2 KM; 2 STUNDEN

Los geht's im schattigen ❶ **Madison Square Park** (S. 175) mit seinen alten Statuen und neuen Installationen. Hungrige holen sich im ❷ **Shake Shack** (S. 175) einen Gourmetburger und Pommes. Vom Südwestende des Parks hat man einen tollen Blick auf das ❸ **Flatiron Building** (S. 175). Das dreieckige Gebäude mit seiner Beaux-Arts-Architektur war die geniale Lösung des Chicagoer Architekten Daniel Burnham für die ungünstige Grundfläche an der Ecke Fifth Ave und Broadway.

Weiter geht's auf dem Broadway Richtung Süden, dann links in die 21st St. Hinter der Park Ave S erstreckt sich rechts der ❹ **Gramercy Park**, ein Privatpark. Im Haus 16 Gramercy Park S verbrachte Edwin Booth, der legendäre Schauspieler des 19. Jhs., seine letzten Lebensjahre, während die Schauspielerin Margaret Hamilton, bekannt als Böse Hexe des Westens im MGM-Klassiker *Der Zauberer von Oz*, lange im Haus 34 Gramercy

Park E residierte. Das Haus 15 Gramercy Park S beherbergt heute den ❺ **National Arts Club** (S. 176), der schon in Martin Scorseses *Zeit der Unschuld* und Woody Allens *Manhattan Murder Mystery* mitspielte.

Nun führt die Tour auf der 20th St wieder zurück nach Westen zum Nachbau von ❻ **Theodore Roosevelts Geburtshaus**, durch das stündlich Führungen angeboten werden. An der Südwestecke der Kreuzung Broadway und E 20th St erhebt sich das ❼ **Lord & Taylor Building**, früher residierte hier das Midtown-Warenhaus.

Es geht zurück zum Broadway und nach Süden zur nordwestlichen Ecke des ❽ **Union Square** (S. 174). Hier kann man auf dem ❾ **Greenmarket** Obst, Gemüse und Blumen kaufen, der Gandhi-Statue in der Südwestecke des Platzes die Ehre erweisen oder sich in einem der umliegenden Läden etwas für ein Picknick im Park besorgen. Wer mag, kann am Union Sq South (14th St) noch im ❿ **DSW** nach reduzierten Designerschuhen und -accessoires stöbern. Durch die Fenster des Geschäfts bieten sich tolle Ausblicke auf den Park und die Stadt.

dass die Billardstöcke immer gut poliert sind. Und wer meint, hier dreht sich alles nur ums Äußere: Beim beliebten dienstäglichen Quizabend müssen sich auch die grauen Zellen von ihrer besten Seite zeigen.

 UNTERHALTUNG

PEOPLES IMPROV THEATER COMEDY

Karte S. 454 (PIT; ☎212-563-7488; www.thepit-nyc.com; 123 E 24th St zw. Lexington & Park Ave, Gramercy; ☎; Ⓢ F/M, N/R, 6 bis 23rd St) Der in rotem Neonlicht erstrahlende, quirlige Comedy-Club serviert erstklassige Lachnummern zu supergünstigen Preisen. Geboten wird alles von Stand-up- bis zu Sketch- und Musik-Comedy, entweder auf der Hauptbühne oder in der Keller-Lounge. Außerdem bietet das PIT in Midtown in den **Simple Studios** (Karte S. 460; ☎212-273-9696; http://simplestudiosnyc.com; 134 W 29th St zw. Sixth & Seventh Ave, Midtown West; ☎Mo–Fr 9–23, Sa & So bis 22 Uhr; Ⓢ1, N/R bis 28th St) Kurse an, u. a. dreistündige Improvisations-Workshops, an denen man ohne Anmeldung teilnehmen kann. Näheres auf der Website.

IRVING PLAZA LIVEMUSIK

Karte S. 454 (☎212-777-6817; www.irvingplaza.com; 17 Irving Pl Höhe 15th St, Union Square; Ⓢ4/5/6, N/Q/R, L bis 14th St–Union Sq) Das Irving Plaza rockt die Stadt schon seit 1978 und hat sie alle gesehen: die Ramones, Bob Dylan, U2, Pearl Jam usw. Heute ist dies eine tolle Bühne für halbarrivierte, originelle Rock- und Pop-Acts wie die Indie-Chicks Sleater-Kinney oder die Hardrocker Disturbed. Im Parkett um die Bühne herum ist's recht gemütlich, gute Ausblicke bieten sich vom Zwischengeschoss.

 SHOPPEN

UNION SQUARE GREENMARKET MARKT

Karte S. 454 (www.grownyc.org; 17th St zw. Broadway & Park Ave S, Union Square; ☎Mo, Mi, Fr & Sa 8–18 Uhr; Ⓢ4/5/6, N/Q/R, L bis 14th St–Union Sq) Hier nehmen einige der Spitzenköche New Yorks Lebensmittel unter die Lupe: Der Markt auf dem Union Square ist vielleicht der berühmteste der ganzen Stadt. Hier wird alles angeboten, von Obst und Gemüse aus dem Bundesstaat New York bis zu handwerklich hergestelltem Brot,

Käse und Cidre. Wem nicht das Wasser im Munde zusammenläuft, ist nicht zu helfen.

ABC CARPET & HOME HAUSHALTSWAREN

Karte S. 454 (☎212-473-3000; www.abchome.com; 888 Broadway Höhe E 19th St; ☎Mo–Mi, Fr & Sa 10–19, Do bis 20, So 11–18.30 Uhr; Ⓢ4/5/6, N/Q/R/W, L bis 14th St–Union Sq) Inneneinrichter und Ausstatter kommen gern hierher, um sich Anregungen zu holen: Der siebenstöckige Tempel des guten Einrichtungsgeschmacks quillt über vor sorgfältig ausgewählten Gegenständen aller Formen und Größen. Hier gibt's neben Schnickschnack, Stoffen und Schmuck auch schicke Möbel und Lampen sowie Keramik und alte Teppiche. Besonders prächtig präsentiert sich das Geschäft zur Weihnachtszeit.

DSW SCHUHE

Karte S. 454 (☎212-674-2146; www.dsw.com; 40 E 14th St zw. University Pl & Broadway, Union Square; ☎Mo–Sa 9–21.30, So ab 10 Uhr; Ⓢ4/5/6, N/Q/R/W, L bis 14th St–Union Sq) Wer sich gern in Schuhparadiesen tummelt, der ist in dieser großen Filiale einer Kette mit einer tollen Auswahl an günstigen Tretern genau richtig. Die Schuhe reichen von formell bis athletisch und es herrscht kein Mangel an beliebten und edleren Marken. Ein Bonus ist der unverstellte Ausblick auf den Union Square Park. Die Ausverkaufsregale sind berühmt für ihre supergünstigen Preise.

FISHS EDDY HAUSHALTSWAREN

Karte S. 454 (☎212-420-9020; www.fishseddy.com; 889 Broadway Höhe E 19th St, Union Square; ☎Mo–Do 9–21, Fr & Sa bis 22, So 10–20 Uhr; Ⓢ R/W, 6 bis 23rd St) Schon seit Jahren ist Fishs Eddy dank hochwertigem und frechem Design aus den Wohnungen hipper New Yorker nicht mehr wegzudenken. Der Laden quillt über vor Tassen, Untertassen, Buttergefäßen, Karaffen und auch sonst allem, was in einen Schrank passt. Der Stil reicht von geschmackvollen Farbfelddesigns bis zu wunderbar abgedrehten Mustern.

BEDFORD CHEESE SHOP LEBENSMITTTEL

Karte S. 454 (☎718-599-7588; www.bedfordcheeseshop.com; 67 Irving Pl zw. E 18th & 19th St, Gramercy; ☎Mo–Sa 8–21, So bis 20 Uhr; Ⓢ4/5/6, N/Q/R/W, L bis 14th St–Union Sq) Ob man nach in Absinth gewaschenem Rohmilch-Kuhkäse oder Ziegenkäse mit Knoblauch-Infusion aus Australien sucht – die Chancen, solcherlei Spezialitäten unter den 200 Käsesorten in diesem Ableger des bekannten Käsehändlers aus Brooklyn zu entdecken, stehen nicht schlecht. Neben Käse gibt's hier auch gute Wurst, Delikatessen und Sandwiches (8–11 $) sowie ein Sortiment an in Brooklyn produzierten Lebensmitteln.

RENT THE RUNWAY BEKLEIDUNG

Karte S. 454 (www.renttherunway.com; 30 W 15th St zw. Fifth & Sixth Ave; ⏲Mo–Fr 9–21, Sa bis 20, So bis 19 Uhr; [S]L, F/M bis 14th St–6th Ave; 4/5/6, L, N/Q/R/W bis 14th St–Union Sq) Im Flagshipstore des beliebten Modeverleihs kann sich jeder auch noch für kurz bevorstehende Events eine Modeberatung (30 $) gönnen. Verliehen werden allerlei noble Fummel von bekannten Designern und Designerinnen wie Narciso Rodriguez, Badgley Mischka und Nicole Miller. Perfekt für Leute, die auf der Reise nicht viel mitschleppen, aber dennoch mit ihren Klamotten Eindruck schinden wollen.

ABRACADABRA MODE & ACCESSOIRES

Karte S. 454 (☎212-627-5194; www.abracadabrasuperstore.com; 19 W 21st St zw. Fifth & Sixth Ave, Flatiron District; ⏲Mo–Sa 11–19, So 12–17 Uhr; [S]R/W, F/M bis 23rd St) Bei Abracadabra handelt es sich nicht nur um einen Song der Steve Miller Band, sondern auch um ein Spezialgeschäft für Horror, Verkleidung und Zauberei mit Regalen voller Perücken, Makeup, Accessoires usw. Wer derlei mag, verlässt diesen Laden wohl kaum, ohne seine Kreditkarte gezückt zu haben.

BOOKS OF WONDER BÜCHER

Karte S. 454 (☎212-989-3270; www.booksofwonder.com; 18 W 18th St zw. Fifth & Sixth Ave, Flatiron District; ⏲Mo–Sa 10–19, So 11–18 Uhr; 👪; [S]F/M bis 14th St, L bis 6th Ave) Dieser wunderbare Kinderbuchladen ist der ideale Ort, um den Nachwuchs an Regentagen zu beschäftigen – vor allem wenn gerade ein Kinderbuchautor aus seinen Werken vorliest oder jemand Märchen erzählt. Es gibt eine beeindruckende Auswahl von New-York-Bilderbüchern sowie eine Abteilung mit seltenen und alten Kinderbüchern und Kinderbuchkunst in begrenzter Auflage.

SPORT & AKTIVITÄTEN

JIVAMUKTI YOGA

Karte S. 454 (☎212-353-0214; www.jivamuktiyoga.com; 841 Broadway, 2. OG zw. E 13th & 14th St, Union Square; Unterricht 15–22 $; ⏲Unterricht Mo–Fr 7–20.30, Sa & So 7.45–20 Uhr; [S]4/5/6, N/Q/R/W, L bis 14th St–Union Sq) Gilt als *der* Yogaspot in Manhattan: das Jivamukti in einem 365 m² großen Studio am Union Sq ist ein nobles Etablissement, wo Vinyasa-, Hatha- und Ashtanga-Kurse stattfinden. Die „offenen Klassen" eignen sich sowohl für Anfänger als auch Fortgeschrittene, es gibt auch ein veganes **Bio-Café**. Und jetzt noch ein bisschen Promi-Klatsch: Uma Thurmans jüngerer Bruder Dechen gibt hier Unterricht.

SOUL CYCLE RADFAHREN

Karte S. 454 (☎212-208-1300; www.soul-cycle.com; 12 E 18th St zw. Fifth Ave & Broadway, Union Square; Unterricht 34 $; ⏲Unterricht Mo 7–19.30, Di–Do 6–19.30, Fr bis 18, Sa 8.30–16, So bis 18 Uhr; [S]4/5/6, N/Q/R, L bis 14th St–Union Sq) Das Wellness-Erfolgsrezept des Soul Cycle (ein Teil Spinning, ein Teil Tanzparty, ein Teil Therapiesitzung) macht aus Sport einen leicht verdaulichen Spaß. Es werden keine Mitgliederbeiträge erhoben, daher sind Einheimische und Besucher gleichermaßen willkommen. Vielleicht ist sogar ein Promi zugegen – Jake Gyllenhaal nutzt manchmal diese Einrichtung.

Midtown

MIDTOWN EAST | FIFTH AVENUE | MIDTOWN WEST & TIMES SQUARE

Highlights

❶ Rockefeller Center
(S. 195) Von der atemberaubenden Aussichtsplattform Top of the Rock aus Wahrzeichen entdecken oder fünf Etagen tiefer im SixtyFive Cocktails schlürfen (21+).

❷ Museum of Modern Art (S. 191) Im Publikumsmagnet mit Picasso, Warhol und Rothko abhängen,

spektakulär gut essen oder an einem edlen Cocktail nippen.

❸ Argosy (S. 220) Kunstdrucke und faszinierende alte Bücher in Augenschein nehmen und den immer seltener werdenden Duft einer echten Buchhandlung einatmen.

❹ Jazz at Lincoln Center
(S. 214) Martinis, ein spektakuläres Skyline-Panorama und am Abend heiße Saxofonklänge genießen.

❺ Broadway (S. 188) Mit einer mitreißenden Show am Broadway einfach bloß Spaß haben.

Details s. Karten S. 456 und S. 460

Rundgang: Midtown

Midtown ist groß und selbstbewusst und lässt sich am besten portionsweise zu Fuß genießen. Ein guter Einstieg ist das obere Ende der Fifth Ave mit Tiffany & Co (S. 220), dem Plaza Hotel (S. 362), dem Museum of Modern Art (MoMA; S. 191) und der Aussichtsplattform Top of the Rock (S. 201) des Rockefeller Center. Zu den Highlights in Midtown East zählen die seltenen Manuskripte in der Morgan Library & Museum (S. 199), die Beaux-Arts-Architektur des Grand Central Terminal (S. 193), das Art-déco-Foyer im Chrysler Building (S. 196) und eine Führung durch das Uno-Gebäude (S. 199). Und wenn es regnet, ist da immer noch die New York Public Library (S. 202).

Design- und Modefans locken das Museum of Arts & Design (S. 203) und das Museum at FIT (S. 205) in Midtown West. Zwischen den beiden liegt der Times Square (S. 186), der nachts am spektakulärsten ist. Hier gibt's am TKTS Booth (S. 188) verbilligte Broadwaytickets. Die Schlangen sind nach 17.30 Uhr meist kürzer, ganz Schlaue kaufen ihre Tickets in weniger besuchten Filialen im South Street Seaport. Weiter westlich liegt Hell's Kitchen mit erstklassigen Restaurants und seiner Schwulenszene.

Lokalkolorit

➡ **Kneipen** Starke Drinks, gelockerte Krawatten und ein Hauch Nostalgie erwarten die Gäste in Bars wie Jimmy's Corner (S. 211) und Rudy's Bar & Grill (S. 211).

➡ **Theater** Innovatives Schauspiel ist jenseits vom Glamour und Kitsch des Broadway im Playwrights Horizons (S. 214) und Second Stage Theatre (S. 217) zu erleben.

➡ **Essen** Alle sozialen Schichten treffen sich im altmodischen kubanischen Margon (S. 207).

Anfahrt

➡ **Subway** Wichtige Umsteigestationen sind Times Sq–42nd St, Grand Central–42nd St und 34th St–Herald Sq. Die Linien A/C/E und 1/2/3 verlaufen in Nord-Süd-Richtung durch Midtown West, die zentralen Linien 4/5/6 in Nord-Süd-Richtung durch Midtown East. Die zentralen Linien B/D/F/M führen die Sixth Ave entlang und die Linien N/Q/R/W folgen dem Broadway. Die Linien 7, E und M verlaufen quer durch die Stadt.

➡ **Bus** Nützlich am West- und Ostrand von Midtown, z. B. die Route M11 (über die Tenth Ave nach Norden und die Ninth Ave nach Süden), die M101, M102 und M103 (über die Third Ave nach Norden und die Lexington Ave nach Süden) sowie die M15 (über die First Ave nach Norden und die Second Ave nach Süden). Busse fahren auch über die 34th und die 42nd St.

➡ **Bahn** Endstation der Fernzüge von Amtrak und Long Island Rail Road (LIRR) ist die Penn Station (S. 193). PATH-Züge aus Jersey halten an der 33rd St, Pendlerzüge von Metro-North am Grand Central Terminal (S. 193).

Top-Tipp

In einem der Toprestaurants von Midtown zu essen, ohne gleich eine Hypothek aufs Eigenheim aufnehmen zu müssen, ist machbar. Einige haben Festpreis-Mittagsmenüs im Angebot, darunter das Sternerestaurant Le Bernardin (S. 208), das Mittagsgerichte von der Abendkarte anbietet. Wie früh reserviert werden muss, ist je nach Restaurant verschieden. Für das Le Bernardin, für das eine Online-Reservierung möglich ist, kann die Wartezeit einen ganzen Monat betragen.

MIDTOWN

 Gut essen

➡ Le Bernardin (S. 208)
➡ O-ya (S. 206)
➡ Modern (S. 208)
➡ Totto Ramen (S. 207)
➡ Smith (S. 206)

Mehr dazu S. 205 ➡

 Schön ausgehen

➡ Bar SixtyFive (S. 210)
➡ Rum House (S. 210)
➡ Jimmy's Corner (S. 211)
➡ Flaming Saddles (S. 211)
➡ Middle Branch (S. 210)
➡ The Campbell (S. 209)

Mehr dazu S. 209 ➡

⊙ **Toller Blick auf die Skyline**

➡ Top of the Rock (S. 201)
➡ Bar SixtyFive (S. 210)
➡ Empire State Building (S. 189)
➡ Robert (S. 210)
➡ Franklin D. Roosevelt Four Freedoms Park (S. 200)

Mehr dazu S. 200 ➡

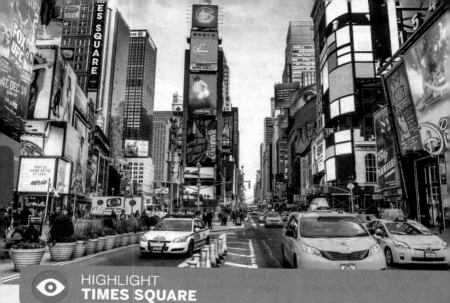

HIGHLIGHT
TIMES SQUARE

Die einen lieben ihn, die anderen hassen ihn. Am Times Square an der Kreuzung von Broadway und Seventh Ave schlägt quasi rund um die Uhr das Herz von New York City: eine hypnotisierende Sturzflut flackender Lichter, bombastischer Reklametafeln und ungebremster urbaner Energie.

Das hyperaktive Herz

Hier ist das New York der kollektiven Phantasie – der Ort, an dem der Fotojournalist Alfred Eisenstaedt am Victory over Japan Day 1945 den innigen Kuss eines Matrosen und einer Krankenschwester fotografierte und den Alicia Keys und Jay-Z poetisch als Betondschungel besangen.

Mehrere Jahrzehnte lang ging der amerikanische Traum hier jedoch erbärmlich den Bach runter. Die Finanzkrise Anfang 1970 hatte einen wirtschaftlichen Massenexodus am Times Square zur Folge. Neonröhren gingen aus, Läden machten dicht und aus einstmals glanzvollen Hotels wurden billige Einzimmerapartments. Im benachbarten Theater District teilten sich seine namhaften Schauspielhäuser das Pflaster mit Pornokinos und Stripclubs. Das alles änderte in den 1990er-Jahren die Politik der harten Hand des ehemaligen Bürgermeisters Rudolph Giuliani. Er stockte die Polizeikräfte auf und lockte zahlreiche „respectable" Ladenketten, Restaurants und Attraktionen an. An der Jahrtausendwende war der Times Square von „X-rated" (nur für Erwachsene) zu „G-rated" (jugendfrei) aufgestiegen und zog rund 40 Mio. Besucher pro Jahr an.

NICHT VERSÄUMEN

➡ Den Blick auf den Times Sq von der Treppe des TKTS Booth

➡ Eine Broadway-Show anschauen

➡ An einem Drink in der R Lounge nippen

➡ Staunend all die bunten Lichter auf sich wirken lassen

PRAKTISCH & KONKRET

➡ Karte S. 460, E5

➡ www.timessquarenyc.org

➡ Broadway Höhe Seventh Ave

➡ Ⓢ N/Q/R/W, S, 1/2/3, 7 bis Times Sq–42nd St

Die New York Times & das neue Jahr

Zu Beginn des 20. Jhs. war der Times Square eine
unscheinbare Kreuzung und hieß Longacre Square.
Das änderte sich durch einen Deal zwischen dem
U-Bahn-Pionier August Belmont und dem Heraus-
geber der *New York Times* Adolph Ochs. Belmont,
verantwortlich für den Bau der ersten Subway-Linie
New Yorks (von Lower Manhattan nach Harlem),
war klar, dass eine Midtown-Einkaufsmeile der
Subway-Strecke mehr Fahrgäste und Einnahmen
bescheren würde. Also wandte er sich an Ochs und
überzeugte ihn vom Umzug: Eine Subway-Station
direkt im Haus würde eine schnellere Verteilung
der Zeitung in der Stadt bedeuten und die aus der
Subway auf den Platz strömenden Pendler würden
sich direkt vor der Tür eine Zeitung kaufen. Belmont
schaffte es sogar, den New Yorker Bürgermeister George B. McClellan Jr. zu überreden, den Platz zu Ehren des Blattes umzutaufen. Im Winter 1904/1905
eröffneten sowohl die Subway-Station als auch der
neue Hauptsitz der *Times* am One Times Square.

Anlässlich des Umzugs veranstaltete die *Times*
1904 eine Neujahrsparty und ließ auf dem Dach
des Wolkenkratzers ein Feuerwerk abbrennen. Aber
1907 war der Platz schon so zugebaut, dass Feuer-
werkskörper zu gefährlich waren und die Zeitungs-
macher nach einer zuschauerträchtigen Alternative
suchten: eine 317 kg schwere Kugel aus Holz und
Eisen, die vom Dach des One Times Square herabgelassen wurde, um die Ankunft von 1908 zu begehen.

In jeder Silvesternacht versammeln sich immer
noch bis zu 1 Mio. Menschen auf dem Times Square,
um dabei zu sein, wenn um Mitternacht eine Kugel
aus Waterford-Kristall herabgelassen wird. Wenn
man zum Gebäude hochblickt, kann man leicht
vergessen, dass hinter all den Werbetafeln tatsächlich noch das Haus One Times Square existiert.
Wer wissen möchte, wie es in der Zeit von Adolph
Ochs ausgesehen hat, kann dem schönen DeWitt
Wallace Periodical Room in der New York Public
Library (S. 202) einen Besuch abstatten: Unter den
Gemälden des Wandmalers Richard Haas befindet
sich auch eins vom Times Square aus den Zeiten der
Straßenbahnen.

Das Theater & der Times Square

Um 1920 hatten sich Belmonts Zukunftsvisionen be-
züglich des Times Square mehr als erfüllt. Der Platz
war nicht nur das Herzstück eines aufstrebenden
Geschäftsbezirks geworden, sondern hatte auch den
Union Square als das New Yorker Theaterviertel abgelöst. Das erste Schauspielhaus hier war das 1893
am Broadway zwischen 40th und 41 St eröffnete,
inzwischen längst wieder verschwundene Empire.
Zwei Jahre später richtete Zigarrenhersteller und

BRILL BUILDING

Das **Brill Building**
(Karte S. 460; 1619
Broadway Höhe W 49th
St; Ⓢ N/R/W bis 49th
St; 1, C/E bis 50th St) an
der Nordwestecke von
Broadway und 49th St
gilt als erfolgreichste
Popsongschmiede der
westlichen Welt. Um
1962 gab es hier mehr
als 160 Musikunterneh-
men, von Songwritern
und Managern bis
Schallplattengesell-
schaften und Promo-
tern. Künstler konnten
unter einem Dach an
einem Song arbeiten,
Studiomusiker mieten,
ein Demoband schnei-
den und einen Produ-
zenten dafür finden. Zu
den Poplegenden, die
hier Platten aufnahmen,
zählen Carol King, Bob
Dylan und Joni Mitchell.
Sicher machte sich der
eine oder andere Musi-
ker auch in die W 48th
St auf: Dort gab es frü-
her so viele Musikläden,
dass die Straße als Mu-
sic Row bekannt war.

KISS-IN

Alfred Eisenstaedts be-
rühmtes Foto von einem
US-Marinesoldaten, der
eine Krankenschwester
küsst, dient als Inspi-
ration für das Times
Square Kiss-In. Es
findet alle fünf Jahre am
Jahrestag des Endes
des Zweiten Weltkriegs
statt. Dann treffen sich
auf dem Platz Hunderte
Pärchen, um das Foto
nachzustellen, das es
aufs Cover der Zeit-
schrift *LIFE* schaffte.

nebenberuflicher Musicalautor und Librettist Oscar Hammerstein das Olympia ein, ebenfalls am Broadway, und 1900 das Republic – heute das Kindertheater **New Victory** (Karte S. 460; ☑646-223-3010; www.newvictory.org; 209 W 42nd St zw. Seventh & Eighth Ave; 🚻; Ⓢ N/Q/R/W, S, 1/2/3, 7 bis Times Sq–42nd St; A/C/E bis 42nd St– Port Authority Bus Terminal). Diese Häuser zogen eine Reihe weiterer neuer Theater nach sich, darunter die immer noch bespielten Bühnenhäuser **New Amsterdam Theatre** (Aladdin; Karte S. 460; ☑844-483-9008; www.new-amsterdam-theatre.com; 214 W 42nd St zw. Seventh & Eighth Ave; 🚻; Ⓢ N/Q/R/W, S, 1/2/3, 7 bis Times Sq–42nd St; A/C/E bis 42nd St–Port Authority Bus Terminal) und **Lyceum Theatre** (Karte S. 460; www.shubert. nyc/theatres/lyceum; 149 W 45th St zw. Sixth & Seventh Ave; Ⓢ N/R/W bis 49th St).

Der Broadway der 1920er-Jahre war für seine beschwingten Musicals berühmt, üblicherweise eine Mischung aus traditionellem Varieté und Bigband-Musik, die klassische Musikstücke wie Cole Porters *Let's Misbehave* hervorbrachte. Zeitgleich entwickelte sich Midtowns Theaterbezirk zur Bühne neuer amerikanischer Dramatiker. Einer der bedeutendsten war Eugene O'Neill. Der 1888 am Times Square im längst verschwundenen Barrett Hotel (1500 Broadway) geborene Bühnenautor führte viele seiner Werke zum ersten Mal hier auf, darunter die mit dem Pulitzer Prize ausgezeichneten Stücke *Beyond the Horizon* und *Anna Christie*. O'Neills Erfolg am Broadway ebnete den Weg für andere amerikanische Größen wie Tennessee Williams, Arthur Miller und Edward Albee – diese Flut großer Dramatiker führte 1947 zur Einführung der jährlichen Tony-Awards-Verleihung.

Der Broadway

Beim Times Square bedienen Dutzende Broadway- und Off-Broadway-Bühnen die ganze Bandbreite von Blockbuster-Musicals über klassische bis zeitgenössische Werke. Wenn es nicht unbedingt ein ganz bestimmtes Stück sein soll, bekommt man in dieser Ecke der Stadt am besten (und billigsten) Karten beim **TKTS Booth** (Karte S. 460; www.tdf.org/tkts; Broadway Höhe W 47th St; ⊙Mo & Fr 15–20, Di 14–20, Mi & Sa 10–14 & 15–20, Do 10–14, So 11–19 Uhr; Ⓢ N/Q/R/W, S, 1/2/3, 7 bis Times Sq–42nd St). Wer sich in die Schlange stellt, kann hier am Tag der Vorstellung Karten zum ermäßigten Preis für erstklassige Broadway- und Off-Broadway-Shows ergattern. Smartphone-Nutzer können auch die kostenlose TKTS-App herunterladen. Sie bietet einen Überblick über alle Broadway- und Off-Broadway-Shows sowie ständig aktualisierte Angaben darüber, welche Karten an diesem Tag noch zu haben sind. Für den Fall, dass das Lieblingsstück ausverkauft ist, sollte man einen Plan B haben – und sich niemals ein Ticket von Fremden auf der Straße andrehen lassen.

Der TKTS Booth ist eine Attraktion für sich. Er liegt unter einem „Dach" aus 27 knallroten, illuminierten Stufen, deren höchste fast 50 m über den Bürgersteig der 47th St hinausragt.

Der Times Square heute

Der berühmte Platz ist eine wunderbare Hommage an den Trubel einer echten Metropole. Hier ist es um 2 Uhr nachts noch fast genauso hell und voll wie mittags: Der Times Square beweist, dass New York wirklich eine Stadt ist, die niemals schläft. Wer an diesem kurzen Abschnitt des Broadway entlangschlendert und keine Gänsehaut bekommt, muss schon sehr abgebrüht sein. Die gewaltigen Werbetafeln sind so groß wie halbe Wolkenkratzer und LED-Lichter künden von Shows und anderen Aufführungen. Eine wilde Mischung aus Figuren – von niedlichen wie Elmo über erhabene wie die Freiheitsstatue bis zu populären wie Marvel-Action-Helden und einfach nur bizarren wie dem Naked Cowboy – reiht sich ein in das Gewimmel von Menschen aus aller Welt. Selbst wer nur ein paar Minuten hier herumläuft, hört schon irre viele verschiedene Sprachen. Außerdem ist dies der berühmteste Platz für Silvesterfeierlichkeiten in der Stadt. Wer in New York nur fünf Minuten Zeit hat, sollte sie hier verbringen.

HIGHLIGHT
EMPIRE STATE BUILDING

Das Chrysler Building ist vielleicht schöner und das One World Trade Center ist höher, aber Superstar der New Yorker Skyline ist und bleibt das Empire State Building, das in rund 100 Filmen eine wichtige Rolle gespielt hat, von *King Kong* bis *Independence Day*. Ein Abstecher nach oben gehört zum New-York-Besuch wie Pastrami, Roggenbrot und Pickles in einen Feinkostladen.

Zahlen

Die Fakten sind überwältigend: 10 Mio. Ziegelsteine, 60 000 t Stahl, 6400 Fenster und über 30 000 m² Marmor. Es wurde dort erbaut, wo ursprünglich das Hotel Waldorf-Astoria stand, die Bauzeit betrug nur sensationelle 410 Tage mit insgesamt 7 Mio. Arbeitsstunden und kostete nicht mehr als 41 Mio. $. Das hört sich vielleicht nach viel Geld an, lag aber weit unterhalb des veranschlagten Budgets von 50 Mio. $ (das war auch gut so, denn das Gebäude wurde während der Weltwirtschaftskrise hochgezogen). Der 102 Stockwerke umfassende, von Kopf bis Fuß 447 m messende Kalksteinphallus öffnete seine Türen am 1. Mai 1931. Generationen später sind Deborah Kerrs Worte zu Cary Grant in *Die große Liebe meines Lebens* immer noch wahr: „Hier ist New York dem Himmel am nächsten".

Aussichtsplattformen

Wer nicht gerade Ann Darrow (die bedauernswerte Dame in den Klauen von King Kong) ist, wird auf dem Weg zur Spitze des Empire State Building wahrscheinlich vor Freude strahlen. Das Gebäude hat zwei Aussichtsdecks.

NICHT VERSÄUMEN

➡ Aussichtsdecks bei Sonnenuntergang

➡ Live-Jazz von Donnerstag- bis Samstagabend

PRAKTISCH & KONKRET

➡ Karte S. 456, B7

➡ www.esbnyc.com

➡ 350 Fifth Ave Höhe W 34th St

➡ Aussichtsdeck im 85. Stock (86th floor) Erw./Kind 34/27 $, inkl. Aussichtsdeck im 101. Stock (102nd floor) 54/47 $

➡ ⊙8–2 Uhr, letzter Aufzug nach oben um 1.15 Uhr

➡ Ⓢ4, 6 bis 33rd; Blue und Orange PATH bis 33rd St; B/D/F/M, N/Q/R/W bis 34th St–Herald Sq

DIE SPRACHE DES LICHTS

Seit 1976 werden die oberen 30 Stockwerke des Gebäudes jede Nacht in verschiedenen Farben angestrahlt, die je nach Anlass unterschiedlich ausfallen. Berühmte Flutlichtkombis sind z. B. Orange, Weiß und Grün am St. Patrick's Day, Blau und Weiß zu Chanukka, dem jüdischen Lichterfest, Rot und Grün zu Weihnachten oder Regenbogenfarben zum Gay Pride Weekend im Juni. Ausführlich erläutert werden die Farbspiele auf www.esbnyc.com.

VERGLEICHE

Das Empire State Building wurde von dem produktiven Architekturbüro Shreve, Lamb and Harmon entworfen. Der Legende nach wurde die Idee für den Wolkenkratzer bei einem Treffen zwischen William Lamb und dem Gebäude-Mitfinanzierer John Jakob Raskob geboren, als Raskob einen Bleistift auf den Tisch stellte und fragte: „Bill, wie hoch kannst du ihn machen, ohne dass er umfällt?" Zu Shreve, Lamb and Harmons weiteren Projekten gehört der Wolkenkratzer an der 500 Fifth Ave. Die beiden Türme lassen sich am besten von der Nordostecke der Fifth Ave und 40th St vergleichen.

Auf dem Freiluftdeck im 85. Stock *(86th floor)* gibt's Münzfernrohre, durch die sich das Treiben in der Metropole heranzoomen lässt. Die umschlossene Plattform weiter oben im 101. Stock *(102nd floor)* ist die zweithöchste New Yorks nach dem Aussichtsdeck des One World Trade Center. Der Ausblick über die fünf Stadtbezirke (und fünf Nachbarstaaten, sofern es das Wetter erlaubt) ist phantastisch. Besonders spektakulär ist die Aussicht von beiden Plattformen bei Sonnenuntergang, wenn die Stadt vor dem letzten Lichtstreif am Horizont langsam ihr nächtliches Gewand anlegt. Doch leider steht vor dem Aufstieg zum Himmel der Gang durchs Fegefeuer: Die Warteschlangen sind berüchtigt.

Eine ambitionierte Antenne

Eine verschlossene, nicht gekennzeichnete Tür auf der Aussichtsplattform im 101. Stock *(102nd floor)* führt zu einem der bis heute waghalsigsten Luftschlösser New Yorks: einer schmalen Terrasse, die als Anlegestelle für Zeppeline vorgesehen war. Geistiger Urheber des Traums war Alfred E. Smith, der sich vom gescheiterten Präsidentschaftskandidaten von 1928 zum Oberboss des Empire-State-Building-Projekts emporschwang. Als der Architekt William Van Alen die bis dato geheim gehaltene Spitze seines konkurrierenden Chrysler Building präsentierte, setzte Smith noch eins drauf. Er verkündete, dass die Spitze des Empire State Building ein noch höherer Ankermast für Transatlantikluftschiffe zieren würde. Auf Papier sah der Entwurf gut aus, nur wurden zwei (wichtige) Dinge nicht berücksichtigt: Erstens müssen Luftschiffe an beiden Enden (nicht wie geplant nur vorne) festgemacht werden und zweitens können die in der Gondel des Zeppelins reisenden Passagiere das Luftschiff nicht durch den riesigen, mit Helium gefüllten Ballon verlassen. Ein Versuch sollte trotzdem gewagt werden. Im September 1931 schlug das *New York Evening Journal* alle Bedenken in den Wind und es gelang tatsächlich, einen Zeppelin anzudocken und einen Stapel druckfrischer Zeitungen aus Lower Manhattan zuzustellen. Jahre später war einem Flugzeug bei der Berührung mit dem Gebäude weniger Glück beschieden: 1945 krachte an einem nebligen Tag ein B-25-Bomber ins 78. Stockwerk des Wolkenkratzers. Es kamen 14 Menschen ums Leben.

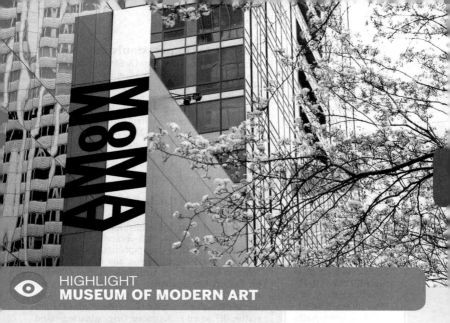

Im MoMA geben sich mehr hochrangige Promis ein Stelldichein als auf der Party nach einer Oscar-Verleihung: van Gogh, Matisse, Picasso, Warhol, Rothko, Pollock und Bourgeois. Seit seiner Gründung 1929 hat das Museum fast 200 000 Kunstwerke angesammelt, die das kreative Schaffen vom späten 19. Jh. bis heute abdecken. Für Kunstliebhaber ist dies das Paradies. Und die, die es werden wollen, bekommen im MoMA einen Crashkurs in allem, was Kunst so faszinierend macht.

Highlights der Sammlung

Die ständige Sammlung des MoMa verteilt sich auf vier Ebenen. Bei großen Sonderausstellungen kann sich die Anordnung der Kunstwerke leicht ändern, doch gewöhnlich befinden sich im 1. Stockwerk *(2nd floor)* Drucke, Buchillustrationen und die Galerien für zeitgenössische Kunst, im 2. *(3rd floor)* folgen Architektur, Design, Zeichnungen und Fotografie und im 3. und 4. *(4th und 5th floor)* Malerei und Bildhauerei. Die beiden letzteren Etagen beherbergen viele der ganz großen Renner, weshalb Besucher das Museum am besten von oben nach unten erkunden, bevor die Müdigkeit einsetzt. Zu den Highlights gehören van Goghs *Sternennacht,* Cézannes *Der Badende,* Picassos *Les Demoiselles d'Avignon* und Henri Rousseaus *Die schlafende Zigeunerin,* ganz zu schweigen von epochemachenden amerikanischen Werken wie Warhols *Campbell's Soup Cans* und *Gold Marilyn Monroe,* Lichtensteins comicartiges Gemälde *Mädchen mit Ball* und Hoppers schwermütiges *Haus am Bahndamm.* Normalerweise sind die besten – d. h. am wenigsten überlaufenen – Tage für einen MoMA-Besuch Montag und Dienstag (außer an Feiertagen). Freitagabends und am Wochenende kann es hingegen nervig voll sein.

NICHT VERSÄUMEN

➜ Van Goghs *Sternennacht*

➜ Edward Hoppers *Haus am Bahndamm*

➜ Andy Warhols *Gold Marilyn Monroe*

➜ Ein Essen im Modern

PRAKTISCH & KONKRET

➜ MoMA

➜ Karte S. 460, G2

➜ 212-708-9400

➜ www.moma.org

➜ 11 W 53rd St zw. Fifth & Sixth Ave

➜ Erw./Kind unter 16 J. 25 $/frei, Fr 16–21 Uhr frei

➜ Sa–Do 10.30–17.30, Fr bis 21 Uhr

➜

➜ S E/M bis 5th Ave–53rd St; F bis 57th; E/B/D bis 7th Ave–57th St

TOP-TIPP

Vor dem Museumsbesuch lädt man sich am besten von der Website die kostenlose Smartphone-App herunter, die auch auf Deutsch erhältlich ist.

KLEINE PAUSE

Das **Cafe 2** (Karte S. 460; ☎212-333-1299; www.momacafes.com; Museum of Modern Art, 11 W 53rd St zw. Fifth & Sixth Ave, 1. OG; Sandwiches & Salate 8–14 $, Hauptgerichte 12–18 $; ⏲11–17, Fr bis 19.30 Uhr; 📶; [S]E, M bis 5th Ave–53rd St) bietet Gemeinschaftstische und eine relaxte Atmosphäre bei Panini, Pastagerichten, Salaten, *salumi* und Käse. Bedienung am Tisch gibt es im **Terrace Five** (Karte S. 460; ☎212-333-1288; www.moma.org; Museum of Modern Art, 11 W 53rd St zw. Fifth & Sixth Ave; Hauptgerichte 12–19 $; ⏲Sa–Do 11–17, Fr bis 19.30 Uhr; 📶; [S]E, M bis 5th Ave–53rd St) mit Terrasse und Blick auf den Skulpturengarten. Wer Luxusessen bevorzugt, bestellt einen Tisch im Sternerestaurant Modern (S. 208).

Abstrakter Expressionismus

Ein Schwerpunkt der MoMA-Sammlung liegt auf abstraktem Expressionismus, einer radikalen Stilrichtung, die sich in den 1940er-Jahren in New York entwickelte und im folgenden Jahrzehnt boomte. Die sogenannte New Yorker Schule mit ihrem Hang zu kompromisslosem Individualismus und Monumentalwerken verhalf der Metropole zum Status eines Epizentrums zeitgenössischer westlicher Kunst. Zu den Highlights zählen Rothkos *Magenta, Black, Green on Orange*, Pollocks *One (Number 31, 1950)* und de Koonings *Painting*.

Abby Aldrich Rockefeller Sculpture Garden

Der viel gerühmte Museumsumbau des Architekten Yoshio Taniguchi 2004 veränderte den Skulpturengarten gemäß dem ursprünglichen, größeren Entwurf von Philip Johnson aus dem Jahr 1953. Johnson beschrieb die Anlage als „eine Art Zimmer im Freien“. Ein Bewohner, der gar nicht genug von diesem Freiluftrefugium bekommen kann, ist Aristide Maillols *Der Fluss*, eine überlebensgroße Frauenstatue, die schon in Johnsons Originalgarten stand. Sie befindet sich übrigens in guter Gesellschaft, d. h. zwischen Werken von Größen wie Matisse, Miró und Picasso. Über dem östlichen Ende des Gartens thront der *Water Tower*, eine transparente Gießharzinstallation der britischen Künstlerin Rachel Whiteread. Der Skulpturengarten ist täglich von 9.30 bis 10.15 Uhr geöffnet, außer bei schlechtem Wetter und während Instandhaltungsarbeiten; der Eintritt ist frei.

Filmvorführungen

Das **MoMA** (Karte S. 460) ist nicht nur ein Palast der bildenden Künste, sondern zeigt im Museumskino ein vielfältiges Programm aus seinem Archiv mit über 22 000 Zelluloid-Schätzen. Das Publikum darf sich überraschen lassen – von Oscar-nominierten dokumentarischen Kurzfilmen über Hollywoodklassiker bis hin zu experimentelle Arbeiten und internationalen Retrospektiven ist alles drin. Und das Beste: die Museums-Eintrittskarte gilt auch fürs Kino.

Galeriegespräche

Wer Genaueres über die MoMA-Sammlung erfahren möchte, kann an den mittäglichen Gesprächen und Lesungen des Museums teilnehmen, bei denen Hintergrundwissen zu bestimmten Werken und aktuellen Ausstellungen vermittelt wird. Die Gesprächsrunden finden jeden Tag um 11.30 und 13.30 Uhr statt. Was als Nächstes auf dem Programm steht, erfährt man auf der MoMA-Website: dort nach „Gallery Sessions“ suchen.

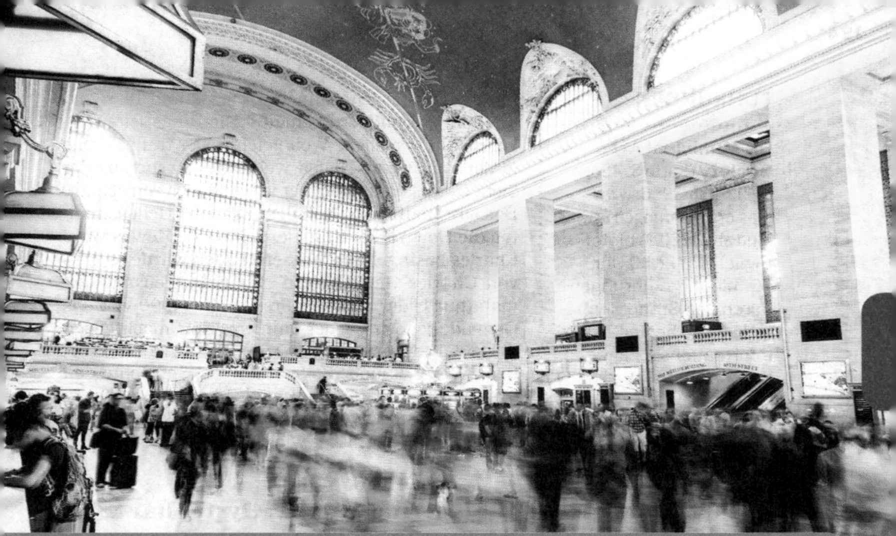

HIGHLIGHT
GRAND CENTRAL TERMINAL

Angesichts der drohenden Eröffnung der original Penn Station verwandelte Schifffahrts- und Eisenbahnmagnat Cornelius Vanderbilt sein Grand Central Depot aus dem 19. Jh. in ein Vorzeigestück nach Maß des 20. Jhs. Das Ergebnis war das Grand Central Terminal, das atemberaubendste Beaux-Arts-Bauwerk New Yorks. Mit seinen Kronleuchtern, Marmorverkleidungen, altehrwürdigen Bars und Restaurants erinnert es an die Ära, als sich Bahnfahren und Romantik noch nicht gegenseitig ausschlossen.

Fassade zur 42nd Street

Die prächtige Fassade des Grand Central ist unten mit Connecticut-Granit vom Stony Creek und oben mit Kalkstein aus Indiana verkleidet. Gekrönt wird sie von der schönsten Monumentalplastik Amerikas, *The Glory of Commerce* (frei übersetzt: „Ein Lob auf den Handel"). Das von dem französischen Bildhauer Jules Félix Coutan entworfene Kunstwerk wurde in Long Island City von den amerikanischen Steinmetzen Donnelly und Ricci hergestellt und 1914 Stück für Stück hochgehievt. Die Hauptgestalt ist Merkur mit dem Flügelhelm, der römische Gott des Handels und Gewerbes. Links von ihm zeigt sich Herkules in einer ungewöhnlich entspannten Pose und Minerva, die Stadtgöttin im Alten Rom, schaut auf das chaotische Treiben der 42nd St hinab. Die Uhr unter Merkurs Fuß enthält das weltweit größte Stück Tiffany-Glas.

NICHT VERSÄUMEN

- Hauptfassade im Beaux-Arts-Stil
- Paul César Helleus Himmelsgewölbe
- Austern unter der Gewölbedecke von Rafael Guastavino
- Cocktails im The Campbell
- Gourmetbummel über den Grand Central Market

PRAKTISCH & KONKRET

- Karte S. 456, C5
- www.grandcentralterminal.com
- 89 E 42nd St Höhe Park Ave
- 🕒5.30–2 Uhr
- [S] S, 4/5/6, 7 bis Grand Central–42nd St

Die Haupthalle

Das Prachtstück des Grand Central gleicht mehr einem Ballsaal als einem Bahnhofsgebäude. Der Boden ist aus pinkfarbenem Tennessee-Marmor, während die altehrwürdigen Fahrkartenschalter aus italienischem Bottocino-Marmor bestehen. Die Deckenkuppel ist

FÜHRUNGEN

Die **Municipal Art Society** (Karte S. 456; ☑212-935-3960; www. mas.org; Führungen Erw./ Kind ab 25/20 $) bietet täglich um 12.30 Uhr 75-minütige Führungen durch den Grand Central an. Sie beginnen am Informationsschalter in der Haupthalle.
Die Grand Central Partnership (S. 222) veranstaltet freitags um 12.30 Uhr kostenlose 90-minütige Führungen durch den Bahnhof und seine Umgebung, die an der Südwestecke der Kreuzung E 42nd St und Park Ave beginnen.

DAS GEHEIMNIS DES PRÄSIDENTEN

Der kaum bekannte Bahnsteig 61 des Grand Central verbirgt sich unter dem Hotel Waldorf-Astoria. Der durch Kinderlähmung behinderte Präsident Franklin D. Roosevelt kannte ihn allerdings gut. Um seine Behinderung zu verbergen, nutzte er stets den Lastenaufzug des Bahnsteigs. Bei Ankunft im Bahnhof wurde der Präsident direkt aus dem Zugabteil über den Bahnsteig in den Aufzug gefahren – ohne dass die Öffentlichkeit etwas bemerkte.

mit einem Sternenhimmel in Türkis und Blattgold mit acht Sternbildern bemalt – allerdings seitenverkehrt. Ein Versehen? Weit gefehlt: Der französische Maler Paul César Helleu wollte die Sterne aus der Sicht Gottes darstellen, der von draußen reinschaut. Das Originalfresko nach dem Entwurf Helleus malten die New Yorker Künstler J. Monroe Hewlett und Charles Basing. Nach Wasserschäden wurde es 1944 von Charles Gulbrandsen originalgetreu nachgemalt (nur leider nicht als Fresko). Um 1990 war das Gemälde jedoch wieder ruiniert. Nun machte sich die auf Restaurierung spezialisierte Architekturfirma Beyer Blinder Belle ans Werk. Sie stellte den ursprünglichen Zustand wieder her, ließ aber (in der Nordwestecke) einen kleinen verrußten Flecken übrig, um zu beweisen, wie toll sie ihre Arbeit erledigt hat.

Whispering Gallery, Oyster Bar & Restaurant & The Campbell

Der Bogengang direkt unter der Verbindungsbrücke zwischen Haupthalle und Vanderbilt Hall weist eine der witzigeren Eigentümlichkeiten des Grand Central auf, die sogenannte Whispering Gallery (Flüstergalerie). Wer in Begleitung ist, sollte sich an diagonal gegenüberliegenden Wänden aufstellen und etwas flüstern. Falls einem die Begleitperson einen Heiratsantrag macht (was hier oft passiert), gibt's eisgekühlten Champagner gleich hinter der Tür im Grand Central Oyster Bar & Restaurant (S. 206). Es hat mit seiner gekachelten Gewölbedecke des katalanischen Architekten Rafael Guastavino sehr viel Atmosphäre. Die herausragende Spezialität ist eindeutig: Austern. Ein Aufzug neben dem Restaurant führt hoch zu einem weiteren historischen Schmuckstück, der herrlich versnobten Bar The Campbell (S. 209).

Grand Central Market

Gaumenfreuden warten auch im **Grand Central Market** (Karte S. 456; www.grandcentralterminal.com/market; Lexington Ave Höhe 42nd St, Midtown East; ⊘Mo–Fr 7–21, Sa 10–19, So 11–18 Uhr), einem über 70 m langen Gang mit Ständen voller frischem Gemüse und Leckereien von Kleinproduzenten. Hier gibt's alles von Krustenbrot und Obstkuchen über Käse und Hühnerpasteten bis hin zu spanischer Quittenpaste und Kaffeebohnen.

HIGHLIGHT
ROCKEFELLER CENTER

Die 9 ha große „Stadt in der Stadt" debütierte nach neunjähriger Bauzeit inmitten der Weltwirtschaftskrise als Amerikas erster Geschäftskomplex samt Unterhaltung und Büros. Es ist eine modernistische Baulandschaft mit 19 Gebäuden (14 davon noch im ursprünglichen Art-déco-Stil), offenen Plätzen und berühmten Bewohnern. Zu den Highlights zählen die Aussichtsplattform Top of the Rock und die NBC Studio Tours.

Top of the Rock

Es gibt schöne Aussichten – und es gibt die Aussicht vom Top of the Rock (S. 201). Vom 70. Stock des GE Building umfasst das Panorama ein Wahrzeichen, das selbst vom Dach des Empire State Building nicht zu sehen ist, nämlich das Empire State Building. Am besten fährt man kurz vor Sonnenuntergang hoch, um die Stadt beim Übergang vom Tag in die glitzernde Nacht zu erleben. Alternativ kann man auch die Cocktailbar im 65. Stock (S. 210, ab 21 Jahre) ansteuern, wo man zu ähnlich spektakulären Ausblicke gut gemixte Drinks genießt – und das im Vergleich zum Eintritt im Top of the Rock zu einem günstigen Preis.

Kunstwerke im öffentlichen Raum

Das Rockefeller Center zieren die Werke von 30 Künstlern zum Thema *Man at the Crossroads Looks Uncertainly But Hopefully at the Future* („Mann am Scheideweg blickt unsicher, aber hoffnungsvoll in die Zukunft"). Von Paul Manship stammen *Prometheus,* der auf die abgesenkte Plaza schaut, und *Atlas* vor dem International Building (630 Fifth Ave). Isamu Noguchis *News* thront über dem Eingang zum Associated Press Building (50 Rockefeller Plaza) und im Foyer des GE Building hängt José Maria Serts Ölgemälde *American Progress*. Letzteres ersetzte das Gemälde des mexikanischen Künstlers Diego Rivera, das die Rockefellers zu kommunistisch fanden.

NBC Studio Tour

Die TV-Comedy *30 Rock* erhielt ihren Namen vom GE Building, in dem der Sender NBC TV seine Studios hat. Die einstündigen NBC Studio Tours (S. 221; Zugang 1250 Sixth Ave) gewähren gewöhnlich einen Blick ins Studio 8H mit dem Set der legendären Show *Saturday Night Live*. Pinkelpausen sind auf der Tour nicht drin (also vorher erledigen!) und vorherige Anmeldung übers Internet ist sehr empfehlenswert. Auf der Website sind aktuelle Zeiten für die Wiederaufnahme der Touren zu erfahren. Auf der anderen Straßenseite der 49th St, gegenüber der Plaza, befindet sich das gläserne Studio der NBC-Show *Today*, die werktags von 7 bis 11 Uhr live ausgestrahlt wird. Wer auch mal ins Fernsehen will, sollte um 6 Uhr antreten, um einen Platz ganz vorne zu erwischen.

Rockefeller Plaza

Jedes Jahr wird auf der Rockefeller Plaza Ende November der berühmteste Weihnachtsbaum New Yorks feierlich erleuchtet. Die Tradition reicht bis in die 1930er-Jahre, als Bauarbeiter hier einen kleinen Weihnachtsbaum aufstellten. Unter dem Baum befindet sich auch die berühmteste Eisbahn der Stadt, der **Rink at Rockefeller Center** (Karte S. 456; ☎212-332-7654; www.therinkatrockcenter.com; Rockefeller Center, Fifth Ave zw. W 49th & 50th St; Erw. 25–32 $, Kind 15 $, Schlittschuhverleih 12 $; 🕑Mitte Okt.–April 8.30–24 Uhr; 👪; [S]B/D/F/M bis 47th-50th Sts–Rockefeller Center). Sie ist zwar klein und überfüllt, aber zauberhaft. Wer nicht lange warten möchte, kreuzt gleich um 8.30 Uhr auf. Im Sommer verwandelt sich die Fläche in ein Café.

NICHT VERSÄUMEN

- Skyline von der Aussichtsplattform
- Sonnenuntergangscocktails im SixtyFive
- J. M. Serts Wandbild *American Progress*
- Set von *Saturday Night Live* (NBC Studio Tour)
- Eislaufen im Rink at Rockefeller Center

PRAKTISCH & KONKRET

- Karte S. 456, B3
- ☎212-332-6868
- www.rockefellercenter.com
- Fifth bis Sixth Ave zw. W 48th & 51st St
- [S]B/D/F/M bis 47th-50th Sts–Rockefeller Center

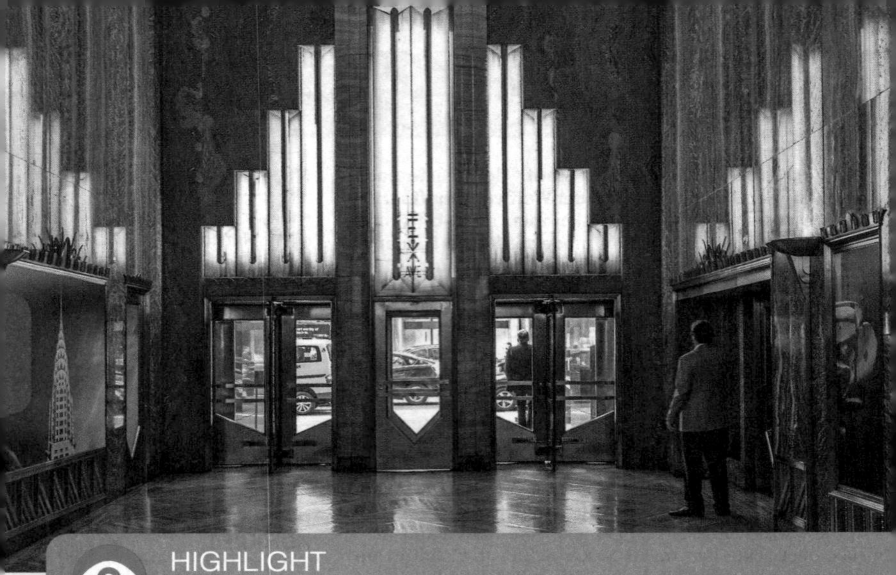

HIGHLIGHT CHRYSLER BUILDING

Das 77-stöckige Chrysler Building lässt die meisten anderen Wolkenkratzer wie Langweiler aussehen. Das 1930 von William Van Alen entworfene aufregende Bauwerk kombiniert die Ästhetik von Art déco und Gotik. Das mit majestätischen stählernen Adlern verzierte und von einer Stahlspitze gekrönte 15-Millionen-Dollar-Statement wurde als Hauptsitz von Walter P. Chryslers Automobilimperium errichtet und ist immer noch eines der ergreifendsten Symbole für New York City.

Die Lobby

Das Chrysler Building hat weder Restaurant noch Aussichtsplattform, aber dafür eine noble Eingangshalle. Ihr nostalgisches Jazz-Age-Feeling spiegelt sich im Design: Dunkle, afrikanische Hölzer und Marmor bilden einen Kontrast zum schnörkellosen Stahl des amerikanischen Industriezeitalters. Schön sind die reich verzierten Fahrstühle mit ägyptischen Lotusmotiven und Intarsien aus japanischer Esche, orientalischem Walnussholz und kubanischem Mahagoni. Über allem spannt sich Edward Trumbulls Deckengemälde *Transport and Human Endeavor* („Verkehr und menschliches Bemühen"). Mit ca. 30 x 30 m ist es angeblich das größte der Welt. Das Loblied auf die Verheißungen des Industriezeitalters zeigt Gebäude, Flugzeuge und eifrige Arbeiter an den Chrysler-Fertigungsbändern.

Die Spitze

Die 56 m hohe Spitze des Chrysler Building aus sieben Stahlbögen war zugleich ein gelungener Racheakt wie auch ein Bravourstück moderner Technik. Das 60 m hohe Werk

NICHT VERSÄUMEN

- Deckengemälde in der Lobby: *Transport and Human Endeavor*
- William Van Alens Spitze
- Fassadenschmuck
- Die Aussicht von der Ecke Third Ave–44th St und vom Empire State Building
- René Chambellans und Jacques Delamarres Reliefs, Chanin Building

PRAKTISCH & KONKRET

- Karte S. 456, C5
- 405 Lexington Ave Höhe E 42nd St
- ⏲Lobby Mo–Fr 8–18 Uhr
- [S]S, 4/5/6, 7 bis Grand Central–42nd St

(„Vertex") wurde unter strengster Geheimhaltung im Treppenhaus zusammengeschraubt, durch eine spezielle Öffnung in die Höhe gestemmt und in nur 1½ Stunden aufgestellt. Die neuartige Konstruktion schockte und empörte den Architekten H. Craig Severance, der gehofft hatte, sein Wolkenkratzer der Manhattan Company in der Wall St würde das höchste Gebäude der Welt. Dass er vor vollendete Tatsachen gestellt wurde, war besonders schmachvoll, da Severance mit dem Architekten William Van Alen, einem ehemaligen Kollegen, persönlich zerstritten war. Als 1931 das noch höhere Empire State Building entstand, war das Gleichgewicht zwischen den Architekten wohl wieder hergestellt, doch Van Alens krönendes Glanzstück ist bis heute ein atemberaubendes Symbol für den Wagemut des 20. Jhs.

Die Wasserspeier

Wenn die Spitze die Diva des Bauwerks ist, sind die Wasserspeier die Nebendarsteller. Stählerne amerikanische Adlerpaare scheinen von den Ecken des 60. Stockwerks abzuheben und verleihen dem Gebäude einen unheimlichen gotischen Touch. Weiter unten, im 30. Stock, erinnern riesige geflügelte Wasserspeier an Chrysler-Kühlerhauben aus den 1920er-Jahren. Sensationell ist der Blick von der Straße aus nach oben auf die Wasserspeier an der Ecke von Lexington Ave und 43rd St.

Ein Juwel in der Nachbarschaft

Gegenüber vom Chrysler Building, an der Südwestecke von Lexington Ave und 42nd St, steht ein weiteres Art-déco-Schmuckstück: das **Chanin Building** (Karte S. 456; 122 E 42nd St Höhe Lexington Ave, Midtown East; [S]S, 4/5/6, 7 bis Grand Central–42nd St). Der 1929 fertiggestellte, 56 Stockwerke hohe Wolkenkratzer aus Backstein und Terrakotta ist das Werk von Irwin S. Chanin, der bei der lizensierten Firma Sloan & Robertson einstieg, um seinen Traum Wirklichkeit werden zu lassen. Die Starattraktionen sind die exquisiten Reliefs von René Chambellan und Jacques Delamarre am Sockel des Gebäudes. Vögel und Fische verleihen der unteren Reihe etwas Spielerisches, aber die obere Terrakottareihe stiehlt ihr mit den überbordenden Botanikverzierungen die Schau.

CREMASTER 3

Die Lobby und die Spitze des Chrysler Building spielen eine Rolle in *Cremaster 3* (2002), einem Avantgarde-Film des preisgekrönten Kunstschaffenden und Filmemachers Matthew Barney. In diesem dritten Teil eines insgesamt fünfteiligen Filmzyklus beleuchtet er auf surreale Weise die Zeit, in der das Chrysler Building erbaut wurde. Dabei verbindet er irische Mythologie mit Stilelementen aus Zombie- und Gangsterfilmen. Mehr zu dem Projekt steht auf www.cremaster.net.

CLOUD CLUB

Ganz oben im Chrysler Building befand sich zwischen 1930 und 1979 der berühmte Cloud Club. Zu seinen Stammgästen zählten der Großindustrielle John D. Rockefeller, Verlagsmagnat Condé Montrose und die Boxlegende Gene Tunney. Der Club auf den Stockwerken 65 bis 67 in einer Mischung aus Art-déco- und Jagdhüttenstil bestand aus einer Lounge und Speiseräumen (darunter einer exklusiv für Walter Chrysler) sowie Küchen, einem Friseursalon und einer Garderobe mit Geheimschrank als Alkoholversteck während der Prohibition. Chrysler brüstete sich fröhlich als Besitzer der höchsten Toilette der Stadt.

HIGHLIGHT
ROOSEVELT ISLAND

Roosevelt Island, ein gut 3 km langer Streifen im East River zwischen Manhattan und Queens, wurde mit seinem nichtssagenden Wohngebiet in der Mitte sowohl von Besuchern als auch von New Yorkern lange ignoriert – lediglich die Seilbahn war wegen der Aussicht von Interesse. Doch jetzt ist der atemberaubende Franklin D. Roosevelt Four Freedoms Park (S. 200) an der Südspitze der Insel ein guter Grund für einen Besuch.

NICHT VERSÄUMEN
→ Franklin D. Roosevelt Four Freedoms Park
→ Aussichtsplattform
→ Seilbahnfahrt
→ Ruine des Renwick Smallpox Hospital

PRAKTISCH & KONKRET
→ Karte S. 456, G1
→ S F bis Roosevelt Island, ab Roosevelt Island Tramway Station, 2nd Ave Ecke E 60th St

Anfangszeit

Die Canarsee-Indianer nannten die winzige Insel „Minnahanonck" (Nette Insel) und verkauften sie als Teil eines größeren Deals 1633 an die Niederländer. Von da an wurde das Land für die Viehzucht genutzt und hieß „Varckens Eylandt" (Schweineinsel). Als die Briten die Macht übernahmen, gelangte die Insel in den Besitz des Sheriffs von New York, John Manning. Nach seinem Tod ging die Insel an seine Stieftochter Mrs. Blackwell über und wurde ab den 1680er-Jahren Blackwell's Island genannt. 1828 erwarb die Stadt die Insel: Sie wollte hier verschiedene „unerwünschte Personen" unterbringen und errichtete ein Gefängnis und medizinische Einrichtungen, darunter eine Psychiatrie – der **Octagon Tower** an ihrem Nordende bildet heute einen Teil des Wohnkomplexes – und das **Renwick Smallpox Hospital**, dessen verfallene Fassade noch immer im Süden der Insel zu sehen ist. Zur Mitte des 20. Jhs. waren die beiden Einrichtungen der jetzt Welfare Island (Wohlfahrtsinsel) genannten Insel geschlossen oder verlassen. In den 1970er-Jahren begann die Stadt New York damit, die Insel neu zu erschließen: Sie wurde zu Ehren von Präsident Franklin D. Roosevelt umbenannt und an der einzigen Straße der Insel entstanden gleichförmige brutalistische Wohnblocks. Jahrelang waren die Ausblicke auf Manhattan und die malerischen Ruinen des alten Pockenkrankenhauses das Einzige, womit die Insel Besucher anlocken konnte.

Gedenken an einen Präsidenten

Erst 2012 konnte die Insel stärker auf sich aufmerksam machen, als an der Südspitze ein 2 ha großer Gedenkpark für Präsident Franklin D. Roosevelt eröffnet wurde. Der Bau des in den 1960er-Jahren von dem Architekten Louis Kahn entworfenen Parks wurde in den 1970er-Jahren auf Eis gelegt, als Kahn starb und New York City praktisch pleite war. Trotz der langen Verzögerung wurde der Park schließlich fast genauso angelegt, wie Kahn ihn sich vorgestellt hatte. Eine von Linden gesäumte, spitz zulaufende Rasenfläche führt hinunter zur Südspitze der Insel, wo sich eine kleine Plattform mit riesigen Blöcken aus Granit aus North Carolina Ausblicke bietet. Am Eingang steht eine große Bronzebüste von Roosevelt; seine berühmte „Vier Freiheiten"-Rede ist auf der Rückseite in den Granitblock eingemeißelt. Es ist ein friedvolles und nüchternes Monument mit vielen versteckten Details.

High-Tech-Zukunft

2017 wurde mit der Eröffnung des ersten Bauabschnitts einer neuen technologischen Hochschule für die Insel ein neues Zeitalter eingeläutet: Die Cornell Tech ist ein Joint Venture der Cornell University und des Technion – Israel Institute of Technology in Haifa. Der 2 Mrd. $ teure Campus soll mit stromsparenden Technologien ausgestattet werden, die zu den effizientesten der Welt gehören, und in zwei weiteren Bauabschnitten bis 2037 fertig gestellt werden. Der Campus soll am Ende knapp 5 ha groß sein, 28 000 neue Arbeitsplätze schaffen und der Stadt einen enormen wirtschaftlichen Nutzen bescheren.

◉ SEHENSWERTES

◉ Midtown East

Midtown besticht mit einigen berühmten Sehenswürdigkeiten wie dem bunten und trubeligen Times Square, dem MoMA als Tempel für moderne Kunst, den Aussichtsplattformen des Empire State Building und des Rockefeller Center und mit Führungen durch die Gebäude der Vereinten Nationen. Im Schatten dieser Berühmtheiten lauern einige weniger bekannte Attraktionen wie die Morgan Library and Museum mit wundervollen Handschriften und einer schönen Einrichtung, das kostenlose, der Mode gewidmete Museum at FIT und die neugotische St. Patrick's Cathedral.

**GRAND CENTRAL
TERMINAL**   HISTORISCHES GEBÄUDE
Siehe S. 193.

CHRYSLER BUILDING   HISTORISCHES GEBÄUDE
Siehe S. 196.

ROOSEVELT ISLAND   STADTTEIL
Siehe S. 198.

★**MORGAN LIBRARY
& MUSEUM**   MUSEUM
Karte S. 456 (📱212-685-0008; www.themorgan.org; 225 Madison Höhe E 36th St, Midtown East; Erw./Kind 20 $/frei; ⊙Di–Do 10.30–17, Fr bis 21, Sa 10–18, So 11–18 Uhr; 🚇6 bis 33rd St) Das prachtvolle Kulturzentrum umfasst die ehemalige Villa des Stahlmagnaten J. P. Morgan und beherbergt eine phänomenale Sammlung von Manuskripten, Gobelins und Büchern, darunter nicht weniger als drei Gutenberg-Bibeln. Morgans Arbeitszimmer mit italienischer und niederländischer Renaissancekunst wird lediglich von seiner Privatbibliothek (East Room) in den Schatten gestellt: Der wunderbare Raum mit Deckengewölbe beherbergt Walnussregale, einen niederländischen Wandteppich aus dem 16. Jh. und Sternbilder an der Decke. Außerdem werden Wechselausstellungen gezeigt, die oft sehr spannend sind, und es finden regelmäßig Kulturveranstaltungen statt.

UNITED NATIONS   HISTORISCHES GEBÄUDE
Karte S. 456 (📱212-963-4475; http://visit.un.org; Besuchereingang First Ave Höhe 46th St, Midtown East; Führung Erw./Kind 20/13 $, keine Kinder unter 5 J., Gelände Sa & So frei; ⊙Führungen Mo–Fr 9–16.45 Uhr, Besucherzentrum außerdem Sa & So 10–16.45 Uhr; 📱; 🚇S, 4/5/6, 7 bis Grand Central–42nd St) Willkommen im Hauptsitz der Vereinten Nationen, einer weltweiten Organisation, die über die Einhaltung des Völkerrechts, die Sicherung des Weltfriedens und den Schutz der Menschenrechte wacht. In das von Le Corbusier entworfene Sekretariatshochhaus kommen Besucher zwar nicht hinein, aber die einstündigen Führungen umfassen den renovierten Saal der Generalversammlung und die Sitzungssäle des Sicherheitsrats, des Treuhandrats und des Wirtschafts- und Sozialrats. Ausstellungen beleuchten die Arbeit der UN und zeigen Kunstwerke, die Mitgliedsstaaten als Geschenke mitbrachten. Die Führungen, die nur an Werktagen stattfinden, müssen online gebucht werden; zum Betreten des Gebäudes benötigt man einen Ausweis mit Foto.

Das Besucherzentrum ist nur am Wochenende kostenlos und frei zugänglich (Eingang in der 43rd St). Nördlich des UN-Komplexes, der offiziell auf internationalem Hoheitsgebiet steht, befindet sich ein stiller Park mit Henry Moores Plastik *Reclining Figure* sowie mehreren anderen Skulpturen zum Thema Frieden.

MUSEUM OF SEX   MUSEUM
Karte S. 456 (📱212-689-6337; www.museumofsex.com; 233 Fifth Ave Höhe 27th St; Erw. 17,50 $, Sa & So 20,50 $; ⊙So–Do 10–21, Fr & Sa 11–23 Uhr; 🚇N/R bis 23rd St) Die schicke Ode an alles Schlüpfrige informiert umfassend zum Thema, von Online-Fetischen bis zur homosexuellen Nekrophilie unter Stockenten. Wechselausstellungen widmeten sich z. B. Erkundungen zum Cybersex und Retrospektiven umstrittener Künstler. Die ständige Sammlung hingegen zeigt u. a. erotische Lithografien und umständliche Vorrichtungen gegen Onanie.

JAPAN SOCIETY   KULTURZENTRUM
Karte S. 456 (www.japansociety.org; 333 E 47th St zw. First & Second Ave, Midtown East; Erw./Kind 15 $/frei, Fr 18–21 Uhr frei; ⊙Di–Do 12–19, Fr bis 21, Sa & So 11–17 Uhr; 🚇S, 4/5/6, 7 bis Grand Central–42nd St) Elegante Ausstellungen zu traditioneller und moderner japanischer Kunst, Textilien und Design sind die Stärke dieses mit Innengärten und Wasserspielen ausgestatteten Kulturzentrums. Im Haustheater werden verschiedene Film-, Tanz- und Theatervorstellungen gezeigt. Wer

WOLKENKRATZER IN MIDTOWN

Die Skyline von Midtown besteht aus mehr als nur dem Empire State Building und dem Chrysler Building. Hier stehen genügend moderne und postmoderne Schönheiten, um auch die wildesten Hochhausträume zu erfüllen. Hier sechs der herausragendsten Wolkenkratzer von Midtown:

Seagram Building (1956–1958; 157 m) Das 38-stöckige **Seagram Building** (Karte S. 456; 100 E 53rd St Höhe Park Ave, Midtown East; Ⓢ6 bis 51st St, E, M bis Fifth Ave–53rd St) ist eines der schönsten Beispiele für den Internationalen Stil. Der führende Architekt der Strömung, Ludwig Mies van der Rohe, war für das Projekt von Arthur Drexler vorgeschlagen worden, dem damaligen Kurator für Architektur im MoMA. Mit dem niedrigen Podest, den Säulen und der Bronzeverkleidung würdigte Mies van der Rohe antike Einflüsse.

Lever House (1950–1952; 94 m) Bei seiner Fertigstellung 1952 war das 21-stöckige **Lever House** (Karte S. 456; 390 Park Ave zw. 53rd & 54th St, Midtown East; Ⓢ E, M bis 5th Ave–53rd St) das Nonplusultra. Der einzige andere Wolkenkratzer mit Glasfassade – eine Innovation, die den Städtebau revolutionierte – war damals das Sekretariatshochhaus der Vereinten Nationen. Mutig war auch die Gestalt des Gebäudes mit zwei gegeneinander versetzten rechteckigen Gebäudeteilen: ein schlanker Turm auf einem Sockel. In dem offenen Hof stehen Marmorbänke des japanisch-amerikanischen Bildhauers Isamu Noguchi. In der Eingangshalle wird zeitgenössische Kunst ausgestellt, die eigens für diesen Raum in Auftrag gegeben wurde.

Citigroup Center (1974–1977; 279 m) Mit seinem markanten dreieckigen Dach und der gestreiften Fassade kennzeichnet das nach Plänen von Hugh Stubbins erbaute 59-stöckige **Citigroup Center** (Karte S. 456; 139 E 53rd St Höhe Lexington Ave, Midtown East; Ⓢ6 bis 51st St; E, M bis Lexington Ave–53rd St) eine Abkehr von der schlichten Flachdachbauweise des Internationalen Stils. Ein noch größerer Hingucker ist der Sockel des Gebäudes. Er wurde an allen vier Ecken beschnitten, sodass der Turm waghalsig auf einer kreuzförmigen Basis ruht. Diese ungewöhnliche Anordnung wurde auch für den Bau der St. Peter's Lutheran Church in der Nordwestecke gewählt. Sie ersetzte die ursprüngliche neugotische Kirche, die bei der Errichtung des Wolkenkratzers abgerissen wurde.

sich in die Materie vertiefen möchte, kann in den 14 000 Bänden der Nachschlagebibliothek stöbern oder sich bei einem der zahllosen Vorträge und Workshops fortbilden.

FRANKLIN D. ROOSEVELT
FOUR FREEDOMS PARK GEDENKSTÄTTE
Karte S. 456 (☎212-204-8831; www.fdrfourfree domspark.org; Roosevelt Island; ⊙April–Sept. Mi–Mo 9–19 Uhr, Okt.–März Mi–Mo bis 17 Uhr; Ⓢ F bis Roosevelt Island, 🚡Roosevelt Island) GRATIS Spektakuläres Design, ein Präsident als Inspirationsquelle und ein ganz anderer Blick auf die New Yorker Skyline bilden ein faszinierendes Trio im Franklin D. Roosevelt Four Freedoms Park. Das bemerkenswerte Denkmal an der Südspitze der schmalen Insel Roosevelt Island im East River ehrt Amerikas 32. Präsidenten und seine Rede zur Lage der Nation von 1941. Darin drückte Franklin D. Roosevelt seinen Wunsch nach einer Welt aus, die auf den vier wesentlichen Freiheiten des Menschen beruht: Meinungsfreiheit, Glaubensfreiheit, Freiheit von Not und Freiheit von Furcht. Das vom renommierten Architekten Louis Kahn 1973 entworfene Denkmal wurde erst 2012, 38 Jahre nach Kahns Tod, vollendet.

Das Warten hat sich gelohnt. Kahns lichte Vision aus Granit ist in Ausmaß und Wirkung schlichtweg atemberaubend. Eine grandiose, schlichte Treppe führt hinauf zu einem dreieckigen Rasen, der von Linden gesäumt ist. Er fällt sanft hinab zu einer Bronzebüste Roosevelts des amerikanischen Bildhauers Jo Davidson. Die Skulptur wird von einer Mauer gerahmt, auf der Roosevelts zündende Rede per Hand eingemeißelt ist. Die Mauer dient auch dazu, die Büste von „The Room" zu trennen, einer beschaulichen Granitterrasse an der äußersten Spitze der Insel. Die Kombination aus plätschernden Wellen und himmelhoher Skyline ist absolut faszinierend.

Die Linie F der Subway fährt zwar zur Roosevelt Island, aber es macht viel mehr

Hearst Tower (2003–2006; 182 m) Der 46-stöckige **Hearst Tower** (Karte S. 460; 949 Eighth Ave zw. 56th & 57th St, Midtown West; [S]A/C, B/D, 1 bis 59th St–Columbus Circle) von Foster & Partners ist eins der kreativsten Beispiele zeitgenössischer Architektur in New York und ganz sicher auch eines der grünsten: Rund 90 % des Stützstahls stammt aus Recyclingmaterial. Mit seinen schräg verlaufenden Stahlträgern sieht der Turm aus wie eine Honigwabe aus Glas und Stahl. Der Wolkenkratzer erhebt sich über dem ausgehöhlten Kern des 1928 von John Urban erbauten steinernen Unterbaus des Hearst Magazine Building. Die Lobby ziert *Riverlines*, ein 20 m langes Wandbild von Richard Long, für das er Schlamm aus dem New Yorker Hudson River und dem River Avon in England verwendete.

Bank of America Tower (2004–2009; 366 m) Der von einer fast 78 m hohen Spitze gekrönte, kristallförmige **Bank of America Tower** (One Bryant Park; Karte S. 460; Sixth Ave zw. W 42nd & 43rd St; [S]B/D/F/M bis 42nd St–Bryant Park) beeindruckt mit seinen „grünen" Eigenschaften: Eine abgasarme Heizkraftanlage auf dem Gelände liefert rund 65 % des jährlich im Hochhaus verbrauchten Stroms, CO_2-sensible Luftfilter sorgen für saubere Luft und die Aufzüge sind so programmiert, dass unnötige Fahrten leerer Fahrstühle verhindert werden. Das 58-stöckige Prestigeobjekt der Firma Cook & Fox Architects, der sechsthöchste Wolkenkratzer Nordamerikas, erhielt 2010 vom Council on Tall Buildings & Urban Habitat die Auszeichnung „bestes Hochhaus Amerikas".

432 Park Avenue (2011–2015; 425 m) Der superschlanke, 1,3 Mrd. $ teure Wolkenkratzer **432 Park Avenue** (Karte S. 456; 432 Park Ave zw. 56th & 57th St, Midtown East; [S]N/Q/R bis Lexington Ave–59th St) ist ein Wohnturm des uruguayischen Architekten Rafael Viñoly. Die klare, kubische weiße Fassade basiert auf einem 1905 von dem Österreicher Josef Hoffmann entworfenen Mülleimer: Der Turm erhebt sich über der Skyline von Midtown wie ein in die Länge gezogener Würfel. Nach dem One World Trade Center ist dies zurzeit der zweithöchste Bau der Stadt. Hinsichtlich der Dachhöhe ist er allerdings 8,5 m höher als der von einer Spitze gekrönte Rivale in Downtown.

Spaß, mit der **Seilbahn** (☎212-832-4583; http://rioc.ny.gov/tramtransportation.htm; 60th St Höhe Second Ave; einfache Fahrt 2,50 $; ⌚So–Do 6–2, Fr & Sa bis 3 Uhr alle 15 Min.; [S]N/Q/R, 4/5/6 bis Lexington Ave–59th St) über den East River zu gleiten und die Skyline von Manhattan aus der Vogelperspektive zu genießen. Das Denkmal liegt 15 Minuten zu Fuß südlich der Seilbahn- und Subway-Stationen auf Roosevelt Island.

SOUTHPOINT PARK — PARK, RUINE

Karte S. 456 (☎212-832-4540; East Rd, Roosevelt Island; ⌚6–22 Uhr; [S]F bis Roosevelt Island, 🚋Roosevelt Island) An der Südspitze der vor Midtown Manhattan im East River gelegenen Roosevelt Island befindet sich ein Park mit atemberaubender Aussicht und einem einzigartigen Stück New Yorker Geschichte: den verfallenden Mauern und Türmchen des **Renwick Smallpox Hospital**. Hier soll es in der ganzen Stadt am meisten spuken – ein Muss für alle Geschichtsfreaks!

👁 Fifth Avenue

EMPIRE STATE BUILDING — HISTORISCHES GEBÄUDE

Siehe S. 189.

ROCKEFELLER CENTER — HISTORISCHES GEBÄUDE

Siehe S. 195.

TOP OF THE ROCK — AUSSICHTSPUNKT

Karte S. 456 (☎212-698-2000, gebührenfrei 877-692-7625; www.topoftherocknyc.com; 30 Rockefeller Plaza, Eingang W 50th St zw. Fifth & Sixth Ave; Erw./Kind 37/31 $, Kombiticket Sonnenauf-/Sonnenuntergang 54/43 $; ⌚8–24 Uhr, letzter Aufzug 23 Uhr; [S]B/D/F/M bis 47th-50th Sts–Rockefeller Center) Die Open-Air-Aussichtsplattform auf dem **GE Building**, dem höchsten Wolkenkratzer des Rockefeller Center, wurde 1933 eröffnet. Sie wurde als Hommage an die damals beliebten Ozeandampfer gestaltet und ist im Vergleich zum Empire State Building die bessere Wahl. Sie ist nämlich sehr viel weniger besucht und hat breitere Aussichtsdecks, sowohl drinnen als auch draußen – und es gibt einen unverstellten Blick auf das Empire State Building (S. 189).

NEW YORK PUBLIC LIBRARY — HISTORISCHES GEBÄUDE

Karte S. 456 (Stephen A. Schwarzman Building; ☎212-340-0863; www.nypl.org; Fifth Ave Höhe W 42nd St; ⏲Mo & Do 8–20, Di & Mi 8–21, Fr 8–18, Sa 10–18, So 10–17 Uhr, Führungen Mo–Sa 11 & 14, So 14 Uhr; [S]B/D/F/M bis 42nd St–Bryant Park, 7 bis 5th Ave) [GRATIS] Das Beaux-Arts-Prachtbauwerk wird von den auf die Fifth Ave hinausblickenden Marmorlöwen „Patience" (Geduld) und „Fortitude" (Tapferkeit) treu bewacht und ist eine der besten kostenlosen Sehenswürdigkeiten von New York. Bei ihrer Einweihung 1911 war die Vorzeigebibliothek der Stadt das größte jemals in den USA erbaute Marmorgebäude und bis zum heutigen Tag raubt der kürzlich restaurierte **Rose Main Reading Room** mit seiner sensationellen Kassettendecke Besuchern den Atem. Der Lesesaal ist nur einer von mehreren prächtigen Räumen der Bibliothek, zu denen auch der **DeWitt Wallace Periodical Room** zählt.

In diesem außergewöhnlichen Gebäude sind wertvolle Manuskripte praktisch aller englischsprachigen Autoren von Rang ausgestellt, darunter eine Originalabschrift der Unabhängigkeitserklärung und eine Gutenberg-Bibel. Genauso umwerfend ist auch die Kartenabteilung mit ca. 431 000 Landkarten, 16 000 Atlanten und Büchern über Kartografie vom 16. Jh. bis zur Gegenwart. Wer dieses Miniuniversum an Büchern, Kunst und architektonischer Opulenz gebührend erforschen möchte, schließt sich einfach einer der **kostenlosen Führungen** an, die in der Astor Hall beginnen, oder besorgt sich am Informationsschalter (ebenfalls in der Astor Hall) einen kostenlosen Audioguide.

Die NYPL stillt in allen Filialen mit öffentlichen Seminarreihen und Workshops den Wissensdurst: Die unterschiedlichen Themen beleuchten etwa zeitgenössische Kunst oder die Werke von Jane Austen. Zu den besten zählen die in der Hauptbücherei in der 42nd St. Alle Veranstaltungen sind auf der Website gelistet.

BRYANT PARK — PARK

Karte S. 456 (☎212-768-4242; www.bryantpark.org; 42nd St zw. Fifth & Sixth Ave; ⏲Juni–Sept. Mo–Fr 7–24, Sa & So bis 23 Uhr, sonst kürzer; [S]B/D/F/M bis 42nd St–Bryant Park; 7 bis 5th Ave) Europäische Cafépavillons, Schachspiele im Freien, im Sommer Freiluftkino und im Winter Eislaufen – es ist kaum zu glauben, dass diese grüne Oase in den 1980er-Jahren wegen der vielen Drogensüchtigen den Beinamen „Needle Park" („Nadelpark") trug. Der Park hinter der New York Public Library ist ein eigenwilliges Plätzchen für eine kleine Auszeit vom Midtown-Trubel. Wie wär's mit Italienischunterricht, Yoga oder einem Jonglierkurs, einem Quiz oder einer Vogelbeobachtungstour? Im Park werden jeden Tag witzige Aktivitäten angeboten.

Zu den Attraktionen des Parks gehören das französisch anmutende, aber in Brooklyn hergestellte **Le Carrousel** (Karte S. 456; W 40th St Höhe Sixth Ave; Fahrt 3 $; ⏲Jan. 11–21 Uhr, Juni–Okt. bis 20 Uhr, sonst kürzer) sowie häufige Sonderveranstaltungen, darunter das Bryant Park Summer Film Festival, beliebt bei Leuten, die nach der Arbeit mit Wein und Käse herbeiströmen. Zur Weihnachtszeit verwandelt sich der Park in ein Wintermärchenland: Am Rand des Parks werden Weihnachtsgeschenke verkauft und in der Mitte entsteht eine stark frequentierte Eislaufbahn. Im wunderbaren **Bryant Park Grill** (Karte S. 456; ☎212-840-6500; www.arkrestaurants.com/bryant_park; Hauptgerichte 19–47 $; ⏲11.30–15.30 & 17–23 Uhr) wird im Frühjahr so manche Hochzeit gefeiert und die Terrassenbar ist, wenn sie nicht wegen einer Privatveranstaltung geschlossen ist, der ideale Ort für einen abendlichen Cocktail. Gleich nebenan liegt das zwanglosere **Bryant Park Café** (Karte S. 456; ☎212-840-6500; www.arkrestaurants.com/bryant_park; Hauptgerichte 15–45 $; ⏲Mitte April–Nov. 7–22 Uhr), ein allseits beliebter Freilufttreff nach Feierabend.

ST. PATRICK'S CATHEDRAL — KATHEDRALE

Karte S. 456 (☎212-753-2261; www.saintpatrickscathedral.org; Fifth Ave zw. E 50th & 51st St; ⏲6.30–20.45 Uhr; [S]B/D/F/M bis 47th-50th Sts–Rockefeller Center, E/M bis 5th Ave–53rd St) Nach einer 200 Mio. $ teuren, 2015 abgeschlossenen Restaurierung ziert Amerikas größte katholische Kathedrale in all ihrer neugotischen Pracht wieder die Fifth Ave. Das für fast 2 Mio. $ während des Bürgerkriegs errichtete Bauwerk entstand ursprünglich ohne die beiden vorderen Türme; sie wurden erst 1888 hinzugefügt. Sehenswert im Kirchenschiff sind der von

Louis Tiffany entworfene **Altar** und das phantastisch leuchtende **Rosettenfenster** von Charles Connick über der Kirchenorgel mit 7000 Pfeifen. Mehrmals pro Woche werden **Führungen** angeboten – Infos auf der Website.

Eine **Krypta** im Untergeschoss hinter dem Altar birgt die Särge sämtlicher New Yorker Kardinäle und die sterblichen Überreste von Pierre Toussaint, einem Kämpfer für die Armen und der erste Afroamerikaner, der heiliggesprochen wurde.

PALEY CENTER FOR MEDIA   KULTURZENTRUM
Karte S. 456 (☎212-621-6800; www.paleycenter.org; 25 W 52nd St zw. Fifth & Sixth Ave; empfohlene Spende Erw./Kind 10/5 $; ☺Mi & Fr–So 12–18, Do bis 20 Uhr; ⓢE, M bis 5th Ave–53rd St) Das Computerarchiv der Popkultursammlung umfasst über 160 000 TV- und Radioprogramme aus aller Welt. Sich an einem regnerischen Tag alte Lieblingsfernsehsendungen auf einer der Konsolen im Zentrum anzuschauen, ist eine wahre Wonne, ebenso die hervorragenden regelmäßigen Filmvorführungen, Festivals, Vorträge und Bühnenvorstellungen.

⊙ Midtown West & Times Square

TIMES SQUARE   PLATZ
Siehe S. 186.

MUSEUM OF MODERN ART   MUSEUM
Siehe S. 191.

RADIO CITY MUSIC HALL   HISTORISCHES GEBÄUDE
Karte S. 460 (www.radiocity.com; 1260 Sixth Ave Höhe W 51st St; Führungen Erw./Kind 27/20 $; ☺Führungen 9.30–17 Uhr; ⓐ; ⓢB/D/F/M bis 47th-50th Sts–Rockefeller Center) Dieser sensationelle Art-déco-Kinopalast mit 5901 Sitzplätzen ist dem Varietéproduzenten Samuel Lionel „Roxy" Rothafel zu verdanken. Roxy weihte sein Lichtspielhaus am 23. Dezember 1932 mit ausgefallenen Darbietungen ein, u. a. der beinewerfenden Showtanzgruppe Roxyettes (gnädigerweise mittlerweile in „Rockettes" umbenannt). Auf den **Führungen** (75 Min.) durch das opulente ausgestattete Haus bekommen die Teilnehmer auch das fabelhafte Auditorium zu sehen, Witold Gordons *History of Cosmetics* in der Women's Downstairs Lounge und die sehr exklusive Roxy Suite.

Leider wird die Konzertatmosphäre heutzutage dem prachtvollen Ambiente nicht gerecht. Immerhin treten hier einige großartige Künstler auf, wie bereits Lauryn Hill, Rufus Wainwright, Aretha Franklin oder Dolly Parton. Die meisten coolen New Yorker verdrehen beim Wort „Rockettes" zwar die Augen, aber wer ein Faible für Glamour und Kitsch hat, kann beim alljährlichen **Weihnachtsspektakel** der Tanztruppe ganz in seinem Element sein.

Tickets für Führungen am selben Tag gibt's im Süßwarengeschäft neben dem Eingang in der Sixth Ave. Es lohnt sich aber, die 5,50 $ Gebühr für eine Online-Buchung zu zahlen, da Führungen schnell ausverkauft sind, besonders an regnerischen Tagen.

MUSEUM OF ARTS & DESIGN   MUSEUM
Karte S. 460 (MAD; ☎212-299-7777; www.madmuseum.org; 2 Columbus Circle zw. Eighth Ave & Broadway; Erw./unter 18 J. 16 $/frei, Do 18–21 Uhr per Spende; ☺Di–So 10–18, Do bis 21 Uhr; ⓐ; ⓢA/C, B/D, 1 bis 59th St–Columbus Circle) Das MAD zeigt auf vier Etagen herausragendes Design und Kunsthandwerk, von mundgeblasenem Glas und Holzschnitzerei bis zu raffiniertem Metallschmuck. Die Wechselausstellungen sind spitzenmäßig und innovativ, z. B. jene, die sich mit der Kunst des Parfüms beschäftigte. Am ersten Sonntag des Monats führen normalerweise professionelle Künstler durch das Museum – auch für Familien mit Kindern geeignet –, anschließend gibt es Workshops zum jeweiligen Thema aktueller Ausstellungen. Der Museumsladen verkauft phantastischen Schmuck und die Restaurant-Bar Robert (S. 210) im 8. Stock (*9th floor*) ist perfekt für einen Cocktail mit Panoramablick.

INTREPID SEA, AIR & SPACE MUSEUM   MUSEUM
Karte S. 460 (☎877-957-7447; www.intrepidmuseum.org; Pier 86, Twelfth Ave Höhe W 46th St; Erw./Kind 33/21 $; ☺April–Okt. Mo–Fr 10–17, Sa & So bis 18 Uhr, Nov.–März tgl. 10–17 Uhr; ⓐ; ⓢM42, M50 Richtung Westen bis 12th Ave, ⓢA/C/E bis 42nd St–Port Authority Bus Terminal) Die USS *Intrepid* überlebte sowohl einen Bombenangriff im Zweiten Weltkrieg als auch Kamikazefliegerangriffe. Heute ist der wuchtige Flugzeugträger zum Glück weitaus weniger Stress ausgesetzt. Er beherbergt ein interaktives Militärmuseum, das viele Millionen Dollar verschlungen hat und mittels Videos, historischen Artefakten und originalbelassenen Quartieren die

MIDTOWN

START GRAND CENTRAL TERMINAL
ZIEL ROCKEFELLER CENTER
LÄNGE/DAUER 2,9 KM; 3½ STUNDEN

Spaziergang
Architekturjuwele

Startpunkt ist der Beaux-Arts-Prachtbau des ❶ **Grand Central Terminal** (S. 193). Hier stehen in der Haupthalle ein Blick auf die Sterne und ein Gourmeteinkauf im Grand Central Market auf dem Programm.

Dann geht's hinaus auf die Lexington Ave und einen Block auf der 44th St nach Osten zur Third Ave mit dem ❷ **Chrysler Building** (S. 196). Auf der Third Ave spaziert man bis zur 42nd St, biegt rechts ab und schlüpft in die opulent mit exotischen Hölzern und Marmor ausgestattete Artdéco-Eingangshalle des Chrysler Building mit dem riesigen Deckengemälde.

An der Ecke 42nd St und Fifth Ave steht die ❸ **New York Public Library** (S. 202). Nach einem Blick in den Rose Reading Room der Bibliothek lockt der benachbarte ❹ **Bryant Park** (S. 202).

An der Nordwestecke von 42nd St und Sixth Ave ragt der ❺ **Bank of America Tower** (S. 201) empor, das vierthöchste Gebäude New Yorks und eines der ökologischsten.

Weiter läuft man auf der Sixth Ave nach Norden bis zur 47th St. Zwischen Sixth und Fifth Ave liegt der ❻ **Diamond District**, wo über 2600 Händler Diamanten, Gold, Perlen, Edelsteine und Uhren verkaufen.

Auf dem Weg Richtung Fifth Ave passiert man zahlreiche jüdische Geschäfte. Jetzt biegt man nach links in die Fifth Ave, um die Pracht der ❼ **St. Patrick's Cathedral** (S. 202) zu bewundern. Die eindrucksvolle Fensterrosette ist ein Werk des amerikanischen Künstlers Charles Connick.

Letzter Halt ist das ❽ **Rockefeller Center** (S. 195), ein Komplex aus Art-déco-Wolkenkratzern und Skulpturen. Zwischen 49th und 50th St geht's zur großen Plaza mit der goldenen Prometheus-Statue und dann hinauf zum 70. Stock des GE Building mit dem Aussichtsdeck ❾ **Top of the Rock** (S. 201) – Tickets am besten vorher online buchen – oder, ab 17 Uhr, hoch zur Cocktailbar ❿ **SixtyFive** (S. 210), wo man mit Blick auf die Skyline anstoßen kann.

Geschichte der *Intrepid* erzählt. Auf dem Flugdeck stehen Militärhubschrauber und Kampfflugzeuge, die vielleicht dazu inspirieren können, die Hightech-Flugsimulatoren auszuprobieren. Außerdem werden Wechselausstellungen gezeigt.

Zu den Spielereien gehören der G Force Encounter – hier kann man erleben, wie es sich anfühlt, ein Überschallflugzeug zu fliegen – und der Transporter FX, ein Flugsimulator, der „sechs Minuten absolute Reizüberflutung" verspricht. Im Museum sind auch das Lenkwaffen-U-Boot *Growler* (nichts für Klaustrophobiker), eine ausgemusterte Concorde und die ehemalige NASA-Raumfähre *Enterprise* untergebracht.

MUSEUM AT FIT   MUSEUM

Karte S. 460 (☎212-217-4558; www.fitnyc.edu/museum; 227 W 27th St Höhe Seventh Ave, Midtown West; ⊙Di–Fr 12–20, Sa 10–17 Uhr; Ⓢ1 bis 28th St) GRATIS Das Fashion Institute of Technology (FIT) darf sich einer der weltgrößten Sammlungen von Bekleidung, Textilien und Accessoires rühmen. Die letzte Zählung ergab über 50 000 Teile aus einem Zeitraum, der vom 18. Jh. bis in die Gegenwart reicht. Im Museum der Fachhochschule sind innovative Wechselausstellungen zu sehen, die sowohl Stücke aus der eigenen Sammlung als auch geliehene Kuriositäten zeigen. Außerdem veranstaltet das Museum Filmvorführungen und Vorträge, u. a. mit Modeschöpfern und -kritikern.

HERALD SQUARE   PLATZ

Karte S. 460 (Ecke Broadway, Sixth Ave & 34th St; ⓈB/D/F/M, N/Q/R bis 34th St–Herald Sq) Am bekanntesten ist dieser belebte Platz an der Kreuzung von Broadway, Sixth Ave und 34th St für das riesige Kaufhaus Macy's (S. 220), wo immer noch einige original erhaltene Holzfahrstühle in Betrieb sind. Da die Stadtverwaltung den Times Square verkehrsberuhigt hat, kann man sogar versuchen, sich direkt vor dem Geschäft auf Liegestühlen zu entspannen – und das mitten auf dem verkehrsreichen Broadway. Ein paar Straßen östlich befinden sich die Restaurants von Koreatown.

✕ ESSEN

Trotz der mittelmäßigen Ketten und Touristenfallen, die sich vor allem rund um den Times Square und den Theater District tummeln, ist Midtown in kulinarischer Hinsicht mit seinen fast 20 Sternerestaurants wahrlich kein Flop. Im Viertel „Curry Hill" (Lexington Ave, etwa zw. 28th und 33rd St) kann man günstig *chingudi jhola* (pikantes Garnelencurry) essen und das Ramen in der W 52nd St genießt Kultstatus. Aber vielleicht gelüstet es einen eher nach einem Cheeseburger in einer Flüsterkneipen-Burgerschmiede oder nach einem Cubano-Sandwich in einem altmodischen Diner? Dafür gibt's die Fressmeilen in der Ninth und Tenth Ave in Hell's Kitchen, die sich in stetem Wandel befinden und auch von Einheimischen frequentiert werden. Auf geht's!

✕ Midtown East & Fifth Avenue

ESS-A-BAGEL   DELI $

Karte S. 456 (☎212-980-1010; www.ess-a-bagel.com; 831 Third Ave Höhe 51st St, Midtown East; Bagels 3–4,55 $; ⊙Mo–Fr 6–21, Sa & So bis 17 Uhr; Ⓢ6 bis 51st St; E/M bis Lexington Ave–53rd St) Seine frischen, köstlichen Bagels haben dieses Deli zu einer echten Institution gemacht. Zunächst wählt man die gewünschte Bagelart aus, dann aus den *cream cheeses* und anderen Belägen die Füllung. Ein Klassiker ist Schalotten-*cream cheese* mit *lox* (Lachs), Kapern, Tomate und roten Zwiebeln (4,55 $). Bei gutem Wetter kann man seinen Bagel schön hübschen Greenacre Park verspeisen, der rechts über die 51st St zu erreichen ist.

Am Wochenende können die Schlangen im Bagelladen unendlich lang sein.

KOREATOWN (KOREA WAY)

Diese Ansammlung von Restaurants, Geschäften, Salons und Spas mit koreanischen Besitzern konzentriert sich vorwiegend an der 32nd St zwischen der Fifth Ave und der Kreuzung Sixth Ave/Broadway. Die Geschäfte befinden sich oft im ersten Stock, einige auch östlich der Fifth Ave und in der 31st und 33rd St. Dank zahlreicher Bars und Karaoke-Läden ist hier auch abends und nachts noch viel los.

★SMITH AMERIKANISCH $$

Karte S. 456 (☎212-644-2700; http://thesmithrestaurant.com; 956 Second Ave Höhe 51st St, Midtown East; Hauptgerichte 17–32 $; ⏰Mo–Do 7.30–23, Fr bis 1, Sa 9–1, So 9–23 Uhr; 📶; [S]6 bis 51st St) Die schicke, quirlige Brasserie wartet mit Industriechic, einer geselligen Bar und gut zubereitetem Essen auf. Die meisten Gerichte sind hausgemacht und saisonal mit einer Mischung aus nostalgischen amerikanisch und italienisch inspirierten Speisen – wie heiße Kartoffelchips mit Schimmelkäsefondue, Hühnerpastete mit weichem Cheddar-Schnittlauch-Teig sowie sizilianische Eier mit Artischocken, Spinat und pikanter Tomatensauce.

Zum Wochenendbrunch sollte reserviert oder mit Wartezeiten gerechnet werden.

DHABA INDISCH $$

Karte S. 456 (☎212-679-1284; www.dhabanyc.com; 108 Lexington Ave zw. 27th & 28th St; Hauptgerichte 13–24 $; ⏰Mo–Do 12–24, Fr & Sa 12–1, So 12–22.30 Uhr; 🌿; [S]6 bis 28th St) In Murray Hill, auch bekannt als Curry Hill, mangelt es nicht an guten Verpflegungsmöglichkeiten, doch das funkige Dhaba macht geschmacklich echt was her. Zu den köstlichen Klassikern hier gehören würziges *lasoni gobi* (gebratener Blumenkohl mit Tomaten und Gewürzen) und das irre geschmacksintensive *murgh bharta* (Hühnerhack mit geräucherter Aubergine).

EL PARADOR CAFE MEXIKANISCH $$

Karte S. 456 (☎212-679-6812; www.elparadorcafe.com; 325 E 34th St zw. First & Second Ave, Midtown East; mittags 10–22 $, Hauptgerichte abends 18–32 $; ⏰Mo 12–22, Di–Sa bis 23 Uhr; [S]6 bis 33rd St) In alten Zeiten sprach die abgeschiedene Lage dieses mexikanischen Klassikers vor allem Ehemänner auf Abwegen an. Die zwielichtigen Stammgäste kommen heute vielleicht nicht mehr, doch der altmodische Charme ist immer noch vorhanden und findet seinen Ausdruck z. B. in schrägen Kerzenhaltern und adretten Latino-Kellnern wie auch im guten mexikanischen Essen.

HANGAWI KOREANISCH, VEGAN $$

Karte S. 456 (☎212-213-0077; www.hangawirestaurant.com; 12 E 32nd St zw. Fifth & Madison Ave; Hauptgerichte mittags 11–30 $, abends 19–30 $; ⏰Mo–Do 12–14.30 & 17.30–22.15, Fr bis 22.30, Sa 13–22.30, So 17–21.30 Uhr; 🌿; [S]B/D/F/M, N/Q/R/W bis 34th St–Herald Sq) Fleischfreie koreanische Küche ist die Attraktion im ambitionierten Hangawi. Bevor man in diesen Genuss kommt muss man sich am Eingang von seinen Schuhen trennen, dann geht es in einen Zen-artigen Raum mit meditativer Musik, weichen Sitzkissen und natürlichen, raffinierten Gerichten. Zu den Highlights zählen Lauchpfannkuchen und der verführerisch zarte Tofu aus dem Tontopf in Ingwersauce.

★O-YA SUSHI $$$

Karte S. 456 (☎212-204-0200; https://o-ya.restaurant/o-ya-nyc; 120 E 28th St; Nigiri 16–38 $; ⏰Mo–Sa 11–22 Uhr; [S]4/6 bis 28th St) Da die billigsten Nigiri-Paare hier fast 20 $ kosten, kommt man nicht alle Tage her. Aber zu einer besonderen Gelegenheit können Sushi-Liebhaber hier außergewöhnliche Aromen, zarten Fisch, der wie Butter auf der Zunge zergeht, und Zubereitungen genießen, die so kunstvoll sind, dass man sie sich fast gar nicht zu essen traut.

CANNIBAL BEER & BUTCHER AMERIKANISCH $$$

Karte S. 456 (☎212-686-5480; www.cannibalnyc.com; 113 E 29th St zw. Park Ave S & Lexington Ave, Midtown East; kleine Teller 11–18 $, Hauptgerichte 42–150 $; ⏰11–23.30 Uhr; [S]6 bis 28th St) Das Paradies für Fleischfreunde, ein hipper Mix aus Restaurant, Bar und Metzgerei, beeindruckt mit mehr als 200 Craft-Bieren und einem saisonalen Angebot an zumeist Fleisch- und Wurstplatten (14 $) für mehrere Personen, z. B. mit kreativ zubereiteten Pasteten wie Hühnchenleber mit Bier, Frühlingszwiebeln und Kakao. Dazu gibt's schöne Beilagen wie Grünkohl mit Walnüssen, armenische Käseschnüre und Schinken.

GRAND CENTRAL OYSTER BAR & RESTAURANT FISCH & MEERESFRÜCHTE $$$

Karte S. 456 (☎212-490-6650; www.oysterbarny.com; Grand Central Terminal, 42nd St Höhe Park Ave; Hauptgerichte 15–39 $; ⏰Mo–Sa 11.30–21.30 Uhr; [S]S, 4/5/6, 7 bis Grand Central–42nd St) Dieses quirlige Bar-Restaurant im Bahnhof Grand Central verströmt mit der gekachelten Gewölbedecke des Katalanen Rafael Guastavino jede Menge Flair. Auf der Karte steht alles Mögliche, von Venusmuschelsuppe über Meeresfrüchte-Eintöpfe bis zu Blaukrabben aus der Pfanne, doch der eigentliche Renner hier sind die verschiedenen Austern. Es darf geschlürft werden!

🍴 Midtown West & Times Square

★TOTTO RAMEN
JAPANISCH $

Karte S. 460 (☎212-582-0052; www.tottoramen.com; 366 W 52nd St zw. Eighth & Ninth Ave; Ramen 11–18 $; ⏲Mo–Sa 12–16.30 & 17.30–24, So 16–23 Uhr; [S]C/E bis 50th St) Zwar gibt es noch zwei weitere Filialen in Midtown, doch das winzige Original mit nur 20 Plätzen gilt bei Puristen als unschlagbar. Die Gäste schreiben ihren Namen und die Personenzahl auf das Clipboard und warten, bis sie an der Reihe sind. Als Lohn winken wunderbare *ramen*-Nudeln. In Gerichten wie Miso-*ramen* (mit fermentierter Sojabohnenpaste, Ei, Frühlingszwiebeln, Sojabohnensprossen, Zwiebeln und hausgemachter Chilipaste) schwingt sich das Schweinefleisch hier zu echter Höchstform auf.

BURGER JOINT
BURGER $

Karte S. 460 (☎212-708-7414; www.burgerjointny.com; Le Parker Meridien, 119 W 56th St zw. Sixth & Seventh Ave; Burger 9–16 $; ⏲So–Do 11–23.30, Fr & Sa bis 24 Uhr; [S]F bis 57th St) Die kneipenähnliche Imbissbude, auf die nur ein kleiner Neonhamburger hinweist, versteckt sich hinter der Lobby im Hotel Le Parker Meridien. Sie ist zwar nicht mehr so „hip" oder „geheim" wie einst, aber bietet immer noch das gleiche überzeugende Konzept aus Graffiti-Wänden, Retro-Nischen und engagiertem Personal, das erstklassige Bulettenbrötchen zusammenbrutzelt.

FUKU+
GRILLRESTAURANT $

Karte S. 460 (☎212-757-5878; http://fukuplus.momofuku.com; 15 W 56th St; Hauptgerichte 8–16 $; ⏲Mo–Mi 11–15 & 17–22, Do & Fr bis 23, Sa & So 12–21 Uhr; [S]E oder F bis 57th St, N/Q/R bis Fifth Ave–59th St) Das Fuku+ mit dem Flair eines Tokioter Imbisses heimst für seine perfekt zubereiteten Gerichte mit Huhn und Pulled Pork die höchste Punktzahl ein. Das Angebot ist immer anders, aber zuletzt kostete nur ein Gericht, der Schweinefleisch-Bacon-Burger, mehr als 15 $ (und zwar nur 1 $ mehr!). Toll für Leute mit kleiner Reisekasse, die aber trotzdem schön essen möchten. Es gibt auch eine komplett ausgestattete Bar. Das Fuku+ befindet sich im **Hotel Chambers** (Karte S. 456; ☎212-974-5656; www.chambershotel.com; Zi. ab 457 $; ❄📶🐾).

BENGAL TIGER
INDISCH $

Karte S. 460 (☎212-266-2703; www.bengaltigerindianfood.com; 58 W 56th St zw. Fifth & Sixth Ave; Mittagessen ab 10 $, Hauptgerichte abends 14–17 $; ⏲Mo–Fr 11.30–15 & 17–22, Sa & So bis 22.30 Uhr; [S]F bis 57th St) Zwar mangelt es dem Bengal Tiger an der Pracht und Herrlichkeit anderer indischer Restaurants in New York, doch das Essen hier überzeugt auch ohne großen Schnickschnack. Das Mittagsangebot – zwei Fleisch- oder Gemüsegerichte, Naan und Reis – ist erschwinglich und kommt in guten Portionen. Dieselben Köstlichkeiten werden auch abends aufgefahren.

LARB UBOL
THAILÄNDISCH $

Karte S. 460 (☎212-564-1822; www.larbubol.com; 480 Ninth Ave Höhe 37th St, Midtown West; Gerichte 11–24 $; ⏲ So–Do 11.30–22, Fr & Sa bis 23 Uhr; [S]A/C/E bis 34th St–Penn Station) Kleine Schirmchen zählen zu den wenigen Design-Zugeständnissen in diesem schnörkellosen Laden. Aber die Gäste kommen ja auch wegen der frischen Aromen aus Nordostthailand. Himmlisch sind *larb* (pikanter Salat mit Gehacktem), *nam tok nuer* (gegrilltes Rindfleisch mit Limone, Fischsauce und Palmzucker) und Unerwartetes wie *pla dook pad ped* (kurz angebratener Seewolf mit Thai-Aubergine, Pfefferkörnern, Basilikum, Ingwer und scharfer Currypaste).

MARGON
KUBANISCH $

Karte S. 460 (☎212-354-5013; 136 W 46th St zw. Sixth & Seventh Ave; Sandwiches 11–12 $, Hauptgerichte ab 11 $; ⏲Mo–Fr 6–17, Sa ab 7 Uhr; [S]B/D/F/M bis 47th-50th Sts–Rockefeller Center) In diesem kubanischen Lokal, wo orangefarbenes Laminat und köstliches Fettgebackenes nie aus der Mode gekommen sind, ist die Zeit um das Jahr 1973 stehen geblieben. Am besten sind die legendären kubanischen Sandwiches (getoastete Brötchen mit reichlich saftigem Schweinebraten, Salami, Käse, Pickles, Mojosauce und Majo). Sündhaft lecker.

FIKA
CAFÉ $

Karte S. 460 (☎646-490-7650; www.fikanyc.com; 824 Tenth Ave zw. W 54th & 55th St; Mittagsspeisen ab 9 $, Kaffee ab 3 $; ⏲Mo–Fr 7–19, Sa & So 9–19 Uhr; [S]A/C, B/D, 1 bis 59th St–Columbus Circle) New York hat zahlreiche Caféketten, doch nur wenige können es hinsichtlich der Qualität mit FIKA aufnehmen. Wer im normalerweise engen New Yorker ein bisschen Platz sucht, wird sich über das großzügige, luftige Ambiente hier freuen. Die schwedisch angehauchten Backwaren und Speisen sind weder zu süß noch zu deftig und der Kaffee ist schön schwarz und stark.

WHOLE FOODS SUPERMARKT $

Karte S. 460 (☎212-823-9600; www.wholefoodsmarket.com; Time Warner Center, 10 Columbus Circle; ⏰7–23 Uhr; [S]A/C, B/D, 1 bis 59th St–Columbus Circle) Wer sich hier mit frisch gebackenem Brot, Käse, Sushi, Grillhühnchen oder Sachen von den weitläufigen Speisetheken eingedeckt hat, kann anschließend im Park ein tolles Picknick genießen.

SOUVLAKI GR GRIECHISCH $

Karte S. 460 (☎212-974-7482; www.souvlakigr.com; 162 W 56th St zw. Sixth & Seventh Ave; Souvlaki 6–9 $, Hauptgerichte 12–22 $; ⏰So–Do 11–23, Fr & Sa bis 24 Uhr; [S]N/Q/R/W bis 57th St–7th Ave) Von Manhattan ans Mittelmeer: Das Souvlaki GR ist ein griechisches Restaurant in Midtown, das ein wirklich authentisches Speiseerlebnis bietet. Das Restaurant ist ganz in kühlem Blau und Weiß gehalten, mit Steinböden und Rankengitter über der Theke. Und natürlich werden hier, wie der Name schon vermuten lässt, wunderbares Souvlaki und andere griechische Spezialitäten gereicht.

DANJI KOREANISCH $$

Karte S. 460 (☎212-586-2880; www.danjinyc.com; 346 W 52nd St zw. Eighth & Ninth Ave, Midtown West; Gerichte 13–36 $; ⏰Mo–Do 12–14.30 & 17–24, Fr & Sa 12–14.30 & 17–1, So 17–23 Uhr; [S]C/E bis 50th St) Der junge, ambitionierte Hooni Kim verzaubert den Gaumen mit seinen koreanischen Kreationen, die in einem kleinen, eleganten weißen Restaurant serviert werden. Auf der einfacheren Mittagskarte steht z. B. *bibimbap*, ein traditionelles koreanisches Reisgericht. Die größere Abendkarte wartet mit kleinen, mittelgroßen und großen Tellern auf. Sowohl mittags als auch abends ist glücklicherweise das Kultgericht des Danji im Angebot: *bulgogi* mit gegrilltem Rindfleisch und himmlischen gegrillten Butterbrötchen. Früh kommen oder Wartezeit einplanen.

DON ANTONIO PIZZA $$

Karte S. 460 (☎646-719-1043; www.donantoniopizza.com; 309 W 50th St zw. Eighth & Ninth Ave, Midtown West; Pizza 10–26 $; ⏰Mo–Do 11.30–15 & 16.30–23, Fr & Sa 11.30–23, So 11.30–22.30 Uhr; [S]C/E, 1 bis 50th St) Dieses muntere Lokal, ein Ableger der historischen Pizzeria Starita in Neapel, ist eine tolle Adresse für authentische neapolitanische Pizza. Konzessionen an New York sind z. B. eine Cocktailbar, in der man auch gut allein speisen kann, doch die Pizzas hier sind reinstes Neapel: dünnkrustig mit verkohlten Ecken und süßem, reifem *sugo* (Tomatensauce). Alle Pizzas sind wahlweise mit Vollkornmehl erhältlich und es gibt auch glutenfreie Exemplare.

★LE BERNARDIN FISCH & MEERESFRÜCHTE $$$

Karte S. 460 (☎212-554-1515; www.le-bernardin.com; 155 W 51st St zw. Sixth & Seventh Ave; Menüs mittags/abends 88/157 $, Probiermenüs 185–225 $; ⏰Mo–Do 12–14.30 & 17.15–22.30, Fr bis 23, Sa 17.15–23 Uhr; [S]1 bis 50th St; B/D, E bis 7th Ave) Das Interieur wurde dezent aufgepeppt, um auch einer „jüngeren Klientel" zu gefallen (das atemberaubende „Sturm"-Triptychon stammt vom Brooklyner Künstler Ran Ortner), aber ansonsten ist Le Bernardin mit drei Michelin-Sternen nach wie vor ein luxuriöser Gourmettempel. Das Küchenzepter schwingt der aus Frankreich stammende Starkoch Éric Ripert, dessen trügerisch schlicht aussehendes Seafood oft schon an ein transzendentales Erlebnis grenzt.

★VICEVERSA ITALIENISCH $$$

Karte S. 460 (☎212-399-9291; www.viceversanyc.com; 325 W 51st St zw. Eighth & Ninth Ave; 3-Gänge-Mittagessen 29 $, Hauptgerichte abends 24–33 $; ⏰Mo–Fr 12–14.30 & 17–23, Sa 16.30–23, So 11.30–15 & 17–22 Uhr; [S]C/E bis 50th St) Das ViceVersa ist ein klassischer Italiener: zuvorkommend und kultiviert, leutselig und lecker. Auf der Karte stehen raffinierte Gerichte verschiedener Regionen, wie *arancini* gefüllt mit schwarzem Trüffel und Fontina-Käse. Ein beliebter Klassiker sind die *casoncelli alla bergamasca* (eine Art Ravioli gefüllt mit Hackfleisch, Rosinen und Amarettini, gewürzt mit Salbei, Butter, Pancetta und Grana Padano), ein Hinweis auf die lombardische Herkunft des Chefkochs Stefano Terzi.

★MODERN FRANZÖSISCH $$$

Karte S. 460 (☎212-333-1220; www.themodernnyc.com; 9 W 53rd St zw. Fifth & Sixth Ave; 3/6 Gänge mittags 138/178 $, 4/8 Gänge abends 168/228 $; ⏰Restaurant Mo–Fr 12–14 & 17–22.30, Sa 17–22.30 Uhr, Bar Mo–Sa 11.30–22.30, So bis 21.30 Uhr; [S]E, M bis 5th Ave–53rd St) Das von zwei Michelin-Sternen gekrönte Modern bietet Schlemmerkost wie z. B. eine

HELL'S KITCHEN

Lange war die Westseite von Midtown ein Arbeiterviertel mit Wohnblocks und Lagerhäusern für Lebensmittel. Den Namen Hell's Kitchen soll dem Viertel nach einem Aufruhr im Jahr 1881 ein Polizist verpasst haben. Durch den Wirtschaftsboom der 1990er-Jahre änderte das Viertel sein Gesicht grundlegend. Heute ist es vor allem für seine vielen Restaurants – besonders in der Ninth und Tenth Ave zwischen etwa 37th und 55th St – und seine angesagten Schwulenbars und -clubs bekannt. Das auch unter den Namen Clinton und Midtown West bekannte Viertel ist in jüngster Zeit schnell erschlossen und gentrifiziert worden: Noble Wohnhäuser entstehen hier genauso flugs wie preiswerte Thai-Restaurants an der Ninth Ave. Unmittelbar südlich befinden sich das gewaltige Sanierungsgebiet Hudson Yards und das Jacob K. Javits Convention Center.

Foie-gras-Tarte. Und für Fans von *Sex and the City:* Hier kündigte Carrie ihre bevorstehende Hochzeit mit „Mr. Big" an. (kleiner Tipp: Wer von einem Autorengehalt leben muss, entscheidet sich wohl eher für das schlichtere, günstigere Angebot im angrenzenden Bar Room.) Die Cocktails hier sind genauso gut wie das Essen.

NOMAD MODERN AMERIKANISCH $$$

Karte S. 460 (☎212-796-1500; www.thenomadhotel.com; NoMad Hotel, 1170 Broadway Höhe 28th St; Hauptgerichte 29–42 $; ⏲Mo–Do 12–14 & 17.30–22.30, Fr bis 23, Sa 11–14.30 & 17.30–23, So 11–14.30 & 17.30–22 Uhr; [S]N/R, 6 bis 28th St; F/M bis 23rd St) Das NoMad mit dem gleichen Namen wie das angesagte Hotel, in dem es sich befindet, wird von denselben perfektionistischen Gastronomen wie das Sternerestaurant Eleven Madison Park (S. 178) geführt und hat sich zu einem der kulinarischen Highlights Manhattans entwickelt. Das Restaurant ist in mehrere höchst unterschiedliche Räumlichkeiten aufgeteilt, darunter der elegante „Parlor" und die „Library" nur mit Imbissgerichten. An Köstlichkeiten kommt etwa eine gebratene Wachtel mit Pflaumen, Grünkohl und Pfifferlingen aus der Küche.

TABOON MEDITERRAN $$$

Karte S. 460 (☎212-713-0271; www.taboononline.com; 773 Tenth Ave Höhe 52nd St, Midtown West; Meze 18–36 $, Hauptgerichte 26–39 $; ⏲Mo–Fr 17–23, Sa bis 23.30, So 11–15.30 & 17–22 Uhr; [S]C/E bis 50th St) Taboon bezeichnet im Arabischen einen Steinofen – und das ist auch das Erste, was man sieht, wenn man dieses warme, locker-elegante angesagte Restaurant durch den Vorhang betritt. Hier treffen urbane Theaterbesucher auf Muskeljungs aus Hell's Kitchen, um sich mediterrane Speisen wie brutzelnde Garnelen mit Knoblauch und Zitrone oder mit Trüffelöl besprenkeltes Eier-*burek* (weich pochiertes Ei in knusprigem Blätterteig) zu gönnen. Reservierung empfohlen – genauso wie das ofenfrische Brot.

AUSGEHEN & NACHTLEBEN

Midtown East & Fifth Avenue

★THE CAMPBELL COCKTAILBAR

Karte S. 456 (☎212-297-1781; www.thecampbellnyc.com; Grand Central Terminal; ⏲12–2 Uhr) Piekfeiner und eleganter geht's kaum – es fehlt eigentlich nur die Höhe, da man hier keine weiten Ausblicke auf die Skyline hat wie in anderen Bars. Stattdessen kann man hier unter einer atemberaubenden handbemalten Decke, die zusammen mit den Räumlichkeiten so restauriert wurde, dass man meint, gleich würden Rockefeller oder Carnegie hereinspazieren, feinste Cocktails schlürfen.

WAYLON BAR

Karte S. 460 (☎212-265-0010; www.thewaylon.com; 736 Tenth Ave Höhe W 50th St; ⏲So–Do 16–4, Fr & Sa 12–4 Uhr; [S]C/E bis 50th St) In dieser saloonartigen Kneipe in Hell's Kitchen werden die Südstaaten gefeiert: Aus der Jukebox trällert Country-Star Tim McGraw von seinem gebrochenen Herzen, die Barkeeper servieren amerikanischen Whiskey und Tequila und an Essbarem werden texanische *frito pie* und Pulled-Pork-Sandwiches geboten. Donnerstags gibt's von 20 bis 23 Uhr Live-Country-and-Western.

Die Konzerttermine sind der Website zu entnehmen.

LITTLE COLLINS
KAFFEE

Karte S. 456 (☏212-308-1969; http://littlecol linsnyc.com; 667 Lexington Ave zw. 55th & 56th St, Midtown East; ⊙Mo–Fr 7–17, Sa & So 8–16 Uhr; Ⓢ E, M bis 53rd St; 4/5/6 bis 59th St) Das Little Collins, dessen Mitbesitzer Leon Unglik aus Australien stammt, gleicht den berühmten Cafés seiner Heimatstadt Melbourne: ein dezent cooles, freundliches Ambiente, in dem hervorragender Kaffee und ebenso leckeres Essen serviert werden. Das Café ist in Besitz der allererste Modbar New Yorks, eine Hightech-Espressomaschine mit Ausgüssen, die wie schicke Chrom-Wasserhähne aussehen. Nicht versäumen: das Avocado-„Smash" (8,95 $).

ROBERT
COCKTAILBAR

Karte S. 460 (☏212-299-7730; www.robertnyc. com; Museum of Arts & Design, 2 Columbus Circle zw. Eighth Ave & Broadway; ⊙Mo–Fr 11.30–22, Sa & So ab 10.30 Uhr; Ⓢ A/C, B/D, 1 bis 59th St–Columbus Circle) Das von den 1960er-Jahren inspirierte Robert im 8. Stock *(9th floor)* des Museum of Arts & Design (S. 203) ist eigentlich ein nobles Restaurant mit moderner amerikanischer Küche. Das Essen ist zwar okay, doch am besten kommt man vielleicht am späten Nachmittag oder nach dem Abendessen, sucht sich hier ein Sofa und genießt bei einem MAD Manhattan (Bourbon, Blutorangen-Wermut und Likörkirschen) den Ausblick über den Central Park. Termine der Jazzkonzerte sind auf der Website zu finden.

STUMPTOWN COFFEE
ROASTERS
KAFFEE

Karte S. 456 (☏855-711-3385; www.stumptown coffee.com; 18 W 29th St zw. Broadway & Fifth Ave; ⊙Mo–Fr 6–20, Sa & So ab 7 Uhr; Ⓢ N/R bis 28th St) Hipster-Baristas mit Hut, die einen Wahnsinnskaffee brauen? Nein, das hier ist nicht Williamsburg, es ist ein Manhattan-Außenposten von Portlands kultiger Kaffeerösterei. Die Warteschlange ist ein winziger Preis, den alle gern bezahlen, um an einen wirklich ordentlichen Espresso zu kommen, also bitte keine Klagen. Es gibt nur Stehplätze, aber Fußlahme finden vielleicht einen Sitzplatz im Foyer des benachbarten Ace Hotel (S. 361).

MIDDLE BRANCH
COCKTAILBAR

Karte S. 456 (☏212-213-1350; 154 E 33rd St zw. Lexington & Third Ave, Midtown East; ⊙17–2 Uhr; Ⓢ 6 bis 33rd St) Das doppelstöckige Middle Branch, gegründet vom kürzlich verstorbenen Cocktailgott Sasha Petraske, bringt den dringend benötigten Stil ins Murray Hill, das bisher allzu sehr auf Bier und Margaritas fixiert war. Ansehnliche Barkeeper mixen einige der elegantesten Getränke in Midtown, von vertrauten Klassikern bis zu kapriziösen Neuinterpretationen wie dem Fade Into You (14 $).

TOP OF THE STRAND
COCKTAILBAR

Karte S. 456 (☏646-368-6426; www.topofthe strand.com; Marriott Vacation Club Pulse, 33 W 37th St zw. Fifth & Sixth Ave, Midtown East; ⊙So & Mo 17–24, Di–Sa bis 1 Uhr; Ⓢ B/D/F/M, N/Q/R bis 34th St) „Oh mein Gott, ich bin in New York!" Diesen Kick erleben Gäste der Dachbar des Hotels Marriott Vacation Club Pulse (des ehemaligen Strand Hotel), wenn sie einen Martini („extra dirty" – mit Olivenwasser) bestellen und (diskret natürlich) staunend den Mund aufreißen. Der Ausblick von der Bar mit den gemütlichen Sitzplätzen im Cabana-Stil, der erfrischend gemischten Gästeschar und dem gläsernen Schiebedach aufs Empire State Building ist unvergesslich.

📍 Midtown West & Times Square

⭐ BAR SIXTYFIVE
COCKTAILBAR

Karte S. 456 (☏212-632-5000; www.rainbow room.com/bar-sixty-five; 30 Rockefeller Plaza, Eingang W 49th St; ⊙Mo–Fr 17–24, So 16–21 Uhr; Ⓢ B/D/F/M bis 47th-50th Sts–Rockefeller Center) Das absolut sehenswerte, kultivierte Sixty-Five befindet sich im 65. Stock des GE Building des Rockefeller Center (S. 195). Schick anziehen – tabu sind Sportsachen und Personen unter 21 Jahren – und vor 17 Uhr da sein, um sich einen Platz mit grandiosem Ausblick zu sichern. Wer keinen Tisch auf dem Balkon oder am Fenster ergattert, kann draußen trotzdem das weite New-York-Panorama auf sich wirken lassen.

RUM HOUSE
COCKTAILBAR

Karte S. 460 (☏646-490-6924; www.therum housenyc.com; 228 W 47th St zw. Broadway & Eighth Ave; ⊙12–4 Uhr; Ⓢ N/R/W bis 49th St) Das sinnliche Stück des alten New York wird für seine Rum- und Whiskeysorten verehrt. Diese lassen sich pur oder in makellos zubereiteten Cocktails wie „The Escape" genießen, einer kräftigen Piña Colada für echte Erwachsene. Dazu kommt allabendlich Livemusik, vom Soloklavier bis zu flotten Jazztrios und sentimentalen Liebesschnulzendiven. Die Barkeeper nehmen ihre Arbeit ernst – nicht hetzen!

LANTERN'S KEEP COCKTAILBAR
Karte S. 460 (212-453-4287; www.iroquoisny. com; Iroquois Hotel, 49 W 44th St zw. Fifth & Sixth Ave; Mo 17–23, Di–Fr bis 24, Sa 19–1 Uhr; B/D/F/M bis 42nd St–Bryant Park) Durch die Lobby des **Iroquois Hotel** (Karte S. 460; 212-840-3080; Zi. 608 $;) gelangt man in diesen schummrigen, romantischen Cocktailsalon. Die Spezialität des Salons sind Schlückchen, geschüttelt und gerührt von enthusiastischen und umgänglichen Mixologen. Allen, die es gern scharf mögen, sei das Gordon's Breakfast (nicht auf der Karte!) empfohlen, eine feurige Mischung aus Gin, Worcestershiresauce, Chilisauce, zerdrückten Limonen, Gurke, Salz und Pfeffer. Reservierung empfohlen.

BAR CENTRALE BAR
Karte S. 460 (212-581-3130; www.barcentrale nyc.com; 324 W 46th St zw. Eighth & Ninth Ave, Midtown West; 17–24 Uhr; A/C/E bis 42nd St–Port Authority) Diese Bar ohne Beschilderung in einem alten Brownstone-Haus ist ein Liebling der Broadway-Stars, die sich hier nach der Vorstellung bei sinnlichem Jazz entspannen. In dem kleinen Laden ist Stehen nicht erlaubt, sodass man vielleicht besser telefonisch reservieren (bis zu einer Woche im Voraus möglich). Und hier versteckt sich die Bar: links von Joe Allen's die Treppe rauf.

JIMMY'S CORNER BAR
Karte S. 460 (212-221-9510; 140 W 44th St zw. Sixth & Seventh Ave; Mo–Do 11.30–2.30, Fr bis 4, Sa 12.30–4, So 15–2.30 Uhr; N/Q/R/W, 1/2/3, 7 bis 42nd St–Times Sq; B/D/F/M bis 42nd St–Bryant Park) Diese einladende und unprätentiöse Kneipe wird von einem alten Boxtrainer geführt – keine große Überraschung angesichts der zahlreichen gerahmten Fotos von großen und kleinen Stars des Boxsports. Die Jukebox spielt Platten von Stax bis Miles Davis, aber leise genug, dass sich die Feierabendgäste unterhalten können. Der lange und schmale Raum wirkt, als könnte man ihn in einem Eisenbahnwagen unterbringen.

RUDY'S BAR & GRILL BAR
Karte S. 460 (646-707-0890; www.rudysbar nyc.com; 627 Ninth Ave Höhe 44th St, Midtown West; Mo–Sa 8–4, So 12–4 Uhr; A/C/E bis 42nd St–Port Authority Bus Terminal) Das große Plastikschwein ohne Hose mit der roten Jacke markiert den Eingang zur besten „Eckkneipe" in Hell's Kitchen. Hier gibt's zwei billige Biersorten im Krug, halbrunde, mit Klebeband geflickte Sitznischen und kostenlose Hotdogs. Bei Rudy trifft sich ein bunt gemischtes Publikum zum Flirten oder um auf dem Bildschirm ohne Ton, aber dafür bei klassischer Rockmusik Basketballspiele der New York Knicks zu verfolgen.

FLAMING SADDLES SCHWULENBAR
Karte S. 460 (212-713-0481; www.flamingsad dles.com/nyc; 793 Ninth Ave zw. 52nd & 53rd St, Midtown West; Mo–Fr 15–4, Sa & So 12–4 Uhr; C/E bis 50th St) In Midtown gibt's eine Schwulen-Country-and-Westernbar! *Coyote Ugly* trifft auf *Calamity Jane* in dieser neuen Bar in Hell's Kitchen mit scharfen, tanzenden Barmännern in hautengen Jeans, städtischen Freizeitcowboys und raubeinigem Ambiente. Also rein in die Wranglers und ab in den Saddle, mein Freund: Das wird ein wilder, promilleträchtiger Ritt. Wer Hunger hat, kann diesen mit Tex-Mex-Kneipenkost stillen.

INDUSTRY SCHWULENBAR
Karte S. 460 (646-476-2747; www.industry bar.com; 355 W 52nd St zw. Eighth & Ninth Ave; 17–4 Uhr; C/E, 1 bis 50th St) In der ehemaligen Parkgarage befindet sich heute einer der heißesten Schwulenbars von Hell's Kitchen – ein schicker, 370 m² großer Laden mit einladenden Loungebereichen, einem Billardtisch und einer Bühne für Drag-Diven erster Güte. Man kann entweder zwischen 16 und 21 Uhr zur Happy Hour herkommen oder sich später reinquetschen und unters attraktive Partyvolk mischen. Nur Barzahlung.

THERAPY SCHWULENCLUB
Karte S. 460 (212-397-1700; www.therapy-nyc.com; 348 W 52nd St zw. Eighth & Ninth Ave, Midtown West; So–Do 17–2, Fr & Sa bis 4 Uhr; C/E, 1 bis 50th St) Das mehrgeschossige Therapy war der erste schwule Lounge-Club, der die Massen nach Hell's Kitchen

brachte. Die allabendlichen Shows (von Musik bis zu Interviews mit Broadway-Stars) und das recht gute Essen von Sonntag bis Freitag (besonders beliebt sind die Quesadillas) locken noch immer viele Gäste an. Die Getränkenamen passen zum Thema: Oral Fixation und Size Queen, um nur zwei Beispiele zu nennen.

BARRAGE SCHWULEBAR

Karte S. 460 (☎212-586-9390; 401 W 47th St, Hell's Kitchen; ⌚So–Do 17–2, Fr & Sa bis 4 Uhr; [S]C/E bis 50th St) Die Schwulenbars im Manhattaner Viertel Hell's Kitchen sind meist groß, partymäßig und laut. Zwar kann man auch im Barrage seinen Spaß haben, doch hier geht's deutlich gesitteter zu als in den Kneipen drum herum. Die Bar ist angenehm schummrig und mit bequemen Loungemöbeln eingerichtet und wartet mit unerwarteten Überraschungen wie Barsnacks auf. Und die Drinks sind erschwinglich und stark.

☆ UNTERHALTUNG

In Midtown, dem Unterhaltungsmekka New Yorks, sind schon viele Hände wundgeklatscht worden. Wonach einem auch immer der Sinn stehen mag, hier wird es geboten: aufwendige Musicalinszenierungen und preisgekröntes Theater, Stadionrock und Sport, große Namen aus Jazz und Blues, Kammermusik von Weltrang, Filme, Vorträge und vieles mehr. Mit Betonung auf *vieles*!

☆ Midtown East & Fifth Avenue

★UPRIGHT CITIZENS BRIGADE THEATRE COMEDY

Karte S. 460 (UCB; ☎212-366-9176; www.ucbtheatre.com; 555 W 42nd St zw. Tenth & Eleventh Ave, Hell's Kitchen; frei bis 10 $; ⌚19–24 Uhr; [S]A/C/E bis 42nd St–Port Authority) Comedy-Sketche und Improvisationen geben auch in der neuen Location des legendären Ladens den Ton an. Hierher zieht es u. a. Caster und Fernsehpromis. Der Eintritt ist günstig, ebenso Bier und Wein. Ab etwa 19.30 Uhr finden allabendlich gute Veranstaltungen statt, doch der absolute Brüller ist die Asssscat-Improv-Session am Sonntagabend.

Sonntags nach 21.30 und montags nach 23 Uhr ist der Eintritt frei, wenn hier Neulinge auftreten. Im East Village gibt's einen Ableger der Upright Citizens Brigade. Die Website liefert Infos über die beliebten Sketch- und Improvisationskurse.

JAZZ STANDARD JAZZ

Karte S. 456 (☎212-576-2232; www.jazzstandard.com; 116 E 27th St zw. Lexington & Park Ave; Eintritt 25–40 $; [S]6 bis 28th St) In diesem kultivierten Club haben schon Jazzgrößen wie Ravi Coltrane, Roy Haynes und Ron Carter gespielt. Der Service ist makellos, das Essen toll, es gibt keinen Mindestverzehr und das Programm stellt Seth Abramson zusammen, der sich wirklich auskennt. Samstags findet von 11.30 bis 14.30 Uhr ein beliebter Jazzbrunch (35 $) statt.

☆ Midtown West & Times Square

★RICHARD RODGERS THEATRE THEATER

Karte S. 460 (Hamilton; ☎Tickets 877-250-2929; www.hamiltonmusical.com; 226 W 46th St zw. Seventh & Eighth Ave; [S]N/R/W bis 49th St) Das Theater, das 1926 seine Pforten öffnete, ist in mehrerlei Hinsicht einzigartig. Zum einen war es das erste, in dem alle Gäste das Theater durch dieselben Türen betreten durften – vorher hatte es separate Türen für die Zuschauer mit billigeren Eintrittskarten gegeben, also den „Pöbel". Außerdem ist es das Theater, das bisher mit den meisten Tony Awards fürs beste Theaterstück und beste Musical ausgezeichnet wurde.

Lin-Manuel Mirandas gefeiertes Musical *Hamilton* ist der aktuelle Renner am Broadway: Mit Hip-Hop-Beats wird die Geschichte des ersten Finanzministers der USA erzählt. Das von Ron Chernows Hamilton-Biographie inspirierte Musical hat schon alle möglichen Auszeichnungen eingeheimst, u. a. elf Tony Awards (darunter für das beste Musical), einen Grammy für die CD-Version des Musicals und einen Pulitzer-Preis für Theater. Tickets sollten mindestens sechs Monate im Voraus gebucht werden. Oder man nimmt an der Online-Ticketlotterie teil: Die Gewinner können ein oder zwei Tickets in der ersten Reihe für 10 $ erwerben. *Hamilton* für zehn Dollar? Aber klar doch!

❶ BILLIG ZUM BROADWAY

Die großen Broadway-Musicals können ungeheuer teuer sein, falls Karten nicht Monate im Voraus gebucht wurden. Der Ticketverkauf TKTS (www.tdf.org/nyc/7/TKTS) hat täglich ein tolles Angebot ermäßigter Karten, aber selten für die begehrtesten Shows. Für diese ist es am besten, eine ermäßigte Last-minute-Karte an der Theaterkasse selbst zu erstehen.

Für viele der angesagtesten Shows – z. B. *Hamilton, Kinky Boots* und *Book of Mormon* – wird gewöhnlich über die entsprechende Website eine Ticketlotterie veranstaltet, manchmal auch im Theater selbst. Die Gewinner können sich die Show für wenig Geld anschauen. Der Nachteil: Das Kontingent ist begrenzt und die Nachfrage hoch.

Für andere Shows wie *Chicago* (S. 218) gibt es eine begrenzte Anzahl allgemeiner „Rush Tickets", die jeden Morgen bei Öffnung der Theaterkasse erhältlich sind. Auch hier ist das Kontingent begrenzt und die Nachfrage hoch, was sich in frühmorgendlichen Schlangen und langen Wartezeiten äußert.

Mehrere Shows bieten auch Karten für „Standing Room Only" (SRO; Stehplätze) an: Zuschauer können die Vorstellung auf nummerierten Stehplätzen ansehen. Die Plätze sind so breit wie ein Standardsitz und meist hinter dem Orchester. SRO-Karten kosten allgemein 27 bis 40 $, sind aber nicht so einfach zu ergattern, da sie in der Regel nur ausgegeben werden, wenn die Show ausverkauft ist. Es ist zwar schwer vorherzusagen, ob eine Show ausverkauft sein wird oder nicht, aber die Chancen stehen gut bei *Hamilton, Book of Mormon* und *Kinky Boots*. Die Regeln können sich ändern, also sollte vor dem Theaterbesuch immer die Website der gewünschten Show gecheckt werden – viel Glück!

MIDTOWN UNTERHALTUNG

★ EUGENE O'NEILL THEATRE — THEATER

Karte S. 460 (Book of Mormon; ☑ Tickets 212-239-6200; www.bookofmormonbroadway.com; 230 W 49th St zw. Broadway & Eighth Ave; Ⓢ N/R/W bis 49th St, 1 bis 50th St, C/E bis 50th St) Das Eugene O'Neill Theatre hat schon alles Mögliche gezeigt, von Familienstücken wie *Annie* bis zum Brüller *The Best Little Whorehouse in Texas,* und auch die Geschichte der Besitzverhältnisse des Theaters kann durchaus als turbulent bezeichnet werden – im Verlauf seines fast hundertjährigen Bestehens wurde es mehrere Male gekauft und wieder verkauft. Ursprünglich hieß es Forrest Theatre, dann Coronet Theatre, um dann 1959 schließlich zum Eugene O'Neill Theatre zu werden. Vor den heutigen Besitzern gehörte es bis 1982 dem Dramatiker Neil Simon.

Subversiv, obszön und zwerchfellerschütternd komisch ist die beißende Musical-Satire *The Book of Mormon* aus der Feder der Erfinder von *South Park* Trey Parker und Matt Stone sowie des *Avenue Q*-Komponisten Robert Lopez. Das mit neun Tony Awards ausgezeichnete Stück erzählt die Geschichte zweier naiver Mormonen-Missionare, die ein ugandisches Dorf „retten" wollen. Wer bei den Tickets eine gute Auswahl haben möchte, sollte mindestens drei Monate im Voraus buchen, danach wird's

teurer. Optimisten begeben sich 2½ Stunden vor Showbeginn zum Theater und reihen sich in die Lotterie-Warteschlage ein, um eine der verbilligten Eintrittskarten für 32 $ zu erstehen (die Glücklichen werden zwei Stunden vor Vorstellungsbeginn auserwählt). Danach werden, falls vorhanden, noch einige Stehplatzkarten für 27 $ verkauft.

★ A. L. HIRSCHFELD THEATRE — THEATER

Karte S. 460 (☑ Tickets 877-250-2929; www.kinkybootsthemusical.com; 302 W 45th St zw. Eighth & Ninth Ave; ⊙ Kasse Mo–Sa 10–20, So 12–18 Uhr; Ⓢ A/C/E bis 42nd St–Port Authority Bus Terminal) Das Theater, ursprünglich das Martin Beck Theatre, wurde 2003 umgetauft, als die Familie Beck es verkaufte. Nachdem es 1924 unter großem Tamtam die Pforten geöffnet hatte, produzierte es jahrzehntelang einige der beliebtesten Broadway-Hits wie *Pirates of Penzance, Romeo and Juliet, The Crucible, Guys and Dolls* und *Hair*. Das riesige, opulent ausgestattete Theater bietet mehr als 1400 Plätze sowie 200 Schauspielergarderoben.

Wer nicht vorausgebucht hat, kann vielleicht unter der Woche oder bei einer Matinee (mit günstigeren Preisen) einen Platz ergattern. Für Glückspilze bietet die Website außerdem jeden Tag eine Ticketlotterie mit Karten für 40 $ für die Vorstellung am selben Abend. Die Gewinner werden drei Stunden vor der Show per E-Mail benachrichtigt. Falls vorhanden – und gewöhnlich nur bei ausverkauften Vorstellungen –, werden an der Theaterkasse auch noch einige Stehplatzkarten (30 $) verkauft.

Derzeit läuft hier *Kinky Boots*. Der Publikumsrenner von Harvey Fierstein und Cyndi Lauper nach der Vorlage eines britischen Indie-Films von 2005 erzählt die Geschichte einer maroden englischen Schuhfabrik, die überraschend von der geschäftstüchtigen Dragqueen Lola gerettet wird. Die glaubwürdigen Figuren und die mitreißende Dynamik kamen auch bei den Kritikern an: Das Musical gewann sechs Tony Awards, darunter 2013 als bestes Musical.

★CARNEGIE HALL — LIVEMUSIK

Karte S. 460 (☎212-247-7800; www.carnegiehall.org; 881 Seventh Ave Höhe W 57th St; 🕐Führungen Okt.–Juni Mo–Fr 11.30, 12.30, 14 & 15, Sa 11.30 & 12.30 Uhr; [S]N/R/W bis 57th St–7th Ave) Nur wenige New Yorker Veranstaltungsorte sind so berühmt wie die Carnegie Hall. Der legendäre Konzertsaal mag weder die größte noch die eleganteste Musikhalle der Welt sein, aber sie gehört zweifellos zu denen mit der besten Akustik. Größen aus Oper, Jazz und Folk treten im Isaac Stern Auditorium auf, in der beliebten Zankel Hall dagegen gibt's Freejazz, Pop, Klassik und Weltmusik.

Von Oktober bis Juni gibt's einstündige **Führungen** (Erw./Kind 17/12 $) durch die Carnegie Hall mit Blick auf die geschichtsträchtige Vergangenheit des Hauses. Die Termine hängen von den Aufführungs- und Probenplänen ab, also vorher auf der Website nachschauen!

★JAZZ AT LINCOLN CENTER — JAZZ

Karte S. 460 (☎Tickets für Dizzy's Club Coca-Cola 212-258-9595, Tickets für Rose Theater & Appel Room 212-721-6500; www.jazz.org; Time Warner Center, 10 Columbus Circle, Broadway Höhe W 59th St; [S]A/C, B/D, 1 bis 59th St–Columbus Circle) Das oben im Time Warner Center residierende Jazz at Lincoln Center besteht aus drei hochmodern ausgestatteten Veranstaltungssälen: dem mittelgroßen **Rose Theater**, dem verglasten **Appel Room** mit Panoramablick und dem gemütlichen **Dizzy's Club Coca-Cola**. Dizzy's wird man wahrscheinlich am ehesten besuchen, denn hier finden regelmäßig Abendveranstaltungen statt. Die Auftritte sind oft erste Sahne und die Ausblicke auf den Central Park traumhaft.

SHUBERT THEATRE — THEATER

Karte S. 460 (☎Tickets 212-239-6200; http://shubert.nyc; 225 W 44th St zw. Seventh & Eighth Ave, Midtown West; 🕐Kasse Mo–Sa 10–20.30, So 12–18 Uhr; ♿; [S]N/Q/R, S, 1/2/3, 7 bis Times Sq–42nd St; A/C/E bis 42nd St–Port Authority Bus Terminal) Das altehrwürdige Shubert Theatre hält den Rekord für die am längsten am Broadway laufende Show: 6137 Mal wurde hier *A Chorus Line* aufgeführt, bevor es von anderen Produktionen wie *Crazy for You* und dem sehr beliebten *Spamalot* abgelöst wurde. Wie viele andere Broadway-Theater steht auch dieses unter Denkmalschutz; die Wandbilder und die Innenausstattung wurden 1996 restauriert.

PLAYWRIGHTS HORIZONS — THEATER

Karte S. 460 (☎212-564-1235; www.playwrightshorizons.org; 416 W 42nd St zw. Ninth & Tenth Ave, Midtown West; [S]A/C/E bis 42nd St–Port Authority Bus Terminal) Eine hervorragende Bühne, um den womöglich nächsten großen Publikumserfolg zu sehen, denn dieses altbewährte „Autorentheater" hat sich der Förderung zeitgenössischer amerikanischer Werke verschrieben. Zu den zuletzt gezeigten herausragenden Produktionen zählen Kenneth Lonergans *Lobby Hero*, Bruce Norris' mit dem Tony Award ausgezeichnetes Stück *Clybourne Park* sowie Doug Wrights *I Am My Own Wife* und *Grey Gardens*.

SIGNATURE THEATRE — THEATER

Karte S. 460 (☎Tickets 212-244-7529; www.signaturetheatre.org; 480 W 42nd St zw. Ninth & Tenth Ave, Midtown West; [S]A/C/E bis 42nd St–Port Authority Bus Terminal) In seinem von Frank Gehry entworfenen Gebäude mit drei Bühnen, Buchladen und Café widmet das Signature Theatre jeweils eine ganze Saison dem Werk eines seiner einstigen und aktuellen hauseigenen Dramatiker. Bislang wurden hier Stücke von Dramatikern wie Tony Kushner, Edward Albee, Athol Fugard und Kenneth Lonergan aufgeführt. Außerdem werden hier Gesprächsrunden mit Theaterschriftstellern, Regisseuren, Bühnenbildnern und Schauspielern veranstaltet. Karten für Theatervorstellungen sollten einen Monat im Voraus bestellt werden.

FERNSEHAUFZEICHNUNGEN

Wer immer schon mal bei einer amerikanischen Livesendung im Publikum sitzen wollte, hat in New York Gelegenheit dazu. Nachstehend eine Gebrauchsanweisung, wie sich Plätze in einigen der begehrtesten TV-Shows ergattern lassen.

Saturday Night Live (www.nbc.com/saturday-night-live) Eine der populärsten in NYC aufgenommenen Shows – daher ist es schwer, reinzukommen. Trotzdem lohnt es sich, bei der Lotterie im Herbst mitzumachen, bei der Plätze ausgelost werden. Interessierte schicken im August einfach eine E-Mail an snltickets@nbcuni.com oder reihen sich am Tag der Show gegen 7 Uhr morgens an der der 48th St zugewandten Seite der Rockefeller Plaza in die Warteschlange für Standby-Tickets ein. Tickets gibt es entweder für die Generalprobe um 20 Uhr oder für die Livesendung um 23.30 Uhr. Sie werden jeweils nur für eine Person und jeweils nach Eintreffen vergeben. Bei der Ausgabe und auch bei Eintritt zur Show muss ein Ausweis mit Foto vorgezeigt werden. Mindestalter 16 Jahre.

The Late Show with Stephen Colbert (Karte S. 460; www.showclix.com/event/thelate showwithstephencolbert; 1697 Broadway zw. 53rd & 54th St) Die Tickets für diese enorm populäre Late-Night-Show sind online erhältlich, jedoch meist schon am Tag der Freigabe weg. Wann die Karten angeboten werden – gewöhnlich einen oder zwei Monate im Voraus –, entnimmt man dem offiziellen Twitterkanal der *Late Show* (@colbertlate show) oder ihrer Facebookseite. Wer es schafft, Karten zu reservieren, muss sich am Tag der Aufzeichnung bis spätestens 15.15 Uhr draußen vor dem Ed Sullivan Theater in die Schlange stellen. Da die Show absichtlich überbucht wird, damit keine Lücken im Publikum bleiben, ist man am besten schon vor 14.30 Uhr da. *The Late Show* wird montags bis freitags um 17 Uhr aufgezeichnet. Mindestalter 18 Jahre.

The Daily Show with Trevor Noah (Karte S. 460; www.showclix.com/event/thedaily showwithtrevornoah; 733 Eleventh Ave zw. W 51st & W 52nd St) Karten für diese beliebte Nachrichtenparodie gibt's immer ein paar Wochen im Voraus online. Aufgezeichnet wird montags bis donnerstags um 18 und etwa 19.15 Uhr. Die Pforten werden um 14.30 Uhr geöffnet – dann werden auch die eigentlichen Eintrittskarten verteilt. Am besten schon früh da sein, weil es keine Garantie gibt, auch wirklich reinzukommen. Beim Abholen der Karten wird eine Zeit genannt, zu der man zurückkommen muss, gewöhnlich gegen 16.30 Uhr. Mindestalter 18 Jahre.

Last Week Tonight with John Oliver (Karte S. 460; www.lastweektickets.com; 528 W 57th St zw. Tenth & Eleventh Ave) Tickets zur Nachrichtenshow des bissigen britischen Satirikers John Oliver sind bis zu zweieinhalb Wochen vor dem Aufzeichnungstermin auf www.lastweektickets.com erhältlich. Die Sendung wird sonntags um 18.15 Uhr im CBS Broadcast Center (528 W 57th St zw. Tenth und Eleventh Ave) aufgezeichnet und man muss mindestens 40 Minuten vorher da sein. Mindestalter 18 Jahre.

Full Frontal with Samantha Bee (http://samanthabee.com) Samantha Bees Spott, mit dem sie Politiker und Skandalnudeln bedenkt, die gerade die Schlagzeilen beherrschen, ist beißender als der von John Oliver. Ihre Late-Night-Shows werden mittwochs um 17.45 Uhr aufgezeichnet. Tickets gibt's im Internet.

Mehr Infos zu Tickets für TV-Sendungen stehen auf den Websites der jeweiligen Fernsehsender oder auf www.nycgo.com/articles/tv-show-tapings.

SECOND STAGE THEATRE — THEATER

Karte S. 460 (Tony Kiser Theatre; ☎Tickets 212-246-4422; www.2st.com; 305 W 43rd St Höhe Eighth Ave, Midtown West; 🕒Kasse So–Fr 12–18, Sa bis 19 Uhr; [S]A/C/E bis 42nd St–Port Authority Bus Terminal) Dies ist die Hauptbühne der vom Second Stage Theatre betriebenen Theaters. Das Second Stage ist bekannt als Debütbühne für Stücke begabter Nachwuchsautoren, zeigt aber auch Werke etablierter amerikanischer Autoren. Wer Lust auf gutes zeitgenössisches amerikanisches Theater hat, ist hier richtig.

1

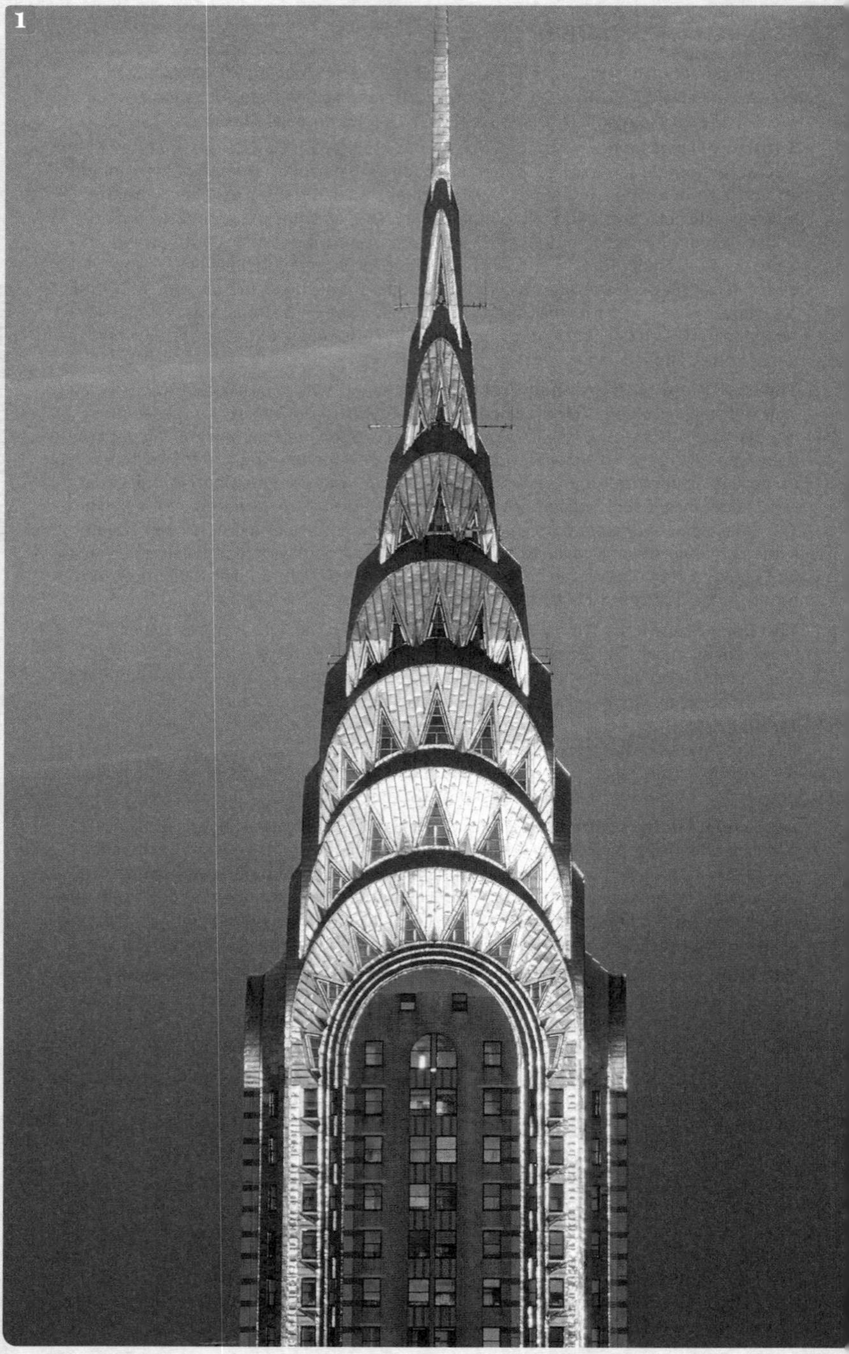

hrysler Building (S. 196)
Wolkenkratzer ist eines der markan-
en Gebäude der New Yorker Skyline.

2. Times Square (S. 186)
Das pulsierende Herz der Stadt – die
Kreuzung von Broadway und Seventh Ave –
lockt jedes Jahr 40 Mio. Touristen an.

**3. Radio City Music Hall
(S. 203)**
Den berühmten Veranstaltungsort lässt
sich auf einer Tour besichtigen.

MAGNET THEATER
COMEDY

Karte S. 460 (☎Tickets 212-244-8824; www.magnettheater.com; 254 W 29th St zw. Seventh & Eighth Ave, Midtown West; [S]1/2 bis 28th St; A/C/E bis 23rd St; 1/2/3 bis 34th St–Penn Station) Massenhaft Comedy in verschiedensten Formen (meist Improvisationen) finden in dem Theater plus Übungsbühne für Komiker ein begeistertes Publikum. Das Programm ändert sich wöchentlich, aber zu den beliebten Stammkünstlern zählen Megawitt (zusammen mit dem hauseigenen Ensemble) und The Friday Night Sh*w, die sich mit schriftlichen Schimpftiraden und Geständnissen des Publikums einen Jux machen.

BIRDLAND
JAZZ, CABARET

Karte S. 460 (☎212-581-3080; www.birdlandjazz.com; 315 W 44th St zw. Eighth & Ninth Ave; Eintritt 30–50 $; 🕑17–1 Uhr; 📶; [S]A/C/E bis 42nd St–Port Authority Bus Terminal) Das „Bird“ sieht nicht nur schick aus, sondern hat auch Tradition: Sein Name stammt von der Bebop-Legende Charlie Parker (alias „Bird“), dem Star der früheren Location in der 52nd St, wo auch Miles, Monk und so ziemlich alle von Rang und Namen (deren Fotos die Wände zieren) auftraten. Das Programm ist immer erstklassig.

AMBASSADOR THEATRE
THEATER

Karte S. 460 (Chicago; ☎Tickets 212-239-6200; www.chicagothemusical.com; 219 W 49th St zw. Broadway & Eighth Ave; [S]N/R/W bis 49th St; 1, C/E bis 50th St) Das in den 1920er-Jahren erbaute Ambassador Theatre ist ein New Yorker Wahrzeichen. Es wurde diagonal aufs Grundstück gesetzt, um drinnen mehr Sitzplätze unterbringen zu können. Wie viele andere Theater wurde es in den 1930er-Jahren von seinen Eigentümern, den Schuberts, verkauft und wurde dann für Film und Fernsehen genutzt, bis es die Familie 1956 zurückkaufte. Seitdem dient es als Theater, in dem zurzeit *Chicago* läuft, eine der beliebtesten Shows am Broadway.

Tickets für *Chicago* bekommt man ein bisschen einfacher als für andere aktuelle Produktionen. Der Klassiker von Bob Fosse/Kander & Ebb erzählt die Geschichte des Showgirls Velma Kelly, der Tänzerin Roxie Hart, des Rechtsanwalts Billy Flynn und der wunderbar schmutzigen Machenschaften der Chicagoer Unterwelt. Das von Regisseur Walter Bobbie wiederbelebte Stück macht mit seiner ansteckenden Energie die beengten Sitzverhältnisse im Theater mehr als wett.

NEW YORK CITY CENTER
TANZ

Karte S. 460 (☎212-581-1212; www.nycitycenter.org; 131 W 55th St zw. Sixth & Seventh Ave, Midtown West; [S]N/Q/R bis 57th St–7th Ave) Dieses maurische Wahrzeichen mit roter Kuppel bietet eine Bühne für Tanzensembles wie das Alvin Ailey American Dance Theater, Theaterinszenierungen, das New York Flamenco Festival im Februar oder März und das beliebte Fall for Dance Festival im September oder Oktober.

CAROLINE'S ON BROADWAY
COMEDY

Karte S. 460 (☎212-757-4100; www.carolines.com; 1626 Broadway Höhe 50th St, Midtown West; [S]N/Q/R bis 49th St; 1, C/E bis 50th St) Mancher kennt diesen großen, hellen, altbewährten Mainstreamclub von den Comedyspecials, die hier aufgenommen wurden. Es ist eine erstklassige Location, um US-Comedygrößen und Sitcomstars live zu sehen.

DON'T TELL MAMA
CABARET

Karte S. 460 (☎212-757-0788; www.donttellmamanyc.com; 343 W 46th St zw. Eighth & Ninth Ave, Midtown West; 🕑So–Do 16–2.30, Fr & Sa bis 3.30 Uhr; [S]N/Q/R, S, 1/2/3, 7 bis Times Sq–42nd St) Das Don't Tell Mama, Pianobar und außergewöhnliche Kabarettbühne, ist ein unscheinbarer kleiner Eventspot, der sich schon seit über 30 Jahren behauptet. Ganz große Namen stehen normalerweise nicht auf dem Programm, aber dafür präsentieren sich Kabarettisten, die mit Leib und Seele bei der Sache sind. Schön ist auch das singende Bedienungspersonal.

AMC EMPIRE 25
KINO

Karte S. 460 (☎212-398-2957; www.amctheatres.com; 234 W 42nd St Höhe Eighth Ave, Midtown West; [S]N/Q/R, S, 1/2/3, 7 bis 42nd St–Times Sq) Es ist schon ziemlich cool, von diesem massiven Kinokomplex auf die Lichter der 42nd St hinauszuschauen, und noch genialer, sich auf den Amphitheaterrängen niederzulassen. Es ist zwar nicht ideal für Mainstream-Hollywoodstreifen (der Saal kann sehr voll und laut werden), aber es ist ein Geheimtipp für Indie-Filme, da sie meist vor einer überschaubaren Menge gezeigt werden.

MADISON SQUARE GARDEN SPORTVERANSTALTUNGEN, KONZERTHALLE
Karte S. 460 (MSG, „the Garden“; www.thegarden.com; 4 Pennsylvania Plaza, Seventh Ave zw. 31st & 33rd St; [S] A/C/E, 1/2/3 bis 34th St–Penn Station) In der wichtigsten Mehrzweckarena New Yorks, Teil des riesigen Komplexes, der auch die Penn Station (S. 193) beherbergt, treten die ganz Großen des Showgeschäfts auf, von Kanye West bis Madonna. Sie dient auch als Sportstadion für die Basketballvereine **New York Knicks** (www.nba.com/knicks.com) und **New York Liberty** (www.liberty.wnba.com) und das Hockeyteam **New York Rangers** (www.nhl.com/rangers) sowie für Boxkämpfe und Events wie die Annual Westminster Kennel Club Dog Show.

MINSKOFF THEATRE THEATER
(The Lion King; ☎212-869-0550, Tickets 866-870-2717; www.lionking.com; 200 W 45th St Höhe Seventh Ave, Midtown West; 👪; [S] N/Q/R, S, 1/2/3, 7 bis Times Sq–42nd St) Im großen Minskoff Theatre finden seit 1973 alle möglichen Veranstaltungen statt. Derzeit ist hier Disneys *The Lion King* zu sehen.

GERSHWIN THEATRE THEATER
(Wicked; ☎212-586-6510, Tickets 877-250-2929; www.wickedthemusical.com; 222 W 51st St zw. Broadway & Eighth Ave, Midtown West; 👪; [S] C/E, 1 bis 50th St) Die ursprünglich als Uris Theatre bekannte Bühne ist eins der neuesten und mit fast 2000 Plätzen größten Theater am Broadway. Es ist u. a. für einen der größten Broadway-Flops aller Zeiten bekannt: Das Musical *Via Galactica* vom selben Komponisten wie *Hair* wurde nach nur sieben Vorstellungen abgesetzt und fuhr einen Verlust von mehr als 1 Mio. $ ein. Zu den zahlreichen Erfolgsstücken des Hauses zählen hingegen *Singin' in the Rain*, *Oklahoma!* und die aktuelle Show *Wicked*.

SHOPPEN

Midtown East & Fifth Avenue

BLOOMINGDALE'S KAUFHAUS
Karte S. 456 (☎212-705-2000; www.bloomingdales.com; 1000 Third Ave Höhe E 59th St; ⌚Mo–Sa 10–20.30, So 11–19 Uhr; 📶; [S] 4/5/6 bis 59th St; N/R/W bis Lexington Ave–59th St) Der Marktrenner „Bloomie's“ ist für die Shoppingwelt so etwas wie das Metropolitan Museum of Art: historisch, weitläufig, überwältigend und rappelvoll. Trotzdem: Wer nicht reinschaut, wird es später bereuen. Hier warten Regale voller Kleidung und Schuhe darauf, geplündert zu werden. Das Angebot gleicht einem Who is Who nationaler und internationaler Modeschöpfer (darunter eine Zahl von Newcomern). Für die Stärkung zwischendurch steht u. a. eine Filiale des Cupcake-Paradieses **Magnolia Bakery** zur Verfügung.

BERGDORF GOODMAN KAUFHAUS
Karte S. 456 (☎888-774-2424, 212-753-7300; www.bergdorfgoodman.com; 754 Fifth Ave zw. W 57th & 58th St; ⌚Mo–Sa 10–20, So 11–19 Uhr; [S] N/Q/R/W bis 5th Ave–59th St, F bis 57th St) Das seit 1928 hier ansässige noble BG ist nicht nur wegen seiner Weihnachtsfensterdekoration (der schönsten der Stadt) beliebt, es hat dank der wegweisenden Modechefin Linda Fargo auch in Sachen Mode die Nase vorn. Zu den Glanzlichtern der Lieblingsadresse der lunchenden Ladys zählen exklusive Kollektionen von Tom Ford und Chanel und eine beliebte Damenschuhabteilung. Die Abteilung für Männer befindet sich gegenüber.

BARNEYS KAUFHAUS
Karte S. 456 (☎212-826-8900; www.barneys.com; 660 Madison Ave Höhe E 61st St; ⌚Mo–Fr 10–20, Sa bis 19, So 11–19 Uhr; [S] N/R/W bis 5th Ave–59th St) Echte Fashionistas setzen ihre Kreditkarte bei Barneys ein, renommiert für die aktuellen Kollektionen von angesagten Labels wie Isabel Marant Étoile, Mr & Mrs Italy und Lanvin. Weniger kostspielige und lässigere Angebote für eine jüngere Kundschaft gibt es im 7. Stock *(8th floor)*. Zu den weiteren Einrichtungen im Haus gehören die Kosmetikabteilung im Untergeschoss und das Genes, ein futuristisches Café mit einem großen Tisch mit Touchscreen zum Online-Shoppen.

Weitere Filialen gibt's sich in der **Upper West Side** (Karte S. 464; ☎646-335-0978; 2151 Broadway zw. 75th & 76th St; ⌚Mo–Sa 10–19, So 11–18 Uhr; [S] 1/2/3 bis 72nd St) in Manhattan und an der Atlantic Ave in Brooklyn.

DYLAN'S CANDY BAR LEBENSMITTEL
Karte S. 456 (☎646-735-0078; www.dylanscandybar.com; 1011 Third Ave Höhe 60th St, Midtown East; ⌚Mo–Do 10–21, Fr & Sa bis 23, So 11–21 Uhr; [S] N/Q/R bis Lexington Ave–59th St; 4/5 bis

59th St) Willy Wonkas Schokoladenfabrik ist nichts im Vergleich zu diesem Albtraum aller Zahnärzte aus Riesenlutschern, bunten Bonbongläsern, softballgroßen Cupcakes und zuckerfreien und koscheren Leckereien, ganz zu schweigen von der beleuchteten Treppe, in die köstliche, aber unerreichbare Süßigkeiten eingelassen sind. Im 2. Stock *(3rd floor)* gibt's ein Café.

ARGOSY BÜCHER, LANDKARTEN

Karte S. 456 (☎212-753-4455; www.argosybooks.com; 116 E 59th St zw. Park & Lexington Ave, Midtown East; ⏲Sept.–Ende Mai Mo–Fr 10–18, Sa bis 17 Uhr; [S]4/5/6 bis 59th St; N/Q/R bis Lexington Ave–59th St) Buchhandlungen wie diese werden langsam genauso selten wie die Bücher, die sie führen: Seit 1925 verkauft diese New Yorker Institution wunderschöne antiquarische Druckwerke wie Bücher, alte Landkarten, Künstlermonografien und Ähnliches. Es gibt auch ein Sortiment interessanter Hollywood-Memorabilien, wie private Briefe, signierte Bücher, Verträge und Autogrammfotos. Die Preisspanne reicht von kostspielig bis schleuderpreisig.

TIFFANY & CO SCHMUCK, HAUSHALTSWAREN

Karte S. 456 (☎212-755-8000; www.tiffany.com; 727 Fifth Ave Höhe E 57th St; ⏲Mo–Sa 10–19, So 12–18 Uhr; [S]F bis 57th St; N/R/W bis 5th Ave–59th St) Seit Audrey Hepburn sehnsüchtig durch die Schaufenster blickte, hat Tiffany & Co zahllose Herzen mit seinen glitzernden Diamantringen, Uhren, silbernen Herzketten von Elsa Peretti, Kristallvasen und Glaswaren erobert. Dazu kommen Handtaschen und reisefreundliche Geschenke wie Brieföffner. Man darf hier schwärmen und schmachten, aber auf gar keinen Fall die Liftboys mit dem abgenutzten Witz „Wo gibt's das Frühstück?" belästigen.

UNIQLO MODE & ACCESSOIRES

Karte S. 456 (☎877-486-4756; www.uniqlo.com; 666 Fifth Ave Höhe E 53rd St; ⏲Mo–Sa 10–21, So 11–20 Uhr; [S]E, M bis 5th Ave–53rd St) Uniqlo ist die japanische Antwort auf H&M und dies ist der atemberaubende, über 8000 m² große Flagshipstore der Kette. Am Eingang kann man sich mit einem Einkaufsnetz ausstatten und dann geht's mit dem Fahrstuhl hoch in den 2. Stock, wo die Shopping-Odyssee beginnen kann. Die Stärke des Ladens liegt auf erschwinglichen, modischen und hochwertigen Kleidungsstücken wie T-Shirts, Unterwäsche, japanischen Jeans, Kaschmirpullovern und superleichten High-Tech-Parkas.

Midtown West & Times Square

★MOMA DESIGN & BOOK STORE GESCHENKE, BÜCHER

Karte S. 460 (☎212-708-9700; www.momastore.org; 11 W 53rd St zw. Fifth & Sixth Ave; ⏲Sa–Do 9.30–18.30, Fr bis 21 Uhr; [S]E, M bis 5th Ave–53rd St) Der Flagshipstore im Museum of Modern Art (S. 191) ist super für Souvenirs. Außer einem Sortiment toller Bücher (von Kunst- und Architekturbänden bis zu Popkultur- und Kinderbilderbüchern) laden Kunstdrucke und Poster sowie alle möglichen netten Kleinigkeiten zum Geldausgeben ein. Möbel, Lampen, Wohnaccessoires, Schmuck, Taschen und MUJI-Produkte gibt's im **MoMA Design Store** auf der anderen Straßenseite.

HELL'S KITCHEN FLEA MARKET MARKT

Karte S. 460 (☎212-220-0239; www.annexmarkets.com/hells-kitchen-foundation; W 39th St zw. Ninth & Tenth Ave; ⏲Sa & So 9–17 Uhr; [S]A/C/E bis 42nd St–Port Authority Bus Terminal) Mit seinem wunderbaren Angebot an alten Möbeln, Accessoires, Kleidungsstücken und nicht identifizierbaren Gegenständen aus vergangener Zeit lockt dieser Wochenend-Flohmarkt sowohl Sammler als auch normale Neugierige an.

NEPENTHES NEW YORK MODE & ACCESSOIRES

Karte S. 460 (☎212-643-9540; www.nepenthesny.com; 307 W 38th St zw. Eighth & Ninth Ave; ⏲Mo–Sa 12–19, So bis 17 Uhr; [S]A/C/E bis 42nd St–Port Authority Bus Terminal) Das japanische Kultkollektiv in einem ehemaligen Nähmaschinenladen im **Garment District** vertreibt angesagte Männerklamottenmarken im Stil alter amerikanischer Arbeitskleidung wie Engineered Garments und Needles, die für ausgefallene Details und Handarbeit bekannt sind. Zu den Accessoires zählen Hand- und Umhängetaschen, Handschuhe, Brillen und Schuhe.

MACY'S KAUFHAUS

Karte S. 460 (☎212-695-4400; www.macys.com; 151 W 34th St Höhe Broadway; ⏲Mo–Sa 10–22, So 11–21 Uhr; [S]B/D/F/M, N/Q/R/W bis 34th St–Herald Sq; A/C/E bis Penn Station) Im größten Kaufhaus der USA, das fast einen ganzen Häuserblock einnimmt, gibt es nahezu alles: Mode, Möbel, Küchenutensilien,

Bettwäsche, Cafés, Friseursalons und sogar eine Filiale des Souvenirladens des Metropolitan Museum of Art. Das Preisniveau liegt eher im mittleren als im exklusiven Bereich, das Angebot umfasst Mainstreamlabel und Kosmetik bekannter Hersteller. Das Kaufhaus beherbergt außerdem eine Filiale des NYC Information Center (S. 421) mit Infoschalter und kostenlosen Stadtplänen.

Touristen mit gültigem Einkaufspass bietet Macy's 10 % Rabatt.

B&H PHOTO VIDEO — ELEKTRONIK

Karte S. 460 (☎212-444-6600; www.bhphotovideo.com; 420 Ninth Ave zw. W 33rd & 34th St; 🕘Mo–Do 9–19, Fr bis 13, So 10–18 Uhr, Sa geschl.; [S]A/C/E bis 34th St–Penn Station) Schon der Besuch im beliebtesten Fotoladen der Stadt ist ein Erlebnis. In dem riesigen, gut besuchten Geschäft wimmelt es von schwarz gekleideten (sachverständigen) chassidisch-jüdischen Verkäufern. Der gewünschte Artikel wird in einen Korb gelegt, der nach oben und an der Decke entlang bis zur Kasse wandert, wo zum zweiten Mal Schlangestehen angesagt ist.

DRAMA BOOK SHOP — BÜCHER

Karte S. 460 (☎212-944-0595; www.dramabookshop.com; 250 W 40th St zw. Seventh & Eighth Ave, Midtown West; 🕘Mo–Mi & Fr 10–19, Do bis 20, So 12–18 Uhr; [S]A/C/E bis 42nd St–Port Authority Bus Terminal) Dieser große Buchladen ist schon seit 1917 ein Paradies für alle Broadway-Fans. Das Personal kennt sich im Sortiment bestens aus, das Bücher über Kostüme, Bühnenbild und Ähnliches aus dem Bereich Theater und Musical umfasst, ebenso wie Zeitschriften aus der Theaterwelt. Über die regelmäßigen Veranstaltungen im Laden informieren Website und Facebook-Seite des Geschäfts.

TIME WARNER CENTER — EINKAUFSZENTRUM

Karte S. 460 (☎212-823-6300; www.theshopsatcolumbuscircle.com; 10 Columbus Circle; 🕘Mo–Sa 10–21, So 11–19 Uhr; [S]A/C, B/D, 1 bis 59th St–Columbus Circle) Ein Abstecher in den Central Park lässt sich gut mit einem Besuch des schicken Time Warner Center verbinden. Es beherbergt überwiegend noblere Geschäfte wie Coach, Eileen Fisher, Williams-Sonoma, Sephora und J Crew. Im Untergeschoss befindet sich der gigantische Biosupermarkt Whole Foods (S. 208), der köstliche Picknickzutaten führt.

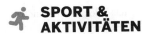

SPORT & AKTIVITÄTEN

NBC STUDIO TOURS — RUNDGANG

Karte S. 456 (☎212-664-3700; www.thetouratnbcstudios.com; 30 Rockefeller Plaza, Eingang 1250 Sixth Ave; Führungen Erw./Kind 33/29 $, keine Kinder unter 6 J.; 🕘Mo–Fr 8.20–14, Sa & So bis 17 Uhr; [S]B/D/F/M bis 47th-50th Sts–Rockefeller Center) Die mit interessanten Anekdoten gewürzten einstündigen NBC Studio Tours führen TV-Fans durch Teile der NBC Studios, in denen die legendären Sendungen *Saturday Night Live* und *The Tonight Show Starring Jimmy Fallon* aufgezeichnet werden. In der Regel umfassen die Führungen die schön restaurierte Art-déco-Rotunde, zwei Studios und das NBC Broadcast Operations Center. Im Tour Studio wird's dann interaktiv: Hier kann man sein eigenes Talkshow-Segment produzieren oder darin auftreten. Wer übers Internet vorausbucht, erspart sich die Wartezeit.

CENTRAL PARK BIKE TOURS — RADFAHREN

Karte S. 460 (☎212-541-8759; www.centralparkbiketours.com; 203 W 58th St Höhe Seventh Ave; Leihräder 2 Std./Tag 20/40 $, 2-Std.-Touren 49 $; 🕘8–20 Uhr, Touren 9–16 Uhr; [S]A/C, B/D, 1 bis 59th St–Columbus Circle) Das Unternehmen vermietet gute Fahrräder inklusive Helm, Schloss und Radkarte und bietet zweistündige Radtouren durch den Central Park und das Gebiet um die Brooklyn Bridge an. Die Abfahrtszeiten der Touren stehen auf der Website.

MANHATTAN COMMUNITY BOATHOUSE — KAJAKFAHREN

Karte S. 460 (www.manhattancommunityboathouse.org; Pier 96 Höhe 56th St, Hudson River Park; 🕘Juni–Anfang Okt. Sa & So 10–18 Uhr, Juni–Aug. auch Mo–Mi 17.30–19.30 Uhr; 👪; 🚌M12 bis 12th Ave/56th St, [S]A/C, B/D, 1 bis 59th St–Columbus Circle) [GRATIS] Wie wär's mit einer schnellen Tour über den mächtigen Hudson? Das von Freiwilligen betriebene Bootshaus bietet an Sommerwochenenden kostenlose Kajaktouren an (keine Voranmeldung) sowie außerdem kostenlosen Unterricht in Sachen Paddeltechnik und Sicherheit.

Beim Paddeln wird man sicher nass – Umkleidekabinen und Schließfächer gibt's am Pier. Wer länger als 20 Minuten paddeln möchte, kann sich das Angebot des Downtown Boathouse (S. 87) abseits der N Moore

St anschauen, das auch Wochenendtrips auf dem Hudson umfasst.

GRAND CENTRAL PARTNERSHIP RUNDGANG

Karte S. 456 (☎212-883-2420; www.grandcentralpartnership.nyc) GRATIS Die Grand Central Partnership bietet freitags um 12.30 Uhr kostenlose 90-minütige Führungen durch das Grand Central Terminal und das umliegende Viertel. Los geht's an der Südwestecke der Kreuzung E 42nd Street/Park Ave. Außerdem stehen das ganze Jahr über verschiedene andere Aktivitäten auf dem Programm.

CIRCLE LINE BOAT TOURS BOOTSFAHRTEN

Karte S. 460 (☎212-563-3200; www.circleline42.com; Pier 83, W 42nd St Höhe Twelfth Ave; Bootsfahrten Erw./Kind ab 30/25 $; ⬛M42 oder M50 Richtung Westen bis 12th Ave, ⓈA/C/E bis 42nd St–Port Authority) Die klassischen Rundfahrten der Circle Line führen an allen wichtigen Sehenswürdigkeiten vorbei. Zum Angebot gehören eine 2½-stündige Inselumrundung, eine kürzere halbe Rundfahrt (90 Min.) und eine zweistündige Abendtour. Von Mai bis Oktober bietet das Unternehmen außerdem spannende Fahrten auf der schnellen *Beast*. Termine siehe Website.

LUCKY STRIKE BOWLING

Karte S. 460 (☎646-829-0170; www.bowlluckystrike.com; 624-660 W 42nd St zw. Eleventh & Twelfth Ave, Midtown West; Einzelspiele ab 10 $, Schuhverleih 6 $; ⊙So–Mi 12–24, Do bis 1, Fr & Sa bis 2 Uhr; ⓈA/C/E bis 42nd St–Port Authority Bus Terminal) Lucky Strike zählt zu den wenigen Bowlingbahnen der Welt, in denen ein Dresscode herrscht. Dafür gibt's teure Getränke, eine noble Lounge und ein modebewusstes Publikum, was dem Ganzen eher den Anstrich eines Clubs als einer Bowlingbahn verleiht. Reservierung empfohlen.

24 HOUR FITNESS FITNESSCENTER

Karte S. 456 (☎212-401-0660; www.24hourfitness.com; 153 E 53rd St zw. Lexington & Third Ave, Midtown East; Tages-/Wochenpass 30/100 $; ⊙Fitnesscenter 24 Std., Pool 5–23 Uhr; ⓈE, M bis Lexington Ave–53rd St; 6 bis 51st) In den Filialen der schicken, gut ausgestatteten Kette kann man an erstklassigen Geräten, bei Unterrichtssessions (u. a. BodyPump, BodyCombat und Pilates), in der Sauna und im Dampfraum gut ins Schwitzen kommen. In diesem Ableger gibt's auch ein Langschwimmbecken. Infos über die drei Filialen in Manhattan findet man auf der Website.

Upper East Side

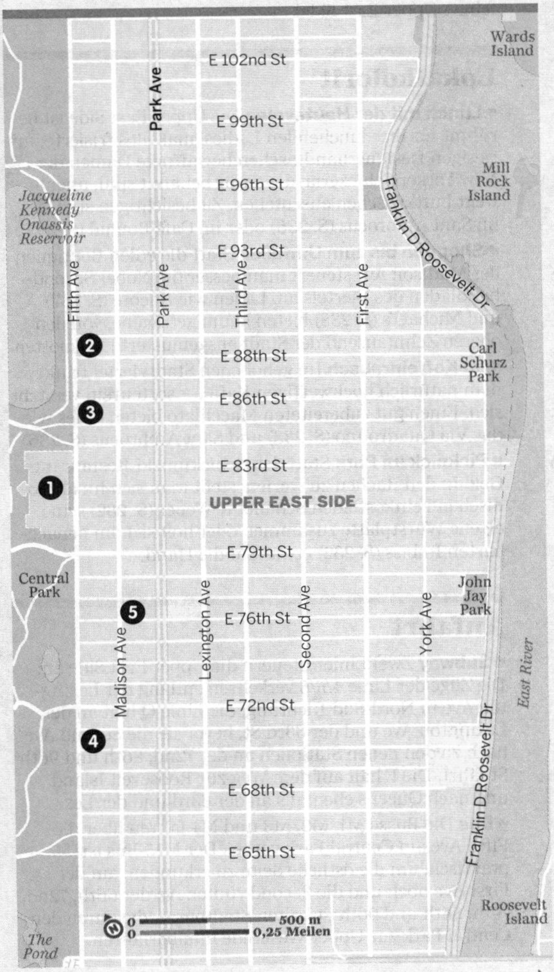

Details s. Karte S. 462

Highlights

1 Metropolitan Museum of Art (S. 226) Ein paar Stunden inmitten der unbezahlbaren Schätze verbringen, die von faszinierenden ägyptischen Stücken bis zu Meisterwerken der Renaissance reichen.

2 Guggenheim Museum (S. 225) Über die spiralförmige Rampe durch Frank Lloyd Wrights architektonisches Meisterwerk wandeln, um moderne Kunst anzuschauen.

3 Neue Galerie (S. 230) Die sinnlichen, goldenen Meisterwerke von Gustav Klimt bewundern und anschließend im eleganten Museumscafé ausgiebig Wiener Spezialitäten zu Mittag essen.

4 Frick Collection Concerts (S. 236) Sonntagabends in einer Beaux-Arts-Villa umgeben von unschätzbar wertvollen Gemälden und Skulpturen klassische Musik hören.

5 Bemelmans Bar (S. 235) Am frühen Abend in dieser eleganten, ans glorreiche Jazz-Zeitalter erinnernden Bar zwischen Wandgemälden einen Cocktail genießen.

Top-Tipp

Die Upper East Side ist der Inbegriff altmodischer Opulenz, besonders die Gegend, die die Blocks von der 60th bis zur 86th St zwischen Park und Fifth Ave umspannt. Wer kein Vermögen für Essen und Trinken hinlegen möchte, sollte sich östlich der Lexington Ave umschauen. Die Lokale an der First, Second und Third Avenue sind auch für Otto Normalverbraucher erschwinglich.

Gut essen

➡ Tanoshi (S. 233)
➡ Café Boulud (S. 233)
➡ Boqueria (S. 233)
➡ Café Sabarsky (S. 232)
➡ Two Boots (S. 231)
➡ Papaya King (S. 231)

Mehr dazu S. 231➡

Schön ausgehen

➡ Bemelmans Bar (S. 235)
➡ Seamstress (S. 235)
➡ Drunken Munkey (S. 236)
➡ Auction House (S. 236)
➡ Caledonia (S. 235)
➡ Uva (S. 235)

Mehr dazu S. 235➡

Schön shoppen

➡ Encore (S. 237)
➡ Flying Tiger Copenhagen (S. 237)
➡ Mary Arnold Toys (S. 237)
➡ Ricky's NYC (S. 237)

Mehr dazu S. 237➡

Rundgang: Upper East Side

Am besten legt man früh los – für das Metropolitan Museum of Art kann allein schon ein ganzer Vormittag oder mehr draufgehen. Im Central Park kann sich, wer mag, südlich der 79th St Transverse den Massen anschließen, die hier picknicken, oder auf dem Cedar Hill abhängen; im Winter fahren die Kids hier Schlitten. Weiter südlich ist die Skulptur *Alice in Wonderland* zu finden und man kann auf einer Bank eine Pause einlegen, um den Modellbooten auf dem Teich Conservatory Water zuzuschauen.

Wer an der 72nd St nach Osten auf die Madison Ave abbiegt und Richtung Süden weiterwandert, trifft auf extravagante Prunk-Boutiquen. Der Weg ist mit Cafés und edlen Restaurants gepflastert. Willkommen in der piekfeinen Upper East Side!

Lokalkolorit

➡**Lunch mit der Hautevolee** Die Upper East Side ist berühmt für ihre lunchenden Ladies, makellos frisierte, mit riesigen Designerhandtaschen bewaffnete Damen der New Yorker Schickeria, die dafür bekannt sind, unentwegt Luftküsschen auszuteilen. Zu besichtigen sind sie im Sant Ambroeus (S. 236) oder im Café Boulud (S. 233).

➡**Shoppen bis zum Umfallen** Statt die edlen Boutiquen der Madison Ave steuert man besser die Nobel-Secondhandläden des Viertels an. Läden wie Encore (S. 237) und Michael's (S. 238) bieten kaum getragene, von den oberen Zehntausend der Stadt ausgemusterte Klamotten.

➡**Im Koffeinrausch** Im gehobenen Stadtviertel trinkt man natürlich hochwertigen Kaffee – sortenrein versteht sich. Einen gut zubereiteten Macchiato bieten Cafés wie das Via Quadronno (S. 233) und Sant Ambroeus (S. 236).

➡**Picknick im Park** Statt den Schickimicki-Restaurants Geld in den Rachen zu werfen, stellt man sich im altmodischen Feinkostladen Schaller & Weber (S. 232) seine eigene Wurstplatte zusammen oder holt sich im benachbarten Imbiss (S. 232) etwas auf die Hand.

Anfahrt

➡**Subway** Zwei Linien steuern die Upper East Side an: Die Züge der Linie 4/5/6 verkehren entlang der Lexington Ave in Nord-Süd-Richtung, die Linie Q hält an der Lexington Ave und der 63rd St, bevor sie die Second Ave hoch zu den neuen Stationen an der 72nd, 86th und 96th St fährt. Die F hält auf dem Weg zur Roosevelt Island und nach Queens ebenfalls an der 63rd und der Lex.

➡**Bus** Die Busse M1, M2, M3 und M4 fahren über die Fifth Ave am Central Park vorbei. Der M15-Bus ist praktisch, um die östliche Seite zu erkunden: auf der First Ave hoch und die Second runter. An der 66th, 72nd, 79th, 86th und 96th St halten Stadtbusse, die durch den Central Park zur Upper West Side hinüberfahren.

HIGHLIGHT
GUGGENHEIM MUSEUM

Das Gebäude des Architekten Frank Lloyd Wright ist an sich schon ein Kunstwerk und stellt die hier untergebrachte Kunstsammlung des 20. Jhs. fast in den Schatten. Schon vor der Eröffnung wurde der Bau, der an eine auf den Kopf gestellte Stufenpyramide erinnert, von manchen geschmäht, von anderen gefeiert. Von Beginn an zierte er unzählige Ansichtskarten und erschien in vielen Fernsehproduktionen und Kinofilmen.

Abstrakte Wurzeln

Das Guggenheim verdankt seinen Grundstock der Sammlung von Solomon R. Guggenheim, einem New Yorker Kupferminenmagnaten. Mit über sechzig Jahren begann er auf Anraten seiner Kunstberaterin, der exzentrischen deutschen Baronin Hilla von Rebay, abstrakte Kunst zu sammeln. 1939 eröffnete Guggenheim in der 54th St das temporäre Museum of Non-Objective Painting, als dessen Direktorin er Rebay einsetzte. Die Wände dort waren mit grauem Velours bespannt, in den Räumen brannten Räucherstäbchen und es dudelte klassische Musik. Vier Jahre später erhielt Wright den Auftrag, eine feste Bleibe für die Sammlung zu bauen.

Für und Wider

Als „das Guggenheim" seine Pforten 1959 öffnete, kostete der Eintritt 50 ¢. Zu den ausgestellten Werken zählten Gemälde von Wassily Kandinsky, Alexander Calder und den abstrakten Expressionisten Franz Kline und Willem de Kooning. Das Bauwerk wurde von der *New York Times* verrissen, andere feierten es jedoch als eines der schönsten Bauwerke der USA. Wie auch immer – Wright hatte der Stadt eines ihrer markantesten Wahrzeichen beschert.

Von damals bis heute

Im Zuge einer Renovierung Anfang der 1990er-Jahre wurde an der Ostseite ein achtstöckiger Turm hinzugefügt, der die Ausstellungsfläche um 4500 m² erweiterte. In diesen Galerien sind wechselnde Ausstellungen mit Werken aus der ständigen Sammlung zu sehen, auf der Rampe der Rotunde Sonderausstellungen.

Zum Fundus des Museums zählen Werke von Kandinsky, Picasso und Jackson Pollock. Im Lauf der Zeit hat es weitere hochkarätige Stücke erworben, darunter Gemälde von Monet, van Gogh und Degas, Skulpturen von Constantin Brancusi, Fotos von Robert Mapplethorpe und bahnbrechende surrealistische Arbeiten, gestiftet von Guggenheims Nichte Peggy.

Museumsbesuch

Die gewundene Rampe des Museums ist Wechselausstellungen moderner und zeitgenössischer Kunst vorbehalten. Wright hatte sich vorgestellt, dass die Besucher zuerst nach oben fahren und dann spiralförmig nach unten gehen, doch der einzige enge Aufzug lässt das nicht zu. Deshalb sind die Ausstellungen von unten nach oben angeordnet. Im **Guggenheim Store** gibt's ein tolles Sortiment an Büchern, Plakaten, Geschenken und Haushaltswaren.

Was lange währt ...

Wie bei vielen Bauprojekten in New York dauerte es eine kleine Ewigkeit bis zur Fertigstellung. Geldmangel, der Ausbruch des Zweiten Weltkriegs und wenig begeisterte Nachbarn verzögerten den Baubeginn um fast 13 Jahre. Als das Museum 1959 schließlich fertig war, waren Wright und Guggenheim bereits gestorben.

NICHT VERSÄUMEN

➡ Ausstellungen in der Rotunde
➡ Ständige Sammlung
➡ Museumsshop

PRAKTISCH & KONKRET

➡ Karte S. 462, A3
➡ ☎ 212-423-3500
➡ www.guggenheim.org
➡ 1071 Fifth Ave, Ecke E 89th St
➡ Erw./Kind 25 \$/frei, Sa 17.45–19.45 Uhr nach eigenem Ermessen
➡ ⊙ So–Mi & Fr 10–17.45, Sa bis 19.45 Uhr
➡ ♿
➡ Ⓢ 4/5/6 bis 86th St

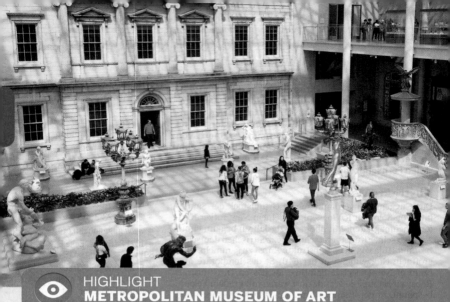

HIGHLIGHT
METROPOLITAN MUSEUM OF ART

Das weitläufige Museum wurde 1870 gegründet und beherbergt eine der größten und vielfältigsten kunsthistorischen Sammlungen der Welt mit mehr als 2 Mio. Einzelkunstwerken, von ägyptischen Tempeln bis zu modernen Gemälden. Das „Met" zieht mit seinen über 130 000 m² Ausstellungsfläche jährlich mehr als 6 Mio. Besucher an – damit ist es die größte Einzelattraktion in New York City. Also viel Zeit einplanen!

Ägyptische Kunst

Das Museum besitzt eine unvergleichliche Sammlung altägyptischer Kunst; einige Stücke datieren bis in die Steinzeit zurück. Die 39 ägyptischen Säle befinden sich nördlich der Great Hall. Dort wartet gleich eines der Highlights: die Mastaba des Perneb (um 2300 v. Chr.), ein Felsengrab aus dem Alten Reich. Dahinter erstrecken sich Räume mit Grabstelen, Reliefs und Fragmenten von Pyramiden. Besonders sehenswert sind die faszinierenden Modelle aus dem Grab des Mekrete in Saal 105. Die ägyptischen Säle enden beim Tempel von Dendur (Saal 131), einem der Göttin Isis geweihten Sandsteintempel, der in einem lichtdurchfluteten Atrium steht – ein Muss für alle, die zum ersten Mal da sind.

Griechische & Römische Kunst

Ein weiteres Highlight des Met sind die 27 der Antike gewidmeten Säle. Von der Great Hall geht es durch einen Korridor in einen Raum, den gemeißelte Torsos griechischer Figuren flankieren, und dann geradewegs zu einem der bezauberndsten Orte des Met: in den luftigen Skulpturenhof (Saal 162) voller griechischer und römischer

NICHT VERSÄUMEN

➜ Tempel von Dendur

➜ Gemälde von Caravaggio, El Greco, Vermeer und anderen alten Meistern

➜ Damaskus-Saal in der Abteilung für islamische Kunst

➜ Cantor Roof Garden Bar

PRAKTISCH & KONKRET

➜ Karte S. 462, A5

➜ ☎212-535-7710

➜ www.metmuseum.org

➜ 1000 Fifth Ave, Ecke E 82nd St

➜ 3-Tages-Pass Erw./Sen./Kind 25/17 $/frei

➜ ⊙So–Do 10–17.30, Fr & Sa bis 21 Uhr

➜ ♿

➜ Ⓢ4/5/6, Q bis 86th St

Marmorplastiken von Göttern und historischen Persönlichkeiten. Besonders eindrucksvoll ist die Statue eines bärtigen Herkules mitsamt Löwenfell von 68–98 n. Chr.

Europäische Malerei

Liebhaber alter Meister sind im Met genau richtig: Die Säle für europäische Malerei im 1. Stock *(2nd floor)* beherbergen zahllose Meisterwerke. Dazu gehören mehr als 1700 Leinwandgemälde aus den rund 500 Jahren ab dem 13. Jh. Vertreten sind sämtliche großen Meister, von Duccio bis Rembrandt. In Saal 621 hängen mehrere Caravaggios, darunter die meisterhafte *Verleugnung des hl. Petrus*. Der westlich gelegene Saal 611 besticht mit spanischen Schätzen, u. a. El Grecos berühmter *Ansicht von Toledo*. Weiter südlich wartet der Saal 632 mit verschiedenen Vermeers, darunter *Junge Frau mit Wasserkanne*. In den südlich gelegenen Sälen 634 und 637 kann man mehrere Rembrandts bestaunen, z. B. ein *Selbstbildnis* von 1660. Und das ist nur der Anfang – man könnte Stunden damit zubringen, all die Meisterwerke auf sich wirken zu lassen.

Islamische Kunst

In der Südostecke des 1. Stocks *(2nd floor)* residiert die islamische Abteilung des Museums mit 15 Sälen, in denen die umfangreiche Sammlung von Kunst aus Nahost sowie Zentral- und Südasien zu sehen ist. Neben Kleidung, säkularen Gegenständen und Handschriften finden sich vergoldete und emaillierte Glaswaren (Saal 452) und eine prächtige Gebetsnische *(mihrab)* mit aufwendig gemusterten bunten Kacheln (Saal 455). Es gibt auch erlesene osmanische Textilien (Saal 459), einen mittelalterlichen marokkanischen Patio (Saal 456) und ein Zimmer aus dem Damaskus des 18. Jhs. (Saal 461).

Amerikanischer Flügel

Der zweistöckige amerikanische Flügel in der nordwestlichen Ecke zeigt Kunst und Kunstgewerbe aus allen Epochen der US-Geschichte. Die Exponate reichen von kolonialer Porträtkunst über Meisterwerke der Hudson River School bis zu Hohn Singer Sargents erotischem *Madame X* (Saal 771) und dem Riesengemälde *Washington Crossing the Delaware* (Saal 760) von Emanuel Leutze.

DER DACHGARTEN

Eins der schönsten Fleckchen des ganzen Museums ist der Dachgarten. Hier werden Skulpturen und Installationen von Zeitgenossen und Künstlern des 20. Jhs. gezeigt – zu sehen waren u. a. schon Jeff Koons, Andy Goldsworthy und Imran Qureshi. Das Tollste ist aber die Aussicht auf die City und den Central Park. Die **Cantor Roof Garden Bar** (Karte S. 462; ☎212-570-3711; ⏰Mitte April–Okt. So-Do 11–16.30, Fr & Sa bis 20.15 Uhr) ist ideal für einen Drink zum Sonnenuntergang. Der Dachgarten ist von April bis Oktober geöffnet.

Bei Kindern kommen die ägyptische Abteilung, die Säle mit Kunst aus Afrika und Ozeanien (besonders die Körpermasken der Asmat) sowie die mittelalterlichen Waffen und Rüstungen am besten an. Im Met finden viele Events für Jugendliche statt (siehe Website) und es gibt eine spezielle Broschüre mit Museumsplan für kleine Besucher.

Metropolitan Museum of Art

SCHLACHTPLAN

Von der Great Hall beim Haupteingang führt der Weg durch die Ägyptische Abteilung zu einem gläsernen Saal mit dem faszinierenden ❶ Dendur-Tempel.

Durch den Charles Engelhard Court, ein großes sonniges Atrium voller amerikanischer Skulpturen, geht's in die Säle mit Waffen und Rüstungen, z. B. der wunderbar gearbeiteten ❷ Rüstung Heinrichs II. von Frankreich aus dem 16. Jh. Im nächsten Saal (Saal 371) finden sich vier Ritter in voller Rüstung zu Pferd.

Im Obergeschoss des Amerikanischen Flügels hängt das gewaltige Gemälde ❸ Washington Crossing the Delaware. Zudem lockt hier eine tolle Sammlung mit Werken europäischer Meister, darunter in Saal 621 Caravaggios ❹ Die Verleumdung des Hl. Petrus.

Durch die Abteilung für Fotografie geht's zur europäischen Malerei und Bildhauerei aus dem 19. und frühen 20. Jh. mit Werken von Monet, Renoir, van Gogh und Gauguin. In Saal 822 hängt van Goghs ❺ Weizenfeld mit Zypressen, das er kurz nach seiner berühmten *Sternennacht* malte.

In der Nähe befindet sich in der Abteilung für islamische Kunst neben dem mittelalterlichen Marokkanischen Hof mit sprudelndem Brunnen (Saal 456) ein reich verzierter ❻ Mihrab (Gebetsnische).

Das Erdgeschoss hortet den Schatz griechischer und römischer Kunst. Im größten Saal zeigt ein reich verzierter Marmorsarg den ❼ Triumph des Dionysos und die Vier Jahreszeiten. Die benachbarten Ozeanien-Säle beeindrucken mit bunter Stammeskunst aus Neuguinea wie drei ❽ Asmat-Körpermasken sowie einer Decke aus einem Kwoma-Zeremonienhaus.

Die Abteilungen für moderne und zeitgenössische Kunst locken mit Werken von z. B. O'Keeffe, Dalí, Miró und Hopper; in Saal 905 hängt Picassos ❾ Stillleben mit Rumflasche. Für das wohlverdiente Päuschen bietet sich im Sommer die Cantor Roof Garden Bar oder sonst das stylische Petrie Court Café um die Ecke an.

Die Verleumdung des Hl. Petrus
Saal 621
Das Werk, das in den letzten Monaten von Caravaggios kurzem, wildem Leben entstand, ist ein Meisterwerk der bildnerischen Erzählkunst.

Weizenfeld mit Zypressen
Saal 822
Dieses Bild schuf van Gogh während einer fieberhaften Schaffensperiode im Sommer 1889 in einer Nervenheilanstalt bei Arles.

Mihrab **Saal 455**
Diese persische Gebetsnische aus dem 8. Jh. ist eines der schönsten Werke sakraler Kunst überhaupt: Die glasierten Kacheln fügen sich zu einem wundervollen Mosaik zusammen.

Stillleben mit Rumflasche
Saal 905
Dieses Bild malte Picasso 1911, als er zusammen mit Georges Braque seinen kubistischen Stil entwickelte.

Asmat-Körpermasken **Saal 354**
Solche Ganzkörpermasken repräsentierten in Neuguinea den Geist eines kürzlich Verstorbenen und wurden vom Volk der Asmat bei rituellen Tänzen getragen.

Triumph des Dionysos und die Vier Jahreszeiten **Saal 162**
Dieser Marmorsarkophag zeigt den Gott Dionysos auf einem Panther und daneben vier Figuren, die (von links nach rechts) Winter, Frühling, Sommer und Herbst verkörpern.

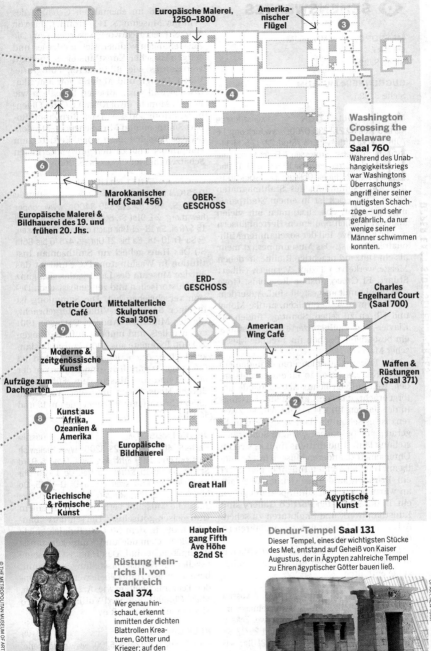

Europäische Malerei, 1250–1800

Amerikanischer Flügel

③

Washington Crossing the Delaware
Saal 760
Während des Unabhängigkeitskriegs war Washingtons Überraschungsangriff einer seiner mutigsten Schachzüge – und sehr gefährlich, da nur wenige seiner Männer schwimmen konnten.

⑤

④

OBERGESCHOSS

⑥

Marokkanischer Hof (Saal 456)

Europäische Malerei & Bildhauerei des 19. und frühen 20. Jhs.

ERDGESCHOSS

Petrie Court Café

Mittelalterliche Skulpturen (Saal 305)

⑨

Moderne & zeitgenössische Kunst

Aufzüge zum Dachgarten

⑧

Kunst aus Afrika, Ozeanien & Amerika

Europäische Bildhauerei

American Wing Café

Charles Engelhard Court (Saal 700)

Waffen & Rüstungen (Saal 371)

②

⑦

Griechische & römische Kunst

Great Hall

Ägyptische Kunst

①

Haupteingang Fifth Ave Höhe 82nd St

Rüstung Heinrichs II. von Frankreich
Saal 374
Wer genau hinschaut, erkennt inmitten der dichten Blattrollen Kreaturen, Götter und Krieger; auf den Schultern jagt Apoll die Nymphe Daphne.

© THE METROPOLITAN MUSEUM OF ART, NEW YORK

Dendur-Tempel Saal 131
Dieser Tempel, eines der wichtigsten Stücke des Met, entstand auf Geheiß von Kaiser Augustus, der in Ägypten zahlreiche Tempel zu Ehren ägyptischer Götter bauen ließ.

© THE METROPOLITAN MUSEUM OF ART, NEW YORK

◉ SEHENSWERTES

**METROPOLITAN MUSEUM
OF ART** — MUSEUM
Siehe S. 226.

GUGGENHEIM MUSEUM — MUSEUM
Siehe S. 225.

★ FRICK COLLECTION — KUNSTMUSEUM
Karte S. 462 (☎212-288-0700; www.frick.org; 1 E
70th St, Ecke Fifth Ave; Erw./Stud. 22/12 $, Mi 14–
18 Uhr nach eigenem Ermessen, 1. Fr des Monats außer Jan. & Sept. frei; ◷Di–Sa 10–18, So 11–17 Uhr;
Ⓢ 6 bis 68th St–Hunter College) Die spektakuläre Kunstsammlung des Stahlmagnaten
Henry Clay Frick ist in einem Stadtpalais
untergebracht, das zusammen mit vielen
anderen ähnlich opulenten Herrenhäusern
an der Fifth Ave Teil der sogenannten Milli-
onaires' Row ist. Das Museum besitzt mehr
als ein Dutzend prächtige Räume, in denen
Meisterwerke von Tizian, Vermeer, Gilbert
Stuart, El Greco, Joshua Reynolds, Goya
und Rembrandt ausgestellt sind. Außerdem
sind Skulpturen, Keramiken, antike Möbel
und Uhren zu sehen. Sonntags finden im
Klavier- und Violinkonzerte (S. 236) statt –
ein besonderes Bonbon für Freunde klassischer Musik.

Das Frick ist aus mehreren Gründen ein
Muss. Erstens ist es in einem bezaubernden, weitläufigen Beaux-Arts-Gebäude untergebracht, das von Carrère and Hastings
in den Jahren 1913/14 erbaut wurde. Zweitens ist es selten überlaufen – sofern nicht
gerade eine besonders gefragte Sonderaus-
stellung läuft. Und drittens fühlt es sich im
Unterschied zu anderen Museen fast heime-
lig an. Im überdachten Innenhof plätschert
ein Brunnen und eine Grünanlage lädt
an wärmeren Tagen zum Spazierengehen
ein. In der schlichten **Portico Gallery** sind
Kunsthandwerk und Skulpturen zu sehen.
Achtung: Für Kinder unter zehn Jahren ist
das Museum tabu.

Im Eintrittspreis ist ein ausgezeichneter,
in mehreren Sprachen erhältlicher Audioguide enthalten.

MET BREUER — MUSEUM
Karte S. 462 (☎212-731-1675; www.metmuseum.
org/visit/met-breuer; 945 Madison Ave, Ecke E
75th St; 3-Tages-Pass Erw./Sen./Kind 25/17 $/
frei; ◷Di–Do & So 10–17.30, Fr & Sa bis 21 Uhr; Ⓢ 6
bis 77th St; Q bis 72nd St) Der neueste Ableger
des Metropolitan Museum of Art (S. 226)

wurde 2016 im ehemaligen Gebäude des
Whitney Museum (S. 145) eröffnet, das von
Marcel Breuer entworfen worden war. Die
Ausstellungen widmen sich moderner und
zeitgenössischer Kunst aus einer Vielzahl
von Genres wie Bildhauerei, Fotografie,
Video, Design und Malerei von amerika-
nischen und ausländischen Künstlern wie
Edvard Munch, Yayoi Kusama, Claes Olden-
burg, Ettore Sottsass, Dara Birnbaum, Ro-
bert Smithson und Mira Schendel. Mit dem
3-Tages-Pass hat man auch Eintritt zum
Haupthaus und zu den mittelalterlichen
Schätzen im Met Cloisters (S. 266).

**COOPER-HEWITT NATIONAL
DESIGN MUSEUM** — MUSEUM
Karte S. 462 (☎212-849-8400; www.cooper
hewitt.org; 2 E 91st St, Ecke Fifth Ave; Erw./Kind
18 $/frei, Sa 18–21 Uhr nach eigenem Ermessen;
◷So–Fr 10–18, Sa bis 21 Uhr; Ⓢ 4/5/6 bis 86th
St) Das Haus gehört zur Smithsonian Institution in Washington, D.C., und ist das
einzige Museum des Landes, das sich ganz
dem historischen und zeitgenössischen Design verschrieben hat. Die Sammlung ist
in einer 64-Zimmer-Villa untergebracht,
die der Milliardär Andrew Carnegie 1901
erbauen ließ, und umfasst auf drei Etagen
210 000 Exponate aus 3000 Jahren Design-
geschichte. Auch der schöne **Garten** ist
öffentlich zugänglich, und zwar von der
90th St und vom Museum aus. **Führungen
durchs Haus** finden unter der Woche um
13.30 Uhr statt, am Wochenende um 13 und
15 Uhr.

JEWISH MUSEUM — MUSEUM
Karte S. 462 (☎212-423-3200; www.thejewish
museum.org; 1109 Fifth Ave zw. E 92nd & 93rd
St; Erw./Kind 15 $/frei, Sa frei, Do 17–20 Uhr
nach eigenem Ermessen; ◷Sa–Di 11–17.45, Do
bis 20, Fr bis 16 Uhr; ♿; Ⓢ 6, Q bis 96th St) Das
Jüdische Museum verbirgt sich in einem
französisch-gotischen Herrenhaus Baujahr 1908, in dem 30 000 Judaica sowie
Plastiken, Gemälde und Kultgegenstände
untergebracht sind. Das Haus ist für seine
exzellenten Wechselausstellungen bekannt,
beispielsweise zum Lebenswerk bedeutender Persönlichkeiten wie Art Spiegelman,
Marc Chagall, Édouard Vuillard, Amedeo
Modigliani und Man Ray.

NEUE GALERIE — MUSEUM
Karte S. 462 (☎212-628-6200; www.neuegalerie.
org; 1048 Fifth Ave, Ecke E 86th St; Erw./Stud.
20/10 $, 1. Fr des Monats 18–20 Uhr frei; ◷Do–Mo

11–18 Uhr; [S]4/5/6 bis 86th St) Die restaurierte Stadtvilla, 1914 von Carrère and Hastings erbaut, bildet eine wunderbare Kulisse für österreichische und deutsche Kunst, darunter Arbeiten von Paul Klee, Ernst Ludwig Kirchner und Egon Schiele. Einen Ehrenplatz im 1. Stock *(2nd floor)* nimmt Gustav Klimts goldenes, 1907 gemaltes Porträt von Adele Bloch-Bauer ein, das der Kosmetikmagnat Ronald Lauder zum stolzen Preis von 135 Mio. $ für das Museum kaufte. Die faszinierende Geschichte des Gemäldes wird in dem Film *Die Frau in Gold* von 2015 erzählt.

GRACIE MANSION HISTORISCHES GEBÄUDE

Karte S. 462 (www.nyc.gov/gracie; East End Ave, Ecke E 88th St; 🕒Führungen Di 10, 11, 14 & 15 Uhr; [S]Q bis 86th St) [GRATIS] Das 1799 im Federal Style erbaute Wohnhaus war der Landsitz des Kaufmanns Archibald Gracie. Seit 1942 dient es als Residenz der New Yorker Bürgermeister – mit Ausnahme des Megamilliardärs Michael Bloomberg, der seine eigene noble Upper-East-Side-Behausung bevorzugte. Im Lauf der Jahre ist das Haus erweitert und renoviert worden. Wer einen Blick ins Innere werfen will, muss sich im Internet zu einer der 45-minütigen Führungen anmelden, die wöchentlich angeboten werden (in der Weihnachtszeit seltener).

ASIA SOCIETY & MUSEUM MUSEUM

Karte S. 462 (☎212-288-6400; www.asiasociety.org; 725 Park Ave, Ecke E 70th St; Erw./Kind 12 $/frei, Sept.–Juni Fr 18–21 Uhr frei; 🕒Di–So 11–18 Uhr, Sept.–Juni Fr bis 21 Uhr; [S]6 bis 68th St–Hunter College; Q bis 72nd St) Das Kulturzentrum wurde 1956 von John D. Rockefeller ins Leben gerufen, einem begeisterten Sammler asiatischer Kunst. Hier finden faszinierende Ausstellungen statt – buddhistische Kunst aus Myanmar, Retrospektiven führender chinesischer Künstler oder zeitgenössische Kunst aus Südostasien. Und es werden Kunstschätze wie Jain-Skulpturen und buddhistische Gemälde aus Nepal gezeigt. Täglich finden **Führungen** statt, die im Eintrittspreis enthalten sind: Das ganze Jahr über dienstags bis sonntags um 14 Uhr, außerhalb der Sommermonate zusätzlich freitags um 18.30 Uhr.

TEMPLE EMANU-EL SYNAGOGE

Karte S. 462 (☎212-744-1400; www.emanuelnyc.org; 1 E 65th St, Ecke Fifth Ave; 🕒So–Do 10–16 Uhr; [S]6 bis 68th St–Hunter College) [GRATIS] Der 1845 als erste Reformsynagoge in New York gegründete und 1929 fertiggestellte Tempel ist heute eines der größten jüdischen Gebetshäuser der Welt. Das imposante, im romanischen Baustil gehaltene Gebäude ist über 50 m lang und mehr als 30 m hoch und weist eine erlesene bemalte Decke mit echtgoldenen Anteilen auf.

MUSEUM OF THE CITY OF NEW YORK MUSEUM

Karte S. 462 (☎212-534-1672; www.mcny.org; 1220 Fifth Ave zw. E 103rd & 104th St; empfohlene Spende Erw./Kind 18 $/frei; 🕒10–18 Uhr; [S]6 bis 103rd St) Das Stadtmuseum in einer Villa im Stil des Georgian Colonial Revival am Ende der Museumsmeile beschäftigt sich ausschließlich mit der Vergangenheit, Gegenwart und Zukunft von New York City. Keinesfalls versäumen sollte man den 28-minütigen Film *Timescapes* im ersten Stock *(2nd floor)*, der einen Überblick über die Entwicklung New Yorks vom winzigen Handelsposten für die amerikanischen Ureinwohner bis zur ausufernden Metropole gibt.

🍴 ESSEN

★TWO BOOTS PIZZA $

Karte S. 462 (☎212-734-0317; www.twoboots.com; 1617 Second Ave, Ecke E 84th St; Pizzastücke 3,50–4,25 $; 🕒So–Di 11.30–23, Mi bis 24, Do bis 2, Fr & Sa bis 4 Uhr; ✎; [S]Q, 4/5/6 bis 86th St) Mit den beiden „Stiefeln" von Italien und Louisiana als Inspiration hat diese originelle New Yorker Kette mehr als 40 unterschiedlichste Pizzas im Angebot, darunter zahlreiche vegetarische und vegane – und sie sind allesamt nach Comedians, Wissenschaftlern, Musikern, Sportteams und sogar fiktiven Figuren benannt. Unser Favorit ist der Tony Clifton mit Shiitake-Pilzen, Vidalia-Zwiebeln, Mozzarella und einem roten Paprikapesto.

★PAPAYA KING HOTDOGS $

Karte S. 462 (☎212-369-0648; www.papayaking.com; 179 E 86th St, Ecke Third Ave; Hotdogs 2,50–4,50 $; 🕒So–Do 8–24, Fr & Sa bis 1 Uhr; [S]4/5/6, Q bis 86th St) Der Papaya King ist der ursprüngliche Hotdog- und Papayasaft-Laden, gegründet 1932, 40 Jahre bevor der Rivale von der anderen Seite der Stadt, Gray's Papaya (S. 249), die Tore öffnete, und hat schon zahllose New Yorker zu einem billigen und leckeren Hotdog und einem frisch gepressten Papayasaft an diese neonbeleuchtete Ecke gelockt. (Warum gerade Papaya? Auf dem informativen Schild an der Wand wird es erklärt.) Tipp: der „Homerun“ mit Sauerkraut und New Yorker Zwiebel-Relish.

SCHALLER & WEBER MARKT $

Karte S. 462 (☎212-879-3047; www.schallerweber.com; 1654 Second Ave, Ecke E 86th St; Wurst ab 8 $ für 340 g; ⏲Mo–Sa 10–19 Uhr; [S]Q, 4/5/6 bis 86th St) Diese preisgekrönte Metzgerei samt Feinkostladen ist ein Relikt aus der Zeit, als das Viertel Yorkville größtenteils eine deutsche Enklave war. Hier werden über 15 verschiedene Wurstsorten verkauft, die in der Fabrik des Ladens in Queens hergestellt werden, z. B. deutsche Klassiker wie Bauernwurst und Weißwurst, Hühnchen-Bratwurst, irische Bratwurst mit Cheddar, irische *bangers* und polnische Kielbasa. Dazu gibt's aus Europa importierte Lebensmittel wie Käse, Pickles, Gewürze, Saucen, Schokolade, Wein und Bier.

Die kleine Wurstbar **Schaller's Stube** (Karte S. 462; ☎646-726-4355; www.schallerstube.com; 1652 Second Ave, Ecke E 86th St; Wurst 7–14 $; ⏲Mo–Sa 11–23, So 12–18 Uhr; [S]Q, 4/5/6 bis 86th St) nebenan verkauft die Wursterzeugnisse auf Brötchen mit verschiedenen Garnierungen.

LA ESQUINA TAQUERÍA MEXIKANISCH $

Karte S. 462 (The Corner; ☎646-861-3356; www.esquinanyc.com; 1420 Second Ave, Ecke E 73rd St; Tacos 3,75–4,25 $, Tortas 8,50–9,75 $; ⏲So–Do 11–22, Fr & Sa bis 23 Uhr; ✎; [S]Q bis 72nd St) Die Kette hipper neuer Taquerias verfügt über schöne Retro-Einrichtungen – alle Filialen sehen wie aus der Zeit gefallene Diner aus den 1950er-Jahren aus –, doch das mexikanische Speisenangebot ist voller moderner, aber authentischer Varianten von Hühnchen-Quesadillas, *barbacoa*-Lammschulter-Tacos, *elote callejero* (gegrillter Mais mit Mayo, Käse und Chilipulver) und Tortillasuppe. Ansprechend *und* billig.

EARL'S BEER & CHEESE AMERIKANISCH $

Karte S. 462 (☎212-289-1581; www.earlsny.com; 1259 Park Ave zw. E 97th & 98th St; Grillkäse 8 $; ⏲So–Do 11–24, Fr & Sa bis 2 Uhr; [S]6 bis 96th St) Der von Geschwistern geführte winzige Außenposten für echtes Wohlfühlessen hat das Erfolgsrezept gefunden, um Hipster vor das Wandgemälde mit Hirsch im Wald zu locken. Schlichter Grillkäse erscheint bei Earl's in ganz neuen Gewändern, z. B. mit Schweinebauch, Spiegelei und Kimchi. Außerdem gibt's *mac 'n' cheese* (Käsemakkaroni, in diesem Fall mit Ziegenkäse und knusprigem Rosmarin) und Tacos mit geschmorter Schweineschulter und *queso fresco*.

Dazu bietet Earl's schmackhafte Biere aus Mikrobrauereien und leckeren Brunch (mit Eiern Benedict, Joghurt und hausgemachtem Knuspermüsli).

EL AGUILA MEXIKANISCH $

Karte S. 462 (☎212-426-2221; www.elaguilanewyorkrestaurant.com; 1634 Lexington Ave Höhe 103rd St; Tacos ab 3 $, Burritos 8 $; ⏲10–23 Uhr; [S]6 bis 103rd St) Die schnörkellose, gekachelte Taqueria verkauft preisgünstige Tacos mit Hühnchen, Zunge und *bistec* (Grillsteak). Köstlich sind auch die Tamales, Tostadas, Tortas und vegetarischen Burritos, alles serviert vor einer lauten Klangkulisse aus mexikanischer Musik. Zum Frühstück empfiehlt sich das *pan dulce*, ein süßes mexikanisches Brötchen.

★CAFÉ SABARSKY ÖSTERREICHISCH $$

Karte S. 462 (☎212-288-0665; www.neuegalerie.org/cafes/sabarsky; 1048 Fifth Ave, Ecke E 86th St; Hauptgerichte 18–30 $; ⏲Mo & Mi 9–18, Do–So bis 21 Uhr; ✎; [S]4/5/6 bis 86th St) Die Warteschlange vor diesem beliebten Café, das an ein opulentes Wiener Kaffeehaus des Fin de Siècle erinnert, kann recht lang sein. Doch die fachmännisch zubereiteten österreichischen Gerichte sind das Warten wert. Hier gibt es Köstlichkeiten wie mit Räucherforelle gefüllte Palatschinken (Pfannkuchen), Gulaschsuppe und deftige Bratwurst. Aber noch Platz für den Nachtisch lassen, denn die Karte der süßen Spezialitäten ist lang und umfasst nicht zuletzt eine göttliche Sachertorte.

UP THAI THAILÄNDISCH $$

Karte S. 462 (☎212-256-1199; www.upthainyc.com; 1411 Second Ave zw. E 73rd & 74th St; Hauptgerichte 12–28 $; ⏲Mo–Do 11.30–22.30, Fr bis 23.30, Sa 12–23.30, So bis 22.30 Uhr; ✎; [S]Q bis 72nd St; 6 bis 77th St) Das beste Thai-Restaurant der Upper East Side: Der lange Schlauch von einem Lokal besticht durch industrielles Ambiente unter freiliegenden Deckenbalken mit äußerst ansprechender Einrichtung und einen Mix aus traditionellen und innovativen Rezepten. Besonders probierenswert sind die sämige *tom-kha*-Suppe (mit Kokosbrühe und Gemüse), die gedämpften Teigtaschen mit Schnittlauchfüllung und die kross gebratene Entenbrust mit Aubergine und Tamarindensauce. Achtung: Zwischen 16 und 17 Uhr ist das Restaurant jeden Tag geschlossen.

BEYOGLU TÜRKISCH $$

Karte S. 462 (☑212-650-0850; 1431 Third Ave, Ecke E 81st St; Hauptgerichte 15–22 $, Meze-Teller 6–12 $; ⏰So–Do 12–22.30, Fr & Sa bis 23 Uhr; ☑; Ⓢ6 bis 77th St; 4/5/6, Q bis 86th St) Das alteingesessene Lieblingslokal für Freunde der mediterranen Küche zaubert eine Vielfalt von Meze-Tellern mit kleinen Köstlichkeiten wie cremigem Hummus, saftigen Lamm-Spießchen, delikaten Weinblättern und gegrilltem Tintenfisch mit Zitronenaroma – ideal zum Teilen. Das Restaurant ist luftig und gemütlich, doch an sonnigen Tagen kann man die Leckereien auch an einem der Straßentische vor der Tür genießen. Tolle Weinkarte!

CANDLE CAFE VEGAN $$

Karte S. 462 (☑212-472-0970; www.candlecafe. com; 1307 Third Ave zw. E 74th & 75th St; Hauptgerichte 15–22 $; ⏰Mo-Sa 11.30–22.30, So bis 21.30 Uhr; ☑; ⒮Q bis 72nd St–2nd Ave) Das attraktive Café mit einem großen Angebot an veganen Sandwiches, Salaten, Seelentrösteressen und Tagesgerichten aus marktfrischen Zutaten wird zuhauf vom gut situierten Yoga-Jetset frequentiert. Spezialität des Hauses ist selbst gemachter Seitan. Es gibt auch eine Saftbar und eine Auswahl glutenfreier Gerichte.

Wer es eine Nummer nobler möchte, begibt sich ins vier Blocks weiter gelegene Schwesterrestaurant **Candle 79** (Karte S. 462; ☑212-537-7179; www.candle79.com; 154 E 79th St, Ecke Lexington Ave; Hauptgerichte 20–25 $; ⏰Mo-Sa 12–15.30 & 17.30–22.30, So bis 16 & 22 Uhr; ☑; Ⓢ6 bis 77th St).

★TANOSHI SUSHI $$$

Karte S. 462 (☑917-265-8254; www.tanoshisushi nyc.com; 1372 York Ave zw. E 73rd & 74th St; Sushi-Auswahl nach Empfehlung des Küchenchefs 80–100 $; ⏰Servierzeiten Mo-Sa 18, 19.30 & 21 Uhr; Ⓢ Q bis 72nd St) Einen der 20 Hocker in der winzigen und äußerst populären Sushi-Bar zu ergattern, ist fürwahr nicht einfach. Das Ambiente kommt vielleicht bescheiden daher, aber das Essen schmeckt wirklich phantastisch. Aufgetischt wird ausschließlich Sushi, und zwar nur in Form von *omakase* – also einer vom Küchenchef vorgegebenen Auswahl. Dazu könnten z. B. Hokkaido-Jakobsmuscheln, Königslachs

oder unwiderstehlicher *uni* (Seeigel) gehören. Alkohol (Bier, Sake usw.) dürfen bzw. müssen die Gäste ggf. selbst mitbringen. Weit im Voraus reservieren!

BOQUERIA SPANISCH $$$

Karte S. 462 (☑212-343-2227; www.boqueria nyc.com; 1460 Second Ave zw. E 76th & 77th St; Tapas 6–18 $, Paella für 2 Pers. 48–69 $; ⏰So–Do 12–22.30, Fr & Sa 11–23.30 Uhr; ☑; Ⓢ6 bis 77th St; Q bis 72nd St) Das sehr beliebte und gut besuchte Tapas-Lokal beschert der Upper East Side ein bisschen cooles Downtown-Flair und Leckereien wie pikant gewürzte *patatas bravas* (gebratene Kartoffeln mit Tomatensauce), zarten *jamon ibérico* (Schinken) und saftigen *pulpo a gallega* (gegrillter Tintenfisch). Außerdem kreiert Küchenchef Marc Vidal exzellente Paella mit Meeresfrüchten. Und zu allem passt bestens ein Krug der hervorragenden Sangria.

CAFÉ BOULUD FRANZÖSISCH $$$

Karte S. 462 (☑212-772-2600; www.cafeboulud. com/nyc; 20 E 76th St zw. Fifth & Madison Ave; Hauptgerichte um 45 $; ⏰Mo-Fr 8–10.30, 12–14.30 & 17.45–22.30, Sa & So ab 8 Uhr; ☑; Ⓢ6 bis 77th St) Das Michelin-besternte Bistro, Teil von Daniel Bouluds Gastronomie-Imperium, zieht mit seiner französisch-internationalen Küche ein eher gesetztes Publikum an. Auf der saisonal wechselnden Speisekarte stehen Klassiker wie Coq au Vin, aber auch innovative Kreationen wie rohe Jakobsmuscheln an Misopaste. Gourmets mit kleiner Börse wählen das mittägliche Festpreis-Menü für 45 $ (2 Gänge 39 $).

Die benachbarte **Bar Pleiades** (Karte S. 462; ☑212-772-2600; www.barpleiades.com; 20 E 76th St zw. Fifth & Madison Ave; ⏰12–24 Uhr; Ⓢ6 bis 77th St) mit 40 Sitzplätzen bietet saisonal wechselnde Cocktails, eine umfangreiche Speisekarte mit Kneipengerichten wie Austern und Fenchel-Enten-Würsten und dazu freitagsabends von 21 bis 24 Uhr Livejazz.

VIA QUADRONNO CAFÉ $$$

Karte S. 462 (☑212-650-9880; www.viaquadron no.com; 25 E 73rd St zw. Madison & Fifth Ave; Sandwiches 8–15 $, Hauptgerichte 23–40 $; ⏰Mo-Fr 8–23, Sa ab 9, So 10–21 Uhr; ☑; Ⓢ6 bis 77th St) Das gemütliche Café-Bistro sieht aus, als wäre ein Stück Italien nach New York gebeamt worden. Es hat ausgezeichneten Kaffee und eine Riesenauswahl an Sandwiches, großzügig belegt mit Leckereien wie Prosciutto und Camembert. Außerdem

Spaziergang
Manhattan im Film

START BLOOMINGDALE'S
ZIEL METROPOLITAN MUSEUM OF ART
LÄNGE/DAUER 2,4 KM; 2 STUNDEN

Die Erkundungstour führt vorbei an bekannten Drehorten. Ausgangspunkt ist **1 Bloomingdale's** (S. 219), wo Darryl Hannah und Tom Hanks in *Splash – Eine Jungfrau am Haken* (1984) Fernseher zerspringen ließen und Dustin Hoffman in *Tootsie* (1982) ein Taxi anhielt. Westlich, in der 10 E 60th St, befindet sich das ehemalige **2 Copacabana**, der Club (jetzt ein gehobenes Restaurant), in dem sich Ray Liotta und Lorraine Bracco in *Good Fellas – Drei Jahrzehnte in der Mafia* (1990) und ein zwielichtiger Rechtsanwalt (Sean Penn) in *Carlito's Way* (1993) vergnügten. Weiter geht's zum **3 Central Park** (S. 241), der in *Die Royal Tenenbaums* (2001), *Ghostbusters – Die Geisterjäger* (1983), *Die Muppets erobern Manhattan* (1983), *Barfuß im Park* (1967) und *Die Warriors* (1979) eine Rolle spielt. Richtung Osten steht in der 620 Park Ave Höhe 65th St das Gebäude, das in *Being John Malkovich* (1999) als **4 John Malkovichs Wohnung** diente. Sieben Querstraßen nördlich davon, in der 114 E 72nd St, erhebt sich das **5 Hochhaus**, wohin Sylvia Miles Jon Voight in *Asphalt-Cowboy* (1969) lockte. Einen Block nach Osten und dann nach Süden befindet sich in der 171 E 71st St ein Stadthaus, das in dem New-York-Kultstreifen *Frühstück bei Tiffany* (1961, mit Audrey Hepburn) vorkommt: Hier befand sich **6 Holly Golightlys Apartment**. Wer Richtung Third Ave weiter wandert, stößt an der Ecke 74th St auf das Bier-und-Burger-Restaurant **7 JG Melon** – hier trafen sich Dustin Hoffman und Meryl Streep in *Kramer gegen Kramer* (1979). Nun spaziert man nach Westen Richtung Madison Ave. An der Ecke 76th St ist das schicke **8 Carlyle Hotel**, wo Woody Allen und Dianne Wiest in *Hannah und ihre Schwestern* (1986) ein katastrophales Date hatten. Einen Steinwurf weiter nordwestlich befindet sich das **9 Metropolitan Museum of Art** (S. 226) an der 82nd St/Fifth Ave. Hier hatte Angie Dickinson in *Dressed to Kill* (1980) eine fatale Begegnung und Billy Crystal baggerte Meg Ryan in *Harry und Sally* (1989) an.

im Angebot: Suppen, Pasta und eine sehr beliebte, täglich variierende Lasagne. Wer prassen möchte, bestellt das Käse- oder Rindfleisch-Fondue für zwei Personen.

Wer es eilig hat, stellt sich auf einen schnellen Kaffee und einen Imbiss an die Granittheke.

AUSGEHEN & NACHTLEBEN

Traditionell umfasste das Spektrum hier nur zwei Extreme: teure Luxuslounge und Studenten-Sportkneipe. Doch die Zeiten ändern sich und in den vergangenen Jahren haben diverse coole Cocktailbars und edle Gastropubs aufgemacht.

CALEDONIA BAR

Karte S. 462 (☎212-734-4300; www.caledoniabar.com; 1609 Second Ave zw. E 83rd & 84th St; [S]Q, 4/5/6 bis 86th St) Der Name dieser schummrigen, mit dunklem Holz ausstaffierten Kneipe verrät schon alles: Sie ist schottischem Whisky gewidmet und wartet mit über hundert Single Malts sowie einigen Verschnitten und ein paar Bränden aus den USA, Irland und Japan auf. Die Barkeeper kennen sich bestens aus und geben gerne Empfehlungen.

ETHYL'S ALCOHOL & FOOD BAR

Karte S. 462 (☎212-300-4132; www.ethylsnyc.com; 1629 2nd Ave zw. E 84th & 85th St; 🕒Mo–Fr 16–4, Sa & So ab 12 Uhr) Diese funkige Kneipe im 1970er-Jahre-Stil erinnert an das spröde, szenige New York vergangener Zeiten, bevor der legendäre Punkclub CBGBs zur Modeboutique wurde. (Die Cocktails für 14 $ verorten den Laden jedoch eindeutig im Hier und Jetzt.) Bands und DJs sorgen allabendlich für Musik aus den Sechzigern und Siebzigern und dazu gibt's Go-go-Tänzerinnen und zuweilen eine Varietéshow. Hier fließt der Alkohol bis 4 Uhr morgens, was in dieser Gegend selten ist.

BEMELMANS BAR LOUNGE

Karte S. 462 (☎212-744-1600; www.thecarlyle.com; Carlyle Hotel, 35 E 76th St, Ecke Madison Ave; 🕒12–1 Uhr; [S]6 bis 77th St) Am besten lässt man sich erst mal in ein schokobraunes Ledermöbel sinken und die glamouröse altmodische Eleganz dieser legendären Bar auf sich wirken. Das ist die Art Schuppen, wo die Kellner weiße Jacken tragen, ein Piano klimpert und die Decke mit 24-karätigem Blattgold überzogen ist. Reizend sind auch die Wandbilder von Ludwig Bemelmans, dem berühmten Schöpfer der *Madeline*-Bücher.

Wer den Eintritt (15–35 $ pro Pers.) sparen möchte, sollte vor 21.30 Uhr da sein.

SEAMSTRESS BAR

Karte S. 462 (☎212-288-8033; www.seamstressny.com; 339 E 75th St zw. First & Second Ave; 🕒So–Do 17.30–24, Fr & Sa bis 2 Uhr; [S]Q bis 72nd St; 6 bis 77th St) Dieses seltene Uptown-Juwel serviert perfekt zubereitete Cocktails und saisonale Kneipenkost in einem bildschirmfreien Ambiente, das eigentlich mehr nach Downtown passt. Entweder man sitzt an der Theke oder kommt früh genug, um sich in die dunklen Lederpolster der Sitznischen plumpsen zu lassen. Zum Knabbern gibt's z. B. Austern, Blattgemüse oder Hammel-Burger, zu trinken raffinierte Mixturen mit Roggenwhiskey, Granatapfellikör und anderen ungewöhnlichen Spirituosen.

UVA WEINBAR

Karte S. 462 (☎212-472-4552; www.uvanyc.com; 1486 Second Ave zw. E 77th & 78th St; 🕒Mo–Fr 16–2, Sa ab 11, So 11–1 Uhr; [S]6 bis 77th St) Mit seinen rustikalen Ziegelmauern, Kronleuchtern und abgewetzten Dielen erinnert dieses gut besuchte Ess- und Trinklokal ein bisschen an ein traditionsreiches Gasthaus im guten alten Europa. Es bietet Dutzende von offenen Weinen (ab 9 $/Glas) und (vor 19 Uhr) Probierrunden mit verschiedenen Weinsorten vorwiegend aus Italien. Im Sommer lockt hinterm Haus eine reizende Terrasse.

DAISY BAR

Karte S. 462 (☎646-964-5756; www.thedaisynyc.com; 1641 Second Ave, Ecke E 85th St; 🕒Mo–Fr 16–2, Sa & So 11–4 Uhr; [S]Q, 4/5/6 bis 86th St) Der schicke Gastropub Daisy serviert fachkundig gemixte Cocktails und einfallsreiche Kneipenkost wie Entenschmalz-Pfannenkartoffeln und Rindertatar. Im Gegensatz zu den meisten anderen Bars in der Upper East Side gibt's hier keine Fernseher und keine lauten Partygänger: Dies ist ein entspannter, schummriger Laden mit Art-déco-Elementen, guter Musik, fachkundigen Barkeepern und freundlichem Publikum.

DRUNKEN MUNKEY LOUNGE
Karte S. 462 (☎646-998-4600; www.drunkenmunkeynyc.com; 338 E 92nd St zw. First & Second Ave; 🕒Mo–Do 16.30–2, Fr bis 3, Sa 11–3, So bis 2 Uhr; [S]Q, 6 bis 96th St) Diese verspielte Lounge vermählt das Bombay der Kolonialzeit mit alten Tapeten, Kricketball-Türgriffen und witzig gewandetem Personal. Die Affenlüster sind vielleicht etwas schrullig, aber bei den Cocktails und den köstlichen Currys geht es ernsthaft zur Sache. Das Getränk der Wahl ist hier wenig überraschend Gin. Tipp: der Bramble mit Bombay-Gin, Brombeerlikör, frischem Zitronensaft und Brombeeren.

AUCTION HOUSE BAR
Karte S. 462 (☎212-427-4458; www.theauctionhousenyc.com; 300 E 89th St Höhe Second Ave; 🕒So–Do 19.30–2, Fr & Sa 19.30–4 Uhr; [S]Q bis 86th St) Hinter der rotbraunen Tür verbirgt sich ein uriges, von Kerzen erhelltes Lokal mit Dielenboden und Plüschsofas und -sesseln im viktorianischen Stil, der ideale Ort für einen entspannten Drink. Wer sich mit seinem fachmännisch gemixten Cocktail am Kamin niederlässt, kann die Kulisse in den goldgerahmten Wandspiegeln besonders gut auf sich wirken lassen.

IRVING FARM ROASTERS KAFFEE
Karte S. 462 (☎646-861-2949; www.irvingfarm.com; 1424 Third Ave, Ecke E 81st St; 🕒Mo–Fr 10–20, Sa & So ab 11 Uhr; [S]6 bis 77th St; 4/5 bis 86th St) Dieses wegweisende New Yorker Kaffeehaus, das seine Bohnen in einem kleinen, 150 km entfernten Kaff im Staat New York selbst röstet, serviert vollmundige Espressos und sortenreine Filterkaffees. Dazu steht eine kleine, aber feine Auswahl an Caféspeisen bereit. Dies ist die größte der neun Filialen in Manhattan – sie verfügt hinten über einen großen Sitzbereich. Hier gibt's kein WLAN – also ein Buch mitnehmen!

SANT AMBROEUS KAFFEE
Karte S. 462 (☎212-339-4051; www.santambroeus.com; Eingang E 61st St, 540 Park Ave, Loews Regency Hotel; 🕒Mo–Fr 7–20, Sa & So ab 8 Uhr; [S]F, Q bis Lexington Ave–63rd St; 4/5/6 bis 59th St) Am rostbraunen Marmortresen kann man seinen Espresso nach italienischer Manier im Stehen genießen. Der Café-Ableger des mailändisch inspirierten gleichnamigen **Restaurants** (Karte S. 462; ☎212-570-2211; www.santambroeus.com; 1000 Madison Ave zw. E 77th & 78th St; Panini 14–19 $, Hauptgerichte 26–69 $; 🕒Mo–Fr 7–23, Sa & So ab 8 Uhr; 📶; [S]6 bis 77th St) bietet verschiedene Backwaren und Süßspeisen sowie verschiedene Paninis. Das Café befindet sich zwar im Loews Regency Hotel, der Eingang ist jedoch um die Ecke in der 61st St.

OSLO COFFEE ROASTERS KAFFEE
Karte S. 462 (www.oslocoffee.com; 422 E 75th St zw. York & First Ave; Kaffee ab 3 $; 🕒Mo–Fr 7–19, Sa & So ab 8 Uhr; [S]Q bis 72nd St; 6 bis 77th St) Das Oslo, ein etwas abgeschiedener Ableger der in Williamsburg ansässigen Rösterei, besticht mit tollem Kaffee jeglicher Art – alles Fair Trade und bio. Das Sitzplatzangebot ist allerdings spärlich; es gibt aber ein paar Bänke vor der Tür.

☆ UNTERHALTUNG

92ND STREET Y KULTURZENTRUM
Karte S. 462 (☎212-415-5500; www.92y.org; 1395 Lexington Ave, Ecke E 92nd St; 👪; [S]Q, 6 bis 96th St) Abgesehen von einem breiten Spektrum erstklassiger Konzerte, Tanzdarbietungen, Autorenlesungen und familienfreundlicher Veranstaltungen finden in diesem gemeinnützigen Kulturzentrum hochkarätige Vortrags- und Gesprächsreihen statt. Hier waren schon der Dramatiker Edward Albee, der Cellist Yo-Yo Ma, der Komiker Steve Martin und der Autor Salman Rushdie zu Gast.

FRICK COLLECTION CONCERTS KLASSISCHE MUSIK
Karte S. 462 (☎212-288-0700; www.frick.org; 1 E 70th St, Ecke Fifth Ave; 45 $; 🕒So 17 Uhr; [S]6 bis 68th St–Hunter College; Q bis 72nd St) In der prachtvollen Museumsvilla (S. 230) finden einmal pro Monat sonntags um 17 Uhr Konzerte mit weltberühmten Künstlern wie dem Cellisten Yehuda Hanani oder dem Violinisten Thomas Zehetmair statt.

CAFÉ CARLYLE JAZZ
Karte S. 462 (☎212-744-1600; www.thecarlyle.com; Carlyle Hotel, 35 E 76th St, Ecke Madison Ave; Eintritt 95–215 $, Speisen & Getränke mind. 25–75 $; 🕒Konzerte 20.45 & 22.45 Uhr; [S]6 bis 77th St) Die piekfeine Location im Carlyle Hotel zieht Größen aus dem Showgeschäft an, z. B. Woody Allen, der hier montags um 20.45 Uhr (September bis Mai) mit der Eddy Davis New Orleans Jazz Band Klarinette spielt. Ein gefülltes Portemonnaie mitbringen, denn im Eintrittspreis sind

weder Essen noch Getränke enthalten und es gibt einen Mindestverzehr. Auf „schicke" Kleidung achten – die Herren bitte mit Jackett!

COMIC STRIP LIVE COMEDY

Karte S. 462 (☎212-861-9386; www.comicstriplive.com; 1568 Second Ave zw. E 81st & 82nd St; Eintritt 15–20 $ plus mind. 2 Speisen oder Getränke; 🕐Shows tgl. 20, Fr & Sa auch 22.30 Uhr; [S]Q, 4/5/6 bis 86th St) In diesem Club standen bereits Chris Rock, Sarah Silverman, Aziz Ansari, Jerry Seinfeld und Ellen DeGeneres auf der Bühne. Das ist zwar schon ein Weilchen her, aber fast jeden Abend tritt hier jemand auf, der sie kopiert. Wenn man die Rechnung präsentiert bekommt, vergeht einem angesichts der hohen Preise für Essen und Getränke allerdings vielleicht das Lachen. Reservierung erforderlich.

SHOPPEN

Die Madison Ave ist nichts für Amateure: Hier residieren zwischen der 60. und der 72. Straße einige der glamourösesten Läden der Welt, darunter Flagship-Boutiquen der so erfolgreicher Modehäuser wie Gucci, Prada und Cartier. Auch in einigen Secondhandläden kann man Designerschnäppchen machen. Weiter östlich säumen ein paar andere, aber immer noch edle Geschäfte die Lexington, Third und Second Ave: Hier gibt's alles von Kosmetik und Mode bis zu Büchern und originellen Geschenken.

FLYING TIGER COPENHAGEN GESCHENKE & ANDENKEN

Karte S. 462 (☎917-388-2812; www.flyingtiger.com; 1282 Third Ave, Ecke E 74th St; 🕐Mo–Sa 10–20, So 11–18 Uhr; [S]Q bis 72nd St; 6 bis 77th St) Dieser bunte dänische Designladen ist ein Mekka für originelle, aber nützliche Gegenstände. Fast alles kostet weniger als 5 $ und ist bunt und wild gemustert: Haushaltswaren, Künstlerbedarf, Schreibhefte, Spielzeug und Spiele, Accessoires usw. Toll für preiswerte Geschenke und Reisebedarf wie USB-Kabel und Mini-Regenschirme.

MARY ARNOLD TOYS SPIELWAREN

Karte S. 462 (☎212-744-8510; www.maryarnoldtoys.com; 1178 Lexington Ave zw. E 80th & 81st St; 🕐Mo–Fr 9–18, Sa ab 10, So 10–17 Uhr; 👪; [S]4/5/6 bis 86th St) Mehrere Generationen von Bewohnern der Upper East Side haben in ihrer Kindheit viel Zeit in diesem vollgestopften netten Spielwarenladen verbracht, den es schon seit 1931 gibt. Das Angebot ist wirklich umfangreich: Es umfasst u. a. Plüschtiere, Actionfiguren, Experimentierkästen, Brettspiele, Kunst und Kunsthandwerk sowie pädagogisch wertvolles Spielzeug. Auf der Website sind kostenlose monatliche Events angekündigt wie Schatzsuchen oder Lego-Sessions.

RICKY'S NYC KOSMETIK

Karte S. 462 (☎212-988-2291; www.rickysnyc.com; 1425 Second Ave, Ecke E 74th St; 🕐Mo–Sa 9–21, So 10–20 Uhr; [S]Q bis 72nd St) Eine der Filialen der klassischen New Yorker Kosmetikkette führt eine riesige Auswahl an Make-up sowie Haut- und Haarpflegeprodukten aus aller Welt, z. B. von NYX, Klorane und OPI, dazu hochwertige Accessoires und Utensilien. Außerdem gibt's einige originelle Geschenke. Zu Halloween ist dies eine Top-Adresse für Verkleidungen und Masken.

DIPTYQUE PARFÜM

Karte S. 462 (☎212-879-3330; www.diptyqueparis.com; 971 Madison Ave, Ecke E 76th St; 🕐Mo–Sa 10–19, So 12–18 Uhr; [S]6 bis 77th St) Wer diese Duftoase verlässt, riecht vielleicht nach Rose, Glyzinie, Jasmin, Zypresse oder Sandelholz. Das Pariser Unternehmen Diptyque kreiert schon seit 1961 einzigartige Düfte aus besonderen Pflanzen, Hölzern und Blüten. Neben Parfümen und anderen Düften (Tipp: das holzige Tam Dao) führt der Laden auch ein großes Sortiment an Kerzen, Cremes und Seifen.

JACADI KINDERBEKLEIDUNG

Karte S. 462 (☎212-717-9292; www.jacadi.us; 1260 3rd Ave zw. E 72nd & 73rd St; 🕐Mo–Sa 10–18, So 11.30–17.30 Uhr; 👪; [S]Q bis 72nd St; 6 bis 68th St–Hunter College) Zum Modefreak wird man nicht geboren, sondern erzogen. Und womit ginge das besser als mit ein paar Trendklamotten von diesem Pariser Hersteller leger-schicker Kinderbekleidung und -schuhe? Mit diesen Sachen sind die Mädels und Jungs (von Neugeborenen bis zu Kindern von etwa 12 J.) sicher die bestangezogenen der ganzen Klasse.

ENCORE BEKLEIDUNG

Karte S. 462 (☎212-879-2850; www.encoresale.com; 1132 Madison Ave zw. E 84th & 85th St, 1. OG; 🕐Mo–Sa 10–18.30, So 12–18 Uhr; [S]4/5/6 bis 86th St) In dem wegweisenden Vintage-

Laden landen schon seit 1954 überflüssige Stücke aus den Kleiderschränken der Upper East Side (Jacqueline Kennedy Onassis brachte ihre Sachen immer hierher). Bei Encore wartet kaum getragene Markenware aus Traditionshäusern wie Louboutin, Fendi und Dior auf eine zweite Chance. Die Preise sind zwar hoch, aber immer noch viel günstiger als in normalen Läden.

MICHAEL'S BEKLEIDUNG

Karte S. 462 (☎212-737-7273; www.michaelsconsignment.com; 1041 Madison Ave zw. E 79th & 80th St, 1. OG; 🕓Mo–Sa 10–18, Do bis 20 Uhr; [S]6 bis 77th St) Die große Stärke des vielgepriesenen, seit den 1950er-Jahren auf der Upper East Side ansässigen Consignment Store sind High-End-Labels, darunter Chanel, Gucci und Prada – ein ganzes Regal nehmen Treter von Jimmy Choo ein. Das meiste, was hier hängt, ist noch keine zwei Jahre alt. Die Sachen sind teuer, aber immer noch billiger als die aktuelle Kollektion in den Boutiquen der Madison Ave.

SHAKESPEARE & CO BÜCHER

Karte S. 462 (☎212-772-3400; www.shakeandco.com; 939 Lexington Ave, Ecke E 69th St; 🕓Mo–Fr 7.30–20, Sa 8–19, So 9–18 Uhr; 📶; [S]6 bis 68th St) Die beliebte Buchhandlung hat mit dem berühmten gleichnamigen Laden in Paris nichts zu tun, ist aber einer der schönsten unabhängigen Buchläden New Yorks. Er hat ein großes Sortiment an Belletristik und Sachbüchern u. a. zu Kunst und Lokalgeschichte sowie ein kleines, aber feines Angebot an Zeitschriften. Außerdem kann man sich hier Print-on-demand-Bücher ausdrucken lassen. Das kleine Café vorne serviert Kaffee, Tee und kleine Speisen.

SPORT & AKTIVITÄTEN

ART FARM IN THE CITY SPIELPLATZ

Karte S. 462 (☎212-410-3117; www.theartfarms.org/afic; 419 E 91st St zw. First & York Ave; Open Play/Fun Friday 20/45 $ pro Kind; 🕓Open Play Mo–Do 12.30–15.30 Uhr, Fun Fridays Fr 9.30–11.30 Uhr; 👪; [S]Q bis 96th St) Wenn die Kleinen museumsmüde sind, können sie in diesem Spielzentrum ihre Batterien wieder aufladen. Bei der Open Play Time für Kids von sechs Monaten bis acht Jahren gibt's Kunst und Kunsthandwerk sowie Kuscheln mit den Tieren des Hauses, beim Fun Friday für Kinder von anderthalb bis acht Jahren außerdem Backen und Singen. Alle Kinder müssen von einem Erwachsenen begleitet werden.

Upper West Side & Central Park

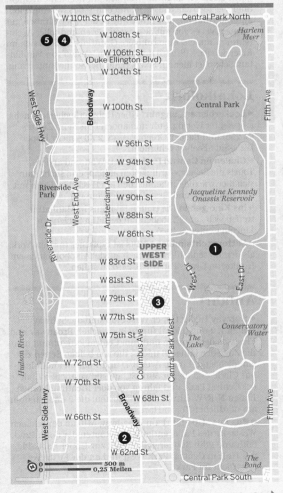

W 110th St (Cathedral Pkwy)
Central Park North

5 **4**

W 108th St

Harlem Meer

W 106th St (Duke Ellington Blvd)

W 104th St

Broadway

W 100th St

Central Park

Fifth Ave

W 96th St

W 94th St

W 92nd St

Riverside Park

West End Ave

Amsterdam Ave

W 90th St

Jacqueline Kennedy Onassis Reservoir

W 88th St

W 86th St

Riverside Dr

UPPER WEST SIDE

W 83rd St

1

W 81st St

West Dr

East Dr

W 79th St

3

W 77th St

W 75th St

Conservatory Water

Hudson River

The Lake

W 72nd St

W 70th St

Columbus Ave

Central Park West

W 68th St

Broadway

Fifth Ave

W 66th St

West Side Hwy

2

W 62nd St

0   500 m
0   0,25 Meilen

The Pond

Central Park South

Details s. Karte S. 464 ➡

Highlights

1 **Central Park** (S. 241)
Dem Chaos der Stadt entfliehen mit einem Picknick auf der Sheep's Meadow, einer Ruderbootfahrt auf dem See oder einem Bummel über den Literary Walk.

2 **Lincoln Center** (S. 245)
In dem großartigen Kulturzentrum in ungeahnte Tiefen der Vielfalt abtauchen und Oper, Ballett, klassische Musik, Film und Theater von Weltklasse genießen.

3 **American Museum of Natural History** (S. 247)
Aufblicken zu den weltgrößten Dinosauriern und die löchrige Oberfläche des größten Meteoriten der USA berühren.

4 **Nicholas Roerich Museum** (S. 247) Beim Besuch eines wunderschönen Stadthauses aus dem 19. Jh eine Reise durch Tibet mit den Augen eines bemerkenswerten Mannes unternehmen.

5 **Riverside Park** (S. 246)
Am Hudson River joggen, Rad fahren oder spazieren, während die Sonne hinter dem gegenüberliegenden Ufer versinkt.

Top-Tipp

Das 336 ha große Areal des Central Park erkundet man am besten per Rad. Mieträder gibt's bei Bike & Roll (S. 257), Toga Bike Shop (S. 258) und Champion Bicycles (S. 258). Die Rundstrecke um den Central Park ist knapp 10 km lang, mit hügeligen wie auch flachen Abschnitten (im Norden generell hügeliger als im Süden). Nähere Informationen sowie eine Karte der Wander- und Fahrradwege auf der Website der Central Park Conservancy (www.centralparknyc.org).

Gut essen

➡ Jacob's Pickles (S. 249)
➡ Burke & Wills (S. 250)
➡ Peacefood Cafe (S. 248)
➡ Kefi (S. 249)
➡ Dovetail (S. 250)

Mehr dazu S. 248 ➡

Schön ausgehen

➡ Manhattan Cricket Club (S. 251)
➡ Dead Poet (S. 251)
➡ West End Hall (S. 254)
➡ West 79th Street Boat Basin Café (S. 249)

Mehr dazu S. 251 ➡

Beste Musik

➡ Metropolitan Opera House (S. 254)
➡ SummerStage (S. 246)
➡ Smoke (S. 255)
➡ Cleopatra's Needle (S. 255)
➡ Beacon Theatre (S. 255)

Mehr dazu S. 251 ➡

UPPER WEST SIDE & CENTRAL PARK

Rundgang: Upper West Side & Central Park

Der westliche Teil des zentralen Manhattan ist riesig – das Angebot an Aktivitäten ebenfalls. Familien können ins American Museum of Natural History (Naturkundemuseum; S. 247) gehen und Kinder anschließend auf der Abenteuerspielwiese Central Park (S. 241) toben. Wer den Luxus anderer aushält, kann sich die eleganten Apartmenthäuser in der Straße ansehen, die parallel zum Central Park West verläuft. Kulturliebhaber statten dem Lincoln Center (S. 245) einen Besuch ab. Dort versorgen die Metropolitan Opera, die New York Philharmonic und das New York City Ballet die Stadt mit einer großzügigen Dosis Hochkultur. Wer sich am liebsten durch ein Stadtviertel treiben lässt, ist mit den Sehenswürdigkeiten am und rund um den Broadway in den 70er-Straßen gut beraten, wo es von gut besuchten Läden und toller Architektur wimmelt. Eine ruhigere Grünfläche findet sich im Riverside Park (S. 246) im äußersten Westen von Manhattan. Schön ist hier ein Spaziergang bei Sonnenuntergang.

Lokalkolorit

➡ **Leckerbissen „angeln"** Über Holz geräucherter Lachs, eingelegter Hering, Stör und anderer Fisch im Zabar's (S. 256) und Barney Greengrass (S. 250) – mehr Upper-West-Side-Feeling geht nicht.

➡ **Chillen im Central Park** (S. 241) Während andere Touris die Sehenswürdigkeiten abklappern, sucht man sich hier wie die Einheimischen ein Fleckchen Grün mit schönem Blick und lässt die Seele baumeln.

➡ **Ins Kino gehen** Die echten Filmfans in Manhattan treffen sich zum Kinoabend in der Film Society im Lincoln Center (S. 245).

➡ **Mitternachtsimbiss** Nichts ist typischer für New York, als den Riesenkohldampf nach zu viel Alkohol mit einem Hotdog im Gray's Papaya (S. 249) zu stillen.

Anfahrt

➡ **Subway** In der Upper West Side sind die Subway-Linien 1, 2 und 3 ideal für Ziele zwischen Broadway und Fluss. Zu den Museen und zum Central Park nimmt man die Züge der Linien B und C, die von beiden Seiten zugänglich sind. Linien A/C, B/D und 1 halten am Columbus Circle und an der 59th St, am südwestlichen Ende des Central Park, und fahren von dort Richtung Norden. Linien N/R/W fahren nach Südosten, die 2 und 3 halten am nördlichen Tor in Harlem.

➡ **Bus** Bus M104 fährt am Broadway, M10 an der schönen Westseite des Parks entlang. Die Routen der 66th, 72nd, 86th und 96th St queren den Park zur Upper East Side, mit Halt in Central Park West und an der Fifth Ave – aber nicht im Park.

CENTRAL PARK

Bei mehr als 300 ha Wiesen, Teichen und Wäldern kann man sich leicht vorstellen, dass früher einmal ganz Manhattan so ausgesehen hat. Der Park wurde von Frederick Law Olmsted und Calvert Vaux gestaltet und ist ein Meisterwerk: Tausende Arbeiter bewegten 10 Mio. Fuhren Erde, um ein Sumpfgebiet in den heutigen „Volkspark" zu verwandeln.

Die Geburtsstunde des Parks

In den 1850er-Jahren beherrschten Schweinefarmen, eine Mülldeponie, eine Knochenkocherei und eine afroamerikanische Siedlung diesen Teil von Manhattan. Über 20 000 Arbeiter schufteten zwei Jahrzehnte lang, um das Areal in einen Park zu verwandeln. Heute stehen hier über 24 000 Bäume, 54 ha sind Wald, es gibt 21 Spielplätze und sieben Seen. Über 38 Mio. Besucher jährlich kommen in den Park.

Bethesda Terrace & The Mall

Die Arkaden der **Bethesda Terrace** (Karte S. 464; 66th bis 72nd St; Ⓢ B, C bis 72nd St) und die **Bethesda Fountain** (Karte S. 464; Ⓢ B, C bis 72nd St) sind schon lange ein beliebter Treffpunkt der New Yorker. Im Süden befindet sich The Mall (in zahllosen Kinofilmen zu sehen), eine von alten Ulmen gesäumte Promenade. Der südliche Abschnitt ist als **Literary Walk** (Karte S. 464; zw. 67th & 72nd St; Ⓢ N/R/W bis 5th Ave–59th St) bekannt und wird von Statuen berühmter Schriftsteller flankiert.

Central Park Zoo

Die offizielle Bezeichnung, Central Park Wildlife Center, benutzt niemand. Der kleine **Zoo** (Karte S. 464; ☎ 212-439-6500; www.centralparkzoo.com; 64th St Höhe Fifth Ave; Erw./Kind 12/7 $; ⊙ Mo–Fr 10–17, Sa & So bis 17.30 Uhr; 🚇; Ⓢ N/Q/R bis 5th Ave–59th St) bietet Pinguinen, Schneeleoparden, Pfeilgiftfröschen und Roten Pandas ein Zuhause. Die Fütterungen im Seelöwen- und

NICHT VERSÄUMEN

➡ The Mall
➡ Reservoir
➡ Bethesda Fountain
➡ Conservatory Garden

PRAKTISCH & KONKRET

➡ Karte S. 464, D5
➡ www.centralparknyc.org
➡ 59th bis 110th St zw. Central Park West & Fifth Ave
➡ ⊙ 6–1 Uhr
➡ 🚇

Central Park

NEW YORKS GRÜNE LUNGE

Mitte des 19. Jhs. war die langgestreckte Grünfläche im Herzen von Manhattan noch ein Stück Sumpfland, das dann mit Bulldozern in einen Park verwandelt wurde. Seitdem das Gelände offiziell Central Park heißt, hat es New Yorker aller Couleur willkommen geheißen: Die Reichen stellten hier ihre schicken Kutschen zur Schau (1860er-Jahre), die Armen wohnten den kostenlosen Sonntagskonzerten bei (1880er-Jahre) und politische Aktivisten veranstalteten hier Demonstrationen gegen den Vietnamkrieg (1960er-Jahre).

Seitdem strömen die Menschen, Einheimische wie auch Besucher aus aller Welt, in Scharen hierher, um spazieren zu gehen, zu picknicken, in der Sonne zu liegen, Ballspiele zu spielen oder kostenlose Konzerte und Shakespeare-Aufführungen zu sehen.

Loeb Boathouse
Kaum ein Restaurant in New York hat eine idyllischere Lage als das historische Loeb Boathouse am Seeufer. Darüber hinaus kann man Ruderboote oder Räder leihen und mit einer venezianischen Gondel fahren.

Duke Ellington Circle

Harlem Meer

The Blockhouse

North Woods

97th St Transverse

Fifth Ave

86th St Transverse

The Great Lawn

Central Park West

Conservatory Garden
Der einzige formal angelegte Garten im Central Park ist wohl der ruhigste Teil des Parks. Am Nordrand blühen Ende Oktober die Chrysanthemen, im Süden steht nahe der Burnett Fountain der höchste Holzapfelbaum im Park.

Jacqueline Kennedy Onassis Reservoir
Mit über 42 ha nimmt dieser See etwa ein Achtel der Gesamtfläche des Parks ein. Ursprünglich versorgte er die Stadt mit sauberem Wasser, heute lädt er dazu ein, Wasservögel zu beobachten.

STUDIOLASKA/SHUTTERSTOCK ©

LULU AND ISABELLE/SHUTTERSTOCK ©

Belvedere Castle
Ein Ausbund an viktorianischem Übermut ist dieses gotisch-romanische Schloss, das nur einem Zweck dient: Es ist ein ziemlich prunkvoller Aussichtspunkt. Erbauer war 1869 der Mitgestalter des Central Park, Calvert Vaux.

Der Park ist abwechslungsreich und bietet ganz unterschiedliche Bereiche: Im Norden findet man ruhige, bewaldete Hügel, im Süden erstreckt sich ein See, der bei Joggern hoch im Kurs steht. Es gibt europäische Gärten, einen Zoo und verschiedene Gewässer. Nicht verpassen: An sonnigen Tagen scheint sich ganz New York auf der Sheep Meadow zu tummeln.

Der Central Park ist viel mehr als nur eine Grünfläche: Er ist der Garten von New York.

ZAHLEN & FAKTEN

➡ Die Landschaftsarchitekten waren Frederick Law Olmsted und Calvert Vaux.

➡ Die Bauarbeiten begannen 1858.

➡ Der Park erstreckt sich über 340 ha.

➡ Hunderte Filme wurden hier gedreht, vom Kassenschlager aus der Zeit der Weltwirtschaftskrise *Gold Diggers* (1933) bis zum Monsterfilm *Cloverfield* (2008).

Conservatory Water

Das Design von Conservatory Water geht auf die Pariser Modellbootteiche des 19. Jhs. zurück. In den warmen Monaten setzen Kinder kleine Segelboote auf der Oberfläche aus. Der Teich wird übrigens in E. B. Whites Klassiker *Stuart Little* erwähnt.

CHRISTOPHER PENLER/SHUTTERSTOCK ©

KRIDSADA KAMSOMBAT/SHUTTERSTOCK ©

Bethesda Fountain

Der neoklassizistische Springbrunnen (1868) geht auf das Konto der feministischen Bildhauerin Emma Stebbins und ist einer der größten von ganz New York. Er wird vom *Angel of the Waters* gekrönt; vier Cherubinen tragen die Engelfigur.

Metropolitan Museum of Art

Alice in Wonderland Statue

79th St Transverse

The Ramble

Delacorte Theater

The Lake

Fifth Ave

Central Park Zoo

65th St Transverse

Sheep Meadow

Columbus Circle

Strawberry Fields

Ein schlichtes Mosaik, inspiriert von dem Beatles-Song "Strawberry Fields Forever", erinnert an John Lennon, der auf der anderen Straßenseite, vor dem Dakota Building, erschossen wurde. Finanziert wurde das Denkmal von Yoko Ono.

The Mall/Literary Walk

Das südliche Ende der Promenade – die einzige gerade Flaniermeile im Park – wird von seltenen amerikanischen Ulmen und den Statuen berühmter Literaten gesäumt, darunter Robert Burns und Shakespeare.

CONSERVATORY GARDEN

Der 2,4 ha große **Conservatory Garden** (Karte S. 464; Fifth Ave Höhe 105th St; ⏲Nov.–Feb. 8–17, März & Okt. bis 18 Uhr, April & Sept. bis 19 Uhr, Aug. bis 19.30 oder 20, Mai–Juli bis 20 Uhr; [S]6 bis 103rd St) ist eine der offiziellen Ruhezonen des Central Park und bildschön obendrein: Überall stehen Holzapfel- und Buchsbäume, im Frühling blühen unzählige Blumen.

NORTH WOODS & BLOCKHOUSE

In den North Woods, an der Westseite des Parks zwischen 106th und 110th St, steht das älteste Bauwerk des Parks, das **Blockhouse** (Karte S. 464; www.centralparknyc.org; Central Park nahe 108th St & Central Park West), eine Militärfestung aus dem Krieg von 1812.

PARKBESUCH

Geführte (teils kostenlose) Touren kann man über die **Central Park Conservancy** (Karte S. 456; ☎212-310-6600; www.centralparknyc.org/tours; 14 E 60th St zw. Madison & Fifth Ave; [S]N/R/W bis 5th Ave–59th St) buchen. Die gemeinnützige Organisation unterstützt die Instandhaltung des Parks. Sie organisiert auch individuelle Führungen.

Pinguingehege sind ein Spektakel! Der angrenzende **Tisch Children's Zoo** (Karte S. 464; ☎212-439-6500; www.centralparkzoo.com; Höhe W 65th & Fifth Ave; Erw./Kind 12/7 $; ⏲Mo–Fr 10–17, Sa & So bis 17.30 Uhr; 👪; [S]N/Q/R bis 5th Ave–59th St) ist ein Streichelzoo mit Alpakas und Zwergziegen – genau richtig für jüngere Kinder.

Conservatory Water & Alice in Wonderland

Nördlich des Zoos auf Höhe der 74th St liegt Conservatory Water. Modellsegelboote treiben auf dem Wasser und Kinder turnen auf einer Skulptur von Alice im Wunderland herum. Von Juni bis September findet samstags um 11 Uhr an der Statue von Hans Christian Andersen westlich des Teichs eine Märchenstunde (www.hcastorycenter.org) statt.

Great Lawn & The Ramble

Der **Great Lawn** (Karte S. 464; zw. 79th & 86th St; ⏲Mitte April–Mitte Nov.; [S]B, C bis 86th St) ist ein riesiger grüner Teppich im Herzen des Parks, umgeben von Spielfeldern und Platanen (hier gaben Simon & Garfunkel 1981 ein legendäres Konzert). Südöstlich erheben sich das **Delacorte Theater** (Karte S. 464; www.publictheater.org; Eingang in der W 81st St; [S]B, C bis 81st St), Schauplatz des alljährlichen Spektakels Shakespeare in the Park, sowie das Belvedere Castle (S. 257), ein Vogel-Aussichtspunkt. Weiter südlich erstreckt sich **The Ramble** (Karte S. 464; Parkmitte zw. 73rd & 79th St; [S]B,C bis 81st St) mit Bäumen, die besonders viele Vögel anziehen. Am südöstlichen Ende ist das Loeb Boathouse (S. 258) mit Restaurant am Wasser. Hier gibt es Ruderboote zum Ausleihen und Gondelfahrten.

Jacqueline Kennedy Onassis Reservoir

Der See (Höhe 90th St) erstreckt sich fast über die gesamte Breite des Parks und die Skyline spiegelt sich in der Wasseroberfläche – der Effekt ist phantastisch! Ringsum verläuft ein ca. 2,5 km langer Pfad, auf dem Legionen von Joggern trainieren. In der Nähe, auf Höhe der Kreuzung Fifth Ave und 90th St, steht eine Statue des Begründers des New York City Marathon, Fred Lebow (mit prüfendem Blick auf die Uhr).

Strawberry Fields

Der tränenförmige **Garten** (Karte S. 464; Höhe 72nd St auf der Westseite; [S]A/C, B bis 72nd St) ist ein Denkmal für Ex-Beatle John Lennon, der gegenüber im **Dakota Apartment Building** (Karte S. 464; 1 W 72nd St; [S]B, C bis 72nd St) lebte. Der Garten wurde von seiner Witwe Yoko Ono finanziert und umfasst einen Hain mit Ulmen und ein Bodenmosaik mit der simplen Botschaft „Imagine“.

HIGHLIGHT
LINCOLN CENTER

In dem Ensemble modernistischer Tempel befinden sich einige der wichtigsten Bühnen von Manhattan; hier sind die beste Oper, das beste Ballett und das beste Symphonieorchester New Yorks zu Hause. Auf dem 6,4 ha großen Gelände finden sich noch weitere Veranstaltungsorte, darunter zwei Theater, zwei Filmbühnen und die weltberühmte Julliard School.

Die Geschichte von Bau und Neubau

Der beeindruckende Campus der Künste stammt aus den 1960er-Jahren. Zuvor hatte sich hier das vornehmlich afroamerikanische Viertel San Juan Hill befunden. Dort entstanden die Außenaufnahmen zu dem Film *West Side Story*, bevor das Viertel der Abrissbirne des Städteplaners Robert Moses weichen musste. Abgesehen davon, dass das Lincoln Center ein kontrovers diskutiertes Bauprojekt war, fand auch seine Ästhetik nicht viel Anklang – das konservative, festungsähnliche Design und die mangelhafte Akustik stießen auf heftige Kritik. Zum 50. Geburtstag des Centers (2009/2010) sorgten Diller Scofidio + Renfro und andere Architekten für eine überfällige und von den Kritikern hochgelobte Modernisierung.

Highlights

Eine Besichtigung der **Metropolitan Opera** (mit Wandgemälden von Marc Chagall in der Lobby), der **David Geffen Hall** und des **David H Koch Theater** (ein Entwurf von Philip Johnson) an der Hauptplaza auf der Columbus Avenue (zw. 62nd und 65th St) gehört zum Pflichtprogramm. Die drei klassischen Bauten sind um die **Revson Fountain** angeordnet. An dem Springbrunnen findet abends eine spektakuläre Lichtershow à la Las Vegas statt.

Ebenfalls sehenswert sind einige restaurierte Bauten wie die **Alice Tully Hall**, die heute mit einer sehr modernen, transparenten Fassade mit spitzen Winkeln überzeugt, und das **David Rubenstein Atrium** (Karte S. 464; ☎212-721-6500; http://atrium.lincolncenter.org; 61 W 62nd St Höhe Broadway; ☉Atrium Mo–Fr 8–22, Sa & So 9–22, Kartenverkauf Di–Sa 12–19, So bis 17 Uhr), ein öffentlicher Raum mit Loungebereich (und kostenlosem WLAN), Café, Infoschalter und Kartenverkauf für Aufführungen im Lincoln Center am gleichen Tag. An Donnerstagabenden finden hier kostenlose Events statt.

Veranstaltungen

Im Lincoln Center gibt's allabendlich mindestens zehn Veranstaltungen, im Sommer sogar noch mehr: Dann locken das **Lincoln Center Out of Doors** (eine Reihe von Tanz- und Musikevents) und der **Midsummer Night Swing** (Tanzabende unter freiem Himmel) Freiluft-Kulturliebhaber an. Details zu den Spielzeiten, Tickets und Events, die alles von Oper und Tanz bis zu Theater und Ballett umfassen, siehe Website des Lincoln Center.

NICHT VERSÄUMEN

➡ Revson Fountain
➡ Wandgemälde von Marc Chagall
➡ Besuch einer Aufführung

PRAKTISCH & KONKRET

➡ Karte S. 464, B7
➡ ☎212-875-5456, Führungen 212-875-5350
➡ www.lincolncenter.org
➡ Columbus Ave zw. W 62nd & 66th St
➡ Führungen Erw./ Student 25/20 $
➡ ☉Führungen Mo–Sa 11.30 & 13.30, So 15 Uhr
➡ ♿
➡ Ⓢ1 bis 66th St–Lincoln Center

◉ SEHENSWERTES

CENTRAL PARK PARK
Siehe S. 241.

LINCOLN CENTER KULTURZENTRUM
Siehe S. 245.

STRAUS PARK PARK
Karte S. 464 (www.nycgovparks.org; Broadway
zw. 106th & 107th St; Ⓢ1 bis 103rd oder 110th St)
Das kleine grüne Dreieck ist dem Andenken von Ida und Isidor Straus gewidmet.
Das wohlhabende Ehepaar (Isidor war Inhaber von Macy's) kam 1912 an Bord der
Titanic gemeinsam ums Leben, da Ida darauf bestand, bei ihrem Mann zu bleiben,
anstatt ein Rettungsboot zu besteigen. Eine
geschwungene Exedra aus Granit trägt ein
passendes Bibelzitat: „Lovely and pleasant
were they in their lives and in their death
they were not divided." (Geliebt und einander zugetan, im Leben und im Tod nicht
geschieden.) Die vielen Bänke im Schatten
machen den Park an sonnigen Tagen zu einem beliebten Ziel für Anwohner.

NEW-YORK HISTORICAL SOCIETY MUSEUM
Karte S. 464 (☎212-873-3400; www.nyhistory.
org; 170 Central Park West Höhe W 77th St; Erw./
Kind 20/6 $, Eintritt gegen Spende, Fr 18–20 Uhr,
Bibliothek frei; ☉Di–Do & Sa 10–18, Fr bis 20, So
11–17 Uhr; 🚇; Ⓢ B, C bis 81st St–Museum of Natural History) Wie die altmodische Schrei-
bung vermuten lässt (New York noch mit
Bindestrich!), gibt es die Historical Society
schon ziemlich lange. Tatsächlich ist sie
das älteste Museum der Stadt. Es wurde
1804 als Aufbewahrungsort für historische
und kulturelle Artefakte gegründet. Die

Sammlung zählt mehr als 60 000 ungewöhnliche und faszinierende Gegenstände,
darunter der Stuhl, auf dem George Washington bei seinem Amtsantritt saß, ein ver-
goldeter Tiffany-Eisbecher aus dem 19. Jh.
und eine beachtliche Gemäldesammlung
aus der Hudson River School. Da die Society inzwischen mit Verve im 21. Jh. angekommen ist, ist es hier alles andere als
langweilig.

Nach der Runderneuerung erstrahlt das
Haus heute in moderner Ästhetik mit Betonung auf interaktiver Technologie und beherbergt gleich mehrere Museen. Im 4. Stock
befindet sich das in allen größeren amerikanischen Museen einzigartige Center for
Women's History, das einen Teil des neu organisierten Henry Luce III Center darstellt.
Für Kinder gibt es ein eigenes Museum mit
Vorträgen und Bildungsaktivitäten.

Weitere „Schätze" der ständigen Samm-
lung sind eine Orthese von Präsident Frank-
lin D. Roosevelt, eine Spardose aus dem
19. Jh., die einen Politiker zeigt, der sich
Münzen in die Tasche steckt, und die mit
Graffiti übersäte Tür des Fotografen Jack
Stewart aus den 1970er-Jahren (ein paar
Tags stammen von bekannten Graffiti-
Künstlern wie Tracy 168). In der Lobby un-
bedingt einen Blick nach oben werfen: Dort
befindet sich das Deckengemälde aus Keith
Harings 1986 eröffnetem „Pop Shop".

RIVERSIDE PARK PARK
Karte S. 464 (☎212-870-3070; www.riverside
parknyc.org; Riverside Dr zw. 68th & 155th St;
☉6–1 Uhr; 🚇; Ⓢ1/2/3 bis zu jeder Haltestelle
zw. 66th & 157th St) Der klassische, herrlich
grüne Park wurde von den Gestaltern des

SOMMERPROGRAMM IM CENTRAL PARK

In den wärmeren Monaten finden im Central Park zahllose Kulturveranstaltungen
statt – viele davon sind kostenlos! Am meisten Anklang finden **Shakespeare in the
Park** (www.publictheater.org), organisiert von Public Theater, und **SummerStage**
(www.cityparksfoundation.org/summerstage; Rumsey Playfield, Central Park, Zugang über
Fifth Ave & 69th St; ☉Juni–Sept.; 🚇; Ⓢ6 bis 68th St–Hunter College), eine Reihe von
Gratiskonzerten.

Tickets für Shakespeare in the Park (kostenlos) sind am Tag der Veranstaltung
um 13 Uhr erhältlich; wer ganz sicher einen Sitzplatz ergattern will, sollte schon um
8 Uhr auf der Matte stehen und irgendetwas mitbringen, auf dem man es sich während der langen Wartezeit gemütlich machen kann. Es gibt nur ein Ticket pro Person,
daher muss jeder Einzelne persönlich erscheinen.

Zu den Veranstaltungsorten der SummerStage-Konzerte hat man generell
1½ Stunden vor Beginn der Show Zutritt. Wenn bekannte Bands auftreten, muss
man sich aber früh anstellen, um wirklich hineinzukommen.

HIGHLIGHT **AMERICAN MUSEUM OF NATURAL HISTORY**

Dieses Museum öffnete 1869 seine Pforten. Es ist ein wahres Wunderland mit rund 30 Mio. Exponaten und einem Planetarium. Von Oktober bis Mai kann man das Butterfly Conservatory besichtigen: In dem Treibhaus flattern mehr als 500 Schmetterlingsarten aus der ganzen Welt herum. Am bekanntesten sind vermutlich die Fossil Halls. Dort sind fast 600 Fossilienarten ausgestellt, u. a. Skelette eines riesigen Mammuts und eines Furcht einflößenden *Tyrannosaurus rex*.

Daneben sind jede Menge Tiere zu sehen, es gibt mehrere Edelsteingalerien und ein IMAX-Theater. Die Dioramen in der Hall of Ocean Life beleuchten Themen wie Ökologie und Naturschutz, dann gibt es noch das knapp 29 m lange Modell eines Blauwals zu bestaunen, das von der Decke hängt. In der 77th St Grand Gallery erwartet die Besucher ein gut 19 m langes Kanu, das Mitte des 19. Jhs. von den Haida aus British Columbia geschnitzt wurde.

Das Highlight für Freunde der unendlichen Weiten des Weltalls ist das Rose Center for Earth & Space. Es besitzt eine faszinierende Fassade aus Glas und bietet ein wahrhaft außerirdisches Ambiente für die Weltraum-Shows und das Planetarium. Fast den ganzen Tag ist im Halbstundentakt der Film *Dark Universe* (Dunkles Universum) zu sehen, mit dem Astrophysiker Neil deGrasse Tyson als Sprecher.

NICHT VERSÄUMEN

➡ *Tyrannosaurus rex*
➡ Hall of Ocean Life
➡ Hayden Big Bang Theater

PRAKTISCH & KONKRET

➡ Karte S. 464, C5
➡ ☎212-769-5100
➡ www.amnh.org
➡ Central Park West Höhe W 79th St
➡ empfohlener Eintritt Erw./Kind 23/13 $
➡ ⏰10–17.45 Uhr
➡ 🚇B, C bis 81st St–Museum of Natural History; 1 bis 79th St

Central Park, Frederick Law Olmsted und Calvert Vaux, entworfen. Er erstreckt sich entlang der Upper West Side nach Norden, reicht von der 59th bis zur 155th St und wird im Westen vom Hudson River begrenzt. Wegen der vielen Fahrradwege, Spielplätze und Hundewiesen steht der Riverside Park bei Familien hoch im Kurs. Vom Park aus sieht auch das in Jersey gelegene Ufer des Hudson hübsch aus.

Das West 79th Street Boat Basin Café (S. 249) ist ein munteres Restaurant am Fluss auf Höhe der 79th St. Von Ende März bis Oktober werden (wenn es das Wetter zulässt) leichte Gerichte serviert. Ein weiteres Außencafé am Hudson ist das Pier i Café (S. 250), neun Blocks weiter südlich.

NICHOLAS ROERICH MUSEUM MUSEUM

Karte S. 464 (☎212-864-7752; www.roerich.org; 319 W 107th St zw. Riverside Dr & Broadway; ⏰Di-Fr 12–19.30, Sa & So 10–19 Uhr; 🚇1 bis Cathedral Pkwy–110th St) GRATIS Das spannende kleine Museum in einem dreistöckigen Stadthaus von 1898 zählt zu den bestgehüteten Geheimtipps der Stadt. Es zeigt 150 Gemälde des produktiven Nicholas Konstantinovich Roerich (1874–1947), eines in Russland gebürtigen Dichters, Philosophen und Malers. Besonders bemerkenswerte Gemälde sind seine atemberaubenden Darstellungen des Himalaja, wo er sich 1928 mit seiner Familie niederließ. Überhaupt sind die Berglandschaften echte Hingucker: Die schneeüberzogenen tibetischen Gipfel in Blau-, Weiß-, Grün- und Purpurtönen erinnern an den Stil der amerikanischen Malerin Georgia O'Keeffe.

AMERICAN FOLK ART MUSEUM MUSEUM

Karte S. 464 (☎212-595-9533; www.folkartmuseum.org; 2 Lincoln Sq, Columbus Ave zw. 65th & 66th St; ⏰Di–Do & Sa 11.30–19, Fr 12–19.30, So 12–18 Uhr; 🚇1 bis 66th St–Lincoln Center) GRATIS Das winzige Institut füllt seine kleinen Galerien mit rotierenden Ausstellungen. Zu den Themen zählten bisher u. a. Patchwork-Decken aus Uniformstoffen, genäht im 19. Jh. von Soldaten, Mode in der Volkskunst sowie posthume Portraits in der amerikanischen Malerei. Der Souvenirladen ist eine Fundgrube für einmalige Kunstartikel: Bücher, Schmuck, Accessoires, Schals, Wohndekor usw. Mittwochs um 14 Uhr und freitags um 17.30 Uhr gibt's kostenlose Musikaufführungen.

Im November und Dezember ist das Museum nur montags 11.30–19 Uhr geöffnet.

 ## ✖ ESSEN

Dieser riesige Abschnitt von Manhattan ist nicht unbedingt ein Feinschmeckerziel, dennoch bekommt man altmodische Bagels und feine Cassoulets ebenso wie topmoderne amerikanische Küche. Außerdem gibt's alles, was man für ein Picknick braucht: Einfach bei Zabar's (S. 256) oder Whole Foods im Untergeschoss des Time Warner Center vorbeischauen und lauter kleine Leckerbissen für eine Mahlzeit im nahe gelegenen Central Park einkaufen.

CAFE LALO   DESSERT $
Karte S. 464 (☎212-496-6031; www.cafelalo.com; 201 W 83rd St zw. Amsterdam & Columbus Ave; Nachtisch um 10 $; ⊙So–Do 9–1 Uhr, Fr & Sa 9–3 Uhr; §1 bis 79th St; B, C bis 81st St–Museum of Natural History) Altmodische französische Plakate und Marmortischplatten versetzen Liebespaare in diesem für Dates seit Langem beliebten Café in der Upper West Side direkt nach Paris. Aber wen juckt schon das Dekor – wer hierherkommt, hat sowieso nur Augen für die überwältigende Auswahl an Süßem. Bei 27 Kuchensorten, 23 Sorten Cheesecake, 9 Pasteten, 12 verschiedenen Obsttartes, Cookies, Gebäck, Zabaglione und Mousse au chocolat fällt die Wahl echt nicht leicht.

Wer kreativer aufgelegt ist, bestellt sich ein Schokofondue mit frischem und getrocknetem Obst (für zwei Personen). Und für alle, die einen richtigen Kick brauchen, gibt es den *affogato*: cremiges Vanilleeis, das in Espresso und Cognac „ertränkt" wird. Auch Glutenallergiker kommen hier bestens auf ihre Kosten.

ÉPICERIE BOULUD   DELIKATESSEN, FRANZÖSISCH $
Karte S. 464 (☎212-595-9606; www.epicieriebou lud.com; 1900 Broadway Höhe W 64th St; Sandwiches 9,50–14,50 $; ⊙Mo 7–22, Di–Sa bis 23, So 8–22 Uhr; ☑; §1 bis 66th St–Lincoln Center) Ein Delikatessenladen des Sternekochs Daniel Boulud ist natürlich nicht irgendein Imbiss. Hier gibt es kein schnödes Schinkenbrot. Vielmehr reicht die Wahl des Brotbelags von Spanferkelconfit mit *jambon de Paris* und Greyerzer auf gepresstem Ciabatta bis zu Flankensteak mit Paprikawürze, karamellisierten Zwiebeln und Dreikornsenf. Darüber hinaus hat das Gourmet-Schnellrestaurant noch Salate, Suppen, Grillgemüse, Gebäck, Eis und Kaffee im Programm ... und abends Austern mit Wein.

Bei schönem Wetter kann man sich draußen einen Tisch schnappen – oder noch besser mit seiner Feinschmeckerstulle über die Straße gehen und am Brunnen des Lincoln Center tafeln.

PEACEFOOD CAFE   VEGAN $
Karte S. 464 (☎212-362-2266; www.peacefood cafe.com; 460 Amsterdam Ave Höhe 82nd St; Hauptgerichte 12–18 $; ⊙10–22 Uhr; ☑; §1 bis 79th St) In der hellen, geräumigen Oase für Veganer verwöhnt Eric Yu seine Gäste mit dem beliebten Seitan-Panino (eine hausgemachte Focaccia mit Cashewnüssen, Rucola, Tomaten und Pesto) sowie Pizzas, Platten mit Pfannengemüse und einem exzellenten Quinoa-Salat. Jeden Tag gibt's Rohkostangebote, energiespendende Säfte und cremige Desserts. Gesund und gut – für einen selbst, die Tiere und die Umwelt.

JIN RAMEN   JAPANISCH $
Karte S. 464 (☎646-657-0755; www.jinramen.com; 462 Amsterdam Ave zw. 82nd & 83rd St; Hauptgerichte 13–17 $; ⊙mittags 11.30–15.30, Mo–Do abends 17–23, Fr & Sa bis 24, So bis 22 Uhr; ☑; §1 bis 79th St) Der quirlige kleine Laden abseits der Amsterdam Ave hat köstliche heiße Ramen-Nudeln. Besonders beliebt ist *tonkotsu*-Ramen (mit Schweinefleischbrühe), doch es gibt auch Varianten für Vegetarier. Auch die Vorspeisen sollte man nicht ignorieren: *shishito*-Paprika, Schweinefleischtaschen und *hijiki*-Salat. Die Mischung aus rustikalem Holz, nackten Glühbirnen und roter Industrieausstattung verleiht dem Ganzen eine robust gemütliche Atmosphäre.

BIRDBATH BAKERY   BÄCKEREI $
Karte S. 464 (☎646-722-6562; www.thecityba kery.com/birdbath-bakery; 274 Columbus Ave Höhe 73rd St; Hauptgerichte 10–15 $; ⊙8–19 Uhr; ☑; §1/2/3, B, C bis 72nd St) ◢ Außer, dass es drinnen nur spärliche Sitzmöglichkeiten gibt, ist an diesem reizenden Café wahrlich

nichts auszusetzen. Das Angebot wechselt täglich und umfasst ausgezeichnete Sandwiches, vitaminstrotzende Säfte und Salate (Tipp: mit Huhn, Grünkohl und Mais). Ganz herausragend sind die Backwaren. Das Birdbath gibt sich mit umweltfreundlichen Baumaterialien, recyceltem Holz und Lieferservice per Fahrrad sehr grün.

TUM & YUM
THAI $

Karte S. 464 (☎212-222-1998; 917 Columbus Ave Höhe 105th St; Hauptgerichte 10–20 $; ⊙11.30–10.45 Uhr Ⓢ B, C bis 103rd St) Das kleine thailändische Viertellokal zaubert erstklassige Currys, knusprige gebratene Ente und nahrhafte Tom-Yum-Garnelensuppe – und dazu passt am besten frischer Kokossaft oder ein süßer thailändischer Eiskaffee. Bei schlechtem Wetter bildet das Lokal mit seiner rustikalen Holzausstattung ein gemütliches Refugium.

WEST 79TH STREET
BOAT BASIN CAFÉ
CAFÉ $

Karte S. 464 (☎212-496-5542; www.boatbasin cafe.com; W 79th St Höhe Henry Hudson Parkway; Hauptgerichte 14–15 $; ⊙April–Okt. je nach Wetter 11–23 Uhr; Ⓢ 1 bis 79th St).) Neue Inhaber und ein preisgekrönter Koch vom Culinary Institute of America haben diesem stets beliebten Lokal am Wasser neues Leben eingehaucht. Der Bau mit dem eleganten Säulengang und Rundgang im Freien stammt aus der Ära des Städtebauers Robert Moses und bietet einen großartigen Blick auf die Marina und den Hudson River. Drinks bei Sonnenuntergang waren hier immer schon der Renner, heute sind Salate, Sandwiches, Meeresfrüchte und New Yorker Street Food ein zusätzliches Plus.

GRAY'S PAPAYA
HOTDOGS $

Karte S. 464 (☎212-799-0243; 2090 Broadway Höhe 72nd St, Eingang Amsterdam Ave; Hotdogs 2,50 $; ⊙24 Std.; Ⓢ1/2/3, B, C bis 72nd St) „Total New York" ist es, sich nach einer ordentlichen Biersause in diesem klassischen Stehlokal einzufinden, das von einem ehemaligen Partner des Konkurrenzgeschäfts Papaya King (S. 231) gegründet wurde. Hier erwarten einen helles Licht, die Farbpalette der 70er-Jahre und natürlich gute Hotdogs.

Achtung: Der „Papaya Drink" ist mehr Drink als Papaya, mit dem berühmten „Recession Special" (Rezessionsangebot) kann man aber nichts falsch machen: 5,95 $ für zwei gegrillte Hotdogs und ein Getränk – wir sind begeistert.

⭐ CANDLE CAFE WEST
VEGAN $$

Karte S. 464 (☎212-769-8900; www.candlecafe. com; 2427 Broadway zw. 89th & 90th St; Hauptgerichte 17–23 $; ⊙Mo–Sa 11.30–22.30, So bis 21.30 Uhr, 16–17 Uhr geschl. ☞; Ⓢ1 bis 86th St) Die variantenreiche Speisekarte in dem beliebten, mit Kerzen beleuchteten Restaurant ist komplett vegan, bio und ausnahmslos lecker. Die Auswahl aus Spaghetti mit *wheatballs* (veganen Fleischbällchen), Seitan-*piccata*, mit *chimichuri* gegrilltem „Steak" aus Riesenchampignons sowie Risotto und Lasagne mit Sommergemüse lässt niemanden hungrig zurück. Außerdem gibt's riesige Salate, frische Säfte und Smoothies sowie hausgemachtes Ginger-Ale. Glutenfreie Optionen sind auch zu haben.

JACOB'S PICKLES
AMERIKANISCH $$

Karte S. 464 (☎212-470-5566; www.jacobspick les.com; 509 Amsterdam Ave zw. 84th & 85th St; Hauptgerichte 16–24 $; ⊙Mo–Do 10–2, Fr bis 4, Sa 9–4, So 9–2 Uhr; Ⓢ1 bis 86th St) In dem einladenden und gemütlich beleuchteten Lokal macht Jacob's aus dem bescheidenen Pickle ein wahres Kunstwerk. Außer eingelegten Gurken und anderem Eingemachtem gibt es hier Essen gehobener Qualität in großen Portionen, z. B. Catfish-Tacos, in Wein geschmorte Truthahnkeule und Makkaroni mit Käse. Auch die Brötchen sind erstklassig.

Unter den rund zwei Dutzend Craft-Bieren vom Fass finden sich einzigartige Gebräue aus z. B. New York und Maine.

KEFI
GRIECHISCH $$

Karte S. 464 (☎212-873-0200; www.michaelpsi lakis.com/kefi; 505 Columbus Ave zw. 84th & 85th St; kleine Teller ab Teilen 8–17 $, Hauptgerichte 17–28 $; ⊙Mo–Do12–15 &17–22, Fr12–15 &17–23, Sa 11–23, So 11–22 Uhr; ☞; Ⓢ B, C bis 86th St) Michael Psilakis' heimeliges, weiß getünchtes Lokal hat ein cooles Tavernen-Flair. Serviert wird exzellente rustikale Küche aus Griechenland, z. B. scharfe Wurst aus Lammfleisch, Klöße aus Schafsmilch und cremiger Hummus mit getrockneten Tomaten. Wer möchte, kann sich aus den kleinen Vorspeisen ein Festmahl zusammenstellen, z. B. mit knusprigen Calamari, Frikadellen und Tsatsiki sowie Tintenfisch vom Grill und Bohnensalat.

BLOSSOM ON
COLUMBUS
VEGAN $$

Karte S. 464 (☎212-875-2600; www.blossomnyc. com; 507 Columbus Ave zw. 84th & 85th St;

Hauptgerichte mittags 19–24 $, abends 20–24 $; ⊙Mo–Fr mittags 11.30–16, Sa & So ab 10.30, So–Do abends 17–22, Fr & Sa bis 23 Uhr; ⚇; Ⓢ B, C, 1 bis 86th St) Das elegante moderne Ambiente des veganen Restaurants hebt die pflanzenbasierte Karte geradezu in höhere Sphären. Die Auswahl reicht vom eindeutig vegetarischen Rote-Bete-Carpacciosalat bis zum „fleischigeren" pfannensautierten Seitan-Kotelett mit Weißwein und Rosmarin. Die Portionen sind großzügig, das Essen himmlisch – am besten kombiniert mit einem Biowein von der internationalen Weinkarte.

PIER I CAFÉ
CAFÉ $$

Karte S. 464 (⚇212-362-4450; www.piericafe.com; Höhe W 70th St & Riverside Blvd; Hauptgerichte 14–22 $; ⊙Mai–Mitte Okt. 8–24 Uhr; Ⓢ1/2/3 bis 72nd St) Das lässige Café an der Hudson-Uferpromenade ist der perfekte Boxenstopp für hungrige Biker und Jogger – und alle anderen, die in der Sonne ihren Akku auffüllen wollen. An manchen Abenden gibt es Livemusik, aber stets stehen große, saftige Burger (wahlweise mit Knoblauch), Brötchen mit Hummer, Hotdogs, Bier und Wein sowie für Frühaufsteher eine Kaffeebar bereit. Kein Wunder, dass hier immer voll ist.

BARNEY GREENGRASS
DELIKATESSEN $$

Karte S. 464 (⚇212-724-4707; www.barneygreengrass.com; 541 Amsterdam Ave Höhe 86th St; Hauptgerichte 12–26 $; ⊙Di–Fr 8.30–16, Sa & So bis 17 Uhr; Ⓢ1 bis 86th St) Der selbsternannte „Störkönig" (King of Sturgeon) Barney Greengrass serviert noch immer jene großen Portionen Eier mit Räucherlachs, üppigen Mengen Kaviar und zartschmelzenden Schokoladen-Babkas, die dieses Restaurant bei seiner Eröffnung vor über hundert Jahren berühmt gemacht haben. Morgens vorbeischauen, um die Grundlage für den Tag zu schaffen, oder mittags einen schnellen Lunch verdrücken; neben den vollgestopften Warenregalen stehen ein paar wackelige Tische.

BOULUD SUD
MEDITERRAN $$$

Karte S. 464 (⚇212-595-1313; www.bouludsud.com; 20 W 64th St zw. Broadway & Central Park W; 3-Gänge-Menü Mo–Sa 17–19 Uhr 63 $, Hauptgerichte mittags 24–34 $, abends 32–58 $; ⊙Mo–Fr 11.30–14.30 & 17–23, Sa 11–15 & 17–23, So 11–15 & 17–22 Uhr; Ⓢ) Vertäfelung aus Birnenholz und eine gelb-graue Farbpalette verleihen Daniel Bouluds Lokal ein 60er-Jahre-Flair. Die Küche vereint die Einflüsse aller mediterranen Länder: katalanische Hummer-Paella, Fischsuppe *à la Marseillaise*, marokkanisch gewürzte Kürbissuppe, libanesisches paniertes Lamm mit *tahini* aus geräucherten Auberginen, griechischer *taramosalata* aus geräuchertem Kabeljaurogen und vieles andere mehr – mit Fokus auf Fisch, Gemüse und regionalen Gewürzen.

Wer eine Veranstaltung im Lincoln Center besucht, kann hier vorher ein Dreigängemenü zum Schnäppchenpreis von 63 $ genießen.

DOVETAIL
AMERIKANISCHE NOUVELLE CUISINE $$$

Karte S. 464 (⚇212-362-3800; www.dovetailnyc.com; 103 W 77th St Ecke Columbus Ave; Festpreis 68–88 $, Probiermenü 145 $; ⊙Mo–Do 17.30–23, Fr & Sa, 17.30–22.30, So 17–22 Uhr; ⚇; Ⓢ B, C bis 81st St–Museum of Natural History; 1 bis 79th St;) Dieses mit einem Michelin-Stern gekürte Restaurant zeichnet sich durch Schlichtheit aus, angefangen bei der Raumgestaltung (nackte Ziegelsteinwände, nackte Tische) bis hin zu der unkomplizierten, saisonal wechselnden Speisekarte. Es gibt z. B. Streifenbarsch mit Topinambur und Burgund-Trüffeln sowie Wild mit Schinken, Mangold und grünem Wildgemüse. Jeden Abend verführen zwei siebengängige Verkostungsmenüs zum Schlemmen: eins für Fleischfreunde (145 $) und eins für Fleischverächter (125 $).

Montags bereitet John Fraser ein viergängiges vegetarisches Probiermenü (68 $) zu, das auch überzeugte Fleischesser mit Gerichten wie Laubporlingen mit Anjou-Birnen und grünen Pfefferkörnern begeistert. Die ausgezeichnete Weinkarte (ab 16 $ pro Glas) umfasst Topweine aus aller Welt mit der einen oder anderen netten Anekdote zu verschiedenen Weingütern.

BURKE & WILLS
AUSTRALISCHE NOUVELLE CUISINE $$$

Karte S. 464 (⚇646-823-9251; www.burkeandwillsny.com; 226 W 79th St zw. Broadway & Amsterdam Ave; Hauptgerichte mittags 19–32 $, abends 19–39 $; ⊙Mo–Fr mittags 12–15, tgl. abends 17.30–23.30, Sa & So So Brunch 11–16 Uhr; Ⓢ1 bis 79th St) Das auf rustikale Art schöne Bistro samt Bar bringt einen Touch Outback in die Upper West Side. Auf der Karte steht vor allem moderne australische Kneipenkost: saftige Känguru-Burger mit Pommes, geschmorter Schweinebauch mit Bacon, australisches Lammcarré und Entenconfit oder Meeresfrüchteplatten mit Austern, Muscheln und Krebsscheren.

LAKESIDE RESTAURANT AT LOEB BOATHOUSE
AMERIKANISCH $$$

Karte S. 464 (☎212-517-2233; www.thecentralparkboathouse.com; Central Park Lake, Central Park nahe E 74th St; Hauptgerichte mittags 27–38 $, abends 27–45 $; ⌚Restaurant ganzjährig Mo–Fr 12–16, Sa & So 9.30–16, April–Nov. Mo–Fr 17.30–21.30, Sa & So ab 18 Uhr; [S]B, C bis 72nd St; 6 bis 77th St) An der nordöstlichen Ecke des Central Park Lake steht das Loeb Boathouse. Es gewährt einen Blick auf die Skyline von Midtown und ist einer der idyllischsten Plätze zum Essen in ganz New York. Entsprechend ist das, wofür man zahlt, eigentlich die Lage. Das Essen ist generell gut (die Krebsküchlein stechen besonders hervor), aber uns kam die Bedienung öfters ein wenig desinteressiert vor.

Wer die Lage genießen will, ohne dabei arm zu werden, sollte die angrenzende Freiluftbar ansteuern, wo man direkt am See Cocktails genießen kann.

🍷 AUSGEHEN & NACHTLEBEN

Die Upper West Side ist ein Familienviertel und deshalb nicht unbedingt die Topadresse für feierwütiges Partyvolk. Trotzdem gibt es auch hier ein paar Bierkneipen, Cocktaillounges und Weinlokale, die sich lohnen.

★ MANHATTAN CRICKET CLUB
LOUNGE

Karte S. 464 (☎646-823-9252; www.mccnewyork.com; 226 W 79th St zw. Amsterdam Ave & Broadway; ⌚18 Uhr bis spät; [S]1 bis 79th St) Die elegante Lounge über einem australischen Bistro (S. 250; den Inhaber nach dem Zugang fragen) ahmt die klassischen anglo-australischen Kricketclubs des frühen 20. Jhs. nach. Sepiafarbene Fotos von Schlagmännern und Werfern in Aktion zieren die goldenen Wände, während eine Mahagoni-Bücherwand und Chesterfield-Sofas ein schönes Ambiente zum Schlürfen der guten, aber auch teuren Cocktails schaffen. Toll für ein Date!

BIRCH CAFE
KAFFEE

Karte S. 464 (☎212-686-1444; www.birchcoffee.com; 750 Columbus Ave zw. 96th & 97th St; ⌚7–20 Uhr; [S]B, C, 1/2/3 bis 96th St) Das hyperangesagte Café ist mit dunklem Holz und Kupferakzenten eingerichtet (besonders schön: die mit Kupfer in die Tischplatten eingelegten „Kaffeeringe"). Der Renner ist der in kleinen Chargen handgeröstete Kaffee von Long Island City in Queens. Da es kein WLAN gibt, wird der entspannte Kaffeegenuss nicht von Tastaturgeklapper, sondern nur von analogen Gesprächen untermalt. Für Schüchterne gibt es „Starter Cards", damit findet jeder den richtigen Gesprächsstoff.

IRVING FARM ROASTERS
KAFFEE

Karte S. 464 (☎212-874-7979; www.irvingfarm.com; 224 W 79th St zw. Broadway & Amsterdam Ave; ⌚Mo–Fr 7–22, Sa & So 8–22 Uhr; [S]1 bis 79th St) Die Filiale der beliebten lokalen Kaffeekette versteckt sich im Erdgeschoss eines Ladens in der Upper West Side. Wenn man drinnen ist, eröffnet sich hinter dem Kaffeetresen ein Raum mit sonnigem Oberlicht. Zum frisch gebrauten Espresso gibt es eine Karte mit leichten Imbissen. Kein WLAN.

EARTH CAFÉ
CAFÉ

Karte S. 464 (☎646-964-5192; 2580 Broadway Höhe 97th St; ⌚Mo–Fr 7–23, Sa & So ab 8 Uhr; 📶; [S]1/2/3 bis 96th St) Das charmante Viertelcafé lockt mit seiner fröhlichen, sonnigen Einrichtung vor weiß getünchten Ziegelwänden und dem Duft frisch gerösteter Kaffeebohnen. Bei einem fachkundig zubereiteten Mandelmilchkaffee kann man an der Bar mit Blick auf die Straße Platz nehmen und die Stadt an sich vorbeiziehen lassen.

DEAD POET
BAR

Karte S. 464 (☎212-595-5670; www.thedeadpoet.com; 450 Amsterdam Ave zw. 81st & 82nd St; ⌚12–4 Uhr; [S]1 bis 79th St) Das schmale, mahagonivertäfelte Pub ist der Nachbarschaftsfavorit. Der Füllstand der Guinness-Gläser wird sehr ernst genommen, die Cocktails sind nach verstorbenen Dichtern benannt – wie etwa der Whitman Long Island Iced Tea (13 $) oder die Pablo Neruda Sangria (12 $). Für Experimentierfreudige gibt es den Hauscocktail (Geheimrezept mit 7 Sorten Alkohol; 15 $) und das Cocktailglas als Souvenir.

MALACHY'S
PUB

Karte S. 464 (☎212-874-4268; www.malachysnyc.com; 103 W 72nd St Höhe Columbus Ave; ⌚12–4 Uhr; [S]B/C, 1/2/3 bis 72nd St) Die alte Nachbarschaftsspelunke hat eine lange Holzbar, Klassik-Rock aus dem Lautsprecher, eine treue Schar Stammkunden und

FRANCOIS ROUX / GETTY IMAGES ©

SONGQUAN DENG / SHUTTERSTOCK ©

3

MIKKI BRAMMER / LONELY PLANET ©

1. Metropolitan Opera (S. 254)

Die Metropolitan Opera mit Wandbildern von Marc Chagall ist Teil des Lincoln Centers.

2. Central Park (S. 241)

20 000 Arbeiter schufen in etwa 20 Jahren einen Stadtpark, wo sich zuvor Schweinefarmen und ein Barackendorf ausbreiteten.

3. Strawberry Fields (S. 244)

In dem Gedenkgarten im Central Park kann man John Lennon die Ehre erweisen.

4. American Museum of Natural History (S. 247)

Das Museum beherbergt 30 Mio. Ausstellungsobjekte.

einen Barkeeper mit Sinn für Humor. Mit anderen Worten: Hier ist der perfekte Ort, um sich tagsüber einen hinter die Binde zu gießen (es gibt auch eine Speisekarte mit günstigem Kneipenessen).

WEST END HALL BIERGARTEN

Karte S. 464 (☎212-662-7200; www.westendhall. com; 2756 Broadway zw. 105th & 106th St; ☺Mo & Di 15–24, Mi & Do bis 1, Fr bis 2, Sa 11–2, So bis 24 Uhr; Ⓢ1 bis 103rd St) Die Bierfreunde der Upper West Side freuen sich über die große Kneipe mit Craft-Bieren aus Belgien, Deutschland, den USA und anderswo. Neben 20 wechselnden Fassbieren gibt's weitere 30 Flaschenbiere, die bestens zu dem fleischlastigen Essensangebot mit Würstchen, Schnitzeln, Schweinefleischbrötchen und einem exzellenten Trüffelburger passen.

Die Einrichtung besteht aus Gemeinschaftstischen, nackten Backsteinmauern und einer langen Holztheke, wo man den Barkeepern bei der Arbeit oder – falls was läuft – einer Sportübertragung zuschauen kann. Beim Biertrinken können sich Gäste aus einer Sammlung Brettspiele bedienen und an lauen Abenden lädt hinter der Kneipe ein Garten zum Sitzen ein.

☆ UNTERHALTUNG

Neben dem Lincoln Center (S. 245) bietet die Upper West Side noch diverse andere tolle Kulturbühnen.

NEW YORK CITY BALLET TANZ

Karte S. 464 (☎212-496-0600; www.nycballet. com; Lincoln Center, Columbus Ave Höhe W 63rd St; ♿; Ⓢ1 bis 66th St–Lincoln Center) Der erste Leiter des angesehenen Ensembles war in den 1940er-Jahren der renommierte, in Russland geborene Choreograph George Balanchine. Heutzutage ist das New York Ballett mit 90 Tänzern die größte Balletttruppe in den USA. 23 Wochen im Jahr wird im David H Koch Theater des Lincoln Center performt. Besonders bekannt ist die alljährliche *Nussknacker*-Inszenierung zur Weihnachtszeit.

Je nach Aufführung zahlt man zwischen 30 und 170 $ für eine Eintrittskarte. Rush tickets für Leute unter 30 kosten 30 $. Samstags werden außerdem einstündige Familienaufführungen angeboten, die sich für ein jüngeres Publikum eignen (22 $ pro Karte).

METROPOLITAN OPERA HOUSE OPER

Karte S. 464 (☎Tickets 212-362-6000, Führungen 212-769-7028; www.metopera.org; Lincoln Center, Columbus Ave Höhe W 64th St; Ⓢ1 bis 66th St–Lincoln Center) New Yorks Opernbühne Nummer 1 ist der Ort für Klassiker wie *Carmen, Madame Butterfly* und *Macbeth*, aber auch Wagners Ring des Nibelungen. Außerdem finden hier Premieren und Neuinszenierungen moderner Stücke statt, z. B. John Adams' *The Death of Klinghoffer*. Die Opernsaison geht von September bis April.

Tickets kosten ab 25 $ bis knapp 500 $. Logenplätze sind mitunter spottbillig, doch wenn sie sich nicht direkt über der Bühne befinden, sieht man so gut wie nichts.

Für Kurzentschlossene bestehen andere Möglichkeiten. Am Tag der Vorführung gibt's ab 10 Uhr Karten für den Stehraum (20–30 $). Die Sicht ist schlecht, aber man hört alles. Außerdem werden montags bis freitags um 12 Uhr und samstags um 14 Uhr für arme Schlucker einige *rush tickets* für 25 $ verkauft. Diese Karten gibt's nur online. Tickets für Matineen sind vier Stunden vor Vorstellungsbeginn erhältlich.

Ein Besuch im angeschlossenen Andenkenladen mit Opern-Schnickschnack ist ein absolutes Muss. Dort gibt es Metropolitan-Vorhanghaken und „Rheintöchter"-Seife. Ernsthaft!

Führungen (25 $) hinter die Kulissen der Oper finden in der Spielzeit werktags um 15 Uhr und sonntags um 10.30 und 13.30 Uhr statt.

2016/2017 war die 50. Opernsaison der Metropolitan Opera im Gemäuer des Lincoln Center.

FILM SOCIETY OF LINCOLN CENTER KINO

Karte S. 464 (☎212-875-5367; www.filmlinc.com; Lincoln Center; Ⓢ1 bis 66th St–Lincoln Center) Die Film Society bietet Filmen der unterschiedlichsten Genres (Dokumentarfilme, Independent Movies, ausländische und avantgardistische Streifen etc.) eine Plattform. Im Lincoln Center gibt es zwei Bühnen: das **Elinor Bunin Munroe Film Center** (Karte S. 464; ☎212-875-5232; 144 W 65th St zw. Broadway & Amsterdam Ave) mit einer experimentierfreudigen, persönlichen Atmosphäre und das **Walter Reade Theater** (Karte S. 464; ☎212-875-5601; 165 W 65th St zw. Broadway & Amsterdam Ave) mit wunderbar breiten Sitzen.

Alljährlich im September steigt in den beiden Lichtspielhäusern das **New York**

UPPER WEST SIDE & CENTRAL PARK UNTERHALTUNG

Film Festival mit haufenweise New Yorker und Weltpremieren. Der März steht im Zeichen der New Directors/New Films-Reihe. Ein Leckerbissen für Cineasten!

NEW YORK PHILHARMONIC KLASSISCHE MUSIK

Karte S. 464 (☎212-875-5656; www.nyphil.org; Lincoln Center, Columbus Ave Höhe W 65th St; 👪; [S]1 bis 66 St–Lincoln Center) Heimatbühne des ältesten Berufsorchesters der USA (seit 1842) ist die David Geffen Hall (bis 2015 als Avery Fisher Hall bekannt). Unter der Leitung von Jaap van Zweden, der das Orchester 2017 von Alan Gilbert übernahm, werden klassische Stücke (Tschaikowski, Mahler, Haydn), vereinzelte moderne Kompositionen und Konzerte speziell für Kinder gespielt.

Für die Karten zahlt man zwischen 29 und 125 $. Wer aufs Geld achten muss, könnte sich für 22 $ die öffentlichen Proben ansehen, die mehrmals im Monat an Konzerttagen um 9.45 Uhr stattfinden. Studenten mit einem gültigen Ausweis können bis zehn Tage vor einer Aufführung *rush tickets* für gerade mal 16 $ ergattern.

SYMPHONY SPACE LIVEAUFTRITTE

Karte S. 464 (☎212-864-5400; www.symphonyspace.org; 2537 Broadway Höhe 95th St; [S]1/2/3 bis 96th St) Symphony Space hat ein Faible für Weltmusik, Theater, Film, Tanz und Literatur – es lesen z. T. berühmte Autoren. Der interdisziplinäre Tausendsassa wird von der lokalen Community unterstützt. Hier finden z. B. regelmäßige dreitägige Programme zu einem einzelnen Musiker statt.

BEACON THEATRE LIVEMUSIK

Karte S. 464 (☎212-465-6500; www.beacontheatre.com; 2124 Broadway zw. 74th & 75th St; [S]1/2/3 bis 72nd St) Das historische Theater (1929 erbaut) hat mit 2600 Sitzplätzen (die allesamt gut sind) die ideale Durchschnittsgröße. Hier treten am laufenden Band berühmte Musiker auf, von ZZ Top bis zu Wilco, auch Comedians wie Jerry Seinfeld und Patton Oswalt. Seit der Renovierung 2009 erstrahlen die vergoldeten Raumelemente im griechischen, römischen, Renaissance- und Rokoko-Stil wieder in ihrem früheren Glanz.

MERKIN CONCERT HALL KLASSISCHE MUSIK

Karte S. 464 (☎212-501-3330; www.kaufman-center.org/mch; 129 W 67th St zw. Amsterdam Ave & Broadway; [S]1 bis 66th St–Lincoln Center) Gleich nördlich des Lincoln Center befindet sich dieser Konzertsaal mit 450 Sitzplätzen. Er gehört zum Kaufman Center und ist einer der lauschigsten Veranstaltungsorte für Klassik, Jazz, Weltmusik und Pop in der Stadt. Bei den Dienstagsmatineen für supergünstige 20 $ treten vor allem Klassik-Nachwuchssolisten auf.

SMOKE JAZZ

Karte S. 464 (☎212-864-6662; www.smokejazz.com; 2751 Broadway zw. 105th & 106th St; ⏰Mo–Sa 17.30–3, So 11–3 Uhr; [S]1 bis 103rd St) Die mondäne und zugleich entspannte Lounge wird von Altmeistern und Lokalmatadoren frequentiert (George Coleman, Wynton Marsalis etc.). Auf den eleganten Sofas hat man einen guten Blick auf die Bühne. An den meisten Abenden kostet der Eintritt 10 $ (steigt teilweise auf bis zu 45 $) und der Mindestverzehr liegt bei 38 $ pro Person. Sonntags findet von 11 bis 16 Uhr ein Jazzbrunch statt. Für Konzerte am Wochenende sollte man sich Tickets vorher im Internet besorgen.

Am Abend gibt's ab etwa 23.30 Uhr Konzerte ohne Eintritt, jedoch mit einem Mindestverzehr von 20 $.

CLEOPATRA'S NEEDLE JAZZ, BLUES

Karte S. 464 (☎212-769-6969; www.cleopatrasneedleny.com; 2485 Broadway zw. 92nd & 93rd St; ⏰15.30 Uhr bis spät; [S]1/2/3 bis 96th St) „Kleopatras Nadel" ist nach dem ägyptischen Obelisken im Central Park benannt. In dem schon etwas in die Jahre gekommenen Club spielen die ganze Woche ab 19 oder 20 Uhr (sonntags ab 16 Uhr) Jazz- und Bluesmusiker. Der Eintritt ist kostenlos, aber es gibt einen Mindestverzehr von 10 $. Wer früh genug kommt, kann während der Happy Hour (bis 19, sonntags bis 18 Uhr) ausgewählte Cocktails zum halben Preis schlürfen.

Richtig los geht's erst zu vorgerückter Stunde: Cleopatra's ist bekannt für seine späten Jamsessions, die ihren Höhepunkt nach Mitternacht erreichen.

SHOPPEN

Ladenketten dominieren den Broadway-Abschnitt, der durch die Upper West Side verläuft. Dadurch sind ausgefallenere Shops mit New Yorker Charme – mit Ausnahme altmodischer Lebensmittelmärkte – bisweilen schwer zu finden.

Es gibt aber noch ein paar ungewöhnliche Adressen, vor allem rund um die Columbus Ave.

BOOK CULTURE
BÜCHER & SOUVENIRS

Karte S. 464 (☑212-595-1962; www.bookculture. com; 450 Columbus Ave zw. 81st & 82nd St; ☺Mo–Sa 9–22, So bis 20 Uhr; 🛗; 🚇B, C bis 81st St–Museum of Natural History) Die warme Ästhetik und Freundlichkeit dieses Nachbarschaftsbuchladens passen scheinbar gar nicht zu dessen Größe und Auswahl. Hier werden nicht nur Literaten glücklich, sondern auch Kunden auf der Suche nach einem einmaligen Geschenk, Journalisten auf der Jagd nach europäischen Zeitschriften und Eltern, die im Kinderspielbereich versuchen, ihre Kleinen zu bespaßen. In der Spielzone werden regelmäßig in mehreren Sprachen Geschichten erzählt (Genaueres auf der Website).

Außerdem im Angebot: eine große Auswahl designorientierter Souvenirs und Accessoires wie Keramik mit japanischen Druckmotiven, importierte Seifen, Duftkerzen, trendige Rucksäcke und Artikel mit New-York-Themen.

SHISHI
MODE & ACCESSOIRES, BEKLEIDUNG

Karte S. 464 (☑646-692-4510; www.shishiboutique.com; 2488 Broadway zw. 92nd & 93rd St; ☺Mo–Sa 11–20, So bis 19 Uhr; 🚇1/2/3 bis 96th St) Die reizende Boutique Shishi, ein willkommener Neuling in einem in Sachen Mode unterversorgten Viertel, bietet eine stets wechselnde Auswahl an stilvoller, erschwinglicher Kleidung, z. B. elegante Pullover, ärmellose Etuikleider und auffallenden Schmuck. Die gesamte Ware ist zudem pflegeleicht. Es macht nicht nur Spaß, hier zu stöbern – die begeisterten Mitarbeiter vermitteln einem auch das Gefühl, als hätte man einen persönlichen Stylisten.

MAGPIE
KUNST & KUNSTHANDWERK

Karte S. 464 (☑212-579-3003; www.magpienewyork.com; 488 Amsterdam Ave zw. 83rd & 84th St; ☺Mo–Sa 11–19, So bis 18 Uhr; 🚇1 bis 86th St) ✐ Der reizende kleine Laden verkauft eine breite Palette umweltfreundlicher Produkte, größtenteils aus fairem Handel: Die eleganten Schreibwaren, Bienenwachskerzen, handbemalten Becher, Biobaumwollschals, Halsketten aus recyceltem Harz, handgefärbten Filznotizbücher und Holzpuzzles wurden in der Region entworfen und hergestellt.

ICON STYLE
VINTAGE, SCHMUCK

Karte S. 464 (☑212-799-0029; www.iconstyle. net; 104 W 70th St nahe Columbus Ave; ☺Di–Fr 12–20, Sa 11–19, So 12–18 Uhr; 🚇1/2/3 bis 72nd St) Das winzige Kleinod eines Vintage-Ladens versteckt sich in einer Seitenstraße und ist auf sorgfältig ausgewählte Kleider, Handschuhe, Taschen und sonstige Accessoires sowie alten Schmuck und Modeschmuck spezialisiert. Auf einer Seite des Ladens ist die Ware in den offenen Schubladen einer wunderbar restaurierten Apothekenwand ausgelegt. Hier kann man sich wie Grace Kelly fühlen.

CENTURY 21
KAUFHAUS

Karte S. 464 (☑212-518-2121; www.c21stores. com; 1972 Broadway Höhe W 66th St; ☺Mo–Sa 10–22, So 11–20 Uhr; 🚇1 bis 66th St–Lincoln Center) Die Century-21-Warenhäuser sind extrem beliebt bei trendbewussten Einheimischen und Reisenden. Sie verkaufen eine Fülle stark reduzierter Marken- und Designerkleidung (von Missoni bis Marc Jacobs) aus der letzten Saison.

ZABAR'S
FEINKOST

Karte S. 464 (☑212-787-2000; www.zabars.com; 2245 Broadway Höhe W 80th St; ☺Mo–Fr 8–19.30, Sa bis 20, So 9–18 Uhr; 🚇1 bis 79th St) Eine Oase koscherer Gourmetlebensmittel ist dieser weitläufige Markt, der bereits seit den 1930er-Jahren eine feste Institution in der Upper West Side ist. Und was für eine! Die Besucher erwartet ein himmlisches Sortiment an Käse, Fleisch, Oliven, Kaviar, geräuchertem Fisch, eingelegtem Gemüse, getrockneten Früchten, Nüssen und Backwaren, u. a. Knisches direkt aus dem Ofen.

T2
TEE

Karte S. 464 (☑646-998-5010; www.t2tea.com; 188 Columbus Ave zw. 68th & 69th St; ☺Mo–Sa 10–20, So 11–19 Uhr; 🚇1 bis 66th St–Lincoln Center; B, C bis 72nd St) Teeliebhaber finden bei diesem Außenposten eines australischen Teeproduzenten über 200 Sorten. Oolong, Grün-, Schwarz- und Gelb- oder Kräutertee – was immer das Herz begehrt. Man muss sich nicht durch alle Sorten schnüffeln, um seine Auswahl zu treffen. Jede gewünschte Probe wird auf der Stelle überbrüht. Verschiedene Souvenirs zum Thema Tee sind ebenfalls zu haben.

FLYING TIGER
COPENHAGEN
HAUSHALTSWAREN & SOUVENIRS

Karte S. 464 (☑646-998-4755; www.flyingtiger. com; 424 Columbus Ave zw. 80th & 81st St; ☺Mo–

So 10–20 Uhr; 🚇; 🚇B, C bis 81st St–Museum of Natural History) Wer auf der Suche ist nach Krimskrams mit pfiffigem Design, wird in diesem dänischen Laden fündig. Der Shop, sortiert nach Themen (Küche, Kinder, Kunsthandwerk usw.), führt alles, wovon man bis eben noch nicht ahnte, dass man es unbedingt braucht. Ungläubiges Staunen bei Mitbringseln garantiert: Der Beschenkte wird glauben, man habe sich in Unkosten gestürzt.

Die Kette hat über 600 Läden in 29 Ländern – kein Wunder also, dass in New York bereits zwei Filialen zu finden sind: eine auf der Upper East Side (S. 237), eine im Bezirk Flatiron.

WEST SIDE KIDS　　　　　SPIELZEUG

Karte S. 464 (☎212-496-7282; www.westsidekids nyc.com; 498 Amsterdam Ave Höhe 84th St; ⏰Mo–Sa 10–19, So 11–18 Uhr; 🚇1 bis 86th St) Ein toller Laden, um nach einem Geschenk Ausschau zu halten – egal, wie alt der oder die zu Beschenkende ist. Hier gibt's jede Menge schöne pädagogisch wertvolle Spiele sowie Puzzles, kleine Musikinstrumente, Experimentier- und Zauberkästen, altmodische Holzeisenbahnen und Bausätze.

WESTSIDER RECORDS　　　　　MUSIK

Karte S. 464 (☎212-874-1588; www.westsider books.com/recordstore.html; 233 W 72nd St zw. Broadway & West End Ave; ⏰Mo–Do 11–19, Fr & Sa 10–21, So 12–18 Uhr; 🚇1/2/3 bis 72nd St) Bei über 30 000 LPs hat dieser Laden alles im Sortiment: von Funk über Jazz, Klassik, Oper, Musiktheater, Hörspiele bis hin zu Soundtracks und diversen Kuriositäten (auch der 1 $-Wühltisch am Eingang lohnt sich!). Hier kann man ohne Weiteres jedes Gefühl für Zeit verlieren – wie auch im zugehörigen **Buchladen** (Karte S. 464; ☎212-362-0706; www.westsiderbooks.com; 2246 Broadway zw. 80th & 81st St; ⏰10–22 Uhr; 🚇1 bis 79th St) etwas weiter außerhalb des Zentrums.

GRAND BAZAAR NYC　　　　　MARKT

Karte S. 464 (☎212-239-3025; www.grandbazaar nyc.org; 100 W 77th St nahe Columbus Ave; ⏰So 10–17.30 Uhr; 🚇B, C bis 81st St–Museum of Natural History; 1 bis 79th St) Der nette, vielseitige Flohmarkt ist eines der ältesten New Yorker Shoppingparadiese unter freiem Himmel – der perfekte Ort für einen gemütlich-faulen Sonntagvormittag in der Upper West Side. Hier gibt's ein bisschen was von allem, alte und neue Möbel, antike Karten, Sonnenbrillen, handgewebte Schals und selbst gemachten Schmuck.

In der kalten Jahreszeit zieht der Markt nach Drinnen; in wärmeren Monaten ist er gelegentlich auch samstags offen. Nähere Infos auf der Website.

🏃 SPORT & AKTIVITÄTEN

BIKE & ROLL　　　　　RADFAHREN

Karte S. 464 (☎212-260-0400; www.bikeandroll nyc.com; 451 Columbus Ave zw. 81st & 82nd St; Fahrradverleih 2 Std./4 Std./Tag Erw. 28/39/44 $, Kind 16/20/25 $; ⏰9–18 Uhr; 🚇; 🚇B, C bis 81st St–Museum of Natural History; 1 bis 79th St) Der freundliche Laden nur einen Block vom Central Park entfernt verleiht Fahrräder an Erwachsene und Kinder – Helm, Bügelschloss, Gepäckträger und kostenlose Radwegkarte inklusive. Auch Kindersitze können ausgeliehen werden. Nur Kreditkarten.

CHARLES A. DANA DISCOVERY CENTER　　　　　KINDER

Karte S. 464 (☎212-860-1370; www.centralpark nyc.org; Central Park Höhe 110th St zw. Fifth & Lenox Ave; ⏰10–17 Uhr; 🚇; 🚇2/3 bis Central Park North–110th St) GRATIS Das Besucherzentrum wurde Anfang der 1990er-Jahre bei der Restaurierung des **Harlem Meer** (Holländisch für „See") erbaut. Es bietet verschiedene Aktivitäten für Familien an, darunter Angeln, eine Ausstellung über die Geologie und Militärgeschichte des nördlichen Parkabschnitts, ein „Discovery Kit" mit Vogelkundeführer, Fernglas und Malsachen sowie ein Festival mit Sommerveranstaltungen.

BELVEDERE CASTLE　　　VOGELBEOBACHTUNG

Karte S. 464 (☎212-772-0288; www.centralpark nyc.org; Central Park Höhe W 79th St; ⏰10–16 Uhr; 🚇; 🚇1/2/3, B, C bis 72nd St) GRATIS Lust auf eine individuelle Vogelbeobachtungstour, um den Nachwuchs auf Trab zu halten? Dann auf zum Belvedere Castle (im Central Park) und dort ein „Discovery Kit" besorgen. Es umfasst ein Fernglas, ein Vogelbuch, bunte Stifte und Papier.

Belvedere Castle ist seit Februar 2018 wegen Renovierungsarbeiten geschlossen. Die Wiedereröffnung wird voraussichtlich 2019 sein. Näheres dazu auf der Website.

CENTRAL PARK TENNIS CENTER　　　　　TENNIS

Karte S. 464 (☎212-316-0800; www.centralpark tenniscenter.com; Central Park zw. W 94th & 96th St; ⏰April–Nov. 6.30 Uhr bis Sonnenuntergang;

Ⓢ B, C bis 96th St) Die Anlage (nur tagsüber geöffnet) umfasst 26 öffentlich zugängliche Sandplätze und vier Hartplätze für Tennisunterricht. Tickets für die einmalige Nutzung kosten 15 $ (nur Barzahlung). Wer sich im **Arsenal** (Karte S. 464; 🖉Galerie 212-360-8131; www.nycgovparks.org; Central Park Höhe 5th Ave & E 64th St; ⊘Mo–Fr 9–17 Uhr; Ⓢ N/R/W bis 5th Ave–59th St) GRATIS eine Genehmigung (15 $) holt, kann auch einen Platz reservieren. Am wenigsten los ist gewöhnlich an Wochentagen zwischen 12 und 16 Uhr. Der am nächsten gelegene Parkeingang ist an der Central Park West St Ecke 96th St.

LOEB BOATHOUSE   BOOTSFAHRTEN

Karte S. 464 (🖉212-517-2233; www.thecentral parkboathouse.com; Central Park zw. 74th & 75th St; Bootsfahrten pro Std. 15 $; ⊘März oder April–Mitte Nov. 10 Uhr bis Sonnenuntergang; 🚇; Ⓢ B, C bis 72nd St; 6 bis 77th St) Die „Flotte" des Bootshauses im Central Park besteht aus rund 100 Ruderbooten. Wer sich lieber von anderen paddeln lässt, kann für bis zu sechs Personen eine venezianische Gondel reservieren (45 $ für 30 Min.). Zur Bootsmiete gibt's auch eine Schwimmweste, man muss sich sowohl ausweisen als auch 20 $ Pfand zahlen. Zahlung nur in bar.

WOLLMAN SKATING RINK   EISLAUFEN

Karte S. 464 (🖉212-439-6900; www.wollmans katingrink.com; Central Park zw. E 62nd & 63rd St; Erw. Mo–Do 12 $, Fr–So 19 $, Kind 6 $, Schlitt-schuhverleih 9 $; ⊘Ende Okt.–Anfang April Mo & Di 10–14.30, Mi & Do 10–22, Fr & Sa 10–23, So 10–21 Uhr; 🚇; Ⓢ F bis 57 St; N/Q/R/W bis 5th Ave–59th St) Diese Schlittschuhbahn ist viel größer als die des Rockefeller Center (S. 195). Die Lage an der Südostecke des Central Park bietet einen sagenhaften Blick und man darf den ganzen Tag hier laufen. Ein Spind kostet 5 $, ein Zuschauerticket ebenfalls. Nur Barzahlung.

TOGA BIKE SHOP   RADFAHREN

Karte S. 464 (🖉212-799-9625; www.togabikes. com; 110 West End Ave zw. 64th & 65th St; Fahrradverleih Hybrid-/Straßenbike 24 Std. 35/150 $; ⊘Mo–Fr 11–19, Sa 10–18, So 11–18 Uhr; Ⓢ 1 bis 66th St–Lincoln Center) Der nette, alteingesessene Fahrradladen liegt günstig direkt am Radweg des Hudson River (und nur wenige Blocks vom Central Park entfernt). Er verleiht sowohl Hybridbikes als auch Straßenräder (aber keine Kinderfahrräder). Im Preis ist ein Helm inbegriffen.

CHAMPION BICYCLES INC   RADFAHREN

Karte S. 464 (🖉212-662-2690; www.champion bicycles.com; 896 Amsterdam Ave Höhe 104th St; Fahrradverleih pro Std./Tag ab 7/30 $; ⊘Mo–Fr 10–19, Sa & So bis 18 Uhr; Ⓢ 1 bis 103rd St) Der Laden hat verschiedene Leihmodelle und verteilt kostenlos die nützliche *NYC Cycling Map* (www.nyc.gov/bikes), eine Karte mit Hunderten von Kilometern Radweg rund um New York City.

Harlem & Upper Manhattan

MORNINGSIDE HEIGHTS | HARLEM | EAST HARLEM | HAMILTON HEIGHTS & SUGAR HILL | WASHINGTON HEIGHTS & INWOOD | WEST HARLEM

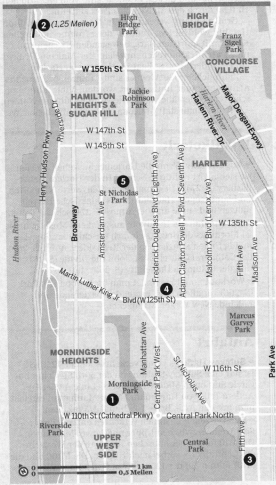

Highlights

❶ Cathedral Church of St John the Divine (S. 261) Die Kunstwerke und versteckten Schätze im größten Gotteshaus der USA erkunden, der mächtigen, immer noch unvollendeten Kirche St. John the Divine.

❷ Cloisters Museum & Gardens (S. 266) In dem wiederaufgebauten Kloster voller flämischer Wandbehänge und anderer Meisterwerke eine phantastische Reise ins Mittelalter unternehmen.

❸ El Museo del Barrio (S. 264) Avantgardekunst der lateinamerikanischen Diaspora in East Harlem erleben.

❹ Apollo Theater (S. 265) Sich in dieser altehrwürdigen Konzerthalle unter die jubelnden Massen mischen.

❺ Hamilton Grange (S. 265) Das im „Federal Style" erbaute Wohnhaus des US-Gründungsvaters Alexander Hamilton besuchen – seit dem Musical *Hamilton* auch universeller Lieblings-New-Yorker.

Details s. Karte S. 466 ➡

Top-Tipp

Die Bewohner von Uptown Manhattan haben zumeist ein ausgeprägtes „Viertelbewusstsein" und Bars, Restaurants und Shops sind auf die Nachbarschaft zugeschnitten. Am wenigsten los ist vormittags unter der Woche, am meisten abends und an den Wochenenden.

Am besten besichtigt man eins der Museen oder eine historische Stätte am Nachmittag und bleibt dann bis zum Dinner, denn abends erwachen die Straßen zum Leben.

Gut essen

➜ Red Rooster (S. 269)
➜ Seasoned Vegan (S. 268)
➜ Dinosaur Bar-B-Que (S. 268)
➜ Sylvia's (S. 268)
➜ BLVD Bistro (S. 269)

Mehr dazu S. 267 ➡

Schön ausgehen

➜ Silvana (S. 270)
➜ Shrine (S. 270)
➜ 67 Orange St (S. 272)
➜ Bier International (S. 272)
➜ Ginny's Supper Club (S. 272)

Mehr dazu S. 270 ➡

Beste Jazzbühnen

➜ Marjorie Eliot's Parlor Jazz (S. 272)
➜ Apollo Theater (S. 265)
➜ Ginny's Supper Club (S. 272)

Mehr dazu S. 272 ➡

Rundgang: Harlem & Upper Manhattan

Die obere Hälfte von Manhattan ist ein ziemlich großes Gebiet mit diversen Attraktionen, die z. T. recht weit auseinander liegen. Man konzentriert sich daher am besten auf ein Viertel (bzw. ein paar aneinandergrenzende Viertel). Wer es gern etwas „ländlicher" hat, fährt nach Inwood, das Parks mit Blick auf den Hudson River und ein spektakuläres Museum bietet (S. 226). Entlang der West Side kann man sich zu der imposanten Cathedral Church of St. John the Divine (S. 261) und der Akademikerhochburg rund um die Columbia University (S. 263) vorarbeiten. Der riesige neue Universitätscampus Manhattanville und das City College vom eigentlichen Harlem durch den St. Nicholas Park getrennt.

Großstadtfans werden sich in Harlem und Hamilton Heights wohlfühlen, Zentren der afroamerikanischen Kultur mit quirligen Bars, bewegenden Kirchen und einigen architektonischen Juwelen. Der Malcolm X Blvd auf Höhe der 125th St liegt im Herzen von Harlem.

Zahlreiche große Avenues sind zu Ehren prominenter Afroamerikaner umbenannt worden. Viele Einheimische verwenden aber nach wie vor die früheren Namen – z. B. hört man statt Malcolm X Blvd häufig Lenox Ave.

Lokalkolorit

➜ **Augenweide** Wenn die Harlemer ausgehen, werfen sie sich meist richtig in Schale. In der Harlem Haberdashery (S. 273) kriegt man bemerkenswerte Klamotten, im Flamekeepers Hat Club (S. 274) klassische Herrenmützen und –hüte und bei Atmos (S. 274) schicke Treter.

➜ **Ohrenschmaus** In puncto ausgefallene Musikbühnen ist Morningside Heights einfach unschlagbar. Regelmäßig finden Konzerte in der Riverside Church (S. 264), der Cathedral Church of St. John the Divine (S. 261) und der Columbia University (S. 263) statt.

➜ **Workout** Sonntags findet man im Inwood Hill Park (S. 266) vor allem eins: joggende, spazierende und radelnde New Yorker. Mitmachen!

Anfahrt

➜ **Subway** Harlems Hauptverkehrsader, die 125th St, ist nur eine Subway-Station von der 59th St–Columbus Circle Station in Midtown entfernt (Linie A oder D). Andere Teile von Harlem und Nord-Manhattan erreicht man mit den A/C-, B/D-, 1/2/3- und 4/5/6-Zügen.

➜ **Bus** Dutzende Buslinien verkehren entlang der großen Avenues zwischen Upper und Lower Manhattan. Die M10 folgt einer hübschen Route an der Westseite des Central Park vorbei nach Harlem. Die M100 und die M101 fahren auf der 125th St von Osten nach Westen.

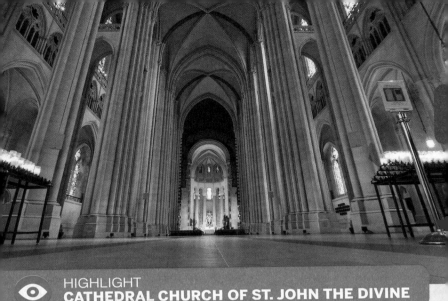

HIGHLIGHT
CATHEDRAL CHURCH OF ST. JOHN THE DIVINE

Der Bau der größten Kathedrale der USA ist noch nicht abgeschlossen. Das dauert wohl auch noch etwas. Dennoch ist diese berühmte Episkopalkirche mit der reich verzierten gotischen Fassade, der altmodischen Orgel und dem bombastischen Kirchenschiff (doppelt so breit wie das der Westminster Abbey) ein echter Hingucker.

Die unendliche Geschichte

Der erste Eckstein der Kathedrale wurde am Johannistag 1892 gelegt. Der Bau verlief jedoch alles andere als reibungslos. Davon zeugt auch der aktuelle, unvollendete Zustand der Kirche. Die Ingenieure mussten über 20 m tief graben, bis sie auf festes Gestein stießen, in dem sie das Fundament verankern konnten; Architekten starben bzw. wurden gefeuert und im Jahre 1911 wurde das ursprünglich romanische Design durch einen pompöseren gotischen Stil ersetzt.

Der Bau wurde wiederholt unterbrochen – immer dann, wenn die Geldmittel erschöpft waren. Bis heute fehlt der Nordturm und das „Übergangsdach", das 1909 aus Terrakottaschindeln gefertigt wurde, überspannt nach wie vor den Mittelpunkt der Kirche. 2001 wütete zu allem Überfluss ein verheerendes Feuer. Besonders stark beschädigt wurde das nördliche Querschiff, das bis heute nicht wieder aufgebaut worden ist.

Falls die mehr als 180 m lange Kathedrale jemals fertiggestellt werden sollte, wird sie die drittgrößte Kirche der Welt sein, überflügelt nur vom Petersdom in Rom und der Basilika Notre-Dame-de-la-Paix in Yamoussoukro (Elfenbeinküste)

NICHT VERSÄUMEN

➡ Skulpturen am Portal

➡ Große Fensterrose

➡ Große Orgel

➡ Keith Harings Triptychon

PRAKTISCH & KONKRET

➡ Karte S. 466, B6

➡ ☎Führungen 212-316-7540

➡ www.stjohndivine.org

➡ 1047 Amsterdam Ave, Höhe W 112th St, Morningside Heights

➡ Empfohlene Spende 10 $, Highlights-Tour 14 $, „Vertikale Führung" 20 $

➡ ⏰7.30–18 Uhr, Highlights-Tour Mo 11 & 14, Di–Sa 13, an ausgewählten Sonntagen 13 Uhr, „Vertikale Führung" Mo 10, Mi & Fr 12, Sa 12 & 14 Uhr

➡ Ⓢ B/C, 1 bis 110th St-Cathedral Pkwy

TOP-TIPPS

Neben den täglichen „Highlight"- und „Vertical"-Führungen bietet die Kathedrale auch gelegentliche „Spotlight"-Touren, die sich aus der besonderen Stellung der Kirche in der Stadt ergeben und von Architektur bis zu soziopolitischen Themen reichen. Vorher anrufen und reservieren!

Die Kathedrale veranstaltet zahlreiche Events, von Morgengebet über Yoga, Lyriklesungen und Orgelkonzerte bis hin zu gelegentlichen Vorträgen über christliche Mystiker im 14. Jh. Abgesehen von den größeren Veranstaltungen wie der Wintersonnwende ist das Angebot meist kostenlos.

Bereits in den frühen 1950er-Jahren spielte die Kathedrale eine Rolle für die Bürgerrechtsbewegung. Sie setzt sich regelmäßig mit Gemeindemitgliedern gegen Diskriminierung ein und dient schon lange als Veranstaltungsort für Konzerte, Lesungen oder Ausstellungen. Zudem finden hier Gedenkgottesdienste für berühmte New Yorker statt, z. B. für den Jazztrompeter Louis Armstrong oder den Künstler Keith Haring.

Die Skulpturen am Portal

Zwei Reihen von Skulpturen umgeben den Westeingang. Der britische Künstler Simon Verity gestaltete sie in den 1980er- und 1990er-Jahren. Auf der zentralen Säule steht der Apostel Johannes höchstpersönlich, der Verfasser der *Offenbarung*. Man beachte die vier apokalyptischen Reiter unter seinen Füßen. Das Motiv der Apokalypse ist omnipräsent, am beunruhigendsten ist jedoch die Statue von Jeremiah (die Dritte von rechts); sie steht auf einem Sockel, der die Zerstörung der New Yorker Skyline zeigt, inkl. der Twin Towers.

Das Kirchenschiff

Dem Kirchenschiff spendet die Große Fensterrose Licht, das größte Buntglasfenster der USA. Gesäumt wird das Kirchenschiff von prächtigen Wandteppichen aus dem 17. Jh. Auf den Barberini-Wandteppichen sind Szenen aus dem Leben Jesu dargestellt, die Mortlake-Teppiche hingegen zeigen die *Apostelgeschichte des Lukas* nach Zeichnungen von Raffael.

Das Triptychon von Keith Haring

Hinter dem Chor ist das Weißgold- und Bronze-Triptychon *Life of Christ* (Leben Christi) zu sehen, das der Pop-Art-Künstler Keith Haring (1958–1990) schuf. Es ist eine seiner letzten Arbeiten; er starb im Alter von nur 31 Jahren an den Folgen seiner AIDS-Erkrankung.

Die Große Orgel

Die Kathedrale beherbergt eine der imposantesten Orgeln der Welt. Sie stammt von 1911. 1952 wurde sie erweitert und umgebaut und umfasst heute 8500 Pfeifen, die in 141 Reihen angeordnet sind. 2001 wurde das Instrument bei einem Brand beschädigt, doch fünf Jahre sorgfältiger Restaurierung haben es wieder auf Vordermann gebracht.

Besichtigung der Kathedrale

Einstündige Highlights-Touren finden montags um 11 und 14 Uhr, dienstags bis samstags um 11 und 13 Uhr und an ausgewählten Sonntagen um 13 Uhr statt. Einstündige „Vertikale Führungen" zum Dach der Kathedrale (nach steilem Aufstieg) werden montags um 10 Uhr, mittwochs und freitags um 12 Uhr und samstags um 12 und 14 Uhr angeboten – Taschenlampe mitbringen! Zwei besonders sehenswerte Gottesdienste sind die alljährliche Segnung der Tiere – am ersten Sonntag im Oktober strömen die Leute mit ihren Haustieren in die Kirche – und die Segnung der Fahrräder an einem Samstag Mitte bis Ende April: Dann kommen New Yorker Radler mit ihren ultraschicken Rennrädern oder alten Schlachtrössern hierher.

SEHENSWERTES

Das Museo del Barrio in East Harlem richtet seinen Blick auf die Latinokultur, während sich das Studio Museum and Schomburg Center for Research in Black Culture in Harlem auf die Ausdrucksformen der Afroamerikaner konzentriert. Zu Zeiten der Harlem Renaissance wurde der nördliche Teil des Viertels Sugar Hill (Zuckerhügel) getauft, denn hier gab sich die Elite von Harlem dem „süßen Leben" hin. Die Columbia University und die größte Kathedrale der USA dominieren die Morningside Heights. Die Washington Heights hingegen sind nach dem ersten Präsidenten der USA benannt, der hier während des Amerikanischen Unabhängigkeitskriegs ein Fort errichten ließ. Ganz oben liegt Inwood mit den mittelalterlichen Kunstschätzen des Metropolitan Museum of Art.

Morningside Heights

CATHEDRAL CHURCH OF ST. JOHN THE DIVINE — KATHEDRALE

Siehe S. 261.

COLUMBIA UNIVERSITY — UNIVERSITÄT

Karte S. 466 (www.columbia.edu; Broadway, Höhe W 116th St, Morningside Heights; [S]1 bis 116th St-Columbia University) Die älteste Universität von New York wurde 1754 als King's College in Lower Manhattan gegründet. Sie ist eine der Top-Forschungseinrichtungen der Welt. 1897 zog die Ivy-League-Institution in die heutigen Gebäude (eine ehemalige Nervenheilanstalt) um. Der Campus strahlt ein seriöses New-England-Flair aus und bietet jede Menge kulturelle Ereignisse.

Am interessantesten ist der **Haupthof** (zu beiden Seiten des College Walk auf Höhe

VOLLES HAUS: GOTTESDIENSTE MIT GOSPELCHOR IN HARLEM

Was als gelegentliche Pilgerfahrt begann, hat sich mittlerweile zu einem wahren Touristenspektakel entwickelt: Ganze Busladungen von Reisenden machen sich sonntags auf den Weg nach Harlem, um einen Gottesdienst mit Gospelchor zu erleben. Die Besucher erscheinen so zahlreich, dass manchmal Leute aufgrund von Platzmangel abgewiesen werden müssen, und es ist schon vorgekommen, dass mehr Touristen als Gemeindemitglieder in der Kirche saßen!

Nicht ohne den Ärger. Viele Einheimische sind aufgebracht angesichts knapp bekleideter Touris. Zudem hinterlässt es ein seltsames Gefühl, dass afroamerikanische Spiritualität „konsumiert" wird wie eine Broadway-Show.

In den Kirchen sind Besucher aber unverändert willkommen. Wer an einem Gottesdienst teilnehmen möchte, sollte sich konservativ kleiden (die Sonntagsklamotten rausholen!), keine Fotos schießen und bis zum Ende bleiben. Außerdem sollte man daran denken, dass in den meisten Kirchen keine großen Rucksäcke erlaubt sind.

Der Sonntagsgottesdienst beginnt gewöhnlich um 10 oder 11 Uhr und kann zwei Stunden oder länger dauern. Rund fünf Dutzend Kirchen stehen Gästen offen. Die wunderbaren sonntäglichen Gospel-Gottesdienste der **Abyssinian Baptist Church** (Karte S. 470; ☎212-862-7474; www.abyssinian.org; 132 Odell Clark Pl, zw. Adam Clayton Powell Jr & Malcolm X Blvd, Harlem; ⏲Gospelgottesdienst für Touristen Anfang Sept.–Juli So 11.30 Uhr; [S]2/3 bis 135th St) sind wild und voller Gefühl und die berühmtesten der Stadt. Man muss mindestens eine Stunde vor Beginn da sein, um sich in die Schlange zu stellen, und sich auf jeden Fall an die strengen Auflagen halten: keine Trägerhemdchen, Flipflops, Shorts, Leggings oder Rucksäcke. Weitere Kirchen sind die **Canaan Baptist Church** (Karte S. 466; ☎212-866-0301; www.cbccnyc.org; 132 W 116th St, zw. Adam Clayton Powell Jr & Malcolm X Blvd, Harlem; ⏲Gospelgottesdienst So 10 Uhr; 👪; [S]2/3 bis 116th St), eine 1932 gegründete Nachbarschaftskirche, und die **Convent Avenue Baptist Church** (Karte S. 466; ☎212-234-6767; www.conventchurch.org; 420 W 145th St, Höhe Convent Ave, Hamilton Heights; ⏲Gottesdienste So 8 & 11 Uhr [S]A/C, B/D oder 1 bis 145th St), wo schon seit den 1940er-Jahren traditionelle Baptistengottesdienste stattfinden.

Wer sich weniger für das gesprochene Wort Gottes und mehr für das Singen und Feiern interessiert, findet in Harlem zahlreiche Adressen, die sonntags einen Gospel-Brunch anbieten, z. B. **Sylvia's** (S. 268) oder **Ginny's Supper Club** (S. 272).

der 116th St). Er ist von verschiedenen Bauten im italienischen Renaissance-Stil umgeben. In der nördlichen Hälfte findet man z. B. die Statue der *Alma Mater*, die mit geöffneten Armen vor der Low Memorial Library sitzt. Am östlichen Ende des College Walk (Ecke Amsterdam Ave) steht die Hamilton Hall, die eine wichtige Rolle beim Studentenaufstand von 1968 spielte. Es gibt noch ein paar neuere Bauwerke von namhaften Architekten.

Um sich auf dem Gelände zurechtzufinden, lädt man am besten die Audiotour des Architekturhistorikers Andrew Dolkart von der Website der Columbia University herunter: www.columbia.edu/content/self-guided-walking-tour.html.

GENERAL ULYSSES S GRANT NATIONAL MEMORIAL DENKMAL

Karte S. 466 (☎212-666-1640; www.nps.gov/gegr; Riverside Dr, Höhe 122nd St, Morningside Heights; 🕘Mi–So 10–17 Uhr; [S]1 bis 125th St) [GRATIS] Dieses Wahrzeichen wird oft als Grant's Tomb (Grant's Grab) bezeichnet. Hier ruhen die sterblichen Überreste des Bürgerkriegshelden und 18. Präsidenten der Vereinigten Staaten Ulysses S. Grant sowie seiner Frau Julia. Der imposante Granitbau wurde 1897 vollendet, zwölf Jahre nach Grants Tod, und ist das größte Mausoleum des Landes. Eine Galerie beschäftigt sich mit den Eckpunkten aus Grants Leben. Zu verschiedenen Tageszeiten bieten die Ranger Führungen an und beantworten Fragen über den General und Staatsmann.

Ringsum stehen 17 Mosaikbänke, die an den Stil Gaudís erinnern. Sie wurden in den 1970er-Jahren von dem chilenischen Künstler Pedro Silva gestaltet. Dies ist ein Ort wie von einem anderen Stern. Der großartige Komiker George Carlin ist hier in seinen späten Jahren ab und an gesichtet worden.

RIVERSIDE CHURCH KIRCHE

Karte S. 466 (☎212-870-6700; www.theriversidechurchny.org; Riverside Dr, Höhe 490th St, Morningside Heights; 🕘9–17 Uhr; [S]1 bis 116th St) Diese imposante neogotische Schönheit ließ die Rockefeller-Familie 1930 errichten. Während das schlichte Innere an die italienische Gotik erinnert, stammen die flämischen Buntglasfenster in der Vorhalle aus dem 16. Jh. Die 74 Glocken mit einer außergewöhnlichen, 20 t schweren Bassglocke (der größten weltweit) sind sonntags um 10.30, 12.30 und 15 Uhr zu hören. Interkonfessionelle Gottesdienste finden immer sonntags um 10.45 Uhr statt. Direkt im Anschluss kann man sich um 12.30 Uhr einer kostenlosen Führung anschließen.

Die Kirche dient oft als Veranstaltungsort hochkarätiger Events wie Konzerte – siehe Website.

Harlem

MALCOLM SHABAZZ HARLEM MARKET MARKT

Karte S. 466 (52 W 116th St, zw. Malcolm X Blvd & Fifth Ave, Harlem; 🕘9–20 Uhr; 👪; [S]2/3 bis 116th St) [GRATIS] Der teilweise überdachte Markt ist ein kleines Stückchen Westafrika in Harlem. Hier bekommt man Lederwaren, Holzschnitzereien, Textilien, Flechtkörbe, Öle, Trommeln, Kleidung, Skulpturen und eine verblüffende Vielfalt afrikanischer Waren. Wer sich schon immer mal die Haare einflechten lassen wollte, ist hier ebenfalls an der richtigen Adresse. Der Markt wird von der Malcolm-Shabazz-Moschee betrieben, in der Malcolm X vor seiner Ermordung predigte.

SCHOMBURG CENTER FOR RESEARCH IN BLACK CULTURE KULTURZENTRUM

Karte S. 466 (☎917-275-6975; www.nypl.org/locations/schomburg; 515 Malcolm X Blvd, Höhe 135th St, Harlem; 🕘Mo & Do–Sa 10–18, Di & Mi bis 20 Uhr; [S]2/3 bis 135th St) [GRATIS] Die größte Sammlung von Dokumenten, seltenen Büchern und Fotos zur afroamerikanischen Geschichte und Kultur ist in diesem Wissenschaftszentrum untergebracht, das von der New York Public Library betrieben wird. Arthur Schomburg war ein schwarzer Aktivist aus Puerto Rico, der eine einzigartige Kollektion aus Manuskripten, Berichten von Sklaven und weiteren wichtigen Artefakten zusammentrug. Im Schomburg Center finden regelmäßig Ausstellungen, Vorträge und Filmvorführungen statt.

East Harlem

EL MUSEO DEL BARRIO MUSEUM

Karte S. 466 (☎212-831-7272; www.elmuseo.org; 1230 Fifth Ave, zw. 104th & 105th St, East Harlem; empfohlene Spende Erw./Kind 9 $/frei; 🕘Di–Sa 11–18 Uhr; [S]6 bis 103rd St) Dieses Museum ist eine der New Yorker Top-Kulturinstitutionen der Latino-Gemeinde. Neben einem gut durchdachten Ausstellungsprogramm von Malerei und Fotografie bis zu Videokunst und Installationen wartet El Museo mit einer tollen ständigen Sammlung auf, die präkolumbianische Artefakte, traditionelle volkstümliche Kunst und eine brillante Auswahl von Arbeiten aus der Nachkriegszeit umfasst, alle sind von geschaffen Latinokünstlern.

Bei manchen von ihnen handelt es sich um bekannte historische Persönlichkeiten wie etwa den chilenischen Surrealisten Roberto Matta oder um gestandene zeitgenössische Künstler wie Félix González-Torres und Pepón Osorio.

◉ Hamilton Heights & Sugar Hill

HAMILTON GRANGE HISTORISCHES GEBÄUDE
Karte S. 466 (☑646-548-2310; www.nps.gov/hagr; St Nicholas Park, Höhe 141st St; ◷Mi–So 9–17, Führungen 10, 11, 14 & 16 Uhr Ⓢ A/C, B/D bis

145th St) GRATIS Dieses Haus im Federal Style gehörte Alexander Hamilton, einem der Gründungsväter der USA. Er besaß Anfang des 19. Jhs. Ländereien in dieser Gegend. Leider konnte Hamilton sein Anwesen nur zwei kurze Jahre lang genießen: Bei einem Duell mit seinem politischen Rivalen Aaron Burr verlor er sein Leben. Das Gebäude (das 2008 an seinen heutigen Standort versetzt wurde) ist eines von mehreren Sehenswürdigkeiten mit Bezug zu Hamilton, die sich seit Lin-Manuel Mirandas Musical *Hamilton* eines regen Interesses erfreuen und teilweise einen Besucherzuwachs von bis zu 75 % verzeichnen.

HAMILTON HEIGHTS HISTORIC DISTRICT STADTVIERTEL
Karte S. 466 (Convent Ave & Hamilton Tce, zw. 141st & 145th St, Hamilton Heights; Ⓢ A/C, B/D bis 145th St) In zwei Parallelstraßen in Hamilton Heights (Convent Ave und Hamilton Tce) findet man einige sehenswerte histo-

---

◉ HIGHLIGHT
APOLLO THEATER

Das Apollo Theater in Harlem ist nicht nur kulturgeschichtlich bedeutsam, sondern es zeugt auch auf sehr lebendige Weise vom außergewöhnlichen musikalischen Erbe des Stadtteils. Ursprünglich ein Varietétheater nur für Weiße, erfand das neoklassizistische Haus sich 1934 mit „Jazz à la Carte" neu. Kurz danach trat hier so gut wie jeder bekannte farbige Künstler auf, von Duke Ellington und Louis Armstrong bis zu Count Basie und Billie Holiday.

Das restaurierte Apollo führte außerdem die legendäre „Amateur Night" ein, bei der damals völlig unbekannte Namen wie Ella Fitzgerald, Gladys Knight, Jimi Hendrix, die Jackson 5 und Lauryn Hill ihr Bestes gaben. Sie findet noch immer jeden Mittwochabend statt und das wilde, unbarmherzige Publikum ist mindestens genauso unterhaltsam wie die Künstler in spe. Dazu wird das ganze Jahr über ein buntes Programm mit Musik, Tanz, Meisterklassen und besonderen Events geboten – von kubanischer Salsa bis zu Afro-Latin-Jazz-Suiten.

Führungen werden zwar erst ab einer Teilnehmerzahl von mindestens 20 nach vorheriger Reservierung angeboten, doch einzelne Interessenten können sich, wenn möglich, Gruppentouren anschließen. Wer an einer solchen Führung teilnimmt, sieht auch ein Fragment des „Tree of Hope" (Baum der Hoffnung), einer schon vor langer Zeit verschwundenen Ulme, die die Künstler vor ihrem Auftritt berührten – das sollte Glück bringen.

NICHT VERSÄUMEN

➡ „Amateur Night"
➡ Das berühmte Vordach des Theaters
➡ Führungen
➡ Tree of Hope

PRAKTISCH & KONKRET

➡ Karte S. 466, C5
➡ ☑212-531-5300, Führungen 212-531-5337
➡ www.apollotheater.org
➡ 253 W 125th St, zw. Frederick Douglass & Adam Clayton Powell Jr Blvd, Harlem
➡ Tickets ab 16 $
➡ Ⓢ A/C, B/D bis 125th St

rische Stadthäuser aus Kalk- und Sandstein. Sie wurden zwischen 1866 und 1931 errichtet. Wes-Anderson-Fans erkennen das mit Türmchen versehene Gebäude an der Südostecke der Kreuzung Convent Ave und 144th St aus dem Film *Die Royal Tenenbaums*.

STRIVERS' ROW STADTVIERTEL

Karte S. 466 (W 138th & 139th St, zw. Frederick Douglass & Adam Clayton Powell Jr Blvd, Harlem; [S] B, C bis 135th St) Diese Straßen waren in den 1920er-Jahren bei der Harlemer Oberschicht sehr beliebt. Sie werden auch als St. Nicholas Historic District bezeichnet. Die eleganten Reihenhäuser und Apartments (viele stammen aus den 1890er-Jahren) wurden von drei der wichtigsten Architekten der Zeit entworfen: James Brown Lord, Bruce Price und Stanford White.

Am schönsten sind vielleicht Whites elegante Häuser im italienischen Stil an der Nordseite der W 139th St. Man sollte auf die historischen Schilder achten, die Besucher z. B. dazu anhalten, ihre Pferde zu führen („walk your horses").

Washington Heights & Inwood

★CLOISTERS MUSEUM & GARDENS MUSEUM

(☎212-923-3700; www.metmuseum.org/cloisters; 99 Margaret Corbin Dr, Fort Tryon Park; 3-Tageskarte Erw./Sen./Kind 25/17 $/frei; ⏲10–5.15 Uhr; [S] A bis 190th St) Die faszinierende Klosteranlage besteht aus Fragmenten verschiedener europäischer Klöster und anderer historischer Gebäude und erhebt sich auf einem Hügel mit Blick auf den Hudson River. Sie entstand in den 1930er-Jahren als Aufbewahrungsort für die mittelalterlichen Schätze des Metropolitan Museum. Die Fresken, Wandteppiche und Gemälde sind in Galerien mit Terrakottadächern im maurischen Stil ausgestellt, die um einen romantischen Hof angeordnet und durch prächtige Kreuzgänge miteinander verbunden sind. Zu den hiesigen Kostbarkeiten zählt die Wandteppichreihe *The Hunt of the Unicorn* (16. Jh.).

Sehr interessant ist auch das gut erhaltene Verkündigungstriptychon (Mérode-Triptychon) aus dem 15. Jh. Und dann gibt es natürlich noch den atemberaubenden Saint-Guilhem-Kreuzgang (12. Jh.) und den Bonnefant-Kreuzgang mit allerlei mittelalterlichen Heil- und Zauberpflanzen.

Das Ticket berechtigt drei Tage lang zum Besuch der Cloisters, des Metropolitan Museum of Art (S. 226) und des Met Breuer (S. 230).

DYCKMAN FARMHOUSE MUSEUM MUSEUM

(☎212-304-9422; www.dyckmanfarmhouse.org; 4881 Broadway, Höhe 204th St, Inwood; Spende empfohlen; ⏲Do–Sa 11–16, So bis 15 Uhr; [S] A bis Inwood-207th St) [GRATIS] Das Dyckman House (1784 auf einem mehr als 11 ha großen Stück Farmland erbaut) ist das einzige erhaltene niederländische Bauernhaus in Manhattan. Ausgrabungsfunde haben spannende Einblicke in den Alltag während der Kolonialzeit ermöglicht. Das Museum umfasst altmodische Zimmer mit zeitgenössischem Mobiliar, Kunst, einen großen Garten und eine Ausstellung zur Geschichte des Viertels. Um zum Dyckman House zu gelangen, nimmt man die U-Bahn bis zur Haltestelle Inwood–207th St (nicht Dyckman St) und spaziert einen Häuserblock nach Süden.

INWOOD HILL PARK PARK

(www.nycgovparks.org/parks/inwoodhillpark; Dyckman St, Höhe the Hudson River; ⏲6–1 Uhr;

AUFERSTEHUNG EINER HARLEMER INSTITUTION

2018 begannen zum 50-jährigen Bestehen des **Studio Museum in Harlem** (Karte S. 466; ☎212-864-4500; www.studiomuseum.org; 144 W 125th St, Höhe Adam Clayton Powell Jr Blvd, Harlem; empfohlene Spende 7 $, So frei; ⏲Do & Fr 12–21, Sa 10–18, So 12–18 Uhr; [S] 2/3 bis 125th St) die Arbeiten an einem Neubau an der 125th St. Der hochmoderne Bau wurde vom ghanaisch-britischen Architekten David Adjaye entworfen und wird mit einer Ausstellungsfläche von etwa 1580 m² mehr als doppelt so groß wie das aktuelle Museum. Zudem bekommt es ein Auditorium für Konzerte und Events sowie eine Dachterrasse mit weitem Blick über die Skyline von Harlem. Das bisherige Museum schloss mit dem Beginn der Bauarbeiten Anfang 2018 seine Türen, die Eröffnung des Neubaus an gleicher Stelle ist für 2021 geplant.

Ⓢ A bis Inwood-207th St) In der fast 80 ha großen Oase erstreckt sich die letzte natürliche Waldfläche und Salzmarsch Manhattans. Im Sommer ist er ein angenehm kühler Rückzugsort, ein Besuch lohnt sich aber jederzeit, da reichlich hügelige Wanderwege, schöne Rasenflächen und Bänke zum Sitzen und Denken bereitstehen. Die Anlage ist so friedlich, dass in den Baumkronen regelmäßig Weißkopfadler nisten!

Wer Lust darauf hat, sich sportlich zu betätigen, findet Basketballplätze sowie Fußball- und Football-Felder. Alternativ kann man es den Einheimischen gleichtun und an Sommerwochenenden die ausgewiesenen Grillplätze nutzen.

MORRIS-JUMEL MANSION
MUSEUM HISTORISCHES GEBÄUDE
Karte S. 466 (☎212-923-8008; www.morris jumel.org; 65 Jumel Tce, Höhe 160th St, Washington Heights; Erw./Kind 10 $/frei; ⏱Di–Fr 10–16, Sa & So bis 17 Uhr; Ⓢ C bis 163rd St-Amsterdam Ave) Das Herrenhaus mit den Säulen entstand 1765 als Landsitz von Roger und Mary Morris. Damit ist es das älteste Gebäude in Manhattan. Nachdem es die Kontinentalarmee 1776 eingenommen hatte, diente es George Washington als Hauptquartier. In den schön eingerichteten Zimmern stehen noch viele Originalmöbel, u. a. ein Bett, das angeblich Napoleon gehörte. An Wochenenden (samstags um 12, sonntags um 14 Uhr) gibt es eine einstündige Führung (12 $).

HISPANIC SOCIETY
OF AMERICA MUSEUM
& LIBRARY MUSEUM
Karte S. 466 (☎212-926-2234; www.hispanicso ciety.org; Broadway, zw. 155th & 156th St, Washington Heights; ⏱Di–So 10–16.30 Uhr; Ⓢ1 bis 157th St) GRATIS Dieses Museum ist in einem Beaux-Arts-Gebäude untergebracht, in dem einst der Naturforscher John James Audubon lebte. Heute beherbergt das Haus die größte Sammlung spanischer Kunst und Schriftstücke des 19. Jhs. außerhalb Spaniens sowie Gemälde von El Greco, Goya und Velázquez. Während der Außenhof von Anna Hyatt Huntingtons majestätischer El-Cid-Skulptur dominiert wird, ist drinnen an herausragender Stelle Goyas Meisterwerk *Die Herzogin von Alba* (1797) zu sehen. 2017 wurde die Hispanic Society wegen umfassender Renovierungsarbeiten in Höhe von 15 Mio. $ geschlossen. Die Neueröffnung ist für Ende 2019 geplant.

555 EDGECOMBE AVE

Bei seiner Fertigstellung 1916 war der **Beau-Arts-Riese** (Map p434; 555 Edgecombe Ave, Höhe 160th St, Washington Heights; Ⓢ A/C bis 163rd St-Amsterdam Ave; 1 bis 157th St) das erste luxuriöse Apartmenthaus in Washington Heights und prunkte mit einem Concierge, einem separaten Handwerkereingang und sage und schreibe drei Aufzügen. Ursprünglich durften hier nur Weiße wohnen, aber als sich das Viertel von vorwiegend irisch-jüdisch hin zu afroamerikanisch wandelte, wurde das Haus in den 1940er-Jahren bereits überwiegend von Schwarzen bewohnt.

Zu den Bewohnern zählten einige der prominentesten Afroamerikaner der Stadt, darunter Boxer Joe Louis und Musikstars Lena Horne, Count Basie, Duke Ellington und Billy Strayhorn. Das kulturelle Erbe des Gebäudes wird heute jeden Sonntagnachmittag fortgeführt: Dann veranstaltet die Musikveteranin Marjorie Eliot (S. 272) in ihrer Wohnung Jazz-Konzerte, die jedem offenstehen.

SYLVAN TERRACE HISTORISCHE STÄTTE
Karte S. 466 (Sylvan Tce, Washington Heights; Ⓢ C bis 163rd St-Amsterdam Ave) Die Holzhäuser der idyllischen Sylvan Terrace mit ihren hohen schmalen Zugangstreppen, Zahnschnitt-Baldachinen und bunten Holztüren waren die ersten Versuche, in New York erschwingliche Häuser für Arbeiter zu bauen. Die Straße selbst zieren Original-Gaslaternen aus dem späten 19. Jh., während das Kopfsteinpflaster – anders als in Lower Manhattan und Brooklyn – nicht aus den Niederlanden, sondern aus Belgien stammen.

 # ESSEN

Harlem ist nach wie vor zurecht berühmt für sein „Soul Food" (Südstaatenküche) in klassischer wie moderner Form. Die internationale (u. a. französiche) Küche ist aber auch auf dem Vormarsch. Die Lokale der Morningside Heights – lange hauptsächlich von Studenten und Dozenten der Columbia University be-

völkert – setzen sich aus günstigen und spätabends geöffneten Diners und geselligen Bistros zusammen. Weiter im Norden in den Washington Heights dominieren von jeher dominikanische Restaurants, während in Inwood gemütliche Cafés den Vorstadtcharakter unterstreichen.

🍴 Morningside Heights & West Harlem

PISTICCI ITALIENISCH **$$**

Karte S. 466 (☎212-932-3500; www.pisticcinyc.com; 125 La Salle St, Morningside Heights; Hauptgerichte 15–24 $; ⏲Mo–Fr 12–23, Sa & So ab 11 Uhr; 📶; [S]1 bis 125th St) 🍃 Bei miesem Wetter sind die beiden gemütlichen Räume des Pisticci mit den Kronleuchtern, alten Gemälden und Kugellampen über der Bar der ideale Rückzugsort. Kreative Cocktails geben einen schönen Auftakt für das hervorragende italienische Essen und Tagesgerichte wie gebackenem Tilapia. Das Gemüse stammt zum großen Teil von der hauseigenen Farm in Upstate New York (besonders schmackhaft ist die Aubergine vom Grill!).

Ein Hit ist auch der Brunch mit Leckereien wie Omelette mit Spinat und Ziegenkäse oder Pfannkuchen mit Zitronen-Ricotta.

DINOSAUR BAR-B-QUE GRILL **$$**

Karte S. 466 (☎212-694-1777; www.dinosaurbarbque.com; 700 W 125th St, Höhe Twelfth Ave, Harlem; Hauptgerichte 13–32 $; ⏲Mo–Do 11.30–23, Fr & Sa bis 11.30–0, So 12–22 Uhr; [S]1 bis 125th St) Sportler, Hipster, Mamas und Papas – alle zieht es in dieses tolle Grillrestaurant. Hier kann man sich die Finger schmutzig machen mit langsam gegarten Rippchen, saftigem Steak und üppigen Burgern oder man achtet auf die Figur und wählt die leicht gewürzten Brathähnchen. Zu den wenigen vegetarischen Angeboten zählt eine phantastische Version kreolisch gewürzter gefüllter Eier.

COMMUNITY FOOD & JUICE AMERIKANISCH **$$**

Karte S. 466 (☎212-665-2800; www.communityrestaurant.com; 2893 Broadway, zw. 112th & 113th St, Morningside Heights; Sandwiches 12-15 $, Hauptgerichte 14–32 $; ⏲Mo–Do 8–21.30, Fr bis 22, Sa 9–22, So bis 21.30 Uhr; 📶 👶; [S]1 bis 110th St) Dieses gesellige, große Restaurant ist eine super Adresse zum Brunchen für Familien, aber auch für verkaterte Studenten der Columbia University. Man sollte allerdings vor 10.30 Uhr eintrudeln, andernfalls wird man ein wenig auf sein ersehntes Gemüse-Rührei oder sein Sandwich mit Würstchen und Ei warten müssen. Noch besser ist es, den hektischen Brunchbetrieb am Wochenende ganz zu umschiffen und stattdessen ein Abendessen bei Kerzenlicht zu genießen. Sowohl Blaubeerpfannkuchen als auch Veggie-Burger sind ein Gedicht.

🍴 Harlem

SEASONED VEGAN VEGAN **$**

Karte S. 466 (☎212-222-0092; www.seasonedvegan.com; 55 St Nicholas Ave, Höhe 113th St, Harlem; Hauptgerichte 11–17 $; ⏲Di–Do 5–22, Fr bis 2, Sa 11–2, So 11–21 Uhr; 📶; [S]2/3, 5 bis 110th St) Das von Mutter und Sohn geführte Lokal hat sich mit seiner leckeren Soul-Food-Interpretation zurecht eine treue Gefolgschaft erkocht. Alles ist bio und kommt völlig ohne tierische Produkte aus. Hier gibt es kreativ zubereitete Variationen von gegrillten Spareribs (Lotuswurzeln mit fermentiertem Soja), *po'boys* (Südstaaten-Sandwiches mit Yamswurzel) sowie Käsemakkaroni (mit Cashew-Milch).

Unbedingt früh hingehen – zur klassischen Essengehzeit kann man lange warten.

AMY RUTH'S RESTAURANT AMERIKANISCH **$$**

Karte S. 466 (☎212-280-8779; www.amyruths.com; 113 W 116th St, zw. Malcolm X & Adam Clayton Powell Jr Blvds, Harlem; Waffeln 11–18 $, Hauptgerichte 14–25 $; ⏲Mo 11–23, Di–Do 8.30–23, Fr & Sa bis 5,So bis 23 Uhr; [S]B, C, 2/3 bis 116th St) In diesem stets sehr gut besuchten Restaurant wird klassische Südstaatenküche wie gebratener Catfish (Wels), Makkaroni mit Käse und fluffige Brötchen serviert. Am beliebtesten sind aber die Waffeln: Es gibt 14 verschiedene Sorten, z. B. mit Catfish, unser Favorit ist allerdings „Rev. Al Sharpton" – ein Teller Waffeln mit saftigem gebratenem Hähnchenfleisch.

SYLVIA'S SÜDSTAATENKÜCHE **$$**

Karte S. 466 (☎212-996-0660; www.sylviasrestaurant.com; 328 Malcolm X Blvd, zw. 126th & 127th St, Harlem; Hauptgerichte 14–27 $; ⏲Mo–Sa 8–22.30, So 11–20 Uhr; [S]2/3 bis 125th St) Dieser Anker der Harlemer Küchenszene wurde bereits 1962 von Silvia Woods eröffnet und begeistert seitdem Gäste von nah und fern (einschließlich mehrerer US-Präsidenten) mit leckeren Südstaatenstandards wie Grillhühnchen, Käsemakkaroni, Wels in Maismehlpanade und typischen Beilagen wie Kohlblättern. Sonntags gibt es einen Gospel-Brunch.

MAISON HARLEM — FRANZÖSISCH $$

Karte S. 466 (☏212-222-9224; www.maisonharlem.com; 341 St Nicholas Ave, Höhe 127th St, Harlem; Hauptgerichte 14–32 $; ⏱Mo–Do 11–24, Fr–So bis 1 Uhr; 🛜; ⓈA/C, B/D bis 125th St) Dieses swingende kleine Bar-Bistro, geführt von zwei französischen Freunden, ist für viele im Viertel ein zweites Zuhause. Sie knabbern hier zu jeder Tages- und Abendzeit am French toast, schlürfen Zwiebelsuppe oder schnallen für das dekadente Entenschlegel-Confit den Gürtel ein wenig weiter. An Wochenenden legt ein DJ auf – und dann erreicht die Weinseligkeit ihren Höhepunkt: Dann wird vielleicht sogar getanzt!

BLVD BISTRO — AMERIKANISCH $$

Karte S. 466 (☏212-678-6200; www.boulevardbistrony.com; 239 Malcolm X Blvd, Höhe 122nd St, Harlem; Hauptgerichte 16–28 $; ⏱Di–Fr 11–15.30 & 17–23, Sa 9–16 & 18–23, So 10–18 Uhr; Ⓢ2/3 bis 125th St) Das winzige, quirlige BLVD Bistro verwandelt hochwertige saisonale Zutaten in Südstaaten-Soulfood mit besonderem Touch. Herr der Küche ist der aus Mississippi stammende Carlos Swepson. Seine Wurzeln machen sich in Gerichten wie Buttermilchpfannkuchen mit Blaubeeren, Makkaroni mit sieben Käsesorten und über Pekannussholz geräuchertem Schinken oder in den tollen Brötchen mit Bratensoße bemerkbar. Den beliebten Sonntagsbrunch gibt's den ganzen Tag. Halleluja!

PIKINE — SENEGALESISCH $$

Karte S. 466 (☏646-922-7015; 243 W 116th St, Harlem; Hauptgerichte 12–17 $; ⏱12–23 Uhr; ⓈB, C bis 116th St) Das Pikine ist hier längst nicht das einzige Lokal, das für westafrikanische Einwanderer gegen das Heimweh ankocht: In den letzten Jahrzehnten ist die 116th St in Harlem zu einer Art „Klein-Senegal" geworden. Serviert werden senegalesische Klassiker wie *thiebou djeun* (ein Eintopf aus Fisch und Cassava), *domoda* (Tomateneintopf auf Gemüse) und hervorragende Gerichte mit gegrilltem Lamm.

Die größte Auswahl gibt es mittags. Abends steht meist Gegrilltes auf der Karte.

★RED ROOSTER — AMERIKANISCHE NOUVELLE CUISINE $$$

Karte S. 466 (☏212-792-9001; www.redroosterharlem.com; 310 Malcolm X Blvd, zw. W 125th & 126th St, Harlem; Hauptgerichte mittags 18–32 $, abends 24–38 $; ⏱Mo–Do 11.30–22.30, Fr bis 23.30, Sa 10–23.30, So bis 22 Uhr; Ⓢ2/3 bis 125th St) Starkoch Marcus Samuelsson verpasst in seiner quirligen, coolen Brasserie gediegener Hausmannskost das gewisse Etwas. Ebenso modern wie die zeitgenössischen Werke New Yorker Künstler an den Wänden sind auch die Gerichte: Käsemakkaroni tun sich mit Hummer zusammen, der scharf angebratene Catfish vermählt sich mit eingelegter Mango und die spektakulären schwedischen Fleischbällchen erinnern an Samuelssons Heimat.

Ein besonders guter Deal ist das Mittagsmenü für 25 $.

✕ Hamilton Heights

HARLEM PUBLIC — AMERIKANISCH $

Karte S. 466 (☏212-939-9404; www.facebook.com/harlempublic; 3612 Broadway, Höhe 149th St, Hamilton Heights; Hauptgerichte 12–16 $; ⏱Mo–Do 12–2, Fr & Sa 11–3, So bis 2 Uhr; Ⓢ1, A/C, B/D bis 145th St) Freundliche Hipster an der Theke, altmodischer Funk aus den Lautsprechern und köstliches Kneipenessen: Das Harlem Public ist die ideale Kulisse für einen Ausgehabend. Lokale Entdeckungen kann man hier mit leckerer Nervennahrung feiern, ob das nun ein Krebsburger mit Cajun-Remoulade ist oder ein Teller *poutine* (Pommes mit Käse und Soße). Auf der Getränkekarte kommt alles aus der Region, vom Mikrobier aus Brooklyn bis zu dem in kleiner Auflage gebrannten Schnaps aus dem Bundesstaat New York.

CHARLES' PAN-FRIED CHICKEN — AMERIKANISCH $

Karte S. 466 (☏212-281-1800; 2461 Frederick Douglass Blvd, zw. 151st & 152nd St; Brathähnchen ab 11 $; ⏱Mo–Sa 11–23, So ab 12.30 Uhr; ⓈB/D bis 155th St) Ein kleiner Laden, aber es gibt nicht viele in der Stadt, die ein besseres Hühnchen machen als der charismatische Charles Gabriel. Der knusprige, wunderbar gewürzte Vogel kommt mit Beilagen wie Kohlblätter, Yamswurzel oder Käsemakkaroni und Maisbrot auf den Teller. Das Ambiente ist nicht besonders gediegen, die Tische schmucklos und das Essen wird auf einem Tablett serviert. Aber hier bewahrheitet sich wieder mal das alte Sprichwort, dass man ein Buch nie nach seinem Einband beurteilen soll – und eine Brathähnchenschmiede nie nach ihrem Äußeren.

🍴 Inwood

NEW LEAF AMERIKANISCHE NOUVELLE CUISINE **$$**

(☎212-568-5323; www.newleafrestaurant.com; 1 Margaret Corbin Dr, Inwood; Hauptgerichte 15–28 $; ⏰Mo–Do 12–21, Fr & Sa bis 22, So 11–21 Uhr; [S]A bis 190th St) Im Fort Tryon Park, ein kleines Stück vom Cloisters (S. 266) entfernt, steht dieses Steingebäude aus den 1930er-Jahren, das an ein schickes Gasthaus auf dem Land erinnert. Die Karte bietet marktfrische Zutaten, die im Bistrostil zu Gerichten wie Lachs mit Saisongemüse oder Wassermelonensalat mit Feta, Kalamata-Oliven und Minze zubereitet werden. Für ein bisschen Gartenpartystimmung schnappt man sich einen der Tische auf der Allwetterterrasse.

🍷 AUSGEHEN & NACHTLEBEN

SILVANA BAR

Karte S. 466 (www.silvana-nyc.com; 300 W 116th St; ⏰8–4 Uhr; [S]2/3 bis 116th St) Das attraktive orientalische Café samt Laden zaubert leckeren Hummus und Falafel auf den Teller. Der eigentliche Renner ist aber der im Untergeschoss versteckte Club, der die einheimische Klientel mit guten Cocktails, Livebands (Beginn gegen 18 Uhr) und DJs anlockt. Musikalisch wird eine bunte Mischung von Jazz über kubanischen *son* und Reggae bis hin zu Gypsy-Punk geboten.

SHRINE BAR

Karte S. 466 (www.shrinenyc.com; 2271 Adam Clayton Powell Jr Blvd, zw. 133rd & 134th St, Harlem; ⏰16–4 Uhr; [S]2/3 bis 135th St) Wer wissen will, was in der Weltmusikszene gerade los ist, fängt am besten im freundlichen, unprätentiösen Shrine an (geführt vom selben talentierten Team, das auch das Silvana führt). An jedem Tag der Woche kommen Livebands auf die kleine Bühne. Zu hören sind u. a. Blues, Reggae, Afrobeat, Funk, Soca, äthiopische Grooves und Indie-Rock. Eintritt frei.

Lokalkolorit
Harlem Soul

Harlem – das Viertel, in dem Cab Calloway sang, in dem Ralph Ellison *Der unsichtbare Mann* schrieb, sein monumentales Werk über Wahrheit und Intoleranz, und in dem der Künstler Romare Bearden seine ersten Collagen anfertigte. Harlem ist zugleich vital und überschwänglich und grüblerisch und melancholisch – ein echtes Abbild der New Yorker Seele.

1 Tom's Restaurant

Zunächst genehmigt man sich im nostalgischen griechisch-amerikanischen **Tom's Restaurant** (Karte S. 466; ☎212-864-6137; www.tomsrestaurant.net; 2880 Broadway, Höhe 112th St; Hauptgerichte 8–13 $; ⏰So–Do 6–1.30 Uhr, Fr & Sa 24 Std; [S]1 bis 110th St) einen Kaffee. Erkennbar ist der Diner, dessen Fassade immer wieder in der TV-Comedy-Serie *Seinfeld* als Außenansicht des fiktionalen Monk's Café auftauchte, an seinem neonroten Schriftzug. Das Restaurant wurde zudem in Suzanne Vegas Song Tom's Diner verewigt.

2 Cathedral Church of St. John the Divine

Bei der Kathedrale aus Vegas Song („I'm listening to the bells of the cathedral") handelt es sich um die gigantische Cathedral Church of St. John the Divine (S. 261). Das größte Gotteshaus der USA ist eine Mischung aus Neogotik und -romanik und immer noch unvollendet.

3 Malcolm Shabazz Harlem Market

Der eher ruhige Malcolm Shabazz Harlem Market (S. 264) wird von der Malcolm Shabazz Mosque betrieben, wo auch der ermordete muslimische Aktivist Malcolm X einst predigte. Hier gibt's afrikanischen Schmuck, Stoffe, Trommeln, Lederwaren und Öle und man kann sich Zöpfchen flechten lassen.

4 Flamekeepers Hat Club

Harlems Gilded Age („Vergoldetes Zeitalter") überlebt im Flamekeepers Hat Club (S. 274), einem freundlichen Eckladen voller eleganter Hüte und Kappen. Wer sich nicht entscheiden kann, bittet Marc Williamson um seinen fachkundi-

---

Apollo Theater (S. 265)

gen Rat: Er hat ein Talent dafür, für jeden Kopf die richtige Bedeckung auszusuchen. Das kann allerdings etwas dauern – Williamson führt gerne längere Gespräche.

5 Strivers' Row

Die Strivers' Row (S. 266) an der 138th und 139th St zieren Stadthäuser der 1890er-Jahre. Ihr Spitzname („Streberreihe") stammt aus den 1920er-Jahren, als aufstrebende Afroamerikaner hierherzogen. In diesen Gebäuden haben einige der bekanntesten Bewohner Harlems wie die Songwriter Eubie Blake und Noble Sissle, der Bluesveteran W.C. Handy und der Sänger und Tänzer Bill „Bojangles" Robinson gewohnt.

6 Red Rooster

Das „neue Harlem" kann man im Red Rooster (S. 269) probieren: Hier zaubert der äthiopischstämmige, in Schweden aufgewachsene Koch Marcus Samuelsson eine Neuinterpretationen afroamerikanischer Nervennahrung, fachmännisch und respektvoll. Das Maisbrot mit Honigbutter ist schon allein einen Besuch wert. Und Ginny's Supper Club (S. 272) im Untergeschoss versorgt seine Gäste bis in die frühen Morgenstunden mit Drinks und Musik.

7 Apollo Theater

Einer der besten Orte in Harlem für ein Konzert ist das Apollo Theater (S. 265), „wo Stars geboren und Legenden geschrieben werden". Ella Fitzgerald legte hier bei einer der ersten „Amateur Nights" des Theaters im November 1934 ihr Gesangsdebüt hin. Und auch noch acht Jahrzehnte später geben jeden Mittwoch Amateure vor dem berüchtigten Publikum ihr Bestes.

8 Shrine

Als tragende Säule des Harlemer Nachtlebens bietet das Shrine (S. 270) jeden Abend eine unglaubliche Auswahl an Livemusik. Die 2007 von Musikern und Kunstliebhabern gegründete Bar bringt täglich mehrere Bands auf die Bühne und bietet alles von Calypso über Afropunk, französischen Elektro und Latin Jazz bis hin zum ehrlichen Soul.

GINNY'S SUPPER CLUB COCKTAILBAR

Karte S. 466 (☎212-421-3821; www.ginnyssupperclub.com; 310 Malcolm X Blvd, zw. W 125th & 126th St, Harlem; ⏲Do 18–24, Fr & Sa bis 3, So Brunch 10.30–14 Uhr; [S]2/3 bis 125th St) Dieser beliebte Supper Club könnte direkt aus der TV-Serie *Boardwalk Empire* stammen: Hier schlürfen stilvoll rausgeputzte Stammgäste Cocktails, knabbern Südstaaten- und anderes Essen (aus der kompetenten Küche des Red Rooster) und schwofen donnerstags bis samstags ab 19.30 Uhr zu sinnlichen Live-Jazzklängen oder freitags und samstags ab 23 Uhr zu lauten DJ-Beats. Nicht verpassen: den Gospel-Brunch am Sonntag (Reservierung empfohlen).

BIER INTERNATIONAL BIERKNEIPE

Karte S. 466 (☎212-280-0944; www.bierinternational.com; 2099 Frederick Douglass Blvd, Höhe 113th St, Harlem; ⏲Mo–Mi 16–1, Do & Fr bis 2, Sa 12–2, So 12–1 Uhr; [S]B, C, 1 bis 110th St-Cathedral Pkwy; 2/3 bis 110th St-Central Park North) Netter Biergarten mit munterer Atmosphäre, der rund 18 verschiedene Fassbiere aus Deutschland, Belgien und Großbritannien sowie regionale Tropfen aus der Bronx Brewery und dem Sixpoint in Brooklyn im Angebot hat. Dank der umfassenden Speisekarte bleibt man hier erst recht hängen: Zur Auswahl stehen etwa Wels-Tacos, getrüffelte Pommes mit gehobeltem Parmesan oder Wiener Schnitzel. Zahlung nur in bar.

67 ORANGE STREET COCKTAILBAR

Karte S. 466 (☎212-662-2030; www.67orangestreet.com; 2082 Frederick Douglass Blvd, zw. 112th & 113th St; ⏲So–D 18–24, Mi & Do bis 2, Fr & Sa bis 4; [S]B,C bis 116th St) Das Lokal ist nach der ersten Bar mit schwarzem Inhaber benannt (in den 1840er-Jahren!) und serviert wunderschöne Cocktails in einer gemütlichen Atmosphäre, die an eine Flüsterkneipe erinnert. Backsteinmauern, flackerndes Kerzenlicht und Kunstoriginale an der Wand geben eine wunderbare Kulisse ab für erfindungsreiche Tröpfchen wie Red Rosemary Gin (mit Rooibos aromatisierter Gin mit erfrischendem Rosmarin).

THE CHIPPED CUP CAFE

Karte S. 466 (☎212-368-8881; www.chippedcupcoffee.com; 3610 Broadway, zw. 148th & 149th St, Hamilton Heights; ⏲Mo–Fr 7–20, Sa & So 8–20 Uhr; 📶; [S]1, A/C, B/D bis 145th St) Hier machen es sich die Hipster ganz gemütlich. Inmitten niedlicher Teetassen, zerlesener Romane und origineller Kunst machen sich Kaffee schlürfende Schreiberlinge und Studis fleißig an die Arbeit. Bei wohlwollendem Wetter bestellt man sich einen Milchkaffee und ein *pain au chocolat*, greift sich ein Exemplar der *New York Times* und zieht sich in den schattigen Garten hinterm Café zurück, um dort die einfachen Freuden des Lebens zu genießen.

☆ UNTERHALTUNG

★MARJORIE ELIOT'S PARLOR JAZZ JAZZ

Karte S. 466 (☎212-781-6595; 555 Edgecombe Ave, Apartment 3F, Höhe 160th St, Washington Heights; ⏲So 15:30 Uhr; [S]A/C bis 163rd St-Amsterdam Ave; 1 bis 157th St) Jeden Sonntag bietet die reizende Ms Eliot eines der zauberhaftesten New-York-Erlebnisse: kostenlose, sehr persönliche Jazz-Jams in ihrer Wohnung. Die ihren beiden verstorbenen Söhnen gewidmeten informellen Konzerte werden von verschiedenen begabten Musikern gespielt, denen nette Gäste aus aller Welt lauschen. Frühzeitig hingehen – die Veranstaltung ist beliebt (um 14.30 Uhr hat sich meist bereits eine Schlange gebildet).

MAYSLES DOCUMENTARY CENTER KINO

Karte S. 466 (☎212-537-6843; www.maysles.org; 343 Malcolm X Blvd, zw. 127th & 128th St, Harlem; Filme ab 10 $; [S]2/3 bis 125th St) Gründer des kleinen gemeinnützigen Kinos war der 2015 verstorbene Albert Maysles, der Regisseur von *Grey Gardens*. Hier werden Dokumentarfilme und andere Independent-Streifen gezeigt (v. a. einige hervorragende Arbeiten aus Afrika), darüber hinaus finden aber auch Diskussionen mit Filmschaffenden, Vorträge und Präsentationen statt – Näheres auf der Webseite.

MINTON'S JAZZ

Karte S. 466 (☎212-243-2222; www.mintonsharlem.com; 206 W 118th St, zw. St Nicholas Ave & Adam Clayton Powell Jr Blvd; 10–15 $; ⏲Mi–Sa 18–23, So 12–15 & 18–22 Uhr; [S]B/C, 2/3 bis 116th St) Dieser Harlemer Jazz-und-Dinner-Club, die Geburtsstätte des Bebop, ist eine eher formelle Adresse für Livemusik. Von Dizzy Gillespie bis Louis Armstrong – hier haben alle schon gejammt. Ein Abendessen (Hauptgerichte 22–42 $) im Speisesaal mit den getönten Spiegeln ist ein echtes Erlebnis. Vorausbuchen, aufbrezeln und zu sinnlichem Jazz Südstaaten-Speisen genießen!

DIE BRONX

Die Bronx ist relativ groß und birgt zahlreiche Sehenswürdigkeiten, die weit voneinander entfernt liegen. Am besten, man konzentriert sich auf einen bestimmten Bereich oder mehrere nebeneinanderliegende Bezirke. So lassen sich z. B. der Bronx Zoo oder der New York Botanical Garden leicht mit einem Bummel über die Arthur Ave in Belmont kombinieren. Eine Alternative ist auch eine Führung durch das Yankee Stadium am frühen Nachmittag, gefolgt von einem Besuch im Bronx Museum. Den Weg zwischen Bronx Museum und Edgar Allan Poe Cottage legt man danach problemlos mit der Subway-Linie B/D zurück. Anschließend sind es nur 300 m Richtung Westen zur Subway-Station Kingsbridge Rd, wo man in die Linie 6 nach Norden zur nahe gelegenen Woodlawn Cemetery steigt.

Ein paar Highlights:

➡ Den Jubel aus den Zuschauerrängen erleben, wenn die berühmten „Bronx Bombers" im **Yankee Stadium** (Karte S. 466; ☎718-293-4300, Führungen 646-977-8687; www.mlb.com/yankees; E 161st St, Höhe River Ave; Führungen 25 $; Ⓢ B/D, 4 bis 161st St-Yankee Stadium), einem der bekanntesten Stadien der USA, den Rasen betreten.

➡ Einen Tag lang die 20 ha des landschaftlich wunderschön gestalteten **New York Botanical Garden** (☎718-817-8716; www.nybg.org; 2900 Southern Blvd; wochentags Erw./Kind 23/10 $, am Wochenende 28/12 $, Mi sowie Sa 9-10 Uhr Eintritt frei; ⏰ Di–So 10–18 Uhr; ⓹; Ⓜ Metro-North bis Botanical Garden) erkunden – besonders toll im Frühling!

➡ Einen anderen Blick auf die Tierwelt werfen im historischen **Bronx Zoo** (☎718-220-5100; www.bronxzoo.com; 2300 Southern Blvd; Tickets inkl. Zusatzattraktionen Erw./Kind 37/27 $, Mi Eintritt gegen Spende; ⏰ April–Okt. Mo–Fr 10–17, Sa & So bis 17.30, Nov.–März bis 16.30 Uhr; Ⓢ 2, 5 bis West Farms Sq-E Tremont Ave).

➡ Kulturelle Grenzen überschreiten im überraschend guten **Bronx Museum** (☎718-681-6000; www.bronxmuseum.org; 1040 Grand Concourse, Höhe 165th St; ⏰ Mi, Do, Sa & So 11–18, Fr bis 20 Uhr; Ⓢ B/D bis 167th St) GRATIS

➡ Die Gräber von Duke Ellington und Herman Melville besuchen auf dem friedlichen und hübschen **Woodlawn Cemetery** (☎877-496-6352, 718-920-0500; www.thewoodlawncemetery.org; Webster Ave, Höhe E 233rd St; ⏰ 8.30–16.30 Uhr Ⓢ 4 bis Woodlawn).

➡ Nachdenken über die unheimlichen Worte eines großen US-Schriftstellers im **Edgar Allan Poe Cottage** (☎718-881-8900; www.bronxhistoricalsociety.org/poe-cottage; 2640 Grand Concourse, Höhe Kingsbridge Rd; Erw./Kind 5/3 $; ⏰ Do & Fr 10–15, Sa bis 16, So 13–17 Uhr; Ⓢ B/D bis Kingsbridge Rd).

Wenn der Hunger zuschlägt, bietet sich die heißgeliebte Arthur Ave in Belmont an, die voller nostalgischer Italiener und Delis mit Leckerbissen aus der Alten Welt ist. Zu den besten Optionen gehören Mozzarella- und Prosciutto-Sandwiches in der **Casa della Mozzarella** (☎718-364-3867; www.facebook.com/casadellamozzarella; 604 E 187th St, Höhe Arthur Ave; Sandwiches 6–13 $; ⏰ Di–Do 12–14.30 & 16.30–22, Fr & Sa bis 23, So 13–21 Uhr; Ⓢ B/D bis Fordham Rd, Ⓜ Metro-North bis Fordham), Pizza im **Zero Otto Nove** (☎718-220-1027; www.089bronx.com; 2357 Arthur Ave, Höhe 186th St; Pizza 12–18 $, Hauptgerichte abends 18–29 $; ⏰ Di–Do 12–14.30 & 16.30–22, Fr & Sa bis 23, So 13–21 Uhr; ☎; Ⓢ B/D bis Fordham Rd, Ⓜ Metro-North bis Fordham) und Cannoli von der **Madonia Brothers Bakery** (☎718-295-5573; 2348 Arthur Ave, Höhe 186th St; Gebäckteilchen ab 1,50 $; ⏰ Mo–Sa 6–19, So 7–18 Uhr; Ⓢ B/D bis Fordham Rd, Ⓜ Metro-North bis Fordham).

Anschließend locken ein paar South Bronx Craft-Biere bei der **Bronx Brewery** (☎718-402-1000; www.thebronxbrewery.com; 856 E 136th St, zw. Willow & Walnut Ave; ⏰ Mo–Mi 15–19, Do & Fr 15–20, Sa 12–20, So 12–19 Uhr Uhr; Ⓢ 6 bis Cypress Ave).

 SHOPPEN

HARLEM

HABERDASHERY MODE & ACCESSOIRES

Karte S. 466 (☎646-707-0070; www.harlemhaberdashery.com; 245 Malcolm X Blvd, zw. 122nd & 123rd St; ⏰ Mo-Sa 12-20 Uhr; Ⓢ 2/3 bis 125th St) Die hippe Uptown-Boutique hat alles für die topaktuelle Ausstattung in allen Variationen und Größen. Wunderschöne T-Shirts, hochwertige Turnschuhe, schicke Webhüte, maßgeschneiderte Jeansjacken und perfekt sitzende Knöpfhemden gehören zum ständig wechselnden Sortiment.

NILU GESCHENKE & SOUVENIRS

Karte S. 466 (☎646-964-4926; www.shopnilu.com; 191 Malcolm X Blvd, zw. 119th & 120th St, Harlem; 🕐Di–So 11–20 Uhr; [S]B/C, 2/3 bis 116th St) Die tolle, kleine Boutique NiLu (benannt nach den beiden Söhnen der Inhaberin, Nigel und Luke) lässt sich gut in einen Nachbarschaftsbummel einbauen und hat für jeden etwas. Im Angebot ist Harlem-Merchandising in allen Variationen, darunter T-Shirts für Kinder und Erwachsene, Stofftaschen, Tassen, Kunstwerke von Ikonen der Nachbarschaft, feine Pralinen, Pflegesets für Männer, Duftkerzen, originelle Schreibsets und vieles mehr.

REVOLUTION BOOKS BÜCHER

Karte S. 466 (☎212-691-3345; www.revolutionbooksnyc.org; 437 Malcolm X Blvd at 132nd St, Harlem; 🕐Di–So 12–21 Uhr; [S]2/3 bis 135th St) Der entschlossen unabhängige Buchladen hat eine Auswahl an Titeln zu sozialen Themen, Politik, Genderstudies und Menschenrechten. Etwa einmal die Woche gibt es Autorenlesungen und Diskussionen. Veranstaltungskalender auf der Website.

FLAMEKEEPERS HAT CLUB MODE & ACCESSOIRES

Karte S. 466 (☎212-531-3542; 273 W 121st St, Höhe St Nicholas Ave; 🕐Di & Mi 12–19, Do–Sa bis 20, So bis 18 Uhr; [S]A/C, B/D bis 125th St) In dem kecken kleinen Hutladen des leutseligen Harlemers Marc Williamson können Kunden wunderbar ihren Look aufpeppen. Sein sorgfältig zusammengestelltes Sortiment liest sich wie der Traum eines jeden Hutfetischisten. So gibt's etwa weiche Barbisio-Fedoras aus Italien, Selentino-Zylinder aus Tschechien und karierte Wollkappen von Hanna Hats of Donegal aus Irland. Die Preise liegen zwischen 90 und 350 $ und für echte Individualisten gibt's einen Anpass-Service.

ATMOS SCHUHE

Karte S. 466 (☎212-666-2242; www.atmosnyc.blogspot.com; 203 W 125th St, Höhe Adam Clayton Powell Jr Blvd; 🕐Mo–Sa 11–20, So 12–19 Uhr; [S]A/C, B/D, 2/3 bis 125th St) Dieser strahlend weiße Schuhtempel zieht Sneaker-Fetischisten von überallher an, auch Promis: Method Man vom Wu-Tang Clan ist z. B. schon mal hier gesichtet worden. Eine super Adresse für edle Treter, limitierte und neu aufgelegte Kollektionen und bekannt für die Zusammenarbeit etwa mit Nike, Puma und K-Swiss.

SPORT & AKTIVITÄTEN

TREAD RADFAHREN

(☎212-544-7055; www.treadbikeshop.com; 250 Dyckman St; pro Std./Tag 8/30 $; 🕐Mo–Sa 10–19, So bis 18 Uhr; 👪; [S]A bis Dyckman St) Im Inwood Hill Park, in unmittelbarer Nähe des New York Greenway Bike Trail, befindet sich dieser familienfreundliche Fahrradverleih. Von hier aus kann man sich daran machen, die langen, gewundenen Fahrradwege in Upper Manhattan zu erkunden.

RIVERBANK STATE PARK GESUNDHEIT & FITNESS

Karte S. 466 (☎212-694-3600; www.nysparks.com/parks/93; Eingang an der 145th St, Höhe Riverside Dr, Hamilton Heights; Pool Erw./Kind 2/1 $, Fitnessraum 5 $, Eislaufen Erw./Kind 5/3 $, Rollschuhlaufen 1,50 $, Rollschuhverleih 6 $; 🕐6–23 Uhr; 👪; [S]1 bis 145th St) Die mehr als 11 ha große Anlage mit fünf Gebäuden befindet sich oberhalb einer Kläranlage (nicht so verrückt, wie es klingt) und umfasst ein Hallenbad mit olympischen Maßen, ein Becken im Freien zum Bahnenschwimmen, einen Fitnessraum, Basketball- und Tennisfelder, eine Laufstrecke rund um einen Fußballplatz, einen Spielplatz und eine Bahn zum Rollerbladen (bzw. von November bis März je nach Wetter zum Schlittschuhlaufen).

Brooklyn

BROOKLYN HEIGHTS, DOWNTOWN BROOKLYN & DUMBO | BOERUM HILL, COBBLE HILL, CARROLL GARDENS & RED HOOK | FORT GREENE, CLINTON HILL & BED-STUY | PARK SLOPE, GOWANUS & SUNSET PARK | PROSPECT HEIGHTS, CROWN HEIGHTS & FLATBUSH | WILLIAMSBURG, GREENPOINT & BUSHWICK | CONEY ISLAND & BRIGHTON BEACH

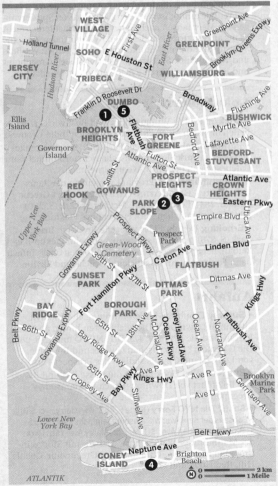

Highlights

❶ **Brooklyn Bridge Park** (S. 278) Laufen, Radfahren, Abhängen, Skaten, Bouldern, den Sonnenuntergang bestaunen – und vieles mehr – auf 35 ha Parkland am East River.

❷ **Prospect Park** (S. 279) In dem 243 ha großen Park, den Vaux und Olmsted, die auch den Central Park entwarfen, als die Krönung ihres Schaffens betrachteten, durch Wälder und über Wiesen streifen.

❸ **Brooklyn Museum** (S. 280) Die vielfältige Sammlung von Brooklyns größtem Museum erkunden, von einer der besten Abteilungen für ägyptische Kunst in den USA bis zur wegweisenden feministischen Kunst der 1970er-Jahre.

❹ **Coney Island** (S. 291) Am Meer auf einer hölzernen Achterbahn fahren, die Promenade entlangbummeln und bunte Street Art betrachten.

❺ **Brooklyn Flea** (S. 315) Auf Brooklyns beliebtestem Wochenendmarkt an Dutzenden Tischen durch alte Klamotten, LPs, Haushaltswaren und anderen Trödel stöbern.

Details s. Karten S. 468, S. 470, S. 472, S. 475 und S.476

Top-Tipp

Wer einen Eindruck davon bekommen möchte, wie es im alten New York aussah, sollte die Gegend um Brighton Beach besuchen. Unterhalb der Hochbahn entlang der Brighton Beach Ave liegt das geschäftige russische Viertel „Little Odessa". In Lebensmittelläden und Geschäften werden geräucherter Fisch und Piroggen verkaufen. Auf den Straßen tummelt sich ein bunter Querschnitt – von der Großmutter bis zum genervten Teenager – und alle unterhalten sich in Dutzenden verschiedenen Sprachen.

Gut essen

➡ Olmsted (S. 300)
➡ Modern Love (S. 302)
➡ Miss Ada (S. 298)
➡ Smorgasburg (S. 301)
➡ Juliana's (S. 294)
➡ Zenkichi (S. 302)

Mehr dazu S. 294 ➡

Schön ausgehen

➡ House of Yes (S. 307)
➡ Brooklyn Barge (S. 307)
➡ Radegast Hall & Biergarten (S. 307)
➡ Northern Territory (S. 307)
➡ Union Hall (S. 305)
➡ Maison Premiere (S. 307)

Mehr dazu S. 304 ➡

◉ Schön abhängen

➡ Prospect Park (S. 279)
➡ Brooklyn Bridge Park (S. 278)
➡ Brooklyn Botanic Garden (S. 287)
➡ Fort Greene Park (S. 284)

Mehr dazu S. 278 ➡

Rundgang: Brooklyn

Auf einer Fläche von 184 km² leben in Brooklyn 2,6 Mio. Menschen. Es ist somit eine ganz eigene Welt mit diversen Sehenswürdigkeiten – von Vierteln voller Brownstone-Häuser und schönen Parks bis zu angesagten Kunstgalerien und Vergnügungsparks am Meer.

Wer sich pro Tag nur ein Viertel vornimmt, ist gut bedient. South Brooklyn, vor allem Brooklyn Heights und das benachbarte Dumbo, bietet viel Geschichte und tolle Ausblicke auf Manhattan. Der Prospect Park ist genauso schön wie der Central Park, nur etwas kleiner, und viele der Viertel drum herum bieten sich für Spaziergänge, Schaufensterbummel und Kaffeepausen an. Hier befinden sich auch zwei weitere Attraktionen: das große Brooklyn Museum und die Brooklyn Botanic Gardens.

Freunde altmodischer Vergnügen und von Spaziergängen am Meer fahren nach Coney Island; Nachteulen zieht es ins angesagte North Brooklyn. Williamsburg, nur eine Subway-Station von Manhattan entfernt, strotzt vor Bars und Restaurants. Szeniger präsentieren sich Greenpoint und Bushwick mit ihren Kneipen und Livemusikläden.

Lokalkolorit

➡**Rock 'n' Roll** In Williamsburg und Bushwick ertönen in den hippsten Musikläden die aktuellen Indie-Grooves.

➡**Parkbummel** Im Prospect Park (S. 279) spazierengehen oder in Park Slope einen Schaufensterbummel samt Cafébesuch an der Fifth Ave unternehmen.

➡**Bauernmärkte** Mit Proviant von einem der Samstagsmärkte – Grand Army Plaza (S. 279), Fort Greene Park (S. 284), Borough Hall, McCarren Park (S. 290) – gibt's in einem nahen Park ein schönes Picknick.

➡**Erholung** Der am Fluss gelegene Brooklyn Bridge Park (S. 278) bietet Entspannung, ob beim Pickup-Basketball, bei Spaziergängen oder Radtouren oder einfach beim Faulenzen mit Ausblick auf Brücke und Skyline.

Anfahrt

➡**Subway** 17 Subway-Linien führen nach Brooklyn – alle durch Downtown. Die wichtigsten Linien ab Manhattan sind die A/C, 2/3, 4/5, D/F, N/R/Q und L (S. 289). Die G verkehrt nur zwischen Queens und Brooklyn, von Long Island City bis südlich des Prospect Park.

➡**Bus** Nach Red Hook fahren die Busse B61 und B57. Der B62 fährt von Downtown nach Williamsburg/Greenpoint.

➡**Schiff** Die **NYC Ferry** (Karte S. 468; www.ferry.nyc; S 10th St, abseits der Kent Ave, Williamsburg; einfache Fahrt 2,75 $; 🚌B32, Q59 bis Kent Ave, Ⓢ J/M/Z bis Marcy Ave) fährt von der Manhattaner Wall St zur E 34th St, mit Stopps in Brooklyn in Dumbo, Williamsburg, Greenpoint, Cobble Hill, Red Hook und Sunset Park.

HIGHLIGHT
BROOKLYN BRIDGE

Die 1883 eröffnete Brooklyn Bridge ist eins der architektonischen Meisterwerke New Yorks. Sie war die erste Stahlhängebrücke der Welt und die erste Landverbindung zwischen Brooklyn und Manhattan, mit einer Spannweite von 486 m. Sie inspirierte Dichter, Schriftsteller und Maler und verzaubert die Menschen noch immer.

Die Brücke fordert ihre Opfer

Die Pläne lieferte der aus Deutschland stammende Ingenieur John Roebling. Der verunglückte jedoch 1869 und starb an Wundstarrkrampf, noch bevor die Bauarbeiten begonnen hatten. Sein Sohn Washington übernahm die Aufsicht über den Bau, der nach 14 Jahren trotz großer Widrigkeiten schließlich vollendet wurde. Der junge Roebling litt an der Taucherkrankheit, nachdem er bei den Grabungsarbeiten für den Westturm im Flussbett geholfen hatte. In den langen Phasen, in denen er ans Bett gefesselt war, vertrat ihn seine Frau Emily Warren Roebling, die Mathematik und Hoch- und Tiefbau studierte und sich auch mit überbordenden Kosten und unzufriedenen Politikern herumplagen musste. Aber nicht nur die Roeblings litten für die Brücke: 20 bis 30 Arbeiter – offizielle Zahlen gibt es nicht – starben während der Bauarbeiten. Die letzte Tragödie ereignete sich im Juni 1883, sechs Tage nach der offiziellen Eröffnung der Brücke: Auf einer Treppe staute sich eine große Menge von Fußgängern; eine junge Frau kam ins Stolpern und fiel die Treppe hinunter – ihre Schreie lösten eine Massenpanik aus, bei der zwölf Menschen zu Tode getrampelt wurden; die Menschen dachten, die Brücke würde einstürzen.

Zu Fuß über die Brücke

Vom Fußgängerweg bieten sich tolle Ausblicke auf Lower Manhattan. Unter den Brückenpfeilern befinden sich Aussichtspunkte mit Messingtafeln, auf denen verschiedene Ansichten der Skyline im Wandel der Zeit dargestellt sind. Der Weg über die Brücke ist gut anderthalb Kilometer lang – 20 bis 40 Minuten zu Fuß, je nachdem, wie oft man stehen bleibt, um den Ausblick zu bewundern.

SCHON GEWUSST?

➡ Im Mai 1884 führte der Zirkusdirektor P. T. Barnum 21 Elefanten über die Brücke, um Skeptikern zu beweisen, dass sie sicher ist.

PRAKTISCH & KONKRET

➡ S 4/5/6 bis Brooklyn Bridge–City Hall; J/Z bis Chambers St; R/W bis City Hall

HIGHLIGHT
BROOKLYN BRIDGE PARK

Der 35 ha große Park am Wasser gehört zu den neusten Highlights von Brooklyn. Entlang einer Kurve des East River erstreckten sich von der Jay St in Dumbo bis zum Westende der Atlantic Ave in Cobble Hill über 2 km öde Uferflächen und verlassene Hafenanleger, die begrünt und zu einem öffentlichen Park umgestaltet wurden.

Empire Fulton Ferry

Dieser unmittelbar östlich der Brooklyn Bridge im nördlichen Teil von Dumbo gelegene Teil des Parks besteht aus einer großen Rasenfläche mit atemberaubendem Ausblick auf den East River. In der Nordostecke steht Jane's Carousel (S. 281), ein liebevoll restauriertes Karussell von 1922 in einem Glaspavillon des Architekten Jean Nouvel, der auch schon den Pritzker-Preis gewonnen hat. Der Park grenzt an der einen Seite an eine Reihe von Gebäuden aus der Zeit des Bürgerkriegs, das Empire Stores & Tobacco Warehouse (S. 281) mit Restaurants, Geschäften und einem renommierten Avantgardetheater.

Pier 1

Der gut 3 ha große Pier südlich der Brooklyn Bridge umfasst einen Park mit einem Spielplatz, Spazierwegen und den Harbor-View- und Bridge-View-Wiesen, beide mit einem tollen Blick über den Fluss. Im Juli und August werden donnerstags unter freiem Himmel vor der atemberaubenden Kulisse Manhattans kostenlos Filme gezeigt. Andere kostenlose Freiluft-Events (Tanzpartys, Yoga-Sessions, Shakespeare-Aufführungen, Geschichtsführungen) werden den ganzen Sommer über angeboten – Termine auf der Website des Parks. Am nördlichen Ende des Piers fährt auch die NYC Ferry (www.ferry.nyc) nach Manhattan ab.

Pier 6

Pier 6 am südlichen Ende des Parks, am Ende der Atlantic Ave, wartet mit einem tollen Spielplatz und einem kleinen Wasserspielplatz für Kleinkinder auf. Zwischen Mai und Oktober bieten verschiedene Stände Speisen und Getränke. Das Fornino (S. 295) lockt z. B. mit Holzofenpizza, Bier und italienischen Leckereien auf die Dachterrasse, von der sich auch wunderbar der Sonnenuntergang bestaunen lässt. Am Wochenende verkehrt vom Pier 6 eine kostenlose Fähre nach Governors Island (S. 76).

Andere Abschnitte

Die **Squibb Park Bridge** ermöglicht Fußgängern eine direkte Verbindung von Brooklyn Heights zum Park: Sie führt von Columbia Heights zwischen Middagh und Cranberry St direkt hinunter zum Pier 1. Der **Pier 2** steht mit seiner Rollschuhbahn, einem Fitnessplatz unter freiem Himmel sowie Boccia, Handball-, Basketball- und Shuffleboard-Plätzen ganz im Zeichen von Sport und Freizeit. Der **Pier 3** bietet weitere Rasenflächen und Granitstufen, von denen man die Aussicht genießen kann, während der **Pier 4** einen kleinen Strand bereithält, an dem man die Zehen in den East River tauchen kann. Der **Pier 5** wiederum wartet mit Spazierwegen, Plätzen für Beachvolleyball und Fußball und Grillstellen auf. Der **Main St Park** unmittelbar südlich der Manhattan Bridge verfügt über eine Kletterwand, einen Hundeplatz, einen Spielplatz mit Seefahrtmotto und einen Kieselstrand.

NICHT VERSÄUMEN

➧ Blick auf Downtown Manhattan von Pier 1

➧ Empire Fulton Ferry bei Sonnenuntergang

➧ Bummel über die Brooklyn Bridge

PRAKTISCH & KONKRET

➧ Karte S. 475, B1

➧ ☎ 718-222-9939

➧ www.brooklynbridge park.org

➧ East River Waterfront zw. Atlantic Ave & John St, Brooklyn Heights/ Dumbo

➧ Eintritt frei

➧ ⏱ 6–1 Uhr, einige Teile bis 23 Uhr, Spielplätze bis Sonnenuntergang

➧ ♿

➧ 🚌 B63 bis Pier 6/ Brooklyn Bridge Park; B25 bis Old Fulton St/ Elizabeth Pl, 🚢 East River oder South Brooklyn bis Dumbo/Pier 1, 🚇 A/C bis High St; 2/3 bis Clark St; F bis York St

HIGHLIGHT
PROSPECT PARK

Die Schöpfer des 236 ha großen Prospect Park, Calvert Vaux und Frederick Olmsted, betrachteten diesen Park als Fortentwicklung ihres anderen New Yorker Projekts, des Central Park. Der 1866 gegründete Park ist ähnlich gestaltet: Es gibt eine Wiese, einen See, baumgesäumte Wege und weitläufige Hügel mit Spazierwegen.

Grand Army Plaza

Den Eingang zum Prospect Park markiert ein weiter **Kreisverkehr** (Karte S. 472; Flatbush Ave & Eastern Pkwy, Prospect Park; ◷6–24 Uhr; Ⓢ2/3 bis Grand Army Plaza; B, Q bis 7th Ave) mit Triumphbogen. Der Bogen wurde 1890 im Andenken an die im Sezessionskrieg gefallenen Soldaten der Unionsstaaten errichtet. Samstags findet hier das ganze Jahr über von 8 bis 16 Uhr ein Bauernmarkt (S. 315) statt. Jeden Morgen bietet King David Tacos (S. 299) Frühstücks-Tacos wie in Austin.

Long Meadow

Die Long Meadow, mit 36 ha größer als der Great Lawn des Central Park, liegt südlich des Eingangs an der Grand Army Plaza. Sie ist perfekt zum Faulenzen und Herumtollen, es gibt viel Platz zum Spielen und überall sind Familien, die Drachen steigen lassen. Am südlichen Ende steht das **Picnic House** mit einem Imbissstand und öffentlichen Toiletten.

Children's Corner

In der Nähe der Flatbush Ave können die Kleinen mit einem **Karussell** von 1912 fahren, das ursprünglich von Coney Island stammt. Der **Prospect Park Zoo** (Karte S. 472; ☏718-399-7339; www.prospectparkzoo.com; 450 Flatbush Ave; Erw./Kind 8/5 $; ◷April–Okt. Mo–Fr 10–17, Sa & So bis 17.30 Uhr, Nov.–März bis 16.30 Uhr; Ⓢ2/3 bis Grand Army Plaza) hat Seelöwen, rote Pandas, Wallabys und einen kleinen Streichelzoo. Im **Lefferts Historic House** (Karte S. 472; ☏718-789-2822; www.prospectpark.org/lefferts; nahe Flatbush Ave & Empire Blvd; empfohlene Spende 3 $; ◷April–Juni & Sept.–Okt. Do–So 12–17 Uhr, Juli & Aug. bis 18 Uhr, Nov. & Dez. Sa & So bis 16 Uhr, Jan.–März geschl.; Ⓢ B, Q bis Prospect Park) aus dem 18. Jh. gibt's lustiges altes Kinderspielzeug.

Audubon Center Boathouse

Das fotogene Bootshaus am Nordufer des Prospect Park Lake bietet ganzjährig diverse Aktivitäten wie Vogelführungen, kostenlosen Yoga-Unterricht, Kunstausstellungen zum Thema Natur und Aktivitäten für Kinder. Hier ist auch der Ausgangspunkt eines 4 km langen Netzes von **Waldwanderwegen** – besonders idyllisch ist die Route entlang dem Lullwater Creek. Karten sind auf der Website zu finden oder man fragt im Bootshaus nach näheren Infos.

Prospect Park Bandshell

In dem Musikpavillon südwestlich der Long Meadow finden im Sommer kostenlose Konzerte statt – Termine gibt's im Internet und im Audubon Center Boathouse.

LeFrak Center at Lakeside

Der gut 10 ha große **Komplex** (Karte S. 472; ☏718-462-0010; www.lakesideprospectpark.com; 171 East Dr nahe Ocean & Parkside Ave; Eislaufen 6–9 $, Schlittschuhverleih 6–7 $, Ruderboote 15–35 $ pro Std., Fahrräder 8–35 $ pro Std.; ◷unterschiedlich je nach Jahreszeit; ♿; Ⓢ Q bis Parkside Ave) wartet mit Eislaufbahnen drinnen und draußen für den Winter und einer Rollschuhbahn und einem Planschbecken für den Sommer auf, außerdem mit einem Café, neuen Spazierwegen und einer kleinen Konzertbühne. Im Sommer kann man auch Paddelboote leihen.

NICHT VERSÄUMEN

→ Die friedvolle Aussicht vom Boathouse

→ Spaziergang am Lullwater Creek entlang

→ Picknicken auf der Long Meadow

PRAKTISCH & KONKRET

→ Karte S. 472, E3

→ ☏718-965-8951

→ www.prospectpark.org

→ Grand Army Plaza

→ ◷5–1 Uhr

→ Ⓢ2/3 bis Grand Army Plaza; F bis 15th St–Prospect Park; B, Q bis Prospect Park

HIGHLIGHT
BROOKLYN MUSEUM

Das fünfstöckige Beaux-Arts-Gebäude mit einer Fläche von 52 000 m² wurde Anfang der 1890er-Jahre vom Architekturbüro McKim, Mead & White entworfen – es sollte der weltweit größte Museumsstandort werden. Der Plan verlor an Fahrt, als Brooklyn eingemeindet wurde. Heute beherbergt das Gebäude mehr als 1,5 Mio. Objekte, darunter antike Artefakte, Zimmereinrichtungen aus dem 19. Jh. sowie Skulpturen und Gemälde aus verschiedenen Jahrhunderten.

Ägyptische Kunst

Zu den Höhepunkten gehört die ausgezeichnete Sammlung ägyptischer Kunstwerke, die insgesamt einen Zeitraum von 5000 Jahren abdeckt. Die Räume im 3. Stock zeigen Flachreliefs und Porträts aus der Zeit der Römer – einige stammen von noch andauernden Ausgrabungen in Ägypten. In einer Mumienkammer stehen Sarkophage und rituelle Gegenstände. Am eindrucksvollsten ist aber die sogenannte Bird Lady, eine grazile Terrakotta-Figurine mit abstraktem Gesicht und über den Kopf erhobenen Händen aus der Zeit zwischen 3650 und 3300 v. Chr. Sie hat eine Vitrine ganz für sich allein.

Amerikanische Kunst

Ein Porträt des standhaften George Washington von Gilbert Stuart, die berühmte Stadtlandschaft *Late Afternoon, New York, Winter* von Childe Hassam aus dem Jahr 1900 und Dutzende Gemälde des Porträtmalers John Singer Sargent aus dem späten 19. Jh.: Das Museum kann sich rühmen, eine der größten Sammlungen amerikanischer Kunst zu besitzen – im 4. Stock *(5th floor)*, nicht versäumen!

Ein eigenes Zimmer

Das Brooklyn Museum ist eine der wenigen etablierten Kunstinstitutionen, die einen Teil ihrer Dauerausstellung den Künstlerinnen widmet. Auf 770 m² im 3. Stock *(4th floor)* präsentiert das Elizabeth Sackler Center for Feminist Art die bezaubernde Verwandlung einer Person sowie historische Themenausstellungen, wie z. B. Frauen im Video oder in der Pop-Art. Im Herzen der Ausstellungsräume können Besucher die bahnbrechende Installation *The Dinner Party* von Judy Chicago aus dem Jahr 1979 bewundern.

Weitere Highlights

Weitere sehenswerte Ausstellungsräume zeigen afrikanische Skulpturen, lateinamerikanische Textilien und zeitgenössische Kunst. Wer hinter die Kulissen schauen möchte, sollte zum Visible Storage and Study Center im 4. Stock *(5th floor)* gehen. Hier bergen gläserne Kisten allerlei Ausstellungsstücke, wie ein altmodisches Fahrrad oder eine wulstige Skulptur von Gaston Lachaise.

Außer im September ist das Museum am ersten Samstag des Monats bis 23 Uhr geöffnet und veranstaltet kostenlose Abende mit Kunst, Darbietungen und Livemusik. Das Ganze ist sehr beliebt bei Familien.

NICHT VERSÄUMEN

➜ Ägyptische Kunst
➜ *The Dinner Party*
➜ Amerikanische Kunst
➜ Visible Storage Center

PRAKTISCH & KONKRET

➜ Karte S. 472, F3
➜ ☎718-638-5000
➜ www.brooklyn museum.org
➜ 200 Eastern Pkwy, Prospect Park
➜ empfohlene Spende Erw./Kind 16 $/frei
➜ ☺Mi & Fr–So 11–18, Do bis 22 Uhr, Okt.–Aug. 1. Sa des Monats bis 23 Uhr
➜ ♿
➜ Ⓢ2/3 bis Eastern Pkwy–Brooklyn Museum

SEHENSWERTES

Brooklyn Heights, Downtown Brooklyn & Dumbo

Als Anfang des 19. Jhs. die ersten Fähren nach Brooklyn fuhren, ließen sich wohlhabende Manhattaner in Brooklyn Heights schöne Häuser errichten. Die Gegend ist mit ihren baumgesäumten Straßen und erstklassigen Flussblicken auch heute noch äußerst begehrt. Unterhalb wurde durch den Brooklyn Bridge Park ein ehemals heruntergekommenes Hafengebiet völlig neu erschlossen. Downtown wiederum boomt. Hier haben Wohnhochhäuser die Skyline verändert ebenso wie amerikanische Ladenketten in der Fulton Mall.

Das von Kopfsteinpflasterstraßen durchzogene Hafengebiet Dumbo war einst rein gewerblich geprägt, heute gibt es hier jedoch Luxuswohnungen, Geschäfte, Kunstgalerien und gehobene Restaurants. Das winzige Wohnviertel am östlichen Ende heißt Vinegar Hill.

BROOKLYN BRIDGE BRÜCKE

Siehe S. 277.

BROOKLYN BRIDGE PARK PARK

Siehe S. 278.

JANE'S CAROUSEL HISTORISCHE STÄTTE

Karte S. 475 (☎718-222-2502; www.janescarousel.com; Old Dock St, Brooklyn Bridge Park, Dumbo; Tickets 2 $; 🕘Mitte Mai–Mitte Sept. Mi–Mo 11–19 Uhr, Mitte Sept.–Mitte Mai Do–So bis 18 Uhr; 👪; [S]F bis York St; A/C bis High St) Die wichtigste Sehenswürdigkeit am Nordende des Brooklyn Bridge Park (S. 278) ist ein altes Karussell, 1922 gebaut von der Philadelphia Toboggan Company. 1984 erwarb es die in Dumbo ansässige Künstlerin Jane Walentas, die in den folgenden beiden Jahrzehnten liebevoll die Farbe der Holzelemente am Karussell erneuerte.

Das Karussell umfasst 48 Pferde, zwei Wagen und 1200 Lampen und ist das erste seiner Art, das ins National Register of Historic Places aufgenommen wurde. Das betriebsbereite Juwel befindet sich in einem durchsichtigen Akrylpavillon, den der mit dem Pritzker-Preis ausgezeichnete Architekt Jean Nouvel entworfen hat.

BROOKLYN HISTORICAL SOCIETY MUSEUM

Karte S. 475 (☎718-222-4111; www.brooklynhistory.org; 128 Pierrepont St Höhe Clinton St, Brooklyn Heights; empfohlener Eintritt 10 $; 🕘Mi–So 12–17 Uhr; [S]R bis Court St; 2/3, 4/5 bis Borough Hall) Das Museum in einem majestätischen denkmalgeschützten Gebäude von 1881 mit interessanten Terrakotta-Verzierungen an der Fassade widmet sich voll und ganz dem Bezirk Brooklyn. Zur unbezahlbaren Sammlung gehören u. a. eine seltene Karte von New York aus dem Jahr 1770 und eine signierte Kopie der Freiheitserklärung. Dazu kommen regelmäßig wechselnde Ausstellungen zum Leben in Brooklyn. Einen Blick sollte man auf jeden Fall in die atemberaubende **Othmer Library** im ersten Stock *(2nd floor)* mit dem Originalbalkon aus Schwarzesche aus dem 19. Jh. werfen. Der **Shop** (tgl. 12–17 Uhr) in der Lobby ist eine wunderbare Quelle für Bücher und edle Mitbringsel zum Thema Brooklyn.

Die Gesellschaft bietet regelmäßig Ausstellungen und Spaziergänge durch das Viertel an. Infos dazu gibt's auf der Website.

NEW YORK TRANSIT MUSEUM MUSEUM

Karte S. 475 (☎718-694-1600; www.mta.info/mta/museum; Schermerhorn St Höhe Boerum Pl, Downtown Brooklyn; Erw./Kind 10/5 $; 🕘Di–Fr 10–16, Sa & So 11–17 Uhr; 👪; [S]2/3, 4/5 bis Borough Hall; R bis Court St) Dieses kinderfreundliche Museum in einem alten U-Bahnhof (1936 gebaut und 1946 stillgelegt) beschäftigt sich mit über 100 Jahren Verkehr in New York. Am schönsten ist es unten am Bahnsteig, wo man in 13 originale Subway- und Hochbahnwaggons aus dem Jahr 1904 klettern kann. Mit Wechselausstellungen wird die faszinierende Geschichte der New Yorker U-Bahn beleuchtet. Im Souvenirshop des Museums gibt es beliebte Andenken mit alten Subway-Motiven.

EMPIRE STORES & TOBACCO WAREHOUSE HISTORISCHES GEBÄUDE

Karte S. 475 (www.empirestoresdumbo.com; 53–83 Water St nahe Main St, Dumbo; 🕘8–19.30 Uhr; 🚌B25 bis Water/Main St, [S]F bis York St; A/C bis High St) Der Komplex Empire Stores & Tobacco Warehouse aus der Zeit des Bürgerkriegs lag lange verlassen und leer da, bevor er sich über mehrere Jahre hinweg zu einem Komplex mit gehobenen Geschäften, Restaurants, Büros und einem Lebensmittelmarkt entwickelte. 2015 öffnete das avantgardistische Theater St. Ann's Warehouse (S. 311) die Pforten. In jüngerer Zeit haben hier noch der Möbelladen West Elm, die Detroiter Accessoires-Kette Shinola (S. 85) und ein Ableger der Brooklyn Historical Society mit Galerie und Laden eröffnet.

⊙ Boerum Hill, Cobble Hill, Carroll Gardens & Red Hook

Gleich südlich von Brooklyn Heights und Downtown Brooklyn liegen diese drei familienfreundlichen Viertel mit unzähligen Brownstone-Häusern an baumgesäumten Straßen – Boerum Hill (östlich der Court St), Cobble Hill (westlich der Court St) und Carroll Gardens (südlich der Degraw St). Zwar gibt es kaum besondere Sehenswürdigkeiten, aber es ist eine gute Gegend für Restaurantbesuche und einen Einkaufsbummel. Weiter südlich liegt die abgeschiedene Halbinsel Red Hook, einst einer der verkehrsreichsten Häfen der Welt, heute sind hier riesige Geschäfte und Restaurants im Industriechic angesiedelt.

RED HOOK STADTTEIL

Karte S. 470 (🚌B61) Vor langer Zeit zählten Red Hook und seine Hafenanlagen zu den gefährlichsten Teilen New Yorks. Inzwischen sind die ungehobelten Hafenarbeiter abgezogen und haben an der Bucht ein uriges Viertel zurückgelassen, wo in lauten Kneipen mit billigen Drinks und Livemusik, in alten Kopfsteinpflasterstraßen und traditionellen Stadthäusern sowie mit erstklassigen Meeresfrüchten an die Seefahrtsgeschichte angeknüpft wird.

Red Hook selbst hat keine Subway-Station, doch die Buslinie B61 fährt mitten durchs Viertel. Der Bus hält an den Stationen Smith–9th St (an den Linien F und G) und 4th Ave–9th St (an der Linie R).

COFFEY PARK PARK

Karte S. 470 (www.nycgovparks.org/parks/cof fey-park; Verona St zw. Richard & Dwight St, Red Hook; 🕒Sonnenauf- bis Sonnenuntergang) [GRATIS] Dieser Park in Red Hook ist eine ideale Oase inmitten des Trubels der Stadt. Die Wege sind von üppigen Hecken und Bäumen gesäumt und führen über sanft gewellte Rasenflächen, die sich perfekt für ein Grillmahl oder eine Runde Frisbee eignen. Im Coffey Park finden außerdem Konzerte im Rahmen der Reihe NYC Summer Stage und andere kostenlose Veranstaltungen statt.

INVISIBLE DOG GALERIE

Karte S. 470 (☎347-560-3641; www.theinvisible dog.org; 51 Bergen St zw. Smith & Court St, Boerum Hill; 🕒Do–Sa 13–19, So bis 17 Uhr; [S]F, G bis Bergen St) Das vielseitige Kulturzentrum Invisible Dog in einer umgebauten Fabrik nahe der Smith St verkörpert den kreativen Geist Brooklyns. Im Erdgeschoss finden oft Ausstellungen statt und die Künstlerateliers darüber öffnen manchmal ihre Pforten zu Gruppenausstellungen. Theater, Film und Musik sowie der gelegentliche Markt runden das kulturelle Angebot des Zentrums ab.

⊙ Fort Greene, Clinton Hill & Bed-Stuy

Das praktisch gelegene und daher auch als Wohngebiet beliebte Fort Greene erstreckt sich von Downtown Brooklyn in östlicher Richtung bis hinter die Flatbush Ave. Hier gibt es zwei Wahrzeichen: die Brooklyn Academy of Music und den Williamsburgh Savings Bank Tower von 1927, jahrzehntelang Brooklyns höchstes Gebäude, inzwischen jedoch überragt von Wohnhochhäusern aus Glas und Stahl. Die schattigen Seitenstraßen von Fort Greene sind von wunderschön erhaltenen und entsprechend unerschwinglichen Brownstone-Häuser aus dem 19. Jh. gesäumt, genauso wie das etwas weiter abgelegene Viertel Clinton Hill mit dem Pratt Institute, einer privaten Hochschule für Kunst und Design. Besonders die Washington und die Clinton Ave warten mit einigen schönen Reihenhäusern aus der Zeit nach dem Bürgerkrieg auf.

MUSEUM OF CONTEMPORARY AFRICAN DIASPORAN ARTS MUSEUM

Karte S. 470 (MoCADA; ☎718-230-0492; www.mocada.org; 80 Hanson Pl Höhe S Portland Ave, Fort Greene; Erw./Stud./Kind 8/4 $/frei; 🕒Mi, Fr & Sa 12–19, Do bis 20, So bis 18 Uhr; [S]C bis Lafayette Ave; B/D, N/Q/R, 2/3, 4/5 bis Atlantic Ave–Barclays Ctr) Das kleine Museum veranstaltet unterschiedlichste interessante Ausstellungen zu den gesellschaftlichen und politischen Problemen afrikanischstämmiger Menschen außerhalb von Afrika. Damit soll an kulturelle Traditionen angeknüpft werden, die während der Kolonialzeit und durch

Spaziergang
Brownstones & Brücken

START ST. GEORGE HOTEL
ZIEL JANE'S CAROUSEL
LÄNGE/DAUER 3,2 KM; 2 STUNDEN

Die Tour beginnt an der Ecke Clark und Henry St im Erdgeschoss des 30-stöckigen **1 St. George Hotel**. Das zwischen 1880 und 1930 gebaute Hotel war mit seinen 2632 Zimmern einst das größte der Stadt. Zwei Blocks nördlich liegt an der Orange St die **2 Plymouth Church**. Mitte des 19. Jhs. predigte Henry Ward Beecher hier gegen die Sklaverei. Weiter geht's auf der Orange St nach Westen, dann an der Willow St südwärts abbiegen. Nr. 70 Willow St ist die gelbe, elf Zimmer große Villa, in der **3 Truman Capote** wohnte, als er *Frühstück bei Tiffany* schrieb. Geradeaus weiter Richtung Süden, an der Pierrepont St rechts abbiegen und der Straße auf dem Schwenk nach links in die **4 Montague Terrace** folgen, eine kurze Straße mit alten Brownstone-Häusern. In der Nr. 5 hat Thomas Wolfe *Von Zeit und Strom* verfasst. Von hier geht's weiter auf der Remsen St westwärts bis zur **5 Brooklyn Heights Promenade**. Dieser sehenswerte Park mit seinen tollen Blicken auf Manhattan wurde 1942 von Robert Moses gebaut, um die Bewohner des Viertels wegen des Baus des lärmigen Expressway darunter zu besänftigen. Dann der Promenade und dem Columbia Heights nach Norden folgen und die Fußgängerbrücke **6 Squibb Park Bridge** hinunter in den **7 Brooklyn Bridge Park** (S. 278) nehmen. Unten angekommen kann man vom begrünten Pier 1 den Ausblick bewundern. Ganz in der Nähe befindet sich der Fähranleger **8 Fulton Ferry Landing**. George Washington befahl hier 1776 während der Schlacht von Long Island einen wichtigen und hastigen Rückzug. Von hier geht es weiter auf der Water St unter der **9 Brooklyn Bridge** (vollendet 1883) hindurch und vorbei am **10 Empire Stores & Tobacco Warehouse** (S. 281), Backsteingebäuden aus der Zeit des Bürgerkriegs; darin befinden sich heute Geschäfte und Büros und man kann hier toll eine Kleinigkeit essen. Der Spaziergang endet an der Empire Fulton Ferry im Brooklyn Bridge Park im Glanz von **11 Jane's Carousel** (S. 281) von 1922.

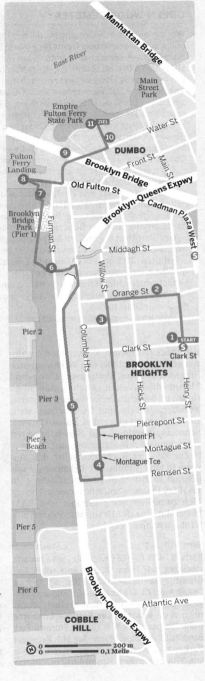

BROOKLYN

GREEN-WOOD CEMETERY

Wer ein wirklich schönes und friedliches Plätzchen in Brooklyn erleben möchte, sollte den **Green-Wood Cemetery** (Karte S. 472; www.green-wood.com; 500 25th St Höhe Fifth Ave, Greenwood Heights; ⏲Juni–Aug. 7–19 Uhr, Mai & Sept. ab 7.45 Uhr, Mitte März–April & Okt. bis 18 Uhr, Nov.–Mitte März bis 17 Uhr; [S] R bis 25th St) [GRATIS] besuchen. Der historische Friedhof liegt am höchsten Punkt des Stadtviertels und erstreckt sich über hügelige 200 ha mit mehr als 7000 Bäumen, von denen viele über 150 Jahre alt sind. Die unzähligen Gräber, Mausoleen, Seen und Waldstücke sind durch ein verworrenes Straßen- und Wegenetz verbunden – perfekt fürs ziellose Umherschlendern.

Der Friedhof wurde 1838 gegründet und ist die letzte Ruhestätte von rund 560 000 Personen, darunter verschiedene bekannte Persönlichkeiten wie die Erfinder Samuel Morse und Elias Howe, der Sklavenbefreier Henry Ward Beecher, der Designer Louis Comfort Tiffany und der 80er-Jahre-Künstler Jean-Michel Basquiat.

Der beste Ort des Friedhofs ist sein höchster Punkt, **Battle Hill**, wo die Kontinentalarmee die britischen Truppen 1776 bei der Schlacht von Long Island zurückschlug. An das Ereignis erinnert eine 2 m hohe Statue der Minerva, der römischen Göttin der Weisheit, die der Freiheitsstatue in der Ferne zuwinkt. Der Hügel befindet sich im Nordostteil des Friedhofs abseits der Battle Ave. Ganz in der Nähe sind die Musiklegende Leonard Bernstein und der Besitzer der Brooklyn Dodgers, Charles Ebbets, bestattet.

Der Eintritt ist frei und am Eingang liegen kostenlose Pläne des Friedhofs aus. Mittwochs und sonntags wird jeweils um 13 Uhr eine zweistündige Führung mit dem Bus angeboten (20 $ pro Pers., Buchung empfehlenswert). Bei den kreischenden grünen Sittichen, die in den Nischen des gotischen Eingangstors nisten, handelt es sich angeblich um Nachfahren von Sittichen, die in den 1960er-Jahren am Flughafen aus einer Transportkiste ausgebüxt sind und den Grundstock für die seither hier ansässige Kolonie gebildet haben.

Tipp: Im Sommer Mückenschutzmittel nicht vergessen!

den transatlantischen Sklavenhandel verloren gegangen sind. Bei den Wechselausstellungen sind Fotos, Skulpturen, Klang- und Multimedia-Arbeiten zu sehen. Außerdem finden im Museum Performances, Konzerte, Künstlergespräche und Diskussionen statt. Im Museumsshop werden Kunst-Unikate, Schmuck, Kleidung und Haushaltswaren zeitgenössischer Designer verkauft.

Zur Zeit der Recherche sollte das Museum in eine geräumigere Behausung – mit dreimal so großer Ausstellungsfläche – im BAM South umziehen, einem riesigen neuen Mehrzweckkomplex gegenüber vom BAM Fisher Building (S. 311) ein paar Straßen entfernt am Ashland Pl.

BRIC HOUSE — KULTURZENTRUM

Karte S. 470 (☎718-683-5600; www.bricartsmedia.org; 647 Fulton St, Ecke Rockwell Pl, Fort Greene; ⏲Galerie Di–So 10–18 Uhr; [S] B, Q/R bis DeKalb Ave; 2/3, 4/5 bis Nevins St) Diese alteingesessene Brooklyner Kultureinrichtung, die u. a. die **kostenlosen Sommerkonzerte** (nahe Prospect Park W & 11th St, Prospect Park Bandshell, Park Slope; ⏲Juni–Aug.) im Prospect Park organisiert, ist in einem eindrucksvollen, 3700 m² großen Bau untergebracht. Im Kulturkomplex mit seinem 400 Zuschauer fassenden Saal finden neben Kunstausstellungen und Medienevents alle möglichen Kulturveranstaltungen wie Poetry Slams, Konzerte und Theater- und Tanzaufführungen statt. Außerdem befinden sich hier ein Ableger des Cafés **Hungry Ghost** (Karte S. 470; ☎718-797-3595; www.hungryghostbrooklyn.com; 781 Fulton St Höhe S Oxford St, Fort Greene; Sandwiches ab 7 $, Frühstück ab 3 $, Kaffee ab 3 $; ⏲7–20 Uhr; [S] C bis Lafayette Ave, G bis Fulton St) sowie nebenan eine Glasbläserei, in der ebenfalls Ausstellungen stattfinden.

FORT GREENE PARK — PARK

Karte S. 470 (www.fortgreenepark.org; zw. Myrtle & DeKalb Ave & Washington Park & St Edwards St, Fort Greene; ⏲6–1 Uhr; 👪; [S] B, Q/R bis DeKalb Ave; C bis Lafayette St; G bis Fulton St) Dieses 12 ha große Parkgelände wurde über ehemaligen Militärbefestigungen aus der Zeit des Unabhängigkeitskriegs angelegt. 1847 wurde das Gelände als erste Parkfläche Brooklyns ausgewiesen (unterstützt von Zeitungsredakteur Walt Whitman) und bis 1896 verwandelten die Landschaftsarchitekten Calvert Vaux und Frederick Olmsted – berühmt durch den Central Park (S. 241) und den Prospect Park (S. 279) – den Ort in eine schöne Hügellandschaft mit Spazierwegen, Spiel- und Sportplätzen.

Im Zentrum des Parks steht das 1905 errichtete **Prison Ship Martyrs' Monument**, mit 45 m Höhe zur Zeit ihrer Errichtung die weltgrößte dorische Säule. Das Denkmal, das an 11 500 amerikanische Kriegsgefangene erinnern soll, die während des Unabhängigkeitskriegs auf britischen Gefangenenschiffen starben, entwarf Stanford White vom bekannten Architekturbüro McKim, Mead & White. In einer Krypta unter dem Sockel sind teils Gebeine der Verstorbenen bestattet.

Wer an einem Samstag hier ist, sollte sich nicht den ganzjährig stattfindenden Greenmarket (S. 315) mit allen möglichen frischen Lebensmitteln aus der Region entgehen lassen; er findet in der Südostecke des Parks statt. Im Herbst, also von September bis Mitte November, gibt's außerdem einen **Kunstgewerbemarkt** mit Kunst und Kunsthandwerk von unabhängigen Künstlern.

KINGS COUNTY DISTILLERY BRENNEREI
(☎347-689-4211; www.kingscountydistillery.com; 299 Sands St Höhe Navy St, Brooklyn Navy Yard; ⊙Führungen Di–So 15 & 17, Sa 13–16 Uhr alle 30 Min., Probierstube Mo 10–18, Di–Fr bis 22, Sa 12–22, So bis 20 Uhr; 🚌B62, B67 bis Sands/Navy St, 🚇F bis York St) Diese Brennerei in einem Backsteingebäude von 1899 im Brooklyn Navy Yard brennt aus Getreide aus dem Bundesstaat New York und mit traditionellen Gerätschaften einige sehr sanfte Schnäpse. Bei einer 45-minütigen **Führung** (Reservierung empfohlen) kann man sich den Brenn- und Abfüllprozess anschauen und erfährt zudem Historisches – so zogen die Whiskey Wars des 19. Jhs. im nahen Vinegar Hill ganz Brooklyn in Mitleidenschaft. Am Ende kann man einige der Erzeugnisse verkosten.

In der im Torhaus untergebrachten **Probierstube** lassen sich außerdem einige der klassischen und der experimentellen KCD-Cocktails sowie verschiedene Whiskeys probieren – oder man nimmt sich einfach ein Fläschchen mit. Die Kings County Distillery produziert Bourbon, der in angekohlten Fässern aus Amerikanischer Eiche reift, *moonshine* (zu 80 % aus Mais und keineswegs so untrinkbar, wie der Name – schwarzgebrannter Schnaps – vermuten lässt) und in begrenzter Menge saisonale Sorten wie Kürbis-Gewürz-Whiskey. Einigen Besuchern schmeckt sicher auch der

Schokoladen-Whiskey mit Kakaobohnenhülsen aus der benachbarten Fabrik Mast Brothers Chocolate.

BLDG 92 MUSEUM
(www.bldg92.org; 63 Flushing Ave Höhe Carlton Ave, Brooklyn Navy Yard; ⊙Mi–So 12–18 Uhr; 🚌B57, B69 bis Cumberland St/Flushing Ave, 🚇G bis Fulton St; F bis York St) GRATIS Das kostenlose Museum im Brooklyn Navy Yard liefert einen ausgezeichneten Überblick über die wichtigsten historischen Ereignisse, die sich auf diesem Gelände in den vergangenen 200 Jahren abgespielt haben. Im Mittelpunkt steht natürlich der Bau amerikanischer Kriegsschiffe, doch die Ausstellungen beschäftigen sich auch mit Ereignissen auf lokaler und globaler Bühne.

⊙ Park Slope, Gowanus & Sunset Park

Das für seine schattigen Straßen und klassischen Brownstones bekannte Park Slope ist das Brooklyner Pendant zur Manhattaner Upper West Side. Heute findet man in dem ehemaligen Arbeiterviertel v. a. schwule und heterosexuelle Paare mit Kleinkindern und Designerhunden sowie tolle Restaurants und Boutiquen. Östlich schließt sich die wichtigste Grünanlage Brooklyns an, der 237 ha große Prospect Park. Westlich erstreckt sich Gowanus mit neuen Wohnhäusern, Geschäften und Ausgehmöglichkeiten an der einst heruntergekommenen Fourth Ave und in deren Umgebung.

Südlich befinden sich der geschichtsträchtige Green-Wood Cemetery (S. 284) und das Viertel **Greenwood Heights**, dahinter das Viertel Sunset Park mit einer bunt gemischten Bevölkerung.

PROSPECT PARK PARK
Siehe S. 279.

BUSH TERMINAL PIERS PARK PARK
(☎888-697-2757; Marginal St, Sunset Park; ⊙Sonnenauf- bis Sonnenuntergang, je nach Jahreszeit unterschiedlich) GRATIS Der Bush Terminal Piers Park liegt nur einen kurzen Spaziergang entfernt von den Ateliers, Läden und Restaurants der Industry City und bietet mit die besten Ausblicke in Brooklyn. Der Park wartet mit Wegen, Basketballplätzen und zahlreichen grasbewachsenen Kuppen auf, von denen man wunderbar den atemberaubenden Ausblick über die Bucht

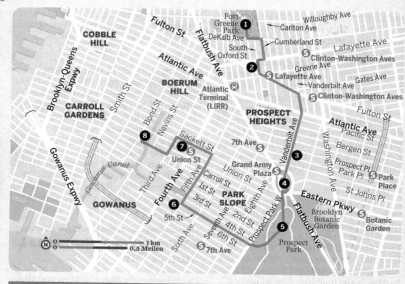

🏃 Lokalkolorit
Süd-Brooklyn

Die knapp 6,5 km lange Tour führt durch einige der spannendsten Viertel Brooklyns, in denen neue Esslokale, Bars und Läden die Stadtlandschaft in rasantem Tempo verändern. Es geht durch Viertel mit schönem Baumbestand, Straßenzüge voller Brownstone-Häuser und zwei hübsche Parks. Um auch über die genannten Lebensmittelmärkte zu bummeln, unternimmt man den Spaziergang an einem Samstag.

❶ Fort Greene Park

Mit einem Bummel durch den 12 ha großen Fort Greene Park (S. 284) beginnt der Tag entspannt. Vom Hügel mit dem Prison Ship Martyrs' Monument eröffnen sich Ausblicke auf Manhattan. Samstagmorgens findet in der Südostecke des Parks ein Wochenmarkt statt – die Cider-Doughnuts probieren!

❷ Kaffee & Brownstones

Das nette Viertel rund um den Park heißt ebenfalls Fort Greene. Eine der wichtigsten Einkaufsmeilen hier ist die von Lokalen gesäumte DeKalb Ave; die Nebenstraßen zählen zu den hübschesten Wohnstraßen Brooklyns. Für eine Kaffeepause bietet sich das Hungry Ghost (S. 284) in der Fulton St an.

❸ Vanderbilt Avenue

Auf der anderen Seite der Atlantic Ave liegt **Prospect Heights**, ein weiteres charmantes Brooklyner Viertel. Die Hauptschlagader ist die Vanderbilt Ave mit zahlreichen Geschäften, Restaurants und Cafés.

❹ Grand Army Plaza

Weiter geht's hinunter zur Grand Army Plaza (S. 286), einem großen Kreisverkehr mit einem hoch aufragenden Bogen. Gleich südlich hiervon findet in Höhe des Eingangs zum Prospect Park samstags ein weiterer beliebter Lebensmittelmarkt statt, bei dem auch wechselnde Foodtrucks zugegen sind.

❺ New Yorks anderer Park

Der Prospect Park (S. 279), Brooklyns Version des Central Park, wurde von denselben Leuten geschaffen und ist dem Manhattaner Park in Vielem ähnlich, doch weitaus ruhiger. Hauptanziehungspunkte sind eine weitläufige Wiese, die perfekt ist für ein Picknick und zum Drachensteigenlassen, schattige Pfade und ein hübscher See.

❻ Sachen für Helden

Westlich des Parks liegt das Wohnviertel Park Slope mit baumgesäumten Straßen und jeder Menge alten Brownstone-Häusern.

nach Lower Manhattan genießen kann – besonders schön ist die Aussicht zum Sonnenuntergang.

Den Park kann man von der 43rd St aus betreten.

SUNSET PARK

PARK

Karte S. 472 (www.nycgovparks.org/parks/sun set-park; 41st bis 44th St zw. Fifth & Seventh Ave, Sunset Park; ⚿; ☐B63 bis 42nd oder 44th St, ⓈR bis 45th St; D, N bis 36th St) Im Sunset Park lässt es sich wunderbar abhängen. An Sommerabenden tummeln sich Familien im mit Olympiamaßen gesegneten Schwimmbecken unter freiem Himmel und die Kinder freuen sich besonders über den großen, modernen Spielplatz. Der Park ist klein genug für gemütliche Spaziergänge, aber groß genug, dass man genug Platz für ein Picknick und zum Relaxen hat. Passend zum Namen bieten sich von hier unglaubliche Blicke bei Sonnenuntergang auf den New York Harbor und die Freiheitsstatue.

Brownstones in Brooklyn

An der Fifth Ave befindet sich der originelle Laden Brooklyn Superhero Supply Co (S. 315), der Umhänge, Verkleidungen und Spielzeugknarren verkauft.

❼ Finderglück

Im riesigen Vintage-Laden **No Relation** (Karte S. 472; ☏718-858-4906; http://ltrain vintage.com; 654 Sackett St nahe Fourth Ave, Gowanus; ⊙12–20 Uhr; ⓈR bis Union St) am Westrand von Park Slope kann man wunderbar durch die Regale stöbern. Vielleicht entdeckt man ein altes Sporttrikot, einen Vintage-Designerfummel oder einen coolen Pulli aus den Neunzigern.

❽ Lavender Lake

Westlich von Park Slope schließt sich Gowanus an, ein altes Industriegebiet, das gerade für Kultur und Wohnen umgenutzt wird. Benannt ist es nach dem (verschmutzten) Kanal, der hier verläuft. Von einer hübschen Holzbrücke an der Carroll St blickt man aufs Wasser, bevor die Bar **Lavender Lake** (Karte S. 472; ☏347-799-2154; www.lavenderlake.com; 383 Carroll St zw. Bond St & Gowanus Canal, Gowanus; ⊙Mo–Mi 16–24 Uhr, Do bis 1, Fr bis 2, Sa 12–2, So bis 24 Uhr; ⓈF, G bis Carroll St; R bis Union St) im Sommer mit einer Terrasse lockt.

⊙ Prospect Heights, Crown Heights & Flatbush

Unmittelbar nördlich des Prospect Park befindet sich das kleine, gemütliche Viertel Prospect Heights, wo viele Familien und junge Berufstätige wohnen. Richtung Osten führt der breite, baumgesäumte Eastern Pkwy durch Crown Heights, ein vorwiegend karibisches und afroamerikanisches Viertel mit einer großen orthodoxen jüdischen Gemeinde.

Östlich und südlich befinden sich die ruhigen Gegenden **Prospect Lefferts Gardens**, **Prospect Park South** und **Ditmas Park** mit zahlreichen schönen Brownstones und anderen Häusern aus dem 19. Jh. Dahinter erstreckt sich das größere Flatbush, einer der Mitte des 17. Jhs. von den niederländischen Kolonialisten gegründeten Orte.

BROOKLYN MUSEUM

MUSEUM

Siehe S. 280.

BROOKLYN BOTANIC GARDEN

GARTENANLAGE

Karte S. 472 (☏718-623-7200; www.bbg.org; 150 Eastern Pkwy, Prospect Park; Erw./Stud./Kind 15/ 8 $/frei, Fr 10–12 Uhr frei, Dez.–Feb. Di–Fr frei; ⊙März–Okt. Di–Fr 8–18, Sa & So ab 10 Uhr, Nov. Di–Fr 8–16.30, Sa & So ab 10 Uhr, Dez.–Feb. Di–So 10–16.30 Uhr; ⚿; Ⓢ2/3 bis Eastern Pkwy–Brooklyn Museum; B, Q bis Prospect Park) Der 21 ha

DITMAS PARK

Ditmas Park (Karte S. 472; rund um die Cortelyou Rd, Flatbush; P; SQ bis Cortelyou Rd oder Newkirk Plaza; B bis Newkirk Plaza) in Flatbush liegt zwar ein paar Haltestellen südlich des Prospect Park direkt an der Subway, wirkt aber wie aus einer ganz anderen Welt – auf jeden Fall nicht wie ein Teil einer Megastadt. Die stillen, baumbestandenen Seitenstraßen sind von eleganten freistehenden Häusern gesäumt, die Anfang des 20. Jhs. im Colonial-Revival-, Arts-and-Crafts-, viktorianischen, Queen-Anne- und anderen Stilen errichtet wurden. Selbst die muntere Einkaufsstraße Cortelyou Rd ist relaxt. Hier lässt sich Brooklyn von einer ganz anderen Seite erleben.

Die schönsten Häuser stehen v. a. in zwei Gegenden. Zum **Prospect Park South Historic District** kommt man mit der Linie B oder Q bis Church Ave; dann die Church Ave Richtung Westen entlanggehen und links in die Buckingham Rd biegen, die erste der schönen Straßen hier. An der Albemarle Rd angekommen, lohnt es sich, jeweils die zwei langen Karrees der nächsten drei Straßen – Marlborough, Rugby und Argyle Rd – zwischen der Albemarle und der Cortelyou Rd abzulaufen, um sich die stattlichen alten Häuser anzuschauen. Nur ein paar Straßen weiter südöstlich liegt der **Ditmas Park Historic District**, der von der Dorchester Rd, der Ocean Ave, der Newkirk Ave und der E 16th St begrenzt wird.

Wer genug herumgebummelt ist, kann sich der Erkundung der zahlreichen tollen Bars und Restaurants in Ditmas Park widmen wie dem beliebten **Mimi's Hummus** (Karte S. 472; ☎718-284-4444; www.mimishummus.com; 1209 Cortelyou Rd zw. Westminster & Argyle Rd, Ditmas Park; Hummus 9 $, Hauptgerichte 8–17 $; ⊙Mo–Do 9–22.30, Fr bis 23.30, Sa 11–23, So bis 22.30 Uhr; SQ bis Cortelyou Rd) und der originellen Bourbonbar **Sycamore** (Karte S. 472; www.sycamorebrooklyn.com; 1118 Cortelyou Rd Höhe Westminster Rd, Ditmas Park; ⊙Mo–Do 14–2, Fr bis 4, Sa 12–4, So bis 2 Uhr) sowie dem beliebten Café **Milk & Honey** (☎718-513-0441; www.milkandhoneycafeny.com; 1119 Newkirk Ave Höhe Westminster Rd, Ditmas Park; Hauptgerichte 8–14 $; ⊙7–20 Uhr; ☎; SB, Q bis Newkirk Plaza). An den Avenues gibt's jeweils Subway-Stationen für die Fahrt zurück.

große Garten ist einer der malerischsten Orte Brooklyns. Tausende von Pflanzen und Bäumen verzücken die Besucher ebenso wie ein **japanischer Garten** mit Tabascoschildkröten, die am Shintoschrein entlangplanschen. Beste Besuchszeit ist Ende April oder Anfang Mai zur **Kirschblüte** (⊙April oder Mai). Die Bäume sind ein Geschenk Japans.

Vom japanischen Garten führen verschiedene Wege zu den anderen beliebten Abteilungen, die sich der einheimischen Flora und der Zucht von Bonsaibäumen widmen, zu einem Wald in einem Meer von Glockenblumen und zu einem Rosengarten. Der **Discovery Garden** ist ein interaktiver Garten für Kinder mit regelmäßigen Aktivitäten für Familien. Außerdem gibt's ein gutes Café, natürlich mit Außenbestuhlung.

Der Botanische Garten hat drei Eingänge: Der direkteste befindet sich unmittelbar westlich des Brooklyn Museum (S. 280). Der Eingang an der Washington Ave um die Ecke (Höhe President St) führt zu einem auffallenden, umweltfreundlich designten **Besucherzentrum** mit einem „lebenden Dach" mit 40 000 Pflanzen.

WEEKSVILLE HERITAGE CENTER
HISTORISCHE STÄTTE

(☎718-756-5250; www.weeksvillesociety.org; 1698 Bergen St zw. Rochester & Buffalo Ave, Crown Heights; Führungen Erw./Stud. 8/6 $; ⊙Führungen Di–Fr 15 Uhr; SA/C bis Ralph Ave) 1838 kaufte ein ehemaliger Sklave namens James Weeks am Rand der bewohnten Gebiete Brooklyns ein Stück Land, um dort eine Siedlung freier, afroamerikanischer Unternehmer, Ärzte, Arbeiter und Handwerker zu gründen. Das Dorf wurde nach und nach von Brooklyn übernommen, aber drei der historischen Holzhäuser (Hunterfly Road Houses) stehen noch und können besichtigt werden.

BROOKLYN CHILDREN'S MUSEUM
MUSEUM

(☎718-735-4400; www.brooklynkids.org; 145 Brooklyn Ave Höhe St Marks Ave, Crown Heights; 11 $, Do 14–18 Uhr frei; ⊙Di, Mi & Fr 10–17, Do bis 18, Sa & So bis 19 Uhr; ☎; SC bis Kingston–Throop Aves; 3 bis Kingston Ave) Kinder lieben das 1899 gegründete, verspielte Museum in dem hellgelben, L-förmigen Gebäude. Zur Sammlung gehören fast 30 000 kulturgeschichtliche (Musikinstrumente, Masken, Puppen) und naturhistorische Objekte (Steine, Mineralien und das komplette Skelett eines asiatischen Elefanten). Aber auch Brooklyn ist hier gut vertreten: mit einer nachgebauten Bodega, einem Pizzaladen sowie einem karibischen Markt, in dem die Kinder Theater spielen können. Das Museum liegt neben dem Brower Park und etwa 1,6 km von der Grand Army Plaza entfernt.

WYCKOFF HOUSE
MUSEUM HISTORISCHES GEBÄUDE, MUSEUM
(☎718-629-5400; www.wyckoffmuseum.org; 5816 Clarendon Rd Höhe E 59th St, East Flatbush; empfohlener Eintritt Erw./Kind 5/3 $; ⊙Außenanlagen Fr & Sa 12–16 Uhr, Hausführungen Fr & Sa 13–16 Uhr alle 30 Min.; 🚇; 🚌B8 bis Beverly Rd/E 59th St, 🚇B, Q bis Newkirk Plaza) Das 1652 gebaute Pieter Claesen Wyckoff House ist das älteste Gebäude New Yorks und eins der ältesten der USA. In und um das Bauernhaus im holländischen Kolonialstil wurde noch bis 1901 landwirtschaftlich gearbeitet. Die Außenwände sind mit Holzschindeln verkleidet und die Türen sind geteilt („Klöntür"). Auf Führungen (Reservierung empfohlen) wird die Geschichte der Familie erzählt und es werden die Anbauten aus dem 18. und 19. Jh. erläutert. Das Haus befindet sich weit draußen in East Flatbush. Eine Wegbeschreibung zum Haus befindet sich auf der Website oder man fragt telefonisch nach.

⊙ Williamsburg, Greenpoint & Bushwick

Die einst von Männern mit Ganzarmtattoos und Pferdeschwänzen geprägte Williamsburger Szene ist durch junge Berufstätige und Familien umgekrempelt worden, die in neue Hochhäuser eingezogen sind – 2016 eröffnete sogar ein Whole-Foods-Biomarkt. Doch der Stadtteil ist nach wie vor ein erstklassiges Ziel, um abends essen zu gehen und anderweitig auszugehen. Auch östlich des Brooklyn–Queens Expressway (BQE) befinden sich einige coole Läden, während südlich der Division Ave eine ultraorthodoxe jüdische Enklave ansässig ist, die Besuchern nicht viel zu bieten hat. Das Gebiet südlich der Myrtle Ave ist überwiegend Wohngebiet.

Das traditionell polnische Greenpoint und das überwiegend lateinamerikanische Bushwick haben mit ihren günstigeren Mieten in letzter Zeit vermehrt junge Kreative angelockt.

★**CITY RELIQUARY** MUSEUM
Karte S. 468 (☎718-782-4842; www.cityreliquary. org; 370 Metropolitan Ave nahe Havemeyer St, Williamsburg; 7 $; ⊙Do–So 12–18 Uhr; 🚇L bis Lorimer St; G bis Metropolitan Ave) In einer früheren Bodega befindet sich das City Reliquary, ein winziges Nachbarschaftsmuseum, das allerlei New Yorker Sachen aus der gesamten Geschichte der Stadt angehäuft hat. Schaukästen und Regale sind vollgestopft mit Dingen wie alten Ladenschildern, Souvenir-Schnickschnack, uralten Bleistiftanspitzern, Subway-Münzen, Seltersflaschen und Gegenständen aus dem alten Yankee Stadium. Wechselausstellungen gewähren einen Einblick in ausgewählte Aspekte des New Yorker Alltags.

BROOKLYN ART
LIBRARY GALERIE, BIBLIOTHEK
Karte S. 468 (☎718-388-7941; www.sketchbook project.com; 28 Frost St zw. Union Ave & Lorimer St, Williamsburg; ⊙Mi–So 10–18 Uhr; 🚇L bis Lorimer St) GRATIS Die Wände dieser interessanten Einrichtung säumen über 30 000 Skizzenbücher mit einer wilden Mischung aus Grafikdesign, Collagen, Kunst, Gedichten, frechen Comics und persönlichen Essays. Wer sich in der Sammlung umschauen möchte, besorgt

❶ TEILSPERRUNG DER LINIE L

Im April 2019 soll zwecks Sanierung der Canarsie Tunnel gesperrt werden, durch den die Subway-Linie L Manhattan mit Williamsburg verbindet. Diese Schließung, die 15 Monate dauern soll, hat in Nord-Brooklyn einiges Kopfzerbrechen ausgelöst. Während der Zeit der Sperrung fährt die Linie L von der Bedford Ave wie gewohnt Richtung Osten nach Canarsie, aber nicht hinüber nach Manhattan oder durch Manhattan selbst. Wer von Manhattan nach Williamsburg möchte, sollte sich vorher genau anschauen, wie er dort am besten hinkommt: mit einer anderen Subway (J, M, Z oder G), zu Fuß oder mit dem Bus, mit einem Citi-Bike-Rad über die Williamsburg Bridge oder mit der NYC Ferry (S. 290).

Aktuelle Infos gibt es auf http://web. mta.info.

STREET ART IN BUSHWICK

Mit dem **Bushwick Collective** (www.instagram.com/thebushwickcollective; rund um Jefferson & Troutman St, Bushwick; [S] L bis Jefferson St), einer Freilichtgalerie mit Wandbildern von einigen der talentiertesten Street-Art-Künstler u. a. aus New York, zementiert Bushwick weiter seinen Status als Brooklyns coolstes Viertel. Die Werke wechseln regelmäßig und sind v. a. an der Jefferson und Troutman St zwischen Cypress und Knickerbocker Ave zu finden, einige weitere nördlich der Flushing Ave an der Gardner Ave.

Weitere Street Art gibt's rund um die Subway-Station Morgan Ave der Linie L, besonders in der Siegel und Grattan St, praktischerweise ganz in der Nähe zum Roberta's (S. 303) und Pine Box Rock Shop (S. 310), wo man sich mit Pizza bzw. ein paar Drinks stärken kann.

Bushwick ist zwar insgesamt ein sicherer Stadtteil, doch es geschehen nach wie vor hin und wieder Verbrechen – besonders spät abends und am Wochenende sollte man also die Augen offen halten.

sich einen kostenlosen Bibliotheksausweis und kann dann eine Suche nach Thema, Künstler oder Land starten. Menschen aus über 130 Ländern haben ihre Skizzenbücher der Bibliothek vermacht. Am besten fragt man den freundlichen Bibliothekar nach seinen persönlichen Lieblingsbüchern!

Wer sich nach der Durchsicht einiger Bücher inspiriert fühlt, kann eines der obligatorischen Skizzenbücher kaufen (30 $ für ein 12 x 18 cm großes Buch) und die Seiten nach Lust und Laune füllen oder eines der empfohlenen Jahresthemen als Anregung nutzen. Man kann das Buch dann auch einfach per Post von zu Hause aus zurückschicken und es so der Sammlung hinzufügen lassen.

MCCARREN PARK — PARK

Karte S. 468 (☎718-965-6580; www.nycgovparks.org/parks/mccarren-park; N 12th St Höhe Bedford Ave, Williamsburg; ⏲Pool Memorial Day bis Labor Day 11–15 & 16–19 Uhr; 👪; [S] G bis Nassau Ave; L bis Bedford Ave) Die Rasenflächen des 14 ha großen McCarren Park bieten an warmen Tagen wunderbare Picknickplätze. An heißen Tagen verheißt das große alte – und kostenlose – **Schwimmbad**, das 2012 nach fast 30 Jahren Schließung wiedereröffnet wurde, eine Abkühlung. Wer größeren Menschenmengen aus dem Weg gehen möchte, sollte früh da sein. Im Juli und August werden mittwochs zudem kostenlose Filmvorführungen und Livemusikabende geboten (siehe www.summerscreen.org).

EAST RIVER STATE PARK — PARK

Karte S. 468 (☎718-782-2731; www.parks.ny.gov/parks/155; Kent Ave zw. 8th & 9th St, Williamsburg; ⏲9 Uhr bis Sonnenuntergang; [S] L bis Bedford Ave) Der fast 3 ha große East River State Park ist eine Grünanlage mit umwerfenden Ausblicken hinüber nach Manhattan. Auf seinen Rasenflächen gibt es unzählige Möglichkeiten sich auszutoben oder zu entspannen – z. B. finden hier im Sommer gelegentlich Konzerte statt. Ebenfalls nur im Sommer schippert eine Fähre nach Governor's Island und ganzjährig verkehrt die **NYC Ferry** (Karte S. 468; www.ferry.nyc; N 6th St, abseits der Kent Ave, Williamsburg; einfache Fahrt 2,75 $; 🚌B32 bis N 6th St, [S] L bis Bedford Ave). Haustiere sind im Park nicht erlaubt.

BROOKLYN BREWERY — BRAUEREI

Karte S. 468 (☎718-486-7422; www.brooklynbrewery.com; 79 N 11th St zw. Berry St & Wythe Ave, Williamsburg; Führungen Sa & So frei, Mo–Do 17 Uhr 15 $; ⏲Führungen Mo–Do 17, Sa 13–17, So 13–16 Uhr; Probierstube Fr 18–23, Sa 12–20, So 12–18 Uhr; [S] L bis Bedford Ave) Die Brooklyn Brewery erlaubt eine Zeitreise zurück in die Ära, als die Gegend das Bierbrauerzentrum New Yorks war. Hier werden nicht nur köstliche Biere produziert und serviert, sondern auch Führungen durch die Brauerei angeboten.

Bei den Führungen montags bis donnerstags können Teilnehmer vier Biere verkosten und erhalten einen Einblick in die Geschichte und Gegenwart der Brauerei – Platz online buchen! Am Wochenende sind die Touren kostenlos und man braucht sich nicht anzumelden, sie umfassen aber keine Verkostung. Stattdessen kann man Marken kaufen (je 5 $ oder 5 für 20 $), um im Anschluss Biere zu probieren. Oder man schenkt sich die Führung ganz und macht sich im schlichten Verkostungsraum einen netten Nachmittag.

Auch sehr interessant: Das verschnörkelte Logo der Brauerei wurde von keinem Geringeren als Milton Glaser entworfen, berühmt durch die „I Heart New York"-T-Shirts. Als Honorar für den Entwurf sicherte er sich einen Anteil am Gewinn und lebenslanges Freibier.

WILLIAMSBURG BRIDGE BRÜCKE

Karte S. 468 (www.nyc.gov/html/dot/html/infrastructure/williamsburg-bridge.shtml; S 5th St, Williamsburg; [S] J/M/Z bis Marcy Ave) Diese Stahlskelett-Hängebrücke wurde 1903 gebaut, um Williamsburg mit der Lower East Side (Delancey St) zu verbinden. Sie trug dazu bei, dass sich das Viertel in ein aufstrebendes Industriezentrum verwandelte. Von den Fuß- und Radwegen der Brücke bieten sich großartige Aussichten auf Manhattan und den East River. Weiterer Vorteil: Im Gegensatz zur hübscheren Brooklyn Bridge, die eher uninteressante Teile der Stadt miteinander verbindet, liegt die Williamsburg Bridge zwischen zwei Vierteln mit zahlreichen Bars und Restaurants.

Coney Island & Brighton Beach

Coney Island, etwa eine Subway-Stunde von Manhattan entfernt, war einst das beliebteste Vergnügungsviertel am Meer in New York. Nach Jahrzehnten des Niedergangs ist der neu erschlossene Stadtteil jetzt wieder ein beliebtes Ziel von Ausflüglern, die sich hier Hotdogs schmecken lassen, Achterbahn fahren, Baseballspiele anschauen und an der Promenade spazieren gehen. Gleich östlich schließt sich an der Promenade Brighton Beach an, wegen seiner vielen ukrainischen und russischen Familien auch „Klein-Odessa" genannt. Die geschäftige Brighton Beach Ave unter der Hochbahn ist von slawischen Geschäften, Restaurants und Cafés gesäumt.

CONEY ART WALLS ÖFFENTLICHE KUNST

Karte S. 476 (www.coneyartwalls.com; 3050 Stillwell Ave, abseits der Surf Ave, Coney Island; ⏲ Juni–Sept. 12–22 Uhr; [S] D/F, N/Q bis Coney Island–Stillwell Ave) [GRATIS] Eine der neuesten Sehenswürdigkeiten von Coney Island: Das öffentliche Freilichtmuseum mit Street Art umfasst 35 freistehende Mauern, die jedes Jahr ebenso von aufstrebenden wie etablierten Graffiti-Künstlern aus aller Welt – darunter Leute wie der Street-Art-Pionier Lee Quinones – in bunte Wandbilder verwandelt werden. Als Kurator fungiert u. a. der Kunsthändler und ehemalige Museumsdirektor Jeffrey Deitch. An Sommerwochenenden verwandeln Foodtrucks und Livemusik das Ganze in eine einzige große Straßenparty.

HIGHLIGHT CONEY ISLAND

Coney Island steht in der US-amerikanischen Kultur für die Strandbespaßung vergangener Zeiten und wurde zu Beginn des 20. Jhs. als Freizeitpark und Sommerfrische für die Arbeiterklasse weltweit bekannt. Nach jahrzehntelangem Niedergang erfreut sich sein kitschiger Charme im 21. Jh. neuerlich wieder vermehrter Beliebtheit. Selbst wenn die Halbinsel nicht mehr den Glanz der frühen Jahre hat, kommen immer noch zahlreiche Touristen und Einheimische auf der Suche nach Vergnügungen hierher – einer Achterbahnfahrt, einem Hotdog und einem Bier auf der Seepromenade.

Der **Luna Park** (Karte S. 476; ☎ 718-373-5862; www.lunaparknyc.com; Surf Ave Höhe 10th St, Coney Island; ⏲ April–Okt.) gehört zu den beliebtesten Vergnügungsparks von Coney Island und ist Heimat des legendären Cyclone (9 $), einer hölzernen Achterbahn, die Geschwindigkeiten von bis zu 96 km/h erreicht und sich fast vertikal in die Tiefe stürzt. Das rosa-minzgrüne Riesenrad **Deno's Wonder Wheel** (Karte S. 476; ☎ 718-372-2592; www.denoswonderwheel.com; 1025 Riegelmann Boardwalk Höhe W 12th St, Coney Island; Fahrt 8 $; ⏲ Juli & Aug. ab 12 Uhr, April–Juni, Sept. & Okt. Sa & So ab 12 Uhr; 👪) stammt aus dem Jahr 1920. Von oben kann man wunderbar auf Coney Island hinabsehen.

NICHT VERSÄUMEN

- Die Achterbahn Cyclone
- Ein kühles Bier bei Ruby's
- Hotdogs bei Nathan's Famous

PRAKTISCH & KONKRET

- Karte S. 476, C2
- www.coneyisland.com
- Surf Ave & Boardwalk zw. W 15th & W 8th St
- [S] D/F, N/Q bis Coney Island–Stillwell Ave

Coney Island (S. 291)
...ney Island bietet Unterhaltung für die ganze
...milie an der Seepromenade.

Brooklyn Botanic Garden (S. 287)
...cht nur im Frühjahr während der Kirschblüte ist
...eser Park einen Besuch wert.

Dumbo (S. 281)
...eses Viertel von Brooklyn verdankt seinen
...men seiner Position: Down Under the
...anhattan Bridge Overpass.

Jane's Carousel (S. 281)
...as Karussell aus dem Jahr 1922 ist die Top-
...traktion im Brooklyn Bridge Park (S. 278).

ESSEN

Brooklyns kulinarische Identität, die schwer zu fassen ist und über die mit der Ernsthaftigkeit von Talmud-Gelehrten debattiert wird, ist trotz allem einzigartig. Warum sonst sollten die Manhattaner heutzutage den langen Weg bis hinaus ins Kings County auf sich nehmen, nur um etwas zu essen? Bekannte und ambitionierte Köche haben sich hier eine ganz eigene Art Restaurant geschaffen – klein, retro, maßgeschneidert und mit regionaler Kost. Die größte Vielfalt bieten vielleicht Williamsburg und Greenpoint, gefolgt von Carroll Gardens, Cobble Hill und Park Slope; auch einige Juwelen im Gebiet Fort Greene/Clinton Hill sind nicht zu unterschätzen. Ethnischer Feinschmeckerküche erstrecken sich haufenweise von Sunset Park bis Brighton Beach.

✖ Brooklyn Heights, Downtown Brooklyn & Dumbo

DEKALB MARKET HALL   GASTROHALLE $

Karte S. 475 (www.dekalbmarkethall.com; City Point, 445 Albee Square W Höhe DeKalb Ave, Downtown Brooklyn; ⊙So–Mi 7–21, Do–Sa bis 22 Uhr; ☎; ⓈB, Q/R bis DeKalb Ave; 2/3 bis Hoyt St; A/C, G bis Hoyt–Schermerhorn) Eine der besten Adressen in Downtown Brooklyn für ein schnelles Essen ist diese beliebte Gastrohalle im Untergeschoss des Einkaufszentrums City Point. An 40 Ständen wird hier alles Mögliche aus dem gesamten kulinarischen Spektrum geboten, u. a. Pastrami-Sandwiches, Arepas, Tacos, Pickles, Piroggen, Reisgerichte, Sushi, Brathähnchen und Crêpes. Zum Schluss bietet sich hier ein Eis von Ample Hills (S. 298) an.

ARCHWAY CAFE   AMERIKANISCH $

Karte S. 475 (☎718-522-4325; www.archwaycafe. com; 57b Pearl St zw. Water & Front St, Dumbo; Hauptgerichte 11–14 $, Sandwiches 10–12 $; ⊙Mo–Fr 8–21, Sa & So bis 19 Uhr; ☎☎; ⓈA/C bis High St; F bis York St) Das Archway Cafe ist die beste Adresse in Dumbo für einen Happen in entspannter Atmosphäre, egal zu welcher Tageszeit. Morgens locken Avocado-Toast, überbackene Eier mit Chorizo oder ein Sandwich mit Räucherlachs und Ei, mittags Sandwiches (z. B. mit Pulled Pork oder Pilzen und Ricotta) oder Salate. Außerdem gibt's hier exzellenten La-Colombe-Kaffee und frische Backwaren.

GOVINDA'S VEGETARIAN LUNCH   INDISCH, VEGAN $

Karte S. 475 (☎718-875-6127; www.radhagovinda nyc.com; 305 Schermerhorn St zw. Bond & Nevins St, Downtown Brooklyn; Hauptgerichte 7–12 $; ⊙Mo–Fr 12–15.30 Uhr; ☎; Ⓢ2/3, 4/5 bis Nevins St; A/C, G bis Hoyt–Schermerhorn) Das Govinda's residiert im Erdgeschoss eines Hare-Krishna-Tempels. Hier werden jeden Mittag fünf oder sechs vegane Gerichte zubereitet wie Auberginen mit Parmesan, Gemüsecurry, Linsensuppe, Samosas u. Ä. Außerdem gibt's cremige Desserts und alles wird im Cafeteria-Stil serviert. Das Ambiente ist nicht gerade umwerfend, aber für Vegetarier mit kleinem Budget ist dieses Lokal ein echtes Geschenk. Das Tagesangebot ist jeweils auf der Website zu finden.

★JULIANA'S   PIZZA $$

Karte S. 475 (☎718-596-6700; www.julianas pizza.com; 19 Old Fulton St zw. Water & Front St, Brooklyn Heights; Pizza 18–32 $; ⊙11.30–22 Uhr, 15.15–16 Uhr geschl.; ☎; ⓈA/C bis High St) Der legendäre Pizza-Maestro Patsy Grimaldi ist nach Brooklyn zurückgekehrt und bietet perfekte Pizzas, sowohl klassisch als auch außergewöhnlich belegt wie die Nr. 1 mit Mozzarella, *scamorza affumicata* (einem italienischen geräucherten Kuhmilchkäse), Pancetta, Frühlingszwiebeln und weißen Trüffeln in Olivenöl. Das Restaurant liegt in Brooklyn Heights nicht weit entfernt vom sich stets wandelnden Brooklyner Ufer. Übrigens ist die Juliana's jeden Nachmittag eine Dreiviertelstunde geschlossen: Dann wird der Pizzaofen angeheizt.

GANSO RAMEN   RAMEN, JAPANISCH $$

Karte S. 475 (☎718-403-0900; www.gansonyc. com; 25 Bond St zw. Fulton & Livingston St, Downtown Brooklyn; Ramen 16–17 $; ⊙So–Do 11.30–22, Fr & Sa bis 23 Uhr; Ⓢ2/3 bis Hoyt St; A/C, G bis Hoyt–Schermerhorn) Das Ganso ist in einer Ecke von Brooklyn (bei der Fulton Mall; S. 314) versteckt, wo man es nicht erwarten würde. Es ist ein gemütliches Restaurant mit Holezinrichtung, in dem mit das beste Ramen in Brooklyn serviert wird. Ein Hit ist die pikante Miso-Suppe mit Schweinebauch. Es gibt auch Versionen mit Rindfleisch, Huhn und Garnelen sowie eine vegetarische Variante.

ALMAR   ITALIENISCH $$

Karte S. 475 (☎718-855-5288; www.almardumbo. com; 111 Front St zw. Adams & Washington St, Dumbo; Hauptgerichte mittags 11–16 $, abends

19–36 $; ⏲Mo–Do 8–22.30, Fr bis 23, Sa 9–23, So 10–17 Uhr; 👪; [S]F bis York St; A/C bis High St) Ein einladendes italienisches Restaurant in Dumbo, das Frühstück, Mittag- und Abendessen in einem gemütlichen, holzgetäfelten Raum serviert. Alfredos Fleischbällchen sind erstklassig, ebenso wie die mächtige, fleischlastige Lasagne Bolognese. Und wer Meeresfrüchte bevorzugt, sollte die einfachen und delikaten Cavatelli mit Muscheln, Krabben und Kirschtomaten probieren – hier wird nicht an Krustentieren gespart. Zum Frühstück gibt's Muffins und Kaffee, zum Mittag Panini. Nur Barzahlung.

SUPERFINE MODERN AMERIKANISCH **$$**

Karte S. 475 (☎718-243-9005; www.superfine.nyc; 126 Front St Höhe Pearl St, Dumbo; Hauptgerichte mittags 12–17 $, abends 18–36 $; ⏲Di–Sa 11.30–15 & 18–23, So 11–15 & 18–22 Uhr; [S]F bis York St) Das zwanglose Restaurant ist für seinen Sonntagsbrunch bekannt, bei dem die Bewohner von Dumbo Bloody Marys schlürfen, während DJs gemächliche Klänge auflegen. Das Lokal ist auf zwei Seiten von Fenstern gesäumt und das Rattern der Subway oben auf der Manhattan Bridge verleiht dem Mahl eine gewisse Spannung. Auf der Karte stehen mittags Sachen wie Fisch-Tacos, abends z. B. Pfeffersteak.

FORNINO AT PIER 6 ITALIENISCH **$$**

Karte S. 475 (☎718-422-1107; www.fornino.com; Pier 6, Brooklyn Bridge Park, Brooklyn Heights; Pizza 10–26 $; ⏲Memorial Day bis Mitte Sept. 10–24 Uhr, April, Mai & Okt. je nach Wetter; 🚌B63 bis Brooklyn Bridge Park/Pier 6, [S]2/3, 4/5 bis Borough Hall; R bis Court St) Von Ende Mai bis Mitte September serviert das Fornino auf dem Pier 6 ausgezeichnete Holzofenpizza, Sandwiches, Bier und italienische Leckereien. Toll für Gruppen ist die Dachterrasse mit Picknicktischen und spektakulären Ausblicken auf Lower Manhattan. Im April, Mai und Oktober ist das Restaurant nur bei gutem Wetter geöffnet, im Winter gänzlich geschlossen.

RIVER CAFE AMERIKANISCH **$$$**

Karte S. 475 (☎718-522-5200, 917-757-0693; www.rivercafe.com; 1 Water St nahe Old Fulton St, Brooklyn Heights; Abendmenü 3/6 Gänge 130/160 $, Mittagsgerichte 47 $, Brunch 60 $; ⏲abends 17.30–23.30 Uhr, mittags Sa 11.30–14 Uhr, Brunch So 11.30–14 Uhr; [S]A/C bis High St) Am Fuß der Brooklyn Bridge liegt dieses schwimmende Wunder, von dem Gäste einen unschlagbaren Blick auf Downtown Manhattan haben. Und auch die moderne amerikanische Küche kann sich sehen lassen. Zu den Spezialitäten des Hauses gehören Wagyu-Tatar, Kaninchenbraten, Entenbrust mit Lavendelglasur und Nova-Scotia-Hummer. Die Atmosphäre ist etwas steif (beim Abendessen herrscht Jackettzwang), aber ausgesprochen romantisch. Zum Nachtisch sollte man sich nicht die Brooklyn Bridge aus Schokolade entgehen lassen!

VINEGAR HILL HOUSE AMERIKANISCH **$$$**

Karte S. 475 (☎718-522-1018; www.vinegarhillhouse.com; 72 Hudson Ave zw. Water & Front St, Vinegar Hill; Hauptgerichte abends 23–33 $, Brunch 14–18 $; ⏲abends Mo–Do 18–23, Fr & Sa bis 23.30, So 17.30–23 Uhr, Brunch Sa & So 10.30–15.30 Uhr; 🍸; 🚌B62 bis York Ave/Navy St, [S]F bis York St) Etwas ab vom Schuss in Vinegar Hill (östlich von Dumbo) hat sich dieses gemütliche Lokal in einem bezaubernden Ambiente mit lauter Krimskrams aus Secondhandläden niedergelassen. Doch von der bescheidenen Ausstattung sollte man sich nicht täuschen lassen: Chefkoch Brian Leth zaubert ausgefeilte Gerichte, die belebend frisch und schnörkellos sind, wie Hühnchen mit Kartoffeln und Schalotten an einer Sherry-Essig-Jus oder Cavatelli mit Tomaten und Knoblauch.

🍴 Boerum Hill, Cobble Hill, Carroll Gardens & Red Hook

MILE END DELI **$**

Karte S. 470 (☎718-852-7510; www.mileenddeli.com; 97a Hoyt St, Boerum Hill; Sandwiches 12–18 $; ⏲Mo–Fr 8–16 & 17–22, Sa & So ab 10 Uhr; [S]A/C, G bis Hoyt–Schermerhorn) Der Duft der geräucherten Würste begrüßt jeden, der dieses kleine Lokal in Boerum Hill betritt. Ziegelsteinwände und eine Handvoll großer Tische bestimmen die Atmosphäre im Mile End. Bei der geräucherten Rinderbrust auf Roggenbrot mit Senf (15 $) ist das Brot klebrig weich und das Fleisch zergeht im Mund.

FAIRWAY SUPERMARKT **$**

Karte S. 470 (☎718-254-0923; www.fairwaymarket.com; 480-500 Van Brunt St, Red Hook; ⏲7–22 Uhr; 🍸; 🚌B61 bis Van Brunt & Coffee St, [S]F, G bis Smith–9th Sts) Dieser weitläufige Supermarkt bietet eine große Auswahl an Broten, Käse, Oliven und geräuchertem Fleisch sowie leckere gekochte Gerichte. Das Café

DIE BESTEN PIZZABÄCKER BROOKLYNS

New York ist für viele Dinge bekannt: quietschende Subways, riesige Wolkenkratzer, blinkende Lichter und auch für seine Pizza, die in allerlei Varianten – von klebrig-weich bis saucengetränkt – zubereitet wird. Hier eine Liste einiger der besten Pizzerien Brooklyns:

Di Fara Pizza (☎718-258-1367; www.difarany.com; 1424 Ave J, Ecke E 15th St, Midwood; Pizzastücke 5 $; 🕒Mi–Sa 12–20, So ab 13 Uhr; [S]Q bis Ave J) In Midtown Brooklyn backt der Eigentümer Dom De Marco seit 1964 noch eigenhändig und liebevoll Pizzas nach traditionellen Rezepten. Lange Warteschlangen sind nahezu garantiert.

Totonno's (Karte S. 476; ☎718-372-8606; www.totonnosconeyisland.com; 1524 Neptune Ave nahe W 16th St, Coney Island; Pizza 18–21 $, Beläge 2,50 $; 🕒Do–So 12–20 Uhr; 🍷; [S]D/F, N/Q bis Coney Island–Stillwell Ave) In dieser familienbetriebenen klassischen Coney-Island-Pizzeria gibt's Pizza nur, solange der Teig reicht.

Grimaldi's (Karte S. 475; ☎718-858-4300; www.grimaldis-pizza.com; 1 Front St, Ecke Old Fulton St, Brooklyn Heights; Pizza 14–18 $; 🕒Mo–Do 11.30–22.45, Fr bis 23.45, Sa 12–23.45, So bis 22.45 Uhr; [S]A/C bis High St) Legendäre Pizza – und legendär lange Warteschlangen – in einem Touristenmagnet in Brooklyn Heights.

Juliana's (S. 294) 2013 kehrte Pizzalegende Patsy Grimaldi nach Brooklyn zurück.

Lucali (S. 297) Der bekannte *pizzaiolo* in Caroll Gardens begann mit dem Backen seiner neapolitanischen Pizza einst als Hobby.

Roberta's (S. 303) Göttliche Pizzas mit frechen Namen wie „Beastmaster" aus dem Künstlerviertel am Übergang von Bushwick nach East Williamsburg.

Wer mehrere Pizzas auf einmal probieren möchte, sollte sich bei **Scott's Pizza Tours** (☎212-913-9903; www.scottspizzatours.com; Führungen inkl. Pizza 45–65 $) anmelden. Die Führung klappert die berühmtesten Ofenbäcker der Stadt ab – zu Fuß oder mit dem Bus.

im Markt serviert ein einfaches Frühstück und Mittagessen und bietet darüber hinaus einen tollen Blick auf das Hafengebiet von Red Hook.

★POK POK — THAI $$

Karte S. 470 (☎718-923-9322; www.pokpokny.com; 117 Columbia St Höhe Kane St, Columbia St Waterfront District; Sharing Plates 15–20 $; 🕒Mo–Fr 17.30–22, Sa & So ab 12 Uhr; [S]F bis Bergen St) Andy Rickers New-York-Ableger ist ein grandioser Erfolg: Die der nordthailändischen Straßenküche entlehnten vielfältigen Aromen locken die Freunde des guten Essens an. Feurige Hähnchenflügel mit viel Fischsauce, pikanter Salat mit grüner Papaya und gesalzenen Schlammkrabben, Salat mit rauchig gegrillten Auberginen und süßer Schweinebauch mit Ingwer, Kurkuma und Tamarinde sind nur einige der vielen einzigartigen Gerichte. Das Ambiente ist vergnüglich und etwas rumpelig. Reservieren!

HOMETOWN BAR-B-QUE — GRILLRESTAURANT $$

Karte S. 470 (☎347-294-4644; www.hometownbarbque.com; 454 Van Brunt St, Red Hook; Fleisch ab 12 $ pro Pfund, Beilagen 4–8 $; 🕒Di–Do 12–22, Fr & Sa bis 23, So bis 22 Uhr, Mo geschl.) Alle, die riesige Teller mit saftigem Grillfleisch und geschmacksintensive Craft-Cocktails mögen, sind im Hometown Bar-B-Que in Red Hook genau richtig. Das Restaurant befindet sich in großen Räumlichkeiten und bietet genügend Platz für große Gruppen und Leute mit Kindern im Schlepptau. Im Hauptspeisesaal werden das Fleisch und die Beilagen nach Gewicht bestellt, die Bar bietet Getränke und Livemusik.

RED HOOK LOBSTER POUND — FISCH & MEERESFRÜCHTE $$

Karte S. 470 (☎718-858-7650; www.redhooklobster.com; 284 Van Brunt St, Red Hook; Hummerbrötchen ab 24 $, Hauptgerichte ab 18 $; 🕒So–Do 11.30–21, Fr & Sa 11.30–22 Uhr, Mo geschl.) Den bekannten Foodtruck hat man in den Straßen New Yorks vielleicht schon einmal gesehen – warum nicht mal das dazugehörige Restaurant aufsuchen? Auf der Karte sind zahlreiche Fisch- und Meeresfrüchteklassiker aus dem Nordosten der USA versammelt, u. a. in witzigen Varianten wie

Hummer-*mac 'n' cheese* (Käsemakkaroni). Die Maine-Hummer sind hier so frisch, dass man sie vor dem Verspeisen noch im Fischtank beäugen kann.

BUTTERMILK CHANNEL

AMERIKANISCH **$$**

Karte S. 470 (☏718-852-8490; www.buttermilk channelnyc.com; 524 Court St Höhe Huntington St, Carroll Gardens; Hauptgerichte mittags 11–27 $, Brunch 12–24 $, abends 16–32 $; ◷mittags Mo–Fr 11.30–15 Uhr, Brunch Sa & So 10–15 Uhr, abends So–Do 17–22, Fr & Sa bis 23.30 Uhr; ⓢF, G bis Smith–9th Sts) Fast nichts geht über ein knuspriges, in Buttermilch mariniertes Brathähnchen oder einen Teller Eier mit *lox* (Räucherlachs) und grünen Zwiebeln. Das nach der Wasserstraße zwischen Brooklyn und Governors Island benannte Buttermilk Channel bietet verschiedene einfache, aber perfekt zubereitete Gerichte. Abgerundet wird das köstliche Angebot durch die mannigfaltigen Cocktail-Spezialitäten – allein die Karte mit den Bloody Marys lohnt den Besuch hier.

BATTERSBY

MODERN AMERIKANISCH **$$**

Karte S. 472 (☏718-852-8321; www.battersby brooklyn.com; 255 Smith St zw. Douglass & Degraw St, Carroll Gardens; Hauptgerichte 16–32 $, Probiermenü 75 $; ◷Di–Sa 17.30–23 Uhr; ⓢF, G bis Bergen St) Das Battersby, eins der besten Restaurants in Brooklyn, wartet mit großartigen saisonalen Speisen auf. Die kleine Karte wechselt regelmäßig; empfehlenswert sind etwa die Hühnchenlebermousse, der *vermilion snapper* mit Erbsen und Spinat oder der wunderbare Hummer mit *stracciatella* (Büffelmilchkäse) und Saubohnen. Die kleinen, engen Räumlichkeiten präsentieren sich im urigen Brooklyn-Stil mit Plankenböden, Backsteinwänden und Zinndecke.

LUCALI

PIZZA **$$**

Karte S. 470 (☏718-858-4086; www.lucali.com; 575 Henry St Höhe Carroll St, Carroll Gardens; Pizza 24 $, Beläge 3 $; ◷17.45–22 Uhr, Di geschl.; ✈; 🚇B57 bis Court & President St, ⓢF, G bis Carroll St) Kaum zu glauben: Aus diesem kleinen Lokal von Mark Iacono kommen einige der leckersten Pizzas in New York. Alle haben eine einheitliche Größe und glänzen mit weicher Kruste, frischer Tomatensauce und superfrischem Mozzarella. Die Auswahl der Beläge ist nicht riesig, aber dafür hört man hier den authentischen Brooklyn-Akzent. Nur Barzahlung; Bier und Wein müssen mitgebracht werden.

FRANKIES 457 SPUNTINO

ITALIENISCH **$$**

Karte S. 470 (☏718-403-0033; www.frankies457. com; 457 Court St zw. 4th Pl & Luquer St, Carroll Gardens; Hauptgerichte 14–22 $; ◷So–Do 11–23, Fr & Sa bis 24 Uhr; ✈; ⓢF, G bis Smith–9th Sts) Frankies ist in der Nachbarschaft beliebt bei Paaren und Familien, aber auch aus Manhatten kommen viele Gäste wegen der herzhaften Pastagerichte wie der Cavatelli mit heißen Würsten oder der Pappardelle mit geschmortem Lamm. Im Vordergrund stehen die kleineren *spuntino* (Imbiss) aber vor allem die kleineren Gerichte. Die saisonal zusammengestellte Karte bietet ausgezeichnete frische Salate, Käse, gepökeltes Fleisch und herrliche Crostini. Keine Reservierungen.

🍴 Fort Greene, Clinton Hill & Bed-Stuy

★DOUGH

BÄCKEREI **$**

(☏347-533-7544; www.doughdoughnuts.com; 448 Lafayette Ave, Ecke Franklin Ave, Bedford-Stuyvesant; Doughnuts ca. 3 $; ◷6–21 Uhr; 📶; ⓢG bis Classon Ave) An der Grenze von Clinton Hill und Bed-Stuy liegt dieser klitzekleine Laden, etwas abseits, aber für Backwarensüchtige ein absolutes Muss. Die lockeren Donuts werden in unübersehbar viele verschiedene Glasuren getunkt – darunter auch exotische Geschmacksrichtungen wie Pistazie, Blutorange und Hibiskus. Göttliche Donuts für jeden Geschmack.

67 BURGER

BURGER **$**

Karte S. 470 (☏718-797-7150; www.67burger. com; 67 Lafayette Ave Höhe S Elliott Pl, Fort Greene; Burger 8–11 $; ◷Di–Do & So 11.30–21, Fr & Sa bis 22 Uhr; ✈; ⓢG bis Fulton St; C bis Lafayette Ave; B/D, N/Q/R, 2/3, 4/5 bis Atlantic Ave–Barclays Ctr) Wenn irgendwer dem Shake Shack das Wasser abgraben könnte, dann wäre es das 67 Burger. Die Gäste können eine der Burgerspezialitäten wählen, z. B. den Parisian (sautierte Zwiebeln und Pilze mit Dijonnaise) oder den Oaxaca (Avocado, Cheddar und hausgemachte Chipotle-Mayo) oder sich einen eigenen schönen Burger mit Rindfleisch, Huhn, Pute oder vegetarischen oder veganen Bratlingen zusammenbauen.

FORT GREENE GREENMARKET

MARKT **$**

Karte S. 470 (☏212-788-7476; www.grownyc.org; Fort Greene Park, Ecke Cumberland St & DeKalb Ave, Fort Greene; ◷Sa 8–15 Uhr; ✈; 🚇B38 bis DeKalb Ave/Carlton St, ⓢG bis Fulton St; C bis

Lafayette Ave) Der beliebte Stadtteilmarkt findet das ganze Jahr über jeden Samstag an der Südostecke des Fort Greene Park (S. 315) statt. Verkauft werden regionale Erzeugnisse wie Enten alter Rassen, Wurst und wild gefangener Fisch sowie Bioobst, reifer Käse und in kleinen Mengen hergestellte Backwaren – besonders gut sind die Apfelcidre-Doughnuts.

GREEN GRAPE ANNEX AMERIKANISCH $

Karte S. 470 (www.greenegrape.com/annex; 753 Fulton St Höhe S Portland Ave, Fort Greene; Hauptgerichte 7–9 $; 🕒Mo–Do 7–21, Fr 7–22, Sa 8–22, So 8–21 Uhr; [S]G bis Fulton Ave; C bis Lafayette Ave) Auf der Suche nach einem schnellen, aus hochwertigen Bohnen perfekt zubereiteten Kaffee oder einer herzhaften Mahlzeit? Beim Green Grape Annex handelt es sich um ein gut ausgestattetes Café in Fort Greene mit einer breiten Palette an Speisen und Getränken in großen, luftigen Räumlichkeiten, wo man nur selten um einen Platz kämpfen muss. Neben Kaffee gibt's hier auch Bier und Wein.

★**MISS ADA** MEDITERRAN, ISRAELISCH $$

Karte S. 470 (☎917-909-1023; www.missadanyc.com; 184 DeKalb Ave Höhe Carlton Ave, Fort Greene; Hauptgerichte 16–28 $; 🕒Di–Do & So 17.30–22.30, Fr & Sa bis 23.30 Uhr, Mo geschl.; 👪; [S]G bis Fulton St; B, Q/R bis DeKalb Ave) Einer der neuesten Sterne am kulinarischen Himmel von Fort Greene ist dieses behagliche Restaurant von Küchenchef Tomer Blechman (früher in der Gramercy Tavern, S. 178). Er präsentiert mediterrane Speisen aus seinem Geburtsland Israel, die er neu interpretiert mit lettischen Akzenten (seine Eltern stammen aus Lettland) und mit Gewürzen aus dem großen Hinterhof, wo man im Sommer ebenfalls speisen kann.

PEACHES SÜDSTAATENKÜCHE $$

(☎718-942-4162; www.peachesbrooklyn.com; 393 Lewis Ave Höhe MacDonough St, Bedford-Stuyvesant; Hauptgerichte 17–21 $; 🕒Mo–Do 11–22, Fr & Sa bis 23, So 10–22 Uhr, 16–17 Uhr geschl.; [S]A/C bis Utica Ave) Dank gemütlicher Atmosphäre und leckerer Südstaatenküche gehört das Peaches zu den beliebten Lokalen von Bed-Stuy. Die in der Steinmühle gemahlene Maisgrütze mit scharf angebratenem Wels ist zu jeder Stunde ein beliebtes Essen, während der *French toast* mit Müslikruste und frischen Beeren vor allem zum Brunch bestellt wird. Palmkohlsalat, Salat mit gerösteter Roter Bete und Beilagen wie in Knoblauch sautierter Brokkoli und zähflüssige Käsemakkaroni sind die besten Sachen unter den wenigen vegetarischen Speisen.

OLEA MEDITERRAN $$$

Karte S. 470 (☎718-643-7003; www.oleabrooklyn.com; 171 Lafayette Ave Höhe Adelphi St, Fort Greene; Hauptgerichte Brunch 13–19 $, abends 20–32 $; 🕒Mo–Do 10–23, Fr & Sa bis 24 Uhr; 🥕; [S]C bis Lafayette Ave; G bis Clinton–Washington Aves) Das Olea ist ein quirliges mediterranes Restaurant mit reizender Einrichtung und Weltklasse-Essen. Abends serviert das Lokal gerösteten ganzen *branzino*, cremige Paellas und leichte, köstliche vegetarische Pastagerichte; zum Brunch ist die Küche auf mediterrane Versionen alter Klassiker wie Lammhack spezialisiert. Wer nicht so viel Hunger hat, kann sich an die Tapaskarte halten.

ROMAN'S ITALIENISCH $$$

Karte S. 470 (☎718-622-5300; www.romansnyc.com; 243 DeKalb Ave zw. Clermont & Vanderbilt Ave, Fort Greene; Hauptgerichte 24–40 $; 🕒So–Do 17–23, Fr & Sa bis 24 Uhr; 🚌B38, B69 bis Vanderbilt/DeKalb Ave, [S]G bis Clinton–Washington Aves) Das kleine, muntere Roman's an der Gastromeile DeKalb Ave feiert mit seiner kleinen, allabendlich wechselnden Karte saisonale und regionale Zutaten von nachhaltig wirtschaftenden Farmen. Die Gerichte sind phantasievoll zusammengestellt und schön angerichtet: Querrippen-Agnolotti (ähnlich wie Ravioli), *sedani*-Pasta mit Wildbrokkoli und Wurst und Schwarzfisch mit Butternusskürbis-*brodetto* (Eintopf).

🍴 Park Slope, Gowanus & Sunset Park

★**AMPLE HILLS CREAMERY** EISCREME $

Karte S. 472 (☎347-725-4061; www.amplehills.com; 305 Nevins St Höhe Union St, Gowanus; Waffel 4–7 $; 🕒So–Do 12–23, Fr & Sa bis 24 Uhr, im Winter kürzer; [S]R bis Union St; F, G bis Carroll St) Ein echtes Paradies für Eisliebhaber! Sämtliche ausgefallenen Geschmacksrichtungen von Ample Hills – von *snap mallow pop* (mit Marshmallow-Eis und Rice Krispies) über *Mexican hot chocolate* bis *salted crack caramel* – entstehen hier in der Fabrik in Gowanus. Mit einem Eis in der Hand kann man sich durch die Panoramafenster der Molkerei anschauen, wie das Eis hergestellt wird.

FOUR & TWENTY BLACKBIRDS
BÄCKEREI $

Karte S. 472 (☎718-499-2917; www.birdsblack.com; 439 Third Ave, Ecke 8th St, Gowanus; Stück Kuchen 5,75 $; 🕒Mo–Fr 8–20, Sa ab 9, So 10–19 Uhr; 📶; [S]R bis 9th St) Die Eigentümerinnen, die Schwestern Emily und Melissa Elsen, schaffen flockige, buttrige Krusten und verarbeiten saisonale, regionale Zutaten zu dem bei Weitem besten Kuchen in New York. In diesem Café kann man jederzeit ein Stück Kuchen – himmlisch ist z. B. der Pflaumen-Erdbeer-Streuselkuchen – und dazu eine Tasse Irving-Farm-Kaffee genießen. Noch einen Klacks frische Sahne dazu und man ist direkt im Kuchenhimmel!

WHOLE FOODS
MARKT $

Karte S. 472 (☎718-907-3622; www.wholefoodsmarket.com; 214 3rd St zw. Third Ave & Gowanus Canal, Gowanus; 🕒8–23 Uhr; 📶✍👪; [S]R bis Union; F, G bis 4th Ave–9th St) 🌿 Brooklyns erste Whole-Foods-Filiale ist ziemlich eindrucksvoll: Hier gibt's all jene Leckereien, die man auch erwartet, plus ein paar Überraschungen, u. a. ein 1850 m² großes Gewächshaus, in dem ein Teil der verkauften Lebensmittel angebaut wird, eine eigene Kaffeerösterei und einen großen Tresen mit verzehrfertigen Speisen. Wer sich von dem umwerfenden Angebot erschlagen fühlt, kann nach oben in die kleine Bar mit 16 Craft-Bieren vom Fass und einem kleinen Angebot an Speisen flüchten.

KING DAVID TACOS
TACOS $

Karte S. 472 (☎929-367-8226; www.kingdavidtacos.com; Grand Army Plaza, Prospect Park; Tacos 4 $; 🕒Mo–Fr 7–11, Sa bis 14, So 8–13 Uhr; ✍; [S]2/3 bis Grand Army Plaza) Der aus Texas stammenden Liz Solomon fehlte in New York etwas: Frühstücks-Tacos wie in Austin. Also entschied sie sich 2016, selbst welche zu machen. An ihrem Stand auf der Grand Army Plaza bietet sie jeden Tag drei Kartoffel-, Ei- und Käse-Tacos, frisch am Morgen zubereitet und fertig zum Mitnehmen: den BPEC (zusätzlich mit Bacon), den „queen bean" (vegetarisch mit zweifach gebratenen Bohnen) und den „or'izo" (mit mexikanischer Chorizo).

BAKED IN BROOKLYN
BÄCKEREI $

Karte S. 472 (☎718-499-1818; www.bakedinbrooklynny.com; 755 Fifth Ave zw. 25th & 26th St, Greenwood Heights; Backwaren ab 2 $; 🕒Mo–Sa 6.30–19, So 7–18 Uhr; [S]R bis 25th St) Das Flaggschiff einer beliebten örtlichen Backwarenkette ist klein, quillt aber vor wunderbaren Leckereien nur so über: Hier gibt's große, weiche Zimtschnecken, buttrige Croissants, knusprige, herzhafte Pita-Chips, klebrige Kekse u. v. m. Kaffee wird auch serviert, sodass man sich hier vor- oder nachmittags besonders nach einem Besuch gegenüber auf dem Green-Wood Cemetery (S. 284) schön ein Päuschen gönnen kann.

LUKE'S LOBSTER
FISCH & MEERESFRÜCHTE $$

Karte S. 472 (☎347-457-6855; www.lukeslobster.com; 237 Fifth Ave, Park Slope; Hummerbrötchen 17 $, Hummersuppe 7–11 $; 🕒11–22 Uhr; [S]R bis Union Ave) Alle Luke's-Lobster-Filialen servieren frische, köstliche Meeresfrüchte aus nachhaltigem Fang zu vernünftigen Preisen. Das gilt auch für den Ableger in Park Slope: Hier wird das legendäre Angebot von Luke's in einem kleinen, schön ausgestatteten Restaurant mit einer reizenden Terrasse hinterm Haus kredenzt.

SIDECAR
AMERIKANISCH $$

Karte S. 472 (☎718-369-0077; www.sidecarbrooklyn.com; 560 Fifth Ave zw. 15th & 16th St, Park Slope; Hauptgerichte 14–27 $; 🕒Mo–Mi 18–2, Do bis 4, Fr 15–4, Sa 11–4, So bis 2 Uhr; [S]R bis Prospect Ave) Gehobene klassische amerikanische Küche kann kaum besser sein als im Sidecar. Das stimmungsvolle Restaurant serviert schnörkellose Klassikervarianten mit modernem Touch wie Brathuhn mit deftigem Wurzelgemüsepüree oder sautierten Grünkohl mit Frühstücksspeck. Das Sidecar ist außerdem auf Cocktails spezialisiert, die zum Essen passen, die man aber auch ohne Essen an der Bar genießen kann.

LOT 2
MODERN AMERIKANISCH $$

Karte S. 472 (☎718-499-5623; www.lot2restaurant.com; 687 Sixth Ave zw. 19th & 20th St, Greenwood Heights; Hauptgerichte 18–32 $; 🕒Mi & Do 18–22, Fr & Sa bis 22.30, So 17–21.30 Uhr; 🚌B63, B67, B69 bis 18th St, [S]R bis Prospect Ave) In diesem kleinen, rustikalen Lokal in Greenwood Heights südlich von Park Slope kommt gehobenes Seelentröster-Essen aus regionalen Zutaten auf den Tisch. Das Angebot ist übersichtlich, aber geschmackvoll; lecker sind z. B. das gegrillte Käsesandwich mit Cheddar, Provolone und Parmesan, Garnelen und Maisgrütze mit Chorizo und weißem Cheddar oder saftige Burger von glücklichen Kühen mit breiten, in Entenfett gebackenen Pommes. Sonntags gibt es ein dreigängiges Menü – für 35 $ ein Schnäppchen.

🍴 Prospect Heights, Crown Heights & Flatbush

★AMPLE HILLS CREAMERY EISCREME $

Karte S. 472 (☎347-240-3926; www.amplehills.com; 623 Vanderbilt Ave Höhe St Marks Ave, Prospect Heights; Eis in der Waffel 4–7 $; 🕒So–Do 12–23, Fr & Sa bis 24 Uhr; [S]B, Q bis 7th Ave; 2/3 bis Grand Army Plaza) Ample Hills, benannt nach einem Vers aus einem Gedicht von Walt Whitman, produziert einzigartige, kunstvolle Eiscreme – z. B. *ooey gooey butter cake* auf einer sahnigen Vanillebasis, *Nonna D's oatmeal lace* (Eis aus braunem Zucker und Zimt mit Haferkeksen) oder *the munchies* (Eiscreme mit Kartoffelchips, Bretzel, Ritz-Crackern und Mini-M&Ms).

LOOK BY PLANT LOVE HOUSE THAILÄNDISCH $

Karte S. 472 (☎718-622-0026; http://plantlovehouse.wixsite.com/thai; 622 Washington Ave zw. Pacific & Dean St, Prospect Heights; Hauptgerichte 10–20 $; 🕒Di–So 12–22 Uhr; 🖉; [S]2/3 bis Bergen St; C bis Clinton–Washington Aves) Das äußerst authentische, behagliche und niedliche thailändische Café serviert bescheidene Portionen teuflisch scharfer Suppen (eine Spezialität ist mit Schweineblut angereicherte *num tok*) und Hausmannskost wie *khao kha moo* (geschmorte Schweinshaxe) und altmodisches Garnelen-*pad Thai*. Viele Gerichte können auf Wunsch auch mit Tofu zubereitet werden. Überzeugendes Essen, das einen in eine andere Welt versetzt. Nur Barzahlung.

CHUKO JAPANISCH $

Karte S. 472 (☎347-425-9570; www.chukobk.com; 565 Vanderbilt Ave, Ecke Pacific St, Prospect Heights; Ramen 15 $; 🕒12–15 & 17.30–23 Uhr; 🖉; [S]B/Q bis 7th Ave; 2/3 bis Bergen St) Mit diesem modernen, minimalistischen Ramen-Imbiss hat Propect Heights eine erstklassige Nudeladresse. Dampfende Schüsseln mit auf den Punkt gekochten Nudeln werden in einer der vielen herrlichen, cremigen Brühen (aus Schweinebraten oder vegetarisch) serviert. Auch die Vorspeisen sind wirklich lecker, besonders die aromatischen Hühnchenflügel mit Salz und Pfeffer.

LINCOLN STATION CAFÉ $

Karte S. 472 (☎718-399-2211; www.stationfoods.com; 409 Lincoln Pl nahe Washington Ave, Prospect Heights; Sandwiches 10–12 $, Hauptgerichte abends 8–16,50 $; 🕒Mo–Fr 7–21, Sa & So ab 8 Uhr; 📶👪; [S]2/3 bis Eastern Pkwy–Brooklyn Museum) Tagsüber drängen sich am langen Tisch in der Mitte dieses beliebten Nachbarschaftscafés die Laptop-Jünger mit einem erstklassigen Kaffee, abends schaffen Kerzen eine romantische Atmosphäre für ein Bierchen vom Fass (6 $). Auch auf gutes Essen wird Wert gelegt: Auf der ab 17 Uhr geltenden Karte stehen ein köstliches Grillhühnchen (16,50 $) und eine vegetarische Lasagne (16 $), die auch für zwei Personen reicht.

Das auf der Crown-Heights-Seite der Washington Ave gelegene Lincoln Station ist eine tolle Adresse für eine Pause nach dem Besuch des nur eine Straße entfernten Brooklyn Museum (S. 280).

BERG'N GASTROHALLE $

Karte S. 472 (www.bergn.com; 899 Bergen St zw. Classon & Franklin Ave, Crown Heights; Hauptgerichte 7–14 $, Pizza 19–28 $; 🕒Essen Di–Do 9–22, Fr & Sa 10–23, So 10–22 Uhr, Bar Di–Do & So 11–23, Fr & Sa 11 Uhr bis spät; 📶🖉👪; [S]C, 2/3, 4/5 bis Franklin Ave) Hinter dem Berg'n stehen dieselben Leute wie hinter dem Smorgasburg (S. 301). In der großen Backstein-Gastrohalle mit langen Holztischen kann man sich an rauchiger Rinderbrust (Mighty Quinn's), Sandwiches mit Brathühnchen und Rindfleisch- oder vegetarischen Burgern (Land Haus), philippinischen Reisgerichten (Lumpia Shack) und Feinschmeckerpizza (Brooklyn Pizza Crew) laben.

TOM'S RESTAURANT DINER $

Karte S. 472 (☎718-636-9738; 782 Washington Ave Höhe Sterling Pl, Prospect Heights; Hauptgerichte 8–14 $; 🕒Mo–Sa 7–16, So ab 8 Uhr; [S]2/3 bis Eastern Pkwy–Brooklyn Museum) Tom's Restaurant reitet erfolgreich auf der Brooklyn-Nostalgie-Welle und serviert seit 1936 nur drei Blocks vom Brooklyn Museum (S. 280) entfernt gutes und einfaches Essen. Das spottbillige Frühstück gibt es den ganzen Tag lang, wobei die meisten Sachen unter 15 $ kosten. Zahlreiche Wandtafeln werben für die Spezialitäten des Hauses; die Blaubeer-Ricotta-Pancakes mit Zitronenschale sind ein Knüller.

★OLMSTED MODERN AMERIKANISCH $$

Karte S. 472 (☎718-552-2610; www.olmstednyc.com; 659 Vanderbilt Ave zw. Prospect & Park Pl, Prospect Heights; kleine Teller 13–16 $, große Teller 22–24 $; 🕒17–22.30 Uhr; [S]B, Q bis 7th Ave) 🌿 Küchenchef und Eigentümer Greg Baxtrom kreiert saisonal inspirierte Gerichte, die so kunstfertig zubereitet sind, dass selbst Leute aus Manhattan sich in dieses extrem beliebte Restaurant bemühen. Dass sich das Olmsted der regionalen Küche verschrieben hat, ist offensichtlich: Ein großer Teil der Zutaten stammt aus dem eigenen Garten hinterm Haus, in dem Gäste, die auf einen Tisch warten, auch nett eine Cocktail oder eine Süßspeise wie das *DIY s'mores* zu sich nehmen können. Reservierung empfohlen (montags nicht möglich).

CHERYL'S GLOBAL SOUL · FUSIONSKÜCHE $$

Karte S. 472 ([J]347-529-2855; www.cherylsglobalsoul.com; 236 Underhill Ave zw. Eastern Pkwy & St Johns Pl, Prospect Heights; Sandwiches 8–14 $; Hauptgerichte abends 14–21 $; ☺Mo 8–16, Di–Do & So bis 22, Fr & Sa bis 23 Uhr; [J][h]; [S]2/3 bis Eastern Pkwy–Brooklyn Museum) In unmittelbarer Nähe vom Brooklyn Museum (S. 280) und dem Brooklyn Botanic Garden (S. 287) liegt dieses gemütliche, mit Holz verkleidete Lokal. Die Küche bereitet frische und einfache, aus aller Welt inspirierte Gerichte zu: Die Karte bietet allerlei vom mit Sake glasierten Lachs über außergewöhnliche, hausgemachte Quiche bis zu einer langen Liste leckerer Sandwiches. Es gibt Angebote für Vegetarier sowie eine eigene Kinderkarte. Beim Wochenendbrunch muss man mit langen Wartezeiten rechnen.

🗡 Williamsburg, Greenpoint & Bushwick

CRIF DOGS · HOTDOGS $

Karte S. 468 ([J]718-302-3200; www.crifdogs.com; 555 Driggs Ave Höhe N 7th St, Williamsburg; Hotdogs 3,50–6 $; ☺So–Do 12–2, Fr & Sa bis 4 Uhr; [J]; [S]L bis Bedford Ave) In diesem relaxten Hotdog-Laden haben schon jede Menge spätabendliche Billyburg-Ausflüge geendet: Er bietet sowohl Rindfleisch- als auch vegetarische Hotdogs mit zwei Dutzend Belägen zur Auswahl. Mit einem Bier vom Fass und *tater tots* als Beilage kann die Party dann noch länger dauern!

DUN-WELL DOUGHNUTS · VEGAN, BÄCKEREI $

Karte S. 468 ([J]347-294-0871; www.dunwelldoughnuts.com; 222 Montrose Ave Höhe Bushwick Ave, East Williamsburg; Doughnuts 2–2,75 $; ☺Mo–Fr 7–19, Sa & So ab 8 Uhr; [h][J]; [S]L bis Montrose Ave) „Brooklyns beste handwerklich gefertigte vegane Doughnuts" – hört sich arg nach Hipster-Sprech an, doch hier stimmt die Wirklichkeit einmal mit dem Hype überein. Man kann sich durch zahllose köstliche Leckereien auf Pflanzenbasis

---

INSIDERWISSEN

SMORGASBURG!
....

Beim größten Feinschmeckerevent in Brooklyn, dem **Smorgasburg** (www.smorgasburg.com; ☺April–Okt. Sa & So 11–18 Uhr), wird an mehr als hundert Ständen eine überaus bunte Palette an Leckereien geboten, von italienischen Straßensnacks, Enten-Confit, indischen Fladenbrot-Tacos und Burgern mit gebratenen Pilzen bis zu äthiopischem veganem Seelenfutter, Meersalz-Karamell-Eiscreme, Passionsfrucht-Doughnuts und Craft-Bier. Der Veranstaltungsort wechselt von Zeit zu Zeit – siehe Website.

Zuletzt fand der Markt von April bis Oktober samstags am Wasser in Williamsburg (S. 289) statt, sonntags beim Lakeside (S. 279) im Prospect Park, außerdem in kleiner Form bis Ende Dezember in SoHo (Manhattan).

---

mampfen, die täglich von Hand aus Biozutaten hergestellt werden, und zwar in allerlei Geschmacksrichtungen, z. B. *French toast*, Eierflip, Zitrone-Mohn, PB&J (Erdnussbutter und Marmelade), Blaubeer-Kokosnuss, Zimt-Zucker, Vanillechip oder Schokolade-Erdnuss und dazu Homer, eine unheimliche Version eines *Simpsons*-Doughnuts.

PETER PAN DONUT & PASTRY SHOP · BÄCKEREI $

Karte S. 468 ([J]718-389-3676; www.peterpandonuts.com; 727 Manhattan Ave zw. Norman & Meserole Ave, Greenpoint; Snacks 1–3 $; ☺Mo–Sa 5.30–20, So bis 19 Uhr; [S]G bis Nassau Ave) Die Peter Pan Bakery an der Hauptstraße von Greenpoint erfreut sich dank ihrer schnörkellosen, aber guten Backwaren – besonders der Doughnuts – und ausgezeichneten belegten Brötchen und Bagels (z. B. einem getoasteten Mohnbrötchen mit Schinken, Ei und Käse) sowie der sehr günstigen Preise schon seit Langem großer Beliebtheit. Sitzplätze gibt's am Tresen oder man nimmt sich das Erworbene mit und verputzt es im McCarren Park (S. 290).

CHAMPS DINER · VEGAN, DINER $

Karte S. 468 ([J]718-599-2743; www.champsdiner.com; 197 Meserole St zw. Humboldt St & Bushwick Ave, East Williamsburg; Sandwiches & Salate 11–13 $; ☺9–24 Uhr; [J]; [S]L bis Montrose Ave) Die Mitarbeiter des luftigen kleinen Diners zaubern aus rein veganen Zutaten köstliche amerikanische Hausmannskost. Vernünftige Preise und das Frühstück, das den ganzen Tag serviert wird, halten den Laden am Laufen – schnellen Service darf man allerdings nicht erwarten. Zu empfehlen sind besonders der *French toast* mit Tofu und Tempeh oder Seitan-Bacon, die Pfannkuchen mit Schokoladensplittern und Banane, die Käsemakkaroni und der *bacon cheeseburger*, ein Schwarzbohnenburger mit Tempeh-Schinkenersatz und veganem Käse.

MILK & PULL CAFÉ $

(☎347-627-8511; www.milkandpull.com; 181 Irving Ave, Bushwick; Kaffee 3–5 $; 🕑Mo–Fr 7–18, Sa & So 8–17 Uhr; [S]L bis DeKalb Ave) Es geht nichts über einen gut gebrühten Kaffee oder einen fachkundig geschäumten Cappuccino. Die Baristas im Milk & Pull in Bushwick sind echte Meister ihres Fachs, egal was für einen Kaffee man bestellt. Außerdem gibt's hier Backwaren von Brooklyner Bäckereien, z. B. große, klebrige Dough-Doughnuts sowie kleine herzhafte Gerichte.

★MODERN LOVE VEGAN, AMERIKANISCH $$

Karte S. 468 (☎929-298-0626; www.modernlovebrooklyn.com; 317 Union St Höhe S 1st St, East Williamsburg; Hauptgerichte Brunch 16 $, abends 19–24 $; 🕑Mi & Do 18–22.30, Fr bis 23, Sa 17.30–23, So 11–15 & 17–22.30 Uhr, Mo & Di geschl.; 🖉; [S]L bis Lorimer St; G bis Metropolitan Ave) Das neue Restaurant der gefeierten Köchin Isa Chandra Moskowitz serviert feine vegane Hausmannskost. Mit seinen köstlichen pflanzlichen Klassikervariationen wie *mac 'n' shews* (mit cremigem Cashew-Käse und Tofu mit Pekannuss-Maismehl-Kruste), *Manhattan glam chowder, Philly cheesesteak* mit Seitan und Trüffel-*poutine* ist das Restaurant ein willkommener Neuling in der Szene. Hier ist immer viel los, sodass man am besten einen Tisch bestellt.

★ZENKICHI JAPANISCH $$

Karte S. 468 (☎718-388-8985; www.zenkichi.com; 77 N 6th St Höhe Wythe Ave, Williamsburg; Probiermenüs vegetarisch/normal 65/75 $; 🕑Mo–Sa 18–24, So 17.30–23.30 Uhr; 🖉; [S]L bis Bedford Ave) Das Zenkichi ist ein Tempel der feinen japanischen Küche: Es serviert in stimmungsvollem Ambiente, das Feinschmecker aus Nah und Fern anlockt, schön zubereitete Gerichte. Zu empfehlen ist das *omakase*, ein saisonales achtgängiges Verkostungsmenü mit Highlights wie in *shiso* und Basilikum mariniertem und gepökeltem Lachs mit Kaviar oder gerösteter Hudson-Valley-Entenbrust an Gemüse der Saison.

★FETTE SAU GRILLRESTAURANT $$

Karte S. 468 (☎718-963-3404; www.fettesaubbq.com; 354 Metropolitan Ave zw. Havemeyer & Roebling St, Williamsburg; Fleisch 23–29 $ pro Pfund; 🕑Mo 17–23, Di–Do ab 12, Fr & Sa 12–24, So bis 23 Uhr; [S]L bis Bedford Ave) Grillfreunde zieht es in Scharen in eine ehemalige Karosseriewerkstatt mit Betonboden und Holzbalken: Hier bietet die Fette Sau Rippchen, Rinderbrust, Schweinebauch und Ente, alles vor Ort geräuchert und mit verschiedenen Beilagen serviert. Tipp: die *burnt-end baked beans* – sie sind pfeffrig, nicht zu süß und voller Fleischstückchen. Auch eine gute Auswahl an Whiskey und Bier wird geboten.

FIVE LEAVES MODERN AMERIKANISCH $$

Karte S. 468 (☎718-383-5345; www.fiveleavesny.com; 18 Bedford Ave Höhe Lorimer St, Greenpoint; Hauptgerichte mittags 12–18 $, abends 16–22 $; 🕑8–1 Uhr; 🚌B48, B62 bis Lorimer St, [S]G bis Nassau Ave) Das mit Vintage-Sachen eingerichtete Five Leaves ist ein Fixpunkt der Ausgehszene von Greenpoint und lockt eine bunte Mischung von Stammgästen aus dem Viertel an, die sowohl an den beiden Tischen draußen als auch drinnen für muntere Stimmung sorgen. Morgens gibt's Ricotta-Pfannkuchen, frische Backwaren und tollen Kaffee von Parlor Coffee, mittags ein Reuben-Toastie, Trüffel-Pommes und Palmkohlsalate.

RABBITHOLE MODERN AMERIKANISCH $$

Karte S. 468 (☎718-782-0910; www.rabbitholerestaurant.com; 352 Bedford Ave zw. S 3rd & S 4th St, Williamsburg; Hauptgerichte Frühstück & mittags 12–19 $, abends 16–24 $; 🕑9–23 Uhr; 🖉; 🚌B62 bis S 4th St, [S]J/Z, M bis Marcy Ave) Das sehr reizvolle Rabbithole ist ein einladendes Restaurant in South Williamsburg, in das man sich wunderbar zurückziehen kann, besonders wenn es einem nach einem Frühstück – erhältlich bis 17 Uhr – gelüstet. Die Gäste können nett im vorderen Bereich einen guten Kaffee und die noch besseren hauseigenen Backwaren genießen – oder hinten oder im entspannenden Garten cremige Eier Benedikt oder frisches Obst und Müsli.

PAULIE GEE'S PIZZA, VEGAN $$

(☎347-987-3747; www.pauliegee.com; 60 Greenpoint Ave zw. West & Franklin St, Greenpoint; Pizza 12–19 $; 🕑Mo–Fr 18–23, Sa ab 17, So 17–22 Uhr;

SO KOCHT BROOKLYN

Regionale Zutaten, Nachhaltigkeit und jede Menge Kreativität – das sind die Kennzeichen der neuen kulinarischen Szene Brooklyns. Wer tiefer in die Materie eintauchen und vielleicht auch sehen möchte, wie die Köstlichkeiten zubereitet werden, sollte sich einmal die folgenden Bücher anschauen:

➡ *The New Brooklyn Cookbook* (2010) Rezepte, Geschichten und kulinarisches Wissen von 31 der besten Restaurants in Brooklyn.

➡ *Pok Pok* (2013) Andy Ricker taucht tief in die nordthailändische Küche ein, mit genauen Anweisungen zur Zubereitung dieser fabelhaft raffinierten Gerichte.

➡ *Roberta's Cookbook* (2013) Per Hand gefischte Jakobsmuscheln in Pflaumensaft, Orecchiette mit Ochsenschwanz-*ragù* und wunderbare Pizzen.

➡ *Four & Twenty Blackbirds Pie Book* (2013) Mit diesen verführerischen Rezepten der Elsen-Schwestern lässt sich die eigene Backkunst noch verfeinern.

➡ *Franny's: Simple, Seasonal, Italian* (2013) Ein wichtiger Leitfaden für grandiose Pizzas, Pastagerichte und Eiscremes.

➡ *The Frankies Spuntino* (2010) Schön gestaltetes Kochbuch voller Rezepte für neu interpretierte italo-amerikanische Klassiker.

➡ *One Girl Cookie* (2012) Saftige, zarte *whoopie pies* und andere süße Verführungen.

➡ *The Mile End Cookbook* (2012) Traditionelle jüdische Speisen neu erfunden.

➡ *Brooklyn Brew Shop's Beer Making Book* (2011) Klar verständliche Anleitungen zum Bierbrauen in den eigenen vier Wänden.

➡ *Veganomicon: 10th Anniversary Edition* (2017) Die gefeierte Brooklyner Köchin Isa Chandra Moskowitz erklärt, wie man so köstliches veganes Essen wie in ihrem Restaurant in East Williamsburg zaubert.

Das Allerneuste zur kulinarischen Szene Brooklyns bietet die Zeitschrift *Edible Brooklyn* (www.ediblebrooklyn.com).

BROOKLYN ESSEN

🖼 📷; Ⓢ G bis Greenpoint Ave) Die beste Pizzeria in Greenpoint erfreut sich der behaglichen Atmosphäre einer Waldhütte, mit flackernden Kerzen und altmodischer Musik im Hintergrund. An rustikalen Holztischen verspeisen die Gäste köstliche, phantasievoll belegte Pizzen mit dünner Kruste. Zur Vervollständigung des Fests bieten sich Craft-Biere, erschwingliche Weine, pikante Salate und dekadente Nachspeisen wie Schokoladenkuchen oder Van-Leeuwen-Eiscreme an.

OKONOMI & YUJI RAMEN
JAPANISCH $$

Karte S. 468 (www.okonomibk.com; 150 Ainslie St zw. Lorimer & Leonard St, Williamsburg; Menüs 21–35 $, Ramen 15–20 $; ⏱Menüs Mo, Di, Do & Fr 9–15, Sa & So 10–16 Uhr, Ramen Mo–Fr 18–23 Uhr; Ⓢ L bis Lorimer St; G bis Metropolitan Ave) Für ein tolles Frühstück mal ohne Eier oder *French toast* sollte man zu diesem exquisiten, holzvertäfelten kleinen Lokal in East Williamsburg pilgern, das tagsüber Okonomi heißt. Hier werden mittags nur Menüs serviert: ein kleines Gemüsegericht, gebackenes Ei, Siebenkornreis und zarter Fisch wie in Salz gerösteter Thunfisch oder in Miso marinierte Makrele. Dazu wird köstlicher grüner Tee mit Gerste gereicht. Perfekt!

ROBERTA'S
PIZZA $$

Karte S. 468 (☎718-417-1118; www.robertaspizza.com; 261 Moore St nahe Bogart St, East Williamsburg; Pizza 12–19 $; ⏱Mo–Fr 11–24, Sa & So ab 10 Uhr; 📷; Ⓢ L bis Morgan Ave) In diesem bei Hipstern äußerst beliebten Restaurant in einem alten Lagerhaus gibt es zuverlässig einige der besten Pizzas von New York. Die Bedienung kommt vielleicht etwas affektiert daher und es gibt lange Wartezeiten (mittags geht's noch), aber die Pizzas aus dem Steinofen haben genau die richtige Konsistenz: weich und saftig. Die klassische Margherita ist ganz simpel. Aber abenteuerlustigere Gaumen können sich an die saisonalen Renner wie die Pizza Speckenwolf (Mozzarella, Speck, Crimini und Zwiebeln) wagen.

MONTANA'S TRAIL HOUSE
MODERN AMERIKANISCH $$

(☎917-966-1666; www.montanastrailhouse.com; 445 Troutman St zw. Cypress & St Nicholas Ave, Bushwick; Hauptgerichte 14–24 $; ⏱Mo–Do 17–24, Fr 15–24, Sa ab 11, So 11–24 Uhr; Ⓢ L bis Jefferson

Ave) Das Montana's befindet sich in einer umgebauten ehemaligen Tankstelle und zeichnet sich durch Wände aus recycelten Planken, Industrielampen, ausgestopfte Tiere und Bücherregale aus, hinter denen sich eine Geheimtür hinaus zu einer Terrasse versteckt. Vielleicht bestellt man sich einen Cocktail – z. B. etwas mit Roggenwhiskey oder Mezcal – oder saisonale, kreativ zubereitete Hausmannskost wie in Rootbeer geschmorte Rinderbrust, in süßem Tee mariniertes Brathühnchen und kleine Sandwiches mit gebratenen grünen Tomaten.

MISS FAVELA BRASILIANISCH **$$**

Karte S. 468 (☎718-230-4040; www.missfavela.com; 57 S 5th St, Ecke Wythe St, Williamsburg; Hauptgerichte 22–30 $, Sandwiches 14 $; 🕒So–Do 12–24, Fr & Sa bis 1 Uhr; [S]J/Z, M bis Marcy Ave; L bis Bedford Ave) Dieses kleine Lokal bei der Williamsburg Bridge serviert herzhafte brasilianische Kost wie *moqueca* (Fischeintopf mit Kokosmilch) und *picanha* (saftiges Steak); als Vorspeise bieten sich *bolinhos de bacalhau* (Kabeljaubällchen) an und zum Essen passt bestens ein Caipirinha (oder auch drei). Donnerstagabends und samstagnachmittags wird lateinamerikanische Livemusik geboten. Bei gutem Wetter auch Tische draußen.

MARLOW & SONS MODERN AMERIKANISCH **$$$**

Karte S. 468 (☎718-384-1441; www.marlowandsons.com; 81 Broadway zw. Berry St & Wythe Ave, Williamsburg; Hauptgerichte mittags 16–18 $, abends 34–36 $; 🕒So–Do 8–23, Fr & Sa bis 24 Uhr, 16–17.30 Uhr geschl.; [S]J/Z, M bis Marcy Ave; L bis Bedford Ave) Das schummrig beleuchtete, holzverkleidete Restaurant wirkt wie ein altes Bauernhauscafé. Hier treffen sich jeden Abend zahlreiche Gäste, um Austern und erstklassige Cocktails zu schlürfen oder sich an dem wechselnden Angebot an Spezialitäten aus regionalen Zutaten zu ergötzen wie in Miso geschmortem Rindfleisch, knuspriger Pizza oder lockeren spanischen Tortillas. Beliebt ist auch der Brunch – dabei muss man sich aber auf Wartezeiten einstellen; man kann allerdings inzwischen auch über die Website reservieren.

🍴 Coney Island & Brighton Beach

NATHAN'S FAMOUS HOTDOGS **$**

Karte S. 476 (☎718-333-2202; www.nathansfamous.com; 1310 Surf Ave, Ecke Stillwell Ave, Coney Island; Hotdogs ab 4 $; 🕒10–24 Uhr; 📶; [S]D/F bis Coney Island–Stillwell Ave) Der Hotdog wurde 1867 auf Coney Island erfunden. Es ist also quasi Pflicht, hier einen zu essen, am besten bei Nathan's Famous, das seit 1916 seine Würstchen an den Mann bringt. Im Mittelpunkt stehen hier also selbstverständlich die Hotdogs, doch geboten werden auch gebratene Muscheln oder gebratene Chicken Fingers – ja, hier wird gern gebraten!

🍷 AUSGEHEN & NACHTLEBEN

🍷 Brooklyn Heights, Downtown Brooklyn & Dumbo

FLOYD BAR

Karte S. 475 (☎718-858-5810; www.floydny.com; 131 Atlantic Ave zw. Henry & Clinton St, Brooklyn Heights; 🕒Mo–Do 17–4, Fr ab 16, Sa & So ab 12 Uhr; 🚌B61, B63 bis Atlantic Ave/Henry St, [S]2/3, 4/5 bis Borough Hall; R bis Court St) In der Bar mit den großen Glasfenstern turteln frisch Verliebte auf betagten Sofas, während sich die Biertrinker rund um das Bocciafeld im Raum versammeln – Bocciaspielen ist gratis und man kann an Abenden ohne Ligabegegnungen einfach loslegen. Netter Laden!

🍷 Boerum Hill, Cobble Hill, Carroll Gardens & Red Hook

ROBERT BAR BAR

Karte S. 470 (☎347-853-8687; www.robertbarbrooklyn.com; 104 Bond St zw. Atlantic & Pacific St, Boerum Hill; 🕒Mo–Do 17–2, Fr & Sa bis 3, So bis 1 Uhr; [S]A/C, G bis Hoyt–Schermerhorn) Mit dem Dartboard in einem Nebenraum und einer Jukebox voller Hits der 1970er- und 1980er-Jahre wirkt dieser Laden an sich wie eine gewöhnliche Kneipe, doch die jungen, coolen Brooklyner, die hier unter einer mit Dominofliesen gekachelten Decke DJs lauschen, lassen ihn hipper erscheinen. Zu trinken gibt's neben Craft-Bieren auch maßgeschneiderte Cocktails, die nach den Songs in der Jukebox benannt sind.

CLOVER CLUB BAR

Karte S. 470 (☎718-855-7939; www.cloverclubny.com; 210 Smith St zw. Baltic & Butler St, Carroll

Gardens; ⊙Mo–Do 16–2, Fr bis 4, Sa 10.30–4, So bis 1 Uhr; ⛔B57 bis Smith & Douglass St, ⓈF, G bis Bergen) Diese reizende Cocktailbar verströmt mit ihrer schönen Mahagonitheke, den alten Einrichtungsgegenständen und den Kellnern in Westen die Eleganz des 19. Jhs. Die schön zubereiteten Cocktails locken überwiegend Gäste aus der Nachbarschaft an, die sich hier munter unterhalten, während sie raffinierte Drinks genießen wie den „Improved Whiskey-Cocktail" (Roggenwhiskey, Maraschino, Absinth und Bitters). Die Clover Lounge beeindruckt zudem mit einem reichhaltigen Wochenend-Brunch, zu dem exzellente Bloody Marys und andere Getränke passen.

61 LOCAL
BAR

Karte S. 470 (☎718-875-1150; www.61local.com; 61 Bergen St zw. Smith St & Boerum Pl, Boerum Hill; ⊙Mo–Do 7–24, Fr bis 1, Sa 9–1, So bis 24 Uhr; ☎; ⓈF, G bis Bergen) Der geräumige Saal mit Ziegelsteinen und viel Holz in Boerum Hill schafft es, gleichzeitig schick und warm zu wirken. An langen Gemeinschaftstischen wird in angenehmer Atmosphäre am Craft-Bier aus New York und aus dem weiteren Umland genippt. Auf der einfachen Karte stehen Wurst- und Käseteller sowie kleine Gerichte wie Pulled-Pork-Slider, Quiche und eine mediterrane Platte mit drei Dips, Crostini und Oliven.

SUNNY'S
BAR

Karte S. 470 (☎718-625-8211; www.sunnysred hook.com; 253 Conover St zw. Beard & Reed St, Red Hook; ⊙Di 18–2, Mi–Fr 16–4, Sa ab 14, So 16–23 Uhr; ⛔B61 bis Coffey & Conover St, ⓈF, G bis Carroll St) Die Wurzeln dieser stimmungsvollen Bar weit draußen in Red Hook reichen bis ins späte 19. Jh. zurück. Sie könnte glatt aus dem Film *Die Faust im Nacken* stammen, aber die Hafenarbeiter haben sich natürlich schon lange verabschiedet, heute mischen sich hier treue Stammgäste und junge Hipster auf der Suche nach dem Echten. Samstags steigen ab 22 Uhr laute Bluegrass-Sessions, ansonsten gibt es die ganze Woche über weitere nette Events.

Hurricane Sandy hat der Kneipe übel mitgespielt, die daraufhin arge Probleme hatte, wieder auf die Beine zu kommen. Der legendäre Eigentümer der Bar, Sunny Balzano, starb 2016 und zur Zeit der Recherche stand die Zukunft der Kneipe noch in den Sternen, weil sie durch Immobiliendeals bedroht war. Ein liebevolles Porträt der Bar und ihres Eigentümers ist *Sunny's Nights: Lost and Found at a Bar on the Edge of the World* von Tim Sultan (2016).

TRAVEL BAR
BAR

Karte S. 470 (☎718-858-2509; www.travelbar brooklyn.com; 520 Court St zw. Nelson & Huntington St, Carroll Gardens; ⊙Di–Do 17–24, Fr 15.30–2, Sa 12–2, So bis 21 Uhr; ⓈF, G bis Smith–9th Sts) Wer selbst ein bisschen reisemüde ist, kann in dieser chilligen Bar in Carroll Gardens mithilfe eines Verkostungssets mit ein paar der 200 vorhandenen Whiskeysorten aus dem In- und Ausland eine Weltreise unternehmen. Und wer es eher heimisch mag, bestellt ein New Yorker Craft-Bier, z. B. ein starkes IPA der Other Half Brewery nur vier Straßen weiter.

🍴 Fort Greene, Clinton Hill & Bed-Stuy

BLACK FOREST BROOKLYN
BIERHALLE

Karte S. 470 (☎718-935-0300; www.blackforest brooklyn.com; 733 Fulton St zw. S Elliot Pl & S Portland Ave, Fort Greene; ⊙So–Do 7–24, Fr & Sa bis 2 Uhr; ⓈG bis Fulton St; C bis Lafayette Ave) Zwei Deutsche aus Brooklyn haben diese hippe Variante einer traditionellen Bierhalle eröffnet, mit dunkler Holzdecke, unverputztem Backstein und hübschen Bedienungen in rot karierten Hemden, die bayerisches Helles, Pils, Weizen und andere Biere vom Fass servieren. Wer sich nicht entscheiden kann, kann das 13-teilige Probierset ordern. Das Angebot an deutschem Essen bietet neben Wurst und Schnitzel auch vegetarische Sachen.

🍴 Park Slope, Gowanus & Sunset Park

UNION HALL
BAR

Karte S. 472 (☎718-638-4400; www.unionhallny. com; 702 Union St nahe Fifth Ave, Park Slope; Drinks ab 7 $; ⊙Mo–Fr 16–4, Sa & So 13–4 Uhr; ⓈR bis Union St) Wer einen echten Brooklyner Abend erleben möchte, ist hier genau richtig. Diese Kneipe residiert in einem umgebauten Lagerhaus und verfügt über einen doppelseitigen Kamin, hoch aufragende Bücherregale, Ledersofas und zwei Indoor-Bocciaplätze. Im Untergeschoss stehen außerdem Livemusik und Comedy auf dem Programm.

SEA WITCH
BAR

Karte S. 472 (☎347-227-7166; www.seawitch nyc.com; 703 Fifth Ave zw. 21st & 22nd St, Greenwood Heights; ⊙Mo–Do 17–4, Fr ab 16, Sa & So ab 12 Uhr, Küche So–Do bis 0.30, Fr & Sa bis

1.30 Uhr; B63 bis 5th Ave/21st St, R bis 25th St) Neben nautischen Kuriositäten wie einem Haikieferknochen, einem Meerjungfrauenwandbild und tropischen Fischen bietet das Sea Witch erstklassige saisonale Cocktails, wechselnde Craft-Biere vom Fass, gelegentlich DJ-Musik und ein solides, bis spät am Abend erhältliches Angebot an Fisch-Tacos, Kielbasa-Sandwiches, Brötchen mit gebratenen Muscheln und anderen sättigenden Speisen. Auf der geräumigen Terrasse hinterm Haus kann man wunderbar entspannen – und vielleicht sogar ein bisschen Seemannsgarn spinnen!

EXCELSIOR
SCHWULE & LESBEN

Karte S. 472 (718-788-2710; www.excelsior brooklyn.com; 563 Fifth Ave zw. 15th & 16th St, Park Slope; Mo–Fr 18–4, Sa & So ab 14 Uhr; R bis Prospect Ave) Die beliebte Schwulenbar hat nach einem schicken Umbau an neuer Stelle eröffnet, mit Terrasse hinterm Haus und einem Eventbereich oben, wo Tanzpartys, Dragshows und Karaoke-Abende stattfinden. Das Excelsior wird eher von älteren Semestern aufgesucht – aber natürlich sind auch alle anderen willkommen – und ist für seine gesellige Atmosphäre und seine superwitzigen Barkeeper bekannt.

ROYAL PALMS
BAR

Karte S. 472 (347-223-4410; www.royalpalms shuffle.com; 514 Union St zw. Third Ave & Nevins St, Gowanus; Mo–Do 18–24, Fr bis 2, Sa 12–2, So bis 22 Uhr; R bis Union St) Wer Lust auf ein bisschen Sport hat, sich aber gleichzeitig nicht zu weit vom Barhocker entfernen möchte, für den könnte das Royal Palms genau das Richtige sein. In diesem 1500 m² großen Laden gibt's zehn Shuffleboard-Plätze (40 $ pro Std.), außerdem große Brettspiele, Craft-Biere, Cocktails und sättigende Snacks von einem wöchentlich wechselnden Foodtruck.

GREENWOOD PARK
BIERGARTEN

Karte S. 472 (718-499-7999; www.greenwood parkbk.com; 555 Seventh Ave zw. 19th & 20th

St, Greenwood Heights; So–Do 12–2, Fr & Sa bis 3 Uhr, im Winter kürzer; B67, B69 bis 18th St, F, G bis Prospect Park) Die große Bierkneipe um die Ecke vom schattigen Green-Wood-Friedhof mit einer Innen- und Außenfläche von 1200 m² residiert in einer clever umgebauten ehemaligen Tankstelle und Autowerkstatt – schön ist etwa die große Außenwand aus alten Paletten. In luftigem Industrieambiente werden über zwei Dutzend Fassbiere geboten und dazu Panini, Burger, Salate und andere Kneipenkost.

GINGER'S
LESBEN

Karte S. 472 (718-788-0924; www.gingersbar bklyn.com; 363 Fifth Ave zw. Höhe 5th St, Park Slope; Mo–Fr 17–4, Sa & So ab 14 Uhr; F, G, R bis 4th Ave–9th St) Diese helle blau-gelbe Lesbenkneipe wartet mit einer freundlichen Barkeeperin, einer Jukebox, einem Billardtisch, einer kleinen Terrasse hinterm Haus und jeder Menge Stammgästen auf. Happy Hour bis 20 Uhr.

Prospect Heights, Crown Heights & Flatbush

★ BUTTER & SCOTCH
BAR

Karte S. 472 (347-350-8899; www.butterand scotch.com; 818 Franklin Ave zw. Eastern Pkwy & Union St, Crown Heights; Mo 17–24, Di–Do ab 9, Fr 9–2, Sa ab 10, So 10–24 Uhr; 2/3 bis Eastern Pkwy–Brooklyn Museum) Los, schnell! Was soll's sein: Alk oder Kuchen? Die erfinderische Frau hinter dieser Bar-Bäckerei ist der Meinung, man solle sich nicht zwischen den beiden Sachen entscheiden – höchstens zwischen einem alkoholhaltigen Milchshake oder einem Wodka-Martini mit Limettenkuchen. Neben Kuchen, Pasteten und Eiscreme gibt's hier Craft-Biere vom Fass und ein Dutzend saisonale Cocktails (1 $ wird jeweils an Planned Parenthood gespendet).

WEATHER UP
COCKTAILBAR

Karte S. 472 (www.weatherupnyc.com; 589 Vanderbilt Ave Höhe Dean St, Prospect Heights; So–Do 17.30–24, Fr & Sa bis 2 Uhr) Wer durch den Eingangsvorhang tritt, findet sich in einer schummrigen Oase mit dunklem Holz und Subway-Kacheln wieder. An der Theke kann man den Barkeepern dabei zuschauen, wie sie fachkundig die Cocktails von der saisonalen Karte mixen, oder man zieht sich in der gemütlichen Sitznische im hinteren Bereich zurück. Die Terrasse mit

---

ⓘ WAS LÄUFT?

Auf den Websites Free Williamsburg (www.freewilliamsburg.com), Brooklyn Based (www.brooklynbased.com), Greenpointers (www.greenpointers.com) und Bushwick Daily (www.bushwick daily.com) gibt's immer die aktuellsten Infos über Konzerte, Vernissagen usw.

begrünten Spalieren hinterm Haus bietet Abgeschiedenheit bei Kerzenschein. Nur Barzahlung.

🍷 Williamsburg, Greenpoint & Bushwick

★HOUSE OF YES CLUB

(www.houseofyes.org; 2 Wyckoff Ave Höhe Jefferson St, Bushwick; Tickets frei bis 40 $; ⏲Di–Sa, je nach Event unterschiedlich; [S]L bis Jefferson St) Die Aufführungen und Tanzevents in diesem renommierten Lagerhausclub mit zwei Bühnen, drei Bars und einem überdachten Freiluftbereich gehören zu den einfallsreichsten in Brooklyn, geboten werden z. B. Trapezkünstler, Punkbands, Varietéshows, Dragqueens und Performance-Künstler; außerdem unterhalten DJs das künstlerisch orientierte, bunt gemischte Publikum mit House und anderen Beats.

★MAISON PREMIERE COCKTAILBAR

Karte S. 468 (☎347-335-0446; www.maisonpremiere.com; 298 Bedford Ave zw. S 1st & Grand St, Williamsburg; ⏲Mo–Mi 14–2, Do & Fr bis 4, Sa 11–4, So bis 2 Uhr; [S]L bis Bedford Ave) Niemand würde sich wundern, wenn Dorothy Parker plötzlich durch die Tür käme. Die guten alten Zeiten bestimmen das Ambiente: Die elegante Bar erinnert mit den vielen Sirupflaschen an ein Chemielabor, die Barkeeper tragen Hosenträger und es läuft Jazz. Cocktails spielen hier eindeutig die erste Geige – auf der ellenlangen Karte stehen allein mehr als ein Dutzend Absinthmischungen, mehrere Juleps und eine ganze Reihe spezieller Cocktails.

BROOKLYN BARGE BIERGARTEN

(☎929-337-7212; www.thebrooklynbarge.com; 3 Milton St, abseits der West St, Greenpoint; ⏲Mai–Okt. Mo–Fr 12–2, Sa & So ab 11 Uhr; 🐾; [S]G bis Greenpoint Ave) Greenpoints neueste Sommerkneipe liegt nicht einfach nur am Wasser – sie liegt auf dem Wasser. Ein Kahn, der über eine Holzbrücke zu erreichen ist, beherbergt eine Freiluftbar mit lokalen Bieren vom Fass, sommerlichen Cocktails sowie Wein und Cidre; außerdem gibt's kleine Gerichte, Nachos, Tacos und Sandwiches – alles kommt aus einer Schiffscontainerküche.

TOBY'S ESTATE KAFFEE

Karte S. 468 (☎347-457-6155; www.tobysestate.com; 125 N 6th St zw. Bedford Ave & Berry St, Williamsburg; ⏲7–19 Uhr; 📶; [S]L bis Bedford Ave) Diese kleine Rösterei bringt mit ihren aromatischen Aufgüssen, cremigen Milchkaffees und sämigen *cortados* (Espresso mit ein wenig Milchschaum) wundervolle Aromen in die Straßen Billyburgs. Sitzen kann man auf ein paar Sofas oder an Gemeinschaftstischen, die oft von MacBook-Nutzern in Beschlag genommen sind.

RADEGAST HALL & BIERGARTEN BIERHALLE

Karte S. 468 (☎718-963-3973; www.radegasthall.com; 113 N 3rd St Höhe Berry St, Williamsburg; ⏲Mo–Fr 12–3, Sa & So ab 11 Uhr; [S]L bis Bedford Ave) Die österreichisch-ungarische Bierhalle in Williamsburg serviert eine große Auswahl bayrischer Biere sowie leckere Fleischgerichte. Gäste haben die Wahl zwischen der dunkleren, holzverkleideten Bar und dem angrenzenden Saal mit Dachfenstern und großen Gemeinschaftstischen. Dazu gibt's Brezeln, Wurst und Burger. Jeden Abend Livemusik ohne Eintritt.

SPUYTEN DUYVIL BAR

Karte S. 468 (☎718-963-4140; www.spuytenduyvilnyc.com; 359 Metropolitan Ave zw. Havemeyer & Roebling St, Williamsburg; ⏲Mo–Fr 17–2, Sa 12–3, So bis 2 Uhr; [S]L bis Lorimer St; G bis Metropolitan Ave) Diese bescheidene Bar sieht aus, als hätte sie ihr Interieur auf dem Sperrmüll zusammengeklaubt. Die Decken sind rot angemalt, an den Wänden hängen alte Karten und das Mobiliar besteht aus ramponierten Armsesseln. Aber das Bier- und Weinangebot ist hervorragend, die Menschen aus der Nachbarschaft kommen zum Plausch und es gibt einen schönen Hof mit Bäumen, der bei gutem Wetter geöffnet ist.

NORTHERN TERRITORY DACHBAR

Karte S. 468 (☎347-689-4065; www.northernterritorybk.com; 12 Franklin St Höhe Meserole Ave, Greenpoint; ⏲Sommer Mo–Fr 17 Uhr bis spät, Sa & So ab 12 Uhr, Winter Mo & Di geschl.; 🚌B32 bis Franklin St/Meserole Ave, [S]G bis Nassau Ave) Angesichts des Namens scheint die Abgeschiedenheit dieser australischen Dachbar an einer kleinen Bucht am Rand von Greenpoint durchaus passend. Wer dann aber von oben auf den Fluss und die Skyline von Manhattan blickt, vergisst schnell die paar zusätzlichen industriell geprägten Straßen auf dem Weg hierher. An diesem Ort mit einem Drink in der Hand den Sonnenuntergang zu genießen, ist wirklich himmlisch!

ROCKA ROLLA BAR

Karte S. 468 (486 Metropolitan Ave Höhe Rodney St, Williamsburg; ⏲12–4 Uhr; [S]L bis Lorimer St;

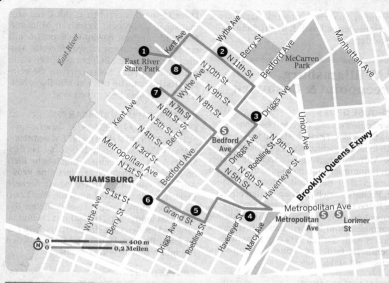

Lokalkolorit
Was geht in Williamsburg?

Williamsburg, wo früher vor allem Arbeiterfamilien aus Lateinamerika wohnten, ist heute das wichtigste Ausgehviertel in Nord-Brooklyn. Der einstige Szenestadtteil hat seine armen Künstler wegen der dort günstigeren Mieten an Bushwick verloren, sodass jetzt wohlsituierte Berufstätige und hippe junge Familien in glitzernden Wohnblocks und renovierten Brownstones residieren. Hier gibt's viel zu entdecken, von Cocktailkneipen bis zu bunten Läden mit einzigartigen Kreationen von Brooklyner Kunstgewerblern.

❶ Auf ins Grüne
Vom East River State Park (S. 290) bieten sich fabelhafte Ausblicke auf Manhattan und im Sommer tummeln sich in den offenen Grünanlagen jede Menge Leute, vielleicht um zu picknicken oder einem Konzert zu lauschen.

❷ Bier aus Brooklyn
Einst war Williamsburg das Brauereizentrum New Yorks. Ganz gemäß dieser Tradition braut die Brooklyn Brewery (S. 290) nicht nur köstliche Gerstensäfte und serviert sie, sondern man kann hier auch an Führungen teilnehmen.

❸ Modefunde
Wer seine Garderobe um ein paar Brooklyner Stücke bereichern möchte, sollte den **Buffalo Exchange** (Karte S. 468; ☎718-384-6901; www.buffaloexchange.com; 504 Driggs Ave Höhe N 9th St; ⏱Mo–Sa 11–20, So 12–19 Uhr; Ⓢ L bis Bedford Ave) aufsuchen, einen beliebten Laden für kaum getragene, trendige Vintage-Mode für Damen und Herren.

❹ Der Reiz alter Dinge
Faszinierende alte Sachen aus vergangener Zeit hortet das kleine Ladenmuseum City Reliquary (S. 289), darunter New-York-Relikte wie Ausstellungsstücke von der Weltausstellung 1939.

❺ Abstecher nach Lateinamerika
Der witzige kleine Laden **Fuego 718** (Karte S. 468; ☎718-302-2913; www.facebook.com/Fuego718Store; 249 Grand St zw. Roebling St & Driggs Ave; ⏱12–20 Uhr; Ⓢ L bis Bedford Ave), in dem man nett herumstöbern kann, entführt Besucher mit einem Tag-der-Toten-Kästchen, bunten Rahmen und Spiegeln sowie Kitsch und Kunsthandwerk aus Mexiko oder Peru nach Lateinamerika.

Brooklyn Brewery (S. 290)

❻ Cocktails & Austern
Eine Zeitreise in die Vergangenheit lässt sich in der Maison Premiere (S. 307) mit maßgeschneiderten Cocktails, Austern und anderen Leckereien samt schickem Südstaatenflair unternehmen.

❼ Kunsthandwerksmarkt
Am Wochenende kann man auf dem Markt Artists & Fleas (S. 316) an mehreren Dutzend Ständen Schmuck, Accessoires, Kunst, Kosmetik, Haushaltswaren und alte Schallplatten sowie Klamotten durchstöbern.

❽ Vinylmekka
In Williamsburg befindet sich der einzige amerikanische Ableger des britischen Plattenladens **Rough Trade** (Karte S. 468; ☎718-388-4111; www.roughtradenyc. com; 64 N 9th St zw. Kent & Wythe Ave; ⏰Mo–Sa 11–23, So bis 21 Uhr; 📶; Ⓢ L bis Bedford Ave), ein lagerhausgroßes Mekka für Musikliebhaber und Schallplattensammler, wo auch regelmäßig Konzerte aufstrebender Talente stattfinden (Tickets gewöhnlich bis 15 $). Den Bummel durchs Viertel kann man prima mit einem Kaffee im Café des Ladens abschließen.

G bis Metropolitan Ave) Diese Rock-and-Roll-Bar, die an alte Zeiten im Mittleren Westen erinnert, liegt angesichts billiger Drinks und einer bis früh am Morgen durchfeiernden Partymeute passenderweise abgeschieden in einer rauen Ecke unterhalb der Hochstraße des Brooklyn–Queens Expressway. Die Betreiber, denen auch das **Skinny Dennis** (Karte S. 468; www.skinnydennisbar. com; 152 Metropolitan Ave Höhe Berry St, Williamsburg; ⏰12–4 Uhr; Ⓢ L bis Bedford Ave) gehört, lassen sich von den später Siebzigern und frühen Achtzigern inspirieren: Also gibt's AC/DC in der Jukebox, alte leuchtende Bierschilder als Deko an den Wänden und Budweiser für 3 $.

ROOKERY BAR
(www.therookerybar.com; 425 Troutman St zw. St Nicholas & Wyckoff Ave, Bushwick; ⏰Mo–Fr 12–4, Sa & So ab 11 Uhr; Ⓢ L bis Jefferson St) Ein Fixpunkt der Bushwick-Szene ist das industriell angehauchte Rookery an der mit Street Art gespickten Troutman Ave. An Verlockungen gibt's Cocktails, Craft-Biere, verschiedene Kneipenkost (*shepherds pie* mit Ziegencurry, Ochsenschwanz-*sloppy joe*), obskuren Electro-Pop und eine entspannte Stimmung. Die hohen Decken lassen die Räumlichkeiten luftig wirken; schön ist bei entsprechendem Wetter auch die Terrasse hinterm Haus.

SPRITZENHAUS BIERHALLE
Karte S. 468 (☎347-987-4632; www.spritzenhaus 33.com; 33 Nassau Ave Höhe Guernsey St, Greenpoint; ⏰So–Do 16–1, Sa & So 12–4 Uhr; Ⓢ G bis Nassau Ave) Ein Mekka für Bierfreunde am Rand des McCarren Park: Diese offene, industriell anmutende und über 500 m² große Bierkneipe bietet rund 20 Biere vom Fass und Dutzende weitere in der Flasche. Es dominieren feine deutsche, belgische und amerikanische Gerstensäfte. Dazu gibt's fleischlastige Kneipenkost wie Würstchen oder belgische Fritten mit Trüffelöl.

IDES BAR
Karte S. 468 (☎718-460-8006; www.wythehotel. com/the-ides; 80 Wythe Ave, Wythe Hotel Höhe N 11th St, Williamsburg; Eintritt Sa & So ab 18 Uhr 10 $; ⏰Mo–Do 16–24, Fr ab 14, Sa & So ab 12 Uhr; Ⓢ L bis Bedford Ave) Die Dachbar des Wythe Hotel (S. 366) bietet großartige Ausblicke auf Manhattan und bis 22 Uhr gehobene Barsnacks. Reservieren kann man nicht, also heißt es: früh da sein, um den Massen ein Schnippchen zu schlagen. Wer nicht im

Hotel nächtigt, muss samstag- und sonntagabends Eintritt zahlen.

HOTEL DELMANO COCKTAILBAR

Karte S. 468 (☎718-387-1945; www.hoteldelmano.com; 82 Berry St Höhe N 9th St, Williamsburg; 🕒Mo–Do 17–2, Fr bis 3, Sa 13–3, So bis 2 Uhr; [S]L bis Bedford Ave) Diese dezent beleuchtete Cocktailbar imitiert mit alten Spiegeln, unpolierten Holzböden und alten Kronleuchtern den Stil einer alten Flüsterkneipe. Wer sich nicht in einer der Ecken im hinteren Bereich versteckt, sondern sich an der bogenförmigen Marmortheke platziert, kann den Barkeepern beim Mixen der phantasievollen Cocktails zuschauen – Roggenwhiskey, Gin und Mezcal sind diejenigen Spirituosen, die am meisten zum Einsatz kommen.

BOSSA NOVA CIVIC CLUB CLUB

(☎718-443-1271; 1271 Myrtle Ave Höhe Hart St, Bushwick; 🕒Mo–Sa 17–4, So bis 24 Uhr; [S]M bis Central Ave) Der eher kleine Club ist ein weiterer Grund, warum man Brooklyn eigentlich gar nicht verlassen muss. Hier legen DJs in tropisch anmutendem Ambiente unterschiedlichste Sounds auf, zu denen man prima abrocken kann. Tolle Musikanlage, Drinks zu fairen Preisen – zumindest für Clubverhältnisse – und für Hungrige Snacks wie Empanadas, langsam gegartes Schweinefleisch und Arepas.

Zieht ein fröhliches, tanzfreudiges Publikum an. Montags bis donnerstags ist der Eintritt frei, freitags und samstags kostet er 10 $.

PINE BOX ROCK SHOP BAR

Karte S. 468 (☎718-366-6311; www.pineboxrockshop.com; 12 Grattan St zw. Morgan Ave & Bogart St, East Williamsburg; 🕒Mo & Di 16–2, Mi–Fr bis 4, Sa 14–4, So 12–2 Uhr; [S]L bis Morgan Ave) Der große Pine Box Rock Shop bietet in einer ehemaligen Sargfabrik 17 verschiedene Biere vom Fass sowie feurige, winzige Bloody Marys. Die Betreiber sind ein freundliches veganes Musikerpärchen, sodass hier nichts aus tierischen Produkten serviert wird, z. B. in den Empanadas und den anderen Kneipenspeisen. An den Wänden hängt Kunst aus dem Bezirk und im hinteren Teil gibt es eine kleine Bühne mit regelmäßigen Auftritten.

BLUE BOTTLE COFFEE KAFFEE

Karte S. 468 (☎718-387-4160; www.bluebottlecoffee.net; 160 Berry St zw. N 4th & N 5th St, Williamsburg; Kaffees 3–5 $; 🕒Mo–Fr 6.30–19, Sa & So 7–19.30 Uhr; [S]L bis Bedford Ave) Kaffeekenner schätzen die alte Kaffeeröstmaschine von Probat, die in diesem erstklassigen Williamsburger Außenposten in einem ehemaligen Geschäft für Seile und Taue benutzt wird. Alle Bestellungen werden nacheinander aufgebrüht, Wartezeiten sollten daher eingeplant werden. Dazu gibt es eine kleine Auswahl gebackener Leckereien wie Kaffeekuchen, in dem Schokoladenbier der Brooklyn Brewery (S. 290) verarbeitet wird – Nachbarschaftshilfe der ganz eigenen Art.

CLEM'S PUB

Karte S. 468 (☎718-387-9617; www.clemsbrooklyn.com; 264 Grand St Höhe Roebling St, Williamsburg; 🕒Mo–Fr 14–4, Sa & So ab 12 Uhr; [S]L bis Lorimer St; G bis Metropolitan Ave) Dieses saubere Pub pflegt eine unaufgeregte Atmosphäre. Es gibt eine lange Bar, freundliche Barkeeper und einige Tische vor der Tür, die perfekt für die sommerliche Menschenschau sind. Zur Happy Hour bis 20 Uhr gibt's Bier und Schnaps für nur 6 $.

🍷 Coney Island & Brighton Beach

RUBY'S BAR & GRILL BAR

Karte S. 476 (☎718-975-7829; www.rubysbar.com; 1213 Riegelmann Boardwalk zw. Stillwell Ave & 12th St, Coney Island; 🕒April–Sept. So–Do 11–22, Fr & Sa bis 1 Uhr, Okt. nur Wochenende; [S]D/F, N/Q bis Coney Island–Stillwell Ave) Die älteste und einzige Kneipe an der Promenade von Coney Island ist eine echte Institution: Das Ruby's gibt's schon seit 1934 und es sieht sich einer steten Bedrohung durch Immobilienhaie ausgesetzt, die die Promenade edler gestalten möchten – aber die Kneipe hält sich hartnäckig. Mit einem Pint Ruby's Ale kann man auf einem der Barhocker schön den Wellen und den Einheimischen zuschauen. Auf das Essen verzichtet man besser.

☆ UNTERHALTUNG

★BROOKLYN ACADEMY OF MUSIC DARSTELLENDE KÜNSTE

Karte S. 470 (BAM; ☎718-636-4100; www.bam.org; 30 Lafayette Ave Höhe Ashland Pl, Fort Greene; 📶; [S]B/D, N/Q/R, 2/3, 4/5 bis Atlantic Ave–Barclays Ctr) Die BAM wurde 1861 gegründet und ist damit das älteste Zentrum der darstellenden Künste des Landes. Zusammen mit mehreren Ablegern in Fort Greene bietet die Akademie innovative und ausgefallene Vorführungen in den Bereichen Oper, moderner Tanz, Musik, Film und Theater – von Retrospektiven zu Merce Cunningham und Multimediashows von Laurie Anderson bis zu Avantgarde-Interpretationen von Shakespeare und anderen Klassikern gibt es hier alles.

Das Peter J. Sharp Building im Stil der italienischen Renaissance beherbergt das **Howard Gilman Opera House** (Karte S. 470) mit u. a. Opern-, Tanz- und Musikdarbietungen und die vier Säle der **Rose Cinemas** (Karte S. 470), in denen aktuelle, unabhängig produzierte und ausländische Filme laufen; im angeschlossenen Bar-Restaurant, dem **BAMcafé** (Karte S. 470; ☎Tischreservierung 718-623-7811), gibt's am Wochenende kostenlose Jazz-, R&B- und Popkonzerte. Eine Straße weiter liegt an der Fulton St das **Harvey Lichtenstein Theater** (Karte S. 470; 651 Fulton St nahe Rockwell Pl, Fort Greene; [S]B, Q/R bis DeKalb Ave; 2/3, 4/5 bis Nevins St), „the Harvey", mit modernen Inszenierungen neuer Stücke und manchmal radikalen Interpretationen von Klassikern. Um die Ecke vom Sharp Building befindet sich das **Fisher Building** (Karte S. 470; ☎718-636-4100; www.bam.org/fisher; 321 Ashland Pl nahe Lafayette Ave, Fort Greene) mit seinem kleineren, 250 Zuschauer fassenden Theatersaal.

Jedes Jahr findet in der BAM von September bis Dezember das renommierte **Next Wave Festival** (Tickets 20 $; 🕒Sept.–Dez.) statt. Dann gibt es avantgardistisches Theater und modernen Tanz aus aller Welt sowie Vorträge von Künstlern. Tickets frühzeitig besorgen!

★ST. ANN'S WAREHOUSE — THEATER

Karte S. 475 (☎718-254-8779; www.stannswarehouse.org; 45 Water St Höhe Old Dock St, Dumbo; 🚌B25 bis Water/Main St, [S]A/C bis High St; F bis York St) Dieses Avantgarde-Ensemble veranstaltet innovative Theater-, Musik- und Tanzhappenings, von genreübergreifender Musik junger Komponisten bis zu originellem, großartigem Puppentheater. 2015 ist das St. Ann's in ein neues Domizil im historischen Tobacco Warehouse (S. 281) gegenüber dem Brooklyn Bridge Park umgezogen.

★BARBÈS — LIVEMUSIK, JAZZ

Karte S. 472 (☎718-965-9177; www.barbesbrooklyn.com; 376 9th St Höhe Sixth Ave, Park Slope; erbetene Spende für Livemusik 10 $; 🕒Mo–Do 17–2, Fr & Sa 14–4, So bis 2 Uhr; [S]F, G bis 7th Ave; R bis 4th Ave–9th St) Die kleine Bar und Bühne, benannt nach einem nordafrikanisch geprägten Viertel in Paris, gehören einem französischen Musiker und langjährigen Bewohner von Brooklyn, Olivier Conan, der hier manchmal mit seiner Latino-Band

BROOKLYN IN DER LITERATUR

Brooklyns literarische Wurzeln reichen tief. Der ehemalige Bezirksbürgermeister Marty Markowitz beschrieb Brooklyn als die „New Yorker Rive Gauche". Angesichts der vielen Autoren aus Brooklyn, die Eingang in die Literaturgeschichte der USA gefunden haben, und der unzähligen Schriftsteller, die heute hier wohnen, hat er wohl nicht ganz Unrecht.

Hier einige wichtige Brooklyn-Bücher von gefeierten Brooklyner Autoren aus Vergangenheit und Gegenwart:

➡ *Grashalme* (1855) Walt Whitmans Liebesbrief an New York, „Crossing Brooklyn Ferry", ist ein besonders einprägsamer Teil seiner poetischen Feier des Lebens.

➡ *Ein Baum wächst in Brooklyn* (1943) Betty Smiths ergreifende Geschichte des Erwachsenwerdens spielt in den abgewrackten Mietskasernen von Williamsburg.

➡ *Sophies Entscheidung* (1979) William Styrons Bestseller spielt in einer Pension im Flatbush der Nachkriegszeit.

➡ *Motherless Brooklyn* (1999) Jonathan Lethems brillante und düster-komische Kleingangstergeschichte spielt in Carroll Gardens und anderen Teilen Brooklyns.

➡ *Literary Brooklyn* (2011) Evan Hughes zeigt die bekanntesten Brooklyner Schriftsteller und ihre Stadtviertel im Wandel der Zeit – von Henry Millers Williamsburg bis zu Truman Capotes Brooklyn Heights.

➡ *Manhattan Beach* (2017) In ihrem mit dem Pulitzer-Preis ausgezeichneten Roman begibt sich Jennifer Egan auf die Spuren einer jungen Frau, die während des Zweiten Weltkriegs im Brooklyn Navy Yard arbeitete.

Las Rubias del Norte spielt. Es wird jeden Abend Livemusik geboten: Das eindrucksvolle Programm ist sehr vielfältig, mit z. B. afro-peruanischen Klängen, westafrikanischem Funk und Gypsy-Jazz.

★NATIONAL

SAWDUST
LIVEAUFFÜHRUNGEN

Karte S. 468 (☑646-779-8455; www.nationalsaw dust.org; 80 N 6th St Höhe Wythe Ave, Williamsburg; 🚻; Ⓢ L bis Bedford Ave) Das mit knallbunten Wandbildern geschmückte Kulturzentrum öffnete 2015 seine Pforten, um ein sehr aktuelles Programm verschiedenster Sparten zu bieten. Hier gibt's außergewöhnliche Sachen wie moderne Opernmusik mit Multimedia-Projektionen, elektro-akustischen Bigband-Jazz und Konzerte mit Stücken experimenteller Komponisten. Dazu kommen noch Konzerte mit Weltmusik-Einschlag: Inuit-Kehlgesang, afrikanischer Stammes-Funk und gesungene isländische Sagas.

BROOKLYN BOWL
LIVEMUSIK

Karte S. 468 (☑718-963-3369; www.brooklyn bowl.com; 61 Wythe Ave zw. N 11th & N 12th St, Williamsburg; ⏰Mo–Mi 18–24, Do & Fr bis 2, Sa 11–2, So bis 24 Uhr; Ⓢ L bis Bedford Ave; G bis Nassau Ave) Auf den 2130 m² des ehemaligen Werks von Hecla Iron Works finden Nachtschwärmer ein Bowlingzentrum (S. 317), Biere aus Mikrobrauereien, ein Restaurant und erstklassige Livemusik. Neben den Bands, die hier regelmäßig auftreten, gibt es NFL-Liveübertragungen, Karaoke und DJ-Nächte. Außer zum Familienbowling samstags von 11 bis 17 und sonntags von 11 bis 18 Uhr muss, wer rein will, mindestens 21 sein.

BELL HOUSE
LIVEAUFFÜHRUNGEN

Karte S. 472 (☑718-643-6510; www.thebellhouse ny.com; 149 7th St zw. Second & Third Ave, Gowanus; ⏰17 Uhr bis spät; 📶; Ⓢ F, G, R bis 4th Ave-9th St) Dieser große alteingesessene Veranstaltungsort in der trostlosen Gegend des industriell geprägten Gowanus bietet eine bunte Palette an Liveauftritten, DJ-Nächten, Indierock-Konzerten, Burlesquepartys und Comedyshows. Das freundlich umgestaltete Lagerhaus verfügt über einen großen Konzertsaal und eine nette, kleine Bar im vorderen Raum, mit flackernden Kerzen, Ledersesseln und etwa einem Dutzend Fassbieren.

JALOPY
LIVEMUSIK

Karte S. 470 (☑718-395-3214; www.jalopy.biz; 315 Columbia St zw. Hamilton Ave & Woodhull St, Columbia St Waterfront District; ⏰Mo 16–21, Di-So 12–24 Uhr; 🚻; 🚌B61 bis Columbia & Carroll St, Ⓢ F, G bis Carroll St) Dieses Banjogeschäft samt Bar an der Grenze von Carroll Gardens und Red Hook hat auch eine kleine Bühne für Bluegrass-, Country-, Klezmer- und Ukulele-Konzerte, zu denen kaltes Bier ausgeschenkt wird. Mittwochabends steigt ab 21 Uhr die kostenlose Wohlfühl-Show Roots'n'Ruckus. Termine siehe Website.

NITEHAWK CINEMA
KINO

Karte S. 468 (☑718-782-8370; www.nitehawkcine ma.com; 136 Metropolitan Ave zw. Berry & Wythe St, Williamsburg; Tickets Erw./Kind 12/9 $; 🚻; Ⓢ L bis Bedford Ave) Dieses Kino mit drei Sälen wartet mit einem guten Programm an aktuellen und unabhängigen Streifen, einem guten Soundsystem und bequemen Sitzen auf. Doch die eigentliche Attraktion ist, dass man, während man einen Film sieht, auch essen und trinken kann. Zu essen gibt es z. B. Hummus, Süßkartoffel-Risotto-Bällchen oder Rippchen-Empanadas; dazu passt ein Blue-Point-Lager, ein Negroni oder eine Cocktailkreation mit Filmmotto.

ALAMO DRAFTHOUSE
KINO

Karte S. 475 (☑718-513-2547; www.drafthouse. com; 445 Albee Square W Höhe DeKalb Ave, City Point, Downtown Brooklyn; Tickets 15 $; Ⓢ B, Q/R bis DeKalb Ave; 2/3 bis Hoyt St; A/C, G bis Hoyt-Schermerhorn) Der New Yorker Ableger des texanischen Filmtheaterphänomens zeigt in Kinos mit großen Leinwänden, breiten, bequemen Kinosesseln und kleinen Tischen sowohl aktuelle Streifen als auch besonders ausgesuchte Filme. Während der Vorführung bringen die Bedienungen Speisen und Getränke direkt zum Platz, z. B. Eisbecher mit Alkohol wie den schwarz-weißen White Russian.

LITTLEFIELD
LIVEAUFFÜHRUNGEN

Karte S. 472 (www.littlefieldnyc.com; 635 Sackett St zw. Third & Fourth Ave, Gowanus; Ⓢ R bis Union St) Diese Spiel- und Kunststätte in einem 576 m² großen alten Textillagerhaus bietet eine breite Palette an Livemusik und anderen Events wie Comedy, Geschichtenerzählen, Theater, Tanz, Filmvorführungen und Ratespielen. Montags ist Wyatt Cenac Gastgeber bei der beliebten Comedyshow *Night Train*; andere regelmäßige Veranstaltungen sind die Spielshow *Punderdome 3000* und der Erzählabend *Mortified*, bei dem peinliche Geschichten zum Besten gegeben werden. Zutritt ab 21 Jahren.

KINGS THEATRE THEATER

Karte S. 472 (☎718-856-2220; www.kingstheatre.com; 1027 Flatbush Ave Höhe Tilden Ave, Flatbush; ⏰Kasse Mo–Sa 12–17.30 Uhr; [S]2, 5 oder Q bis Beverly Rd) In sicherer Entfernung zu den Massen im Madison Square Garden (S. 219) ist dieser ehemalige Filmpalast ein wunderbares Zeugnis vergangener Tage sowie eine erstklassige Konzertbühne. Das 1929 erbaute Haus wurde kürzlich renoviert, damit die historischen Elemente wieder glänzen können. So präsentiert sich die Lobby grandios in Gold und Rot und der Saal mit 3000 Plätzen verfügt neben bequemen Stühlen auch über eine atemberaubende bemalte Decke.

MCU PARK BASEBALL

Karte S. 476 (☎718-372-5596; www.brooklyncyclones.com; 1904 Surf Ave Höhe 17th St, Coney Island; Tickets 10–20 $, Mi alle Tickets 10 $; [S]D/F, N/Q bis Coney Island–Stillwell Ave) Die Minor-League-Mannschaft **Brooklyn Cyclones** spielt in der NewYork–Penn League und trägt ihre Heimspiele in einem Stadion am Strand nur wenige Schritte entfernt von der Promenade von Coney Island aus. Bei fast allen Spielen gibt's ein nettes Motto wie *Seinfeld* oder „Prinzessin und Pirat" und an warmen Sommerabenden kann das Ambiente hier wirklich zauberhaft sein – ganz unabhängig davon, was auf dem Platz passiert.

THEATER FOR A NEW AUDIENCE DARSTELLENDE KÜNSTE

Karte S. 470 (☎Tickets 866-811-4111; www.tfana.org; 262 Ashland Pl, Ecke Fulton St, Fort Greene; [S]2/3, 4/5 bis Nevins St; B, Q/R bis DeKalb Ave) Das Ende 2013 eröffnete Theater gehört zum immer größer werdenden Kulturviertel um die BAM (S. 311) und residiert in einem prächtigen neuen Gebäude, das sich das Londoner Cottesloe Theatre zum Vorbild nahm. Aufgeführt werden hier moderne Inszenierungen von etwa Shakespeare-, Ibsen- und Strindberg-Stücken sowie neuere Arbeiten von Dramatikern wie Richard Maxwell und seiner Theatertruppe, den New York City Players.

PUPPETWORKS PUPPENTHEATER

Karte S. 472 (☎718-965-3391; www.puppetworks.org; 338 Sixth Ave Höhe 4th St, Park Slope; Erw./Kind 11/10 $; ⏰Sa & So 12.30 & 14.30 Uhr; 👪; [S]F, G bis 7th Ave) In einem winzigen Theater in Park Slope wird reizendes Puppentheater aufgeführt, das bei den jungen Zuschauern rasend gut ankommt. So gibt's etwa Adaptionen von *Die Schöne und das Biest, Goldlöckchen und die drei Bären* und (natürlich) *Pinocchio*. Die meisten Vorstellungen finden samstags und sonntags um 12.30 und 14.30 Uhr statt – siehe Website.

MUSIC HALL OF WILLIAMSBURG LIVEMUSIK

Karte S. 468 (☎718-486-5400; www.musichallofwilliamsburg.com; 66 N 6th St zw. Wythe & Kent Ave, Williamsburg; Tickets 15–40 $; [S]L bis Bedford Ave) Dieser beliebte Musikschuppen in Williamsburg ist *der* angesagte Ort, um in Brooklyn Indie-Bands live zu erleben – hier haben schon alle möglichen Leute von They Might Be Giants bis zu Kendrick Lamar gespielt. (Für viele Gruppen, die durch New York kommen, ist dies der einzige Ort, der zählt.) Klein, aber fein, mit nur 550 Plätzen.

WARSAW LIVEMUSIK

Karte S. 468 (☎718-387-5252; www.warsawconcerts.com; 261 Driggs Ave, Polish National Home Höhe Eckford St, Greenpoint; 🚌B43 bis Graham/Driggs Ave, [S]G bis Nassau Ave; L bis Bedford Ave) Das Warsaw residiert im Gebäude des Polish National Home und entwickelt sich immer mehr zu einem Brooklyner Klassiker. Auf der Bühne in einem alten Ballsaal stehen Lieblinge der Indieszene wie die Dead Milkmen ebenso wie Funklegenden wie George Clinton. Polnische Kellnerinnen servieren unter der Diskokugel Piroggen, Kielbasa-Sandwiches und Bier.

KNITTING FACTORY LIVEMUSIK

Karte S. 468 (☎347-529-6696; http://bk.knittingfactory.com; 361 Metropolitan Ave Höhe Havemeyer St, Williamsburg; Tickets 10–30 $; [S]L bis Lorimer St; G bis Metropolitan Ave) Lange war dies eine Außenstelle für New Yorker Folk, Indie und experimentelle Musik, heute bekommen Fans in der Knitting Factory von Williamsburg alles geboten von Cosmic-Space-Jazz bis Rock. Die Bühne ist klein und intim, vom Barraum kann man durch das schallgeschützte Fenster auf die Bühne schauen.

BARGEMUSIC KLASSISCHE MUSIK

Karte S. 475 (☎718-624-4924; www.bargemusic.org; Fulton Ferry Landing, Brooklyn Heights; Tickets Erw./Stud. 40/20 $; 👪; [S]A/C bis High St) Die Kammermusikkonzerte auf einem umgebauten Frachtkahn (aus dem Jahr 1899) sind ein einzigartiges, lauschiges Erlebnis. Seit fast 40 Jahren ist der 125 Zuschauer fassende Saal ein beliebter Veranstaltungsort, mit herrlichen Blicken über den East River und hinüber nach Manhattan. Samstags um 16 Uhr gibt es meist kostenlose Familienkonzerte.

BARCLAYS CENTER ZUSCHAUERSPORT, KONZERTHALLE
Karte S. 472 (☎917-618-6100; www.barclayscenter.com; Ecke Flatbush & Atlantic Ave, Prospect Heights; [S]B/D, N/Q/R, 2/3, 4/5 bis Atlantic Ave–Barclays Ctr) Die Dodgers spielen in Los Angeles Baseball, aber die NBA-Basketballer der derzeit eher traurig anzusehenden **Brooklyn Nets** (früher die New Jersey Nets) spielen jetzt in diesem 2012 eröffneten Hightech-Stadion. Außerdem finden hier große Konzerte und Shows statt – Bruce Springsteen, Justin Bieber, Barbara Streisand, Cirque du Soleil, Disney on Ice ...

SHOPPEN

Brooklyn Heights, Downtown Brooklyn & Dumbo

POWERHOUSE @ THE ARCHWAY BÜCHER
Karte S. 475 (☎718-666-3049; www.powerhousebooks.com; 28 Adams St, Ecke Water St, Dumbo; ⏲Mo–Fr 11–19, Sa ab 10, So 11–18 Uhr; 📶; [S]A/C bis High St; F bis York St) Powerhouse Books ist ein nicht wegzudenkender Bestandteil der Kulturszene in Dumbo. In großen, luftigen neuen Räumlichkeiten unter der Manhattan Bridge finden Wechselausstellungen, Buchpräsentationen und schräge, kreative Events statt. Spannend sind die Bücher über urbane Kunst, Fotografie und Popkultur – allesamt von dem hauseigenen Verlag herausgegeben.

MODERN ANTHOLOGY BEKLEIDUNG
Karte S. 475 (☎718-522-3020; www.modernanthology.com; 68 Jay St zw. Water & Front St, Dumbo; ⏲Mo–Sa 11–19, So 12–18 Uhr; [S]F bis York St; A/C bis High St) Für rustikale – und nicht gerade arme – Städter hält Modern Anthology jede Menge schöne Sachen bereit, z. B. elegante Männerledertaschen, Messing-Bieröffner in Form von Tierköpfen, Pendleton-Wolldecken, Lederstiefel, weiche Baumwollhemden und gut sitzende dunkle Jeans.

FULTON MALL EINKAUFSSTRASSE
Karte S. 475 (Fulton St, ab Boerum Pl bis Flatbush Ave, Downtown Brooklyn; [S]A/C, F, R bis Jay St–Metrotech; B, Q/R bis DeKalb Ave; 2/3, 4/5 bis Nevins St) Diese Freiluft-Mall gibt's schon seit langer Zeit: Sie beherbergt alles von großen Kaufhäusern wie Macy's bis zu örtlichen Lieblingen wie Dr Jay's. In jüngerer Zeit sind noch Filialen von H&M, Banana Republic und Nordstrom Rack dazugekommen, sodass die Fulton Mall eine wunderbare Adresse für alle ist, die ihrer Kreditkarte in Brooklyn ein bisschen Action verschaffen möchten.

SAHADI'S LEBENSMITTEL
Karte S. 475 (☎718-624-4550; www.sahadis.com; 187 Atlantic Ave zw. Court & Clinton St, Brooklyn Heights; ⏲Mo–Sa 9–19 Uhr; [S]2/3, 4/5 bis Borough Hall) In diesem arabischen Spezialitätengeschäft schlägt den Besuchern der Duft von frisch geröstetem Kaffee und Gewürzen entgegen. An der Olivenbar gibt es zwei Dutzend verschiedene Sorten zur Auswahl und ebenso groß ist das Angebot an Broten, Käsen, Nüssen oder Hummus – hier kann man sich toll ein Picknick für den Brooklyn Bridge Park (S. 278) zusammenstellen.

Boerum Hill, Cobble Hill, Carroll Gardens & Red Hook

BLACK GOLD RECORDS MUSIK
Karte S. 470 (☎347-227-8227; www.blackgoldbrooklyn.com; 461 Court St zw. 4th Pl & Luquer St, Carroll Gardens; ⏲Mo–Fr 7–20, Sa 8–21, So bis 19 Uhr; [S]F, G bis Smith–9th Sts) Dieser kleine Laden leistet mit Schallplatten, Kaffee, Antiquitäten und ausgestopften Tieren seinen Beitrag zur ständig wachsenden Szene rund um die Court St in Carroll Gardens. Auf dem Plattenspieler kann man Scheiben von John Coltrane bis Ozzy Osborne lauschen und dazu einen richtig guten, frisch gemahlenen und individuell zubereiteten Kaffee genießen. Und vielleicht wird gerade eine ausgestopfte Hyäne aus den Ozark Mountains gebraucht? Die gibt's hier auch.

TWISTED LILY PARFÜM, KOSMETIK
Karte S. 470 (☎347-529-4681; www.twistedlily.com; 360 Atlantic Ave zw. Bond & Hoyt St, Boerum Hill; ⏲Di–So 12–19 Uhr; [S]F, G bis Hoyt–Schermerhorn) Wer aus diesem Laden, der sich auf Düfte von kleinen Erzeugern in aller Welt spezialisiert hat, wieder auf die Straße tritt, verströmt vielleicht den Duft von Rosen. Nach Duftnoten wie Bergamotte, Mus-

MÄRKTE IN BROOKLYN

Am Wochenende ist ganz Brooklyn auf den Beinen. Neben den Märkten laden auch private Trödelstände zum Stöbern ein, die vor zahlreichen Haustüren aufgebaut werden. An folgenden Orten lassen sich ungewöhnliche Mitbringsel erstehen:

Brooklyn Flea (Karte S. 475; www.brooklynflea.com; 80 Pearl St, Manhattan Bridge Archway, Anchorage Pl Höhe Water St, Dumbo; ☻April–Okt. So 10–18 Uhr; 🚽; 🚌B67 bis York/Jay St, 🚇F bis York St) Unter dem riesigen Bogen der Manhattan Bridge bieten von April bis November jeden Sonntag etwa 100 Verkäufer ihre Waren feil. Hier gibt's Antiquitäten, Platten, Vintage-Mode, Kunsthandwerk und Schmuck sowie oft einige verlockende Essensstände mit vielen leckeren Sachen. Samstags und sonntags findet außerdem in SoHo in Manhattan ein kleinerer Hallenflohmarkt statt.

Artists & Fleas (S. 316) Diesen beliebten Kunst-, Designer- und Vintage-Markt mit einem guten Angebot an Kunsthandwerk gibt es seit 2003 in Williamsburg.

Grand Army Plaza Greenmarket (Karte S. 472; www.grownyc.org; Prospect Park W & Flatbush Ave, Grand Army Plaza, Prospect Park; ☻ganzjährig Sa 8–16 Uhr; 🚇2/3 bis Grand Army Plaza) Das ganze Jahr über ist dieser Lebensmittelmarkt an Samstagen eine gute Gelegenheit, sich mit allem Notwendigen für ein spontanes Picknick im Prospect Park einzudecken.

Weitere Lebensmittelmärkte, die das ganze Jahr über stattfinden: dienstags bei der **Brooklyn Borough Hall** (Downtown Brooklyn; 🚇2/3, 4/5 bis Borough Hall), sonntags am **Carroll Park** (Carroll Gardens; 🚇F, G bis Carroll St) und samstags am **Fort Greene Park** (Fort Greene; 🚇B, Q/R bis DeKalb Ave). Ein Verzeichnis weiterer Märkte in New York findet man auf www.grownyc.org.

kat-Salbei und Geißblatt geordnet kann man Parfüme und Duftkerzen auswählen, wobei einem das Personal gerne zur Hand geht. Außerdem führt das Geschäft Haut- und Haarpflegeprodukte sowie Pflegeartikel für Männer.

BROOKLYN STRATEGIST   SPIELE

Karte S. 470 (☎718-576-3035; www.thebrooklyn strategist.com; 333 Court St zw. Sackett & Union St, Carroll Gardens; ☻11–23 Uhr; 🚽; 🚇F, G bis Carroll St) Ob man sich für *Die Siedler von Catan* oder Dame begeistert – dieser Spieleladen hat für jeden das Richtige. Neben der großen Auswahl an käuflichen Spielen kann man hier auch für 10 $ pro Nase vier Stunden lang eins oder mehrere der Hunderte von Spielen in der riesigen Sammlung spielen. Dienstagabends finden offene Schach- und Brettspielabende statt; Stärkung bietet ein kleines Café. Toll für regnerische Tage!

🔒 Fort Greene, Clinton Hill & Bed-Stuy

GREENLIGHT BOOKSTORE   BÜCHER

Karte S. 470 (☎718-246-0200; www.greenlight bookstore.com; 686 Fulton St Höhe S Portland Ave, Fort Greene; ☻10–22 Uhr; 🚇C bis Lafayette Ave; B/D, N/Q/R, 2/3, 4/5 bis Atlantic Ave–Barclays

Ctr) Diese unabhängige Buchhandlung ist mittlerweile seit mehr als acht Jahren eine feste Größe im Viertel. Wie konnte sie sich wohl im Zeitalter von Amazon halten? Des Rätsels Lösung sind freundliches, buchaffines Personal, ein tolles Sortiment an Kinderbüchern und Werken von ortsansässigen Autoren sowie zahlreiche Veranstaltungen wie interessante Lesungen und Vorträge. Dazu kommt eine ausgezeichnete Auswahl an Büchern über Brooklyn und New York.

🔒 Park Slope, Gowanus & Sunset Park

BEACON'S CLOSET   VINTAGE

Karte S. 472 (☎718-230-1630; www.beaconsclo set.com; 92 Fifth Ave, Ecke Warren St, Park Slope; ☻Mo–Fr 12–21, Sa & So 11–20 Uhr; 🚇2/3 bis Bergen St; B, Q bis 7th Ave) Der ausgezeichnete Secondhandladen ist vollgestopft mit Schuhen, Schmuck und herrlichen alten Stücken. In Greenpoint (S. 316) befindet sich eine deutlich größere Filiale, eine weitere gibt es in Bushwick (S. 316).

BROOKLYN SUPERHERO SUPPLY CO   GESCHENKE & ANDENKEN

Karte S. 472 (☎718-499-9884; www.superherosup plies.com; 372 Fifth Ave zw. 5th & 6th St, Park Slope;

⏱11–17 Uhr; 🚻; Ⓢ F, G, R bis 4th Ave–9th St) Dieser spaßige Laden verkauft Umhänge, Masken, Utensiliengürtel, unsichtbare Brillen, Eimer voller Antimaterie und andere wichtige Dinge für kleine Superhelden. Die Einnahmen kommen teils der gemeinnützigen Organisation 826NYC zugute, die Schüler dabei unterstützt, ihre Schreib- und Lesefertigkeiten zu verbessern – der Klassenraum verbirgt sich hinter einem der Regale.

INDUSTRY CITY
HAUSHALTSWAREN, ESSEN & TRINKEN

Karte S. 472 (☎718-965-6450; www.industrycity. com; 220 36th St zw. Second & Third Ave, Sunset Park; 🚻; Ⓢ D, N/R bis 36th St) In nur wenigen Jahren hat sich die Industry City von einer Ansammlung von Lagerhäusern zu einem quirligen Kultur-, Einkaufs- und Bürozentrum gemausert. Tagsüber kann man hier Kunstgalerien aufsuchen, Accessoires und Möbel kaufen oder in einem der Restaurants und Cafés etwas essen. Abends finden in einem ultramodernen Hof, der geschmackvoll in funkelndes Licht getaucht ist, oft Veranstaltungen statt.

🏠 Williamsburg, Greenpoint & Bushwick

⭐ ARTISTS & FLEAS
MARKT

Karte S. 468 (www.artistsandfleas.com; 70 N 7th St zw. Wythe & Kent Ave, Williamsburg; ⏱Sa & So 10–19 Uhr; Ⓢ L bis Bedford Ave) Seit über zehn Jahren wartet der beliebte Flohmarkt in Williamsburg mit ausgezeichnetem Kunsthandwerk auf. Über hundert Künstler, Designer und Vintage-Händler bieten hier ihre Sachen feil: Bekleidung, Schallplatten, Gemälde, Fotos, Hüte, handgemachten Schmuck, einzigartige T-Shirts, Stofftaschen u. v. m. Es gibt zwei kleinere Ableger in Manhattan, die täglich geöffnet sind, einen in SoHo, einen anderen im Chelsea Market (S. 140).

QUIMBY'S BOOKSTORE NYC
BÜCHER

Karte S. 468 (☎718-384-1215; www.quimbysnyc. com; 536 Metropolitan Ave zw. Union Ave & Lorimer St, Williamsburg; Ⓢ L bis Lorimer St; G bis Metropolitan Ave) Dieser recht neue Ableger einer renommierten unabhängigen Buchhandlung in Chicago ist eine Fundgrube für alternative Publikationen zu lauter interessanten Themen wie Punkmusik, Kino und Okkultismus. Dazu kommen Hunderte Zeitschriften aus aller Welt – und ein paar

ausgestopfte Tiere. Jede Woche gibt's z. B. Lesungen und Fotoausstellungen.

CATBIRD
SCHMUCK

Karte S. 468 (☎718-599-3457; www.catbirdnyc. com; 219 Bedford Ave zw. N 4th & 5th St, Williamsburg; ⏱Mo–Fr 12–20, Sa 11–19, So 12–18 Uhr; Ⓢ L bis Bedford Ave) 🖉 Dieser Williamsburger Juwelier befindet sich auch nach 14 Jahren immer noch auf der Erfolgsspur. Verkauft werden sowohl eigene Kreationen, die in einem Atelier ein paar Straßen weiter angefertigt werden, als auch Stücke von unabhängigen Juwelieren aus aller Welt. Alles ist entweder aus Sterlingsilber oder solidem Gold und es werden nur konfliktfreie echte Edelsteine verarbeitet. Die Spezialität des Ladens sind kombinierbare Ringe und Verlobungsringe.

DESERT ISLAND COMICS
BÜCHER

Karte S. 468 (www.desertislandbrooklyn.com; 540 Metropolitan Ave zw. Union Ave & Lorimer St, Williamsburg; ⏱Mo 14–19, Di–Sa 12–21, So bis 19 Uhr; Ⓢ L bis Lorimer St; G bis Metropolitan Ave) Dieser hervorragende unabhängige Comicladen ist in eine ehemalige Bäckerei in Williamsburg gezogen. Im Angebot sind Hunderte von Graphic Novels, lokale Heftchen, Drucke und Karten. Außerdem gibt's Originaldrucke und Lithografien von Künstlern wie Adrian Tomine und Peter Bagge. Für gute Musik sorgt ein Plattenspieler hinten im Laden.

BEACON'S CLOSET
VINTAGE

Karte S. 468 (☎718-486-0816; www.beaconsclo set.com; 74 Guernsey St zw. Nassau & Norman Ave, Greenpoint; ⏱11–20 Uhr; Ⓢ L bis Bedford Ave; G bis Nassau Ave) Dieses 500 m² große Williamsburger Lagerhaus ist gleichermaßen Goldgrube wie Resterampe. Unmengen an Mänteln, Polyester-Tops und T-Shirts aus den 1990ern werden nach Farbe sortiert präsentiert – da müssen die jungen Hipster allein schon wegen der gigantischen Auswahl viel Zeit einplanen. Außerdem gibt's hier Schuhe, Flanellhemden, Hüte, Handtaschen, Schmuck und bunte Sonnenbrillen. Weitere Filialen gibt's in **Bushwick** (Karte S. 468; ☎718-417-5683; 23 Bogart St zw. Varet & Cook St; ⏱11–20 Uhr; Ⓢ L bis Morgan Ave) und Park Slope (S. 315).

A&G MERCH
HAUSHALTSWAREN

Karte S. 468 (☎718-388-1779; www.aandgmerch. com; 111 N 6th St zw. Berry & Wythe St, Williamsburg; ⏱11–19 Uhr; Ⓢ L bis Bedford Ave) A&G Merch ist ein netter kleiner Laden, in dem man dank seines originellen bis eleganten Angebots schön herumstöbern kann. Hier gibt's alte Teller mit Tierköpfen, rustikale Flechtkörbe, Buchstützen in Form von gusseisernen Walen, astartige silberne Kerzenständer, industriell wirkende Messing-Tischlampen und jede Menge andere Sachen, mit denen man seinem Heim den kunstvoll rustikalen Look verpassen kann, der zurzeit in Brooklyn so angesagt ist.

SPOONBILL & SUGARTOWN
BÜCHER

Karte S. 468 (☎718-387-7322; www.spoonbill books.com; 218 Bedford Ave zw. N 5th & N 4th St, Williamsburg; ☉10–22 Uhr; Ⓢ L bis Bedford Ave) Der Lieblingsbuchladen der Williamsburger beeindruckt mit einer großen Sammlung von Kunst- und Coffee-Table-Büchern, Kulturjournalen, gebrauchten und seltenen Titeln sowie Arbeiten, die im Bezirk hergestellt wurden und nur hier erhältlich sind. Lesungen und Buchpräsentationen werden auf der Website angekündigt.

🏃 SPORT & AKTIVITÄTEN

BROOKLYN BOULDERS
KLETTERN

Karte S. 472 (☎347-834-9066; www.brooklyn boulders.com; 575 Degraw St Höhe Third Ave, Gowanus; Tagespass 32 $, Leihschuhe & -geschirr 12 $; ☉Mo–Fr 7–24, Sa & So bis 22 Uhr; Ⓢ R bis Union St) Die größte Kletterhalle Brooklyns befindet sich in einem luftigen Gebäude in einem gewerblichen Häuserblock in Gowanus. Die Decken in der 1600 m² großen Halle sind bis zu 9 m hoch; es gibt Höhlen, frei stehende 5-m-Felsen und Kletterwände mit Routen für jedes Niveau sowie Überhänge von 15, 30 und 45 Grad. Wer mag, kann auch Kletterstunden nehmen.

BROOKLYN BRAINERY
RUNDGÄNGE

Karte S. 472 (☎347-292-7246; www.brooklyn brainery.com; 190 Underhill Ave zw. Sterling & St Johns Pl, Prospect Heights; Ⓢ 2/3 bis Grand Army Plaza) Die gemeinnützige Bildungseinrichtung bietet abendliche Vorträge und Kurse zu allen möglichen Themen – von der Geschichte der Toilette bis zur Herstellung des eigenen Lippenpflegestifts – sowie geführte Rundgänge zu eher abgelegenen Locations wie dem Green-Wood Cemetery (S. 284) und dem Gowanus Canal. Dabei spielen oft Lokalgeschichte, Architektur und Ökologie eine Rolle.

RED HOOK BOATERS
KAJAKFAHREN

Karte S. 470 (www.redhookboaters.org; Louis Valentino Jr Park, Ecke Coffey & Ferris St, Red Hook; ☉Juni–Sept. So 13–16 Uhr, Mitte Juni–Mitte Aug. auch Do 18–20 Uhr; 🚌B61 bis Coffey St, Ⓢ F, G bis Smith–9th Sts) GRATIS Dieses Bootshaus liegt etwas abgelegen in Red Hook und bietet in der kleinen Bucht beim Louis Valentino Jr Pier Park kostenlose Kajakausflüge an. Vom Wasser aus hat man dann schöne Ausblicke auf Lower Manhattan und die Freiheitsstatue. Die aktuellen Termine sind auf der Website zu finden.

BROOKLYN BOWL
BOWLING

Karte S. 468 (☎718-963-3369; www.brooklyn bowl.com; 61 Wythe Ave zw. N 11th & N 12th St, Williamsburg; Bowlingbahn 30 Min. 25 $, Schuhverleih 5 $; ☉Mo–Fr 18–2, Sa & So ab 11 Uhr; 🍴; Ⓢ L bis Bedford Ave; G bis Nassau Ave) Die 16 Bahnen dieser eindrucksvollen Bowlinghalle befinden sich auf dem 2130 km² großen Gelände der ehemaligen Hecla Iron Works, in denen Anfang des 20. Jhs. Ornamente für verschiedene Wahrzeichen New Yorks hergestellt wurden. Das Ambiente prägen bequeme Sofas und Ziegelsteinwände, obendrein werden Konzerte (S. 312) veranstaltet und stets gutes Essen geboten.

Samstags von 11 bis 17 und sonntags von 11 bis 18 Uhr ist Familien-Bowling für Personen aller Altersstufen – abends muss man mindestens 21 Jahre alt sein.

AREA YOGA & SPA
YOGA, SPA

Karte S. 470 (☎718-797-3699; www.areayoga brooklyn.com; 389 Court St zw. 1st & 2nd Pl, Carroll Gardens; Sessions 18 $, Leihmatte 2 $; ☉Unterricht Mo–Do 7–20.30, Fr bis 19.30, Sa 8.30–18, So 8–18 Uhr; Ⓢ F, G bis Carroll St) Area Yoga bietet in seinen Niederlassungen in Cobble Hill, Brooklyn Heights und Park Slope eine breite Palette an Yoga-Unterricht. Teils werden außerdem Tiefenmassagen und Infrarotsauna angeboten.

ON THE MOVE
RADFAHREN

Karte S. 472 (☎718-768-4998; www.onthemove nyc.com; 219 9th St zw. Third & Fourth Ave, Gowanus; Fahrradverleih (mit Helm) 35 $ pro Tag; ☉10–18 Uhr; Ⓢ F, G, R bis 4th Ave–9th St) Knapp 1,5 km westlich des Prospect Park (S. 279) in Brooklyn verleiht und verkauft On the Move verschiedenste Fahrräder und Zubehör. Bei schlechtem Wetter ist der Laden manchmal geschlossen, darum am besten vorher anrufen.

Queens

LONG ISLAND CITY | ASTORIA | JACKSON HEIGHTS | FLUSHING & CORONA | ELMHURST | WOODSIDE

Highlights

❶ MoMA PS1 (S. 320)
Die inspirierende Schwester des Museum of Modern Art besuchen. Dieser Kultur-Hotspot zeigt erstklassige zeitgenössische Kunst, veranstaltet aber auch Vortragsreihen, Performances und Sommerpartys mit elektronischer Musik.

❷ Museum of the Moving Image (S. 323)
Persönliche Lieblingsszenen aus Film und Fernsehen neu entdecken.

❸ Rockaways (S. 325)
Mit der Subway (oder besser noch Fähre) ans Meer fahren, surfen, am Strand spazieren und mit Blick aufs Wasser essen gehen.

❹ Roosevelt Avenue (S. 331) Durch diesen bunten Schmelztiegel schlendern und an Food Trucks lateinamerikanische Snacks probieren.

❺ Flushing (S. 332) In den asiatischen Straßentrubel eintauchen und sich an köstlichen chinesischen Nudeln, Dumplings und allerlei mehr gütlich tun.

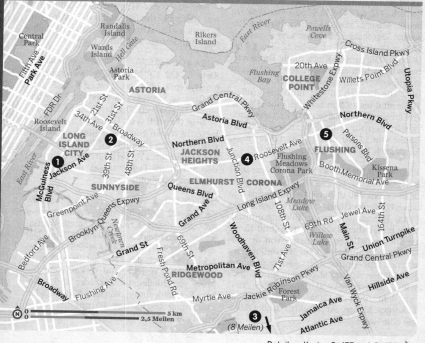

Details s. Karten S. 477 und S. 478

Rundgang: Queens

Von den fünf Boroughs der Stadt liegt Queens flächenmäßig an erster und bei der Einwohnerzahl an zweiter Stelle; Queens ist also eine Großstadt für sich. Wo anfangen?

Wenn nicht Dienstag oder Mittwoch ist (dann haben viele Galerien geschlossen), könnte man mit einem Tag in Long Island City beginnen, wo tolle zeitgenössische Kunst zu finden ist: im MoMA PS1 (S. 320), SculptureCenter (S. 322) und Fisher Landau Center for Art (S. 322). Vom Gantry Plaza State Park (S. 323) ist der Sonnenuntergang besonders malerisch, fürs kulinarische Glück sorgen die Restaurants am Vernon Boulevard.

Astoria füllt ein bis zwei weitere Tage: Hier locken Esslokale, Craft-Bier und das Museum of the Moving Image (S. 323). Im Sommer werden im Socrates Sculpture Park (S. 322) Filme unter freiem Himmel gezeigt.

In Flushing liegt die größte Chinatown New Yorks mit Straßenimbissen, Asialäden und kitschigen Malls. Oder man verbringt den Vormittag auf Main Street und Roosevelt Avenue und besucht danach in Corona das Queens Museum (S. 324), das Louis Armstrong House (S. 324) oder die kindgerechte New York Hall of Science (S. 325).

Wenn's heiß ist, locken die Wellen am Rockaway Beach (S. 325) mit der coolsten Strandszene der Stadt. Einfach samt Surfbrett mit der Subway-Linie A ans Meer fahren.

Lokalkolorit

➜ **Treffpunkte** Im Astoria Bier & Cheese (S. 334) gibt es lokales Bier für Kenner, andere genießen im Anable Basin Sailing Bar & Grill (S. 335) Bier ganz schlicht, aber mit atemberaubendem Blick.

➜ **Kultur** NY aus der Luft, ohne abzuheben – das geht im retro-coolen Queens Museum (S. 324).

➜ **Flushing** Lamm-Dumplings in der Golden Shopping Mall (S. 332) und feurige Leckerbissen im Hunan Kitchen of Grand Sichuan (S. 334) oder bei Fu Run (S. 332).

Anfahrt

➜ **Subway** Zwölf Linien bedienen Queens; ab Manhattan fahren die Linien N, Q, R und M nach Astoria, Linie 7 nach Long Island City, Woodside, Corona und Flushing sowie Linie A nach Rockaway Beach. Mit den Zügen der Linien E, J und Z kommt man nach Jamaica, während Linie G von Long Island City nach Brooklyn fährt.

➜ **Zug** Long Island Rail Road (LIRR) bietet Verbindungen ab Penn Station in Manhattan nach Flushing und nach Jamaica zum AirTrain mit Endstation JFK.

➜ **Bus** Linie M60 fährt vom LaGuardia Airport über Astoria nach Harlem und zur Columbia University in Manhattan.

➜ **Schiff/Fähre** Die NYC Ferry setzt von der East 34th St über nach Long Island City und fährt von dort über Roosevelt Island weiter nach Astoria.

Top-Tipp

Im Fisher Landau Center for Art (S. 322) gibt's moderne Kunst – ohne Besuchermassen und ganz umsonst. Auf zwei Etagen einer ehemaligen Fallschirmseilfabrik in Long Island City finden sich herausragende Gemälde, Fotos, Skulpturen und Installationen, von den 1960er-Jahren bis heute. Die Wechselausstellungen zeigen Werke etwa von Robert Rauschenberg, Cy Twombly und Jasper Johns.

QUEENS

✖ Gut essen

➜ Bahari (S. 330)

➜ Mombar (S. 330)

➜ Casa Enrique (S. 327)

➜ Taverna Kyclades (S. 330)

➜ Tortilleria Nixtamal (S. 332)

Mehr dazu S. 326 ➡

Schön ausgehen

➜ Dutch Kills (S. 334)

➜ Astoria Bier & Cheese (S. 334)

➜ Bohemian Hall & Beer Garden (S. 334)

➜ Anable Basin Sailing Bar & Grill (S. 335)

➜ The COOP (S. 334)

Mehr dazu S. 334 ➡

◉ Tolle Museen

➜ MoMA PS1 (S. 320)

➜ Museum of the Moving Image (S. 323)

➜ Queens Museum (S. 324)

➜ Noguchi Museum (S. 322)

➜ Fisher Landau Center for Art (S. 322)

Mehr dazu S. 322 ➡

Die kleinere, aber angesagtere Schwester des Museum of Modern Art in Manhattan, das MoMA PS1, schafft es meisterhaft, frische und kühne zeitgenössische Kunst zu entdecken und im Gebäude einer ehemaligen Schule auszustellen. Seerosenteiche und Goldrahmen sucht man hier vergebens. Die Besucher spähen durch Dielen auf Videobildschirme und diskutieren über die Bedeutung von nichtstatischen Strukturen, wobei sie durch ein Loch in der Wand starren. Nichts ist vorhersehbar. Mit einem MoMA-Ticket ist der Eintritt frei.

Architektur

Das 1890 im Stil der Neorenaissance erbaute Gebäude beherbergte einst die erste Schule von Long Island City. Diese musste 1963 wegen zu geringer Schülerzahlen ihre Tore schließen. Die preisgekrönte, dreijährige Restaurierung des Baus Mitte der 1990er-Jahre durch den Architekten Frederick Fisher aus LA umfasste den Bau der Haupttreppe und Außengalerien.

Wurzeln, Radikalität & PS1-Klassiker

Das PS1 betrat die Kunstszene in den 1970er-Jahren. Dies war die Zeit von Dia, Artists' Space und dem New Museum, den neuen Schaufenstern für die in New York aufblühende experimentelle und multimediale Kunstszene. Alanna Heis – eine Vertreterin des *alternative space movement*, das neue Kunsträume an ungewöhnlichen Orten schafft – nahm sich 1976 eines verlassenen Schulgebäudes in Queens an und lud Künstler wie Richard Serra, James Turell und Keith Sonnier ein, Werke speziell für diesen Ort zu schaffen. Das Ergebnis war die Gründungsausstellung des PS1,

NICHT VERSÄUMEN

➡ Wechselnde & ständige Ausstellungen
➡ Sommerliche Warm-Up-Partys
➡ Sonntagssessions

PRAKTISCH & KONKRET

➡ Karte S. 478, B5
➡ 📞718-784-2084
➡ www.momaps1.org
➡ 22-25 Jackson Ave, Long Island City
➡ empfohlene Spende Erw./Kind 10 $/frei, Eintritt mit MoMA-Ticket frei, Warm-Up-Partys online/vor Ort 18/22 $
➡ 🕐Do–Mo 12–18 Uhr, Warm-Up-Partys Juli–Aug. Sa 12–21 Uhr
➡ 🚇E, M bis Court Sq–23rd St; G, 7 bis Court Sq

Rooms. Einige Werke der ersten Stunde sind heute noch zu sehen, z. B. die ovalen Wand-„Blimps" von Richard Artschwager oder im 2. Stock des Nordflügels das mit Licht spielende *The Hole at P.S.1, Fifth Solar Chthonic Wall Temple* von Alan Saret. Sie gehören zur Dauerausstellung der Galerie, ebenso wie das Video *Selbstlos im Lavabad* von Pipilotti Rist, das durch die Diele in der Lobby betrachtet werden kann, und Turrells *Meeting*, bei dem der Himmel zum Meisterwerk wird.

Sommerliche Warm-Up-Partys

Von Juli bis Anfang September findet hier jeden Samstag eine der aufregendsten Musikkultur-Veranstaltungen New Yorks statt. Vom schrägen Hipster bis zum Musik-Connaisseur strömen alle in den Hof des MoMA PS1, essen, trinken und genießen das großartige Programm mit Bands, experimenteller Musik und DJs. Bisher sind hier Künstler wie Acid-House-Maestro DJ Pierre und Techno-Pionier Juan Atkins aufgetreten. Es ist wie eine große Blockparty, nur mit besserer Musik und besserer Kunst als sonst bei Nachbarschaftsfesten. Zum jährlichen Programm gehört auch der Wettbewerb des Young Architects Program (YAP), bei dem ein Designerteam den Hof des MoMA PS1 mit einem großen Bauwerk umgestaltet, das Schatten und einen kreativen Partyraum schafft.

Sonntagssessions

Von September bis Mai finden sonntags die sogenannten Sunday Sessions statt, ein weiteres Angebot für Kulturbegeisterte. Das Programm reicht von Vorträgen, Filmvorführungen und Musikkonzerten bis zu architektonischen Projekten und beinhaltete bisher z. B. experimentelle Comedy, postindustrielle Noise-Jams oder Abende mit Latin Art House Dance. In der einen Woche kann die Premiere einer Symphonie stattfinden, in einer anderen gibt's vielleicht eine Architektur-Performance aus Madrid. Aktuelle Termine stehen auf der Website des MoMA PS1.

Buchladen

Im Artbook (S. 336), dem Buchladen des MoMA PS1, erweitern Ausstellungskataloge des MoMA, Bildbände, kunsttheoretische Titel und vergriffene Raritäten den künstlerischen Horizont. Ebenfalls vertreten sind Bücher über zeitgenössische Kultur, Filme und Performancekunst sowie Architektur-, Kunst- und Designmagazine, CDs und neue Medien. Die Website der Buchhandlung informiert über Lesungen und ausstellungsbezogene Veranstaltungen.

KLEINE STÄRKUNG

M Wells Dinette (S. 326) verarbeitet regionale Zutaten in mutiger französisch-kanadischer Manier. Ein paar Blocks entfernt vom Museum serviert LIC Market (S. 327) einfallsreiche amerikanische Gerichte.

Vor dem Besuch informiert man sich am besten online über die aktuellen Ausstellungen. Manchmal zeigt das Museum nur eine begrenzte Anzahl von Werken, v. a. zwischen größeren Ausstellungen.

SEHENSWERTES

Die Website des Queens Tourism Council (www.itsinqueens.com) informiert über Sehenswürdigkeiten und Events, während der Queens Council on the Arts (www.queenscouncilarts.org) die Kunst im Viertel bewirbt. Jack Eichenbaum, Professor für Stadtgeografie am Hunter College, bietet individuelle Stadtspaziergänge (S. 337) durch die ethnisch geprägten Viertel von Queens an, u. a. eine Ganztagestour mit Fahrten und Spaziergängen entlang der Subway-Linie 7.

Long Island City

Obwohl Long Island City mit der Subway-Linie 7 nur zehn Minuten von Midtown entfernt ist, blieb das Viertel jahrzehntelang unbeachtet und wurde nicht weiter entwickelt oder bebaut. Inzwischen erlebt es schon seit vielen Jahren einen Miniboom und surft noch immer auf der Coolness-Welle. Mehrere avantgardistische Museen und umgenutzte Industriegebäude verleihen ihm das prototypische Flair eines angesagten New Yorker Viertels, das seine erste Eroberungsphase gerade hinter sich hat. Zudem gibt es hier grandiose Ausblicke, besonders vom Gantry Plaza State Park am Fluss.

Die Anfahrt erfolgt mit der Linie G bis zur 21st St oder mit der New York City Ferry.

MOMA PS1   KUNSTMUSEUM
Siehe S. 320.

★ FISHER LANDAU CENTER FOR ART   KUNSTMUSEUM
Karte S. 478 (www.flcart.org; 38-27 30th St, Long Island City; ⊙Do–Mo 12–17 Uhr; ⓢN/Q bis 39th Ave) GRATIS Verblüffend: Dieses private Kunstmuseum ist trotz seiner erstklassigen Sammlung noch weitgehend unentdeckt – Freunde der modernen Kunst sollten es auf keinen Fall versäumen. Ob Cy Twombly, Jenny Holzer, Agnes Martin oder andere wichtige Künstler der letzten 50 Jahre: In diesem umgewidmeten Fabrikgebäude sind ihre Werke zu sehen.

Das Gebäude entwarf u. a. der inzwischen verstorbene britische Architekt Max Gorden (von dem auch die Saatchi Gallery in London stammt). Jedes Jahr im Mai zeigt das Museum die Visual Arts MFA Thesis Exhibition der Columbia University School mit den Abschlussarbeiten vielversprechender Künstler.

NOGUCHI MUSEUM   MUSEUM
Karte S. 478 (www.noguchi.org; 9-01 33rd Rd, Long Island City; Erw./Kind 10 $/frei, 1. Fr im Monat per Spende; ⊙Mi–Fr 10–17, Sa & So 11–18 Uhr; ⓢN/Q bis Broadway) Kunst und Haus stammen aus der Hand des japanisch-amerikanischen Bildhauers, Landschaftsarchitekten und Möbeldesigners Isamu Noguchi, der für seine Lampen und Kaffeetischchen sowie seine abstrakten Steinskulpturen bekannt ist. Diese werden in stillen Betonräumen und in einem minimalistischen Felsgarten präsentiert – in einer Art Gesamtkunstwerk und Oase der Ruhe. Um Noguchis Arbeiten besser verstehen zu können, empfiehlt es sich, zuerst den kurzen Film über sein Leben in der Galerie im Obergeschoss anzuschauen.

Das Gebäude war früher eine Lichtdruckfabrik und liegt direkt gegenüber von Nogushis Atelier. Neben der Kunst gibt es auch ein kleines Café und einen Souvenirladen, in dem Lampen und Möbel aus Noguchis Feder sowie eine kleine Anzahl von anderen Designstücken des 20. Jhs. verkauft werden.

SCULPTURECENTER   GALERIE
Karte S. 478 (☎718-361-1750; www.sculpture-center.org; 44-19 Purves St, Long Island City; empfohlene Spende 5 $; ⊙Do–Mo 11–18 Uhr; ⓢ7 bis 45th Rd–Court House Sq, E, M bis 23rd St–Ely Ave, G bis Long Island City–Court Sq) Am Ende einer Sackgasse hat das SculptureCenter eine ehemalige Werkstatt in Besitz genommen und erinnert mit seiner Mischung aus schräger Kunst und industrieller Kulisse an Berlin. In einer großräumigen Hauptgalerie und einem höhlenartigen Kellergeschoss werden sowohl neu entdeckte als auch bekannte Künstler ausgestellt. Nach einem Besuch im nahen MoMA PS1 (S. 320) lohnt es sich immer, auch hier mal vorbeizuschauen.

SOCRATES SCULPTURE PARK   PARK
Karte S. 478 (www.socratessculpturepark.org; 32-01 Vernon Blvd, Long Island City; ⊙9 Uhr bis Sonnenuntergang; ⓢN/W bis Broadway) GRATIS Diesen Park schuf der Bildhauer Mark di Suvero ursprünglich aus einer aufgegebenen Müllkippe. Heute ist er ein Stadtpark am Fluss mit schönem Ausblick und wechselnden Ausstellungen. Besonders einladend ist der Park zu kostenlosen Veranstaltungen – wie von Mitte Mai bis Ende September am Wochenende mit Yoga oder im Juli und August mittwochs zu den Filmvorführungen.

GANTRY PLAZA STATE PARK — STATE PARK

Karte S. 478 (☎718-786-6385; www.nysparks.com/parks/149; 4-09 47th Rd, Long Island City; [S]7 bis Vernon Blvd–Jackson Ave) Der knapp 5 ha große Uferpark gegenüber dem UN-Komplex bietet eine wunderbar unverstellte Aussicht auf die Skyline von Manhattan. Der schön angelegte Park wartet mit Sonnenliegen zum Relaxen bei Panoramablick auf und lockt immer alle möglichen Familien aus Queens an. Die restaurierten Portalkräne (die bis 1967 noch in Betrieb waren) sind ein Überbleibsel der Zeit, als das Gelände Verladestation für Güterzüge und Frachtkähne war.

Das riesige Pepsi-Cola-Schild am nördlichen Ende, ein kultiges Wahrzeichen von Long Island City, stammt aus dem Jahr 1936 und krönte damals die nahe gelegene Pepsi-Abfüllfabrik, die längst nicht mehr steht. Von hier kommt man auch gut per Fähre hinüber zur E34th St oder weiter nach Roosevelt Island und Astoria.

THE KAUFMAN ARTS DISTRICT — KUNSTVIERTEL

Karte S. 478 (www.kaufmanartsdistrict.com; 34-12 36th St; [S]M oder R bis Steinway St; N oder Q bis 36th St) Die legendären Kaufman Studios in Long Island bilden das Zentrum des aufstrebenden, vielversprechenden Kunstviertels, das man gesehen haben sollte, um später mal sagen zu können: „Ich kannte das schon, bevor es das neue Chelsea wurde!" Neben Institutionen wie dem Noguchi Museum gibt es hier Kunst im öffentlichen Raum zu bewundern. Zudem organisiert der Kaufman Arts District etliche Events und Ausstellungen. Zwischen den Galeriebesuchen locken jede Menge Bars und Restaurants zum Einkehren.

Astoria

Hier residiert die weltweit größte griechische Gemeinde außerhalb Griechenlands – somit findet man hier natürlich tolle griechische Bäckereien, Restaurants und Feinkostläden, vor allem am Broadway. Durch den Zuzug von osteuropäischen, arabischen und lateinamerikanischen Immigranten sowie jungen Künstlern und angehenden Schauspielern ist inzwischen ein sehr vielfältiger Bevölkerungsmix entstanden. An die 1920er-Jahre, als Astoria die Geburtsstätte der Filmindustrie war, erinnert das Museum of the Moving Image: Ausstellungen und Filmvorführungen im reich verzierten, renovierten Kino lüften Geheimnisse der Filmkunst.

★ MUSEUM OF THE MOVING IMAGE — MUSEUM

Karte S. 478 (☎718-777-6888; www.movingimage.us; 36-01 35th Ave, Astoria; Erw./Kind 15/7 $, Fr 16–20 Uhr Eintritt frei; 🕒Mi & Do 10.30–14, Fr bis 20, Sa & So 11.30–19 Uhr; [S]M, R bis Steinway St) Der supercoole Komplex gehört zu den Topadressen der weltweiten Film-, Fernseh- und Videomuseenszene. Gezeigt wird eine Sammlung mit mehr als 130 000 Gegenständen, so etwa die Perücke von Elizabeth Taylor aus *Kleopatra* und fast alles, was irgendwie mit der Sitcom *Seinfeld* zu tun hat. Außerdem gibt es einen ganzen Raum voll alter Spielautomaten. Interaktive Exponate – z. B. mit Daumenkinos zum Selbermachen – beleuchten die wissenschaftlichen Aspekte der Filmkunst.

Besucher können sich im Schneideraum ausprobieren und Textpassagen aus *Der Zauberer von Oz* nachsynchronisieren. Interessant sind auch die uralten Fernseher und Kameras von anno dazumal. Die Wechselausstellungen sind meist großartig, ebenso wie die regelmäßigen Filmvorführungen – Infos dazu stehen auf der Website.

GREATER ASTORIA HISTORICAL SOCIETY — MUSEUM

Karte S. 478 (☎718-278-0700; www.astorialic.org; 35-20 Broadway, 3. OG, Astoria; 🕒Mo & Mi 14–17, Sa 12–17 Uhr; [S]N/Q bis Broadway; M, R bis Steinway) In dem liebevoll betreuten Gemeinschaftszentrum kann man einen Blick auf das Astoria früherer Zeiten werfen. Es finden stets Ausstellungen mit Exponaten zur Geschichte des Viertels sowie Vorträge und Filmvorführungen statt.

Jackson Heights

In einem 50 Querstraßen großen Gebiet von der 70th bis 90th St zwischen Roosevelt und 34th St befindet sich eines der schönsten New Yorker Viertel – das viele Bewohner der Stadt selbst gar nicht kennen. Vor allem die Roosevelt Ave ist einen Besuch wert, ein echtes Multikulti-Schlaraffenland mit zahlreichen Restaurants und Straßenständen. Neben den südostasiatischen Adressen sind vom nördlichen Mexiko bis Patagonien alle möglichen Küchen Mittel- und Südamerikas vertreten.

Um hierherzufahren, nimmt man die 7 bis 74th St–Broadway oder die E, F/M, R bis Roosevelt Ave–Jackson Heights.

◉ Flushing & Corona

Die Kreuzung Main St und Roosevelt Ave im Zentrum von Flushing wirkt wie der Times Square einer Stadt, die von New York Welten entfernt liegt. In diesem quirligen Viertel mit Märkten und Restaurants mit köstlichen, dabei billigen Leckerbissen leben Zuwanderer aus Asien, vor allem aus China und Korea.

Südöstlich davon liegt Corona, interessant ist hier vor allem der Flushing Meadows Corona Park (s. u.). Neben mehreren lohnenden Museen beherbergt der 1939 zur Weltausstellung eröffnete Park das USTA Billie Jean King National Tennis Center (S. 336), wo jedes Jahr im August die US Open stattfinden.

LOUIS ARMSTRONG
HOUSE   BEMERKENSWERTES GEBÄUDE
Karte S. 477 (📞718-478-8274; www.louisarmstronghouse.org; 34-56 107th St, Corona; Erw./Kind 10/7 $; ⏲Di–Fr 10–17, Sa & So 12–17 Uhr, letzte Führung 16 Uhr; 🚇7 bis 103rd St–Corona Plaza) Auf dem Höhepunkt seiner Karriere ließ sich der weltberühmte Trompeter Louis Armstrong in diesem bescheidenen Haus in Corona Heights in Queens nieder und lebte hier bis zu seinem Tod 1971. Sein Heim ist wunderschön erhalten, z. B. mit den irren türkisfarbenen Küchenmöbeln. Auf den 40-minütigen Führungen wird Armstrongs Geschichte erzählt, u. a. anhand von Audioclips und begleitet von aufschlussreichen Kommentaren zu einigen persönlichen Gegenständen des phänomenalen Jazzmusikers.

„Satchmo" lebte hier mit seiner vierten Frau, Lucille Wilson, einer Tänzerin aus dem Cotton Club. Armstrong war sehr stolz auf seinen Schlupfwinkel; in den Räumen hängt u. a. ein Porträt von ihm, gemalt von keinem Geringeren als Benedetto (alias Tony Bennett). Im Sommer finden im Garten Livekonzerte statt (die Tickets sind weit im Voraus ausverkauft).

QUEENS MUSEUM   MUSEUM
Karte S. 477 (QMA; 📞718-592-9700; www.queensmuseum.org; Flushing Meadows Corona Park, Queens; empfohlene Spende Erw./Kind 8 $/frei; ⏲Mi–So 11–17 Uhr; 🚇7 bis 111th St oder Mets– Willets Point) Das Queens Museum ist eins der überraschendsten Kulturvergnügen der Stadt. Größte Attraktion des Hauses ist das Panorama von New York City in einem verblüffenden, 870 m² großen Miniaturnachbau der Metropole mit allen Gebäuden und der 15-minütigen Simulation eines New Yorker Tages von Sonnenauf- bis Sonnenuntergang. Außerdem zeigt das Museum erstklassige Ausstellungen mit moderner Kunst aus aller Welt. Eine der letzten Ausstellungen präsentierte z. B. Zeichnungen und 3D-Modelle mit avantgardistischen, aber nie realisierten stadtplanerischen Entwürfen für NYC.

Das Queens Museum liegt in einem historischen Gebäude, das für die Weltausstellung 1939 erbaut wurde und in dem auch die UN schon zu Hause war. Es gibt eine herrliche Sammlung von Erinnerungsstücken der Weltausstellungen von 1939 und 1964 zu sehen, von denen auch Nachbildungen im Souvenirladen erstanden werden können.

FLUSHING MEADOWS
CORONA PARK   PARK
Karte S. 477 (www.nycgovparks.org/parks/fmcp; Grand Central Pkwy, Corona; 🚇7 bis Mets–Willets Point) GRATIS Die größte Attraktion des Zentrums von Queens ist dieser 500 ha große Park, angelegt anlässlich der Weltausstellung 1939. Dominiert wird er vom berühmtesten Wahrzeichen Queens: Die *Unisphere* aus rostfreiem Stahl ist mit 36,5 m Höhe und 345 t Gewicht der größte Globus der Welt. Gegenüber steht das ehemalige New York City Building, das heute das fabelhafte Queens Museum (S. 324) beherbergt.

Unmittelbar südlich davon sind die drei vom Wetter gezeichneten New York State Pavilion Towers aus der Zeit des Kalten Krieges zu besichtigen. Sie waren Bestandteil des Pavillons des Bundesstaats New York für die Weltausstellung 1964. (Vielleicht erkennt sie der eine oder andere als Weltraumschiff der Aliens aus dem Film *Men in Black*.) Wer den Park aus Richtung Norden von der Subway-Station der Linie 7 her betritt, sollte Ausschau nach den Mosaiken von Salvador Dalí und Andy Warhol halten, die für die Weltausstellung 1964 angelegt wurden. Ganz in der Nähe stehen das Citi Field (S. 336) und das USTA Billie Jean King National Tennis Center (S. 336). Auf der anderen Seite des Grand Central Parkway warten weitere Attraktionen wie die New York Hall of Science. Der Park hat tatsächlich auch Grünflächen, und zwar

ROCKAWAY BEACH

Der im gleichnamigen Ramones-Song verewigte größte Stadtstrand der USA ist einer der besten New Yorks und liegt nur eine 2,75 $ teure Fahrt mit der Subway-Linie A (oder eine genauso günstige Überfahrt mit der Fähre) von Manhattan entfernt. Hier herrscht nicht so viel Betrieb wie in Coney Island und das Ganze macht einen etwas naturbelasseneren Eindruck. Den lang gestreckten Rockaway Beach säumen zwei Siedlungsschwerpunkte.

Der **Jacob Riis Park** (☎718-318-4300; www.nyharborparks.org/visit/jari.html; Gateway National Recreation Area, Rockaway Beach Blvd, Queens; ☉Memorial Day–Labor Day 9–17 Uhr; ℗🖮; 🚌Q35 & Q22 bis Jacob Riis Park, 🚢Sa, So & an Feiertagen ab Pier 11 (Wall St) bis Riis Landing (Rockaway) GRATIS am westlichen Ende gehört zur 10 500 ha großen Gateway National Recreation Area und lockt v. a. Familien an. Hier befinden sich auch die grünen Ruinen des Fort Tilden, eines stillgelegten Küstenartilleriestützpunktes aus dem Ersten Weltkrieg.

Am Ostende ist ab etwa Beach 108th St an den einzigen ausgewiesenen Surfstränden der Stadt (ab Beach 92nd St Richtung Osten) eine Szene aus Hipstern, Künstlern und Gastronomen zu finden, die Wert auf Zutaten aus regionalem Anbau legen. An der Promenade reihen sich hier Betonbuden, in denen Köstlichkeiten wie Hummerbrötchen, Ceviche und Pizza verkauft werden.

Unweit vom JFK beginnt das Salzmarschen-Naturschutzgebiet **Jamaica Bay Wildlife Refuge**, das die Gewässer nördlich der Rockaway-Barriereinsel umfasst. Es ist eines der bedeutendsten Feuchthabitate für Zugvögel an der Ostküste. Im Frühjahr und im Herbst machen hier mehr als 325 Vogelarten Zwischenstation und stärken sich mit allen möglichen Meeresbewohnern wie Muscheln, Schildkröten, Garnelen und Austern. Jede Jahreszeit bringt andere fliegende Gäste: Im Frühjahr kommen Grasmücken und Singvögel, Ende März Kanadaschnepfen. Mitte August beginnen die Küstenvögel mit ihrem Zug nach Süden und legen auf ihrem Weg von Kanada nach Mexiko hier einen Zwischenstopp ein. Im Herbst machen sich Wanderfalken und Raubvögel auf den Weg und fallen zusammen mit Enten, Gänsen und Monarchfaltern sowie Abertausenden von Libellen ein. Vogelkundler und Naturfreunde kommen vor allem am Ostteich auf ihre Kosten, allerdings ist der über 3 km lange Rundweg um den Westteich besser in Schuss und landschaftlich reizvoller. Festes Schuhwerk sowie Insekten- und Sonnenschutzmittel sind dabei unverzichtbar; außerdem sollte man Wasser mitnehmen und sich vor Giftefeu in Acht nehmen.

Um zum **Visitor Center** (☎718-318-4340; www.nyharborparks.org; Cross Bay Blvd, Broad Channel; ☉Wege Sonnenauf- bis Sonnenuntergang, Besucherzentrum 9–17 Uhr; 🚌Q53 bis Cross Bay Blvd/Wildlife Refuge, 🚇A/S bis Broad Channel) GRATIS zu gelangen, folgt man von der Subway-Station Broad Channel der Noel Rd Richtung Westen bis zum Cross Bay Blvd, geht dann rechts (Richtung Norden) und folgt dem Boulevard einen guten Kilometer; das Besucherzentrum liegt auf der linken Seite der Straße.

Hungrige versorgt das gesellige **Rippers** (☎718-634-3034; 8601 Shore Front Pkwy; Cheeseburger ab 7,50 $; ☉11–20 Uhr) an der Strandpromenade mit saftigen Burgern, fruchtigen Smoothies und kühlem Bier. Die Stimmung ist ausgelassen, v. a. am Wochenende, wenn hier Livebands spielen.

Ein paar Blocks weiter im Landesinneren serviert der freigeistige **Rockaway Surf Club** (www.rockawaybeachsurfclub.com; 302 Beach 87th St; Tacos 3,50 $, Cocktails 9 $; ☉12–24 Uhr) köstliche Tacos und tropische Cocktails – wahlweise in der mit zahlreichen Surfboards geschmückten Bar oder draußen auf dem bunten Hinterhof.

an seinem östlichen und südlichen Rand. Die erstklassigen Fußballplätze mit Astroturf-Rasenmatten sind beliebte Treffpunkte für organisierte und spontane Fußballspiele, bei denen jeder mitmachen kann. Außerdem gibt's noch einen Übungsgolfplatz, der abends für die Spieler beleuchtet ist.

NEW YORK HALL OF SCIENCE   MUSEUM

Karte S. 477 (☎718-699-0005; www.nysci.org; 47-01 111th St; Erw./Kind 16/13 $, Fr 14–17 & So 10–11 Uhr Eintritt frei; ☉Mo–Fr 9.30–17, Sa & So 10–18 Uhr; 🚇7 bis 111th St) Das Wissenschaftsmuseum residiert in einem ungewöhnlichen Buntglas-Gebäude von 1965

ABSTECHER

DAS LIEBE VIEH

Mit Kühen, Schafen und Ziegen wartet das **Queens County Farm Museum** (☎718-347-3276; www.queensfarm.org; 73-50 Little Neck Pkwy, Floral Park; ⏲10–17 Uhr; 👪; 🚌Q46 bis Little Neck Pkwy) auf, das letzte Stück Farmland innerhalb der Stadtgrenzen. Von Manhattan ist's ein weiter Weg hierher, doch wer sich für städtische Landwirtschaft interessiert oder den Kids eine Abwechslung vom Stadtrummel bieten möchte: Hier geht's recht friedvoll zu. Neben vielen saisonalen Events (Ende Oktober verwandelt sich die Scheune z. B. in eine Geisterbahn) findet einmal im Jahr auf dem Gelände ein großes Treffen von Indianerstämmen aus den gesamten USA statt.

und präsentiert sich ungeniert streberhaft. Weniger graue Zellen braucht man für den Minigolf- und Spielplatz draußen.

UNISPHERE DENKMAL

Karte S. 477 (Flushing Meadows Park; [S]7 bis 111th St oder Mets–Willets Point) Der für die Weltausstellung 1964 entworfene, zwölf Stockwerke hohe Stahlglobus bildet das Zentrum des Flushing Meadows Park und ist das eigentliche Wahrzeichen von Queens. (Heute kennt man ihn vor allem vom Cover des Beastie Boys Albums *Licensed to Ill* oder von Filmszenen aus *Men in Black* und *Iron Man 2*). Im Sommer ist er von Wasserfontänen umgeben; sonst sind hier Skateboarder unterwegs.

🍴 ESSEN

🍴 Long Island City

M WELLS DINETTE KANADISCH $

Karte S. 478 (☎718-786-1800; www.magasinwells.com; 22-25 Jackson Ave, Long Island City; Hauptgerichte 9–14 $; ⏲Do–Mo 12–18 Uhr; [S]E, M bis 23rd St–Court Sq, G, 7 Court Sq) In diesem Kultrestaurant fühlt man sich in seine Schulzeit zurückversetzt: Es residiert im MoMA PS1, einer in ein Kunstmuseum verwandelten Schule (Restaurantgäste müssen übrigens keinen Museumseintritt bezahlen). Die schreibtischähnlichen Tische sind zur offenen Küche hin ausgerichtet, wo der Quebecer Koch Hugue Dufour Gerichte für die wöchentlich wechselnde und um die Welt tingelnde Speisekarte zubereitet: z. B. Yakisoba-Omelette mit Pflaumensauce und getrocknetem, gehobelten Thunfisch.

CYCLO VIETNAMESISCH $

Karte S. 478 (☎718-786-8309; www.cyclolic.com; 5-51 47th Ave, Long Island City; Hauptgerichte 9–12 $; ⏲12–22 Uhr; 🖉; [S]7 bis Vernon Blvd–Jackson Ave) Das in einem unscheinbaren Ziegelsteinbau abseits des Vernon Blvd untergebrachte Lokal hat eine urige Inneneinrichtung mit holzvertäfelten Wänden und rustikalen Tischen – genau die richtige Umgebung, um sich die Spezialität des Hauses schmecken zu lassen: warme, knusprige belegte Baguettes mit geschmackvollen Zutaten.

Außer *báhn mì* gibt es dampfende Schüsseln mit *pho* aus Ochsenschwanzbrühe, scharfen Papayasalat mit Shrimps und sättigende Reisgerichte aus dem Tontopf.

SWEETLEAF CAFÉ $

Karte S. 478 (☎917-832-6726; http://sweetleafcoffee.com; 10-93 Jackson Ave, Long Island City; ⏲Mo–Fr 7–14, Sa & So ab 8 Uhr; [S]G bis 21st St–Van Alst, 7 bis Vernon Blvd–Jackson Ave) Auf der Suche nach einem Ort, wo man es sich mit einem Heißgetränk und einem guten Buch gemütlich machen kann? Das Sweetleaf kommt wie ein heimeliges Arbeitszimmer daher, die Plüschsofas und -sessel laden zum Entspannen ein. Am Abend verwandelt sich das Café in eine quirligere Bar, die ihren Gästen aus der Nachbarschaft Cocktails und andere Drinks serviert.

JOHN BROWN SMOKEHOUSE GRILL $

Karte S. 478 (☎347-617-1120; www.johnbrownseriousbbq.com; 10-43 44th Dr, Long Island City; Hauptgerichte 10–16 $; ⏲Mo–Do 12–22, Fr & Sa bis 23, So bis 21 Uhr; [S]E, M bis Court Sq–23rd St) Rot karierte Tischdecken, lokale Craft-Biere vom Fass und der himmlische Duft von Rinderbrust umrahmen die Fleischeslust in diesem Grillrestaurant, das so auch in Kansas City stehen könnte. Das Prozedere ist simpel: Man bestellt am Tresen und sucht sich dann einen Tisch. Es gibt auch Sitzplätze hinten raus auf der Terrasse, wo an den meisten Abenden Livebands spielen (19–21 Uhr).

Hier wird es rappelvoll; wer die Massen meiden möchte, sollte früh kommen.

LIC CORNER CAFE
CAFÉ $

Karte S. 478 (☎718-806-1432; 21-03 45th Rd; Backwaren ab 3 $, Kaffee 3–5 $; ⏰Mo–Fr 7–18, Sa & So 9–17 Uhr; [S]E & M bis Court Sq/23rd St; 7 bis Court Sq; G bis Court Sq) Wie der Name vermuten lässt, liegt das Long Island City Corner Cafe an einer Ecke, gegenüber einem Park in Hunter's Point, Long Island City. Die einladende Fassadengestaltung verspricht nicht zu viel: Drinnen warten Gebäck, hausgemachte Quiches, eine exquisite Kaffee- und Teeauswahl sowie eine rundum behagliche Atmosphäre.

CANNELLE PATISSERIE
BÄCKEREI $

Karte S. 478 (☎718-937-8500; 5-11 47th Ave, Long Island City; Backwaren ab 3 $; ⏰Mo–Fr 6.30–20, Sa ab 7, So 7–17 Uhr; [S]7 bis Vernon Blvd–Jackson Ave) Das Café in einem schicken Straßenkarree in der neuen Long Island City überrascht mit ausgezeichneten französischen Backwaren: ein Happen von einem blättrigen Croissant oder einem tollen Obstküchlein – und man fühlt sich wie in Paris. Dies ist ein Ableger der eigentlichen Bäckerei, die sich an noch unwahrscheinlicherer Stelle befindet: in einem öden Einkaufszentrum in Jackson Heights.

LIC MARKET
CAFÉ $$

Karte S. 478 (☎718-361-0013; www.licmarket.com; 21-52 44th Dr, Long Island City; Hauptgerichte mittags 11–14 $, abends 18–28 $; ⏰Mo 8–15.30, Di–Fr bis 22, Sa 10–22, So 10–15.30 Uhr; 📶; [S]E, M bis 23rd St–Ely Ave, 7 bis 45th Rd–Court House Sq) 🍃 Kunst an den Wänden und Kochtöpfe bestimmen das Ambiente in dem coolen kleinen Café, in dem sich sowohl kreative Köpfe als auch Büromenschen gut aufgehoben fühlen. Zum Frühstück überzeugt das *sausage and onions*-Sandwich (Spiegeleier, Würstchen, Cheddar und karamellisierte Zwiebeln auf einem Brioche-Brötchen). Die Mittags- und Abendgerichte reichen von Jakobsmuscheln und Risottos bis zu saisonalem Wild.

CASA ENRIQUE
MEXIKANISCH $$

Karte S. 478 (☎347-448-6040; www.henrinyc.com/casa-enrique.html; 5-48 49th Ave, Long Island City; Hauptgerichte 18–28 $; ⏰Mo–Fr 17–23, Sa & So 11–15.30 & 17–23 Uhr; [S]7 bis Vernon Blvd–Jackson Ave; G bis 21st St/Van Alst) Der Schein der schlichten Außenmauern trügt – dieses gehobene Restaurant hat einen Michelin-Stern und trumpft mit dem besten mexikanischen Essen in ganz New York auf. Auf der Speisekarte finden sich edle Abwandlungen mexikanischer Klassiker wie mit Tequila marinierte *carne asada* (gegrilltes Steak) und *mole de piaxtla* (Hühnchen nach Puebla-Art mit Reis und scharfer Schokoladensauce).

Angesichts der wenigen Tische ist eine Reservierung sinnvoll.

M WELLS STEAKHOUSE
STEAK $$$

Karte S. 478 (☎718-786-9060; www.magasinwells.com; 43-15 Crescent St, Long Island City; Hauptgerichte 24–65 $; ⏰Mi–Sa 17–23 Uhr; [S]E, M bis 23rd St–Court Sq, G, 7 bis Court Sq) Fleischfreunde mit einem Sinn fürs Dekadente schätzen die vortrefflichen Steakvariationen des Quebecer Kochs Hugue Dufour. Sensationell ist z. B. das New York Strip Steak mit koreanisch inspirierter Ahornmarinade oder das superzarte Flankensteak vom Wagyū-Rind. Für Fischliebhaber gibt's auch eine ganze Forelle und ein Muschelgericht, auf heimwehkranke Kanadier wartet eine Beilagenportion *poutine* (Fritten, Käse, Bratensauce). Die Stimmung ist laut und überschwänglich, am Wochenende sollte man reservieren.

Ein Trinkgeld erübrigt sich: Auf die Rechnung wird eine Bewirtungsgebühr von 20 % aufgeschlagen, die faire Löhne für alle Angestellten ermöglicht.

🍴 Astoria

***Spanakopita? Khao man gai? Encebol de mariscos?* In Queens findet man so ziemlich jedes Gericht der Welt. Während in Long Island City die lokale Küche im Vordergrund steht, bietet Astoria das ganze Spektrum von Griechisch bis Bagel – vor allem auf der 30th Ave, dem Broadway (zw. 31st und 35th St) und der 31st Ave. „Little Cairo" liegt in Astoria an der Steinway Ave (zw. Astoria Blvd und 30th Ave). Im Osten tummeln sich in Elmhurst authentische thailändische Restaurants, während lateinamerikanische Food Trucks die Roosevelt Ave säumen. Am Ende der Subway-Linie 7 in Flushing liegt die „New Yorker Chinatown ohne Touristen".**

★PYE BOAT NOODLE
THAILÄNDISCH $

Karte S. 478 (☎718-685-2329; 35-13 Broadway, Astoria; Nudeln 10–13 $; ⏰11.30–22.30, Fr & Sa bis 23 Uhr; 📝; [S]N/W bis Broadway; M, R bis Steinway) Junge, mit Fedoras behütete thailändische Kellnerinnen begrüßen die Gäste

🏃 Lokalkolorit
Ein Bummel durch Astoria

Das eine kurze Fährfahrt von Manhattan entfernte Astoria ist ein charmant vielseitiges Viertel mit Restaurants entlang der Boulevards, baumbewachsenen Seitenstraßen, kleinen individuellen Läden und Cafés. Besucher sollten Appetit mitbringen, denn die kulinarische Vielfalt gehört einfach dazu, wenn man Astoria erleben will. Am besten kommt man am Wochenende, dann zeigt sich das Viertel von seiner lebendigsten Seite.

❶ Socrates Sculpture Park
Der malerische Park am Ufer (S. 322) trumpft mit avantgardistischen Skulpturen und einer atemberaubenden Aussicht auf Manhattan auf. Kaum zu glauben, dass diese stillgelegte Deponie einst eine illegale Müllkippe war. An Sommerwochenenden steht hier meist irgendetwas auf dem Programm, z. B. Yoga, Tai-Chi, Märkte oder Kajaktouren in der Hallet's Cove.

❷ King Souvlaki
Entlang der 31st St führen Duftschwaden zu diesem gefeierten Food Truck (S. 329), einem der besten in Astoria. Über den Tresen wandern göttliche Pitas mit Schwein, Huhn oder Rind, dazu gibt's griechische Fritten mit Feta-Topping.

❸ Astoria Bookshop
Die beliebte unabhängige **Buchhandlung** (Karte S. 478; ☏718-278-2665; www.astoria

bookshop.com; 31-29 31st St, Astoria; ⊙11–19 Uhr; Ⓢ N, W bis Broadway) hat einen großen Teil ihrer Regalfläche lokalen Publikationen vorbehalten. So finden sich hier Bücher über die Restaurantszene oder ethnische Vielfalt von Queens. Nebenbei fungiert der Laden als Gemeinschaftszentrum und veranstaltet Autorenlesungen, Diskussionsrunden und Schreibworkshops.

❹ Lockwood
Der skurrile **Laden** (Karte S. 478; ☏718-626-3040; http://lockwoodshop.com; 32-15 33rd St, Astoria; ⊙11–20 Uhr; Ⓢ N, W bis Broadway) hält jede Menge Geschenkideen bereit, darunter viele stadtteilbezogene Objekte. Es gibt Vintage-Wandbehänge, berühmte Frauen als Anziehpuppen aus Papier, Totenkopf- und Duftkerzen, originelle Flachmänner usw. Ein paar Häuser weiter befindet sich auch eine Schreibwarenfiliale.

in dem niedlichen Restaurant, das wie ein Landhaus aus alter Zeit eingerichtet ist. Spezialität des Hauses sind die sämigen, mit Sternanis gewürzten *boat noodles* mit knusprigen Schweinsgrieben. Außerdem gibt's eine feine, milde Meeresfrüchte-*yen ta fo*, die in New York nur selten zu finden ist. Dazu passt gut ein Papayasalat.

KING SOUVLAKI
FOOD TRUCK **$**

Karte S. 478 (📞917-416-1189; www.facebook.com/KingSouvlaki; 31st St Höhe 31st Ave; Hauptgerichte 6–10 $; ⏱Mo–Mi 9–23, Do–Sa bis 5, So 11–23 Uhr; Ⓢ N, W bis Broadway) Wer dem verführerischen Duft des Holzkohlegrills (und den Rauchschwaden entlang der 31st St) folgt, landet bei diesem stadtbekannten Food Truck, seines Zeichens einer der besten in Astoria. Zu den köstlich gefüllten Pita-Sandwiches mit Schwein, Huhn oder Rind werden als Beilage griechische Fritten mit Feta-Topping gereicht. Nur Barzahlung – der Imbisswagen hat seitlich aber einen Geldautomaten eingebaut.

JERUSALEM PITA HOUSE
ORIENTALISCH **$**

Karte S. 478 (📞718-932-8282; http://jerusalempitaastoriany.com; 25-13 30th Ave; Hauptgerichte 5–11 $; ⏱12–22 Uhr; Ⓢ N/W bis 30th Ave) Schon beim Betreten des kleinen, familiengeführten Restaurants fühlt man sich willkommen. Neben den namensgebenden warmen, gefüllten Pitas mit scharfem, gegrilltem Fleisch werden auch knusprige Falafel zum Mitnehmen oder als Imbiss vor Ort serviert.

THE STRAND SMOKEHOUSE
GRILL **$**

Karte S. 478 (📞718-440-3231; www.thestrandsmokehouse.com; 25-27 Broadway, Astoria; BBQ pro Pfund 16–20 $; ⏱Mo–Do 16–24, Fr bis 2, Sa 12–4, So 12–24 Uhr; Ⓢ N oder W bis Broadway) In dem wunderbar altmodischen BBQ-Restaurant im Stil der Südstaaten herrscht meist Partystimmung. Am Wochenende spielen Livebands und die gut ausgestattete Bar schenkt u. a. lokale Craft-Biere und Moonshine-Cocktails mit jungem Whiskey aus. Außerdem gibt es natürlich deftige Grillteller mit *ribs*, Rinderbrust und *pulled pork* samt schmackhaften Beilagen wie hausgemachtes Maisbrot und *mac 'n' cheese*.

BROOKLYN BAGEL & COFFEE COMPANY
BÄCKEREI **$**

Karte S. 478 (📞718-204-0141; www.brooklynbagelandcoffeecompany.com; 35-05 Broadway, Astoria; Bagels 1,25 $; ⏱6–16.30 Uhr; Ⓢ N/Q

Museum of the Moving Image (S. 323)

❺ Astoria Bier & Cheese

Dieses Deli mit angeschlossener Kneipe (S. 334) ist eine echte Institution in Astoria und wartet mit zahlreichen Versuchungen auf: überbackene Gourmet-Käsesandwiches, *mac 'n' cheese*, Avocadotoasts und extravagante Sandwichkombinationen mit *prosciutto* oder anderen Gaumenfreuden. Ein weiterer Publikumsmagnet ist die wechselnde Auswahl an Craft-Bieren. An warmen Tagen locken im Hinterhof Tische unter freiem Himmel.

❻ George's

Das in den Kaufman Astoria Studios untergebrachte Restaurant George's (S. 330) wirkt mit seinem Seiteneingang und dem schummrig beleuchteten Interieur im Stil der 1920er-Jahre wie eine Geheimadresse. Serviert werden hauseigene Cocktailkreationen und modern interpretierte amerikanische Klassiker, dazu erklingt Livemusik.

QUEENS ESSEN

bis Broadway; M, R bis Steinway St) Sicher, das ist hier nicht Brooklyn, sondern Queens. Aber von der kleinen örtlichen Verwirrung im Namen mal abgesehen, sind die Bagels hier definitiv gut – knusprige Kruste, innen weich, lecker! Es gibt sie in unzähligen verlockenden Varianten, mit Sesam, Zwiebel, Knoblauch oder Vollkorn und Rosinen. Den Frischkäse gibt's ebenfalls in wechselnden Geschmacksnoten wie Wasabi-Lachs oder Bratapfel.

★BAHARI GRIECHISCH $$

Karte S. 478 (☎718-204-8968; 31-14 Broadway, Astoria; Hauptgerichte 14–29 $; ☺12–24 Uhr; ✎🚻; ⓈN/Q bis Broadway) Viele der griechischen Restaurants in Astoria sind ganz normale Grillrestaurants. Das Bahari wartet dagegen zusätzlich mit einem umfassenden Angebot an Aufläufen und Eintöpfen auf: einer Moussaka mit cremiger Béchamelsauce, sämigen, langsam gegarten Bohnen und Reis mit Spinat. Besonders angesichts des vornehmen Ambientes sind diese sättigenden Gerichte ein richtiges Schnäppchen; Fisch ist allerdings teurer. Gute Bedienung und verglichen mit den meisten anderen Restaurants in New York viel Platz.

KABAB CAFE ÄGYPTISCH $$

Karte S. 478 (☎718-728-9858; 25-12 Steinway St, Astoria; Hauptgerichte 12–26 $; ☺Di–So 13–17 & 18–24 Uhr; ✎; ⓈN/Q bis Astoria Blvd) Chefkoch Ali ist an dem Abschnitt der Steinway St, die als „Little Egypt" bekannt ist, eine echte Legende. Jedoch reicht seine einfallsreiche, erdverbundene Kost, die oft direkt aus der Pfanne auf den Teller kommt, erheblich weiter als seine Wurzeln in Alexandria. Empfehlenswert sind z. B. die Vorspeisenteller mit fluffigen Falafeln nach ägyptischer Art, gefolgt von einem Lammgericht. Vegetarier können sich nach einer gemischten Platte mit *baba ghanoush*, Hummus und Falafel eine ägyptische Moussaka (mit sautierten Auberginen, Zucchinis, Kartoffeln, Tomaten und Gewürzen) schmecken lassen.

MOMBAR ÄGYPTISCH $$

Karte S. 478 (☎718-726-2356; 25-22 Steinway St, Astoria; Hauptgerichte 14–26 $; ☺Di–So 17–22 Uhr; ✎; ⓈN/Q bis Astoria Blvd) Das legendäre Restaurant in der arabischen Geschäftsmeile an der Steinway St lohnt allein wegen der Einrichtung einen Abstecher: Die vielen gefundenen Gegenstände sammelte Küchenchef Mustafa über die Jahre, als er das Geld zusammensparte, um sein Restaurant zu eröffnen – ein Schmuckkästchen edler ägyptischer Küche. Tipp: die namensgebende *mombar*, eine leichte, mit Reis gefüllte Wurst.

TAVERNA KYCLADES GRIECHISCH $$

Karte S. 478 (☎718-545-8666; www.tavernaky clades.com; 33-07 Ditmars Blvd, Astoria; Hauptgerichte 18–32 $; ☺Mo-Sa 12–23, So bis 22 Uhr; ⓈN/Q bis Ditmars Blvd) Das Kyclades ist eine Topadresse für griechische Meeresfrüchte. Zu den schnörkellosen Klassikern gehören z. B. saftiger, gegrillter Tintenfisch und ganzer Fisch, dazu *saganaki* (gebratener Käse) und ein herzhafter Salat. Das Kyclades Special ist seinen Preis leider nicht wert. Um die lange Warteschlange zu umgehen, sollte man früh da sein. Übrigens ist in der Filiale im East Village in Manhattan komischerweise weniger los.

GEORGE'S AT KAUFMAN
ASTORIA STUDIOS AMERIKANISCH $$

Karte S. 478 (☎718-255-1947; www.georges.nyc; 35-11 35th Ave; Hauptgerichte 15–33 $; ☺Di-Do 16–22, Fr & Sa 23, So 11.30–21 Uhr; ⓈM, R bis Steinway St) Das elegante Restaurant versteckt sich in den Kaufman Astoria Studios und serviert gehobene Hausmannskost (Rinderrippchen Stroganoff, Brathühnchen mit Baby-Pak Choi, Krebsküchlein). Wer keinen Hunger hat, kann an der Bar im Stil der 1920er-Jahre einen gekonnt gemixten Cocktail trinken. Das Rahmenprogramm umfasst Livemusik, Comedy und andere Veranstaltungen sowie eine tägliche Happy Hour (16–19 Uhr).

An warmen Tagen kann man im Landmark Café im selben Komplex um die Ecke auch draußen speisen.

SEK'END SUN AMERIKANISCH $$

Karte S. 478 (☎917-832-6414; www.sekendsun.com; 32-11 Broadway, Queens; ☺Mo–Do 17–2, Fr 17–4, Sa 11–4, So 11–2 Uhr; 🚻; ⓈN/W bis Broadway) Die lebhafte, urige Atmosphäre in diesem Restaurant animiert zu einer spontanen Happy Hour oder einem ungeplanten Dinner. Geboten wird Kneipenkost der Extraklasse wie *mac 'n' cheese* mit gereiftem Cheddar und Parmesan (auch mit *pulled pork* als Topping erhältlich). Exzellent sind zudem die hauseigenen Cocktailkreationen.

VESTA TRATTORIA &
WINE BAR ITALIENISCH $$

Karte S. 478(☎718-545-5550; www.vestavino.com; 21-02 30th Ave, Astoria; Pizza 15–17 $, Hauptgerichte 19–26 $; ☺Mo–Do 11–16 & 17–22, Fr bis 23,

Sa 11–15 & 16.30–23, So 11–15 & 16–22 Uhr; S N/Q bis 30th Ave) Das Vesta ist eines dieser Lokale von nebenan, in denen sich Stammgäste zum Quatschen an der Bar treffen und wo an den Wänden Werke von Künstlern aus dem Viertel hängen und Bioprodukte von Brooklyner Dachgärten verarbeitet werden. Die Karte ist einfach und auf das saisonale Angebot abgestimmt: dampfende Muscheln mit Knoblauch-Crostini, Pizza mit dünnem, krossem Boden und verschiedenste Hauptgerichte wie Spaghetti mit Tintenfisch und Anchovis, gebratener *branzino* (Wolfsbarsch) oder Wildschweinlasagne.

Der Star des beliebten Wochenendbrunchs ist die „Hangover Pizza" (Katerpizza) mit scharfer Tomatensauce, Kartoffeln, Speck, Würstchen und gebackenem Ei.

✖ Woodside

SRIPRAPHAI   THAILÄNDISCH **$$**
Karte S. 478 (☎718-899-9599; 64-13 39th Ave, Woodside; Hauptgerichte 12–24 $; ⏰Do–Di 11.30–21.30 Uhr; S 7 bis 69th St) Das erste Restaurant in New York, das thailändische Küche

für Thais anbietet – ohne Kompromisse. In mancher Hinsicht ist das Lokal durch neuere, spezialisierte Läden überholt worden (die Karte hier ist unendlich, mit Gerichten aus dem ganzen Land), doch es ist immer noch legendär und toll für ein sättigendes Abendmahl – von Currys bis zu himmlischem gebratenem Butterkrebs. Nur Barzahlung.

✖ Jackson Heights

LITTLE TIBET   TIBETISCH **$**
Karte S. 478 (☎718-505-8423; 72-19 Roosevelt Ave, Jackson Heights; Hauptgerichte 7–12 $; ⏰12–22 Uhr; S 7 bis 74 St-Broadway, E, F/M, R bis Roosevelt Ave–Jackson Heights) „Little Tibet" könnte eigentlich ganz Jackson Heights genannt werden, denn die traditionell hier ansässigen indischen Läden und Restaurants machen langsam Platz für Geschäfte aus dem Himalaja, sowohl aus Tibet als auch Nepal. Das kleine Lokal hat viele treue Stammgäste in der Nachbarschaft und mit seiner Holzvertäfelung ein gemütliches Ambiente. Die *momos* (Dumplings bzw. Teig-

QUEENS ESSEN

FOOD TRUCKS UND DELIS AN DER ROOSEVELT AVENUE

Bei der schnellen Küche für unterwegs ist die Roosevelt Ave mit ihrem nächtlichen Auflauf lateinamerikanischer Imbisswagen (Food Trucks) und versteckten Delis ungeschlagen. Allein auf dem Weg von der 90th zur 103rd St kann sich jeder an *champurrados* (warmer, dickflüssiger Schokolade auf Maisbasis), *cemita* (mexikanischem Sandwich) oder ecuadorianischem Fischeintopf in kürzester Zeit satt essen. Günstig, authentisch und ein Stück echtes Queens. Hungrig? Dann nichts wie los ins Geschmacksabenteuer Roosevelt Ave.

Auf der südlichen Seite der Roosevelt Ave steht an der Kreuzung mit der Forley St der gefeierte Imbiss **Taco Veloz** (Karte S. 478; 86-10 Roosevelt Ave, Jackson Heights; Tacos ab 2,50 $; ⏰12–2 Uhr; S 7 bis 90th St–Elmhurst), der exzellente Tacos und erstklassige *cemitas* (7 $) verkauft.

Ein Stück weiter Richtung Osten entlang der Roosevelt Ave befindet sich das Deli **La Esquina del Camarón** (Karte S. 478; ☎347-885-2946; 80-02 Roosevelt Ave, Jackson Heights; Krabbencocktail 8–12 $; ⏰11–2 Uhr; S 7 bis 82nd St–Jackson Hts). Nicht vom unscheinbaren Eingang abschrecken lassen! Hinten gibt's eine Frischetheke, an der die Mitarbeiter gekonnt den besten Krabbencocktail der Welt zaubern – mit vielen Shrimps (und/oder Oktopus) und Avocadoscheiben als Topping – pikant, erfrischend und richtig gut.

Danach geht's weiter auf der Roosevelt Ave bis zur Warren St. Deren Lokalmatador **El Guayaquileño** (Warren St zw. Roosevelt Ave & 40th Rd, Jackson Heights; Gerichte 5–11 $; ⏰So–Do 8–22.30, Fr & Sa bis ca. 4 Uhr; S 7 bis Junction Blvd) ist berühmt für seine *encebollado*: ein ecuadorianischer Eintopf mit Thunfisch, Maniok, Koriander, Zwiebeln, Zitrone, Kreuzkümmel und gerösteten Maiskörnern. Die Suppe ist lecker, hat eine herrliche Konsistenz und ist ein vollwertiges Essen. Wer Lust auf Fleisch hat, kann beim Imbisswagen ein paar Schritte weiter Schweinebraten mit Kruste und allem Drum und Dran bestellen.

taschen) kann man wunderbar mit einem der diversen angebotenen Craft-Biere aus Queens hinunterspülen.

✕ Elmhurst

KHAO KANG
THAILÄNDISCH **$**

Karte S. 478 (☑718-806-1807; 76-20 Woodside Ave, Elmhurst; Teller 9–10 $; ⏾Di–So 11–21 Uhr; ⓢE, F/M, R bis Roosevelt Ave–Jackson Heights, 7 bis 74 St–Broadway) Neue thailändische Küche vom Feinsten. Hier kann man wie ein Bangkoker Geschäftsmann essen und einfach auf zwei oder drei warme Speisen zeigen – etwa cremigen Kürbis mit Eiern und Basilikum oder karamellisiertes Schweinefleisch. Dazu gibt's natürlich Reis. Schnell und billig, aber stilvoll. Auch die Nachspeisen sind lecker.

✕ Flushing & Corona

★TORTILLERIA NIXTAMAL
MEXIKANISCH **$**

Karte S. 477 (☑718-699-2434; www.tortilleria nixtamal.com; 104-05 47th Ave, Corona; Tacos 3–4 $, Hauptgerichte 10–14 $; ⏾Do & So 11–21, Fr & Sa bis 23 Uhr; ⓢ7 bis 103rd St–Corona Plaza) In dem schlichten Lokal drängen sich auf roten und gelben Picknickbänken Feinschmecker, um sich wahrhaft authentisches mexikanisches Essen zu gönnen. Geheimwaffe des Lokals ist die Tortilla-Maschine, die aus reinem Maisteig (d. h. ohne Zusatzstoffe) wunderbare Tacos und Tamales zaubert.

Die Betreiber sind Puristen: Ihre Tacos sind einfach mit Koriander, Zwiebeln und Limette garniert. Empfehlenswert ist auch die Schweinefleisch-Pozole (Suppe) mit Radieschen, Zwiebeln, Oregano und zerdrückten roten Paprika. Zum Ablöschen gibt's eine *horchata fresca* (würziges Reis- und Mandelmilchgetränk), während man die mexikanische Fußballnationalmannschaft („El Tricolor") anfeuert.

FU RUN
CHINESISCH **$**

Karte S. 477 (☑718-321-1363; www.furunflush ing.com; 40-09 Prince St, Flushing; Hauptgerichte 12–27 $; ⏾11.30–23 Uhr; ⓢ7 bis Flushing–Main St) Das Fu Run ist Kult, völlig zu Recht: Die nordostchinesischen Gerichte sind ein Erlebnis – rustikal, manchmal subtil, aber immer punktgenau gebraten. Bei Dumplings mit Schweinefleischfüllung auf Sauerkraut oder dem unvergesslichen Lammkotelett

(frittierte Rippen in getrocknetem Chilimantel mit Kreuzkümmel- und Sesamsamen) lernen die Gäste ganz neue Seiten der chinesischen Küche kennen.

NAN XIANG XIAO LONG BAO
CHINESISCH **$**

Karte S. 477 (☑718-321-3838; 38-12 Prince St, Flushing; Hauptgerichte 6–10 $; ⏾8–24 Uhr; ⓢ7 bis Main St) Saftige, pikante Suppen-Dumplings (Teigtaschen), scharfe Wantans, dicke Klebnudeln – das Nan Xiang Xiao Long Bao hat alles, was man von einem Dumpling-Restaurant erwartet. Das schnörkellose Lokal ist meist rappelvoll, aber das Essen wird wieselflink serviert und die Tische werden schnell wieder frei. Am besten mit Freunden kommen und für alle drauflos bestellen. Nur Barzahlung.

GOLDEN SHOPPING MALL
CHINESISCH **$**

Karte S. 477 (41-36 Main St, Flushing; Mahlzeiten ab 5 $; ⏾10–22 Uhr; ⓢ7 bis Flushing–Main St) Der Food Court in der Golden Mall, ein überladenes Wirrwarr aus herabhängenden Enten, langen Nudeln und Kunststofftischen, bietet phantastisches Imbissessen. Niemand sollte sich vom Fehlen englischsprachiger Karten irritieren lassen. An den meisten Ständen arbeitet mindestens eine Person, die englisch spricht. Aber auch die vielen Stammgäste helfen gern weiter und zeigen, was besonders gut ist – seien es handgezogene Lanzhou-Nudeln oder würzige Schweineohren.

Nicht versäumen sollte man die leckeren Dumplings (Teigtaschen, z. B. mit Schwein und Dill) vom Tianjin Dumpling House. Der Eingang ist nicht gekennzeichnet und leicht zu übersehen; der Treppenaufgang ist ein paar Schritte von der 41st Rd entfernt.

NEW WORLD MALL
FOOD COURT **$**

Karte S. 477 (www.newworldmallny.com; Main St zw. 41st & Roosevelt Ave, Flushing; Hauptgerichte ab 4 $; ⏾10–22 Uhr; ⓢ7 bis Flushing–Main St) Im unteren Geschoss des Einkaufszentrums versammeln sich alle möglichen fernöstlichen Delikatessen, von handgezogenen Lanzhou-Nudeln bis zum koreanischen BBQ – Dumplings, Sushi, Bubble Tea und vietnamesische *pho* sind nur der Anfang. Am besten kommt man hungrig. In der Mall gibt es auch einen weitläufigen asiatischen Supermarkt. Ein weiterer Eingang befindet sich an der Roosevelt Ave.

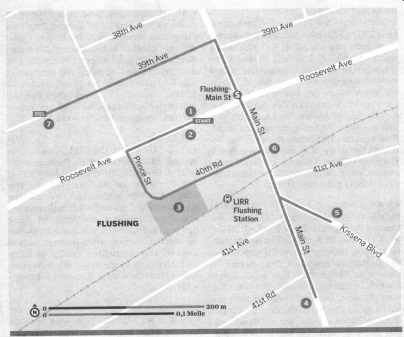

QUEENS

🏃 Spaziergang
Flushings Chinatown

START ROOSEVELT AVE
ZIEL 39TH AVE
LÄNGE/DAUER 1,6 KM; 2½ STUNDEN

Den kulinarischen Bummel durch New Yorks größte und authentischste Chinatown beginnt man möglichst mit leerem Magen. Los geht's mit einem aromatischen Oolong-Tee im stillen Teesalon ➊ **Fang Gourmet Tea** (S. 335) hinter einem kleinen Einkaufszentrum. Gegenüber verkauft der ➋ **Soy Bean Chen Flower Shop** nicht nur duftende Blumen, sondern auch Seidentofu mit Ingwersirup. Verzehren lässt sich die warme Köstlichkeit am besten um die Ecke auf einer Parkbank des ➌ **Bland Playground**.

Weiter führt die Tour entlang der 40 Rd und dann rechts in die Main St, Flushings geschäftigste Durchgangsstraße. Kurz hinter der 41st Rd führen Treppen hinunter zur ➍ **Golden Shopping Mall** (S. 332). Hier versammelt sich ein Gewirr von Imbissständen, die verschiedenste Speisen feilbieten. Wer beim Tianjin Dumpling House einen Tisch ergattert, kann sich an den prall

gefüllten, perfekt zubereiteten Teigtaschen gütlich tun.

Gesättigt geht's zurück zur Main St und rechts auf den Kissena Blvd. Der nächste Stopp ist ➎ **Kung Fu Tea**, einer der besten Bubble-Tea-Läden der Stadt. Die Auswahl ist gigantisch. Neben Geschmacksrichtungen wie Matcha-Adzukibohne, grüner Tee mit Taromilch oder Mungobohne gibt's auch fruchtige Sorten wie Ananas, Pfirsich und Maracuja. Der Weg führt wieder zur Main St und dort einen halben Block hoch zur ➏ **New World Mall** (S. 332). Das trubelige Einkaufszentrum beherbergt eine imposante Imbissabteilung. Abgesehen von Spezialitäten aus China finden sich dort auch koreanische, thailändische und vietnamesische Gaumenfreuden. Unbedingt probieren sollte man die handgezogenen Lanzhou-Nudeln. Anschließend geht's zur 39th Ave, dort links, nach zwei Blocks hinein ins Hyatt Place Hotel und dann mit dem Fahrstuhl in die ➐ **Leaf Bar & Lounge** im 9. Stock. Hoch über dem Lärm kann man hier die kulinarischen Abenteuer des Tages bei einem Cocktail Revue passieren lassen.

HUNAN KITCHEN OF
GRAND SICHUAN
CHINESISCH $$

Karte S. 477 (☎718-888-0553; www.hunankitchen ofgrandsichuanny.com; 42-47 Main St, Flushing; Hauptgerichte 12–23 $; ⏱11–21.30 Uhr; Ⓢ7 bis Flushing–Main St) In dem respektablen Restaurant kommen die Gäste ins Schwitzen, vor allem wegen der Gaumenfreuden aus der Provinz Hunan. Zu den herausragenden Gerichten gehören leckeres, mit Salz und weißem Pfeffer geräuchertes Rindfleisch, zartes Hühnchen mit scharfem rotem Pfeffer und eine wunderbar wärmende Fischsuppe. Wer mit einer großen Gruppe kommt, sollte die Spezialität des Hauses bestellen: BBQ-Ente nach Hunan-Art.

ASIAN JEWELS
DIM SUM $$

Karte S. 477 (☎718-359-8600; 13330 39th Ave, Flushing; Hauptgerichte 14–24 $; ⏱11–21.30 Uhr; Ⓟ; Ⓢ7 bis Main St) Jeder kulinarisch bewanderte New Yorker wird einem sagen, dass die besten chinesischen Restaurants in Queens zu finden sind. Das Asian Jewels hat sich hier mit seinen *dim sum* einen Namen gemacht. Das traditionsbewusste Lokal ist groß, aber so beliebt, dass man meist erstmal Schlange steht. Die auf Servierwagen umhergeschobenen Köstlichkeiten lohnen das Warten allemal.

Äußerst praktisch: der Valet-Parkservice des Asian Jewels.

🍷 AUSGEHEN &
🍸 NACHTLEBEN

Auf das ausufernde Queens verteilen sich mehrere nachtaktive Ausgehmeilen, die meist auf das bunt gemischte, einheimische Publikum ausgerichtet sind – von griechischen Tavernen über kroatische Cocktailbars und irische Pubs bis zum tschechischen Biergarten ist alles vertreten. Neugierige Besucher aus Manhattan zieht es nach Sonnenuntergang bevorzugt in die am Fluss gelegenen Viertel Astoria und Long Island City.

★BOHEMIAN HALL &
BEER GARDEN
BIERGARTEN

Karte S. 478 (☎718-274-4925; www.bohemian hall.com; 29-19 24th Ave, Astoria; ⏱Mo-Do 17–1, Fr bis 3, Sa 12–3, So 12–24 Uhr; ⒺN/Q bis Astoria Blvd) Das an ein tschechisches Gemeinschaftszentrum angeschlossene Gartenlokal löste den New Yorker Biergartenboom aus und ist in Sachen Platz und Stimmung unschlagbar: Im Sommer sind die im Schatten hoher Bäume stehenden Bierbänke immer bestens besetzt. Es gibt zwar auch etwas zu essen wie Dumplings und Würstchen, doch im Mittelpunkt steht kühles, schaumiges tschechisches Bier. An manchen Abenden spielen Folkloregruppen auf (teils zu einem Eintritt von 5 $).

THE COOP
BAR

Karte S. 477 (☎718-358-9333; www.thecoop nyc.com; 133-42 39th Ave, Flushing; ⏱So-Mi 12–2, Do–Sa 12–3 Uhr; Ⓢ7 bis Main St) Im COOP mitten auf der Hauptstraße von Flushing treffen koreanische Fusionsküche und kreative Cocktailkultur aufeinander. Mit ihrem schicken Ambiente ist diese Bar ein perfekter Ort, um ins Nachtleben zu starten. Neben aromareichen koreanischen Hauptgerichten (12–25 $) kann man hier auch kleine Teller mit Schweinebauch-Häppchen oder Kimchi-Frühlingsrollen bestellen.

DUTCH KILLS
BAR

Karte S. 478 (☎718-383-2724; www.dutchkills bar.com; 27-24 Jackson Ave, Long Island City; ⏱17–2 Uhr; ⒺE, M oder R bis Queens Plaza; G bis Court Sq) Wer das Dutch Kills durch die unscheinbare Tür eines alten Industriegebäudes in Long Island City betritt, begibt sich auf eine Zeitreise in die Prohibition. Das A und O in dieser Flüsterkneipe sind die Atmosphäre und exquisite Craft-Cocktails. Die umfangreiche Karte imponiert mit zahlreichen Spezialdrinks, aber die Barkeeper mixen auf Nachfrage auch exzellente Klassiker.

ASTORIA BIER & CHEESE
BIERKNEIPE

Karte S. 478 (☎718-545-5588; www.astoriabier andcheese.com; 34-14 Broadway, Astoria; ⏱Mo-Do 12–23, Fr & Sa bis 24, So bis 22 Uhr; ⒺN/Q bis Broadway, M, R bis Steinway) In der Kneipe mit angeschlossenem Laden in Astoria klebt vielen Gästen Bierschaum an der Oberlippe: Es gibt zehn saisonale, größtenteils aus der Region stammende Biere vom Fass – oder man stellt sich der Qual der Wahl aus Hunderten von Flaschen- und Dosenbieren, die man vor Ort leeren oder mit nach Hause nehmen kann. Auf Hungrige warten eine beeindruckende Käse- und Wurstauswahl und herzhafte Sandwichkombinationen (z. B. mit Käse überbacken oder mit iberischem *jamón serrano* und höhlengereiftem Greyerzer).

VITE BAR
WEINBAR

Karte S. 478 (☎347-813-4702; www.facebook.com/vitebar; 25-07 Broadway, Astoria; ◷Mo–Do 12–24, Fr–So bis 1 Uhr; ⓢN/Q bis Broadway) Erstklassige offene Weine, vortreffliches italienisches Essen und das Gefühl, willkommen zu sein – es fällt nicht schwer, sich in diese entspannte und nur wenige Schritte von der Subway entfernte Weinbar zu verlieben. Das Interieur punktet mit einer Shabby-Chic-Mischeinrichtung, holzvertäfelten Wänden und Vintage-Kuriositäten, im Hintergrund spielt Queen – aber nichts davon stiehlt dem ausgewogenen Nebbiola und einem zerschmelzenden Panini die Show.

ANABLE BASIN SAILING BAR & GRILL
BAR

Karte S. 478 (☎718-433-9269; www.anablebasin.com; 44th Dr Höhe East River, Long Island City; ◷Mo–Fr 16.30–2, Sa & So ab 11.30 Uhr; ⓢE, M bis Court Sq–23rd St) Der Weg hierher ist ein bisschen abenteuerlich und führt an verlassenen Lagerhallen und Industrieanlagen vorbei. Am Ziel wird man dann mit einer schönen Terrasse am Wasser und einer umwerfenden Aussicht auf Manhattan belohnt. Wer zum Sonnenuntergang einen der Picknicktische ergattert, kann bei einer Flasche Kona Longbord zuschauen, wie die Skyline von Midtown zu leuchten beginnt.

BIEROCRACY
BIERKNEIPE

Karte S. 478 (☎718-361-9333; www.bierocracy.com; 12-23 Jackson Ave, Long Island City; ◷Mo–Mi 16–24, Do bis 1, Sa 11–2, So 11–24 Uhr; ⓢ7 bis Vernon Blvd–Jackson Ave; G bis 21st St–Van Alst St) Wer ein Spiel gucken und dabei ein Bier trinken will, wird sich im Bierocracy in Long Island City sofort wie zu Hause fühlen. Die geräumige Bierkneipe ist perfekt für größere Gruppen und Familien, rund um die Sitzbereiche sind große Fernseher angebracht. Neben einer langen Bierliste gibt's Fish 'n' Chips, warme belegte Fladenbrote und große Laugenbrezeln.

FANG GOURMET TEA
TEESALON

Karte S. 477 (☎888-888-0216; www.fangtea.com; 135-25 Roosevelt Ave, Flushing; ◷10.30–19.30 Uhr; ⓢ7 bis Flushing–Main St) Dieser kleine Teesalon liegt fast im Herzen von Flushings Chinatown und ist in dem Gewusel ein friedlicher Rückzugsort. Fang Gourmet Tea versteckt sich hinter einem kleinen Einkaufszentrum und bietet ein facettenreiches Sortiment an erlesenen Tees, von leicht gerösteten Oolong-Sorten über Kräutertees bis hin zu exotischen Varianten wie weißer Silbernadeltee oder Pu-Erh-Tee aus der Provinz Yunnan.

Bei den Teekostproben (ab 5 $ pro Person) sitzt man an einem der kleinen Tische dem Teemeister gegenüber, der den Trunk minutiös zubereitet – und dann mit seinen Gästen genießt!

STUDIO SQUARE
BIERGARTEN

Karte S. 478 (☎718-383-1001; www.studiosquarebeergarden.com; 35-33 36th St, Astoria; ◷Mo–Do 16–4, Fr ab 15, Sa & So 12–4 Uhr; ⓢM, R bis 36th St, N/Q bis 36th Ave) In diesem Biergarten im neuen Stil stehen keine großen Bäume und es herrscht auch kein urbayerisches Flair, dafür gibt's eine imposante Auswahl an Biersorten, viel Platz und das für Queens typische bunt gemischte Publikum. Für Unterhaltung sorgt das ganze Jahr über ein Rahmenprogramm mit Sport auf einer Großbildleinwand, Filmabenden und sommerlichen BBQs.

ICON BAR
SCHWULE

Karte S. 478 (☎917-832-6364; www.iconastoria.com; 31-84 33rd St, Astoria; ◷17–4 Uhr; ⓢN/W bis Broadway) Das berühmte Nachtleben der Schwulenszene New Yorks beschränkt sich nicht auf Manhattan. Die Icon Bar bereichert Astoria mit starken Drinks und kokettem Flirtambiente. Es stehen häufig bekannte DJs oder Drag-Shows auf dem Programm und bei der Happy Hour werden abends unter der Woche zwei Getränke zum Preis von einem ausgeschenkt. Alles gute Gründe, um dafür den Fluss zu überqueren.

THE REAL KTV
KARAOKE

Karte S. 477 (☎718-358-6886; 136-20 Roosevelt Ave, 2. OG, Flushing; Privatkabinen ab 15 $; ◷13–4 Uhr; ⓢ7 bis Main St) Queens ist ein echter Karaoke-Hotspot und das Real KTV setzt dem Ganzen die Krone auf. Trotz des erschwinglichen Preises sind die Privatkabinen stimmungsvoll und tipptopp ausgestattet, z. B. mit teuren Standmikros. Die Mitarbeiter sind sehr zuvorkommend und es gibt eine große Auswahl an Drinks, Knabbereien und – am allerwichtigsten – Liedern zum Losschmettern.

⭐ UNTERHALTUNG

★ TERRAZA 7 — LIVEMUSIK

Karte S. 478 (☎718-803-9602; http://terraza7.com; 40-19 Gleane St, Elmhurst; ⏱16–4 Uhr; Ⓢ7 bis 82nd St–Jackson Hts) Nach einem Besuch in einem der Multikulti-Esslokale in Queens geht es in diesem coolen Veranstaltungsladen mit gleichermaßen multikultigen Sounds weiter. Die kleinen Räumlichkeiten werden gut genutzt: Die Band spielt in einem Loft über der Bar. Im Mittelpunkt steht Latin Jazz, doch können die Künstler auch aus Marokko oder sonst woher kommen.

CREEK AND THE CAVE — COMEDY

Karte S. 478 (☎917-865-4575; www.creeklic.com; 10-93 Jackson Ave, Long Island City; ⏱So–Do 11–2, Fr & Sa bis 4 Uhr; Ⓢ7 bis Vernon Blvd–Jackson Ave) Das Creek and the Cave, der größte und bekannteste einer Reihe von Comedyclubs im Viertel, verfügt über zwei Bühnen, ein mexikanisches Restaurant, einen chilligen Hinterhof und eine Bar mit gepflegten Flipperautomaten. Bei so vielen Vergnügungsmöglichkeiten ist es nicht verwunderlich, dass der Laden der jungen Comedyszene als eine Art Clubhaus dient.

USTA BILLIE JEAN KING NATIONAL TENNIS CENTER — TENNIS

Karte S. 477 (☎718-760-6200; www.usta.com; Flushing Meadows Corona Park, Corona; ⏱6–24 Uhr; Ⓢ7 bis Mets–Willets Pt) Ende August finden hier die US Open statt, eines der wichtigsten Tennis- und Sport-Events der Stadt. Seit 2016 hat das Arthur Ashe Stadium (mit 23 771 Plätzen das Hauptstadion) ein ausfahrbares Dach, zudem gibt es ein neues Stadion (das Grandstand hat das Old Grandstand ersetzt) und die Außenplätze wurden renoviert. In der Regel werden ab April oder Mai über Ticketmaster die Eintrittskarten für das Spektakel verkauft. Für Spiele auf dem Center Court ist es allerdings fast unmöglich, Karten zu bekommen, für Spiele der Vorrunden dafür umso einfacher.

Die USTA hat eine Tennishalle mit zwölf Plätzen, 19 Plätze im Freien, vier klimatisierte Sandplätze in aufblasbaren Tennishallen sowie drei Stadionplätze, die alle gemietet werden können (Preise variieren). Reservierungen sind ab zwei Tage im Voraus möglich.

CITI FIELD — STADION

Karte S. 477 (www.newyork.mets.mlb.com; 120-01 Roosevelt Ave, Flushing; Ⓢ7 bis Mets–Willets Point) Das Citi Field, Heimstadion der New York Mets, der Underdogs unter den Baseballteams der Stadt, wurde 2009 eröffnet und ersetzte das Shea Stadium als Heimstadion der Mets. Die Fassade ist mit einer Reihe von Bögen gestaltet, die im Vergleich zu der modernen Innenausstattung ein wenig altmodisch wirken. Auch das kulinarische Angebot hebt sich sehr von der traditionellen Stadionkost wie Hot Dogs und Erdnüssen ab und reicht von gegrillter Rinderbrust bis zu Pizza mit krossem, dünnen Boden. Im Stadiongebäude befindet sich auch die kleine Mets Hall of Fame samt Museum.

🔒 SHOPPEN

LOVEDAY 31 — VINTAGE

Karte S. 478 (☎718-728-4057; www.facebook.com/Loveday31nyc; 3306 31st Ave, Astoria; ⏱Di–Fr 13–20, Sa ab 12, So 12–19 Uhr; ⓈN, W bis 30th Ave) Die süße, kleine Boutique ist ein Liebling der modebewussten Bewohner Astorias. Neben einer erlesenen Palette an Kleidern, Blusen, Tops, Tüchern, Schuhen, Schmuck und Sonnenbrillen überzeugen auch die hilfsbereiten Mitarbeiter. Die Preise sind okay und vorne im Laden steht meist ein Kleiderständer mit Sonderangeboten.

MIMI & MO — MODE & ACCESSOIRES

Karte S. 478 (☎718-440-8585; www.mimiandmonyc.com; 4545 Center Blvd, Long Island City; ⏱Mo–Sa 11–19, So bis 17 Uhr; Ⓢ7 bis Vernon Blvd–Jackson Ave) Die sonnige, nah am Wasser gelegene Boutique beglückt mit einer ausgewählten Kollektion: weiche, bedruckte Baumwoll-T-Shirts, Strümpfe von Happy Socks, Hüte von Herschel, Kerzen von Nest und originelle Geschenkkarten. Auch für Kinder gibt's was zu kaufen, u. a. Buntstifte, pfiffige Spiele und Klamotten.

ARTBOOK — BÜCHER

Karte S. 478 (☎718-433-1088; www.artbook.com/artbookps1.html; 22-25 Jackson Ave, Long Island City; ⏱Do–Mo 12–18 Uhr; ⓈE, M bis 23rd St–Court Sq, G, 7 bis Court Sq) Das Sortiment des Buchladens im MoMA PS1 umfasst – natürlich – schöne Bildbände und interessante Zeitschriften.

SPORT & AKTIVITÄTEN

WORLD'S FARE FOOD TOURS SPAZIERGANG
(www.chopsticksandmarrow.com; 2-/3-stündige Touren inkl. Essen 75/85 $) Der engagierte Gastrokritiker Joe DiStefano aus Queens leitet drei verschiedene kulinarische Führungen durch die phantastischen internationalen Restaurants des Bezirks. Der jeweilige Fokus liegt auf der lebhaften Chinatown von Flushing, den Dumpling-Lokalen aus dem Himalaja in Jackson Heights und den südostasiatischen Restaurants in Elmhurst. Wer gern Lebensmittel einkauft, kann sich einer Tour durch die Asialäden in Elmhurst anschließen, von denen viele auch tolle Imbissspeisen verkaufen.

CLIFFS KLETTERN
Karte S. 478 (☎718-729-7625; www.thecliffsclimbing.com; 11-11 44th Dr, Long Island City; Tagespass 30 $, Schuh-/Gurtverleih 6/5 $; ⏰Mo–Fr 6–24, Sa & So 9–22 Uhr; ⓈE, M bis Court Sq–23rd St; 7 bis Court Sq) New Yorks größte Kletterhalle bietet rund 2800 m² Kletterfläche, mit etwa 125 Toprope-Stationen, 5-m-Topout-Bouldern, einem Abseilturm und Selbstsicherungen für Solo-Kletterer. Außerdem gibt's noch ein Fitnesszentrum mit allen möglichen Geräten und Kursen (z. B. Yoga und Core-Workout).

NEW YORK SPA CASTLE SPA
(☎718-939-6300; http://ny.spacastleusa.com; 131-10 11th Ave, College Point; unter der Woche/Wochenende 40/50 $; ⏰8–24 Uhr; Ⓢ7 bis Flushing–Main St) In diesem Spa- und Wellness-Komplex, einem Stück moderner koreanischer Badehauskultur in einem Industriegebiet in Queens, verteilen sich auf 9000 m² blubbernde und dampfende Mineral- und Massagepools, unterschiedlichste Saunas, Dampfbäder und Wasserfälle. Dazu gibt's einen Food Court, Kosmetikbehandlungen und Massagen (30 Min. ab 50 $). Am Wochenende wird es hier richtig voll.

Ein kostenloser Shuttlebus fährt vom One Boutique Hotel nahe der Ecke Northern Blvd und Union St, ein paar Straßen östlich der Subway-Station Flushing–Main St, zum Spa-Komplex (und zurück). Die Shuttles fahren meist jeweils um 10 und 40 Minuten nach jeder vollen Stunde – es lohnt sich, einen Blick auf den Online-Fahrplan zu werfen, bevor man sich auf den Weg macht.

GEOGRAPHY OF NEW YORK CITY WITH JACK EICHENBAUM SPAZIERGANG
(☎718-961-8406; www.geognyc.com; Tour 2 Std./ ganztägig 20/49 $) Der Stadtgeograf Jack Eichenbaum veranstaltet aufschlussreiche Rundgänge (und teils Subway-Touren) durch Queens und schaut dabei auf die merkwürdigen Widersprüche zwischen Planung und Realität sowie zwischen vergangener und vielfältiger heutiger Nutzung.

QUEENS HISTORICAL SOCIETY SPAZIERGANG
Karte S. 477 (☎718-939-0647; www.queenshistoricalsociety.org; 143-35 37th Ave, Flushing; Eintritt 5 $, Touren ab 20 $; ⏰Di, Sa & So 14.30–16.30 Uhr; Ⓢ7 bis Flushing–Main St) Die Queens Historical Society betreibt im Kingsland Homestead aus dem 18. Jh. ein kleines Museum und bietet Stadtrundgänge durch verschiedene Viertel in Queens an, u. a. zu Stätten in der Nähe, die mit frühen religiösen Freiheitsbewegungen und späteren Aktivtäten der Underground Railroad zu tun haben.

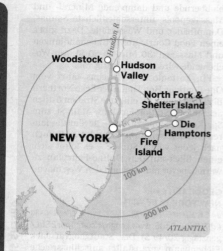

Ausflüge

Die Hamptons S. 339
Die New Yorker Version von Malibu: ein weiter Küstenstreifen mit prächtigen Villen und schicken Sommerpartys, dazu indianische Stätten, reizende Dorfhauptstraßen und unberührte State Parks.

Fire Island S. 341
Das autofreie Refugium läuft im Sommer zu Höchstform auf: winzige Ferienhäuschen, chillige Strandbars und – an einem Ende des Strandes – eine berühmte Schwulenszene mit Dragqueens und Clubs. Die ungezähmte Natur, Sandstraßen und meilenlangen Strände lassen Stress vergessen.

North Fork & Shelter Island S. 343
Ein schöner Tagesausflug führt zu den Weingütern von Long Island mit Weinproben und nach Greenport. In dem am Wasser gelegenen Örtchen lohnen ein Bummel durch die Hauptstraße und ein Essen unter freiem Himmel.

Hudson Valley S. 345
Diese Landschaft könnte man wochenlang erkunden, mit tollen Wandermöglichkeiten, Skulpturen unter freiem Himmel und den historischen Häusern amerikanischer Größen wie den Irvings, Roosevelts und Vanderbilts.

Woodstock S. 348
Hippies, Antiquitäten und ruhige Spaziergänge in Naturparks – Pilgerfahrt und Zeitreise in einem.

Die Hamptons

Die Hamptons entdecken

Diese wie Perlen an einer Kette aufgereihten Ortschaften sind das Sommerrefugium der wohlhabendsten Bewohner Manhattans, sie pendeln sogar per Hubschrauber zu ihren Villen. Normalsterbliche nehmen den Hampton Jitney Bus und legen zusammen, um sich gruppenweise einfachste Mietunterkünfte zu teilen. Der Glamour der Hamptons hat eine lange Vorgeschichte: Früher wohnten hier viele berühmte Künstler und Schriftsteller. Hinter der Glitzerfassade besteht bis heute die raue und mitunter lebensgefährliche Tradition des Fischfangs fort. Zu erreichen ist der kleine Landstrich über den oft verstopften Montauk Highway.

Das Beste

➡ **Sehenswert** Pollock-Krasner House (S. 340)

➡ **Essen** Clam Bar at Napeague (S. 341)

➡ **Aktivitäten** Montauk Point State Park (S. 340)

Top-Tipp

Wer sommerliche Idylle sucht, sollte an einem Wochentag kommen, denn am Wochenende stapeln sich hier die Großstadtdschungel-Flüchtlinge.

Anfahrt

➡ **Auto** Von Manhattan durch den Midtown Tunnel auf den I-495/Long Island Expwy.

➡ **Bus** Die Montauk-Linie der „luxuriösen" Expressbusse von **Hampton Jitney** (www.hamptonjitney.com; einfache Fahrt 33 $) fährt an der East Side von Manhattan ab und hält auf der Lexington Ave zwischen 77th und 76th St sowie an der 69th, 59th und 40th St. Der Bus hält zudem in allen Orten an der Rte 27 in den Hamptons.

➡ **Zug** Die **Long Island Rail Road** (LIRR; www.mta.info/lirr; am weitesten entfernte Zone einfache Fahrt Nebenverkehrszeit/Stoßzeit 22/30 $) fährt von Penn Station in Manhattan nach West Hampton, Southampton, Bridgehampton, East Hampton und Montauk.

Unterwegs vor Ort

Die umgebauten türkisen Schulbusse von Hampton Hopper (www.hamptonhopper.com) kutschieren Fahrgäste bis in die späten Abendstunden per App-Service günstig und entspannt durch die Städtchen und Bars.

Gut zu wissen

➡ **Vorwahl** ☑ 631

➡ **Lage** East Hampton: 100 Meilen (161 km) östlich von Manhattan

➡ **Informationen Southampton Chamber of Commerce** (☑ 631-283-0402; www.southamptonchamber.com; 76 Main St; hMo–Fr 10–16, Sa bis 14 Uhr)

◉ SEHENSWERTES

Die Hamptons sind eine Aneinanderreihung kleinerer Orte, die meist den Namenszusatz „Hampton" tragen. Die Ortschaften im Westen (von Einheimischen als „west of the canal" bezeichnet, weil sie diesseits des Shinnecock Canal liegen), darunter Hampton Bays, Quogue und Westhampton, sind nicht so überdreht wie die auf der Ostseite des Kanals, wo das Städtchen Southampton die Kette fortsetzt.

◉ Southampton

Southampton, mit seinen großen alten Villen, ehrfurchtgebietenden Kirchen und reizenden Stränden, war immer schon wohlhabend und im Vergleich zu einigen Nachbarorten eher konservativ. So ist z. B. auf der Hauptstraße keine Strandkleidung erlaubt.

PARRISH ART MUSEUM   MUSEUM
(☑ 631-283-2118; www.parrishart.org; 279 Montauk Hwy, Water Mill; Erw./Kind 10 $/frei, Mi frei; ◷ Mo, Mi, Do, Sa & So 10–17, Fr bis 20 Uhr) In einer eleganten langen Scheune, entworfen von Herzog & de Meuron, sind Werke von US-Künstlern wie Jackson Pollock, Willem de Kooning und Chuck Close zu sehen.

Wer sich näher für Pollock interessiert, kann einen Termin für die Besichtigung seines mit Farbspritzern übersäten Ateliers und seines Wohnhauses ganz in der Nähe vereinbaren.

AUSFLÜGE DIE HAMPTONS

SOUTHAMPTON HISTORICAL MUSEUM
MUSEUM

(☑631-283-2494; www.southamptonhistorical museum.org; 17 Meeting House Lane; Erw./Kind 4 \$/frei; ◎März–Dez. Mi–Sa 11–16 Uhr) Bevor die Hamptons zu den Hamptons wurden, existierte rund um Southampton diese Ansammlung von Häusern, die sich heute schön gepflegt präsentiert. Das Hauptmuseum ist die Rogers Mansion, die einst einem Walfangkapitän gehörte. Einen Besuch lohnen auch ein ehemaliger Kurzwarenladen um die Ecke an der Main Street, in dem sich heute ein Juwelier befindet, sowie das Halsey House, ein Gehöft aus dem 17. Jh. (Juli–Okt. nur Sa).

◉ Bridgehampton & Sag Harbor

Östlich von Southampton liegt Bridgehampton. Der kleine Ort quillt über vor trendigen Boutiquen und Restaurants. Gut 7 Meilen (11 km) nördlich von Bridgehampton liegt an der Peconic Bay der alte Walfanghafen Sag Harbor mit etlichen alten Wohnhäusern. Die Sag Harbor Chamber of Commerce an der Long Wharf (am Ende der Main Street) hält einen Plan für einen Stadtspaziergang bereit.

SAG HARBOR WHALING & HISTORICAL MUSEUM
MUSEUM

(☑631-725-0770; www.sagharborwhalingmuseum.org; 200 Main St; Erw./Kind 6/2 \$; ◎April–Nov. 10–17 Uhr) Die faszinierende Sammlung umfasst Gegenstände von Walfangschiffen aus dem 19. Jh., darunter scharfe Flensmesser, ramponierte Töpfe, die zum Auskochen des Walspecks dienten, und kunstvolle Knochenschnitzereien. Es ist ein bisschen surreal, Fotos von den riesigen Säugetieren in einem Dorf zu sehen, das heute ein pittoresker Erholungsort ist.

◉ East Hampton

Von der ach so lässigen Sommergarderobe mit Tendenz zu Pastellfarben und den salopp um den Hals gebundenen Pullis sollte man sich nicht täuschen lassen – allein die Sonnenbrillen der hiesigen Flaneure sind vermutlich schon ein Vermögen wert. Einige der berühmtesten Promis haben sich hier ein Domizil zugelegt.

EAST HAMPTON TOWN MARINE MUSEUM
MUSEUM

(www.easthamptonhistory.org; 301 Bluff Rd; Amagansett; 4 \$; ◎April–Okt. Sa 10–17, So 12–17 Uhr) Dies ist einer der letzten Außenposten East Hamptons auf dem Weg nach Montauk. Das kleine Museum widmet sich dem Fisch- und Walfang und ist genauso interessant wie sein Pendant in Sag Harbor. Zu sehen sind hier jede Menge alter Harpunen, Boote, die halb so groß wie ihre einstige Beute sind, und eine wunderschöne Schwarz-Weiß-Fotosammlung, die den örtlichen Fischern und ihren Familien Tribut zollt.

POLLOCK-KRASNER HOUSE
KUNSTZENTRUM

(☑631-324-4929; www.stonybrook.edu/pkhouse; 830 Springs Fireplace Rd; Eintritt 5 \$, Führungen 10 \$; ◎Mai–Okt. Do–Sa 13–17 Uhr) Das Haus des berühmten Künstlerehepaars Jackson Pollock und Lee Krasner lohnt schon wegen des mit Farbklecksen überzogenen Fußbodens von Pollocks Atelier einen Besuch. Für die Führung um 12 Uhr ist eine Vorausbuchung erforderlich.

◉ Montauk

Heute genießt das an der Ostspitze von Long Island gelegene Montauk, einst die verschlafene und bescheidene Stiefschwester der Hamptons, mit seinem Surfstrand Ditch Plains einen coolen Ruf. Somit gibt's hier wohlhabende Hipster und Hotels im Bohèmeschick, doch die hiesige Szene ist weit demokratischer als die der Hamptons – hier trifft man auch auf Leute, die von ihrer Hände Arbeit leben, und lockere Fischrestaurants.

„The End", wie Montauk liebevoll genannt wird, ist von den Hamptons durch die bewaldeten Dünen des Hither Hills State Park getrennt. Hier kann gezeltet, geangelt und gewandert werden. Kurz vor dem Park teilt sich die Straße: Entweder man fährt weiter geradeaus oder schlängelt sich auf dem Old Montauk Highway am Strand entlang. Im Ort treffen sich die beiden Straßen dann wieder und führen weiter zur Ostspitze der Insel mit dem **Montauk Point State Park** (☑631-668-3781; www.parks.ny.gov; 2000 Montauk Hwy/Rte 27; pro Auto 8 \$; ◎Sonnenauf- bis Sonnenuntergang) und dem **Montauk Point Lighthouse** (☑631-668-2544; www.montauklighthouse.com; 2000 Montauk Hwy; Erw./Kind 11/4 \$; ◎Mitte Juni–Aug. So–Fr 10.30–17.30, Sa bis 19 Uhr, Mitte April–Mitte Juni & Sept.–Nov. kürzere Öffnungszeiten).

ESSEN

CANDY KITCHEN DINER **$**

(📞631-537-9885; 2391 Montauk Hwy, Bridgehampton; Hauptgerichte 5–12 $; 🕙7–21 Uhr; ♿) Ein nettes Kontrastprogramm zum Glamour der Gegend: Schon seit 1925 serviert dieser Eck-Diner gute Suppen, hausgemachte Eiscreme und andere klassische Leckereien. Auch die Rechnung wird ganz traditionell beglichen – nur mit Bargeld.

⭐**CLAM BAR AT NAPEAGUE** FISCH & MEERESFRÜCHTE **$$**

(📞631-267-6348; www.clambarhamptons.com; 2025 Montauk Hwy, Amagansett; 15–30 $; 🕙April–Okt. 11.30–18 Uhr, Nov. & Dez. Sa & So 11.30–18 Uhr) Frischeres Seafood als hier wird man nirgendwo finden. Die Bedienung hat den Charme raubeiniger Seefahrer und die Hummerbrötchen sind himmlisch, auch wenn man bei dem Preis erstmal schlucken muss. Die Imbissbude an der Straße zwischen Amagansett und Montauk überzeugt ihre Kundschaft seit drei Jahrzehnten und ist vor allem bei Einheimischen sehr beliebt. Nur Bargeld.

NICK & TONI'S MEDITERRAN **$$$**

(📞631-324-3550; www.nickandtonis.com; 136 North Main St, East Hampton; Hauptgerichte 24–42 $; 🕙Mo, Mi & Do 18–22, Fr & Sa bis 23, So 11.30–14.30 & 18–22 Uhr) Das Restaurant ist in den Hamptons eine echte Institution für italienische Spezialitäten. Die Zutaten stammen aus der Region, montags, donnerstags und sonntags gibt's Holzofenpizza. Trotz der vielen berühmten Stammgäste muss man kein Promi sein, um hier einen Tisch zu ergattern und zuvorkommend bedient zu werden.

Fire Island

Fire Island entdecken

Fire Island ist eine schlanke, 50 Meilen (80 km) lange Barriereinsel, die sich vor allem durch die Abwesenheit von Autos auszeichnet. Sandstraßen, Beton- und Plankenwege verbinden das runde Dutzend winziger Siedlungen. Hier sind nur Fahrräder mit dicken Reifen und die kleinen Karren unterwegs, mit denen Stammgäste ihr Gepäck transportieren. Einige Gemeinden auf der Insel sind im Sommer fest in der Hand der New Yorker Schwulenszene, aber hier gibt's etwas für jeden, auch für Familien mit Kindern, Paare und Einzelreisende, homo oder hetero. Die Insel gehört zum nationalen Schutzgebiet Fire Island National Seashore und besteht zum großen Teil aus wilden Dünen und windgepeitschtem Wald. Im Sommer geben in den Ortschaften Clubs den Ton an, während neben den vielen Zelten am Strand die Rehe weiden. Mückenschutz sollte man auf keinen Fall vergessen: Die Mücken auf Fire Island sind nicht nur zahlreich, sondern auch ziemlich aggressiv. Die Insel lässt sich leicht im Rahmen eines Tagesausflugs erreichen, doch hier die eine oder andere Nacht zu verbringen, ist ein echter Genuss, besonders im ruhigeren Frühjahr und Herbst – auch wenn das Angebot an Übernachtungsmöglichkeiten nicht umwerfend ist.

Das Beste

➡ **Sehenswert** Sunken Forest (S. 342)

➡ **Essen** Sand Castle (S. 343)

➡ **Ausgehen** CJ's (S. 343)

Top-Tipp

An Sommerwochenenden sollte man am Sonntag auf jeden Fall vor 15 Uhr zurückreisen oder (noch besser) eine Nacht dranhängen und erst am Montag fahren – sonntagabends bilden sich endlose Warteschlangen an den Fähranlegern.

Anfahrt

➡ **Auto** Mit dem Auto fährt man auf dem Long Island Expwy bis zur Ausfahrt 53 (Bayshore), 59 (Sayville) oder 63 (Patchogue).

➡ **Zug** Die Long Island Rail Road (LIRR) fährt drei Bahnhöfe an, die mit Fähranlegern verbunden sind: Patchogue, Bayshore und Sayville.

➡ **Fähre** Die **Fire Island Ferries** (📞631-665-3600; www.fireislandferries.com; 99 Maple Ave, Bay Shore; einfache Fahrt Erw./Kind 10/5 $, Nachtfähre um 1 Uhr 19 $) verkehren in der Nähe der LIRR-Station Bay Shore nach Kismet, Ocean Beach und zu anderen Orten im Westen. Der Sayville Ferry Service hat Fähren von Sayville nach Cherry Grove und Fire Island Pines. Davis Park Ferry fährt nach Davis Park und Watch Hill, dem östlichsten Fähranleger der Insel.

Gut zu wissen

➡ **Vorwahl** ☎631

➡ **Lage** 60 Meilen (97 km) östlich von Manhattan

➡ **Informationen** (www.fireisland.com)

◉ SEHENSWERTES

Die wirklichen Schmuckstücke auf Fire Island sind die autofreien Bereiche in der Mitte, weniger die über Dämme zu erreichenden Enden der Insel. Davis Park, Fair Harbor, Kismet, Ocean Bay Park und Ocean Beach bestehen im Wesentlichen aus kleinen Ferienhäusern und einem winzigen Ortskern mit einfachen Lebensmittelläden und Restaurants. Die munterste dieser Siedlungen ist Ocean Beach („OB") mit kleinem Ortskern am Fährhafen und ein paar Kneipen. Die wohl berüchtigtsten Orte sind zwei Ausflugsziele, die mittlerweile fest in schwuler Hand sind: Cherry Grove und The Pines in der Mitte von Fire Island. Zwischen den Orten mit dem Fahrrad zu pendeln, ist kaum machbar, da sich die Straßen in tiefen Sand verwandeln. Wer die Insel weiter erkunden möchte, als er laufen kann, dem bietet Fire Island Water Taxi auf der Buchtseite Bootsverbindungen von Ort zu Ort – bis Oktober, wenn auch die meisten anderen touristischen Einrichtungen schließen.

SUNKEN FOREST WALD

(☎631-597-6183; www.nps.gov/fiis; Fire Island; ☺Besucherzentrum Mitte Mai–Mitte Okt.) GRATIS Dieser 300 Jahre alte, überraschend dichte Wald hinter den Dünen ist leicht über einen 2,4 km langen Plankenweg zu erkunden, der in einer Schleife durch das Waldgebiet verläuft. Im Sommer ist es hier schön schattig, im Herbst malt das Laub ein buntes Bild. Von Rangern geführte Touren geben einen detaillierten Einblick in die Fauna und Flora. Zu erreichen ist der Wald über den eigenen Fähranleger Sailors Haven, wo es auch ein Besucherzentrum gibt, oder im Winter nach Ende des Fährverkehrs in einem langen Spaziergang.

Eindrucksvoll wild, jedoch recht gut zu erreichen, ist auch der Strand unmittelbar südlich des Walds.

ABSTECHER

JONES BEACH

Der **Jones Beach State Park** (☎516-785-1600; www.parks.ny.gov; 1 Ocean Pkwy, Wantagh; pro Auto 10 $, Strandliege 10 $, Pools Erw./Kind 3/1 $, Minigolf 5 $; ☺Öffnungszeiten variieren nach Gebiet) besteht aus einem 10 km langen, sauberen Sandstrand, an dem sich jede Menge Badegäste tummeln. Es gibt verschiedene Typen Strand, je nachdem, für welches „Field" man sich entscheidet. Field 2 ist beispielsweise bei Surfern sehr beliebt, Field 6 bei Familien. Weiter östlich gibt's noch einen Schwulenstrand und dahinter einen FKK-Strand. Doch egal, wo man seine Decke ausbreitet – es herrscht echtes Szeneflair.

Im Hochsommer wird der Ozean recht warm (Wassertemperatur bis zu 21 °C) und die vielen Rettungsschwimmer passen auf die Badenden auf. Für Abwechslung zwischen Sonnenbaden und Wellenreiten sorgen zwei riesige Swimmingpools, Shuffleboard-Felder und Basketballplätze am Strand. Weitere Publikumsmagneten sind eine 3 km lange hölzerne Strandpromenade und die Bucht mit ihrem plätschernden Wasser. Bei Castles in the Sand kann man erfahren, wie Stadtplaner Robert Moses Long Island in den 1940er-Jahren mit der Schaffung des Jones Beach verwandelte.

Radfahren und Joggen sind auf einem speziellen Weg erlaubt, der sich 4 Meilen (6,4 km) durch den Park schlängelt. Am Strand gibt's mehrere Möglichkeiten, ein Fahrrad zu mieten. Nach Sonnenuntergang laden viele ausgewiesene Grillplätze am Strand zum Barbecue. Alternativen bieten ein paar Restaurants in Strandnähe oder das **Jones Beach Theater** (Northwell Health at Jones Beach Theater; ☎866-558-8468, 516-785-1600; www.jonesbeach.com; 1000 Ocean Pkwy, Wantagh; ☺Konzerte Mai–Sept.), das Open-Air-Konzerte mit Popgrößen veranstaltet.

ESSEN & AUSGEHEN

SAND CASTLE   FISCH & MEERESFRÜCHTE **$$**

(☎631-597-4174; www.fireislandsandcastle.com; 106 Lewis Walk, Cherry Grove, Fire Island; Hauptgerichte 15–30 $; ☾Mai–Sept. Mo, Di & Do–Sa 11–23, So 9.30–23 Uhr) Das Sand Castle, eines der wenigen am Ozean (und nicht an der Bucht) gelegenen Restaurants auf Fire Island, serviert gute Vorspeisen (gebratene Calamari, Portobello-Fritten) und jede Menge köstliches Seafood wie Muscheln, Krebsküchlein und scharf angebratene Jakobsmuscheln. Dazu gibt's schöne Cocktails und es macht Spaß, die Leute zu beobachten.

CJ'S   AMERIKANISCH **$$**

(☎631-583-9890; www.palmshotelfireisland.com; 479 Bay Ave, Ocean Beach, Fire Island; Hauptgerichte 12–18 $; ☾Mai–Sept. 11–3 Uhr) Das ganzjährig geöffnete CJ's ist laut und vergnüglich – hier kann man toll auf seine Fähre warten. An Sommerwochenenden ist es abends sehr voll, also früh da sein! Die für ihren eiskalten Drink „Rocket Fuel" berühmte Bar gehört zum benachbarten Palms Hotel.

North Fork & Shelter Island

Die North Fork & Shelter Island erkunden

Die North Fork von Long Island ist bekannt für ihre idyllischen Ländereien und Weingüter (auch wenn Letztere an Wochenenden von lautstark feiernden Gruppen abgeklappert werden). Die landschaftlich reizvolle und von Hofständen gesäumte Hauptstraße Rte 25 führt durch **Jamesport**, **Cutchogue** und **Southold**.

Das größte Städtchen auf der North Fork ist **Greenport**, ein entspanntes Fleckchen mit betriebsamen Fischerbooten, einer vom Walfang geprägten Vergangenheit und einem alten Karussell im Harbor Front Park. Der überschaubare Ort ist vom LIRR Bahnhof aus gut zu Fuß zu erreichen.

Wie eine kleine Perle in den Klauen von Long Island liegt Shelter Island zwischen der North und der South Fork. Die Insel ist eine kleinere, bescheidenere Variante der

ABSTECHER

LONG BEACH

Der wunderschöne Long Beach zählt zu den besten Stränden weit und breit und liegt ein paar Meilen außerhalb der Stadtgrenzen von New York. Der Ort ist einfach mit dem Zug zu erreichen und lockt mit sauberen Stränden, einem lebendigen Stadtkern mit Eisdielen und Restaurants (nur einen Steinwurf vom Meer entfernt), einer munteren Surferszene und viel urbanem Hipsterflair. Der Nachteil: Die Stadt verlangt von Auswärtigen 12 $ Eintritt. Die Long Island Rail Road bietet im Sommer Ausflugstickets inklusive Hin- und Rückfahrt sowie ermäßigtem Eintritt zum Strand; Abfahrt von Penn Station und vom Atlantic Terminal in Brooklyn.

Hamptons und erinnert an die maritimen Landstriche New Englands. Parkplätze stehen nur begrenzt zur Verfügung; am langen **Crescent Beach** benötigt man z. B. einen Parkausweis. Wenn man nicht vor ein paar Hügeln zurückschreckt, lässt sich die Insel auch gut mit dem Rad erkunden.

Das Beste

➜ **Sehenswert** Mashomack Nature Preserve (S. 344)

➜ **Essen** North Fork Table & Inn (S. 344)

➜ **Ausgehen** Pugliese Vineyards (S. 344)

Top-Tipp

Eine Tour zu den Weingütern der North Fork ist leicht selbst zu organisieren. Am einfachsten ist es, mit dem Zug nach Long Island rauszufahren und sich dort ein Auto zu mieten (z. B. in Riverhead). Die Preise sind günstiger als in Manhattan und man spart Zeit, Benzin und Stress.

Anfahrt

➜ **Auto** Von Manhattan durch den Midtown Tunnel auf den I-495/Long Island Expwy.; diesen bis zum Ende durchfahren und ab Riverhead der Beschilderung zur Rte 25 folgen, die in alle Orte auf der North Fork führt.

➜ **Bus** Der Hampton Jitney Bus fährt in Manhattans East Side an der 96th, 83rd,

77th, 69th, 59th und 40th St ab und hält in zehn Orten auf der North Fork.

→ **Zug** Die Long Island Rail Road (LIRR) fährt von Penn Station und Brooklyn zur North Fork (die Linie wird oft als „Ronkonkoma Branch" bezeichnet). Die Endhaltestelle der Linie ist Greenport.

Gut zu wissen

→ **Vorwahl** ☎631

→ **Lage** 100 Meilen (161 km) östlich von Manhattan

→ **Informationen** Long Island Wine Council (☎631-369-5887; www.liwines.com)

⊙ SEHENSWERTES

**MASHOMACK NATURE
PRESERVE** NATURSCHUTZGEBIET
(☎631-749-1001; www.shelter-island.org/mashomack.html; Rte 114, Shelter Island; Spende Erw./Kind 3/2 $; ☉März–Sept. 9–17 Uhr, Okt.–Feb. bis 16 Uhr). Das 800 ha große, von Bächen und Mooren durchzogene Naturschutzgebiet auf Shelter Island ist toll zum Kajakfahren, Vögel beobachten und Wandern (Radfahren ist nicht erlaubt). Achtung vor den Zecken, die auf der ganzen Insel verbreitet sind!

ORIENT BEACH STATE PARK STRAND
(☎631-323-2440; www.parks.ny.gov; 40000 Main Rd, Orient; pro Auto 10 $, Kajaks pro Std. 25 $; ☉8 Uhr bis Sonnenuntergang, Schwimmen nur von Juli–Aug.) Der sandige Landstreifen am Ende der North Fork lädt dazu ein, im ruhigen Meer zu schwimmen (Juli und August) oder mit gemieteten Kajaks in der kleinen Bucht zu paddeln. Außerdem gibt es vier verschiedene Leuchttürme, darunter das Orient Point Lighthouse, das wegen seiner gedrungenen Form unter Seefahrern als „Kaffeepott" bekannt ist.

PUGLIESE VINEYARDS WEINGUT
(☎631-734-4057; www.pugliesevineyards.com; 34515 Main Rd, Cutchogue; Weinprobe ab 12 $; ☉So–Fr 11–17, Sa bis 18 Uhr) Das Weingut ist seit 1980 im Geschäft und überzeugt vor allem mit seinen exquisiten Perlweinen. Im Gegensatz zu manchen seiner Nachbarn, die eher als Großunternehmen daherkommen, ist Pugliese ein kleiner Familienbetrieb (einige Jahrgangsweine sind sogar nach Lieblingstanten benannt). Besonders

nett sitzt es sich mit einem Glas Wein draußen am Koi-Teich.

LENZ WINERY WEINGUT
(☎631-734-6010; www.lenzwine.com; 38355 Main Rd, Peconic; ☉Juni–Sept. 10–18 Uhr, Okt.–Mai bis 17 Uhr) Das 1978 gegründete Weingut ist eines der ältesten auf der North Fork, setzt nach wie vor auf ein vielseitiges Angebot und hat sich auf Weine im europäischen Stil spezialisiert. Besonders gut sind die Schaumweine und der Gewürztraminer. Probierauswahl ab 12 $.

VINTAGE TOURS WEIN
(☎631-765-4689; www.vintagetour1.com; Führung mit Mittagessen 99–112 $) Wer lieber trinken als selber fahren möchte, kann sich diesem Veranstalter anvertrauen. Bei den fünf- bis sechsstündigen Touren besuchen die Teilnehmer vier Weingüter und werfen einen Blick hinter die Kulissen. Die Abholung erfolgt von der eigenen Unterkunft.

ESSEN

LOVE LANE KITCHEN MODERN AMERIKANISCH **$$**
(☎631-298-8989; www.lovelanekitchen.com; 240 Love Lane, Mattituck; Hauptgerichte mittags 13–16 $, abends 16–32 $; ☉Di & Mi 7–16, Do–Mo 8–21.30 Uhr) In diesem an einer reizenden Straße gelegenen beliebten Restaurant werden Fleisch und Gemüse aus der Umgebung zu internationalen Gerichten wie Burgern oder auch einer pikanten Kichererbsen-Enten-Tajine verarbeitet.

**NORTH FORK TABLE
& INN** AMERIKANISCH **$$$**
(☎631-765-0177; www.nofoti.com; 57225 Main Rd, Southold; 3-Gänge-Menü 70 $; ☉Mo, Do & So 17.30–20, Fr & Sa bis 22 Uhr) Das Gasthaus mit vier Zimmern (Zi. ab 250 $), ein beliebtes Ziel von Gourmets, wartet mit einem ausgezeichneten Restaurant auf, in dem Zutaten direkt vom Bauernhof verarbeitet werden. Es wird von Leuten geführt, die im renommierten Manhattaner Restaurant Gramercy Tavern gelernt haben. Außer dem abendlichen Dinner, das hier donnerstags bis montags serviert wird, gibt es draußen vor der Tür auch einen Gourmet-Imbisswagen, der an diesen Tagen von 11.30 bis 15.30 Uhr mittägliche Leckereien zum Mitnehmen (11–15 $) anbietet.

CLAUDIO'S   FISCH & MEERESFRÜCHTE **$$$**
(☎631-477-0627; www.claudios.com; 111 Main St, Greenport; Hauptgerichte 25–36 $; ⊙Mai–Okt. So–Do 11.30–21, Fr & Sa bis 22 Uhr) Die Greenporter Legende befindet sich seit 1870 im Besitz der portugiesischen Familie Claudio. Essen in lockerem Ambiente bietet Claudio's Clam Bar auf dem nahen Pier.

Hudson Valley

Das Hudson Valley erkunden

Die kurvenreichen Straßen im Tal des Hudson führen vorbei an idyllischen Farmen, viktorianischen Cottages, Apfelplantagen und prächtigen alten Villen, die einst von der New Yorker Elite gebaut wurden. Die romantischen Landschaftsbilder der Maler der sogenannten Hudson River School werden sowohl in den Kunstmuseen der Region als auch in New York ausgestellt. Vor allem der Herbst ist eine sehr schöne Zeit für einen Ausflug in diese Gegend. Das Ostufer des Flusses erscheint dichter besiedelt – je weiter nördlich, desto weniger –, während sich das Westufer, dessen Hügel dann in die Catskill Mountains übergehen, ländlicher zeigt.

Das Beste

➡ **Sehenswert** Dia Beacon (S. 345)
➡ **Essen** Roundhouse Restaurant & Lounge (S. 347)
➡ **Wandern** Harriman State Park (S. 346)

Top-Tipp

Feinschmecker steuern am besten Rhinebeck oder Beacon an: Hier gibt's einige der besten Restaurants der Region.

Anfahrt

➡ **Auto** Von Manhattan über den Henry Hudson Parkway und die George Washington Bridge (I-95) bis Palisades Parkway; diesem bis zum New York State Thruway folgen, der zur Rte 9W bzw. Rte 9 führt, den beiden landschaftlich schönsten Hauptstraßen parallel zum Fluss. Die meisten Städte sind auch über den schnelleren Taconic State Parkway zu erreichen, der von Ossining Richtung Norden führt – im Herbst besonders hübsch.

➡ **Bus** Busse von Short Line (www.coach usa.com) fahren u. a. regelmäßig nach Bear Mountain, Harriman, Hyde Park und Rhinebeck.

➡ **Zug** Die vorwiegend von Pendlern genutzte Regionalbahn Metro-North (www. mta.info/mnr) hält an verschiedenen Orten im Lower und Middle Hudson Valley. Amtrak fährt nach Hudson.

Gut zu wissen

➡ **Vorwahl** ☎845
➡ **Lage** Hyde Park: 95 Meilen (153 km) nördlich von Manhattan
➡ **Informationen Dutchess Tourism** (☎800-445-3131; www.dutchesstourism.com; 3 Neptune Rd; ⊙Mo–Fr 8–17 Uhr), **Hudson Valley Network** (www.hudsonvalley voyager.com)

◉ SEHENSWERTES

◉ Lower Hudson Valley

In der Nähe von Tarrytown und Sleepy Hollow am Ostufer des Hudson befinden sich mehrere prachtvolle Villen. Weiter nördlich bietet der nicht weit vom Bahnhof entfernte Ort Cold Spring gute Wandermöglichkeiten. Für Kunstfreunde interessant ist der ebenfalls leicht mit dem Zug erreichbare alte Industrieort Beacon: Er ist heute quasi ein Außenposten der Avantgarde. Wer mit dem Auto unterwegs ist, kann ans Westufer des Hudson wechseln und dort den Harriman State Park und den benachbarten Bear Mountain State Park erkunden. Vom knapp 400 m hohen Gipfel des Bear Mountain blickt man bis nach Manhattan.

★ **DIA BEACON**   GALERIE
(☎845-440-0100; www.diaart.org; 3 Beekman St; Erw./Kind 15 $/frei; ⊙April–Okt. Do–Mo 11–18 Uhr, Nov.–März Fr–Mo 11–16 Uhr) Die ehemalige Kartondruckerei des Nahrungsmittelunternehmens Nabisco am Ufer des Hudson River beherbergt auf knapp 28 000 m² beeindruckende Monumentalwerke von Künstlern wie Richard Serra, Dan Flavin, Louise Bourgeois und Gerhard Richter. Er-

gänzend zur ständigen Sammlung zeigen Wechselausstellungen überdimensionale Skulpturen und Installationen. Ein echtes Muss für Fans zeitgenössischer Kunst.

HARRIMAN STATE PARK STATE PARK

(☏845-947-2444; www.parks.ny.gov; Seven Lakes Dr, Bear Mountain Circle, Ramapo; April–Okt. pro Auto 10 $; ☉Sonnenauf- bis Sonnenuntergang) Im 186 km² großen Harriman State Park auf der Westseite des Hudson gibt's Möglichkeiten zum Baden, Wandern und Zelten sowie ein 320 km langes Spazierwegenetz und ein Besucherzentrum.

Durch den Park verläuft ein etwa 11 km langer Abschnitt des Fernwanderwegs **Appalachian Trail** (www.appalachiantrail.org). Nicht selten erblickt man hier vollbepackte, ergraute Wanderer, die mit Wanderstöcken am Rande des Highway entlanglaufen oder wie Wesen einer anderen Welt aus dem Wald auftauchen.

BEAR MOUNTAIN STATE PARK STATE PARK

(☏845-786-2701; www.parks.ny.gov; Palisades Pkwy/Rte 6, Bear Mountain; April–Okt. pro Auto 10 $; ☉8 Uhr bis Sonnenuntergang) Die Hauptattraktion sind die Ausblicke auf die Skyline von Manhattan vom knapp 400 m hohen, mit dem Auto erreichbaren Gipfel. Im Winter kann man hier außerdem eislaufen, im Sommer Boot fahren und baden. Mehrere landschaftlich reizvolle Straßen mit schönem Ausblick winden sich an einsamen Seen vorbei.

STORM KING ART CENTER GALERIE

(☏845-534-3115; www.stormking.org; 1 Museum Rd, abseits der Old Pleasant Hill Rd, New Windsor; Erw./Kind 18/8 $; ☉April–Okt. Mi–So 10–17.30 Uhr, Nov. bis 16.30 Uhr) In dem 1960 gegründeten über 200 ha großen Skulpturenpark verteilen sich in den Weiten und Nischen der Graslandschaft sorgfältig platzierte Werke von Barbara Hepworth, Mark di Suvero, Andy Goldsworthy und Isamu Noguchi.

Außerdem gibt es ein Besucherzentrum, ein Café und Ausstellungsräume. Auf der Website finden sich Infos zu Tourpaketen, die per Bus ab NYC angeboten werden.

SUNNYSIDE HISTORISCHES GEBÄUDE

(☏914-591-8763, Mo–Fr 914-631-8200; www. hudsonvalley.org; 3 W Sunnyside Lane, Tarrytown; Erw./Kind 12/6 $; ☉Führungen Mai–Mitte Nov. Mi–So 10.30–15.30 Uhr) Über dieses phantasievolle Haus sagte sein Bauherr Washing-

ton Irving, bekannt durch Erzählungen wie *Die Legende von Sleepy Hollow*, es habe mehr Ecken und Winkel als ein Dreispitz. Die im Stil des 19. Jhs. gekleideten Touristenführer erzählen nette Anekdoten und der Blauregen, den Irving hier vor einem Jahrhundert anpflanzte, berangt noch heute die Außenmauern.

Der nächstgelegene Bahnhof ist Irvington, eine Station vor Tarrytown.

KYKUIT HISTORISCHE STÄTTE

(☏914-366-6900; www.hudsonvalley.org; 200 Lake Rd, Pocantico Hills; Führung Erw./Kind ab 25/23 $; ☉Führungen zu unterschiedlichen Zeiten, Mai–Sept. Do–So, Okt. Mi–Mo) Die einstige Sommerresidenz des Ölmagnaten John D. Rockefeller aus dem Jahr 1913 ist als Kulturdenkmal im National Register of Historic Places der USA eingetragen. Die Villa umfasst 40 Zimmer und die kunstvollen Außenanlagen gehen auf das Konto des Landschaftsarchitekten Frederick Law Olmsted. In einer Kellergalerie und als Skulpturen verteilt über das Gelände gibt es zudem eine bemerkenswerte Sammlung moderner Kunst zu sehen, darunter Werke von Picasso, Chagall und Warhol.

Die Besichtigung ist nur im Rahmen einer Führung möglich, die am **Philipsburg Manor** (☏Mo–Fr 914-631-8200, Sa & So 914-631-3992; www.hudsonvalley.org; 381 N Broadway, Sleepy Hollow; Erw./Kind 12/6 $; ☉Führungen Mai–Mitte Nov. Mi–So 10.30–15.30 Uhr) startet. Von hier fährt ein Shuttlebus zu dem Anwesen.

⊙ Poughkeepsie & Hyde Park

FRANKLIN D. ROOSEVELT HOME HISTORISCHES GEBÄUDE

(☏845-486-7770; www.nps.gov/hofr; 4097 Albany Post Rd; Erw./Kind 9 $/frei; ☉9–17 Uhr) Stundenlange interessante Touren führen durch Springwood, das ehemalige Haus Franklin D. Roosevelts (FDR), der rekordverdächtig viermal zum Präsidenten gewählt wurde und die USA von der Großen Depression durch den Zweiten Weltkrieg führte. In Anbetracht des Reichtums seiner Familie ist diese Wohnstätte recht bescheiden und kann im Sommer unangenehm überlaufen sein. Auch persönliche Gegenstände und Wohndetails sind erhalten, darunter FDRs Schreibtisch, der wie am Tag vor seinem Tod belassen wurde, und der handbetriebene Aufzug, mit dem sich der nach einer Polioerkrankung teilweise Gelähmte in den ersten Stock hievte.

Das Haus ist Teil eines 615 ha großen Anwesens, das einst ein bewirtschafteter Bauernhof war. Über das Gelände verteilen sich Spazierwege. Sie führen u. a. zu **FDR Presidential Library and Museum** (☎845-486-7770; www.fdrlibrary.org; 4079 Albany Post Rd; Erw./Kind 9 \$/frei; ☉April–Okt. 9–18 Uhr, Nov.–März bis 17 Uhr), das sich wichtigen Errungenschaften der Präsidentschaft Roosevelts widmet. Die Eintrittskarten sind zwei Tage lang gültig und beinhalten die Führung durch Springwood und die Bibliothek des Präsidenten.

WALKWAY OVER THE HUDSON   PARK
(☎845-834-2867; www.walkway.org; 61 Parker Ave; ☉7 Uhr bis Sonnenuntergang) Dies ist der östliche Hauptzugang (mit Parkplatz) zu einer ehemaligen Eisenbahnbrücke über den Hudson. Heute ist sie mit einer Länge von 2 km die längste Fußgängerbrücke der Welt und ein State Park, der atemberaubende Ausblicke auf den Fluss bietet.

Wer etwas mehr Zeit zur Verfügung hat, sollte den knapp 6 km langen Rundweg über die Brücke und zurück entlang der Mid-Hudson Bridge nach Poughkeepsie in Erwägung ziehen.

◉ Rhinebeck & Hudson

★OLANA   HISTORISCHE STÄTTE
(☎518-828-0135; www.olana.org; 5720 Rte 9G; Führungen durchs Haus Erw./Kind 12 \$/frei; ☉Außenanlagen tgl. 8 Uhr bis Sonnenuntergang, Führungen durchs Haus Juni–Okt. Di–So 10–16 Uhr, Nov.–Mai Fr–So 11–15 Uhr) Dies ist eines der schönsten Herrenhäuser im Hudson Valley. Entworfen wurde es bis ins Detail von seinem ursprünglichen Besitzer, dem gefeierten Landschaftsmaler Frederic Church. Inspirieren ließ er sich dabei von seinen Reisen in den Orient und der wunderschönen, von ihm so geschätzten Aussicht auf den Fluss und die Catskill Mountains. Das beeindruckende „persische Phantasiehaus" beherbergt viele von Churchs Gemälden und es lohnt sich, die Führung vorab zu buchen.

Das ganze Jahr über kann man Teile der gut 100 ha großen parkähnlichen Anlage auch auf eigene Faust erkunden (5 \$). In der Saison werden Führungen über das Gelände zu Fuß (12 \$) oder per Elektrofahrzeug (25 \$) angeboten.

ESSEN

★ROUNDHOUSE RESTAURANT & LOUNGE   AMERIKANISCH \$\$
(☎845-765-8369; www.roundhousebeacon.com; 2 E Main St; Ramen 16–21 \$, Hauptgerichte 26–36 \$, Probiermenüs ab 85 \$; ☉Mo & Di 15–21, Mi & Do 11.30–21, Fr & Sa bis 22, So 11–20 Uhr; ☑) Das Roundhouse Restaurant zieht kulinarisch alle Register und bringt das Beste vom Besten der landwirtschaftlichen Erzeugnisse aus dem Hudson Valley auf den Tisch. Viele der Gerichte setzen im Sinne der „nose to tail"-Bewegung auf die Ganztierverwertung, aber auch fleischlose Alternativen kommen nicht zu kurz, z. B. in Form eines vegetarischen Probiergangs oder einer vegetarischen Ramensuppe. Der Renner ist die sättigende Entenbein-Ramensuppe von der etwas bodenständigeren Lounge-Speisekarte.

BLUE HILL AT STONE BARNS   AMERIKANISCH \$\$\$
(☎914-366-9600; www.bluehillfarm.com; 630 Bedford Rd, Pocantico Hills; Menü 258 \$; ☉Mi–Sa 17–22, So 13–19.30 Uhr) ✿ Hier kommen die Zutaten direkt vom eigenen Acker – auch das Restaurant in Manhattan bezieht seine Lebensmittel von hier. Die jeweilige Ernte des Tages bildet die Grundlage für ein überwältigendes, mehrgängiges Menü. Das Festessen zieht sich über mindestens drei Stunden hin und der Service ist ebenso bühnenreif wie die Aufmachung der Speisen. Wer hier essen möchte, sollte etwa zwei Monate im Voraus buchen und den Dresscode beachten – für Herren sind Jackett und Krawatte vorgesehen, kurze Hosen sind nicht gestattet.

Tagsüber können die Besucher das **Stone Barn Center for Food & Agriculture** (☎914-366-6200; http://story.stonebarnscenter.org; 630 Bedford Rd, Pocantico Hills; Erw./Kind 20/10 \$; ☉Mi–So 10–17 Uhr) erkunden, das auch ein einfaches Café mit Speisen zum Mitnehmen betreibt.

FISH & GAME   AMERIKANISCH \$\$\$
(☎518-822-1500; www.fishandgamehudson.com; 13 S 3rd St; Hauptgerichte 26–45 \$; ☉Do & Fr 17.30–22, Sa & So 12–22 Uhr) Dieses mit dem James Beard Award ausgezeichnete Restaurant begeistert New Yorks Feinschmecker mit rustikalen und zugleich elegant-modernen amerikanischen Speisen. Chefkoch Zakary Pelaccio erklärt seinen Gästen gern am Tisch seine Kreationen, für die er die besten lokalen Zutaten verwendet. Der Service ist entspannt und freundlich.

SAUGERTIES

Das etwa 10 Meilen (16 km) nordöstlich von Woodstock gelegene Städtchen Saugerties (www.discoversaugerties.com) geht auf eine holländische Siedlung Mitte des
17. Jhs. zurück. Heute lohnen eine Reihe örtlicher Attraktionen einen Tagestrip hierher. In dem Skulpturenpark **Opus 40 Sculpture Park & Museum** (☑845-246-3400;
www.opus40.org; 50 Fite Rd, Saugerties; Erw./Kind 10/3 $; ⊙Mai–Sept. Do–So 11–17.30 Uhr)
arbeitete der Künstler Harvey Fite fast vier Jahrzehnte lang an der Verwandlung eines
verlassenen Steinbruchs in ein gewaltiges Stück Landschaftskunst mit wunderbar
bearbeiteten Wänden, Schluchten und Becken. Ein knapp 1 km langer Naturlehrpfad
führt zum **Saugerties Lighthouse** (☑845-247-0656; www.saugertieslighthouse.com;
168 Lighthouse Dr, Saugerties; Führung empfohlene Spende Erw./Kind 5/3 $; ⊙Spazierweg
Sonnenauf- bis Sonnenuntergang). Der pittoreske Leuchtturm von 1869 thront auf der
Landspitze, an der der Esopus Creek in den Hudson mündet. Eine beliebte Pilgerstätte für Fans klassischer Rockmusik ist **Big Pink** (www.bigpinkbasement.com; Parnas-
sus Lane, West Saugerties; Haus 480 $; ❋🛜), jenes Haus, das durch Bob Dylan and The
Band bekannt wurde. Beachten sollte man allerdings, dass es nur über einen privaten
Schotterweg zu erreichen ist. Sowohl im Leuchtturm als auch im Big Pink kann man
übernachten, muss jedoch weit im Voraus buchen.

Woodstock

Woodstock erkunden

Die Kleinstadt Woodstock in den südlichen Catskills ist der Inbegriff der wilden
1960er, als die amerikanische Jugend die
Autorität infrage stellte, mit neuen Formen
der persönlichen Freiheit experimentierte
und die Popkultur neu definierte.

Auch heute noch zieht Woodstock eine
künstlerische, musikbegeisterte Szene an
und kultiviert den freien Geist jener Zeit,
mit Batikstil und allem Möglichen, das
basisdemokratisch organisiert wird: angefangen beim Radio über ein angesehenes
Filmfestival bis hin zu einem Bauernmarkt
(der passenderweise als „Farmfestival" be-
worben wird).

Das Beste

➡ **Sehenswert** Bethel Woods Center for
the Arts (S. 348)

➡ **Essen** Garden Cafe (S. 349)

➡ **Ausgehen** Shindig (S. 349)

Top-Tipp

Es ist immer gut, eine leere Tasche dabei zu
haben: Man weiß nie, was man in den vielen Antiquitätenläden und auf den Märkten
der Gegend – oder den privaten Flohmärk-
ten am Wochenende – so alles findet.

Anfahrt

➡ **Auto** Über den New York State Thruway
(von Manhattan via Henry Hudson Pkwy
Richtung Norden) oder den I-87 bis zur
Rte 375 (nach Woodstock), Rte 32 (nach
Saugerties) oder Rte 28 (in andere Städte).

➡ **Bus** Busse von Trailways (www.trailwaysny.
com) fahren häufig von NYC nach Saugerties und Woodstock (29 $, 3 Std.)

Gut zu wissen

➡ **Vorwahl** ☑845

➡ **Lage** Saugerties: 110 Meilen (177 km)
nördlich von Manhattan

◉ SEHENSWERTES

**BETHEL WOODS CENTER
FOR THE ARTS**   KULTURZENTRUM
(☑866-781-2922; www.bethelwoodscenter.org;
200 Hurd Rd, Bethel; Museum Erw./Kind 15/6 $;
⊙Museum Mai–Sept. tgl. 10–19 Uhr, Okt.–April
Do–So bis 17 Uhr) Der Ort, wo auf Max Yas-
gurs Farm außerhalb von Bethel 1969 die
Woodstock Music & Art Fair stattfand, liegt
70 Meilen (112 km) südwestlich vom Ort
Woodstock. Heute finden hier in einem Frei-
luft-Amphitheater tolle Sommerkonzerte
statt und ein stimmungsvolles **Museum**
lässt opulent und farbenfroh jene Bilder und
Musik aufleben, die Woodstock eine solche
kulturelle Wirkungskraft verliehen.

CENTER FOR PHOTOGRAPHY AT WOODSTOCK
KULTURZENTRUM

(☎845-679-9957; www.cpw.org; 59 Tinker St; ◷Do–So 12–17 Uhr) GRATIS Das 1977 gegründete Kreativzentrum bietet Kurse und veranstaltet Vorträge sowie Ausstellungen, die jenseits strikter Definitionen die Kunstform erweitern. Zu verdanken ist dies auch dem dynamischen Artist-in-Residency-Programm der Einrichtung.

Früher befand sich hier das Café Espresso, in dem Janis Joplin regelmäßig auftrat und über dem Bob Dylan einst sein Schreibstudio hatte. 1964 verfasste er dort z. B. die Begleittexte zu seinem Album *Another Side of Bob Dylan*.

KARMA TRIYANA DHARMACHAKRA
BUDDHISTISCHES KLOSTER

(☎845-679-5906; www.kagyu.org; 335 Meads Mountain Rd; ◷8.30–17.30 Uhr) Das buddhistische Kloster befindet sich etwa 3 Meilen (knapp 5 km) entfernt von Woodstock. Gestresste New Yorker und andere, die spirituell auftanken möchten, pflegen hier ihr Karma, harmonisieren ihre Chakras und verinnerlichen die tiefe Ruhe und Gelassenheit, die die sorgsam gepflegten Außenanlagen verbreiten. Im Schreinraum thront eine riesige goldene Buddha-Statue. Solange man die Schuhe auszieht, ist hier jeder willkommen, sich zu setzen und zu meditieren.

Online finden sich Informationen zu den täglichen Gebeten und Meditationen sowie zu Führungen und Retreats.

ESSEN

SHINDIG
AMERIKANISCH $

(☎845-684-7091; www.woodstockshindig.com; 1 Tinker St; Hauptgerichte 10–15 $; ◷Di–Do 10–21, Fr & Sa 9–22, So bis 21 Uhr; ☎) Die bei Hipstern angesagte Gute-Laune-Café-Bar ist rundum liebenswert: Das Frühstück wird bis um 15 Uhr serviert, es gibt eine große Auswahl an Craft-Bieren sowie einfallsreiche Cocktails und der Forellen-BLT verleiht dem klassischen Sandwich eine ganz neue Note.

★GARDEN CAFE
VEGAN $

(☎845-679-3600; www.thegardencafewoodstock.com; 6 Old Forge Rd; Hauptgerichte 9–20 $; ◷Mo & Mi–Fr 11.30–21, Sa & So 10–21 Uhr; ☎) Alle Zutaten in diesem entspannten, charmanten Café sind Bio. Die Gerichte sind ansprechend, lecker und frisch und umfassen Salate, Sandwiches, Reisschalen sowie eine vegetarische Lasagne. Außerdem gibt es hier frisch gepresste Säfte, Smoothies, Bioweine, Craft-Biere und zum Kaffee eine Auswahl an Kuhmilchalternativen.

AUSGEHEN & NACHTLEBEN

STATION BAR & CURIO
BAR

(☎845-810-0203; www.stationbarandcurio.com; 101 Tinker St; ◷Mo–Do 16–2, Fr–So 12–2 Uhr) Das Bahnhofsgebäude der Ulster & Delaware Railroad Company von 1900, in der diese Bar untergebracht ist, befand sich früher 10 Meilen (16 km) weiter südlich in Brown's Station, einem Dorf, das inzwischen überflutet am Grunde des Ashokan Stausees ruht. Es gibt acht lokale Craft-Biere vom Fass, viele Flaschenbiere, Cocktails und Wein.

Am Wochenende spielen hier meist Blues- und Jazzbands.

Schlafen

Bei über 60 Mio. Besuchern im Jahr ist klar, dass die Hotelzimmer in New York immer schnell ausgebucht sind. Die Unterkünfte reichen von kleinen Standardzimmern in Hochhäusern in Midtown bis zu stilvollen Boutique-Unterkünften in Downtown. In Wohnvierteln gibt's auch das eine oder andere B&B. Dazu kommen über die ganze Stadt verteilt preiswerte Hostels.

Unterkunft buchen

In New York liegt der Durchschnittspreis für ein Zimmer bei gut 300 $. Nicht erschrecken – es gibt immer auch günstigere Angebote, die meist durch geschickte Online-Suche aufzuspüren sind. Wer nach günstigen Schlafmöglichkeiten sucht, sollte mehrgleisig fahren: Wenn das Herz nicht an einer bestimmten Herberge hängt, sollte die Recherche bei den bekannten Buchungsportalen beginnen. Alle, die schon eine Idee haben, wo sie gerne übernachten wollen, sollten als Erstes auf der Website des Hotels nachsehen. Viele Häuser setzen ihre Angebote und speziellen Übernachtungspakete direkt auf ihre Website.

Zimmerpreise

New York hat keine Hauptsaison. Sicherlich gibt es Zeiten, zu denen mehr Touristen in die Stadt kommen als sonst, aber da es das ganze Jahr über stets Nachschub gibt, wird sich der Big Apple wohl nie darüber beklagen müssen, dass Betten leer bleiben. Die Zimmerpreise variieren entsprechend je nach Verfügbarkeit. Tatsächlich berechnen viele Hotels ihre Preise mithilfe eines Buchungsalgorithmus auf der Grundlage der für die jeweilige Nacht schon gebuchten Zimmer, d. h. je mehr Gäste bereits angemeldet sind, desto höher liegt der Preis. Wer nach den günstigsten Übernachtungspreisen sucht, muss flexibel sein: Unter der Woche ist es in der Regel billiger und auch im Winter liegen die Preise grundsätzlich etwas niedriger. Wer nur einen Wochenendtrip plant, sollte es bei den Geschäftshotels im Financial District versuchen, die sind nach Ende der Arbeitswoche meist weniger belegt.

Hotels

Bei über 100 000 Hotelzimmern mangelt es in New York sicher nicht an Auswahl. Zur Verfügung stehen wunderbar designte Boutique-Schönheiten genauso wie gesichtslose 08/15-Ketten sowie jede Menge zweckmäßige Hotels. Die besseren Häuser warten mit zahlreichen Annehmlichkeiten auf, u. a. Dachbars, renommierten Restaurants oder stilvollen Promi-Bars. Selbst in den teuersten Herbergen sind die Zimmer u. U. nicht sonderlich geräumig, dafür aber luxuriös ausgestattet, z. B. mit Regenduschen, erstklassigen Pflegeprodukten und sehr komfortablen Betten.

Pensionen & B&Bs

Auch ein paar kleinere Pensionen und B&Bs sind im Angebot. Diese findet man besonders in den grüneren Vierteln der Stadt, v. a. im West Village und in Chelsea, Harlem und Brooklyn. Die Qualität schwankt natürlich, jedoch haben diese Unterkünfte in der Regel mehr Flair und es findet mehr zwischenmenschlicher Kontakt als in einem Durchschnittshotel statt. Viele B&B-Betreiber geben sich jede nur erdenkliche Mühe, damit sich ihre Gäste wie zu Hause fühlen, und können mit guten Tipps für ihr Viertel weiterhelfen.

Hostels

Es finden sich auch Schlafoptionen für Reisende mit kleinem Geldbeutel; sowohl in Manhattan als auch in Brooklyn gibt's mehrere Hostels. In den letzten Jahren ist eine neue Art von Billigbleibe aufgetaucht, mit schönen Außenbereichen und teils auch mit Café-Bars.

SCHLAFEN

Top-Tipps

Crosby Street Hotel (S. 354)

Bowery Hotel (S. 356)

NoMad Hotel (S. 360)

Gramercy Park Hotel (S. 359)

Preiskategorien

$

Local NYC (S. 367)

Harlem Flophouse (S. 364)

Carlton Arms (S. 358)

Boro Hotel (S. 367)

$$

Citizen M (S. 360)

Wall Street Inn (S. 353)

$$$

Knickerbocker (S. 361)

Hôtel Americano (S. 358)

Die schönsten Boutiquehotels

Chatwal New York (S. 361)

Wythe Hotel (S. 366)

Ace Hotel (S. 361)

Für Familien

Hotel Beacon (S. 364)

Bubba & Bean Lodges (S. 362)

NU Hotel (S. 367)

Für Flitterwochen

Lafayette House (S. 355)

Andaz Fifth Avenue (S. 361)

Plaza (S. 362)

Für den Jetset

Hotel Gansevoort (S. 358)

Broome (S. 354)

McCarren Hotel & Pool (S. 366)

Für die schönste Aussicht

Standard (S. 357)

Z Hotel (S. 368)

Four Seasons (S. 362)

Williamsburg Hotel (S. 366)

In Brooklyn

Henry Norman Hotel (S. 366)

Lefferts Manor Bed & Breakfast (S. 365)

Wythe Hotel (S. 366)

Akwaaba Mansion Inn (S. 366)

GUT ZU WISSEN

Preise

Die Preise gelten jeweils für ein Standard-Doppelzimmer, unabhängig von der Jahreszeit. Frühstück ist, soweit nicht anders angegeben, im Übernachtungspreis enthalten.

$ weniger als 200 $

$$ 200 bis 350 $

$$$ mehr als 350 $

Reservierungen

Reservierungen sind unerlässlich, am besten erledigt man das frühzeitig. Es ist praktisch unmöglich, einfach ins Hotel zu gehen und ein Zimmer zu nehmen, die Standardpreise liegen zudem immer über den Online-Preisen. Eingecheckt wird gewöhnlich nachmittags, Check-Out ist am späten Morgen.

Websites

newyorkhotels.com (www.newyorkhotels. com) Die selbsternannte offizielle Website für Hotels in New York.

NYC (www.nycgo.com/ hotels) Jede Menge Einträge auf der Seite des NYC Official Guide.

Lonely Planet (www. lonelyplanet.com/usa/ new-york-city/hotels) Infos und Buchungsmöglichkeiten.

Trinkgeld

Das Zimmerpersonal kriegt 3 bis 5 $ pro Nacht. Portiers bekommen 1 oder 2 $ Trinkgeld und anderes Servicepersonal sollte ebenfalls ein Trinkgeld erhalten.

Wo übernachten?

STADTVIERTEL	PRO	KONTRA
Financial District & Lower Manhattan	Praktisch für die Ausgehszene in Tribeca und die Nutzung der Fähren. Wochenendrabatte in Geschäftshotels.	Die südlichen Bereiche können nüchtern wirken, in Tribeca gibt's jedoch einige gute Restaurants.
SoHo & Chinatown	Shoppen, bis der Arzt kommt – direkt vor der Tür.	Menschen (meist Touristen) strömen massenhaft und praktisch den ganzen Tag durch die Einkaufsstraßen von SoHo.
East Village & Lower East Side	Abgefahren und kurzweilig; hier fühlen sich Besucher wie im Herzen New Yorks.	Meist sehr teure oder sehr einfache Unterkünfte und nicht viel dazwischen.
West Village, Chelsea & Meatpacking District	Praktisch alles ist wunderbar nah in diesem florierenden, hübschen Teil der Stadt, der fast europäisch anmutet.	Höchstpreise für traditionelle Hotels, aber weiterhin vernünftig für B&Bs.
Union Square, Flatiron District & Gramercy	Praktische Subway-Verbindungen quasi überallhin; und nur wenige Schritte bis zum Village oder nach Midtown.	Hohe Preise und Kiezflair gegen Null.
Midtown	Im Herzen der Postkartenversion von „New York": Skyscraper, Museen, Einkaufen und Broad-way-Shows	Eine der teuersten Gegenden; eher kleine Zimmer. Wirkt teils sehr touristisch und unpersönlich.
Upper East Side	Nah zu den erstklassigen Museen und zum Central Park.	Wenige Unterkünfte und Preise, die die Geldbörse sprengen, zudem nicht gerade die zentralste Lage.
Upper West Side & Central Park	Günstige Nähe zu Central Park, Lincoln Center und Museum of Natural History.	Eher eine Familiengegend als eine quirlige Szene.
Harlem & Upper Manhattan	Tolles Kiezflair, bessere Preise, nah beim Central Park.	Lange Subway- oder teure Taxifahrten nach Downtown oder Brooklyn.
Brooklyn	Günstigere Preise; toll für die Erkundung einiger der buntesten Viertel New Yorks.	Teils lange Anfahrt nach Midtown und zu Zielen weiter nördlich.
Queens	Billiger, keine Touristen und gut gelegen für die besten Ethno-Restaurants New Yorks. Long Island City liegt nur eine kurze Subway-Fahrt von Manhattan entfernt.	Von Gegenden draußen in Queens, besonders Flushing, ist es oft eine sehr lange Subway-Fahrt in die Stadt.

🛏 Lower Manhattan & Financial District

Die meisten Hotels im Financial District richten sich an Geschäftsreisende – daher winken am Wochenende oft vergünstigte Preise. Das hippere Tribeca weiter nördlich beherbergt eine Handvoll ewig angesagter Läden wie Robert De Niros Greenwich Hotel.

ROXY HOTEL TRIBECA
HOTEL **$$**

(☎212-519-6600; www.roxyhotelnyc.com; 2 Sixth Ave Höhe White St; Standard-/Superior-/Deluxe-Zi. ab 235/255/335 $; ❂🐾📶❄; Ⓢ1 bis Franklin St; A/C/E bis Canal St) Was läuft im Roxy? Das können wir beantworten: Hier gibt's 201 Zimmer mit einer Farbgestaltung in kräftigen Braun- und Goldtönen und moderner Ausstattung, ein geräumiges Atrium in der Mitte mit verschiedenen Bars, ein kleines **Programmkino** (☎212-519-6820; www.roxy cinematribeca.com; Ticket 10 $) und im Untergeschoss einen Jazzclub. Haustiere können hier kostenlos nächtigen; wer sich einsam fühlt, kann sich einen Goldfisch aufs Zimmer bringen lassen.

ANDAZ WALL ST
BOUTIQUEHOTEL **$$**

Karte S. 438 (☎212-590-1234; http://wallstreet. andaz.hyatt.com; 75 Wall St Höhe Water St; Zi. ab 215 $; ❂@📶; Ⓢ2/3 bis Wall St) Der neue Favorit der hippen Downtown-Geschäftswelt bietet 253 elegante und freundliche Zimmer in entspannter und moderner Atmosphäre. Gäste checken an iPads ein und können kostenlose Angebote nutzen, wie WLAN, Ortsgespräche sowie Mineralwasser und Snacks aus der Minibar. Die Zimmer sind geräumig, modern und zurückhaltend eingerichtet, mit 2 m hohen Fenstern, Eichenparkett und herrlich bequemen Betten mit dicken Baumwollbettlaken.

Im saisonalen Biergarten kann man Craft-Biere, im ganzjährig geöffneten Dina Rata kunstvoll gemixte Cocktails schlürfen. Im Fitness- und Wellnesscenter darf rund um die Uhr an der Figur gearbeitet werden. Wochenendpreise können weit unter 300 $ pro Nacht liegen.

GILD HALL
BOUTIQUEHOTEL **$$**

Karte S. 438 (☎212-232-7700; www.thompson hotels.com/hotels/gild-hall; 15 Gold St Höhe Platt St; Zi. ab 229 $; ❂📶; Ⓢ2/3 bis Fulton St) Ein feines, glanzvolles Hotel: Die Eingangshalle des Gild Hall führt in eine Bibliothek auf zwei Ebenen mit Weinbar. In den Zimmern trifft europäische Eleganz auf amerikanische Gemütlichkeit – hohe Kassettendecken, Wintergärten, Wäsche von Sferra und gut bestückte Minibars. Die Lederkopfteile der großen Betten fügen sich elegant in das minimalistische Ambiente.

Am Wochenende oft günstiger.

WALL STREET INN
HOTEL **$$**

Karte S. 438 (☎212-747-1500; www.thewallstreet inn.com; 9 S William St; Zi. 140–280 $; ❂📶; Ⓢ2/3 bis Wall St) Die nüchterne Steinfassade des erschwinglichen kleinen Wall Street Inn lässt nicht vermuten, dass sich dahinter eine warme Unterkunft im Kolonialstil verbirgt. Die Zimmer haben luxuriös große Betten, eine glänzende Holzausstattung und lange Vorhänge. Viel Liebe zum Detail zeigen auch die Bäder, in den Luxuszimmern sind sie mit Whirlpool, in den übrigen mit Badewanne ausgestattet. WLAN und Frühstück sind im Preis inbegriffen.

Das ganze Gebäude atmet ein Stück Bankgeschichte (z. B. die Kachel mit den Initialen „LB" über dem Eingang). Das Haus gehörte nämlich früher dem Bankhaus Lehman Brothers.

★GREENWICH HOTEL
BOUTIQUEHOTEL **$$$**

Karte S. 438 (☎212-941-8900; www.thegreen wichhotel.com; 377 Greenwich St zw. N Moore & Franklin St; Zi. ab 625 $; ❂📶❄; Ⓢ1 bis Franklin St; A/C/E bis Canal St) Vom vornehmen Salon (inklusive knisterndem Kaminfeuer) bis hin zum stimmungsvoll beleuchteten Pool in einem nachgebauten japanischen Bauernhaus – nichts ist gewöhnlich im Greenwich Hotel von Robert De Niro. Jedes der 88 individuell gestalteten Zimmer hat alte Holzfußböden und opulente Badezimmer mit Carrara-Marmor oder marokkanischen Fliesen. In einigen der Zimmer öffnen sich die deckenhohen Balkontüren zu einem toskanisch anmutenden Innenhof.

SMYTH TRIBECA
BOUTIQUEHOTEL **$$$**

Karte S. 438 (☎212-587-7000; www.thompson hotels.com/hotels/nyc/smyth; 85 W Broadway zw. Warren & Chambers St; Zi. ab 415 $; ❂📶; ⓈA/C, 1/2/3 bis Chambers St) Das von den Gachot Studios aufgefrischte Smyth bietet die gleiche Kombination aus Luxus und entspanntem Schick wie die Schwesterhotels Gild Hall und Beekman. Moderne Möbel, Teppiche und Regale voller Bücher verleihen der Lobby ein gemütliches, elegantes skandinavisches Flair, während sich die 100 ruhigen Zimmer durch eine Kombination aus grauen Teppichen, Walnusspanelen und eleganten Bädern mit unwiderstehlichen Regenduschen auszeichnen.

Zu den Extras des Hauses gehören ein edles Restaurant des Promi-Gastronomen Andrew Carmellini mit saisonaler Küche, ein kostenloser Transportservice und zweimal täglich Zimmerservice.

CONRAD NEW YORK LUXUSHOTEL **$$$**

(☎212-945-0100; www.conradnewyork.com; 102 North End Ave Höhe Vesey St; DZ 300–700 $; ❄📶; [S]A/C bis Chambers St) Das vornehme Suitenhotel in der Battery Park City, das zur Hilton-Gruppe gehört, ist eine Top-Bleibe für Geschäftsreisende. Trotz – oder gerade wegen? – der Lage im Financial District findet sich im Hotel jede Menge Kunst, u. a. ein riesiges Wandbild von Sol LeWitt im 16-stöckigen Atrium. Die Zimmer sind schön mit irdenen Farbtönen und erstklassigen Annehmlichkeiten eingerichtet.

In den Suiten können auch Meetings abgehalten werden – eine Milchglas-Schiebetür trennt den Loungebereich vom Schlafzimmer. Von den begehrtesten Zimmern bieten sich schöne Ausblicke auf den glitzernden Hudson.

SoHo & Chinatown

Stilbewusste lieben die schicken Straßen von SoHo und die Hotelbetreiber haben sich darauf eingestellt. In den von Promis übersäten Straßen gibt es eine große Auswahl toller Herbergen, allerdings nichts für schlecht gefüllte Reisekassen. Ist es die Investition wert? Absolut. Vor der Haustür liegen einige der weltbesten Gelegenheiten zum Essen, Trinken und Einkaufen und auch die anderen tollen Gegenden von Manhattan sind nur eine kurze Subway- oder Taxifahrt entfernt. Etwas günstiger wird's wenige Straßen weiter an der Grenze zu Vierteln wie Nolita und Chinatown. Wirklich billige Unterkünfte findet man in SoHo nicht – dafür muss man sich weiter weg begeben.

BOWERY HOUSE HOSTEL **$**

Karte S. 440 (☎212-837-2373; www.thebowery house.com; 220 Bowery zw. Prince & Spring St, Nolita; EZ/DZ mit Gemeinschaftsbad ab 80/130 $; ❄📶; [S]R/W bis Prince St) Die ehemalige Absteige aus den 1920er-Jahren gegenüber vom New Museum ist als Hostel der gehobenen Klasse wieder auferstanden. Die Zimmer schmücken Filmplakate mit Bowery-Motto und es gibt speziell angefertigte Matratzen – die kürzer und schmaler sind – sowie Gemeinschaftsbäder mit Regenduschen und Fußbodenheizung. Dazu kommen eine stylische Lounge mit Chesterfield-Sofas und Kronleuchtern, eine quirlige Bar und eine Dachterrasse.

Leute mit leichtem Schlaf sollten das Bowery House vielleicht meiden, da die Gäste hier gern das Nachtleben auskosten. In jedem Zimmer stehen standardmäßig Ohrstöpsel zur Verfügung.

LEON HOTEL HOTEL **$$**

Karte S. 443 (☎212-390-8833; www.leonhotelnyc.com; 125 Canal St zw. Bowery & Chrystie St, Chinatown; DZ 170–300 $; ❄📶; [S]B/D bis Grand St) Die kastenförmige Unterkunft an der Zufahrt zur Manhattan Bridge, umgeben von hektischen Straßen, hat saubere, schnörkellose Zimmer, die im teuren New York eher preisgünstig erscheinen. Die gemütlichen Zimmer sind nur minimal ausgestattet; einige bieten nette Ausblicke auf Lower Manhattan und das gewaltige One World Trade Center. Freundliches Personal und superpraktische Lage für die Erkundung von Chinatown, Nolita und der Lower East Side.

★CROSBY STREET HOTEL BOUTIQUEHOTEL **$$$**

Karte S. 440 (☎212-226-6400; www.firmdale hotels.com; 79 Crosby St zw. Spring & Prince St, SoHo; Zi. ab 695 $; 🚭❄📶; [S]6 bis Spring St; N/R bis Prince St) Wer sich zum Nachmittagstee ins Crosby Street Hotel verirrt, will höchstwahrscheinlich nicht mehr nach Hause. Es sind nicht nur die *scones* mit Sahne, auch die exzentrische, loftartige Lobby, die muntere Bar und der Filmvorführraum sind einfach großartig. Die Zimmer sind ebenfalls einmalig: Manche streng in Schwarz-Weiß gehalten, andere so blumig wie ein englischer Garten – üppig, raffiniert und leicht verspielt.

BROOME BOUTIQUEHOTEL **$$$**

Karte S. 440 (☎212-431-2929; www.thebroome nyc.com; 431 Broome St Höhe Crosby St, SoHo; Zi. ab 460 $; ❄📶; [S]N/R bis Prince S; 6 bis Spring St) Das in einem hübsch restaurierten Gebäude gelegene Broome öffnete 2014 seine Pforten. Die auf fünf Stockwerke verteilten Zimmer verkörpern einfache, dezente Eleganz, jedes ausgestattet mit Typischem aus New York, z. B. Möbel von Mitchell Gold + Bob Williams und übergroße Spiegel von BDDW. Abgerundet wird das Gesamtpaket durch einen persönlichen Service und ein geruhsames Ambiente, das eine schöne Abwechslung zur unbändigen Energie SoHos darstellt.

LAFAYETTE HOUSE PENSION $$$

Karte S. 440 (☎646-306-5010; http://lafayette housenyc.com; 38 E 4th St zw. Fourth Ave & Lafayette St, NoHo; Zi. 367 $; ❈ 🛜; Ⓢ6 bis Bleecker St; B/D/F/M bis Broadway–Lafayette St) Das ehemalige Stadthaus ist eine viktorianische Schönheit, deren acht gemütliche Zimmer mit großen Betten, dicken Vorhängen, Marmorkaminen und altmodischen Kleiderschränken ausgestattet sind. Zwei Zimmer verfügen über einen eigenen kleinen Garten, zwei andere über eine Terrasse bzw. einen Balkon. Wer einen leichten Schlaf hat, sollte kein Zimmer zur Straße raus nehmen.

🛏 East Village & Lower East Side

In diesen vormals eher düsteren Vierteln haben sich Gebäude mit besonderem Anstrich breit gemacht und der Gegend eine vergnügliche „Heile Welt"-Atmosphäre verpasst, die sehr typisch für New York ist. Reisende, die die Stadt hautnah erleben wollen, werden sich in den Unterkünften entlang der niedrigen Straßennummern wohlfühlen, besonders wenn das Reisebudget eine Übernachtung im Bowery oder am Cooper Square erlaubt. Wem eine gute Subway-Anbindung wichtig ist, sollte im westlichen Teil bleiben, in östlicher Richtung werden die Subway-Stationen immer seltener, vor allem jenseits der First Ave.

ST. MARK'S HOTEL HOTEL $

Karte S. 444 (☎212-674-0100; www.stmarksho tel.net; 2 St Marks Pl Höhe Third Ave, East Village; DZ ab 130 $; ❈ 🛜; Ⓢ6 bis Astor Pl) Die Budgetunterkunft im East Village lockt ein junges Publikum von Nachteulen an, die es natürlich genießen, eine der größten Ansammlungen von Bars und Restaurants gleich vor der Haustür zu haben. Angesichts der günstigen Preise senkt man am besten seine Erwartungen: Die Zimmer sind recht klein und abgewohnt. Für Leute mit leichtem Schlaf kann der Straßenlärm ein Problem sein. Es gibt keinen Aufzug.

EAST VILLAGE HOTEL HOTEL $$

Karte S. 444 (☎646-429-9184; www.eastvil lagehotel.com; 147 First Ave Höhe 9th St, East Village; DZ ab 312 $; ❈ 🛜; Ⓢ6 bis Astor Pl) Das Hotel in quirliger Lage im East Village bietet saubere, einfache Zimmer mit Sichtmauerwerk (etwas größer als die meisten anderen in New York), guten Matratzen, Flachbild-TV an der Wand und einer kleinen Küchenzeile. Der Lärm von der Straße könnte leichte Schläfer stören. Es handelt sich um ein altes Gebäude, sodass man sein Gepäck ein paar Treppen hochschleppen muss.

Es gibt keine Lobby und auch keine anderen Gemeinschaftsbereiche. Die Gäste erhalten einen Zugangscode für die Tür, sodass sie kommen und gehen können, wann sie wollen. Mit den anderen Gästen hat man kaum etwas zu tun.

LUDLOW HOTEL $$

Karte S. 446 (☎212-432-1818; www.ludlowhotel. com; 180 Ludlow St zw. Houston & Stanton St, Lower East Side; DZ ab 355 $, Loft ab 465 $; ❈ 🛜; Ⓢ F bis 2nd Ave) Nach fast zehn Jahren Bauzeit eröffnete dieses Boutiquehotel mit 184 Zimmern 2014 schließlich mit großem Bohei seine Pforten. Die schön eingerichteten Zimmer verfügen über einige einzigartige Merkmale wie Nachttische aus versteinertem Holz, Bäder mit Mosaikkacheln und kleine Balkone. Allerdings sind die billigsten Zimmer wirklich winzig und extrem eng.

Außerdem gibt es eine wunderhübsche Lobbybar und Terrasse sowie ein Bistro im französischen Stil.

SAGO HOTEL BOUTIQUEHOTEL $$

Karte S. 446 (☎212-951-1112; www.sagohotel.com; 120 Allen St zw. Rivington & Delancey St, Lower East Side; Zi. ab 250 $, Studio ab 320 $; ❈ 🛜; Ⓢ F bis Delancey; J/M/Z bis Essex) Egal, wie das Wetter in der Stadt ist, im Sago Hotel scheint es immer kühl zu sein. Es liegt im quirligen Zentrum der Lower East Side und die Zimmer reflektieren mit klaren Linien, grauem Backstein und schnörkellosem modernem Mobiliar allesamt das derzeitige Flair des Viertels. Auf den oberen Stockwerken gibt's Terrassen mit atemberaubenden Stadtansichten.

Die Zimmer reichen von klitzekleinen, 18,5 m² großen Minisuiten bis zu mehrstöckigen Penthouses. Abends wird oben ein geselliges Beisammensein mit Wein und Käse geboten.

BLUE MOON BOUTIQUE HOTEL HOTEL $$

Karte S. 446 (☎347-294-4552; www.bluemoon-nyc.com; 100 Orchard St zw. Broome & Delancey St, Lower East Side; B/DZ ab 60/229 $; ❄📶; [S]F bis Delancey St; J/M bis Essex St) Kaum zu glauben, aber dieses gastfreundliche und ganz in hübschen Gelb-, Blau- und Grüntönen gehaltene Backstein-Guesthouse war früher mal ein schäbiges Mietshaus – früher heißt in diesem Fall 1879. Mit den originalen Fensterläden aus Holz und schmiedeeisernen Bettgestellen sind die kleinen, minimalistisch eingerichteten Zimmer altmodisch angehaucht und komfortabel. Die besten Zimmer sind hell und verfügen über Balkone mit schönem Ausblick.

Das Blue Moon hat außerdem zwei Schlafsäle mit jeweils vier Einzelbetten (keine Etagenbetten) – einer gemischt, einer nur für Frauen.

BOWERY HOTEL BOUTIQUEHOTEL $$$

Karte S. 444 (☎212-505-9100; www.thebowery hotel.com; 335 Bowery zw. 2nd & 3rd St, East Village; Zi. 295–535 $; ❄@📶; [S]F/V bis Lower East Side–2nd Ave; 6 bis Bleecker St) Den altmodischen goldenen Zimmerschlüssel mit roter Troddel gibt's im ruhigen, dunklen Foyer mit antiken Samtstühlen und verblassten Perserteppichen. Von dort führen Flure mit Mosaikfußböden zu den Zimmern mit riesigen Fabrikfenstern und eleganten Himmelbetten. Dann kann man es sich richtig gemütlich machen und sich auf dem 42-Zoll-Bildschirm einen Film anschauen oder die luxuriösen Pflegeartikel zur Anwendung bringen.

Die Bar, die Gartenterrasse und das rustikale italienische Speiselokal Gemma's sind immer rappelvoll.

STANDARD EAST VILLAGE HOTEL $$$

Karte S. 444 (☎212-475-5700; www.standard hotels.com; 25 Cooper Sq (Third Ave) zw. 5th & 6th St, East Village; EZ ab 349 $, DZ 499 $; ❄📶; [S]R/W bis 8th St–NYU; 4/6 bis Bleecker St; 4/6 bis Astor Pl) Der weiße Bau am Cooper Sq erhebt sich wie ein entfaltetes Segel über dem East Village mit seinen eher niedrigeren Häusern und sieht irgendwie fehl am Platz aus – trotz der Pseudo-Graffiti am Eingang. Einen authentischeren Eindruck vom alten East Village erhält man in den Terrassenbars.

Die Zimmer sind gut eingerichtet mit bequemen Betten, großen Fenstern (meist vom Boden bis zur Decke), Bluetooth-Lautsprechern und hochwertigen Badausstattungen.

West Village, Chelsea & Meatpacking District

Die Immobilienpreise im begehrten West Village gehören zu den höchsten der Stadt und das schlägt sich auch in den Hotelpreisen nieder. Allerdings ist es das Viertel auch wert, etwas mehr auf den Tisch zu legen – hier stehen unvergleichliche Häuser und die Atmosphäre ist herrlich. Der Meatpacking District ist bekannt für seine hoch aufragenden Boutiquehotels, während nur ein paar Blocks weiter in Chelsea neue feine Hotels entstanden sind – mit neusten Designelementen wie aus einem skandinavischen Hochglanzmagazin. In Chelsea abends auszugehen ist kein Problem: Boutiquen, Restaurants und Bars sind alle zu Fuß erreichbar.

JANE HOTEL HOTEL $

Karte S. 448 (☎212-924-6700; www.thejanenyc.com; 113 Jane St zw. Washington St & West Side Hwy, West Village; Zi. ohne/mit Bad ab 115/295 $; [P]❄📶; [S]A/C/E, L bis 8th Ave–14th St; 1 bis Christopher St–Sheridan Sq) Die winzigen Zimmer (4,5 m²) im Jane sind definitiv nichts für Klaustrophobiker. Aber Glanz ist auch in der kleinsten Hütte und wer damit klarkommt, ist in dem kürzlich renovierten Backsteinjuwel richtig. Erbaut wurde es im frühen 20. Jh. für Seeleute – 1912 übernachteten hier einige Überlebende der *Titanic*. Die wunderbare Ballsaalbar sieht aus, als gehöre sie zu einem Fünfsternehotel. Die etwas teureren Kapitänskajüten haben ein eigenes Bad.

CHELSEA INTERNATIONAL HOSTEL HOSTEL $

Karte S. 452 (☎212-647-0010; www.chelseahos tel.com; 251 W 20th St zw. Seventh & Eighth Ave, Chelsea; B 55 $, EZ 68–107 $, DZ ab 127 $; ❄@📶; [S]1, C/E bis 23rd St; 1 bis 18th St) Diese alte Backpacker-Bastion sitzt in einem großen Gebäude im begehrten Chelsea und ist eine gute Wahl, wenn die Lage ausschlaggebend bei der Wahl der Unterkunft ist. Allerdings hat der Standort angesichts der mickrigen Ausstattung durchaus seinen Preis; die Zimmer sind jedoch sauber und es gibt gemeinschaftlich nutzbare Räume und Küchen, in denen man andere Traveller treffen kann.

INCENTRA VILLAGE HOUSE B&B $$

Karte S. 448 (☎212-206-0007; www.incentravil lage.com; 32 Eighth Ave zw. 12th & Jane St, West

Village; Zi. ab 239 $; ❄📶; [S]A/C/E, L bis 8th Ave–14th St) Die beiden denkmalgeschützten Stadthäuser aus rotem Backstein, 1841 erbaut und mit toller Lage im West Village, wurden später zum ersten schwulenfreundlichen Gästehaus der Stadt. Heute werden die elf Zimmer weit im Voraus reserviert – also frühzeitig anrufen, um sich eines der mit Antiquitäten ausgestatteten, uramerikanischen Zimmer zu sichern.

Besonders malerisch ist die Garden Suite: Sie hat einen Zugang zu einem kleinen Garten hinter dem Haus. Das Hotel wirbt mit WLAN in allen Zimmern, doch das funktioniert nicht immer verlässlich. Im Salon steht ein Computer, den die Gäste benutzen können.

CHELSEA PINES INN B&B $$

Karte S. 448 (☎888-546-2700, 212-929-1023; www.chelseapinesinn.com; 317 W 14th St zw. Eighth & Ninth Ave, Chelsea; EZ/DZ ab 229/269 $; ❄📶; [S]A/C/E, L bis 8th Ave–14th St) Die fünfgeschossige Herberge ohne Aufzug hat sich voll und ganz der Regenbogenflagge verschrieben: Das Chelsea Pines mit 26 Zimmern lockt ein schwul-lesbisches Publikum an. Es sind aber Gäste von jedem Schlag willkommen. Man sollte sich mit den Hitchcock-Schönheiten auskennen: Alte Filmplakate schmücken die Wände und die Zimmer sind nach Stars wie Kim Novak, Doris Day und Ann-Margret benannt.

Die Standardzimmer haben begehbare Schränke mit Waschbecken. Saubere Badezimmer befinden sich auf dem Flur. Die kleine Lounge unten bietet Zugang zu einem winzigen Hinterhof. Frühstück ist im Preis inbegriffen.

COLONIAL HOUSE INN B&B $$

Karte S. 452 (☎800-689-3779, 212-243-9669; www.colonialhouseinn.com; 318 W 22nd St zw. Eighth & Ninth Ave, Chelsea; Zi. 130–350 $; ❄📶; [S]1, C/E bis 23rd St) Freundlich und schlicht: Die schwulenfreundliche Unterkunft mit 20 Zimmern ist ordentlich, wenn auch etwas abgenutzt und klein. Die meisten Zimmer haben kleine begehbare Schränke (mit kleinem Fernseher und Kühlschrank) und Waschbecken. Bei schönem Wetter ist auf der Dachterrasse FKK angesagt. Kleinere Zimmer haben Gemeinschaftsbäder, während die Luxussuite nicht nur ein eigenes Badezimmer, sondern auch einen separaten Zugang zum Garten hat.

Ein kleines Frühstück und Kaffee und Tee in der Lobby sind im Preis enthalten. Die Hotellobby und die Gemeinschaftsbereiche dienen außerdem als Galerie für die Kunstwerke des Hotelgründers und Chelsea-Originals Mel Cheren.

TOWNHOUSE INN OF CHELSEA B&B $$

Karte S. 452 (☎212-414-2323; www.townhouseinnchelsea.com; 131 W 23rd St zw. Sixth & Seventh Ave, Chelsea; DZ 150–300 $; ❄📶; [S]1, F/M bis 23rd St) Das B&B-Juwel in Chelsea verfügt über 14 Zimmer mit nackten Backsteinwänden und Holzböden in einem fünfstöckigen Stadthaus aus dem 19. Jh. in der lebhaften 23rd St. 1998 wurde das Haus gekauft und gründlich saniert (vernünftigerweise gleich mit Aufzug). In den geräumigen und einladenden Zimmern stehen große Betten mit Messingrahmen oder Himmel, drapiert mit phantasievollen Stoffen, und riesige Schränke, in denen sich der Fernseher versteckt.

Wer will, kann sich an der „Bar des Vertrauens" erfrischen, auf dem alten Klavier in der Lounge herumklimpern oder im 1. Stock in der viktorianischen Bibliothek schmökern, die auch als Frühstückszimmer dient.

GEM HOTEL $$

Karte S. 452 (☎212-675-1911; www.thegemhotel.com; 300 W 22nd St zw. Eight & Ninth Ave, Chelsea; Zi. ab 210 $; [P]📶; [S]1, C/E bis 23rd St) Mit einer unglaublichen Lage im Herzen von Chelsea, sauberen Zimmern, freundlichem Personal und einer Dachbar ist das GEM eine der besseren Unterkünfte mit vernünftigen Preisen im südlichen Manhattan. Allerdings sind einige der Möbel in der Lobby etwas schäbig und die offenen Bäder in manchen Zimmern gefallen vielleicht nicht allen Gästen.

STANDARD BOUTIQUEHOTEL $$$

Karte S. 448 (☎212-645-4646; www.standardhotels.com; 848 Washington St Höhe 13th St, Meatpacking District; DZ ab 509 $; ❄📶; [S]A/C/E, L bis 8th Ave–14th St) Der neue Glaskasten des hippen Hoteliers André Balazs steht auf Stelzen und thront über der High Line, einer alten Hochbahntrasse. Alle Zimmer bieten Panoramablick über den Meatpacking District und so viel Sonnenlicht, dass die glänzenden Holzrahmen der Betten und die marmorierten Bäder besonders gut zur Geltung kommen. Ein hypermodernes Standard gibt's außerdem im East Village.

Die Ausstattung ist erstklassig: Auf Straßenebene locken ein deutscher Biergarten und eine Brasserie (im Winter dazu noch eine Eisbahn), im obersten Stockwerk ein opulenter Club. Die Lage ist unschlagbar, denn das Beste von New York liegt direkt vor der Haustür.

MARITIME HOTEL BOUTIQUEHOTEL $$$

Karte S. 452 (☎212-242-4300; www.themaritimehotel.com; 363 W 16th St zw. Eighth & Ninth Ave, Chelsea; Zi. ab 403 $; ❄📶; [S]A/C/E, L bis 8th Ave–14th St) Der weiße Turm mit Bullaugenfenstern wurde von einem hippen Architektenteam in eine Luxusherberge mit maritimem Motto umgewandelt. Drinnen erinnert das Hotel an ein feudales *Love Boat*: Seine 135 Zimmer – jedes davon mit eigenem runden Fenster – sind kompakt und mit Teakholz getäfelt. Zu den Extras gehören der Flachbildfernseher (20 Zoll) und der DVD-Player.

Die teuersten Quartiere haben Open-Air-Duschen, einen eigenen Garten und eine herrliche Aussicht auf den Hudson River. Das Gebäude war ursprünglich der Hauptsitz der National Maritime Union (und in jüngerer Vergangenheit ein Unterschlupf für obdachlose Teenager).

HÔTEL AMERICANO HOTEL $$$

Karte S. 452 (☎212-216-0000; www.hotel-americano.com; 518 W 27th St zw. Tenth & Eleventh Ave, Chelsea; Zi. ab 245 $; ❄📶🏊; [S]1, C/E bis 23rd St) Designfreaks werden ausflippen, wenn sie die perfekt polierten Zimmer des Hôtel Americano betreten. Man schläft wie in einer Bento-Box, nur dass das Essen durch sorgfältig ausgesuchte, minimalistische und dezente Möbel ersetzt wurde. Ach, und das Ding, das von der Decke herunter hängt und aussieht wie ein Roboter? Das ist ein hängender Kamin – was sonst?

HOTEL GANSEVOORT LUXUSHOTEL $$$

Karte S. 448 (☎212-206-6700; www.hotelgansevoort.com; 18 Ninth Ave Höhe 13th St, Meatpacking District; Zi. ab 475 $; ❄📶🏊🐾; [S]A/C/E, L bis 8th Ave–14th St) Das 14-stöckige Gansevoort mit seiner zinkfarbenen Außenverkleidung gilt seit seiner Eröffnung 2004 als der noble „Draufgänger" des Meatpacking District. Die Zimmer sind großzügig und luxuriös eingerichtet mit Bettenpolstern aus schokobraunem Veloursleder, Plasma-TV und beleuchteten Badezimmertüren. Die Dachbar Plunge zieht scharenweise Besucher an. Gäste können auch den kleinen Pool mit Blick auf den Hudson River nutzen.

Im Erdgeschoss befindet sich ein Restaurant, überdies lockt eine sehr schicke Cocktaillounge-Club-Kombi. Dazu kommt noch ein Spa namens exhale.

HIGH LINE HOTEL HOTEL $$$

Karte S. 452 (☎212-929-3888; www.thehighlinehotel.com; 180 Tenth Ave zw. 20th & 21st St, Chelsea; DZ ab 470 $; [S]1, C/E bis 23rd St) Stille ist den Gästen garantiert in diesem neugotischen Gebäude, das einst zum General Theological Seminary gehörte, welches in einem anderen Haus um die Ecke noch immer existiert. Das 60-Zimmer-Haus verfügt über schöne Gästezimmer mit einer Mischung aus modern und alt. Die Lage ist perfekt für einen Bummel durch die Galerien von Chelsea oder über die High Line.

Auf dem Hof vor dem Gebäude kann man wunderbar entspannen, besonders bei einem Kaffee – den gibt's bei Intelligentsia in einem alten Citroën-Typ-H-Kleintransporter, der auf dem Gelände parkt. Abends kann man in der drinnen versteckten Bar oder auf der Terrasse hinterm Haus auch ein Bier, ein Glas Wein oder einen Cocktail genießen. Für eine Runde durch die Stadt können sich die Gäste ein elegantes Shinola-Rad ausleihen.

🛏 Union Square, Flatiron District & Gramercy

Viele NY-Besucher wollen in der Nähe des glitzernden Times Square übernachten, weil von dort eine Menge begehrter Punkte in der Stadt günstig zu erreichen sind. Nun, Union Square und Umgebung sind mindestens genauso praktisch. Ein kurzer Blick auf den Subway-Plan zeigt, dass einige Linien diesen Teil von Downtown kreuzen – es gibt direkte Verbindungen nach Lower Manhattan und zu den Museen der Upper East Side. Und die herrlichen Ecken im Village liegen quasi vor der Tür. Die Übernachtungsmöglichkeiten in der Gegend sind sehr breit gefächert und reichen von teuren, schicken Boutiquehotels bis zu ein paar preisgünstigen Unterkünften mit Gemeinschaftsbädern.

CARLTON ARMS HOTEL $

Karte S. 454 (☎212-679-0680; www.carltonarms.com; 160 E 25th St Höhe Third Ave, Gramercy; DZ ohne/mit Bad 120/150 $; ❄📶; [S]6 bis 23rd St oder 28th St) Das Carlton Arms spiegelt die Kunstszene von Downtown vergangener Tage, hier schmücken Werke von Künstlern aus aller Welt fast jeden Winkel der Räumlichkeiten. Wandbilder säumen die Treppen die fünf Stockwerke hinauf; auch in den winzigen Zimmern und Gemeinschaftsbädern – in jedem Zimmer gibt es ein kleines Waschbecken – trifft man auf Kunst.

Kaum überraschend also, dass hier alle möglichen künstlerischen Menschen absteigen, denen die rustikale Unterbringung nichts ausmacht – dafür sparen sie eine Menge Geld. Es gibt keinen Aufzug.

Das Carlton Arms hat in seinen hundert Jahren als Hotel schon viele Inkarnationen durchlaufen: In der Prohibitionszeit versteckte sich in der Lobby eine Flüsterkneipe und in den 1960er-Jahren diente das heruntergekommene Haus Drogenabhängigen und Prostituierten als Zuflucht.

MARCEL AT GRAMERCY BOUTIQUEHOTEL **$$**

Karte S. 454 (☎212-696-3800; www.themarcelatgramercy.com; 201 E 24th St Höhe Third Ave, Gramercy; DZ ab 300 $; ❄@📶; [S]6 bis 23rd St) Das minimalistische 97-Zimmer-Hotel ist ein schickes Boutiquehotel „für Arme" – und das ist was Gutes. Die Zimmer sind einfach, aber modern (die Standardzimmer sind mini) und die grau-beige Farbgestaltung wird durch knallgelbe Bettkopfteile aufgefrischt. Die durchschnittlichen Bäder sind sauber, die Zimmer zur Avenue raus bieten recht nette Ausblicke. In der schicken Lounge im Erdgeschoss kann man schön ausspannen.

In der Business-Lounge im 9. Stock *(10th floor)* gibt's kostenloses WLAN; Zugang im eigenen Zimmer kostet pro Tag 10 $ extra.

HOTEL HENRI HOTEL **$$**

Karte S. 454 (☎212-243-0800; www.wyndham.com; 37 W 24th St zw. Fifth & Sixth Ave, Flatiron District; Zi. ab 247 $; ❄📶; [S]F/M, N/R bis 23rd St) Das Hotel Henri, das zur Wyndham-Kette gehört, liegt gleich weit von Chelsea und vom Union Sq entfernt. Was einst ein zweckmäßiges, langweiliges Hotel in toller Lage war, wartet jetzt mit einer schicken Innenausstattung mit schiefergrauen Wänden und von den 1960er-Jahren inspirierten Möbeln wie auch erstklassigem Service und tollen Annehmlichkeiten auf.

★GRAMERCY PARK HOTEL BOUTIQUEHOTEL **$$$**

Karte S. 454 (☎212-920-3300; www.gramercyparkhotel.com; 2 Lexington Ave Höhe 21st St, Gramercy; Zi. ab 600 $, Suite ab 800 $; ❄📶; [S]6, R/W bis 23rd St) Die alte Dame ist nach einer umfangreichen Schönheits-OP zu neuem Glanz gekommen. Schon in der Lobby (dunkle Holzvertäfelung und prächtige rote Wildlederteppiche) weht den Gästen ein Hauch von Luxus entgegen. Die Zimmer blicken auf den nahe gelegenen Gramercy Park, alle haben maßgefertigte Eichenmöbel, hochwertige italienische Bettwäsche (Fadenzahl 400) und große Betten mit Daunenmatratzen. Die satten Farben würden selbst einem spanischen Aristokraten zusagen.

Die Preise für die größten Zimmer (weitläufige Suiten mit raumhohen Flügeltüren zwischen Schlaf- und Wohnbereich) beginnen bei 800 $. Für Drinks gibt's die Promi-Magneten-Bars Jade und Rose, fürs Speisen das Maialino (S. 178), ein rustikales italienisches Restaurant von Stargastronom Danny Meyer.

HOTEL GIRAFFE BOUTIQUEHOTEL **$$$**

Karte S. 454 (☎212-685-7700; www.hotelgiraffe.com; 365 Park Ave S Höhe 26th St, Gramercy; Zi. ab 368 $; ❄📶; [S]R/W, 6 bis 23rd St) Es ist vielleicht nicht besonders cool oder hypermodern, doch das freundliche, zwölfstöckige Giraffe verdient sich seine Lorbeeren mit sauberen, eleganten Zimmern, einem im Preis inbegriffenen Frühstück und kostenlosem Wein und Käse von 17 bis 20 Uhr. Die meisten der 72 Zimmer verfügen über kleine Balkone, sämtliche über Flachbildfernseher und DVD-Spieler sowie einen Schreibtisch mit Granitplatte. Die Ecksuiten warten außerdem mit einem Wohnzimmer mit Schlafsofa auf.

🛏 Midtown

Wer sich gern ins Getümmel stürzt, sollte Midtown East in Betracht ziehen. Das ist die Gegend rund um den Bahnhof Grand Central, wo sich auch der Sitz der UN befindet. Das Viertel ist nicht so crazy und bunt wie Midtown West, bietet aber unendlich viele Übernachtungsmöglichkeiten. Das Angebot reicht von designorientierten „Schnäppchen" mit Gemeinschaftsbädern bis zu 1000-Dollar-Suiten mit eigener Terrasse, inklusive Blick auf die funkelnden Lichter der Skyline. Leute mit einem leichten Schlaf seien gewarnt: Midtown West ist ein Viertel, in dem niemals die Lichter ausgehen. Aber natürlich ist es besonders praktisch für Broadway-Fans.

MURRAY HILL EAST SUITES HOTEL **$**
Karte S. 456 (☑212-661-2100; http://murrayhill
suites.com; 149 E 39th St zw. Lexington & Third
Ave, Midtown East; Zi. ab 163 $; ✳ @ 🛜; Ⓢ4/5/6,
7 bis Grand Central) Die alte Backsteinfas-
sade bietet eine passende Hinführung zu
den Zimmern mit ihren 08/15-Möbeln und
-Teppichen aus der Zeit der Schlaghosen
und Schulterpolster. Wen die Designmän-
gel nicht stören, findet hier bemerkenswert
geräumige Zimmer mit separaten Sitzbe-
reichen und kleinen Küchen vor. Ganz in
der Nähe locken zahlreiche Restaurants
und Kneipen. Der Haken: Mindestaufenthalt 30 Tage.

PARK SAVOY HOTEL **$**
Karte S. 460 (☑212-245-5755; www.parksavoy
ny.com; 158 W 58th St zw. Sixth & Seventh Ave;
DZ ab 145 $; ✳🛜; ⓈN/Q/R bis 57th St–7th Ave)
Das Beste am Park Savoy sind der günstige
Preis und die praktische Lage am Zugang
zum Central Park. Logischerweise gibt's
auch Nachteile und das sind die Zimmer
mit ihren abgetretenen Teppichen, billigen
Bettdecken und den schlappen Duschen –
ganz zu schweigen von den wenig hilfsbereiten Mitarbeitern und einem Online-Bu-
chungssystem, das oft nicht funktioniert.

★YOTEL HOTEL **$$**
Karte S. 460 (☑646-449-7700; www.yotel.com;
570 Tenth Ave Höhe 41st St, Midtown West; Zi. ab
250 $; ✳🛜; ⓈA/C/E bis 42nd St–Port Autho-
rity Bus Terminal; 1/2/3, N/Q/R, S, 7 bis Times
Sq–42nd St) Teils futuristisches Raumfahrt-
zentrum, teils Austin-Powers-Kulisse – diese
hypercoole 669-Betten-Burg teilt die Zim-
mer in Flugzeugklassen ein: Premium Ca-
bin (Economy), First Cabin (Business) und
VIP Suite (First Class). In einigen First
Cabins und VIP-Suiten gibt es private Ter-
rassen mit Whirlpool. Die Premium Cabins
sind klein, aber clever eingeteilt und bieten
automatisch einstellbare Betten. Und alle
Cabins haben armhohe Fenster mit un-
glaublichem Ausblick, blitzblanke Badezim-
mer und iPod-Dockingstationen.

Weitere Pluspunkte: kostenlose Muffins
am Morgen, ein Fitnessraum und die größte
Hotelaußenterrasse der Stadt mit toller
Hochhauskulisse im Hintergrund.

POD 39 HOTEL **$$**
Karte S. 456 (☑212-865-5700; https://thepod
hotel.com/pod-39; 145 E 39th St zw. Lexington &
Third Ave, Midtown East; Zi. ab 240 $; ✳🛜; ⓈS,
4/5/6, 7 bis Grand Central–42nd St) Im funkigen Pod 39 kommen die guten Dinge in sehr
kleiner Verpackung. Die neuere Schwester
des Budget-Luxushauses Pod 51 (S. 360) bietet in ihren 367 Zimmern mit Bad hippes,
funktionelles Design und Ausblicke auf die
Stadt, alles in den winzigen Pod-Dimensio-
nen. Dazu gibt's eine farbenfrohe Taqueria,
eine in einem bunten Stilmix eingerichtete
Lobby-Lounge, eine Dachbar mit Lichterketten und ein Spielezimmer sogar mit einer guten alten Tischtennisplatte.

POD 51 HOTEL **$$**
Karte S. 456 (☑212-355-0300; www.thepodhotel.
com; 230 E 51st St zw. Second & Third Ave, Mid-
town East; Zi. ohne/mit Bad ab 165/210 $; ✳🛜;
Ⓢ6 bis 51st St; E/M bis Lexington Ave–53rd St)
Hier werden Träume wahr – jedenfalls für
Gäste, die schon immer mal in einem Ko-
kon leben wollten. In dieser bezahlbaren
und angesagten Herberge gibt es verschie-
dene Zimmertypen. Die meisten sind ge-
rade groß genug für ein Bett. Die „Pods"
haben helle Bettbezüge, enge Arbeitsplätze,
Flachbild-TV, iPod-Dockingstationen und
Regenkopfbrausen. In der wärmeren Jah-
reszeit kann man auf der flotten Dachter-
rasse einen Drink schlürfen.

CITIZEN M HOTEL **$$**
Karte S. 460 (☑212-461-3638; www.citizenm.
com; 218 W 50th St zw. Broadway & Eighth Ave,
Midtown West; Zi. ab 270 $; ✳🛜; Ⓢ1, C/E bis
50th St) Das nur einen Katzensprung vom
Times Square entfernt gelegene Citizen
M ist ein echtes Kind des 21. Jhs.: An den
Selbstbedienungstheken kann man sich
blitzschnell ein- und auschecken, die Gemeinschaftsbereiche sind fröhlich-bunt gestaltet und die Zimmer schick und kom-
pakt. Mit einem Tablet steuert man Licht,
Jalousien und Zimmertemperatur und die
Gäste freuen sich über schöne Matratzen,
kostenlose Filme und entspannende Regenduschen. Weitere Pluspunkte sind ein Fitnesscenter, eine Dachbar und ein rund um
die Uhr geöffnetes Café.

★NOMAD HOTEL BOUTIQUEHOTEL **$$$**
Karte S. 460 (☑212-796-1500; www.thenomad
hotel.com; 1170 Broadway Höhe 28th St, Midtown
West; Zi. ab 479 $; ✳🛜; ⓈN/R bis 28th St) Ge-
krönt von einer Kupferkuppel und ausge-
stattet vom Franzosen Jacques Garcia ge-
hört dieser Beaux-Arts-Designtraum zu den
heißesten Adressen der Stadt. Die Zimmer
huldigen einer nostalgischen New-York-
trifft-Paris-Ästhetik, mit recycelten Hart-

holzböden, in alten ledernen Reisekoffern untergebrachten Minibars und Klauenfußbadewannen einerseits sowie Flachbild-TVs und Hightech-LED-Beleuchtung andererseits. WLAN ist kostenlos und das Hausrestaurant NoMad samt Bar (S. 209) ist einer der angesagtesten Treffs im Viertel.

★ANDAZ
FIFTH AVENUE BOUTIQUEHOTEL **$$$**

Karte S. 456 (☑212-601-1234; https://newyork5thavenue.andaz.hyatt.com; 485 Fifth Ave Höhe 41st St, Midtown East; Zi. ab 465 $; ❋🛜; 🚇S, 4/5/6 bis Grand Central–42nd St; 7 bis 5th Ave; B/D/F/M bis 42nd St–Bryant Park) Superschick und jugendlich: Schon in der mit Kunst bestückten Lobby werden Gäste nicht an üblichen, angestaubten Empfangstresen begrüßt, sondern von dynamischen, sich im Raum frei bewegenden Mitarbeitern, bei denen man am Laptop eincheckt. Die 184 Zimmer des Hotels sind modern und schick, mit New Yorker Details wie von der Modeindustrie inspirierten rollenden Regalen oder Lampen, deren Form der Subway entlehnt wurden. Besonders reizvoll sind die großen, sexy Badezimmer mit Regenkopfbrausen, Fußbädern aus schwarzem Porzellan und Badeprodukten von Beekman 1802.

Es gibt eine „geheime" Kellerbar, die ausgesuchte und seltene Alkoholika und Gerichte mit Zutaten vorwiegend aus der Umgebung serviert. Hier finden auch regelmäßig Vorträge von Künstlern und Kuratoren statt. Specials siehe Website.

★QUIN
HOTEL **$$$**

Karte S. 460 (☑212-245-7846; www.thequinhotel.com; 101 W 57th St Höhe Sixth Ave, Midtown West; DZ ab 492 $; ❋🛜; 🚇F bis 57th St; N/W bis 5th Ave–59th St) Das 2013 unter großem Beifall eröffnete Quin liefert Opulenz mit einem Hauch modernen Schwung. Die schönen, eleganten Gemeinschaftsbereiche sind wirklich einzigartig: So gibt's in der Lobby eine 4,5 m große Videowand für Kunstinstallationen. Die Zimmer sind ruhig, sehr komfortabel und von dezenter Eleganz. Sie haben große Duxiana-Doppelbetten, schicke Marmorbäder mit glasgewandeter Dusche und Nespresso-Maschinen.

★KNICKERBOCKER
BOUTIQUEHOTEL **$$$**

Karte S. 460 (☑212-204-4980; http://theknickerbocker.com; 6 Times Sq Höhe 42nd St; DZ 654 $; ❋🛜; 🚇A/C/E, N/Q/R/W, S, 1/2/3, 7 bis Times Sq–42nd St) Das ursprünglich 1906 von John

Jacob Astor eröffnete 330-Zimmer-Hotel Knickerbocker ist nach einer 240 Mio. $ teuren Luxussanierung jetzt wieder im Geschäft. Ganz im Gegensatz zum Times Sq, an dem es liegt, verströmt das Hotel eine zurückhaltende, durchgestylte Eleganz. Die Zimmer sind schneidig schick, dezent und modern, mit einstellbarem 55-Zoll-Flachbildfernseher, Tablet auf dem Nachttisch und USB-Ladestationen. Die Bäder aus Carrara-Marmor beeindrucken durch geräumige Duschen, einige haben auch eine freistehende Badewanne.

Zu den Einrichtungen des Hotels zählen eine kultivierte Lounge, eine Cocktailbar und ein Restaurant mit moderner amerikanischer Küche, außerdem eine fabelhafte Dachbar mit buchbaren Privatnischen, Zigarren und manchmal auch DJs.

ACE HOTEL
BOUTIQUEHOTEL **$$$**

Karte S. 456 (☑212-679-2222; www.acehotel.com/newyork; 20 W 29th St zw. Broadway & Fifth Ave, Midtown West; Zi. ab 454 $; ❋🛜; 🚇N/R bis 28th St) Zahlungskräftige Kreative lieben die Standard- und Deluxe-Zimmer im Ace. Die gehobenen Studentenbuden präsentieren sich mit karierten Tagesdecken, Wandkritzeleien, Ledermöbeln und Kühlschränken. In einigen Zimmern gibt es sogar Gibson-Gitarren und -Plattenspieler, in allen kostenloses WLAN. Für die „Kids" mit weniger Kohle gibt es auch Minizimmer und günstige Kojen (mit Etagenbett) – zuweilen für unter 200 $ im Winter.

Für Dynamik und Kurzweil sorgen eine Lobby mit coolen Leuten, Live-Bands und DJs sowie das Stumptown Coffee Roasters (S. 210) und zwei der besten Restaurants der Gegend, das **Breslin Bar & Dining Room** (Karte S. 456; ☑212-679-1939; www.thebreslin.com; 16 West 29th St zw. Broadway & Fifth Ave; Hauptgerichte mittags 17–27 $, abends 27–39 $; ⊗7–24 Uhr) und das Fisch- und Meeresfrüchtemekka **John Dory Oyster Bar** (Karte S. 456; ☑212-792-9000; www.thejohndory.com; 1196 Broadway Höhe 29th St; Teller 11–55 $; ⊗12–24 Uhr).

CHATWAL NEW YORK
LUXUSHOTEL **$$$**

Karte S. 460 (☑212-764-6200; www.thechatwalny.com; 130 W 44th St zw. Sixth Ave & Broadway, Midtown West; Zi. ab 695 $; ❋🛜❋; 🚇N/Q/R, S, 1/2/3, 7 bis Times Sq–42nd St) Das Chatwal, ein restauriertes Art-déco-Juwel im Herzen des Theater District, ist genauso stimmungsvoll wie historisch: Im Lambs Club des Hauses haben schon Fred Astaire und

Irving Berlin gespeist, getrunken und gesungen. Alte Broadway-Plakate zieren die hyperluxuriösen Gästezimmer, die ihre Inspiration von Überseekoffern beziehen und über Veloursledertapeten, dicke Bettwäsche von Frette und Cocktailsets für einen Drink auf dem Zimmer verfügen.

Weitere Annehmlichkeiten sind ein inbegriffener Butlerservice, ein Parkservice und die Nutzung von Laptops und vorprogrammierten iPods, wer möchte, kann sich auch im Luxusspa des Hauses verwöhnen lassen. Das Beaux-Arts-Gebäude selbst stammt von Stanton White, dem Schöpfer des Washington Square Arch.

FOUR SEASONS LUXUSHOTEL **$$$**

Karte S. 456 (☎212-758-5700; www.fourseasons.com/newyork; 57 E 57th St zw. Madison & Park Ave, Midtown East; Zi. ab 825 $; ❄@📶; [S]N/W/R bis 5th Ave–59th St; 4/5 bis Lexington Ave & 59th St) Das Fünf-Sterne-Haus im 52-geschossigen Turm von I. M. Pei bietet makellosen Luxus in gedeckten Farben. Selbst das kleinste Zimmer hat eine ordentliche Größe, geräumige Schränke und HDTV in den Bädern aus toskanischem Marmor. Von den „Park View"-Zimmern bietet sich ein unverschämt schöner Blick auf den Central Park. Auch das renommierte Spa des Hotels lockt Rufe der Verzückung hervor.

PLAZA LUXUSHOTEL **$$$**

Karte S. 456 (☎888-240-7775, 212-759-3000; www.theplazany.com; 768 5th Ave Höhe Central Park S; Zi. 995 $; ❄📶; [S]N/R bis Fifth Ave–59th St) Die 282 Zimmer des Plaza passen mit ihrem prächtigen Mobiliar im Stil der Zeit Ludwigs XV. und ihren 24-karätig vergoldeten Badezimmerarmaturen perfekt in das der französischen Renaissance nachempfundene Gebäude. Weitere Highlights sind die Weintherapie im Guerlain Spa und der sagenhafte Palm Court, der für seine verglaste Decke und den Nachmittagstee berühmt ist. Weniger fabelhaft ist die WLAN-Gebühr von 14,95 $ – geringer bei Onlinebuchung.

INK48 BOUTIQUEHOTEL **$$$**

Karte S. 460 (☎212-757-0088; www.ink48.com; 653 Eleventh Ave Höhe 48th St, Midtown West; Zi. 459 $; ❄📶🐾; [S]C/E bis 50th St) Die Hotelkette Kimpton hat sich mit dem Ink48 am Subway-losen Rand von Manhattan in den tiefen Westen von Midtown vorgewagt. Doch das Hotel in einer ehemaligen Druckerei hat einiges zu bieten: wundervolle Blicke auf die Skyline und den Hudson, schicke moderne Zimmer, ein Boutique-Spa und -Restaurant und eine großartige Dachbar. Gekrönt wird das Ganze durch die Nähe zur florierenden Restaurantszene von Hell's Kitchen.

Hundehalter freuen sich über die kostenlosen Schüsseln mit Trockenfutter und Wasser gleich außerhalb der Lobby. Das WLAN ist nur dann kostenlos, wenn man dem Treueprogramm von Kimpton beitritt – sonst kostet es 13,95 $ pro Tag.

Upper East Side

In der Upper East Side liegen einige der teuersten Adressen des Landes. Günstige Übernachtungsmöglichkeiten sind hier eher unwahrscheinlich, wenn man auch gelegentlich ein Schnäppchen landen kann. Aber das ist eben der Preis dafür, nur einen Spaziergang entfernt von den großartigsten Kulturhighlights von New York zu wohnen.

BUBBA & BEAN LODGES B&B **$**

Karte S. 462 (☎917-345-7914; www.bblodges.com; 1598 Lexington Ave zw. E 101st & 102nd St; DZ 110–190 $, 3BZ 120–230 $, 4BZ 130–260 $; ❄📶; [S]6 bis 103rd St) Die Besitzer Jonathan und Clement haben ein charmantes Manhattaner Townhouse in ein herrliches Heim fern der Heimat verwandelt. Die fünf modernen, fast jugendlich anmutenden Gästezimmer sind einfach eingerichtet mit frischen, weißen Wänden, Parkettfußboden und blauer Bettwäsche. Jedes Zimmer in dem dreistöckigen Haus ohne Fahrstuhl hat ein eigenes Bad und eine Küchenzeile.

1871 HOUSE GÄSTEHAUS **$$**

Karte S. 462 (☎212-756-8823; www.1871house.com; 130 E 62nd St zw. Park & Lexington Ave; Suite halbe Etage 220–345 $, ganze Etage 365–645 $; ❄📶; [S]N/Q/R bis Lexington Ave–59th St) Wie man sich denken kann, entspricht der Name dieses altmodischen Gästehauses seinem Baujahr. Die sieben individuell eingerichteten Zimmer sind wie kleine Apartments ausgestattet, mit Küchenzeile, Badezimmer, Doppelbetten und Stilmöbeln – diejenigen, die ein ganzes Stockwerk einnehmen, haben mehrere Schlafzimmer und bieten bis zu fünf Personen Platz. Alle Zimmer sind hell und haben 3,5 m hohe Decken.

In dieser Gegend ist das eine supergünstige Übernachtungsmöglichkeit, aber es bleibt ein altes Gebäude, d. h. es gibt keinen

Aufzug, die Böden knarzen und im Winter kommt die Wärme von dampfbetriebenen Heizkörpern. Die Feinschmecker-Frühstückskörbe sind optional erhältlich und kosten extra.

FRANKLIN

HOTEL $$

Karte S. 462 (☎212-369-1000; www.franklin hotel.com; 164 E 87th St zw. Lexington & Third Ave; DZ ab 299 $; ✳☎; Ⓢ4/5/6, Q bis 86th St) In dem alteingesessenen 50-Zimmer-Hotel herrscht das Flair der 1930er-Jahre: Über dem Eingang thront ein goldenes Vordach und so geht es auch im Inneren weiter, z. B. beim altmodischen Aufzug. Wie in vielen New Yorker Häusern aus der guten alten Zeit sind die Zimmer und Bäder winzig. Aber die Einrichtung ist modern, das Personal sympathisch und die Lage einfach ideal: Zum Central Park und zu vielen Museen kommt man leicht zu Fuß.

Am Abend werden Wein und Käse serviert. Die Zimmer nach hinten raus sind ruhiger.

MARK

HOTEL $$$

Karte S. 462 (☎212-744-4300; www.themark hotel.com; 25 E 77th St, Ecke Madison Ave; DZ ab 750 $, Suite ab 1300 $; ✳☎; Ⓢ6 bis 77th St) Der französische Designer Jacques Grange hat dem Hotel mit kräftigen geometrischen und verspielten Formen in der Lobby seinen Stempel aufgedrückt – besonders toll ist der Zebrastreifen-Marmorboden. Die opulent renovierten Zimmer und die Suiten mit mehreren Schlafzimmern verströmen eine dezentere Ästhetik, sind aber gleichermaßen stilvoll im Sinne der aktuellen Trends.

In den hellen, luftigen Zimmern finden sich Kassettendecken, feine italienische Stoffe und elegante Möbel. Mit Touchscreens werden die Raumtemperatur, das Licht und die Lautsprecher von Bang & Olufsen gesteuert. Die Marmorbäder verfügen über doppelte Waschbecken, Dusche und Badewanne sowie einen im Spiegel eingelassenen Flachbildfernseher. Die billigsten Zimmer sind eher klein und der Service fällt zuweilen ein bisschen zu hip aus.

🛌 Upper West Side & Central Park

Auf Kulturfreunde übt die Upper West Side mit ihren berühmten Theatern, Kinos und Konzertsälen wie dem Lincoln Center direkt vor der Haustür natürlich eine besondere Anziehungskraft aus. Schön ist außerdem die Nähe zu der üppigen Oase Central Park (S. 241) und zum friedvollen Riverside Park (S. 246). An Unterkünften ist alles da, von preisgünstigen Hostels bis zu kostspieligen Luxustempeln.

JAZZ ON THE PARK HOSTEL

HOSTEL $

Karte S. 464 (☎212-932-1600; www.jazzhostels. com; 36 W 106th St zw. Central Park West & Manhattan Ave; B 48–70 $, DZ 165–200 $; ✳@☎; ⓈB, C bis 103rd St) Diese in ein Hostel verwandelte Absteige direkt am Central Park ist grundsätzlich eine gute Bleibe. Die sauberen Schlafsäle bieten zwischen vier und zwölf Betten, sowohl gemischt als auch nach Geschlechtern getrennt. Hier kann man toll andere Reisende treffen: Jeden Abend wird ein kostenloses Programm geboten (Comedy- und Filmabende, Kneipentouren, im Sommer Grillen). In der recht düsteren Lounge unten, dem „Kerker", gibt's einen Billardtisch, Sofas und einen großen Fernseher.

Dazu kommen noch ein Essbereich, Zugang zum Dach und mehrere kleine Terrassen.

HOTEL NEWTON

HOTEL $

Karte S. 464 (☎212-678-6500; www.thehotel newton.com; 2528 Broadway zw. 94th & 95th St; DZ 100–300 $; ✳☎; Ⓢ1/2/3 bis 96th St) Das neunstöckige Hotel Newton wird sicher keine Preise für seine Innenausstattung abräumen, aber es ist sauber und gut geführt und insgesamt eine solide Budgetunterkunft. Die 108 Zimmer sind klein und haben Fernseher, Mini-Kühlschrank, Kaffeemaschine und Mikrowelle. Die Badezimmer sind in einem guten Zustand; die größeren „Suiten" fallen etwas geräumiger aus und verfügen über eine Sitzecke. WLAN kostet pro Tag 6 $ extra.

NYLO HOTEL

BOUTIQUEHOTEL $$

Karte S. 464 (☎212-362-1100; www.nylo-nyc. com; 2178 Broadway Höhe 77th St; Zi. ab 299 $; ✳☎; Ⓢ1 bis 77th St) Das moderne Boutiquehotel hat 285 auf lockere Art stilvolle Zimmer in warmen Erdtönen. Zu den Annehmlichkeiten gehören weiche Betten, Holzböden, elegante Beleuchtung, für New Yorker Verhältnisse geräumige Badezimmer, Kaffeemaschine und Flachbildfernseher. Die „NYLO Panoramic"-Zimmer haben eine eigene, möblierte Terrasse mit extravaganter Aussicht auf Manhattan.

In den schönen Lounge- und Barbereichen im Erdgeschoss kann man sich nach einem anstrengenden Sightseeing-Tag wunderbar erholen. Der Service ist freundlich und die Lage ideal.

LUCERNE
HOTEL $$

Karte S. 464 (📞212-875-1000; www.thelucerne hotel.com; 201 W 79th St, Ecke Amsterdam Ave; DZ ab 300 $; ✳🛜; Ⓢ B, C bis 81st St) Das ungewöhnliche Gebäude aus dem Jahr 1903 im barocken Gewand mit verzierter terrakottafarbener Fassade ist der Sitz eines stattlichen 200-Zimmer-Hotels. Die Lage in der Nähe des Central Park und des American Natural History zieht in erster Linie Paare und Familien mit Kindern an. Es gibt neun verschiedene Arten von Gästezimmern im viktorianischen Stil, d. h. geblümte Bettdecken, verzierte Kopfteile und plüschige Kissen mit Bommeln.

Der Service ist höflich und im Haus gibt es ein französisch-mediterranes Restaurant, Nice Matin.

HOTEL BEACON
HOTEL $$

Karte S. 464 (📞212-787-1100, Buchung 800-572-4969; www.beaconhotel.com; 2130 Broadway zw. 74th & 75th St; DZ 175–350 $; 🛜; Ⓢ1/2/3 bis 72nd St) Direkt neben dem Beacon Theatre bietet diese familienfreundliche Herberge eine überzeugende Mischung aus aufmerksamem Service, komfortablen Zimmern und einer praktischen Lage. Es gibt 260 Zimmer (einschließlich Suiten mit mehreren Schlafzimmern), alle in einem dezenten Porzellangrün gehalten. Die Räume sind ordentlich und ruhig und sie verfügen über Kaffeemaschine und Küchenzeile. Zu den Einrichtungen zählt außerdem ein Fitnessraum und es stehen Waschmaschinen zur Verfügung.

Aus den oberen Stockwerken können Gäste auf den Central Park in der Ferne blicken. Insgesamt eine günstige Angelegenheit, in der Nebensaison winken Rabatte.

EMPIRE HOTEL
HOTEL $$$

Karte S. 464 (📞212-265-7400; www.empireho telnyc.com; 44 W 63rd St Höhe Broadway; Zi. ab 370 $; ✳🛜♿; Ⓢ1 bis 66th St–Lincoln Center) Vom alten Empire ist nur noch die Hülle übrig: Jetzt sind die Zimmer nach umfassender Renovierung in irdenen Tönen und im zeitgenössischen Stil gehalten. Außerdem trumpft das Hotel nun mit einem überdachten Pool, einer verführerischen Bar auf der Dachterrasse und einer schummrig beleuchteten Lobby-Lounge mit zebragestreiften Sitzmöbeln auf. Die über 400 Zimmer sind unterschiedlich geschnitten und zeichnen sich durch helle Wände und edle, dunkle Ledermöbel aus.

🛏 Harlem & Upper Manhattan

HARLEM FLOPHOUSE
PENSION $

Karte S. 466 (📞347-632-1960; www.harlemflop house.com; 242 W 123rd St zw. Adam Clayton Powell Jr & Frederick Douglass Blvd, Harlem; DZ mit Gemeinschaftsbad 99–150 $; 🛜; ⒮A/B/C/D, 2/3 bis 125th St) Das stimmungsvolle Stadthaus aus den 1890er-Jahren beschwört die Ära des Jazz wieder herauf – mit Betten im Messingrahmen und altmodischen Radios, die auf einen lokalen Jazzsender eingestellt sind. Gäste reisen hier in die Vergangenheit, das bedeutet auch: Gemeinschaftsbäder, keine Klimaanlage und keine Fernseher. Der Besitzer informiert gern über die Umgebung.

Die freundliche Hauskatze Phoebe trägt das Ihre zum heimeligen und freundlichen Ambiente des Hauses bei.

LA MAISON D'ART
PENSION $

Karte S. 466 (📞718-593-4108; www.lamaisond artny.com; 259 W 132nd St zw. Adam Clayton Powell Jr & Frederick Douglass Blvd, Harlem; Zi. ab 183 $; ✳🛜; Ⓢ2/3 bis 135th St) Die einladende Unterkunft über einer Kunstgalerie wartet mit fünf gemütlichen Zimmern voller Flair auf. Jedes Zimmer zeichnet sich durch eine einzigartige Ausstattung aus, etwa mit Antiquitäten und Himmelbett oder einem übergroßen Jacuzzi – die lila Wände und goldenen Vorhängen im viktorianischen Zimmer sind vielleicht nicht jedermanns Geschmack. Der hübsche Garten hinterm Haus ist ideal für ein wenig Entspannung.

Das Gästehaus befindet sich in einem klassischen Harlemer Brownstone mit guten Restaurants und Kneipen in der Nähe. Außerdem sind Midtown und andere Gegenden in Manhattan von hier aus leicht mit der Subway zu erreichen.

MOUNT MORRIS HOUSE B&B
PENSION $$

Karte S. 466 (📞917-478-6213; www.mountmorris housebandb.com; 12 Mt Morris Park W zw. 121st & 122nd St, Harlem; Suite/Apt. ab 175/235 $; ✳🛜; Ⓢ2/3 bis 125th St) Das gemütliche B&B ist in einem wunderschönen Stadthaus von

1888 untergebracht und bietet drei extravagante, geräumige Übernachtungsoptionen: eine Suite mit einem Schlafzimmer, eine Suite mit zwei Schlafzimmern und ein Studio-Apartment mit voll ausgestatteter Küche. Jede Einheit ist mit hübschen Originalelementen und Stilmöbeln, Himmelbetten, persischen Teppichen, Sesseln mit Brokatbezug, Kamin und Vintage-Badewanne ausstaffiert.

Frühstück gibt's keins, dafür aber den ganzen Tag über Kaffee, Tee und Kuchen gratis. Das Gästehaus liegt nur einen kurzen Spaziergang von der 125th St entfernt. Barzahlung bevorzugt.

ALOFT HARLEM HOTEL $$

Karte S. 466 (☎212-749-4000; www.aloftharlem.com; 2296 Frederick Douglass Blvd zw. 123rd & 124th St, Harlem; DZ ab 227 $; ❄📶; [S]A/C, B/D, 2/3 bis 125th St) Das Aloft bietet luxuriöses Flair zu erschwinglichen Preisen. Die Zimmer sind klein (26 m²), aber schick ausgestattet, mit frischen, weißen Laken, weichen Decken und bunt gestreiften Kissen. Die modernen Bäder sind klein (keine Wanne), doch funktional, mit Pflegeprodukten von Bliss.

In der Kellerlounge stehen Billardtische und es kann laut werden, aber die Zimmer sind weit genug davon entfernt. Insgesamt ist es eine günstige und praktische Unterkunft – das Apollo Theater und die lebhafte Geschäftsstraße 125th St liegen ganz in der Nähe.

🛏 Brooklyn

LEFFERTS MANOR BED & BREAKFAST B&B $

Karte S. 472 (☎347-351-9065; www.leffertsmanorbedandbreakfast.com; 80 Rutland Rd zw. Flatbush & Bedford Ave, Prospect Lefferts Gardens; Zi. mit Gemeinschaftsbad 109–139 $, mit eigenem Bad 149 $; 🚭@📶; [S]B, Q bis Prospect Park) Die sechs sonnigen Zimmer in diesem klassischen Brooklyner Brownstone warten mit gekachelten Kaminen, subtilen Farbpaletten und einer Einrichtung im historischen Stil auf. Die fünf Zimmer oben teilen sich zwei glänzend weiße Badezimmer; die Parlor Suite verfügt über eine eigene Toilette und eine Klauenfußwanne in einer per Vorhang abgetrennten Nische. Downtown Manhattan ist per Subway nur eine halbe Stunden entfernt. Wer möchte, kann ein kleines Frühstück einnehmen; Mindestaufenthalt drei Nächte.

Außerdem werden in zwei ähnlichen Häusern in der Nähe noch weitere Zimmer angeboten, in Fort Greene zudem zwei Apartments mit komplett ausgestatteter Küche.

SERENITY AT HOME B&B $

Karte S. 472 (☎646-479-5138; www.serenityah.com; 57 Rutland Rd zw. Bedford & Flatbush Ave, Prospect Lefferts Gardens; 2BZ/Zi. mit Gemeinschaftsbad ab 75/130 $, Zi. mit eigenem Bad 165 $; ❄📶; [S]B, Q bis Prospect Park) Das reizende Gästehaus nicht weit vom Prospect Park in Brooklyn residiert in einem schönen Reihenhaus der Vorkriegszeit. Die vier Zimmer verfügen über Holzböden, schöne Einrichtungen und hochwertige Matratzen und Bettwäsche. Drei Zimmer teilen sich Gemeinschaftsbäder, ein geräumiges Zimmer hat ein eigenes Bad mit Nostalgie-Badewanne.

Zenobia, die Eigentümerin, sorgt dafür, dass sich die Gäste wie zu Hause fühlen, und kann jede Menge nützliche Tipps für die Erkundung des Viertels und der ganzen Stadt beisteuern. Im Haus sind Straßenschuhe tabu – am besten Hausschuhe mitbringen! Mindestaufenthalt drei Nächte.

EVEN HOTEL BOUTIQUEHOTEL $

Karte S. 475 (☎718-552-3800; www.evenhotels.com; 46 Nevins St Höhe Schermerhorn St, Downtown Brooklyn; Zi. ab 149 $; ❄📶🐾; [S]2/3, 4/5 bis Nevins St; A/C, G bis Hoyt–Schermerhorn) Das Wellnesshotel hat alles, was gesundheitsbewusste Reisende brauchen: auf dem Zimmer eine „Fitnesszone" mit Yogamatte, Schaumstoffrolle, Yogablock und Gymnastikball, außerdem ein rund um die Uhr geöffnetes Fitnesszentrum, Bioessen und einen Automaten für frisch gepressten Orangensaft im Café – sowie einen kostenlosen Wäscheservice für die durchgeschwitzten Sportsachen. Die zentrale Lage in Downtown Brooklyn ist sehr günstig für die Subway.

LORALEI BED & BREAKFAST B&B $

(☎646-228-4656; www.loraleinyc.com; 667 Argyle Rd, abseits der Foster Ave, Ditmas Park; Zi. 145–195 $; [P]📶; [S]B, Q bis Newkirk Plaza) Das Loralei in einem freistehenden Haus von 1904 mit umlaufender Veranda sieht aus wie ein kleines B&B in Neuengland. Die Suiten im ersten Stock verfügen über Doppelbetten, viktorianische Ausstattung, Sitzbereich und eigenes Bad; das Wohnzimmer der Sutton-Suite kann auch als Einzelzimmer verwendet werden.

Ein kleines Frühstück ist inbegriffen; Mindestaufenthalt zwei Nächte. Downtown Manhattan ist mit der Subway rund eine Dreiviertelstunde entfernt.

WYTHE HOTEL　　BOUTIQUEHOTEL **$$**
Karte S. 468 (☏718-460-8000; www.wythehotel. com; 80 Wythe Ave Höhe N 11th St, Williamsburg; DZ ab 265 $; ✲🐾; Ⓢ L bis Bedford Ave; G bis Nassau Ave) Das Wythe Hotel residiert in einer umgebauten Fabrik von 1901 und bringt eine ordentliche Dosis Stil nach Williamsburg. Die im Industriechick gehaltenen Zimmer entzücken mit Betten aus recyceltem Holz, maßgefertigten Tapeten von Flavor Paper (in Brooklyn ansässig), nackten Backsteinwänden, polierten Betonböden und knapp 4 m hohen Original-Holzdecken.

Im Erdgeschoss serviert das Restaurant Reynard in hübschem Ambiente mit gefliesten Böden, Backsteinwänden, hohen Holzdecken und alten Einrichtungsgegenständen Brasserieklassiker. Die Ides Bar im obersten Stock eignet sich wunderbar für Sonnenuntergangs-Cocktails und das eine oder andere Craft-Bierchen. Tolle Ausblicke auf Manhattan gibt's gratis dazu.

WILLIAMSBURG HOTEL　　BOUTIQUEHOTEL **$$**
Karte S. 468 (☏718-362-8100; www.thewilliams burghotel.com; 96 Wythe Ave Höhe N 10th St, Williamsburg; DZ ab 250 $; 🐾; Ⓢ L bis Bedford Ave) Williamsburgs neuestes Boutiquehotel, nur zwei Straßen vom Wasser entfernt, hat 110 Zimmer mit spektakulärem Ausblick auf den Fluss und Manhattan; die „Terrassenzimmer" auf der Nordseite mit unverbautem Blick auf das Empire State Building, das Chrysler Building und die Upper East Side von den mit Kunstgras ausgelegten und teils mit Schwingsesseln bestückten Balkonen lohnen auf jeden Fall den Aufpreis.

Die Zimmer sind nicht gerade riesig, doch dank bodentiefer Fenster und gläserner Duschen mit bunten Subway-Kacheln wirken sie großzügiger. Minibar, Safe und Pflegeprodukte aus ätherischen Ölen des örtlichen Kosmetikherstellers namens Apotheke sind Standard. Die Dachbar in Form eines klassischen New Yorker Wasserturms und ein Pool sollen Mitte 2018 eröffnet werden.

HENRY NORMAN HOTEL　　BOUTIQUEHOTEL **$$**
(☏646-604-9366; www.henrynormanhotel.com; 251 N Henry St zw. Norman & Meserole Ave, Greenpoint; Lofts ab 299 $; ✲🐾; 🚌B48 bis Nassau Ave/Monitor St, Ⓢ G bis Nassau Ave) Das auffallende Backsteingebäude, eigentlich ein

Lagerhaus aus dem 19. Jh., in dem einst Künstlerlofts untergebracht waren, wartet in seinen hohen Zimmern mit Bohèmeschick auf. Die Zimmer verfügen über Holzböden, eine dezente Farbgestaltung in Weiß und Grau, Kunst an den Wänden und iPod-Dockingstationen. Die teureren Zimmer haben Terrasse – teils mit Stadtblick – und gut ausgestattete Küchenzeilen. Ermäßigte Preise über die Website.

Das Hotel liegt in einem Gewerbegebiet, doch die hippen Bars, Läden und Cafés von Greenpoint sind nur 15 Gehminuten entfernt. Oder man nimmt den kostenlosen Shuttleservice in Anspruch. Dieselben Leute betreiben auch das **Box House Hotel** (☏646-582-0172; www.theboxhousehotel.com; 77 Box St Höhe McGuinness Blvd, Greenpoint; Zi./Loft/1-Schlafzi.-Suite/2-Schlafzi.-Suite ab 170/249/379/699 $; ✲🐾; 🚌B43 bis Box St/ Manhattan Ave, Ⓢ 7 bis Vernon Blvd–Jackson Ave; G bis Greenpoint Ave) weiter nördlich in Greenpoint.

AKWAABA MANSION INN　　B&B **$$**
(☏718-455-5958, 866-466-3855; www.akwaaba. com; 347 MacDonough St zw. Lewis & Stuyvesant Ave, Bedford-Stuyvesant; Zi. 195–225 $; ✲🐾; Ⓢ A/C bis Utica Ave) Das herrliche B&B liegt in Bedford-Stuyvesant in einem von Bäumen gesäumten Block alter Stadthäuser. Das großzügige Herrenhaus wurde 1860 von einem ansässigen Bierbaron im italienischen Stil gebaut. Die Ausstattung mit Messingbetten, Marmorkaminen, dem originalen Parkettboden und einem Wintergarten, der sich um das ganze Haus zieht, atmet noch die Atmosphäre alter Zeiten – perfekt, um sich mit einem Buch zurückzuziehen.

Afrikanische Stoffe und alte Fotografien geben dem Ganzen eine persönliche Note. Es gibt vier große Suiten, jede mit eigenem Bad. Drei haben außerdem ein Jacuzzi für zwei Personen.

**MCCARREN HOTEL
& POOL**　　BOUTIQUEHOTEL **$$**
Karte S. 468 (☏718-218-7500; www.mccarren hotel.com; 160 N 12th St zw. Bedford Ave & Berry St, Williamsburg; DZ ab 300 $; ✲🐾🏊; Ⓢ L bis Bedford; G bis Nassau) Das hippe Hotel gegenüber dem McCarren Park ist ungemein schick, mit 63 minimalistischen Zimmern mit Bambusböden und Marmorbädern. Die teureren Zimmer verfügen über Balkone und Regenkopfbrausen. Von der Bar mit verschließbarem Dach im Obergeschoss bieten

sich umwerfende Ausblicke auf Manhattan. An sonnigen Tagen ist auch der große Salzwasserpool toll. Die Gäste können außerdem einen Fitnessraum nutzen.

NU HOTEL HOTEL $$

Karte S. 470 (☎718-852-8585; www.nuhotelbrooklyn.com; 85 Smith St Höhe Atlantic Ave, Boerum Hill; DZ ab 220 $; [❄][@][wifi]; [S]F, G bis Bergen St) Die 93 Zimmer in diesem Hotel an der Grenze zwischen Boerum Hill und Downtown Brooklyn sind mit viel frischem Weiß (Betttücher, Wände, Überdecken) von der minimalistischen Sorte. Die Möbel sind aus recyceltem Teakholz und die Fußböden aus Kork. Für Kleingruppen gibt's die „Bunkbed"-Suite mit einem Doppelbett und zwei Stockbetten, für Abenteuerlustige die „NU Perspectives"-Zimmer mit bunten Wandgemälden von Brooklyner Künstlern.

Es gibt eine kleine Lobbylounge und Fahrräder für die Gäste. Wer Wert auf seine Nachtruhe legt, sollte sich ein Zimmer abseits der lebhaften Atlantic Ave geben lassen.

HOTEL LE BLEU HOTEL $$

Karte S. 472 (☎718-625-1500; www.hotellebleu.com; 370 Fourth Ave Höhe 5th St, Gowanus; DZ ab 220 $; [P][❄][wifi]; [S]F, G, R bis 4th Ave–9th St) Das Hotel an einer verkehrsreichen Avenue in Gowanus bietet 48 schöne Zimmer in einer schicken Farbpalette aus Braun, Weiß und Blau – es heißt nicht umsonst „Le Bleu". Die Zimmer strotzen vor Annehmlichkeiten wie Bademänteln und Kaffeemaschine und ein kleines Frühstück ist im Preis inbegriffen. In ruhigeren Zeiten wird das Hotel durch die niedrigen Preise zu einem echten Schnäppchen.

Zwar ist die Fourth Ave nicht gerade hübsch, doch die Lage ist hervorragend – die Restaurants und Bars im Zentrum von Park Slope und die Musikläden in Gowanus sind gut zu Fuß zu erreichen. Eine nette Adresse für ein schnelles Mahl ist Whole Foods (S. 299) um die Ecke.

Queens

Was das Boutiquehotel- und B&B-Angebot angeht, kann das riesige Queens nicht mit Manhattan und Brooklyn konkurrieren, doch von den neuen Hotels in Long Island City eröffnen sich wunderbare Ausblicke auf Manhattan, Midtown ist leicht zu erreichen. Meist handelt es sich um Kettenhotels – die teils mit tollen Angeboten locken –, es gibt außerdem einige unabhängige Hotels.

BORO HOTEL DESIGNHOTEL $

Karte S. 478 (☎718-433-1375; www.borohotel.com; 38-28 27th St, Long Island City; Zi. ab 189 $; [P][❄][wifi][🐾]; [S]N/Q bis 39th Ave) Das Boro bietet minimalistischen Stadtluxus – Frette-Bettwäsche, üppige Bademäntel, Badewannen – für weit weniger Geld, als man in Manhattan zahlen würde. Und aus den bodentiefen Fenstern hat man außerdem noch tolle Blicke auf die glitzernde Skyline. Die hyperminimalistischen Zimmer mit Holzböden und hohen Decken verfügen teils über große Balkone. Das (kalte) Frühstück ist mit flockigen Croissants und griechischem Joghurt besser als der Durchschnitt.

LOCAL NYC HOSTEL $

Karte S. 478 (☎347-738-5251; www.thelocalny.com; 13-02 44th Ave, Long Island City; B/DZ ab 60/169 $; [❄][wifi]; [S]E, M bis Court Sq–23rd St) Das Hostel hat saubere, einfach eingerichtete kleine Zimmer mit bequemen Matratzen und jede Menge natürlichem Licht. Die Gäste können eine komplett ausgestattete Küche nutzen und in der luftigen Café-Bar trifft man gut andere Traveller; tagsüber gibt's guten Kaffee, abends Wein und Bier. Die ganze Woche über finden Veranstaltungen wie Filmabende, Livemusik und Quizabende statt.

Das freundliche Personal weist einem gern den Weg zu weniger bekannten Juwelen in New York. Nicht versäumen sollte man die Aussicht vom Dach.

PAPER FACTORY HOTEL HOTEL $

Karte S. 478 (☎718-392-7200; www.thepaperfactoryhotel.com; 37-06 36th St, Long Island City, Queens; DZ 120–309 $; [❄][wifi]; [S]M, R bis 36th St) Im halbgewerblichen Stadtteil Long Island City befindet sich dieses originelle Schmuckstück in einer ehemaligen Papierfabrik. Im Unterschied zu den Kettenmotels in der Nähe verfügen die im Industrieschick gehaltenen Zimmer hier über ein gewisses Maß an Kultiviertheit und im Gegensatz zu Hotelzimmern in Manhattan wirken sie geradezu gigantisch. Recyceltes Holz und Waschbeton sowie in die Böden eingearbeitete alte Landkarten kennzeichnen die Lobby.

Auch die Zimmer selbst zeichnen sich durch diese Vintage-Ästhetik aus, doch gibt's auch komfortable moderne Betten, gute Duschen und weite Stadtaussichten.

Die mehr als 3,5 m hohen Decken und die großen Fenster tragen zum geräumigen Eindruck bei. Durch New Yorker Kunst und altmodische Möbel erhält jedes Zimmer eine individuelle Note. Vom graffitiübersäten Dach bieten sich zauberhafte Ausblicke auf Manhattan und das Hausrestaurant Mundo serviert Küche aus aller Welt.

Z HOTEL   BOUTIQUEHOTEL $$

Karte S. 478 (☑877-256-5556, 212-319-7000; www.zhotelny.com; 11-01 43rd Ave, Long Island City; Zi. ab 230 $; ❋☎; Ⓢ F bis 21st–Queensbridge; E, M bis Court Sq–23rd St) Die Lage schreit laut „Industriebrache", aber jedes der 100 Zimmer in diesem designbewussten Turm eröffnet atemberaubende Blicke auf Manhattan. Die Räume sind eher klein, aber stilvoll in dunklen, modernen Tönen gehalten. Schöne Extras sind die Fußbodenheizung in den Bädern und die übergroßen Duschköpfe. Die besten Blicke hat man von der Dachbar.

WLAN ist kostenlos, ebenso wie Orts- und Ferngespräche und Leihfahrräder. Erhebliche Rabatte gibt's gelegentlich online.

RAVEL   BOUTIQUEHOTEL $$

Karte S. 478 (☑718-289-6101; www.ravelhotel. com; 8-08 Queens Plaza S, Long Island City; Zi. ab 210 $; Ⓟ❋☎; Ⓢ F bis 21st St–Queensbridge) Die Lage erscheint ein wenig abgeschieden, doch dieses Hotel in Long Island City liegt nur zwei kurze Subway-Stationen von Midtown entfernt. Die Zimmer sind nicht so luxuriös boutiquemäßig, wie das Hotel verkündet, doch sie sind einigermaßen elegant und modern, mit kräftigen Farbtupfern, schönem Bettzeug und Bädern mit Regenduschen – die Superior-Zimmer haben Badewanne. Von der schicken Restaurant-Bar gibt's schöne Ausblicke auf Manhattan.

New York verstehen

New York aktuell

New York ist nach wie vor ein Wirtschaftsmotor mit rekordverdächtig niedriger Arbeitslosigkeit, prall gefüllten städtischen Kassen und einem Bauboom in allen fünf Stadtbezirken. Unter der glänzenden Oberfläche lauern allerdings zahlreiche Probleme, u. a. ein überaltertes Verkehrsnetz, steigende Obdachlosenzahlen und die fortwährende Bedrohung durch den Terrorismus. Aber New York ist eine Stadt, die eine Menge wegstecken kann. Wie der ehemalige Präsident Barack Obama 2017 auf Twitter schrieb: „Keiner ist härter im Nehmen als die New Yorker!"

Die besten Filme

Frühstück bei Tiffany (1961) New York in all seinem Glanz und seiner Eigenartigkeit.

Taxi Driver (1976) Scorseses Film über einen traumatisierten Taxifahrer und Vietnam-Veteranen.

Do the Right Thing (1989) Spike Lees von der Kritik gefeierte Tragikomödie spürt den ethnischen Problemen nach, die dicht unter der Oberfläche brodeln.

Requiem for a Dream (2000) Story über einen Junkie aus Brooklyn und seine in ihn vernarrte jüdische Mutter.

Margaret (2015) Kenneth Lonergans zweiter Film beleuchtet die verheerenden Auswirkungen eines Unfalls auf einen Manhattaner Teenager.

Die besten Bücher

Die unglaublichen Abenteuer von Kavalier & Clay (Michael Chabon; 2000) Roman über Brooklyn, Eskapismus und die Kernfamilie.

Down These Mean Streets (Piri Thomas; 1967) Memoiren über die harte Jugend in Spanish Harlem.

Der unsichtbare Mann (Ralph Ellison; 1952) Ergreifende Erkundung der Lage von Afroamerikanern im frühen 20. Jh.

Vanishing New York (Jeremiah Moss; 2017) Bericht über die Veränderungen in New York im 21. Jh. u. a. durch die Gentrifizierung.

Ein erfolgreicher Bürgermeister

Bürgermeister Bill de Blasio trat sein Amt 2014 u. a. mit der Ankündigung an, etwas gegen die himmelschreiende Ungleichheit in der Stadt zu unternehmen. Einer seiner frühen Erfolge war die Einführung eines kostenlosen ersten Kindergartenjahres für den Nachwuchs aller New Yorker. Im September 2015 hatten rund 68 000 Vierjährige für ein Jahr kostenlose Kindergartenplätze – ein früher Start in die Vorschulbildung. 2015 und 2016 führte die Stadt unter de Blasio einen Mietpreisstopp ein: Davon profitierten mehr als 2 Mio. Menschen, die in Wohnungen mit Mietpreisbindung wohnen.

Ein weiterer wichtiger Punkt seines Programms war die Schaffung von erschwinglichem Wohnraum: Bis 2024 sollten 200 000 bezahlbare Wohneinheiten geschaffen werden oder zumindest erhalten bleiben. Am Ende seiner ersten Amtszeit 2017 verkündete der Bürgermeister stolz, 77 000 erschwingliche Wohneinheiten geschaffen zu haben.

Auf dem Gebiet der Löhne verschaffte er allen städtischen Bediensteten eine Lohnerhöhung und er setzte den Mindestlohn auf 15 $ pro Stunde herauf – gültig ab Ende 2018. Die Arbeitslosigkeit fiel außerdem auf einen Tiefstand – mit 4,3 % war sie so niedrig wie seit fast 40 Jahren nicht mehr; während de Blasios erster Amtszeit wurden im privaten Sektor pro Jahr 100 000 neue Arbeitsplätze geschaffen. Außerdem gab es unter ihm rekordverdächtig wenig Kriminalität.

Angesichts seiner Erfolge hatte Bill de Blasio 2017 keinerlei Mühe, als Bürgermeister der größten Stadt der USA wiedergewählt zu werden.

Der Subway-Blues

Eine der großen Herausforderungen für New York ist es, sein öffentliches Nahverkehrsnetz instand zu halten. Die hundert Jahre alte Subway offenbarte in letzter Zeit erhebliche Schwächen. Völlig überfüllte

Bahnen und immer häufigere Pannen haben dazu geführt, dass die Metropolitan Transit Authority (MTA) bei der Öffentlichkeit erheblich an Ansehen verloren hat. Während der Stoßzeiten sind die Bahnen oft so voll, dass die Pendler einen oder zwei Züge abwarten müssen, bis sie sich hineinzwängen können. Ein Teil der Probleme ist dem Signalsystem aus den 1930er-Jahren geschuldet, das die Subway auch heute noch nutzt. Nach Auskunft der MTA würde eine Erneuerung des Systems Jahrzehnte dauern und Milliarden Dollar verschlingen.

Verschlimmert wird das Problem für viele New Yorker noch durch die geplante temporäre Stilllegung der Linie L wegen dringender Sanierungsarbeiten. Während des Hurricane Sandy 2012 wurde der Canarsie Tunnel unter dem East River mit Millionen Litern Meerwasser geflutet, was verheerende Schäden anrichtete. Diese wichtige Verbindung zwischen Manhattan und Brooklyn wird täglich von 400 000 Fahrgästen genutzt. Ab April 2019, wenn die Linie L für 15 Monate gesperrt wird, müssen sie sich nach anderen Verbindungen und/oder Verkehrsmitteln umschauen.

Zwei Welten

In vielerlei Hinsicht teilt sich New York immer mehr in Arme und Reiche. Atemberaubende Erschließungsprojekte und superteure Apartments spicken die Stadtlandschaft, von den 4,5 Mrd. $ teuren Hudson Yards bis zum Wolkenkratzer 432 Park, dem von Rafael Viñoly entworfenen superschlanken Turm mit einem Penthouse, das kürzlich für 82 Mio. $ angeboten wurde. Für die Reichen ist New York das Paradies. Zu einer Immobilie in der Upper East Side, die für 85 Mio. $ verkauft wurde, gehörten auch noch eine Jacht für 1 Mio. $ sowie zwei Rolls Royce Phantoms.

Doch während die Stadt mit immer höheren und luxuriöseren Wohntürmen vollgestellt wird, steigen die Obdachlosenzahlen stetig. Heute gibt es über 63 000 Wohnungslose in der Stadt, mehr als doppelt so viele wie 2002. Stagnierende Löhne und explodierende Mieten haben das Problem noch verschärft. Von 2000 bis 2014 stieg die Durchschnittsmiete in New York um fast 20 %, während die Einkommen nur um 5 % wuchsen.

Die meisten New Yorker leben zwischen den beiden Extremen, doch der Mangel an erschwinglichem Wohnraum belastet die Einwohner der Stadt schwer. Da immer mehr Viertel gentrifiziert werden, steigen die Preise und die Hausbesitzer versuchen Mietpreisbindungen auszuhebeln, um höhere Gewinne einstreichen zu können. Daher bezahlen viele New Yorker Mieten, die sie sich eigentlich nicht leisten können – im Durchschnitt gehen fast 60 % des Einkommens für die Miete drauf. Daher ist es auch kein Wunder, dass bei den Familien, die in New Yorker Obdachlosenheimen leben, ein Drittel der Erwachsenen durchaus einer geregelten Arbeit nachgehen.

Einwohner por km²

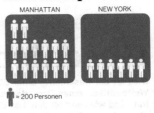

MANHATTAN   NEW YORK

= 200 Personen

Wohnsituation
(% der Bevölkerung)

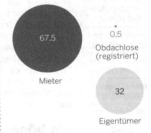

67,5

Mieter

0,5
Obdachlose
(registriert)

32

Eigentümer

Gäbe es nur 100 New Yorker, wären …

34 Weiße
28 Hispanics/Latinos
23 Afroamerikaner
13 Asiaten
2 Sonstige

Geschichte

Dies ist die Geschichte einer Stadt, die nie schläft, eines Reichs der Magnaten und Weltpolitiker, eines Orts, der die höchsten Höhen und die tiefsten Abgründe erlebt hat. Und während all dem hat die Stadt stets gen Himmel gestrebt, sowohl wörtlich als auch sinnbildlich. Und alles fing an mit 24 $ und einem Haufen Glasperlen …

New York im Urzustand

Historische Sehenswürdigkeiten

Ellis Island (New York Harbor)

Gracie Mansion (Upper East Side)

Merchant's House Museum (NoHo)

Jane's Carousel (Brooklyn)

Historic Richmond Town (Staten Island)

Lange vor der Landnahme durch die Europäer gehörte das Gebiet, auf dem sich heute New York City erstreckt, den amerikanischen Ureinwohnern, genauer: den Lenape (was so viel wie „die wahren Menschen" bedeutet). Sie lebten in wechselnden Siedlungen entlang der markant geformten Ostküste in einer Hügellandschaft, die von eiszeitlichen Gletschern geformt worden war. In New York sind heute noch Hügel aus Gletschergeröll vorhanden (die heutigen Viertel Hamilton Heights und Bay Ridge). Die Eismassen haben die weichen Gesteinsschichten abgeschliffen und Manhattans felsiges Fundament aus nacktem Gneis und Schiefer freigelegt. Rund 11 000 Jahre, bevor die ersten Europäer durch die Narrows segelten, sammelten, jagten und fischten die Lenape hier und ernährten sich vom Reichtum der Natur. Funde von Speer- und Pfeilspitzen, Knochenhaufen und Muschelbergen zeugen heute von ihrer Existenz. Einige ihrer Pfade liegen heute unter Straßen wie dem Broadway verborgen. In Munsee, der Sprache der Lenape, bedeutete das Wort Manhattan möglicherweise so viel wie „hügelige Insel" oder auch – etwas bunter – „Ort der allgemeinen Trunkenheit".

Ein böses Erwachen

Die Lenape blieben ungestört, bis die ersten Entdecker eindrangen. Die Vorhut bildete das französische Schiff *La Dauphine* unter dem Kommando des Florentiners Giovanni da Verrazano. Er erkundete 1524 die Upper Bay, die er als „wunderschönen See" bezeichnete, und versuchte gleich ein paar Ureinwohner zu kidnappen, während er vor Staten Island ankerte. Das war der Auftakt zu jahrzehntelangen Überfällen europäischer Entdecker auf die Dörfer der Lenape, die ein tiefes Miss-

ZEITLEISTE	ca. 1500 n. Chr.	1524	1625–1626
	Etwa 15 000 Ureinwohner leben in 80 Ansiedlungen auf der Insel. Zu den Gruppen gehören die sich bekriegenden Irokesen und Algonkin.	Die ersten europäischen Entdecker unter Giovanni da Verrazano erkunden die Upper Bay.	Die Bevölkerung von Neu-Amsterdam wächst auf 200 an. Die Niederländische Westindien-Kompanie importiert Sklaven aus Afrika als Arbeitskräfte für Pelzhandel und Bauarbeiten.

trauen gegen alle Fremden bei den Ureinwohnern hinterließen. 1609, als Henry Hudson, Angestellter bei der Niederländischen Westindien-Kompanie, eintraf, wurden die Ureinwohner bereits kategorisch in zwei Schubladen einsortiert: „reizende Primitive" oder „brutale Wilde".

Der Kauf von Manhattan

1624 schickte die Niederländische Westindien-Kompanie 110 Siedler in das Gebiet, um einen Handelsposten zu gründen. Sie ließen sich in Lower Manhattan nieder, nannten ihre Kolonie Neu-Amsterdam und lösten damit blutige Kämpfe mit den unbeugsamen Lenape aus. 1626 kam es zur Krise, als der erste Gouverneur der Kolonie, Peter Minuit, zum ersten – aber keineswegs letzten – skrupellosen Immobilienmakler der Stadt wurde: Er kaufte den Lenape das 57 km² große Manhattan für ganze 60 Gulden (24 $) und ein paar Glasperlen ab.

Mit Holzbein und eiserner Faust

Nach dem Kauf der Insel 1626 verfiel die Kolonie unter Gouverneur Willem Kieft zusehends. Dann trat Peter Stuyvesant auf den Plan und machte sich sofort mit Eifer an die Wiederaufrichtung der demoralisierten Siedlung. Er schloss Frieden mit den Lenape, gründete Märkte, stellte eine Nachtwache auf, reparierte das Fort, hob einen Kanal aus (unter der heutigen Canal St) und erteilte die Genehmigung für den Bau eines städtischen Schiffsanlegers. Seine Vision von einem florierenden Handelshafen gründete zum Teil auf seinen Erfahrungen als Gouverneur von Curaçao. Die expandierende Zuckerindustrie in der Karibik trug zu weiteren Investitionen in den Sklavenhandel bei, und schon bald betrug der Anteil der Sklaven an der Neu-Amsterdamer Bevölkerung 20 %. Einige Sklaven wurden nach langer Dienstzeit teilweise befreit und bekamen Grundstücke zugeteilt, die sogenannten „Negro Lots" (dort wo heute Greenwich Village, die Lower East Side und City Hall liegen). Die Niederländische Westindien-Kompanie förderte die profitablen Beziehungen zu den Plantagen auf den Westindischen Inseln und lockte Kaufleute mit der Aussicht auf Privilegien in die aufstrebende Hafenstadt. Die versprochenen „Freiheiten" galten anfangs nicht für die Juden, die vor der spanischen Inquisition flohen, aber die Niederländische Westindien-Kompanie schob der Intoleranz Stuyvesants später einen Riegel vor. In den 1650er-Jahren hatten sich die Lagerhäuser, Werkstätten und Giebelhäuser vom dicht besiedelten Flussufer in der Pearl St weiter ins Landesinnere ausgebreitet.

Als 1664 die kampfbereiten Engländer mit ihren Schlachtschiffen aufkreuzten, verzichtete der ermattete Stuyvesant auf jedes Blutvergießen und strich die Segel, ohne auch nur einen Schuss abzugeben. Sofort

New Yorker Namen niederländischen Ursprungs

Gramercy: Kromme Zee („krummer See")

Coney Island: Konijneneiland („Kanincheninsel")

Yonkers: jonker („Junker")

Bowery: bouwerij („Bauernhof")

Bronx: benannt nach Jonas Bronck

1646

Die Niederländer gründen das Dorf Breuckelen am Ufer des East River auf Long Island und benennen es nach dem Ort Breukelen in ihrer Heimat. Es bleibt bis 1898 unabhängig.

1754

Der britische König Georg II. gründet per königlicher Charta New Yorks erste höhere Bildungsanstalt, das King's College. Nach dem Unabhängigkeitskrieg wird es zur Columbia University.

1776

Die britischen Kolonien in Amerika unterzeichnen am 4. Juli die Unabhängigkeitserklärung. Verfasser des Dokuments sind u. a. John Hancock, Samuel Adams und Benjamin Franklin.

1784

Alexander Hamilton gründet Amerikas erste Bank, die Bank of New York. Knapp zehn Jahre später werden ihre Anteile als erste Unternehmensaktien an der New Yorker Börse gehandelt.

New York war die erste Hauptstadt der USA – George Washington leistete 1789 in der Federal Hall seinen Amtseid.

Am 16. Dezember 1835 brach in einer Kurzwarenhandlung beim Hanover Square eine Gasleitung. Das führte zu einem Großbrand, der sich schnell über die Stone St Richtung Süden sowie nach Nordosten Richtung Wall St ausbreitete. Das Feuer wütete einen ganzen Tag lang und zerstörte einen Großteil der Überreste der alten niederländischen und britischen Kolonialstadt.

ließ König Karl II. die Kolonie nach seinem Bruder, dem Herzog von York, umbenennen. New York wurde ein florierender britischer Hafen, dessen Bevölkerung bis zur Mitte des 18. Jhs. auf 11 000 anwuchs, und entwickelte sich zu einem bedeutenden Umschlagplatz des Sklaven- und Güterhandels zwischen den Erdteilen.

Pressefreiheit & Great Negro Plot

Die wachsenden Spannungen machten sich auch in der Kolonialpresse bemerkbar: John Peter Zengers *New York Weekly Journal* verunglimpfte den König und seinen Gouverneur mit solcher Regelmäßigkeit, dass die Obrigkeit ihn 1733 wegen aufrührerischer Verleumdung verklagte – aber ohne Erfolg. Sein Freispruch wurde zur Geburtsstunde der Pressefreiheit.

1741 brachen in der Stadt einige Brände aus, darunter einer am Fort George, der damaligen Residenz des Vizegouverneurs George Clarke. Für die Brände machten viele New Yorker afroamerikanische Sklaven verantwortlich; wie ein Lauffeuer verbreiteten sich die Gerüchte einer bevorstehenden Rebellion von Schwarzen und armen weißen Siedlern, bei der New York niedergebrannt werden sollte. Trotz widersprüchlicher Berichte und einem Mangel an handfesten Beweisen führte der sogenannte Great Negro Plot („Große Neger-Verschwörung") zur Verhaftung und Hinrichtung zahlreicher Sklaven und vermeintlicher Mitverschwörer.

Revolution & Krieg

Es kam zu öffentlichen Zusammenstößen zwischen amerikanischen Patrioten und königstreuen Loyalisten. Der intellektuelle Colonel Alexander Hamilton wurde zum erbitterten antibritischen Rädelsführer. Viele Zivilisten flohen vor dem bevorstehenden Krieg. Der revolutionäre Kampf begann im August 1776: General George Washington verlor innerhalb weniger Tage ein Viertel seiner Armee und trat den Rückzug an. Ein Großteil der Kolonie ging in Flammen auf, doch letztlich zogen die Briten ab und Washingtons Armee nahm die Stadt wieder in Besitz. Nach diversen Feierlichkeiten, Banketten und einem prächtigen Feuerwerk in Bowling Green verabschiedete sich General Washington im heutigen Fraunces Tavern Museum von seinen Offizieren und legte sein Amt als Oberbefehlshaber nieder.

Zu seiner eigenen Überraschung sprach der General a. D. 1789 jedoch wieder vor der Federal Hall zur Bevölkerung, die hier seiner Amtseinführung als Präsident beiwohnte. Alexander Hamilton machte sich unterdessen daran, New York neu aufzubauen, und begründete als Wa-

1789	1795	1811	1825
George Washington wird nach einer siebentägigen Siegesfahrt ab seinem Wohnsitz in Mount Vernon in der Federal Hall feierlich in sein Amt als erster Präsident des Landes eingeführt.	Zwei Jahre, nachdem die Stadt Flüchtlinge aus dem gelbfiebergeplagten Philadelphia abgewiesen hat, wird New York selbst von einer Gelbfieberepidemie heimgesucht, die fast 750 Opfer fordert.	Bürgermeister DeWitt Clinton entwirft Pläne für Manhattans Straßenraster. Hügel werden daraufhin eingeebnet, Sümpfe trockengelegt und zukünftige Straßenverläufe abgesteckt.	Der Eriekanal wird feierlich eingeweiht. Er gilt als eine der größten Ingenieurbauleistungen seiner Zeit und ist von wesentlicher Bedeutung für New Yorks Handel und Wirtschaft.

shingtons Finanzminister die New Yorker Börse. Aber die Menschen misstrauten einer Regierung in unmittelbarer Nähe zur Finanzmacht der Wall-Street-Händler, weshalb die New Yorker den Hauptstadtstatus wenig später an Philadelphia abtreten mussten.

Bevölkerungsrückgang & Ausbau der Infrastruktur

Es gab im 19. Jh. eine Menge Rückschläge: die blutigen Draft Riots (Einberufungskrawalle) von 1863, verheerende Choleraepidemien, zunehmende Spannungen zwischen „alten" und neuen Einwanderern und die katastrophale Armut und Kriminalität in Five Points, dem ersten Slum der Stadt (dort, wo heute Chinatown ist). Schließlich jedoch wurde die Stadt reich genug, um Finanzmittel in groß angelegte öffentliche Bauprojekte pumpen zu können. Ein gewaltiges Aquäduktsystem versorgte die Bewohner mit Wasser aus dem Croton-Stausee. So konnte der Wassermangel behoben und die Cholera, die in der Stadt grassierte, ausgerottet werden. Irische Einwanderer hoben einen knapp 600 km langen „Graben" aus – den Eriekanal zwischen Hudson und Eriesee. Der größte Befürworter des Kanals, Bürgermeister deWitt Clinton, goss bei der feierlichen Eröffnung ein Fass Wasser aus dem Eriesee ins Meer. Clinton war auch der Vater des modernen Straßenrasters von Manhattan – ein Plan, den er mit einer Kommission erdacht hatte, um die Stadt organisatorisch auf die absehbare Bevölkerungsexplosion vorzubereiten.

Ein weiteres Mammutprojekt sollte der Gesundheit derjenigen New Yorker zugutekommen, die in den winzigen Wohnungen der Mietskasernen hausten – ein fast 350 ha großer öffentlicher Park. Mit der Anlage des Central Park wurde 1855 begonnen – auf einem Areal, das so weit im Norden der Stadt lag, dass einige Einwanderer dort noch Schweine, Schafe und Ziegen hielten. Er verkörperte die Vision einer grünen Stadt und war zugleich ein Segen für Grundstücksspekulanten.

Eine weitere Vision verwirklichte der deutschstämmige Ingenieur John Roebling: Um das Problem des Fährverkehrs zu lösen, der zwischen Manhattan und dem damals noch unabhängigen Brooklyn immer wieder durch strenge Winterfröste zum Erliegen kam, entwarf er eine beeindruckende Konstruktion aus Drahtgeflecht und gotischen Bögen als Brücke über den East River. Seine Brooklyn Bridge beschleunigte das Zusammenwachsen der beiden Nachbarstädte.

Anfang des 20. Jhs. beförderten Hochbahnzüge bereits 1 Mio. Pendler täglich in die Stadt. Die Schnellbahn begünstigte die urbane Entwicklung der Bronx und von Upper Manhattan und kurbelte in der Gegend um die Bahntrassen kleine Baubooms an. Zu jener Zeit platzte New

Die Brooklyn Bridge wurde am 24. Mai 1883 mit viel Trara eröffnet. Als erstes geleiteten die New Yorker Bürgermeister Franklin Edison und der Brooklyner Bürgermeister Seth Low Präsident Chester Arthur und Gouverneur Grover Cleveland über die Brücke, danach folgten 150 000 Bürger, die jeweils einen Penny für die Ehre zahlten.

1853	1861–1865	1863	1882
Der Staat New York genehmigt die Umwidmung öffentlichen Baulands: Aus 17 000 potenziellen Baugrundstücken wird der Central Park.	Zwischen Nord- und Südstaaten bricht ein Bürgerkrieg aus. Das Ende des Krieges am 9. April 1865 wird überschattet durch die Ermordung Präsident Lincolns fünf Tage später.	Während des Bürgerkriegs brechen in New York die „Einberufungskrawalle" aus. Präsident Lincoln muss Soldaten von der Nordstaatenarmee abziehen, um die Ordnung wiederherzustellen.	Thomas Edison schaltet das erste elektrische Licht der Stadt in der JP Morgan Bank in der 23 Wall St an. Am gleichen Novembertag werden 85 Häuser in Manhattan ans Stromnetz angeschlossen.

York fast aus allen Nähten. Einwanderer aus Süditalien und Osteuropa hatten die Einwohnerzahl der Metropole auf fast 3 Mio. hochschnellen lassen. Die Reise der Immigranten, die erstmals in Castle Garden und Ellis Island amerikanischen Boden betraten, führte direkt in die Lower East Side; dort ließ sich die unterschiedliche Herkunft der Bewohner an den jüdischen, italienischen, deutschen und chinesischen Schildern der Geschäfte ablesen.

Klassenkonflikte

Als Ende des 19. Jhs. die Einreisebehörde auf Ellis Island eröffnet wurde und schon im ersten Jahr 1 Mio. Neuankömmlinge durchschleuste, lebten Menschen verschiedenster Herkunft in Elend und Armut. Sie wohnten in überfüllten Mietskasernen, standen frierend vor Suppenküchen Schlange und schaufelten Schnee für Hungerlöhne.

Zur gleichen Zeit kurbelte der Finanzier J. P. Morgan die Wirtschaft an, indem er bankrotte Eisenbahngesellschaften sanierte und New York zum Hauptsitz von Standard Oil und US Steel machte. Die Neureichen begannen, immer prächtigere Villen an der Fifth Ave zu bauen. Paläste wie die Vanderbilt-Villa (Ecke 52nd St & Fifth Ave) entstanden nach dem Vorbild europäischer Schlösser und erreichten neue Höhen der Opulenz: Gobelins schmückten die Marmorsäle, in verspiegelten Ballsälen vergnügten sich juwelenbehangene Partygäste, und Diener in Livree halfen vornehmen Ladys aus ihren vergoldeten Kutschen. In dieser besseren Gesellschaft gaben die Astors, Fricks und Carnegies den Ton an. Der Reporter und Fotograf Jacob Riis dokumentierte die wachsende Kluft zwischen den Klassen in seinen Artikeln für die *New York Tribune* und in seinem Klassiker *How the Other Half Lives* (Wie die andere Hälfte lebt; 1890) und zwang die Stadt schließlich dazu, längst überfällige Reformen im Wohnungswesen einzuleiten.

Fabrikbrand & Frauenrechte

Die miserablen Arbeitsbedingungen Anfang des 20. Jhs. – schlechte Bezahlung, überlange Arbeitszeiten und ausbeuterische Arbeitgeber – kamen 1911 durch ein tragisches Ereignis ans Licht. Bei einem Brand in der Näherei der berüchtigten Triangle Shirtwaist Company gingen die Stoffballen der Manufaktur in Flammen auf; 146 der 500 Arbeiterinnen kamen ums Leben, die hinter verriegelten Türen gefangen waren. 20 000 Arbeiterinnen der Bekleidungsindustrie marschierten daraufhin vor die City Hall, was weitreichende Reformen des Arbeitsrechts nach sich zog. Gleichzeitig organisierten Suffragetten Kundgebungen an den Straßenecken, um das Frauenwahlrecht einzufordern. Die Kran-

---

Die New Yorker Subway befördert ihre Passagiere auf einem Gleisnetz von über 1000 km Länge. Betriebsbahnhöfe und Servicestrecken mitgerechnet, sind im Stadtgebiet 1350 km U-Bahn-Gleise verlegt.

Forgotten-NY.com ist das Kompendium des in Queens gebürtigen Kevin Walsh zur Geschichte New Yorks. Es bietet einzigartige Geschichten über alles Mögliche von alten Subway-Stationen bis zu Friedhöfen.

1883	1886	1898	1904
Die Brooklyn Bridge, deren Bau 15,5 Mio. $ (und 27 Menschenleben) gekostet hat, wird eröffnet. Schon bei der Einweihungsfeier wird sie von 150 000 Fußgängern überquert.	Der Sockel der Freiheitsstatue wird fertiggestellt. Danach wird die Riesendame in einer großen Zeremonie vor Tausenden von New Yorkern an die Stadt übergeben.	Ratifizierung der Charter of New York: Brooklyn, Staten Island, Queens, Bronx und Manhattan bilden zusammen die größte Stadt Amerikas.	Der Luna Park in Coney Island und der Vergnügungspark Dreamland werden eröffnet, während die erste Subway-Linie schon an ihrem ersten Betriebstag 150 000 Fahrgäste befördert.

kenschwester und Hebamme Margaret Sanger eröffnete in Brooklyn die erste Klinik für Geburtenkontrolle, wo sie umgehend von der Sittenpolizei verhaftet wurde. Nach ihrer Haftentlassung gründete sie 1921 die American Birth Control League (heute Planned Parenthood), die jungen Frauen Beistand und Hilfe bot und nach zuverlässigen Verhütungsmethoden forschte.

Die Ära des Jazz

In den 1920er-Jahren dämmerte die Ära des Jazz herauf. Es war die Zeit der Prohibition mit ihrem Handelsverbot für Alkohol, die Blütezeit des Alkoholschmuggels, der Flüsterkneipen und des organisierten Verbrechens. 1925 wurde der sympathische James Walker zum Bürgermeister gewählt. Im Yankee-Stadion regierte die Baseball-Legende Babe Ruth und die große Einwanderungswelle aus den Südstaaten machte Harlem zum Zentrum der afroamerikanischen Kultur. Hier lag der Nährboden für eine innovative Künstlerszene, mit Dichtern, Musikern und Malern, die die amerikanische Gesellschaft bis heute beeinflussen und inspirieren. In den 1920er- und 1930er-Jahren lockte das wilde Harlemer Nachtleben so viele *flappers* – wie junge, moderne Frauen genannt wurden – und Gin trinkende Nachtschwärmer an, dass die Prohibition als totaler Fehlschlag zu den Akten gelegt werden musste. Damals wurde der Grundstein für das ausschweifende Nachtleben gelegt, dem die New Yorker heute noch frönen. Doch die große Sause war bald vorbei – der wirtschaftliche Zusammenbruch stand kurz bevor.

Harte Zeiten

Mit dem Börsenkrach von 1929 begann die Weltwirtschaftskrise der 1930er-Jahre. New York überstand diese Zeit mit einer Kombination aus Mumm, Durchhaltevermögen, spontanen „Rent-Partys" (zur Finanzierung der Mieten), Kampfgeist und zahlreichen öffentlichen Bauprojekten. Im zuvor glanzvollen Central Park breiteten sich armselige Hütten aus, die spöttisch als „Hooverville" bezeichnet wurden – nach dem Präsidenten, der sich geweigert hatte, den Bedürftigen zu helfen. Doch Bürgermeister Fiorello LaGuardia fand einen Freund in Präsident Franklin Roosevelt und nutzte seine guten Beziehungen nach Washington, um Hilfsgelder für seine Stadt abzuzweigen und ihr damit zu neuem Wohlstand zu verhelfen.

Der Zweite Weltkrieg führte massenhaft Soldaten in die Stadt, die ihren letzten Dollar auf dem Times Square in Alkohol umsetzten, bevor sie nach Europa verschifft wurden. Die Kriegsmaschinerie vereinnahmte die New Yorker Fabriken, und dort rauchten die Schornsteine.

New Yorks höchste Gebäude

Woolworth Building (241 m; 1913–1930)

Chrysler Building (319 m; 1930–1931)

Empire State Building (443 m; 1931–1972 & 2001–2012)

World Trade Center (417 m; 1972–2001)

One World Trade Center (541 m; ab 2012)

1913	**1919**	**1931**	**1939**
Der noch nicht ganz fertige Grand Central Terminal wird am 2. Februar eröffnet. Über 150 000 Menschen besuchen den neuen Bahnhof am Tag seiner Eröffnung.	Das Baseball-Team der New York Yankees gewinnt seine erste Meisterschaft in der World Series gegen die Giants.	Das Empire State Building (443 m hoch) überholt das Chrysler Building als höchster Wolkenkratzer der Welt; 1970 geht der Titel an den Nordturm des World Trade Center.	In Queens eröffnet die Weltausstellung unter dem Motto „All Eyes to the Future". Die Austellung will ihren Besuchern einen Blick auf die Welt von Morgen ermöglichen.

Unter den Arbeitern waren jetzt auch Frauen und Afroamerikaner, die damit erstmals in großer Zahl einen gewerkschaftlich organisierten Arbeitsplatz fanden. Der industrielle Boom während des Krieges hatte eine enorme Wohnraumverknappung zur Folge, der New York sein Modell der Mietpreisbindung verdankt – bis heute vielfach kopiert.

Die Wirtschaft wurde offensichtlich kaum kontrolliert. In Midtown schoss nach dem Krieg ein Wolkenkratzer neben dem anderen aus dem Boden. Das Finanzzentrum wanderte weiter nach Norden ab, und der Bankier David Rockefeller und sein Bruder, Gouverneur Nelson Rockefeller, planten den Bau der Zwillingstürme des World Trade Centers, um Downtown neues Leben einzuhauchen.

Auftritt Robert Moses

LaGuardia wurde in seinen Bemühungen, die Stadt in die Moderne zu führen, unterstützt von Robert Moses, einem Stadtplaner, der das Gesicht der Stadt stärker veränderte als irgendjemand sonst im 20. Jh. – ob mit großartigen oder katastrophalen Resultaten, das sei mal dahingestellt. Auf sein Konto gehen die Triborough Bridge (heute die John F. Kennedy Bridge), der Jones Beach State Park, die Verrazano-Narrows Bridge, der West Side Highway und die Alleen von Long Island – ganz zu schweigen von unzähligen Schnellstraßen, Tunneln und Brücken. Moses hatte die Vision, die beschaulichen Viertel mit ihren gediegenen Brownstone- und Reihenhäusern durch weitläufige Parks und riesige Hochhaustürme zu ersetzen. Die Bemühungen erboster Denkmalschützer, traditionelle Viertel vor Moses' Planierraupen zu retten, führten 1965 zur Gründung der Landmarks Preservation Commission (Denkmalschutzbehörde).

Beatgeneration

In den 1960er-Jahren begann eine Zeit der legendären Kreativität und Auflehnung gegen das Establishment. Zentrum dieser Bewegung war Greenwich Village mitten in Downtown, und eine wichtige Strömung dieser Zeit war der Abstrakte Expressionismus, der sich unter den amerikanischen Malern schnell verbreitete und mit absurden Schnörkeln, Klecksen und unbändiger Energie verstörte und faszinierte. Zu seinen Vertretern gehörten u. a. Mark Rothko, Jackson Pollock, Lee Krasner, Helen Frankenthaler und Willem de Kooning. Dann gab es da noch die Schriftsteller wie die Beatniks Allen Ginsberg und Jack Kerouac sowie die Roman- und Bühnenautorin Jane Bowles, die in den Kaffeehäusern des Village Ideen austauschten und Inspiration suchten – oft fanden sie beides in der Folkmusik aufstrebender Stars wie Bob Dylan.

1941	1945	1963	1969
Duke Ellingtons Bandleader Billy Strayhorn lässt sich von der Subway-Linie nach Harlem zu dem Song *Take the A Train* inspirieren. Er wird zur Erkennungsmelodie der Band.	Nach Unterzeichnung der UN-Charta durch 50 Staaten in San Francisco wird die UN mit Hauptsitz im Osten Manhattans gegründet.	Die alte Pennsylvania Station muss dem Madison Square Garden weichen. Die Entrüstung über den Abriss führt zur Gründung der Landmarks Preservation Commission.	Am 28. Juni stürmen acht Polizisten das schwulenfreundliche Stonewall Inn. Die Gäste rebellieren und tagelange Krawalle markieren die Geburt der modernen Schwulenbewegung.

„Geh zum Teufel!"

Anfang der 1970er-Jahre wuchsen sich Haushaltsdefizite zu einer ernsthaften Finanzkrise aus, die den gewählten Bürgermeister Abraham Beame zur Repräsentationsfigur degradierte, während die Finanzgeschäfte der Stadt praktisch in den Händen von Gouverneur Carey und seinen Handlangern lagen. Präsident Fords Weigerung, der Stadt finanziell unter die Arme zu greifen – die *Daily News* titelte damals: „Ford an City: Geh zum Teufel!" – markierte den Tiefpunkt in der Hassliebe zwischen den USA und der Stadt. Massenentlassungen dezimierten die New Yorker Arbeiterklasse und heruntergekommene Brücken, Straßen und Parks zeugten von harten Zeiten.

Die traumatischen 1970er-Jahre – symbolisch waren 1977 ein stadtweiter Stromausfall und das Treiben des Serienmörders David Berkowitz – drückten immerhin die Mieten und ließen eine spannende Alternativszene entstehen. Leer stehende Schulen boten Raum für Performances, ungenutzte Geschäfte wurden in Galerien verwandelt und die Haarfärbebranche erlebte mit dem Punk-Rock-Look einen neuen Boom. Mit den Einnahmen aus den Dreharbeiten zum Film *Fame* im PS 122 an der Ecke 9th St & First Ave wurde die Renovierung dieses noch heute beliebten Veranstaltungsorts finanziert. Punks und Ramones-Fans machten aus ehemaligen Lagerhäusern aufregende Clubs und verwandelten die einstigen Industriebezirke SoHo und Tribeca. Diese Wiedergeburt, in Nan Goldins berühmter Fotoperformance *Die Ballade von der sexuellen Abhängigkeit* verewigt, stellte Geschlechterrollen infrage und transformierte das East Village in Amerikas Hochburg der Tätowierer und unabhängigen Filmemacher.

Wie Phönix aus der Asche

Unterdessen legte in den 1970er-Jahren eine Serie von Brandstiftungen in der South Bronx mehrere Apartmentblocks in Schutt und Asche. Inmitten der Qualmwolken entstand eine einflussreiche Hip-Hop-Szene, die durch die hämmernden Rhythmen des puertoricanischen Salsa angeheizt wurde. „Crazy Legs" Richie Colón und seine Rock Steady Crew standen an der Spitze einer athletischen Breakdance-Bewegung, die richtige Wettkämpfe austrug. Kool DJ Herc legte auf Partys nächtelang Platten für die Breaker auf. Afrika Bambaataa, ein weiterer Hip-Hop-DJ der ersten Stunde, führte mit der Gründung seiner Zulu Nation DJs Breakdancer und Graffitikünstler zusammen, um die Gewalt in den Straßen zu beenden.

Mutige Sprayer verblüfften die Öffentlichkeit mit ihren Graffiti auf ganzen Zügen. Das wohl berühmteste „Meisterwerk", der X-mas Train,

David Berkowitz („Son of Sam" genannt) versetzte New York 1976 und 1977 in Angst und Schrecken: Er erschoss sechs Menschen und verletzte weitere sieben. Mehrere Opfer dieser gnadenlosen Angriffe wurden getroffen, als sie in ihren Autos saßen. Bei seiner Festnahme im August 1977 meine Berkowitz lakonisch: „Warum habt ihr so lange gebraucht?"

1977	1980	1988	1993
Nach einem Blitzeinschlag in ein Umspannwerk bleibt New York mitten in der schlimmsten Sommerhitze 24 Stunden lang ohne Strom. Krawalle in der ganzen Stadt sind die Folge.	Mark David Chapman erschießt John Lennon vor dessen Wohnhaus, dem Dakota Building in der Upper West Side von Manhattan.	Die Räumung eines großen Obdachlosenlagers im Tompkins Square Park (East Village) führt zu Straßenschlachten, als die Polizei die Besetzer aus ihrem De-facto-Wohnsitz vertreiben will.	Am 26. Februar zünden Terroristen eine Bombe unter dem Nordturm des World Trade Center. Die Explosion tötet sechs Menschen und verletzt mehr als 1000.

DREI FRAUEN, DIE NEW YORK VERÄNDERTEN

Margaret Sanger (1879–1966) Die Krankenschwester, Hebamme und Aktivistin eröffnete 1916 in New York die erste Klinik für Geburtenkontrolle der USA. Sie gründete später die American Birth Control League, Vorläufer der Familienplanungsorganisation Planned Parenthood.

Jane Jacobs (1917–2006) Jacobs wehrte sich gegen Robert Moses' Pläne, einen Großteil ihres Viertels zu planieren und mit Sozialwohnungen zu bebauen. Sie plädierte für den Erhalt des Viertels und lieferte den Anstoß für die Gründung der Landmarks Preservation Commission (der ersten Denkmalschutzbehörde in den USA).

Christine Quinn (geb. 1966) 2006 war sie die erste Frau und bekennende Lesbe auf dem Posten des New Yorker Stadtratssprechers und sprengte somit als zweitmächtigste Vertreterin der Stadt nach dem Bürgermeister die Grenzen von Geschlechterrollen und sexueller Orientierung.

widerlegte den Ruf der Graffitikünstler als Vandalen: Der Sprayer Lee 163 verschönerte mit seiner Crew Fab 5 alle Wagen eines Zuges mit der Botschaft „Merry Christmas, New York". Einige Meister der Sprühdose hielten sogar Einzug in die Kunstwelt.

Ein Teil des Geldes, das in den 1980er-Jahren auf den boomenden Aktienmärkten verdient wurde, ging in die Kunst, aber noch mehr ging durch die Nasen der jungen Broker. Manhattan wurde von einer wahren Crackepidemie heimgesucht. Drogen, Kriminalität und die Ausbreitung von AIDS in großen Bevölkerungsgruppen setzten der ganzen Stadt zu.

Die Dotcom-Ära

Auf dem Cover des Nachrichtenmagazins *Time* erschien 1990 der Aufmacher zu einer Story, deren Titel übersetzt „New York: Der faulende Apfel" lautete. Die Stadt hatte sich noch nicht vom Immobiliencrash Ende der 1980er-Jahre erholt, Straßen und Brücken waren marode, Arbeitsplätze wurden gen Süden verlagert und die umsatzstärksten Unternehmen wanderten in die Vorstädte jenseits der Flüsse ab. Aber dann kam der Internetboom, machte Computerfreaks zu Millionären und die New Yorker Börse zu einem Vergnügungspark für Spekulanten. Durch die Steuereinnahmen aus den Profiten der Börsengänge steigerte sich New York in einen Rausch aus Bautätigkeit, Shopping und Partys, wie ihn die Stadt seit den 1920er-Jahren nicht mehr gesehen hatte.

Unter dem unternehmerfreundlichen Law-and-Order-Bürgermeister Rudy Giuliani wurden die Ärmeren und Benachteiligten aus Manhattans gentrifizierten Straßen in die äußeren Bezirke vertrieben. Sie

2001	2002	2008–2009	2010
Am 11. September lenken Terroristen zwei gekaperte Flugzeuge in die Zwillingstürme des World Trade Center. Der Gebäudekomplex wird völlig zerstört; fast 3000 Menschen sterben.	John Gotti („Dapper Don"), Oberhaupt des berüchtigten Mafia-Clans der Gambinos, stirbt an den Folgen einer Krebserkrankung im Gefängnis.	Das Missmanagement großer amerikanischer Finanzinstitute führt zum Börsencrash und schließlich zu einer weltweiten Finanzkrise.	Michael Bloomberg tritt seine dritte Amtszeit als Bürgermeister an. Er hatte seine Kandidatur selbst ermöglicht, indem er das Gesetz zur Beschränkung der Amtsperioden abgeschafft hatte.

machten Platz für die Generation X, die sich die Apartments unter den Nagel riss und auf großem Fuß lebte. Aufsehen erregte Bürgermeister Giuliani besonders mit seiner Kampagne zur Ausmerzung der Kriminalität (inklusive der Sexshops auf der notorisch verruchten 42nd St). Der energische Bürgermeister schaffte es, New York zur sichersten Großstadt der USA zu machen. Er nahm Gegenden mit hoher Verbrechensrate besonders ins Visier und lenkte die Polizeipräsenz auf der Grundlage von Statistiken. Die Kriminalitätsrate ging zurück, die Restaurants boomten, die Immobilienpreise schossen in die Höhe und *Sex & the City* verbreitete in der ganzen Welt Phantasien von schicken Singles in teuren Manolo-Schuhen.

Doch bereits zu Beginn des neuen Jahrtausends geriet der Boom in New York ins Stocken und als jener verhängnisvolle Tag im September 2001 anbrach, veränderte er die Perspektive der Stadt und der Welt für immer.

11. September

Am 11. September 2001 lenkten Terroristen zwei entführte Flugzeuge in die Zwillingstürme des World Trade Center und legten den gesamten Gebäudekomplex in Schutt und Asche. Dabei kamen fast 3000 Menschen ums Leben. Downtown Manhattan brauchte Monate, um sich von den entsetzlichen Qualmwolken zu erholen, die aus den Ruinen am Ground Zero aufstiegen. Während die Stadt ihre Toten betrauerte, sich die Helfer hustend ihren Weg durch die Trümmer bahnten und die Zettel mit Beschreibungen vermisster Personen an den Backsteinwänden langsam verblassten, musste die Bevölkerung fortwährend neue Warnungen vor Terroranschlägen und eine Anthrax-Drohung überstehen. Schock und Trauer ließen die Menschen zusammenrücken und vereinten die oft streitbaren Bürger im festen Bemühen, nicht in Verzweiflung zu versinken.

Der Terroranschlag vom 11. September verursachte Schäden von schätzungsweise 60 Mrd. $ am World Trade Center, einschließlich Schäden an der Infrastruktur, dem Subway-Netz und den Gebäuden im Umfeld. 3,1 Mio. Arbeitsstunden und Kosten in Höhe von 750 Mio. $ wurden zur Beseitigung der 1,8 Mio. t Schutt benötigt.

Proteste, Stürme & politischer Wandel

Die zehn Jahre nach dem 11. September waren eine Zeit des Wiederaufbaus – sowohl in städtebaulicher als auch in emotionaler Hinsicht. Im Jahr 2002 machte sich der damalige Bürgermeister Michael Bloomberg an die wenig beneidenswerte Aufgabe, die Scherben einer traumatisierten Stadt zusammenzufegen. Die New Yorker stellten sich zu diesem Zeitpunkt voll und ganz hinter seinen Vorgänger Rudy Giuliani, dessen Popularität nach dem 11. September gestiegen war.

Sehr zur Freude Bloombergs wurde in New York jede Menge saniert und neu gebaut, besonders nachdem sich die Stadt wieder erholt hatte und die Besucherzahlen 2005 eine neue Höchstmarke erreichten. 2008

2011	2012	2013	2016
Der zweite Abschnitt der High Line wird eröffnet. Damit verdoppelt sich die Größe der Parkanlage. 2014 wird die dritte Bauphase abgeschlossen sein.	Der Supersturm Sandy trifft im Oktober auf New York und verursacht Überflutungen, Gebäudeschäden und Stromausfälle. Die New Yorker Börse schließt zwei Tage.	Bill de Blasio gewinnt die Wahl zum Bürgermeister New Yorks. Er ist der erste demokratische Bürgermeister der Stadt nach fast 20 Jahren.	Santiago Calatravas World Trade Center Transportation Hub eröffnet in Lower Manhattan. Am Ende kostet das Projekt 3,9 Mrd. $, fast doppelt so viel wie geplant.

jedoch brach die Wirtschaft unter ihrem eigenen Gewicht zusammen und löste die globale Finanzkrise aus. Die Wut auf den deutlich gewordenen Leichtsinn der amerikanischen Finanzinstitutionen brachte am 17. September 2011 Tausende zum Zuccotti Park im Financial District, wo sie gegen die ungerechte Verteilung des Privatvermögens protestierten. Der Protest, als Occupy Wall Street bekannt, breitete sich in der Folge auf Hunderte andere Städte in der ganzen Welt aus.

Eine meteorologische Furie suchte New York 2012 in Form des Supersturms Hurrikan Sandy heim. Am 28. Oktober verwandelte eine Flutwelle zunächst Teile von Brooklyn und New Jersey in ein amerikanisches Venedig. Den ultimativen Schlag hob sich Sandy aber für den folgenden Tag auf: Wirbelstürme und Regenmassen erschütterten die Stadt und verursachten schwere Überschwemmungen und Gebäudeschäden in allen fünf Stadtbezirken, einschließlich im Subway-Netz, Hugh L. Carey Tunnel und an der Baustelle des World Trade Center. Ein massiver Stromausfall tauchte einen Großteil von Lower Manhattan in surreale Dunkelheit und der Handel an der New Yorker Börse wurde für zwei Tage eingestellt, die erste wetterbedingte Schließung seit 1888.

Auf der politischen Bühne weht seit November 2013 ein frischer Wind durch die Stadt: Mit Bill de Blasio erhielt sie den ersten demokratischen Bürgermeister seit 1989. Der 52-jährige selbsternannte „Progressive" ist außerdem der erste weiße New Yorker Bürgermeister mit einer afroamerikanischen Frau.

Zu Tisch in New York

Im Gegensatz zu Kalifornien oder den Südstaaten der USA gibt es in New York nicht die typische Küche. Wer nach einer „New Yorker Spezialität" fragt, muss sich auf alles Mögliche gefasst machen, von der Holzofen-Pizza bis zum veganem Soulfood in Harlem. In dieser multikulturellen Stadt ist auch die Kochkunst per se globalisiert – ein Erbe all der Immigranten, die in ihrem Gepäck auch ihre angestammten Rezepte mitbrachten. Und wie auch die Stadt selbst kennt die Gastroszene keinen Stillstand.

Von der Stadtfarm auf den Tisch

Ob Kunik-Dreifachrahmkäse aus dem Bundesstaat New York im Bedford Cheese Shop (S. 182) oder Montauk-Pearls-Austern im Gourmettempel Craft (S. 178): New Yorks Leidenschaft für alles Regionale und handwerklich Gefertigte hält weiter an. Auch die Stadt selbst hat sich zum Lebensmittelproduzenten gemausert – eine wachsende Zahl von Dächern, Hinterhöfen und Gemeinschaftsgärten ist in städtische Bauernhöfe verwandelt worden.

Auf den Dächern ist alles möglich – von Biotomaten oben auf Delis in der Upper East Side bis zu Bienenstöcken auf Wohnblocks im East Village. Am eindrucksvollsten ist derzeit jedoch Brooklyn Grange (www.brooklyngrangefarm.com), eine große Biofarm auf zwei Lagerhäusern in Long Island und in den Brooklyn Navy Yards. Sie ist mit 10 000 m² die angeblich größte Dachfarm der Welt, wo jedes Jahr über 20 000 kg Biolebensmittel produziert werden, von Eiern bis zu Möhren, Mangold und alten Tomatensorten. Das Projekt war die Idee des jungen Farmers Ben Flanner. Der frühere Marketingmanager von E*Trade ist Feuer und Flamme für farmfrische Erzeugnisse und gab 2009 mit seiner ersten Dachfarm, der Eagle Street Rooftop Farm im nahen Greenpoint, den Anstoß für die New Yorker Dächerrevolution. Zu den Mitstreitern Flanners gehören einige der Top-Restaurants der Stadt wie das Marlow & Sons (S. 304) in Brooklyn und das Dutch (S. 99) in Manhattan.

Spezialitäten

Eine eigentliche New Yorker Küche gibt's zwar nicht, doch wartet die Metropole mit ein paar Spezialitäten auf, bei denen es sich um Leibgerichte mit besonders langer Geschichte handelt. Dazu gehören Pizza und Bagels – Mitbringsel der Italiener und der osteuropäischen Juden, die mit den frühesten Einwandererwellen in die Stadt kamen. Aber auch New Yorker Cheesecake, *egg creams* und Hotdogs sollte man mal probieren.

Bagels

Der Bagel wurde vielleicht in Europa erfunden, aber in New York zu Beginn des 20. Jhs. perfektioniert. Wer einen der hiesigen Teigkringel gekostet hat, wird das, was anderswo als Bagel durchgeht, nicht mehr mögen. Es ist ein recht einfaches Meisterwerk, nämlich ein Ring aus Hefeteig, der erst gekocht und dann gebacken wird. Es gibt ihn pur

Preisbewusste Gourmets lieben die zweimal im Jahr (Januar/Februar und Juli/August) stattfindende NYC Restaurant Week. Dabei bieten viele Restaurants der Stadt, darunter einige der besten, dreigängige Mittagsmenüs für 25 $ oder drei-gängige Abendmenüs für 38 $. Nähere Informationen und Buchungsmöglichkeiten unter www.nycgo.com/restaurantweek.

oder mit allem Möglichen, von Sesam bis Schokostückchen, garniert. „Bagels" in anderen Teilen des Landes sind oft nur gebacken, aber nicht vorgekocht – also praktisch nur ein Brötchen mit einem Loch in der Mitte. Und außerdem behaupten die Bagelbäcker der Stadt, das New Yorker Wasser gebe den Bagels eine gewisse unnachahmliche Süße. Wer wiederum die „besten" Bagels in New York backt, ist heiß umstritten; für die meisten gehören Ess-a-Bagel (S. 205) in Manhattan und die Brooklyn Bagel & Coffee Company (S. 329) in Queens zu den Titelfavoriten. Die klassische Bagelbestellung in New York lautet „bagel and a schmear", also ein Bagel mit einem dicken Klacks Frischkäse drauf. Luxuriöser ist die Variante mit *lox* (Räucherlachs), wie sie jüdische Einwanderer schon Anfang des 20. Jhs. von ihren Handkarren auf der Lower East Side verkauften.

Pizza

Die Pizza ist natürlich keine New Yorker Erfindung. Aber die New Yorker Pizza ist schon eine Sache für sich. Die allererste Pizzeria der USA war **Lombardi's** (Karte S. 441; 212-941-7994; www.firstpizza.com; 32 Spring St, zw. Mulberry & Mott Sts, Nolita; kleine/große Pizza ab 21,50/24,50 $; So–Do 11.30–23, Fr & Sa 11.30–24 Uhr; 6 bis Spring St; J/Z bis Bowery) in Little Italy in Manhattan, die 1905 eröffnete.

Während Chicago auf *deep dish*-Pizza (in Tortenform) steht und die Kalifornier lockere, teigige Böden bevorzugen, besteht die New Yorker Pizza aus einem dünnen Boden mit noch dünnerem Belag, die in dreieckigen Stücken verkauft wird (nur nach sizilianischer Art sind sie rechteckig). Die Pizza kam im 20. Jh. mit den italienischen Einwanderern nach New York und nahm hier schon bald ihre lokaltypische Gestalt an: Der dünne Boden wurde einfach schneller gar, ein entscheidender Vorteil in dieser hektischen Stadt.

Heute findet sich an ungefähr jeder zehnten Straßenecke eine Pizzeria, vor allem in Manhattan und weiten Teilen von Brooklyn, wo ein Stück Pizza in Normalgröße um die 3 $ kostet. Jeder Laden hat seine eigene Zubereitungsart – bei manchen sind die Böden dünn wie Knäckebrot, bei anderen eine Spur dicker und weicher. Auch beim Belag gibt es jede Menge kreativer Kreationen von Krabben bis zu Kirschen. Auch die Tendenz zu lokalen Zutaten hat sich bemerkbar gemacht: Angesagte Pizzerien wie Roberta's (S. 303) in Brooklyn verkaufen Pizza aus dem Holzofen, belegt mit nachhaltigen, lokalen Erzeugnissen.

Hotdogs

Hotdogs kamen mit verschiedenen europäischen Metzgern im 19. Jh. nach New York. Ein gewisser Charles Feltman aus Deutschland soll sie als Erster von einem Handkarren am Strand von Coney Island verkauft haben. Doch dann eröffnete Nathan Handwerker, ein ehemaliger Angestellter von Feltman, seine eigene Bude auf der anderen Straßenseite mit Hotdogs zum halben Preis und drängte seinen ehemaligen Chef aus dem Geschäft. Der legendäre Originalimbiss von Nathan steht heute noch in Coney Island, während sein Hotdog-Imperium international expandierte. Es gibt kaum ein Viertel in New York, das nicht wenigstens ein paar Hotdog-Stände an seinen Straßenecken stehen hat. Manche Einheimische verschmähen allerdings diese „dirty-water dogs" (Würstchen aus schmutzigem Wasser) zugunsten der neuen Schickimicki-Hotdog-Läden in der ganzen Stadt. Aber egal aus welchem Stadtteil: Hotdogs schmecken am besten mit „the works" (allem Drum und Dran) – also mit reichlich scharfem braunem Senf, Relish, Sauerkraut und Zwiebeln.

City Harvest (www.cityharvest.org) ist eine gemeinnützige Organisation, die jedes Jahr übrig gebliebene Lebensmittel an etwa 1,4 Mio. bedürftige New Yorker verteilt. 68 000 kg werden täglich in Restaurants, Bäckereien und Cateringfirmen der Stadt eingesammelt. Wer Geld spenden will, kann dies über die Website von City Harvest tun.

Egg Creams

Dieses altmodische Schaumgetränk enthält in Wirklichkeit weder Eier noch Sahne, sondern nur Milch, Mineralwasser und jede Menge Schokosirup (am besten die klassische Sorte Fox's U-Bet aus Brooklyn). Doch als Louis Auster aus Brooklyn, Inhaber mehrerer Getränkespender in der Lower East Side, die Leckerei 1890 erfand, verwendete er einen mit Eiern zubereiteten Sirup und dickte das Ganze mit Sahne an. Der Name blieb hängen, auch wenn die Zutaten später geändert wurden. Bald gehörten *egg creams* zum Standardrepertoire eines jeden Getränkespenders in New York. Während Louis Auster sie noch für 3 ¢ das Glas verkaufte, kosten sie heute zwischen 2,50 und 5 $ – je nachdem, wo man sie zu sich nimmt – ob in altmodischen Einrichtungen wie Katz's Delicatessen (S. 124) in der Lower East Side oder in Tom's Restaurant (S. 300) in Brooklyn.

New Yorker Cheesecake

Natürlich gibt es Käsekuchen in der einen oder anderen Form schon lange. Schon vor 2400 Jahren beschrieb der griechische Historiker Thukydides, wie er und seine Clique frischen Schafskäse mit Honig vermischten und das Ganze dann über heißen Kohlen backten. Jahrhunderte später übernahmen die Römer das Rezept und veränderten es dadurch, dass sie dem Ganzen durch Hinzufügung von Dinkelmehl eine kuchenartigere Form gaben. Und im Verlauf der Jahrhunderte wurde in ganz Europa weiter an dem Rezept getüftelt.

Doch erst ein Fehler, der im 19. Jh. einem New Yorker Bauern unterlief, brachte die wichtigste Zutat zum New Yorker Cheesecake hervor: *cream cheese* (Rahmfrischkäse). Eigentlich hatte er französischen Neufchâtel-Käse machen wollen, doch heraus kann ein merkwürdiges Produkt mit der Konsistenz von Polyäthylen. Das rief James Kraft, Gründer von Kraft Foods, auf den Plan, der sich des Käses 1912 annahm, das Rezept leicht veränderte, das Endprodukt in Folie verpackte und dem Land den *cream cheese* brachte.

Den klassischen New Yorker Cheesecake machte dann das Restaurant Lindy's in Midtown unsterblich, das Leo Lindemann 1921 eröffnete. Sein Spezialrezept – mit Frischkäse, fetter Sahne, einem Hauch Vanille und einem Boden aus Kekssteig – wurde in den 1940er-Jahren zum Renner. Heutzutage steht diese kalorienreiche Leibspeise auf vielen Dessertkarten, egal ob im griechischen Imbisslokal oder im Haute-Cuisine-Tempel. Den berühmtesten und vielleicht besten Cheesecake gibt's im alteingesessenen Restaurant Junior's (www.juniorscheesecake.com) in Brooklyn – zu den Fans zählt auch Barack Obama.

Getränkespezialitäten

Cocktails

New York ist das Mekka der Mixgetränke. Nicht umsonst ist es das Zuhause des Drinks Manhattan, der legendären Flüsterkneipen der Prohibitionszeit und der leidenschaftlichen Kolumnisten mit Vorliebe für Mode. Der Legende zufolge erblickte der Cocktail Manhattan, eine Mischung aus Whiskey, süßem Wermut und Angostura-Bitter, an der südöstlichen Ecke von 26th St und Madison Ave im seit Langem geschlossenen Manhattan Club das Licht der Welt. Der Anlass war eine Party im Jahr 1874, die angeblich Jennie Churchill (die Mutter des späteren britischen Premierministers Winston Churchill) aus Freude über Samuel J. Tildens Sieg bei der New Yorker Gouverneurswahl veranstaltete. Einer der Barkeeper kreierte zur Feier des Tages einen Cocktail und benannte ihn nach der Bar.

Es wurden unzählige Bücher über New Yorks kulinarische Geschichte geschrieben. Zu den besten zählen: *Appetite City: A Culinary History of New York* von William Grimes, *New York City Food: An Opinionated History and More Than 100 Legendary Recipes* von Arthur Schwartz und *Gastropolis: Food & New York City*, herausgegeben von Annie Hauck-Lawson und Jonathan Deutsch.

Im selben Jahr wurde ein weiterer New Yorker Klassiker geboren: der Sommercocktail Tom Collins, eine Mischung aus trockenem Gin, Zucker, Zitronensaft und Sodawasser. Der Name des Longdrinks stammt von einem ausgeklügelten Scherz: Hunderten von Einheimischen wurde erzählt, dass ein gewisser Tom Collins schlecht über sie rede. Während sich viele daranmachten, diesen Menschen aufzutreiben, kreierten eingeweihte Barkeeper aus Spaß an dem Jux diesen Drink und benannten ihn nach dem fiktiven Stänkerer. Wenn die Betroffenen in die Kneipen stürmten und nach einem gewissen Tom Collins suchten, wurde ihnen der Cocktail serviert, um ihr Mütchen zu kühlen.

In der lebendigen Cocktailszene der Stadt dreht sich heutzutage alles um wiederentdeckte Rezepte, historische Anekdoten und den alten Flüsterkneipenstil. Einst unbekannte Barkeeper wie Harry Johnson und Jerry Thomas erstehen als Legenden wieder auf und ihre alten Kreationen werden von einer neuen Generation von Barkeepern mit Hosenträgern wiederbelebt. Alte Zutaten wie Crème de Violette, der Gin Old Tom und Batavia Arrack sind wieder angesagt. Die Cocktailbar Dead Rabbit (S. 83) im Financial District ging sogar noch weiter und führte die „pop inns" aus dem 17. Jh. wieder ein, Mixgetränke aus Ale, Schnäpsen, Gewürzen und Kräutern.

Dann gibt es noch die renommierten Bars, in denen es nur ein Gesöff gibt, wie den Whiskeyspezialisten **Ward III** (Karte S. 438; ☎212-240-9194; www.ward3tribeca.com; 111 Reade St, zw. Church St & W Broadway; ⊙Mo–Fr 16–4, Sa 17–4, So 17–2 Uhr; ☎; Ⓢ A/C, 1/2/3 bis Chambers St) in Tribeca und die Brandy Library (S. 83) und das Rum House (S. 210) in Tribeca bzw. Midtown. Es gibt sogar eine Kneipe, die dem Mondschein gewidmet ist: das Wayland (S. 126) im East Village.

Bier aus den Bezirken

Das Brauwesen war einst ein wichtiger Industriezweig in New York – in den 1870er-Jahren gab es in Brooklyn 48 Brauereien. Die meisten davon waren in Williamsburg, Bushwick und Greenpoint ansässig; dort wohnten zahlreiche deutsche Einwanderer mit jeder Menge Know-how in Sachen Bier. Am Vorabend der Prohibition 1919 war Brooklyn einer der größten Bierproduzenten des Landes und genauso berühmt für seine Bierkrüge schleppenden Kinder wie für seine Brücken. Am Ende der Prohibitionszeit 1933 hatten die meisten Brauereien aufgegeben. Zwar erholte sich die Brauindustrie im Verlauf des Zweiten Weltkriegs, jedoch dominierten seither die Brauriesen aus dem Mittleren Westen der USA.

Heute ist Brooklyn erneut ein Synonym für gutes Bier: Eine Handvoll Kleinbrauereien hat sich wieder ganz dem Brauen als Handwerk verschrieben. Federführend bei den sogenannten Craft-Bieren ist die Brooklyn Brewery (S. 290), zu deren saisonalen Bieren das mit Muskat verfeinerte Post Road Pumpkin Ale (erhältlich von August bis November) und ein köstliches Black Chocolate Stout (eine Version des Imperial Stout, erhältlich von Oktober bis März) zählen. Ganz oben mischen auch SixPoint Craft Ales (www.sixpoint.com), Threes Brewing (www. threesbrewing.com) und die Other Half Brewing Company (www.other halfbrewing.com) mit. Die Other Half Brewing Company ist zu Recht für ihr hopfenbetontes Imperial IPA Green Diamonds bekannt; Hopfen und Malz bezieht die Brauerei von Farmen der Region.

Im aufstrebenden Bezirk Queens sind die Kleinstbrauerei Transmitter Brewing (www.transmitterbrewing.com) und die Rockaway Brewing Company (www.rockawaybrewco.com) zu Hause. An erster

Die erste öffentliche Brauerei in Amerika wurde vom Kolonialgouverneur Peter Minuit (1580–1638) auf dem Market Field (Marckvelt) im heutigen Financial District in Lower Manhattan gegründet. Minuit gilt außerdem als derjenige, der im Mai 1626 Manhattan von den ortsansässigen Lenape „kaufte".

Stelle steht jedoch die 2012 eröffnete Brauerei SingleCut Beersmiths (www.singlecutbeer.com), die erste in Queens seit der Prohibition. Zu ihrem Angebot zählen ungewöhnliche Lager-Interpretationen wie das Jan White Lagrrr mit Koriander, Kamillenblüten, Orangen, Matze und Szechuan-Pfeffer. In der weiter nördlich gelegenen Bronx gibt's die Bronx Brewery (S. 273) und die Gun Hill Brewing Company (http://gunhillbrewing.com); Letztere hat sich mit ihrem Void of Light einen Namen gemacht, einem rabenschwarzen Stout.

Kunst & Kultur

Broadway-Spektakel, strahlend weiß getünchte Galerien in Chelsea, Jazzkneipen, Musikhallen, aus denen düsterer Indie-Rock dröhnt, und Opernhäuser, in denen melodramatische Geschichten geschmettert werden: Seit mehr als 100 Jahren ist New York die kulturelle Hauptstadt der USA. Zwar sind viele Künstler durch die Gentrifizierung an die Stadtränder oder noch weiter weg gedrängt worden, doch New York ist weiterhin ein wichtiges Zentrum für die bildenden Künste, für Musik, Theater, Tanz und Literatur.

New York: Ein Dynamo der Kunstwelt

New York besitzt einige der großartigsten Kunstmuseen der Welt, ein Zeugnis des beneidenswerten künstlerischen Stammbaums der Stadt. Von Pollock und Rothko bis Warhol und Rauschenberg brachte New York viele der größten Künstler und Kunstbewegungen Amerikas hervor.

Die Geburt einer Kulturmetropole

Auf fast allen Gebieten der Kunst entwuchs New York im frühen 20. Jh. den Kinderschuhen: Damals zog die Stadt zahlreiche Denker, Künstler, Schriftsteller und Poeten an, die dann auch in New York blieben. So entwickelte sich zu dieser Zeit eine New Yorker Kunstszene. 1905 eröffnete der Fotograf (und Ehemann von Georgia O'Keeffe) Alfred Stieglitz an der Fifth Ave die Gallery 291, die amerikanischen Künstlern eine wichtige Plattform bot und dazu beitrug, die Fotografie als anerkannte Kunstform zu etablieren.

In den 1940er-Jahren brachten Künstler auf der Flucht vor dem Zweiten Weltkrieg neue Ideen in die Stadt – und New York entwickelte sich zu einer wichtigen Kulturmetropole. Peggy Guggenheim gründete in der 57th St die Galerie Art of This Century; diese Galerie half Malern wie Jackson Pollock, Willem de Kooning und Robert Motherwell dabei, sich als Künstler zu etablieren. Diese Maler aus Manhattan bildeten dann den Kern der Bewegung des Abstrakten Expressionismus – auch bekannt als New Yorker Schule –, einer explosiven, wilden Malerei, die die moderne Kunst wegweisend veränderte.

In New York gibt es ständig zahllose Ausstellungen, Installationen und Performances. Was in der Kunstwelt gerade los ist, ist auf www.nyartbeat.com gelistet.

Eine amerikanische Avantgarde

Die Maler des Abstrakten Expressionismus trugen dazu bei, New York als globale Kunstmetropole zu etablieren und eine weitere Generation von Künstlern führte dieses Werk fort. In den 1950er- und 1960er-Jahren machten Robert Rauschenberg, Jasper Johns und Lee Bontecou aus Gemälden unorthodoxe plastische Gebilde, in die sie alles Mögliche integrierten, von geschweißtem Stahl bis zu ausgestopften Ziegen. Mitte der 1960er-Jahre war die Pop Art mit Andy Warhol an der Spitze etabliert, eine Kunstrichtung, die die Bildsprache und die Fertigungstechniken der Popkultur übernahm.

In den 1960er- und 1970er-Jahren, als die Wirtschaft in New York am Boden lag und ein großer Teil von SoHo verfiel, wurde die Stadt zu einem Zentrum der Konzept- und Aktionskunst. Gordon Matta-Clark zerstückelte verlassene Gebäude mit Kettensägen und die Künstler des Fluxus veranstalteten auf den Straßen von Downtown Happenings. Carolee Schneemann organisierte Performances, bei denen der menschliche Körper als Medium eingesetzt wurde. Bei einem berühmten Event 1964 versammelte sie nackte Tänzer im Theater einer Kirche im Greenwich Village und ließ sie sich in einem unappetitlichen Mix aus Farbe, Würsten und toten Fischen herumwälzen.

Kunst heute

Heute ist die Kunstszene bunt und vielfältig. Die großen Einrichtungen – das Metropolitan Museum of Art (S. 226), das Museum of Modern Art (S. 191), das Whitney Museum (S. 145), das Guggenheim Museum (S. 225), das Met Breuer (S. 230) und das Brooklyn Museum (S. 280) – zeigen große Ausstellungen, von Porträts der Renaissance bis zu zeitgenössischen Installationen. Das New Museum (S. 114) in der Lower East Side ist ein wenig wagemutiger. Und zahlreiche kleinere Einrichtungen wie das Bronx Museum (S. 273), El Museo del Barrio (S. 264) und das Studio Museum (S. 266) in Harlem beschäftigen sich mit kleineren Ausschnitten der Kunstgeschichte.

New York ist nach wie vor die Hauptstadt der weltweiten Galerieszene: In der gesamten Stadt gibt's über 800 Galerien. Die gehobenen Kunsthäuser finden sich in Chelsea und an der Upper East Side. Galerien, die sich Nachwuchskünstlern und schon relativ etablierten Künstlern widmen, haben sich an der Lower East Side angesiedelt. Die Jungtalentszene und die experimentelle Szene wurden durch die horrenden Mieten immer weiter an die Ränder der Stadt verdrängt. Die derzeitigen Hotspots sind neben Harlem auch die Brooklyner Viertel Bushwick, Greenpoint, Clinton Hill und Bedford-Stuyvesant (Bed-Stuy).

Graffiti & Street Art

Zeitgenössische Graffiti, wie wir sie kennen, wurde in New York kultiviert. In den 1970er-Jahren wurden Graffiti-überzogene New Yorker Subway-Züge zu einem mächtigen Symbol der Stadt und Arbeiten von Leuten wie Dondi, Blade und Lady Pink wurden auf der ganzen Welt bekannt. Zusätzlich begannen Künstler wie Jean-Michel Basquiat, Kenny Scharf und Keith Haring, Graffiti-Elemente in ihre Kunst zu integrieren.

Ende der 1990er-Jahre wurde der Bewegung neues Leben eingehaucht: Eine neue Generation von Künstlern, viele mit Kunsthochschulabschlüssen, benutzte Materialien wie zerschnittenes Papier und skulpturale Elemente. Bekannte New Yorker Künstler, die so arbeiten, sind etwa John Fekner, Stephen „Espo" Powers, Swoon und die Zwillingsbrüder Skewville.

Weniger ruhmreich war 2013 das Ende des legendären 5Pointz, einer Reihe von Lagerhäusern auf Long Island, die mit farbenprächtigen Graffiti verziert waren. Nicht einmal der Einsatz der britischen Graffiti-Ikone Banksy konnte die beeindruckende Galerie vor der Zerstörung bewahren. Heute zählen zu den Hotspots der Sprühdosen- und Stencil-Szene die Williamsburg Bridge auf der Brooklyn-Seite, in Bushwick die Gegend um Troutman St Ecke St Nicholas Ave und Brooklyn. In Astoria, Queens, lassen sich bunte Wandbilder rund um Welling Ct and 30th Ave entdecken.

Eine Musikmetropole

In New York sprengten Jazzmusiker wie Ornette Coleman und Miles Davis in den 1950er-Jahren die Grenzen der Improvisationskunst. Auch verschmolzen hier die verschiedenen lateinamerikanischen Klänge wie

Im Januar 2018 kündigte das Metropolitan Museum of Art (S. 226) an, zum ersten Mal seit 1970 Eintritt von auswärtigen Besuchern zu verlangen. Die Entscheidung wurde kontrovers diskutiert: Während Befürworter mit den finanziellen Verpflichtungen des Hauses argumentierten – nur 8 % seines Etats stammen aus staatlichen Mitteln –, beklagen Andere ein Ende des Prinzps des freien Zugangs für Jedermann zu der Kunstsammlung von Weltrang.

Cha-Cha-Cha, Rumba und Mambo zum Salsa, Folksänger wie Bob Dylan und Joan Baez gaben in Cafés Protestsongs zum Besten und Bands wie die New York Dolls und die Ramones brachten in der rauen Downtown von Manhattan die Bühnen zum Beben. New York war zudem die Wiege der Disco-Musik und es war der kulturelle Schmelztiegel, in dem Hip-Hop entstand, gepflegt wurde – und dann explodierte.

Auch heute noch ist die Stadt ein Magnet für Musiker. Besonders munter zeigt sich die Indie-Rock-Szene der Stadt: Gruppen wie die Yeah Yeah Yeahs, LCD Soundsystem und Animal Collective sind alle in New York entstanden. Das Herz der Szene bildet Williamsburg mit jeder Menge Clubs und Kneipen sowie Indie-Plattenlabels und Internet-Radiosendern. Zu den besten Läden für Rock zählen die Music Hall of Williamsburg (S. 313) und die Brooklyn Bowl (S. 317) sowie der Bowery Ballroom (S. 131) in Manhattan.

Brooklyn verfügt über eine lebendige Indie-Szene; New Yorker Bands treten regelmäßig in Williamsburg und Bushwick auf. Die neuesten Sounds hört man auf www.newtownradio.com.

Jazz und mehr

Auch Jazz, von traditionell bis experimentell, ist nach wie vor wichtig. Die besten Veranstaltungsorte für Jazz sind das Village Vanguard (S. 165) im West Village und Jazz Standard (S. 212) nahe dem Madison Square Garden. Ein intellektuelleres Programm bietet Jazz at Lincoln Center (S. 214) in Midtown, das vom Trompeter Wynton Marsalis geleitet wird, mit einem breiten Angebot an Solo-Auftritten bedeutender Musiker sowie Tribute-Konzerten für Größen wie Dizzy Gillespie und Thelonious Monk.

Klassik & Oper

Klassische Musik residiert im Lincoln Center (S. 245). Hier bietet die Metropolitan Opera (S. 254) ein umfangreiches Angebot an berühmten Opern, von Verdis *Aida* bis zu Mozarts *Don Giovanni*. Das Lincoln

---

EINE NEW YORKER HIP-HOP-PLAYLIST

New York ist die Wiege des Hip-Hops. Klassiker der besten Künstler der Stadt:

„Rapper's Delight", Sugarhill Gang (1979) – Die Single, die den Hip-Hop auf die kommerzielle Laufbahn schoss, von einem Trio aus New York und New Jersey.

„White Lines", Grandmaster Flash and the Furious Five (1983) – Der ultimative Partysong der 1980er-Jahre aus der Bronx.

„It's Like That", Run DMC (1983) – So ist es nun mal für das legendäre Trio aus Queens.

„Fat Boys", Fat Boys (1984) – Brooklyns ultimative Beat-Boxer.

„No Sleep Till Brooklyn", Beastie Boys (1986) – Ein Trio aus New York, das für sein Recht auf Partys kämpfte.

„Ain't No Half Steppin'", Big Daddy Kane (1988) – Melodische Verse von einem Brooklyner Meister.

„Fight the Power", Public Enemy (1989) – Politisch aufgeladener Parforceritt der Hip-Hop-Könige aus Long Island.

„C.R.E.A.M. ", Wu-Tang Clan (1993) – Die Regeln des Straßenkapitalismus dargelegt von der besten Crew von Staten Island.

„N.Y. State of Mind", NAS (1994) – Aus dem Debütalbum eines in Brooklyn geborenen und in Queens aufgewachsenen Rap-Gottes.

„99 Problems", Jay-Z (2004) – Der Junge aus Bed-Stuy in Brooklyn ist heute ein Musikmagnat.

Center ist auch die Heimat der New York Philharmonic (S. 255). Das Orchester, das in der kürzlich renovierten David Geffen Hall Konzerte spielt, wurde einst von einem der großen Dirigenten des 20. Jhs. geleitet, Leonard Bernstein. Wunderbare kleinere Konzertsäle bieten die Carnegie Hall (S. 214), die Merkin Concert Hall (S. 255) und die Frick Collection (S. 236).

Mit avantgardistischeren Werken warten z. B. das Center for Contemporary Opera (http://centerforcontemporaryopera.org) und die Brooklyn Academy of Music (BAM; S. 310) auf – Letztere hat sich zu einem der bedeutendsten Opern- und Musikzentren der Stadt gemausert. Ein weiterer toller Veranstaltungsort für sehr experimentelle Musik ist St. Ann's Warehouse (S. 311) in Brooklyn. Wer exzentrische Vorstellungen mag, sollte dessen Programm im Auge behalten.

Am Broadway & anderswo

Anfang des 20. Jhs. ließen sich in der Gegend um den Times Square zahlreiche Theater nieder und brachten Boulevardtheater und anzügliche Komödien auf die Bühne – dies hatte seine Wurzeln im frühen Vaudeville. Bis zu den 1920er-Jahren entwickelten sich diese eher chaotischen Inszenierungen zu Bühnenspektakeln wie *Show Boat*, einer Oscar-Hammerstein-Produktion über das Leben von Varietékünstlern auf einem Raddampfer auf dem Mississippi. 1943 hatte der Broadway seinen ersten Megahit mit dem Musical *Oklahoma!*, das mit 2212 Aufführungen einen neuen Rekord aufstellte.

Broadway-Musicals zählen heute zu den wichtigsten Elementen der New Yorker Kulturszene und werden in 40 offiziellen Broadway-Theatern gespielt, den opulenten Schmuckstücken aus dem frühen 20. Jh. um den Times Square. Wer nicht so viel Geld investieren möchte, kann auf eine der Off-Broadway-Inszenierungen ausweichen: Die finden in der Regel in kleinerem Rahmen statt und sind billiger, aber oft genauso gut.

Aber auch jenseits des Broadways hat New York eine Menge Theater zu bieten, ob von Shakespeare, David Mamet oder jungen, experimentellen Dramatikern wie Young Jean Lee. Neben den etablierten Bühnen in Midtown wie Playwrights Horizons (S. 214) und Second Stage Theatre (S. 215) sind auch die Theater im Lincoln Center (S. 245) sowie kleinere Bühnen wie das Soho Rep (S. 84) Hochburgen moderner und zeitgenössischer Bühnenautoren.

Auf der anderen Seite des East River bieten die Brooklyn Academy of Music (BAM; S. 310), der Performance Space New York (ehemals PS 122; S. 129) und das St. Ann's Warehouse (S. 311) trendige Bühnenprogramme. Zahlreiche Festivals wie das **FringeNYC** (www.fringenyc.org; ☉Okt.), das große Next Wave Festival (S. 311) der BAM und die Biennale **Performa** (www.performa-arts.org; ☉Nov.) stellen tolle Gelegenheiten dar, neue Inszenierungen zu sehen.

Rhythmus im Blut: Tanz & die City

Seit fast 100 Jahren steht New York im Zentrum der amerikanischen Tanzszene. Hier wurde 1949 das vom legendären George Balanchine geleitete American Ballet Theatre (ABT) gegründet. Das Ensemble setzte sich für die Ausbildung amerikanischer Talente ein, stellte Tänzer aus den USA an und zeigte Arbeiten von Choreografen wie Jerome Robbins, Twyla Tharp und Alvin Ailey. Nach wie vor präsentiert es in New York und weltweit seine Perfomances.

Am bekanntesten ist New York vielleicht als Nährboden einer Generation moderner Tanzchoreografen wie Martha Graham, die traditionelle Vorstellungen vom Tanz mit ruckhaften, industriellen Bewegungen auf kargen, fast abstrakten Bühnen herausforderten. Noch weiter

Ein umfassendes Theaterprogramm, Neuigkeiten und (begeisterte wie vernichtende) Kritiken gibt's auf www.nytimes.com/section/theater. Programme, Inhaltsangaben und Neuigkeiten findet man außerdem auf www.playbill.com.

wurden die Grenzen verschoben durch Merce Cunningham, der den Tanz von der Musik löste. Heute treiben Truppen wie STREB (http://streb.org) den Tanz bis an den Rand des Machbaren.

Tanzaufführungen finden regelmäßig im Lincoln Center (S. 245) und in der Brooklyn Academy of Music (S. 310) statt, aufstrebende Ensembles bespielen Kitchen (S. 166), Joyce Theater (S. 166) und New York Live Arts (S. 165) in Chelsea sowie das Baryshnikov Arts Center (http://bacnyc.org) in Midtown.

Das literarische New York

Die Stadt mit den größten Verlagen des Landes beherbergte auch einige der bekanntesten Schriftsteller der USA. Im 19. Jh. tummelten sich hier Herman Melville *(Moby Dick)*, Edith Wharton *(Das Haus der Freude)* und Walt Whitman *(Grashalme)*. Richtig los ging's jedoch erst zu Beginn des 20. Jhs. Da gab es in den 1910er-Jahren die ausholbefeuerten literarischen Salons des Poeten und Kommunisten John Reed, in den 1920er-Jahren die scharfzüngigen Witze des Algonquin Round Table und in den 1940er-Jahren die kaum verschlüsselten Romane von Dawn Powell, die in ihren Büchern oft das New Yorker Medien-Establishment kritisierte.

In den 1950er- und 1960er-Jahren traten Autoren ins Rampenlicht, die den Status Quo hinterfragten. Der Dichter Langston Hughes untersuchte die Lage der Afroamerikaner in Harlem und Beat-Poeten wie Allen Ginsberg verwarfen traditionelle Reimkunst zugunsten frei fließender Grübeleien. In den letzten Jahrzehnten des 20. Jhs. war die gesamte Skala vertreten: So gab es Chronisten der ausschweifenden und Kokain-befeuerten 1980er-Jahre wie Jay McInerney sowie neue Stimmen aus unterrepräsentierten Ecken der Stadt wie Piri Thomas und Audre Lorde.

New Yorker Schriftsteller beschreiben in ihren Werken auch weiterhin eine Vielzahl unterschiedlichster Lebenswelten. So gibt es Erzählungen aus der Einwandererperspektive (Imbolo Mbue), Einblicke in das Musik-Business von Manhattan (Jennifer Egan) oder New York als Inbegriff des Verrückten in Michael Chabons mit dem Pulitzerpreis ausgezeichnetem Buch *Die unglaublichen Abenteuer von Kavalier & Clay*. Zu den neuesten New Yorker Talenten zählt der preisgekrönte Autor Ben Lerner: Sein Metafiktionsroman *22:04* handelt genauso von der legendären Intensität der Stadt wie von der neurotischen, von Gesundheitsproblemen geplagten Hauptfigur.

Architektur

Die Architekturgeschichte New Yorks gleicht einer Schichttorte der Ideen und Stile
und ist in den Straßen buchstäblich nachzulesen. Bescheidene koloniale Bauernhäuser
und anmutige Gebäude im Federal Style finden sich neben reich verzierten Beaux-Arts-
Palästen aus dem frühen 20. Jh. Neben den ganzen Anlehnungen an die Vergangenheit
– Greek Revival, Neugotik, Neoromanik und Neorenaissance – gibt es die schlichten
Formen des International Style. Und in den vergangenen Jahren kamen dazu noch die
geschwungenen Formen dekonstruktivistischer Architekten. Für Architekturfreaks ist
die Stadt eine Goldgrube.

Kolonialzeit

Die architektonischen Wurzeln New Yorks sind eher bescheiden. Die
holländischen Kolonialbauernhäuser waren rein funktionell konzipiert:
Die Holzhäuser mit ihren schindelgedeckten Mansarddächern waren

Oben Chrysler
Building (S. 196)

so ausgerichtet, dass sie das Tageslicht optimal nutzten und im Winter Wärme speicherten. Ein paar dieser Häuser blieben irgendwie bis heute erhalten. Das bemerkenswerteste davon ist das Pieter Claesen Wyckoff House (S. 289) in East Flatbush, Brooklyn. Das ursprünglich 1652 errichtete Gebäude – das später immer wieder erweitert wurde – ist das älteste Haus der gesamten Stadt.

Nachdem 1664 aus der holländischen eine britische Kolonie geworden war, hielt die georgianische Architektur Einzug. Kastenförmige Bauten aus Back- und anderem Stein mit Walmdach tauchten auf. Die Morris-Jumel Mansion (S. 267) von 1765 in Inwood im nördlichen Manhattan ist ein – wenn auch leicht verändertes – Beispiel: Das Haus wurde im georgianischen Stil von Roger Morris errichtet, dann im 19. Jh. von Stephen Jumel erworben, der eine klassizistische Fassade hinzufügen ließ. Ein weiteres interessantes Gebäude aus der britischen Kolonialzeit ist die Fraunces Tavern (S. 72); hier verabschiedete sich George Washington von seinen Offizieren, die ihn im Unabhängigkeitskrieg begleitet hatten. Heute sind hier ein Museum und ein Restaurant untergebracht.

Ein frühes sakrales Bauwerk ist die St. Paul's Chapel (S. 73) südlich des City Hall Park. Die in den 1760er-Jahren erbaute Kirche ist die älteste noch bestehende Kirche der Stadt. Ihre Architektur ist eine Anlehnung an die viel größere Kirche St. Martin-in-the-Fields in London.

Architektur in der jungen Republik

Im frühen 19. Jh. wurde die Architektur leichter und raffinierter. Der sogenannte Federal Style zeichnete sich durch klassizistische Anleihen aus: Eingänge mit schlanken Säulen, Giebeldreiecke an der Dachlinie und gerundete Oberlichter über den Türen und Fenstern. Einige der schönsten noch bestehenden Bauten aus dieser Zeit waren städtische Gebäude. Die **City Hall** (Karte S. 438; ☎geführte Touren 212-788-2656; Park Row, City Hall Park; 🕐geführte Touren Mittwoch 12 Uhr; [S]4/5/6 bis Brooklyn Bridge-City Hall; R/W bis City Hall; J/Z bis Chambers St) [GRATIS] von 1812 verdankt ihre französische Gestalt dem eingewanderten Architekten Joseph François Mangin und ihre Verzierungen im Federal Style dem Amerikaner John McComb Jr. Innen gibt es eine geräumige Rotunde und eine geschwungene freitragende Treppe zu bewundern.

Die Gracie Mansion (S. 231) in der Upper East Side, 1799 erbaut und seit 1942 offizielle Residenz des Bürgermeisters, ist mit einer breiten Veranda zur Flussseite und einer Tür mit Seitenfenstern aus Bleiglas ein schönes Beispiel für eine Residenz im Federal Style. Dieser Abschnitt des East River war einst mit zahlreichen Gebäuden dieser Art gesäumt – ein Anblick, der Alexis de Tocqueville auf seiner Reise durch die USA Anfang des 19. Jhs. stark beeindruckte.

Andere Bauten im Federal Style sind das James Watson House (1793), 7 State St, direkt gegenüber vom Battery Park, und das Merchant's House Museum (1832; S. 93) in NoHo. Letzteres verfügt noch über die Originaleinrichtung.

Die wichtigsten Gebäude

- *Chrysler Building (Midtown)*
- *Grand Central Terminal (Midtown)*
- *Morris-Jumel Mansion (Washington Heights)*
- *Empire State Building (Midtown)*
- *Temple Emanu-El (Upper East Side)*
- *New Museum of Contemporary Art (Lower East Side)*

Alles Neo: Klassizismus, Gotik & Romanik

Nach der Veröffentlichung einer bedeutenden Abhandlung über griechische Architektur am Ende des 18. Jhs. wandten sich die Architekten vermehrt den reinen klassischen Formen zu. In den USA war ein wichtiger Förderer dieses Trends Minard Lafever, ein in New Jersey geborener Tischler, der sich zum Architekten und Verfasser von Musterbüchern aufschwang. In den 1830er-Jahren sprossen überall in New York säulengeschmückte klassizistische Bauten aus dem Boden.

Grand Central Terminal (S. 193)

In Manhattan stehen zahlreiche dieser Bauwerke, darunter die aus grauem Granit errichtete St. Peter's Church (1838) und die aus weißem Marmor erbaute Federal Hall (1842; S. 74) – beide liegen im Financial District. Im Greenwich Village zeigt eine säulenbestandene Häuserzeile auf der Nordseite des Washington Square (Hausnummern 1–13, S. 144) aus den 1820er-Jahren eine schöne Umsetzung dieses Stils bei Wohnhäusern.

Gegen Ende der 1830er-Jahre machten der georgianische Stil und der Federal Style, beide eher schlicht, reicher verzierten Bauten Platz, die sich gotischer und romanischer Elemente bedienten. Dies zeigte sich besonders beim Kirchenbau. Ein frühes Beispiel ist die Church of the Ascension (1841) in Greenwich Village – ein imposanter Brownstone-Bau mit Spitzbögen und einem mit Zinnen bewehrten Turm. Derselbe Architekt – Richard Upjohn – entwarf im selben Stil die Trinity Church (1846; S. 72) in Downtown Manhattan.

Ab den 1860er-Jahren wurden die Kirchen immer größer. Zu den prächtigsten Gotteshäusern zählen die St. Patrick's Cathedral (1853–1879; S. 202), die einen ganzen Block an Fifth Ave und 51st St einnimmt, und die Cathedral Church of St. John the Divine (seit 1911; S. 261) in Morningside Heights, an der immer noch gebaut wird. Die Neugotik war so populär, dass eines der wichtigsten Wahrzeichen der Stadt, die Brooklyn Bridge (1870–1883), in diesem Stil erbaut wurde.

Romanische Elemente wie etwa Rundbögen sind an Bauten in der ganzen Stadt zu finden. Zu den bekanntesten Bauwerken in diesem Stil zählen das Joseph Papp Public Theater (früher die Astor Library) im Greenwich Village, erbaut zwischen 1853 und 1881, sowie der atemberaubende Temple Emanu-El (1929; S. 231) in der Fifth Ave an der Upper East Side.

Der *AIA Guide to New York* (5. Ausgabe) ist ein umfassender Führer zu den wichtigsten Gebäuden der Stadt.

Woolworth Building (S. 77)

Beaux-Arts-Blockbuster

An der Wende zum 20. Jh. befand sich New York in einer Blütezeit. Räuberbarone wie J. P. Morgan, Henry Clay Frick und John D. Rockefeller – die dank ihrer Stahl- und Ölgeschäfte im Geld schwammen – ließen sich üppige Anwesen bauen. Auch öffentliche Gebäude wurden immer größer und extravaganter. Amerikanische Architekten, von denen viele in Frankreich studiert hatten, kamen mit europäischen Designidealen zurück. Glänzender weißer Kalkstein ersetzte langsam den dunkleren Brownstone, die Erdgeschosse wurden höher gesetzt, um opulente Treppeneingänge bauen zu können, und die Gebäude wurden immer aufwendiger mit Skulpturenschmuck und korinthischen Säulen verziert.

Die Villard Houses von McKim Mead & White von 1884 (heute das Palace Hotel) verdeutlichen die frühen Wurzeln der Bewegung. Sie lehnen sich grob an den Palazzo della Cancelleria in Rom an und kopieren die Symmetrie und Eleganz der italienischen Renaissance. Andere Klassiker sind die Hauptstelle der New York Public Library (1911; S. 202) von Carrère und Hastings, der Anbau des Metropolitan Museum of Art (1902; S. 226) von Richard Morris Hunt und das atemberaubende Grand Central Terminal (1913; S. 193) von Warren und Wetmore, gekrönt von einer Statue des Merkur, des Gotts des Handels.

Griff in den Himmel

Zu Beginn des 20. Jhs. machte die Erfindung des Fahrstuhls und des Stahlskelettbaus es möglich: Die Stadt wuchs in die Höhe. In dieser Zeit gab es einen wahren Boom im Wolkenkratzerbau, angefangen mit Cass Gilberts neugotischem 57-stöckigem Woolworth Building (1913; S. 77). Dieses Hochhaus zählt auch heute noch zu den 50 höchsten Gebäuden der USA.

Weitere Hochhäuser folgten. 1930 wurde das Chrysler Building (S. 196) fertiggestellt, das 77-stöckige Art-déco-Meisterwerk von William Van Alen, damals das höchste Gebäude der Welt. Als solches wurde es im folgenden Jahr vom Empire State Building (S. 189) abgelöst, einem Art-déco-Monolith mit klaren Linien aus Indiana-Kalkstein. Die Spitze sollte als Ankermast für Luftschiffe verwendet werden – die Idee sorgte für gute Publicity, erwies sich aber als nicht umsetzbar.

Während des Zweiten Weltkriegs aus Europa vertriebene Architekten und andere Intellektuelle, von denen nach Ende des Krieges viele in New York blieben, etablierten einen lebendigen Dialog zwischen amerikanischen und europäischen Architekten. In dieser Zeit baute der Stadtplaner Robert Moses blindwütig große Teile von New York um – zum Schaden vieler Stadtviertel – und Designer und Künstler stürzten sich auf die klaren, schmucklosen Linien des International Style.

Eines der ersten Projekte in diesem Stil waren die Gebäude der Vereinten Nationen (1948–1952; S. 199), die mehrere Architekten in Kooperation bauten, darunter der Schweizer Le Corbusier, der Brasilianer Oscar Niemeyer und der Amerikaner Wallace K. Harrison. Am Sekretariatshochhaus der UN entstand die erste große Glasfassade der Stadt; sie ragt hoch über das Gebäude der Generalversammlung mit seinem leicht geschwungenen Dach hinaus. Andere wichtige modernistische Gebäude aus dieser Zeit sind das Lever House (S. 200) von Gordon Bunshaft, ein schwebender, verglaster Bau an der Park Ave Ecke 54th St, und Ludwig Mies van der Rohes schnörkelloses, 38-stöckiges Seagram Building (S. 200) nur zwei Blocks weiter südlich.

Die bedeutende New Yorker Architekturkritikerin Ada Louise Huxtable hat einige ihrer wichtigsten Aufsätze in dem Buch *On Architecture: Collected Reflections on a Century of Change* gesammelt.

Die neue Garde

Ende des 20. Jhs. begannen zahlreiche Architekten, gegen die kompromisslosen, schmucklosen modernistischen Designs zu rebellieren. Zu ihnen zählte auch Philip Johnson. Sein AT&T Building (heute der Sony Tower; 1984) aus rosa Granit, oben verziert mit einem neogeorgianisch schnörkeligen Giebel, hat sich zu einer postmodernen Ikone der Skyline von Midtown entwickelt.

Was nie zu einer Ikone werden konnte, war Daniel Libeskinds Entwurf für das One World Trade Center: ein gedrehter, kantiger Turm, der dann durch einen kastenförmigeren Allerwelts-Glasobelisken (2013) ersetzt wurde. Kostenüberschreitungen auf dem gleichen Baugelände führten zu Abstrichen bei Santiago Calatravas lichtem Entwurf für das World Trade Center Transportation Hub (2016). Kritiker sehen darin nun eher einen geflügelten Dinosaurier als eine Taube im Flug. Der jüngste Streit über die Bebauung des WTC-Geländes betrifft das Gebäude Two World Trade Center: Der ursprüngliche Entwurf von Sir Norman Foster wurde vor Kurzem durch einen Entwurf des dänischen Büros Bjarke Ingels Group (BIG) ersetzt. Laut dem Chief Operating Officer von 21st Century Fox, James Murdoch, war Fosters Entwurf für den neuen Stammsitz des Medienunternehmens zu konventionell. BIG entwarf daraufhin einen unkonventionellen Turm aus riesigen, unterschiedlich großen Kästen, die sich spielerisch gen Himmel heben.

Public Art: New York von Jean Parker Phifer, mit Fotos von Francis Dzikowski, ist ein informativer Führer zur Kunst im öffentlichen Raum in New York.

Natürlich hat auch Norman Foster Avantgardistisches in petto: Der Hearst Tower (S. 201) des britischen Architekten ist ein gezackter Glasturm, der aus einem Sandsteinbau aus den 1920er-Jahren wächst – ein echter Meilenstein in Midtown. Das Gebäude ist eines von vielen, die im 21. Jh. die Palette an wagemutiger Architektur bereichert haben; andere sind das futuristische Barclays Center (2012; S. 314) in Brooklyn, Thom Maynes gefaltetes und geschlitztes Gebäude **41 Cooper Square** (Karte S. 444; www.cooper.edu/about/history/41-cooper-square; 41 Cooper Sq, zw. 6th & 7th Sts; [S]6 bis Astor Pl) von 2009 im East Village und Frank Gehrys 76-stöckiger geriffelter Wohnturm New York (2011) im Financial District.

Stararchitekten an der High Line

Frank Gehrys IAC Building (2007) – ein wallendes, weißes Glasgebilde, das oft mit einer Hochzeitstorte verglichen wird – zählt zu den Bauten von Stararchitekten, die rund um die High Line entstanden sind, eine alte Hochbahntrasse, die heute ein Stadtpark ist. Am auffallendsten von allen ist Renzo Pianos neues Whitney Museum (2015; S. 145). Das hinreißend asymmetrische und in blaugrauen Stahl gekleidete Gebäude wird vielfach dafür gerühmt, dass es sich nahtlos ins Ambiente der High Line einpasst. Eine Augenweide acht Straßen weiter nördlich ist das Haus 100 Eleventh Ave (2010), ein 23-stöckiger Luxuswohnturm des französischen Architekten Jean Nouvel. Seine überbordende Anordnung abgewinkelter Fenster hat wirklich etwas Hypnotisierendes – hypermodern in der Konstruktion und gleichzeitig feinfühlig ans architektonische Erbe der Gegend angepasst. Dass das Muster der Fassade an die Industriearchitektur von West Chelsea erinnert, ist bestimmt kein Zufall.

Der neueste Star der Gegend ist Zaha Hadids Wohnkomplex in der 520 West 28th St. Der elfstöckige Luxusbau war das erste Wohnprojekt der irakisch-britischen Architektin in der Stadt. Die sinnlichen, futuristischen Kurven werden ergänzt durch eine 230 m² große Skulpturenterrasse mit von den Friends of the High Line gestifteter Kunst. Leider erlebte die Pritzker-Preisträgerin die Vollendung Ihres Baus nicht mehr. Zaha Hadid starb 2016.

Queer City: Von Stonewall bis Homo-Ehe

New York City ist schwul und stolz darauf. Hier fand der Stonewall-Aufstand statt, hier blühte die moderne Schwulenrechtsbewegung auf, hier ging Amerikas erste Gay-Pride-Demo auf die Straße. Doch schon vor den Zeiten der modernen Schwulenbewegung hatte die Stadt etwas übrig für alles Schräge und Schrille – es gab Sexsaloons an der Bowery, sapphische Poesie im Village und Dragqueen-Bälle in Harlem. Das war zwar zeitweise ein harter Kampf – aber dafür war das Leben immer berauschend.

Die Anfänge
Subversives Treiben in den Villages

In den 1890er-Jahren hatte die raubeinige Lower East Side wegen ihrer skandalträchtigen Szene aus Tanzlokalen, Saloons und Freudenhäusern für die Herren „vom anderen Ufer" einen gewissen Ruf erlangt. Von der Paresis Hall in der 5th St Ecke Bowery bis zum Slide in der Bleecker St 157 boten diese Lokalitäten alles von spektakulären Transvestitenshows und Tanz bis zum Hinterzimmer für gleichgeschlechtliche Spielchen. Nichtgeoutete, bürgerliche Männer kamen heimlich mit dem Zug, um sich einen Schuss Kameradschaft, Verständnis und ungehemmten Spaß zu holen, der nur in diesen „Lasterhöhlen" zu haben war. Neugierige Heteros aus der Mittelschicht zog der Voyeurismus hierher.

Dank der niedrigen Mieten und romantisch verwinkelten Sträßchen begannen sich Anfang des 20. Jhs. Schriftsteller und Künstler in Greenwich Village anzusiedeln. Die Zwanglosigkeit und der Freigeist, für die die Gegend bekannt wurde, machte das Village zum gelobten Land für Schwule und Lesben. Hier gab es jede Menge Junggesellenwohnungen, eine tolerante Einstellung und – mit Beginn der Prohibition – eine ungehemmte Flüsterkneipenszene. In der MacDougal St waren zahlreiche Geschäfte in schwullesbischer Hand, darunter in Nummer 129 das legendäre Eve's Hangout. Die Teestube gehörte der jüdischen Einwanderin Eva Kotchever (Eve Addams) und war vor allem für zwei Dinge bekannt: Dichterlesungen und das Schild an der Tür mit der Aufschrift „Männer erlaubt, aber nicht erwünscht". Es war also kaum zu erwarten, dass Eve den Polizisten eine Runde Willkommensdrinks spendieren würde, als diese im Juni 1926 eine Razzia bei ihr durchführten. Wegen ihrer Anthologie *Lesbian Love* wurde sie wegen „Obszönität" angeklagt und nach Europa zurückverfrachtet. Drei Jahre später ehrte sie eine Theatergruppe in Greenwich Village mit der Aufführung einer Bühnenversion ihres Buchs *Play Mart* in einem Kellerraum in der Christopher St.

Amerikas erste Demonstration für Schwulenrechte fand 1964 in New York statt. Der Aufmarsch vor dem Army Induction Center an der Whitehall St wurde von der Homosexual League of New York und der League for Sexual Freedom mit dem Ziel organisiert, die schwulenfeindlichen Richtlinien des Militärs zu beenden.

LGBT-GESCHICHTE

1927
Als Reaktion auf die zunehmende Präsenz von Schwulen am Broadway erlässt der Staat New York ein Gesetz zur Verhinderung „öffentlicher Obszönität" und verbietet Schwulen Bühnenauftritte und öffentliche Diskussionen.

1966
Am 21. April veranstaltet die Schwulenrechtsorganisation Mattachine Society als Protest gegen das Ausschankverbot an LGBT-Personen ein „Sip-In" in der Julius Bar, dem ältesten Schwulenlokal der Stadt.

1969
Eine Polizei-Razzia am 28. Juni im Stonewall Inn in Greenwich Village löst einen mehrtägigen Aufstand aus und markiert den Beginn der modernen Schwulenrechtsbewegung.

1987
ACT UP wird gegründet, um auf die Aids-Problematik hinzuweisen. Am 24. März organisieren die Aktivisten auf der Wall Street ihre erste Großdemo.

2011
Am 24. Juli tritt das New Yorker Ehegleichstellungsgesetz in Kraft. Gleich nach Mitternacht gibt sich ein lesbisches Paar aus Buffalo das Jawort.

2016
US-Präsident Barack Obama erklärt einen Teil des West Village, u. a. den legänderen Christopher Park, zum National Monument. Zum ersten Mal würdigt diese Auszeichnung einen Ort der Schwulenrechtsbewegung.

Divas, Dragqueens & Harlem

In den 1920er-Jahren hatte zwar auch der Times Square einen Ruf als Anziehungspunkt für Schwule (die meist in den Theatern, Restaurants und Flüsterkneipen der Umgebung arbeiteten), aber die heißeste Schwulenszene lag weiter nördlich in Harlem. Das Viertel hatte eine florierende Musikszene, darunter zahlreiche schwule und lesbische Künstler wie Gladys Bentley und Ethel Waters. Bentley (die gern Anzug trug und für ihre Liebhaberinnen ebenso bekannt war wie für ihren Gesang) stieg von Auftritten in Kellerclubs und Mietskasernenpartys zum Star einer Revue im berühmten Ubangi Club an der 133rd St auf, wo zu ihren Vorgruppen auch eine Revuenummer aus Damenimitatoren gehörte.

Noch bekannter waren die Dragqueen-Bälle, die in den wilden 1920er-Jahren sowohl bei schwulen als auch bei heterosexuellen New Yorkern ein Riesenhit waren. Der größte von allen war der Hamilton Lodge Ball, der einmal jährlich im protzigen Rockland Palace an der 155th St stattfand. Der sogenannte Faggot's Ball („Schwuchtelball") erlaubte es Schwulen und Lesben ganz legal in die Kleider des anderen Geschlechts zu schlüpfen und mit Angehörigen des eigenen Geschlechts zu tanzen. Trendige „Normalos" konnten ihren Voyeurismus pflegen. Hauptattraktion des Abends war die Schönheitswahl, bei der Dragqueens um den Titel der „Queen of the Ball" konkurrierten. Der schwule Schriftsteller Langston Hughes, einer der vielen New Yorker Literaten, die am Ball teilnahmen, nannte ihn ein „kaleidoskopisches Schauspiel". Hier war so ziemlich jeder anwesend, von Prostituierten bis zur feinen Gesellschaft, darunter auch die Astors und die Vanderbilts. Das Spektakel wurde sogar von der Presse kommentiert, die ausgeflippten Kleider waren Stadtgespräch.

Der Stonewall-Aufstand

Auf die relative Freizügigkeit des frühen 20. Jhs. folgte für mehrere Jahrzehnte eine konservative Zeit, geprägt von der Großen Depression, dem Zweiten Weltkrieg und dem Kalten Krieg. Senator Joseph McCarthy etwa war überzeugt, dass Homosexuelle im State Departement Sicherheit und Kinder bedrohen würden. Gleichzeitig gab es härtere Polizeimaßnahmen gegen Homosexuelle in der Öffentlichkeit, womit die Szene in den 1940er- und 50er-Jahren noch weiter in den Untergrund gedrängt wurde. Die schon immer üblichen Razzien in Schwulenlokalen wurden häufiger.

Als allerdings in den frühen Morgenstunden des 28. Juni 1969 Polizisten in das schwulenfreundliche Stonewall Inn in Greenwich Village eindrangen, taten die Gäste das Undenkbare: Sie revoltierten. Sie hatten die Nase voll von den Schikanen und korrupten Polizisten, die sich von den Barbesitzern (meist Vertreter des organisierten Verbrechens) schmieren ließen, und begannen, die Beamten mit Münzen, Flaschen und

Ziegelsteinen zu bewerfen und „Schwulenpower!" oder „We shall overcome" zu rufen. Unterstützt wurden sie von Dragqueens, die ihre Beine hochwarfen und ihren heute legendären Spruch skandierten: „Wir sind die Stonewall-Girls, wir machen uns Locken ins Haar, wir tragen keine Unterwäsche, wir zeigen unsere Schamhaare, wir tragen unsere Arbeitshosen über unseren Tuntenknien …"

Die kollektive Wut und Solidarität brachten den entscheidenden Wendepunkt und entfachten hitzige Debatten über Diskriminierung. Dies war der zündende Funke für die moderne Schwulenrechtsbewegung – und zwar quer durch die USA und alle Länder der Erde von den Niederlanden bis nach Australien.

Im Schatten von Aids

Der LGBT-Aktivismus verschärfte sich Anfang der 1980er-Jahre, als HIV und Aids weltweit in die Schlagzeilen gerieten. Viele sahen Aids als „Schwulenkrebs" an und reagierten mit Ignoranz, Angst und moralischer Entrüstung, während Schwulenaktivisten wie Larry Kramer versuchten, die wachsende Epidemie zu bekämpfen. Aus seinen Bemühungen entstand 1987 die ACT UP (Aids Coalition to Unleash Power; Aids-Koalition zur Freisetzung von Kräften). Sie kämpfte gegen die herrschende Homophobie, die Gleichgültigkeit des damaligen Präsidenten Ronald Reagan und die Wucherpreise, die Pharmakonzerne für Aids-Medikamente verlangte. Am 14. September 1989 ketteten sich bei einer der gewagtesten Protestaktionen sieben ACT-UP-Demonstranten an den VIP-Balkon der New Yorker Börse. Sie verlangten, dass der Pharmakonzern Burroughs Wellcome den Preis des Aids-Medikaments AZT senken sollte, der damals noch bei unbezahlbaren 10 000 $ pro Patient und Jahr lag. Innerhalb weniger Tage wurde der Preis auf 6400 $ pro Patient gesenkt.

Die Krankheit Aids hatte erhebliche Auswirkungen auf die New Yorker Künstlerszene. Unter den prominentesten Opfern waren der Künstler Keith Haring, der Fotograf Robert Mapplethorpe und der Modedesigner Halston. Andererseits entstanden großartige Theaterstücke und Musicals zum Thema Aids, die nicht nur weltweit gefeiert, sondern auch Teil des kulturellen Mainstreams in Amerika wurden. Einige Beispiele sind Tony Kushners politisches Epos *Engel in Amerika* und Jonathan Larsons Rockmusical *Rent*. Beide Werke gewannen sowohl Tony Awards als auch den Pulitzer-Preis.

Homo-Ehe & neues Jahrtausend

2011 kam der Kampf um die völlige Gleichstellung zwei riesige Schritte voran: Am 20. September wurde das US-Gesetz gegen die Beschäftigung bekennender Schwuler oder Lesben beim Militär nach jahrelangem Ringen aufgehoben. Drei Monate zuvor hatte Beharrlichkeit zu einem noch größeren Sieg geführt – dem Recht zu heiraten. Am 15. Juni wurde das Eheglaichstellungsgesetz mit einer Mehrheit von 80 zu 63 in der New York State Assembly bewilligt. Am 24. Juni, am Vorabend der New Yorker Gay-Pride-Demo, wurde bekannt gegeben, dass dieses Gesetz endgültige Gesetzesvorlage der Legislaturperiode sein sollte. Nach seiner Prüfung und Novellierung wurde die Vorlage mit 33 zu 29 Stimmen gebilligt und um 11.55 Uhr vom New Yorker Gouverneur Andrew Cuomo als geltendes Gesetz unterzeichnet. Auf den Sieg auf bundesstaatlicher Ebene folgte der USA-weite Erfolg: Am 26. Juni 2015 befand der Oberste Gerichtshof, dass die gleichgeschlechtliche Ehe in den gesamten USA gesetzlich verbrietes Recht sei; somit wurden die in 13 Bundesstaaten noch bestehenden Heiratsverbote für Homosexuelle für ungültig erklärt.

Schwule Film-klassiker

Das Kuckucksei (1988)

Die Harten und die Zarten (1970)

Paris Is Burning (1990)

Engel in Amerika (2003)

Jeffrey (1995)

Schwule Literatur

Tänzer der Nacht (Andrew Holleran)

Letzte Ausfahrt Brooklyn (Hubert Selby)

Eine andere Welt (James Baldwin)

City Boy (Edmund White)

Im selben Jahr hoben die Organisatoren der New Yorker St.-Patrick's-Parade ihren langjährigen Ausschluss von LGBT-Gruppen auf, sodass Out@NBCUniversal – eine Gruppe von schwulen, lesbischen, bi- und transsexuellen Mitarbeitern von NBCUniversal – an dem Umzug teilnehmen konnten. Über die Aufhebung des Teilnahmeverbots freute sich sicher auch der New Yorker Bürgermeister Bill de Blasio, der der Parade aus Protest ferngeblieben war.

Trotz dieser wichtigen Erfolge gibt es in New York nach wie vor auch Intoleranz und Vorurteile. 2013 wurde Mark Carson aus Brooklyn im Greenwich Village, einem der traditionell tolerantesten Stadtteile Manhattans, erschossen. Carson war in den frühen Morgenstunden des 18. Mai mit einem Freund die 8th St entlanggegangen, als der 32-Jährige nach einer kurzen Auseinandersetzung mit einer Gruppe von Männern, die schwulenfeindliche Sprüche losgelassen hatten, aus nächster Nähe erschossen wurde. Auf diesen Anschlag wurde mit einer mitternächtlichen Mahnwacht zu Carsons Ehren reagiert. Doch der Mord erinnerte auch daran, dass selbst im liberalen New York nicht jeder dazu bereit ist, jeden nach seiner eigenen Façon glücklich werden zu lassen.

New York im Kino

New York hat eine lange und bewegte Leinwandgeschichte. Auf diesen Straßen verliebte sich im Film Annie Hall ein tollpatschiger Woody Allen in Diane Keaton, täuschte Meg Ryan in *Harry und Sally* ihren Orgasmus vor und entwickelte Sarah Jessica Parker in *Sex & the City* ihre Philosophie zu den Themen Partnersuche und Pumps von Jimmy Choo. Für Film- und Serienfans kann ein Spaziergang durch die City zum endlosen Déjà-vu denkwürdiger Szenen, Charaktere und Filmzitate werden.

Hollywood: Wurzeln & Konkurrenten

Unglaublich, aber wahr: Die Wiege der amerikanischen Filmindustrie steht an der Ostküste. Anfang des 20. Jhs. wurden hier Fox, Universal, Metro, Selznick und Goldwyn gegründet; lange, bevor man dazu überging, Western in Kalifornien und Colorado zu drehen, wurden sie in der (inzwischen verschwundenen) Wildnis von New Jersey gefilmt. In den 1920er-Jahren hatte der immerwährende Sonnenschein den Großteil der Filmindustrie nach Hollywood gelockt. Trotzdem blieb das Kommando „Licht, Kamera, Action!" in New York noch lange an der Tagesordnung.

Das Erbe von Kaufman Astoria

Herzstück der New Yorker Szene waren die noch heute aktiven Kaufman Astoria Studios in Queens. Der 1920 von Jesse Lasky und Adolph Zukor für ihre Famous Players-Lasky Corporation gegründete Komplex sollte eine ganze Reihe erfolgreicher Stummfilme ins Kino bringen, darunter *Der Scheich* (1921) und *Monsieur Beaucaire* (1924), beide mit dem gebürtigen Italiener und Mädchenschwarm Rudolph Valentino in der Hauptrolle, sowie *Manhandled* (1924) mit der frühen Filmdiva Gloria Swanson. Das 1927 in Paramount Pictures umbenannte Studio wurde dafür bekannt, Broadway-Stars den Sprung ins große Kino zu ermöglichen. Dazu gehörten u. a. die Marx Brothers sowie Fred Astaire und Ginger Rogers – Letztere gab ihr Filmdebüt als Charleston-Girl in *Young Man of Manhattan* (1930).

1932 verlegte dann auch Paramount alle Spielfilmdreharbeiten nach Hollywood. Trotzdem blieb der Gebäudekomplex (nun unter dem Namen Eastern Services Studio) das Hauptquartier seiner Nachrichtenberichterstattung. In den 1930er-Jahren war das Studio auch bekannt für seine Kurzfilme und half Talenten wie George Burns, Bob Hope und

---

FILMSCHAUPLÄTZE

Central Park Zahllose Kurzauftritte, u. a. in Woody Allens *Der Stadtneurotiker*, *Manhattan* und *Hannah und ihre Schwestern*

64 Perry St Carrie Bradshaws Hausfassade in *Sex & the City*

Katz's Delicatessen Wo Meg Ryan in *When Harry und Sally* einen Orgasmus vortäuscht

Tom's Restaurant Double für Monk's Café in *Seinfeld*

Tiffany & Co Wo Audrey Hepburn in *Breakfast at Tiffany's* tagträumt

Danny Kaye in den Sattel. Nach einem Intermezzo im Dienste der US Army, für die die Filmschmiede vom Zweiten Weltkrieg bis 1970 unter dem Namen US Signal Corps Photographic Center Propaganda- und Ausbildungsfilme drehte, wurden die Studios 1983 vom Immobilienmakler George S. Kaufman umbenannt in Kaufman Astoria Studios. Das modernisierte und vergrößerte Studio brachte diverse Streifen in die Kinos, darunter *Hinter dem Rampenlicht* (1979), *Brighton Beach Memoirs* (1986), *Die Frauen von Stepford* (2004) und *Men in Black III* (2012). In den 1980er-Jahren lebten hier die Huxtables in der *Bill Cosby Show* ihr bürgerliches Leben in Brooklyn und bis heute werden hier auch die beliebten Sendungen *Sesamstraße* und *Orange is the New Black* aufgenommen.

Jenseits von Astoria

Die über 10 ha großen Steiner Studios mitten im historischen Brooklyn Navy Yard sind der größte Studiokomplex östlich von Los Angeles. Zu den Filmerfolgen der Steiner Studios gehören bis dato *The Producers* (2005), *Zeiten des Aufruhrs* (2008), *Sex & the City* 1 und 2 (2008, 2010) sowie *The Wolf of Wall Street* (2013). Zahlreiche TV-Sendungen wurden ebenfalls hier gedreht, darunter Martin Scorseses hochgelobtes Gangsterdrama *Boardwalk Empire* und die ebenfalls bei HBO laufende Serie *Vinyl*, eine Rockserie von Scorsese, Mick Jagger und Terence Winter.

In Queens ist ein weiterer dicker Fisch zu Hause: die Silvercup Studios. Zu seinen größten Spielfilmerfolgen gehören z. B. Francis Ford Coppolas *Der Pate – Teil III* (1990), Woody Allens *Broadway Danny Rose* (1984) und *The Purple Rose of Cairo* (1985) sowie TV-Highlights wie das Mafiadrama *Die Sopranos* und die ebenso hochgelobte Comedy-Serie *30 Rock*, in der Tina Fey eine Autorin für TV-Sketche und Alec Baldwin den Boss der Sendeaufnahmen im Rockefeller Center spielt.

In Wirklichkeit ist das Rockefeller Center die Heimat von NBC TV. Dessen langjähriger Renner *Saturday Night Live* ist das Vorbild für Feys Sitcom *30 Rock*. Zu den weiteren Medienanstalten Manhattans gehören außerdem das Food und das Oxygen Network, beide im Chelsea Market untergebracht, sowie Robert De Niros Tribeca Productions im Tribeca Film Center.

Neben den Studios und Sendezentralen gibt's in New York einige der besten Filmschulen: die NYU Tisch Film School, die New York Film Academy, die School of Visual Arts, die Columbia University und die New School. Aber nicht nur Studierende können etwas über das Filmhandwerk erfahren: Sowohl das Museum of the Moving Image (S. 323) in Astoria in Queens als auch das Paley Center for Media (S. 203) in Midtown Manhattan bieten Filmmaterial und Seminare zu vergangenen und laufenden Produktionen an.

Sehenswürdigkeiten im Film

Vom Downtown-Drama zur Midtown-Romanze

Den meisten Besuchern, die zum ersten Mal in New York sind, kommt die Stadt seltsam vertraut vor. Kein Wunder: Die Stadt ist öfter über die Leinwand geflimmert als alle Hollywooddiven zusammen, und viele seiner Wahrzeichen gehören genauso zur amerikanischen Filmkultur wie seine Kinopromis. Zum Beispiel die Staten Island Ferry (S. 86), mit der die gemobbte Sekretärin Melanie Griffith in *Working Girl* (1988) von der Vorstadt zur Wall Street schippert. Oder der Battery Park (S. 76), wo Madonna in *Susan … verzweifelt gesucht* (1985) Aidan Quinn und Rosanna Arquette betört. Oder das New York County Courthouse, wo die Bösewichter in *Wall Street* (1987) und *Good Fellas – Drei Jahrzehnte in der Mafia* (1990) ihre gerechte Strafe erhalten und das auch in

---

Metro Goldwyn Mayers berühmtes Logo mit „Leo, dem Löwen" entwarf Howard Dietz. Inspiriert hatte den Publizisten das Maskottchen der Columbia University in New York, an der er Journalismus studiert hatte. 1928 kam das berühmte Löwengebrüll erstmals im Kinovorspann vor.

Die berühmtberüchtigte Szene in *Das verflixte 7. Jahr*, bei der sich Marilyn Monroe dank der kühlen Brise eines U-Bahn-Lüftungsschachts unter den Rock schauen lässt, wurde an der 586 Lexington Ave gedreht, vor dem inzwischen abgerissenen Trans-Lux 52nd Street Theatre.

DIE BESTEN NEW-YORK-FILME

Alle Filme aufzuzählen, die mit New York in Verbindung stehen, würde den Rahmen sprengen. Zur Anregung hier ein paar Filmhits:

Taxi Driver (Martin Scorsese, 1976) Mit Robert De Niro, Cybill Shepherd und Jodie Foster. De Niro spielt einen psychisch labilen Vietnamkriegsveteranen, dessen gewalttätige Impulse sich durch die Spannungen in der Stadt zuspitzen. Der witzige, deprimierende und brillante Klassiker erinnert ausdrucksstark daran, wie viel rauer es früher in New York zuging.

Manhattan (Woody Allen, 1979) Mit Woody Allen, Diane Keaton und Mariel Hemingway. In dieser cineastischen Liebeserklärung an die Stadt New York verliebt sich ein geschiedener New Yorker, der mit einer Highschool-Schülerin (gespielt von der piepsstimmigen Hemingway) liiert ist, in die Geliebte seines besten Freundes. Mit im Bild: romantische Ansichten der Queensboro Bridge und der Upper East Side.

Susan ... verzweifelt gesucht (Susan Seidelman, 1985) Mit Madonna, Rosanna Arquette und Aidan Quinn. Eine Verwechslung führt eine gelangweilte Hausfrau aus New Jersey auf eine wilde Abenteuertour durch Manhattans schillernde Subkultur. Hier werden das East Village aus der Mitte der 1980er-Jahre und der längst verschwundene Club Danceteria wieder lebendig.

Summer of Sam (Spike Lee, 1999) Mit John Leguizamo, Mira Sorvino und Jennifer Esposito. Spike Lee setzt den Sommer des Jahres 1977 historisch korrekt in Szene, indem er die *Son-of-Sam*-Mordserie, den Stromausfall, die Rassenunruhen und das Unglück eines ausgesüchtigen Paares aus Brooklyn miteinander verwebt. Unter anderem spielt die Handlung im CBGB und im Studio 54.

Engel in Amerika (Mike Nichols, 2003) Mit Al Pacino, Meryl Streep und Jeffrey Wright. Die Verfilmung von Tony Kushners Broadway-Stück erinnert an das Manhattan des Jahres 1985: brüchige Beziehungen, die Aidsepidemie und Ronald Reagans heimlich schwuler Berater Roy Cohn, der nichts dagegen unternahm, außer schließlich selbst krank zu werden. Die Charaktere bewegen sich durch New York, von Brooklyn über Lower Manhattan bis zum Central Park.

Precious – Das Leben ist kostbar (Lee Daniels, 2009) Mit Gabourey Sidibe in der Hauptrolle und nach dem Roman Push der Autorin Sapphire. Die ungeschönte Geschichte eines fettleibigen, analphabetischen und von den Eltern missbrauchten Teenagers spielt in Harlem, inmitten der Straßenschluchten und der New Yorker Ghetto-Kultur.

Birdman (Alejandro G. Iñárritu, 2014) Die mit dem Oscar für den besten Film ausgezeichnete schwarze Komödie mit Michael Keaton, Zach Galifianakis, Edward Norton, Andrea Riseborough, Amy Ryan, Emma Stone und Naomi Watts erzählt die Geschichte eines ehemaligen Hollywood-Schauspielers, der am Broadway eine Show auf die Bühne zu bringen versucht.

Ghostbusters (Paul Feig, 2016) In der Neuauflage des Comedy-Klassikers von 1984 gehen vier Frauen auf Geisterjagd (Melissa McCarthy, Kristen Wiig, Kate McKinnon und Leslie Jones). Die Suche nach gruseligen Erscheinungen in New York stieß bei Kritikern auf ein geteiltes Echo, aber der Film sorgte für Aufsehen durch seine ausschließlich weiblichen Hauptdarsteller.

Serienklassikern wie *Cagney & Lacey, NYPD Blue* und *Die Aufrechten - Aus den Akten der Straße (Law & Order)* eine wichtige Rolle spielt.

Kaum ein Wahrzeichen war so oft im Kino zu sehen wie das Empire State Building (S. 189), das für die dramatische Schlussszene aus *King Kong* (1933, 2005) wie auch für zahllose romantische Begegnungen auf der Aussichtsplattform bekannt ist. Zu den berühmtesten gehört das nächtliche Treffen von Meg Ryan und Tom Hanks aus *Schlaflos in Seattle* (1993). Die Szene (gedreht in der echten Lobby, aber auf einem

Nachbau der Aussichtsplattform) ist eine Art Hommage an den Film *Die große Liebe meines Lebens* (1957), in dem sich Cary Grant und Deborah Kerr versprechen, sich am Gipfel des Empire State Building zu treffen, um dort (hoffentlich) ihre Liebe zu besiegeln.

Weniger Glück hat Sarah Jessica Parker in *Sex & the City* (2008), die in ihrem Hochzeitskleid von Vivienne Westwood von einem nervösen Chris Noth an der New York Public Library (S. 202) stehen gelassen wird. Vielleicht hatte er zu oft *Ghostbusters* (1984) gesehen, dessen gruselige Anfangsszene zwischen den berühmten Marmorlöwen und im Rose Main Reading Room spielt. In *Die Thomas Crown Affäre* (1999) gibt sich das Foyer hinterlistig als Metropolitan Museum of Art aus, wo der diebische Playboy Pierce Brosnan in der sinnlichen Detektivin Rene Russo eine ebenbürtige Gegenspielerin findet. Gleich daneben am Brunnen des Bryant Park (S. 202) klärt die selbst ernannte Detektivin Diane Keaton in *Manhattan Murder Mystery* (1993) ihren Mann Woody Allen über ihren angeblich blutrünstigen alten Nachbarn auf. Erwartungsgemäß setzt Woody Allen eine ganze Reihe New Yorker Schauplätze in seinem Film in Szene, darunter den National Arts Club (S. 176) in Gramercy Park und Elaine's an der 1703 Second Ave (eines seiner eigenen früheren Stammlokale). In diesem inzwischen geschlossenen Restaurant in der Upper East Side erklärt Keaton Allen und den übrigen Tischgästen Alan Alda und Ron Rifkin ihre Verbrechenstheorie. Das Restaurant tauchte oft in Allens Filmen auf, etwa in *Manhattan* (1979) und *Celebrity* (1998).

Der Central Park (S. 241) spielte in zahllosen Filmszenen mit, z. B. beim Ruderbootsausflug von Barbra Streisand und Robert Redford im auf die Tränendrüsen drückenden Film *So wie wir waren* (1973). An den Park grenzend steht das Dakota Building (S. 244), der Schauplatz des Thrillerklassikers *Rosemaries Baby* (1968). Ebenfalls in der Upper West Side liegt Tom's Restaurant (S. 270), dessen Fassade regelmäßig in *Seinfeld* zu sehen ist. Ein weiterer Star des Viertels ist das elegante Lincoln Center (S. 245), in dem Natalie Portman im Psychothriller *Black Swan* (2010) langsam den Verstand verliert und wo die verliebten Brooklyner Cher und Nicolas Cage in *Mondsüchtig* (1987) ihr erstes Date haben. Dort, wo heute das Lincoln Center steht, standen früher nur heruntergekommene Mietskasernen, die im oscargekrönten Bandenkriegsmusical *West Side Story* (1961) auf die Zelluloid gebannt wurden.

Bei einem Oscargewinner jüngerer Zeit, dem Streifen *Birdman* (2014), stand die glitzernde Theater District in Midtown im Rampenlicht. Der leidgeprüfte Michael Keaton versucht im St. James Theatre an der W44th St die Broadway-Adaptation eines Theaterstücks auf die Bühne zu bringen. Nachdem er aus dem Gebäude ausgesperrt worden ist, findet sich Keaton nur mit Unterwäsche bekleidet auf dem Times Square wieder. Ein paar Straßen weiter östlich streitet er in der historischen Kneipe Rum House (S. 210) mit Lindsay Duncan über sein Stück.

Tanz auf den Straßen

Das Kultmusical *Fame* (1980) tauscht Messer gegen Trikots und lässt die Studenten der New York High School of Performing Arts auf den Straßen von Midtown tanzen (womit sie allerdings nicht unbedingt für fließenden Stadtverkehr sorgen). Der Inhalt des Films war dem städtischen Board of Education (Bildungsausschuss) zu anstößig, sodass die Dreharbeiten an der High School of Performing Arts (damals in der 120 W 46th St) verboten wurden. Daraufhin wurde die Tür einer ungenutzten Kirche auf der anderen Straßenseite als Eingangstür der Schule und Haaren Hall (Tenth Ave Ecke 59th St) für die Innenaufnahmen verwendet.

Film-festivals

Dance on Camera
(Januar/Februar)

New York
International
Children's
Film Festival
(Februar/März)

Tribeca Film
Festival (April)

Human Rights
Watch
International Film
Festival (Juni)

NewFest: LGBT
Film Festival
(Oktober)

New York
Film Festival
(September/
Oktober)

Fame war jedoch nicht der einzige Film, der New York in einen Tanzsaal verwandelte. In *On the Town* (1949) tänzeln und singen die staunenden Seeleute Frank Sinatra, Gene Kelly und Jules Munshin von der Freiheitsstatue (S. 64) über die Rockefeller Plaza (S. 195) zur Brooklyn Bridge (S. 277) und sehen dabei aus, als wären sie frisch von einem Gay-Pride-Wagen heruntergestiegen. Noch tuntiger wird's auf der gleichen Brücke in *The Wiz – Das zauberhafte Land* (1978) mit Diana Ross und Michael Jackson. Der Film ist eine bizarre Version des *Zauberers von Oz*, mit Munchkins im Flushing Meadows Corona Park (S. 324) und einer Smaragdstadt im Schatten der Zwillingstürme des World Trade Center. Im Jahr zuvor wurde die Brücke zum Ort der Reifeprüfung für den jugendlichen Schlaghosenträger John Travolta, der in *Saturday Night Fever* (1977) die Sicherheit seiner Brooklyner Heimat für die größeren und heller glitzernden Diskokugeln Manhattans aufgibt. Der absolute Knüller ist jedoch die Schlussszene von Terry Gilliams *König der Fischer* (1991), in dem die große Bahnhofshalle des Grand Central (S. 193) in einen Ballsaal mit Walzer tanzenden Pendlern verwandelt wird.

New Yorker TV-Sendungen

Über 70 TV-Sendungen werden in New York gedreht, darunter Erfolgsserien wie *Law & Order: Special Victims Unit* und *The Good Wife* sowie langjährige Klassiker wie *The Tonight Show Starring Jimmy Fallon* und *Saturday Night Live*. Die Film- und TV-Industrie der Stadt investiert jährlich 8 Mrd. $ in ihre Produktionen und bietet über 104 000 Arbeitsplätze. Über ein Drittel aller professionellen Schauspieler der USA sind in New York ansässig.

Touren zu Filmschauplätzen

Führungen zu Film- und TV-Drehorten wie die On Location Tours (S. 416) eignen sich bestens, um einige bekannte Filmschauplätze zu sehen, wie z. B. aus *Der Teufel trägt Prada, Spider-Man* oder *How I Met Your Mother*. Wer mag, kann die Touren auch auf eigene Faust unternehmen: Die wunderbar umfassende Website On the Set of New York (www.onthesetofnewyork.com) bietet kostenlose Location-Pläne von fast ganz Manhattan zum Runterladen an.

Praktische Informationen

Verkehrsmittel & -wege

AN- & WEITER-REISE

New York rollt seinen roten Teppich an drei geschäftigen Flughäfen, zwei Hauptbahnhöfen und einem riesigen Busbahnhof aus, um Millionen Gäste zu begrüßen, die gern ein Mal vom Big Apple kosten wollen.

Von den meisten amerikanischen und internationalen Großstädten gibt es Direktflüge nach New York. Von Los Angeles dauert der Flug sechs Stunden, von Berlin und Frankfurt/M rund neun und von Zürich oder Wien (mit Stopp in Düsseldorf) elf bzw. zwölf Stunden. Wer mit dem Zug aus einer US-Stadt anreist, erlebt eine besondere Mischung aus ländlichen und städtischen Kulissen, ohne Verkehrsstaus und lästige Sicherheitschecks ertragen zu müssen oder übermäßigen CO_2-Verbrauch zu verursachen.

Flüge, Zugtickets und Touren können online auf www.lonelyplanet.com/bookings gebucht werden.

John F. Kennedy International Airport

Der **John F. Kennedy International Airport** (JFK; ☎718-244-4444; www.kennedyairport.com) liegt 15 Meilen (24 km) von Midtown im Südosten von Queens, hat sechs Terminals und fertigt jährlich fast 50 Mio. Passagiere aus aller Welt ab. Von einem Terminal zum nächsten gelangt man mit dem AirTrain (auf dem Flughafengebiet kostenlos).

Kürzlich wurde eine Sanierung des Flughafens für 10 Mrd. $ beschlossen, mit allerlei Umbauten und Strukturmaßnahmen, auch verbesserten Einrichtungen und Transportmöglichkeiten. Wann das Ganze vonstatten gehen soll, ist noch unklar.

Taxi

Von Manhattan zum Flughafen fahren die gelben Taxis, Yellow Cabs, mit Taxameter. Die Preise schwanken je nach Verkehrslage (in der Regel ca. 60 $); die Fahrt dauert etwa 45 bis 60 Minuten. Vom JFK aus verlangen Taxis einen Festpreis von 52 $ zu den meisten Zielen in Manhattan (ohne Trinkgeld und Maut). Von/nach Brooklyn sollte der Preis bei etwa 45 $ (Coney Island) bis 62 $ (Downtown Brooklyn) liegen. Für die Benutzung der Williamsburg Bridge, Manhattan Bridge, Brooklyn Bridge und Queensboro–59th St Bridge wird keine Maut verlangt, der Queens–Midtown Tunnel und der Hugh L. Carey Tunnel (Brooklyn–Battery Tunnel) kosten in Richtung Manhattan 8,50 $.

Die Preise über Apps wie Lyft und Uber hängen von der Tageszeit ab.

Shuttle & privater Fahrdienst

Kleinbusse, wie die von **Super Shuttle Manhattan** (www.supershuttle.com), kosten 20 bis 26 $ pro Person, je nach Fahrtziel. Private Fahrdienste kosten bei Fahrten zum Flughafen ab New York einen Festpreis von 45 $.

Expressbus

Der **NYC Airporter** (www.nycairporter.com) fährt ab JFK zur Grand Central Station, Penn Station oder zum Port Authority Bus Terminal. Die einfache Fahrt kostet 18 $.

Subway

Die Subway ist das billigste, wenn auch langsamste Verkehrsmittel nach Manhattan. Vom Flughafen fährt der AirTrain (5 $, bezahlt wird beim Ausstieg) zum Sutphin Blvd–Archer Ave (Jamaica Station) mit Anschluss an die Linien E, J oder Z (oder die Long Island Rail Road). Zum Anschluss an die Linie A geht's weiter mit dem AirTrain zum Bahnhof Howard Beach. Die Linie E nach Midtown hat die wenigsten Haltestellen und braucht eine gute Stunde bis Midtown.

Long Island Rail Road (LIRR)

Die Bahn ist das gemütlichste Verkehrsmittel in die Stadt. Vom Flughafen geht's mit dem AirTrain (5 $, bezahlt wird beim Ausstieg) zur Jamaica Station. Von dort fahren häufige Züge der LIRR zur Penn Station in Manhattan oder zum Atlantic Terminal in Brooklyn (nahe Fort Greene, Boerum Hill und Barclay Center). Von Bahnhof zu Bahnhof dauert die Fahrt etwa 20 Minuten. Die einfache Fahrt zur Penn Station oder zum Atlantic Terminal kostet jeweils 10,25 $ (außerhalb der Spitzenzeiten 7,50 $).

LaGuardia Airport

Der hauptsächlich für Inlandsflüge interessante Flughafen **LaGuardia** (LGA; ☎718-533-3400; www.panynj. gov) ist kleiner als JFK, liegt aber nur 8 Meilen (13 km) von Midtown Manhattan entfernt. In LaGuardia werden jährlich fast 30 Mio. Passagiere abgefertigt.

Der Flughafen hat sowohl bei Politikern als auch bei Reisenden einen schweren Stand und soll jetzt für 4 Mrd. $ saniert werden, was auch dringend nötig ist. Von 2018 bis 2021 sollen die jetzigen vier separaten Terminals zu einem zusammengefasst

werden, auch die Einrichtungen und Verkehrsanbindungen werden verbessert.

Taxi

Die ungefähr halbstündige Fahrt nach/von Manhattan kostet rund 42 $ (Taxameter, kein Festpreis). Bei Apps wie Lyft und Uber variieren die Preise.

Privater Fahrdienst

Ein privater Fahrdienst berechnet für die Fahrt nach LaGuardia etwa 35 $.

Expressbus

Der **NYC Airporter** (www.nycairporter.com) kostet 15 $ und fährt nach/ab Grand Central, Penn Station und Port Authority Bus Terminal.

Subway & Bus

LaGuardia ist nicht so gut in das öffentliche Verkehrsnetz eingebunden wie die beiden anderen Flughäfen. Die günstigste Subway-Verbindung bietet der Bahnhof 74th St–Broadway (Linie 7 oder Linien E, F, M und R ab Bahnhof Jackson Heights–Roosevelt Ave) in Queens; von dort geht's weiter mit dem Expressbus Q70 zum Flughafen (etwa 10 Min. zum Flughafen). Oder man nimmt an Subway-Stationen im nördlichen Manhattan und Harlem oder an der N/Q-Station Hoyt Ave–32st St den Bus M60.

Newark Liberty International Airport

Wer einen Flug nach New York bucht, sollte auch New Jersey auf dem Radar haben. **Newark** (EWR; ☎973-961-6000; www.panynj. gov) liegt etwa genauso weit von Midtown entfernt wie JFK (16 Meilen/26 km) und wird von vielen New Yorkern genutzt. Er fertigt jährlich um die 40 Mio. Passagiere ab. Newark ist ein United-Airlines-Knotenpunkt und bietet in der Region den einzigen Nonstopflug nach Havanna auf Kuba. Die 2,4 Mrd. $ teure Sanierung des Terminals A soll 2022 abgeschlossen sein.

Privater Fahrdienst

Ein privater Fahrdienst verlangt für die 45-minütige Fahrt von Midtown zwischen 45 und 60 $. Ein Taxi kostet ungefähr das Gleiche. Die teure Mautgebühr von 15 $ wird in Richtung Manhattan/NYC fällig, und zwar am Lincoln Tunnel (an der 42nd St), am Holland Tunnel (an der Canal St) und weiter nördlich an der George Washington Bridge. Günstigere Mautgebühren fallen auf einigen Highways in New Jersey an; wer sie umgehen will, bittet den Fahrer, Hwy 1 oder 9 zu nehmen.

KLIMAWANDEL & REISEN

Jedes Verkehrsmittel, das von Treibstoff auf Kohlenstoffbasis abhängig ist, erzeugt CO_2, die Hauptursache des von Menschen verursachten Klimawandels. Modernes Reisen ist von Flugzeugen abhängig, die zwar weniger Treibstoff pro Kilometer als die meisten Autos verbrauchen, aber größere Entfernungen zurücklegen. Auch die Höhe, in der Flugzeuge Treibhausgase (auch CO_2) und Feinstaub freisetzen, wirkt sich auf den Klimawandel aus. Viele Websites bieten „CO_2-Rechner" an, mit denen jeder ermitteln kann, wie viel CO_2 seine Reise erzeugt. Wer will, kann die Auswirkung der jeweiligen Treibhausgase dort auch gleich mit einem Beitrag für Projekte klimafreundlicher Initiativen in der ganzen Welt ausgleichen. Lonely Planet gleicht die CO_2-Bilanz der Reisen aller Mitarbeiter und Autoren aus.

Subway & Zug

Züge von **NJ Transit** (www.njtransit.com) (mit Anschluss an den AirTrain, 5,50 $) zwischen dem Flughafen Newark (EWR) und Penn Station in New York kosten für die einfache Fahrt 13 $ und brauchen 25 Minuten. Sie fahren alle 20 bis 30 Minuten zwischen 4.20 Uhr und ca. 1.40 Uhr; das Ticket sollte gut aufbewahrt werden, denn es muss beim Aussteigen vorgezeigt werden.

Expressbus

Newark Liberty Airport Express (www.newarkairportexpress.com) betreibt eine Buslinie zwischen Flughafen und Port Authority Bus Terminal, Bryant Park und Grand Central Terminal in Midtown (16 $ einfach, Fahrtdauer 45 Min.). Abfahrt alle 15 Minuten zwischen 6.45 und 23.15 Uhr, alle 30 Minuten zwischen 4.45 und 6.45 Uhr sowie 23.15 und 1.15 Uhr.

Port Authority Bus Terminal

Start und Ziel aller Fernbusse ist der mit über 65 Mio. Fahrgästen pro Jahr verkehrsreichste Busbahnhof der Welt, der **Port Authority Bus Terminal** (Karte S. 461; ☎212-502-2200; www.panynj.gov; 625 Eighth Ave Höhe W 42nd St; [S]A/C/E bis 42nd St–Port Authority Bus Terminal). Es gibt immer wieder Pläne, den alternden und wenig einladenden Busbahnhof zu ersetzen. Er wird u. a. von den folgenden Busunternehmen genutzt:

Greyhound (www.greyhound.com) Verbindet New York mit größeren Städten im ganzen Land.

Peter Pan Trailways (www.peterpanbus.com) Tägliche Expressbusse nach Boston, Washington, D. C. und Philadelphia.

Short Line Bus (www.shortlinebus.com) Fährt ins nördliche New Jersey und zu Zielorten im Bundesstaat New York, v. a. zu Unistädten wie Ithaca und New Paltz; gehört zu Coach USA.

Trailways (www.trailwaysny.com) Busse zu Zielen im Bundessstaat New York wie Albany, Ithaca und Syracuse sowie nach Montreal in Kanada.

Busbahnhöfe

Immer mehr Billigbuslinien fahren Haltestellen im Westen von Midtown an:

BoltBus (Karte S. 461; ☎877-265-8287; www.boltbus.com; W 33rd St zw. Eleventh & Twelfth Ave; 📶) Verbindungen von New York nach Philadelphia, Boston, Baltimore und Washington, D. C. Je früher man seine Fahrkarte kauft, desto billiger wird's. Kostenloses WLAN, das ab und zu tatsächlich funktioniert.

Megabus (Karte S. 461; https://us.megabus.com; 34th St zw. 11th & 12th Ave; 📶; [S]7 bis 34th St–Hudson Yards) Von New York u. a. nach Boston, Washington, D. C. und Toronto. Kostenloses (und manchmal funktionierendes) WLAN. Die Busse fahren von der 34th St beim Jacob K. Javits Convention Center ab bzw. kommen in der 27th und 7th St an.

Vamoose (Karte S. 461; ☎212-695-6766; www.vamoosebus.com; Ecke Seventh Ave & 30th St; ab 30 $; [S]1 bis 28th St; A/C/E, 1/2/3 bis 34th St–Penn Station) Busse nach Arlington, Virginia, und Bethesda, Maryland, beide bei Washington, D. C.

Penn Station

Von **Penn Station** (W 33rd St zw. Seventh & Eighth Ave; [S]1/2/3, A/C/E bis 34th St–Penn Station) fahren alle Züge von Amtrak (www.amtrak.com) ab, auch der Acela Express nach Princeton, NJ, und Washington, D. C. (die Expresszüge kosten doppelt so viel wie ein normaler Zug). Die Fahrpreise sind je nach Wochentag und Tageszeit unterschiedlich. In Penn Station gibt es keine Gepäckaufbewahrung. Im Frühjahr 2017 hatten die ab Penn Station fahrenden Züge von Amtrak mit allerlei Pannen zu kämpfen, der reguläre Betriebsablauf kann daher gestört sein; wann die Probleme endgültig beseitigt sein werden, steht in den Sternen.

Long Island Rail Road (www.mta.info/lirr) Befördert etwa 300 000 Pendler pro Tag. Es bestehen Verbindungen von Penn Station nach Brooklyn und Queens sowie nach Long Island. Die Fahrpreise sind nach Zonen gestaffelt. Eine Fahrt in der Rushhour von Penn Station bis Jamaica Station (von da mit dem AirTrain Richtung JFK) kostet 10,25 $ bei Kauf im Bahnhof (oder satte 16 $ im Zug!).

NJ Transit (www.njtransit.com) Fährt ebenfalls von Penn Station in die Vororte und an die Küste von New Jersey.

New Jersey PATH (www.panynj.gov/path) Eine Möglichkeit, per Bahn nördlichere Ziele in New Jersey wie Hoboken und Newark zu erreichen. Die Züge (2,75 $) fahren von Penn Station entlang der Sixth Ave mit Haltestellen an der 33th, 23rd, 14th, 9th und Christopher St sowie am wiedereröffneten World Trade Center.

Metro-North Railroad (www.mta.info/mnr) Das letzte Bahnunternehmen, das noch den prächtigen Grand Central Terminal nutzt. Die Züge fahren nach Connecticut, Westchester County und in das Hudson Valley.

SPICKZETTEL FÜR DIE SUBWAY

Ein paar Tipps, um den Wahnsinn der New Yorker Subway zu begreifen:

Nummern, Buchstaben, Farben Die farblich gekennzeichneten Subway-Strecken sind nach Buchstaben oder Nummern benannt. Auf den meisten Strecken fahren zwei bis vier Linien.

Express- & Lokalzüge Viele Touristen machen den Fehler, dass sie aus Versehen in einen Expresszug einsteigen und so die gewünschte kleinere Haltestelle verpassen. Es ist wichtig zu wissen, dass auf allen farblich gekennzeichneten Strecken sowohl Lokal- als auch Expresszüge verkehren; Expresszüge halten nur an bestimmten Bahnhöfen in Manhattan (auf den Subway-Plänen mit einem weißen Kreis markiert). Beispiel: Auf der roten Strecke sind die 2 und 3 Expresszüge, der langsamere Lokalzug 1 hält auch an kleineren Stationen. Wer größere Entfernungen zurücklegen möchte – etwa von der Upper West Side zur Wall St – kommt mit einem Expresszug entsprechend schneller ans Ziel (Abfahrt meistens am Bahnsteig gegenüber vom Lokalzug).

Den richtigen Eingang finden Einige Bahnhöfe, darunter Spring St Station an der Linie 6 in SoHo, haben separate Eingänge für Züge Richtung Downtown und Uptown (auf die Schilder achten). Wer den falschen Eingang erwischt – was selbst alten Hasen unter den New Yorkern gelegentlich passiert –, muss entweder bis zu einem Bahnhof fahren, der kostenloses Umsteigen erlaubt, oder man pfeift auf die 2,75 $ und betritt den Bahnhof nochmal durch den richtigen Eingang (meistens auf der anderen Straßenseite). Zu beachten sind auch die grünen und roten Lampen über den Treppen an allen Bahnhofseingängen: Grün bedeutet, dass der Bahnhof rund um die Uhr geöffnet ist; Rot heißt, dass der Eingang zu bestimmten Zeiten geschlossen wird, meist am späten Abend.

Wochenendchaos Am Wochenende werden alle Regeln auf den Kopf gestellt. Einige Linien werden mit anderen kombiniert, einige werden eingestellt, einige Bahnhöfe werden einfach durchfahren, an anderen wird plötzlich gehalten. Dann stehen Einheimische und Touristen gleichermaßen verdutzt oder auch wütend auf den Bahnsteigen. Wochenendfahrpläne sind auf der Website www.mta.info zu finden. Eine Beschilderung taucht manchmal erst auf, wenn der Bahnsteig schon erreicht ist.

UNTERWEGS VOR ORT

Wer erst einmal angekommen ist, wird sich relativ leicht zurechtfinden und von A nach B kommen. Die Subway ist preisgünstig, (meistens) effizient und bringt Fahrgäste über ihr 1062 km langes Schienennetz in fast jeden Winkel der Stadt. Alternativ kann man mit Bussen, Fähren, Zügen, Fahrradrikschas und den allgegenwärtigen gelben Taxis (die bei Regen aber fast immer besetzt sind) durch die City kurven oder die Stadtgrenzen hinter sich lassen.

Am allerbesten lässt sich New York tatsächlich zu Fuß erkunden und auch Radfahrer erobern sich immer mehr Raum im Verkehr: Im Laufe der letzten Jahre sind Hunderte Kilometer neuer Radwege und Fahrradstraßen entstanden.

Subway

Die New Yorker Subway wird von der Metropolitan Transportation Authority (www.mta.info) betrieben, ist billig (pro Fahrt 2,75 $, egal wie lang die Strecke ist), fährt rund um die Uhr und ist oft das schnellste und zuverlässigste öffentliche Verkehrsmittel der Stadt. Inzwischen sind die Wagen auch sicherer und ein bisschen sauberer als noch vor ein paar Jahren. In allen Subway-Stationen gibt's kostenloses WLAN.

Hilfreich sind die kostenlosen Pläne, die es bei den Bahnhofsangestellten gibt. Wer ein Smartphone hat, kann sich eine nützliche App wie die kostenlose Citymapper mit Subway-Plänen und Hinweisen zu Streckenausfällen runterladen. Im Zweifel kann man auch Passanten fragen, die den Eindruck machen, als würden sie sich auskennen. Vielleicht haben sie selbst keinen Schimmer, aber die allgemeine Konfusion und Aufregung über den Subway-Wirrwarr ist ein großer gemeinsamer Nenner in dieser vielfältigen Stadt. Neulinge im New Yorker Untergrund sollten keine Kopfhörer tragen, um alle wichtigen Ansagen über Streckenänderungen oder ausfallende Stationen mitzukriegen.

Taxi

In New York ein Taxi heranzuwinken und die Fahrt zu überstehen war einst eine Art Reifeprüfung – allerdings wird das Taxifahren immer mehr durch Fahrdienste wie Lyft und Uber ersetzt. Die beiden Unternehmen haben allein in den fünf Stadtbezirken schon über 50 000 Fahrzeuge, im Vergleich zu 13 580 gelben Taxis. Die meisten offiziellen Taxis in New York sind sauber und gar nicht so teuer im Vergleich mit vielen anderen internationalen Großstädten. Wer einen Fahrer erwischt, der ein neurotischer Raser ist, was häufig passiert, sollte das Anschnallen nicht vergessen!

Taxi & Limousine Commission (TLC; www.nyc.gov/html/tlc/html/home/home.shtml) Die Tarife werden vom Taxi-Dachverband festgelegt. Bezahlung ist auch per Bank- oder Kreditkarte möglich. Die Grundgebühr inklusive der ersten 0,2 Meilen (0,32 km) beträgt 2,50 $, danach werden für jede weitere Einheit von 0,2 Meilen 0,50 $ fällig; hinzu kommen 0,50 $ pro 60 Sekunden Wartezeit im ruhenden Verkehr. Zur Rushhour (werktags 16–20 Uhr) wird 1 $ Zuschlag verlangt, der Nachtzuschlag (20–6 Uhr) beträgt 0,50 $. Außerdem gibt es einen MTA-State-Aufschlag von 0,50 $ pro Fahrt. Das Trinkgeld beläuft sich normalerweise auf 10 bis 15 % – aber nur, wenn alles reibungslos abgelaufen ist. Man sollte sich grundsätzlich eine Quittung geben lassen, auf der bei Unstimmigkeiten die Lizenznummer des Fahrers notiert werden kann.

Fahrgastrechte Gemäß den in der „Passenger's Bill of Rights" der TLC verankerten Vorschriften hat der Fahrgast das Recht, dem Fahrer die gewünschte Route vorzuschreiben und zu verlangen, dass der Fahrer einen nervenden Radiosender abschaltet. Der Fahrer hat nicht das Recht, eine Fahrt wegen des Fahrtziels zu verweigern. Tipp: Erst einsteigen und dann das Fahrtziel angeben.

Private Fahrdienste In den äußeren Stadtbezirken sind private Fahrdienste eine verbreitete Alternative zu den gelben Taxis. Der Fahrpreis unterscheidet sich je nach Bezirk und Entfernung des Fahrtziels und wird im Voraus vereinbart, denn die Fahrzeuge haben kein Taxameter. Diese „Black Cars" sind in Brooklyn und Queens weit verbreitet. Es ist jedoch verboten, dass ein Fahrer einfach anhält und von sich aus eine Fahrt anbietet, egal in welcher Gegend. Zwei Anbieter sind **Northside** (www.northsideservice.com; ☎718-387-2222) in Williamsburg und **Arecibo** (☎718-783-6465) in Park Slope.

Boro Taxis In den äußeren Stadtbezirken und in Upper Manhattan gibt es außerdem die grünen Boro Taxis. Sie bieten einen Taxiservice in Stadtteilen, in denen Yellow Cabs nur selten verkehren. Sie haben die gleichen Preise und Merkmale wie die gelben Taxis und sind ein gutes Verkehrsmittel für die äußeren Stadtbezirke (z. B. von Astoria nach Williamsburg oder von Park Slope nach Red Hook). Die Fahrer der Boro Taxis machen nur ungern Fahrten nach Manhattan (sind aber dazu verpflichtet), da es ihnen nicht gestattet ist, auf dem Rückweg aus Manhattan Fahrgäste ab südlich der 96th St aufzunehmen.

Uber & Co. App-basierte Vermittlungsdienste zur Personenbeförderung haben die Straßen der fünf Stadtbezirke erobert. Inzwischen gondeln fast fünfmal so viele Taxi-App-Fahrzeuge wie offizielle gelbe Taxis durch die Stadt; sie sind praktisch, für einige inzwischen unverzichtbar und verschärfen natürlich das schon herrschende Verkehrschaos. Auf jeden Fall sollte man das Trinkgeld nicht vergessen – sonst droht eine schlechte Bewertung.

Fähre

NYC Ferry (www.ferry.nyc; einfache Fahrt 2,75 $) Die NYC Ferry hat ihren Betrieb auf dem East River erst im Mai 2017 aufgenommen – sie ersetzt die East River Ferry – und verbindet Manhattan, Brooklyn, Queens und die Bronx. Da die Fahrt nur 2,75 $ (Fahrrad plus 1 $) kostet und es an Bord Ladestationen und kleine Läden gibt, sind die Fähren eine schöne Alternative zur Subway. Außerdem entwickeln sich die Verbindungen zu einer beliebten Art der Anreise zu den Stränden von Rockaway in Queens.

NY Water Taxi (www.nywatertaxi.com) Bietet einen Service mit schnellen gelben Booten mit beliebigem Ein- und Ausstieg an ein paar Haltestellen in Manhattan (Pier 79 Höhe W 39th St; World Financial Center und Pier 11 bei der Wall St) und Brooklyn (Pier 1 in Dumbo) sowie einen **Fährservice** (Ikea Express; Karte S. 470; ☎212-742-1969; www.nywatertaxi.com/ikea; 500 Van Brunt St, hinter Fairway, Red Hook; Erw./Kind 5 $/frei, Sa & So frei) zwischen Pier 11 und dem Ikea in Red Hook in Brooklyn. Der Preis von 35 $ für eine Tageskarte entspricht eher dem Preis einer Sightseeing-Tour als dem für ein Alltagsverkehrsmittel.

Staten Island Ferry (Karte S. 439; www.siferry.com; Whitehall Terminal, 4 South St

Höhe Whitehall St; ⏱24 Std.; Ⓢ1 bis South Ferry; R/W bis Whitehall St; 4/5 bis Bowling Green) GRATIS Die große, orangefarbene Pendlerfähre kreuzt über den New York Harbor und ist kostenlos. Auch wenn man gar nicht auf Staten Island aussteigt, sondern gleich wieder zurückfährt: Die Ausblicke auf das südliche Manhattan und die Freiheitsstatue machen die Fahrt zu einem tollen, zudem noch sehr romantischen Erlebnis.

Bus

Die von der Metropolitan Transportation Authority (www.mta.info) betriebenen Busse können für kurze Entfernungen oder Ost-West-Fahrten in Manhattan sehr nützlich sein. Busfahren kostet dasselbe (2,75 $ pro Fahrt) wie die Subway und man kann seine Metrocard benutzen oder beim Betreten des Busses (passend!) bar zahlen. Wer mit der Metrocard zahlt, erhält einen kostenlosen Umstieg vom Bus in die Subway, von Bus zu Bus oder von der Subway in den Bus. Wer bar zahlt, bittet den Busfahrer beim Bezahlen um ein Umsteigeticket, mit dem man aber nur in einen anderen Bus umsteigen kann.

Die jeweiligen Linien sind an der Bushaltestelle angezeigt.

Fahrrad

In den letzten zehn Jahren wurden in der ganzen Stadt Hunderte Meilen ausgewiesener Fahrradwege angelegt. Dazu kommt noch das öffentliche Fahrradverleihsystem Citi Bike (www.citibikenyc.com) und fertig ist eine überraschend fahrradfreundliche Stadt. An Hunderten Stationen in Manhattan und Teilen von Brooklyn stehen die leuchtend blauen und sehr stabilen Fahrräder, die für kürzere Leihdauern recht preisgünstig ausgeliehen werden können. 2016 wurden mit den Citi Bikes fast 14 Mio. Fahrten unternommen; derzeit stehen etwa 12 000 Räder zur Verfügung.

Um ein Citi Bike zu benutzen, erwirbt man an einem Citi-Bike-Kiosk zunächst eine 24 Stunden oder drei Tage gültige Zugangskarte (ca. 12 bzw. 24 $ inkl. Steuern). Dann erhält man seinen fünfstelligen Code, mit dem man ein Fahrrad aufsperren kann. Wer das Rad innerhalb einer halben Stunde an einer anderen Station abgibt, braucht nichts weiter zu zahlen. Um erneut ein Rad auszuleihen, führt man noch einmal seine Kreditkarte ein – es wird aber nichts abgebucht – und folgt den Anweisungen. Innerhalb der 24 Stunden bzw. drei Tage kann man beliebig oft ein Rad für höchstens eine halbe Stunden ausleihen.

Ein Fahrradhelm ist kein Muss, aber sehr zu empfehlen – den Helm muss man allerdings selbst mitbringen. Wer möchte, kann sein Fahrvermögen zunächst in weniger stressigem Umfeld wie z. B. dem Central Park, Brooklyn Waterfront Greenway und Prospect Park in Brooklyn ausprobieren. Auf jeden Fall sollte man sich auch zur eigenen Sicherheit an die Verkehrsregeln halten!

Strecken und Fahrradwege für alle Stadtbezirke gibt es auf NYC Bike Maps (www.nycbikemaps.com). Stadtpläne und individuelle Fahrtrouten von A nach B können auf NYC DOT (www.nyc.gov/html/dot/html/bicyclists/bikemaps.shtml) runtergeladen werden. Kostenlose Fahrradkarten sind auch in den meisten Fahrradläden erhältlich.

Zug

Long Island Rail Road (www.mta.info/lirr), NJ Transit (www.njtransit.com), New Jersey PATH (www.panynj.gov/path) und Metro-North Railroad (www.mta.info/mnr) bieten nützliche Verbindungen in und um New York City.

GEFÜHRTE TOUREN

Es gibt unzählige geführte Touren überall in der Stadt: historische Stadtspaziergänge, kulinarische Führungen durch multikulturelle Viertel oder Aktivtouren per Rad oder Kajak. Naturfreunde können Vogelbeobachtungstouren unternehmen.

Big Apple Greeter (☎212-669-8159; www.bigapplegreeter.org) Einen tieferen Einblick in New York bieten die Stadtspaziergänge durch Viertel nach Wahl mit einem ehrenamtlichen Einheimischen, der mit großer Begeisterung seine Stadt zeigt. Alle möglichen Wünsche werden erfüllt, beispielsweise Führungen zu Sehenswürdigkeiten der Stadt, die per Rollstuhl zugänglich sind. Auch Guides mit Fremdsprachenkenntnissen und Führungen in Gebärdensprache sind im Angebot. Die Touren müssen vier Wochen im Voraus gebucht werden.

Big Onion Walking Tours (☎888-606-9255; www.bigonion.com; Touren 25 $) Angeboten werden fast 30 Führungen, u. a. „Brooklyn Bridge and Brooklyn Heights", die „Gangs of New York Tour", eine „Gay and Lesbian History Tour – Before Stonewall" und „Chelsea and the High Line".

Bike the Big Apple (☎347-878-9809; www.bikethebigapple.com; Touren mit Fahrrad & Helm 99 $) Mit dem Fahrrad lassen sich größere Strecken zurücklegen als zu Fuß – das ist auch gut für die Fitness. Der von NYC & Company (der offiziellen Tourismusbehörde von New York City und Betreiberin der Website www.nycgo.com) empfohlene Veranstalter bietet zehn feste Touren an.

Circle Line Boat Tours (Karte S. 461; ☎212-563-3200; www.circleline42.com; Pier 83, W 42nd St Höhe Twelfth Ave; Bootsrundfahrten Erw./ Kind ab 30/25 $; 🚇M42 oder M50 Richtung Westen bis 12th Ave, 🚇A/C/E bis 42nd St–Port Authority) Der Klassiker unter den Bootsrundfahrten führt an allen großen Sehenswürdigkeiten vorbei. Zu den Angeboten zählen eine 2½-stündige Tour um die ganze Insel, eine 90-minütige „halbe" Fahrt und eine zweistündige Abendkreuzfahrt. Von Mai bis Oktober gibt's auch spannende Fahrten mit dem Schnellboot *Beast*.

New York City Audubon (Karte S. 454; ☎212-691-7483; www.nycaudubon.org; 71 W 23rd St, Suite 1523 Höhe Sixth Ave, Flatiron District; Touren & Unterricht kostenlos bis 170 $; 🚇F/M bis 23rd St) Die New York City Audubon Society bietet das ganze Jahr über Ausflüge zur Vogelbeobachtung an – darunter Wasservögel und Robben im New York Harbor und Adler im Hudson Valley –, außerdem Vorträge und Einführungen in die Vogelbeobachtung.

Foods of New York (☎855-223-8684; www.foodsofny.com; Touren ab 54 $) Die offizielle Feinschmeckertour von NYC & Company beinhaltet diverse dreistündige Führungen durch die Delis und Restaurants im West Village, in Chelsea, Chinatown oder Nolita.

Zum mobilen Festmahl gehören französisches Baguette, frische italienische Pasta, Sushi, Käsesorten aus aller Welt, echte New Yorker Pizza, Fisch aus einheimischen Gewässern und frische Backwaren.

Nosh Walks (www.noshwalks; Touren ab 60 $) Die sehr fachkundige Expertin Myra Alperson leitet kulinarische Rundgänge in ganz New York mit Schwerpunkt auf bunt gemischte Viertel in Queens und Brooklyn.

New York Gallery Tours (Karte S. 452; ☎917-250-0052; www.nygallerytours.com; 526 W 26th St Höhe Tenth Ave, Chelsea; 25 $ pro Pers./300 $ pro Gruppe; ⏱planmäßige Touren Sa, Gruppentouren Di–So 10–18 Uhr; 🚇1, C/E bis 23rd St) Die vielen modernen Kunstgalerien in Chelsea sind ein Muss – aber wo anfangen? Dieser ausgezeichnete Veranstalter zeigt mehrere Galerien und liefert dabei interessante Hintergrundinformationen. Zusätzlich werden schwullesbische Touren mit Schwerpunkt „Homosexuelle Ästhetik" angeboten. Die regulären Themenführungen finden jeden Samstag zu unterschiedlichen Zeiten und an unterschiedlichen Orten statt.

Museum Hack (☎347-282-5001; https://museumhack.com; 2-stündige Tour ab 59 $) Museum Hack präsentiert das Met aus faszinierend originellen Perspektiven. Fachkundige, dabei erfrischend respektlose Guides veranstalten Führungen wie „Badass Witches" zur

schwarzen Magie in Ägypten und im Mittelalter, zu wegweisenden feministischen Künstlerinnen und eine „Unhighlights Tour" in Ecken des Museums, die nur wenige Besucher kennen. Außerdem bietet Museum Hack Führungen im Museum of Natural History, u. a. eine Familienführung zu außergewöhnlichen Tieren inklusive der spannenden Abenteuergeschichten, denen die Tierpräparate zu verdanken sind.

On Location Tours (☎212-683-2027; www.onlocationtours.com; Touren 49 $) Wer sich als Fan von *Sex & the City* auf die Treppe zu Carries Apartment setzen oder die Stammkneipe von Michael Keaton in *Birdman* besuchen möchte, wird von diesem Tourveranstalter an verschiedene Film-Locations geführt, u. a. von *Gossip Girl*, *Sex & the City*, *Die Sopranos*, *Real Housewives of New York City*, oder an Drehorte im Central Park. Ein paar Touren werden auch in deutscher Sprache angeboten.

Wildman Steve Brill (☎914-835-2153; www.wildmanstevebrill.com; empfohlene Spende 20 $) New Yorks bekanntester Naturforscher (die Spezies gibt es tatsächlich!) führt seit über 30 Jahren Naturliebhaber auf der Suche nach Essbarem durch die New Yorker Parks. Im Central Park, Prospect Park, Inwood Park und vielen anderen werden natürliche Nahrungsquellen identifiziert, darunter Sassafras, Sternmieren, Ginkgonüsse, Knoblauch und Pilze.

Allgemeine Informationen

Ermäßigungen

Wer all die wichtigen Sehenswürdigkeiten abhaken möchte, könnte sich einen der zahlreichen Pässe für mehrere Attraktionen zulegen – siehe www.nycgo.com/attraction-passes. Mit einer dieser Ermäßigungskarten lässt sich viel Geld sparen. Näheres im Internet, wo die Pässe auch erhältlich sind.

New York CityPASS (www.citypass.com) Umfasst den Eintritt zu sechs wichtigen Attraktionen (inkl. Empire State Building) für 122 $ – eine Ersparnis von 40 % gegenüber dem Einzelkauf.

The New York Pass (www.newyorkpass.com) Gewährt Zugang zu rund 90 verschiedenen Stätten an einem Tag für 119 $. Es sind auch Mehrtagespässe erhältlich (2 bis 10 Tage).

Downtown Culture Pass (www.downtownculturepass.org) Für 25 $ gibt's drei Tage lang kostenlosen Zugang (sowie Ermäßigungen in Geschäften) zu einer Handvoll Attraktionen in Lower Manhattan wie dem Museum of American Finance und dem Museum of Jewish Heritage – dort ist der Pass auch erhältlich.

Explorer Pass (www.smartdestinations.com) Mit diesem Pass kann man aus 63 Möglichkeiten, darunter das MoMA, das Intrepid Museum sowie Sightseeing-Touren und das Top of the Rock, drei bis zehn Sehenswürdigkeiten auswählen. Drei Sehenswürdigkeiten kosten 84 $, zehn 199 $.

Feiertage

An den für New York wichtigen Feier- und Festtagen sind möglicherweise einige Geschäfte geschlossen und die Straßen von Menschenmassen bevölkert. Plätze in Hotels und Restaurants werden dann oft knapp

Neujahr 1. Januar

Martin Luther King Day Dritter Montag im Januar

Presidents' Day Dritter Montag im Februar

Ostern März/April

Memorial Day (Gedenktag für Kriegsgefallene) Ende Mai

Gay Pride (Schwulenparade) Letzter Sonntag im Juni

Independence Day (Unabhängigkeitstag) 4. Juli

Labor Day (Tag der Arbeit) Anfang September

Rosh Hashanah und Yom Kippur (jüdische Feiertage) Mitte September bis Mitte Oktober

Halloween 31. Oktober

Thanksgiving (Erntedankfest) Vierter Donnerstag im November

Weihnachten 25. Dezember

New Year's Eve (Silvester) 31. Dezember

Freiwilligenarbeit

In New York gibt's zahlreiche Möglichkeiten, Freiwilligenarbeit zu leisten. Man kann gestressten Studenten unter die Arme greifen, beim Säubern der Parks helfen, mit Senioren Bingo spielen oder in einer Suppenküche bei der Essensausgabe helfen. Freiwilligenarbeit organisieren u. a.:

New York Cares (www.newyorkcares.org)

NYC Service (www.nycservice.org)

Street Project (www.streetproject.org)

Geld

Geldautomaten

Geldautomaten gibt's in New York wie Sand am Meer. Bei Banken stehen oft ein Dutzend Automaten im meist rund um die Uhr zugänglichen Eingangsbereich. Auch viele Delis, Restaurants, Bars und Lebensmittelläden bieten diesen Service, nehmen dafür aber gepfefferte Gebühren, im Schnitt 3 $, manchmal auch bis 5 $.

Die meisten New Yorker Banken sind mit dem New

York Cash Exchange (NYCE) vernetzt und ihre Karten werden von allen Automaten akzeptiert. Bei Karten von Banken, die diesem Verbund nicht angehören, wird ebenfalls eine Bearbeitungsgebühr fällig.

Geldumtausch

Zahlreiche Banken und Wechselbüros in der ganzen Stadt und an den Flughäfen tauschen Fremdwährungen zum aktuellen Wechselkurs.

Travelex (☎212-265-6063; www.travelex.com; 1578 Broadway zw. 47th & 48th St, Midtown West; ⏰Mo–Sa 9–22, So bis 19 Uhr; [S]N/Q/R bis 49th St) hat eine Filiale am Times Square.

Kreditkarten

Die meisten Hotels, Restaurants und Läden akzeptieren bekannte Kreditkarten. Bestimmte Transaktionen (z. B. Eintrittskarten kaufen oder ein Auto mieten) sind ohne Kreditkarte oft gar nicht möglich.

Visa, MasterCard und American Express sind die gängigsten Karten. An Orten, wo Visa und MasterCard akzeptiert werden, reicht auch die einfache EC-Karte. Allerdings ist es besser, sich vorher von seiner Bank bestätigen zu lassen, dass die EC-Karte auch im Ausland gilt – bei großen Geldinstituten ist das meist weltweit der Fall. Manche deutschen Institute schalten die EC-Karte allerdings erst auf Antrag für Länder außerhalb der Euro-Zone frei, daher unbedingt rechtzeitig nachfragen!

Wem die Karte gestohlen wird oder anderweitig abhandenkommt, der sollte umgehend sein Kreditinstitut kontaktieren.

Internetzugang

Kostenloses WLAN gibt's inzwischen in den meisten öffentlichen Parks, z. B. auf der High Line sowie im Bryant Park, Battery Park, Central Park, City Hall Park, Madison Square Park, Tompkins Square Park und Union Square Park; auch Brooklyn und Queens sind diesbezüglich gut versorgt. Andere Parks siehe www.nycgovparks.org/facilities/wifi.

Selbst Subway-Stationen sind jetzt mit kostenlosem WLAN ausgestattet – besonders nützlich, wenn es zu Verzögerungen kommt. Seit 2016 ersetzt LinkNYC (www.link.nyc) die alten öffentlichen Münzfernsprecher (einst ein Symbol für New York, an denen Superman sich umzog) durch kostenlose, mit dem Internet verbundene Netzkioske mit Ladestationen und kostenlosem WLAN. In den fünf Stadtbezirken sollen insgesamt 7500 solcher Einrichtungen installiert werden.

Es gibt kaum eine Unterkunft in New York, die kein WLAN anbietet, allerdings nicht immer kostenlos. Auch die meisten Cafés bieten ihren Gästen WLAN, z. B. die vielen Starbucks-Filialen in der Stadt.

Medizinische Versorgung

Vor der Abreise sollte bei der Krankenversicherung nachgefragt werden, welche Art medizinischer Versorgung im Ausland übernommen wird. Auch eine Reiseversicherung kann sehr nützlich sein, weil abgesehen von Notfällen alle Behandlungen in den USA sehr teuer werden können, wenn man keine Versicherung hat. Wer in einem Krankenhaus behandelt werden möchte, muss eine Krankenversicherung nachweisen oder genügend Bargeld dabei haben. Doch selbst mit Versicherung wird man die Kosten in der Regel erst einmal aus eigener Tasche auslegen müssen, was beim Erstattungsantrag bei der heimischen Versicherung ziemlich nervig werden kann.

Travel MD (☎212-737-1212; www.travelmd.com) bietet rund um die Uhr medizinische Versorgung für Touristen; es können auch Termine für Hausbesuche im Hotel gemacht werden.

Apotheken

New York hat unzählige rund um die Uhr geöffnete Apotheken, die neben rezeptfreien Medikamenten auch alle möglichen anderen Artikel verkaufen. Die Öffnungszeiten der Schalter für verschreibungspflichtige Medikamente sind meist kürzer. Zu den größten Apothekenketten gehören CVS, Duane Reade, Rite Aid und Walgreens.

Notaufnahmen & Krankenhäuser

Notfalldienste können stressig und langsam sein; die Notaufnahme sollte vermieden werden, wenn es andere medizinische Dienste zur Versorgung gibt.

New York-Presbyterian Hospital (☎212-305-2500; www.nyp.org/locations/newyork-presbyterian-columbia-university-medical-center; 630 W 168th St Höhe Ft Washington Ave; [S]A/C, 1 bis 168th St) Krankenhaus mit gutem Ruf.

Bellevue Hospital Center (☎212-562-4141; www.nychealthandhospitals.org/bellevue; 462 First Ave Höhe 27th St, Midtown East; [S]6 bis 28th St) Größeres öffentliches Krankenhaus mit Notaufnahme und Unfallklinik.

New York County Medical Society (☎212-684-4670; www.nycms.org) Wer hier anruft, bekommt die für sein Problem (und für seine Sprache) zuständigen Ärzte empfohlen.

Tisch Hospital (New York University Langone Medical Center; ☎212-263-5800;

PRAKTISCH & KONKRET

Zeitungen & Zeitschriften

New York Post (www.nypost.com) Bekannt für plakative Aufmacher, konservative politische Ansichten und die Klatschkolumne auf Seite sechs.

New York Times (www.nytimes.com) Die „graue Lady" ist mit ihrer knallharten politischen Berichterstattung und ihren Rubriken über Technik, Kunst und die Gastroszene keineswegs langweilig.

Wall Street Journal (www.wallstreetjournal.com) Die Frühstückslektüre der Intellektuellen mit Schwerpunkt Finanzen; unter der Ägide von Medienmogul Rupert Murdoch hat das Blatt seine Berichterstattung breiter gefächert.

New York Magazine (www.nymag.com) Eine zweiwöchentlich erscheinende Zeitschrift mit Reportagen und umfassenden Veranstaltungstipps sowie einer hervorragenden Website.

New Yorker (www.newyorker.com) Das anspruchsvolle Wochenmagazin widmet sich politischen und kulturellen Themen mit besonders langen Reportagen und veröffentlicht auch Erzählungen und Gedichte.

Time Out New York (www.timeout.com/newyork) Ein Wochenmagazin mit Veranstaltungskalender und Restaurant- und Ausgehführer.

Radio

New York hat einige exzellente Radiosender jenseits der kommerziellen Popmusiksender. Ein ausgezeichnetes Programmheft veröffentlicht die *New York Times* in der Sonntagsausgabe unter der Rubrik „Entertainment". Besonders hörbar sind WNYC (820AM und 93.9FM; www.wnyc.org), New Yorks öffentliche Radiostation, die zur Senderfamilie National Public Radio (NPR) gehört und eine bunte Mischung aus lokalem und nationalem Talk, Interviews und Unterhaltungssendungen bietet. Die Station auf FM sendet tagsüber klassische Musik.

Hartgesottene Sportfans hören den ganzen Tag die Shows mit Zuschauerbeteiligung auf WFAN (660AM und 101FM). Am meisten rufen die Yankees- und Mets-Fans an, die an ihren Konkurrenten meist kein gutes Haar lassen.

Rauchen

Rauchen ist an allen öffentlichen Plätzen der Stadt verboten, einschließlich Subway, Restaurants, Bars, Taxis und Parks. Einige wenige Hotels verfügen über Raucherzimmer, aber in den allermeisten Hotels ist das Rauchen komplett untersagt.

www.nyulangone.org/locations/tisch-hospital; 550 First Ave; 🕐24 Std.) Großes modernes Krankenhaus mit sehr renommierten Abteilungen für alle lebenswichtigen Bereiche.

Callen-Lorde Community Health Center (☎212-271-7200; www.callen-lorde.org; 356 W 18th St zw. Eighth & Ninth Ave; 🕐Mo–Do 8.15–20.15, Fr bis 16.45, Sa 8.30–15.15 Uhr; [S]A/C/E, L bis 8th Ave–14th St) Die Klinik ist spezialisiert auf Schwule, Lesben, HIV-Infizierte und Aids-Kranke und behandelt alle, unabhängig von deren Zahlungsfähigkeit.

Lenox Hill Hospital (☎212-434-2000; www.northwell.edu/find-care/locations/lenox-hill-hospital; 100 E 77th St Höhe Lexington Ave; 🕐24 Std.; [S]6 bis 77th St) Gutes Krankenhaus in der Upper East Side mit rund um die Uhr geöffneter Notaufnahme und Übersetzern für zahlreiche Sprachen.

Mount Sinai Hospital (☎212-241-6500; www.mountsinai.org/locations/mount-sinai; 1468 Madison Ave Höhe E 101st St; 🕐24 Std.; [S]6 bis 103rd St) Ausgezeichnetes Krankenhaus an der Upper East Side.

Planned Parenthood (Margaret Sanger Center; ☎212-965-7000; www.plannedparenthood.org; 26 Bleecker St zw. Mott & Elizabeth St, NoHo; 🕐Mo, Di, Do & Fr 8–18.30, Mi bis 20.30, Sa bis 16.30 Uhr; [S]B/D/F/V bis Broadway–Lafayette St; 6 bis Bleecker St) Familienplanung, Geschlechtskrankheiten und gynäkologische Behandlungen.

Notfälle & Wichtige Telefonnummern

Auskunft New York	☎411
Auskunft USA	☎212-555-1212
Feuerwehr, Polizei & Notarzt	☎911
Städtische Behörden & Informationsdienste	☎311
Vermittlung	☎0

Öffnungszeiten

Üblicherweise gelten folgende Öffnungszeiten:

Banken Mo–Fr 9–18, einige auch Sa 9–12 Uhr

Bars 17–4 Uhr

Clubs 22–4 Uhr

Firmen Mo–Fr 9–17 Uhr

Geschäfte Wochentags 10 bis etwa 19 Uhr, samstags 11 bis etwa 20 Uhr, sonntags variabel – einige Geschäfte bleiben geschlossen, während andere wie unter der Woche geöffnet haben. In den Vierteln im Stadtzentrum haben die Geschäfte meist länger auf.

Restaurants Frühstück 6–11 Uhr, Mittagessen von 11 bis etwa 15 Uhr und Abendessen 17–23 Uhr. Wochenendbrunch 11–16 Uhr.

Post

Aktuelle Infos zu Preisen und Standorten von Filialen stehen auf der Website des US Postal Service (www.usps.com).

Rechtsfragen

Wer verhaftet wird, hat das Recht, die Aussage zu verweigern. Niemand kann gezwungen werden, mit einem Polizisten zu sprechen, weil bekanntlich jede Aussage „gegen die Person verwendet werden kann und wird". Entfernen darf sich der Beschuldigte allerdings nur, wenn er dazu ausdrücklich die Genehmigung des Polizisten erhalten hat. Außerdem hat jeder das Recht auf ein Telefonat. Wer weder Anwalt noch Familienmitglied greifbar hat, ruft am besten sein Konsulat an. Die Nummer gibt's auf Anfrage bei der Polizei.

Reisen mit Behinderung

Die meisten Bürgersteige der Stadt verfügen über Absenkungen für Rollstuhlfahrer. Auch die wichtigsten Sehenswürdigkeiten wie das Met, das Guggenheim und das Lincoln Center sind rollstuhlgerecht, genauso wie einige Broadway-Theater.

Leider sind nur rund hundert der insgesamt 468 New Yorker Subway-Stationen vollständig barrierefrei. In der Regel sind die größeren Stationen wie West 4th St, 14th St–Union Sq, 34th–Penn Station, 42nd St–Port Authority Terminal, 59th St–Columbus Circle und 66th St–Lincoln Center für Rollstuhlfahrer zugänglich. Eine komplette Übersicht bietet http://web.mta.info/accessibility/stations.htm. Infos gibt's auch auf www.nycgo.com/accessibility.

Sämtliche MTA-Busse hingegen sind rollstuhlgerecht ausgestattet und sind oft die bessere Alternative zu den engen Subway-Bahnhöfen.

Die Stadt bietet außerdem Behindertenbusse, die zum selben Preis wie die Subway durch die Stadt verkehren. Allerdings sind sie nicht sehr praktisch, da sie 24 Stunden im Voraus bestellt werden müssen. Eine Buchung ist bei **Access-a-Ride** (☎877-337-2017) möglich.

Praktischer ist es, über **Accessible Dispatch** (☎646-599-9999; http://accessibledispatch.org) ein behindertengerechtes Taxi zu bestellen; über eine App kann man ein Taxi ordern, das schon in der Nähe ist.

Eine weitere tolle Einrichtung ist das Programm **Big Apple Greeter** (☎212-669-8198; www.bigapplegreeter.org) GRATIS mit über 50 gehandicapten Freiwilligen, die Besuchern gerne ihre Ecke der Stadt zeigen.

Den Accessible Travel Guide von Lonely Planet zum Reisen mit Behinderung kann man sich auf http://lptravel.to/AccessibleTravel kostenlos herunterladen.

Sicherheit

New York ist eine der sichersten Städte der USA – 2017 fiel die Zahl der Morde auf unter 300 und damit auf ein Rekordtief und die Zahl der Gewaltverbrechen nahm im 27. Jahr nacheinander ab. Dennoch sollte man ein paar Sachen im Hinterkopf behalten:

➡ In einsamen Gegenden sollte man bei Dunkelheit nicht allein herumlaufen.

➡ Das Tagesbudget besser in einer Innentasche oder einer vorderen Hosentasche tragen als in der Hand- oder Gesäßtasche.

➡ An Orten mit viel Gedränge wie dem Times Square oder der Penn Station treiben in der Rushhour Taschendiebe ihr Unwesen – Augen auf!

➡ Obwohl es in der Regel kein Problem ist, nach Mitternacht mit der Subway zu fahren, nimmt man, besonders wenn man allein unterwegs ist, vielleicht doch besser ein Taxi.

Steuern & Erstattungen

In Restaurants und Läden ist die Verkaufssteuer *(sales tax)* von 8,875 % nie mit eingerechnet, also besser nicht das Mittagsgericht zu 4,99 $ bestellen, wenn nur noch ein 5-Dollar-Schein im Geldbeutel steckt.
Auf diverse sogenannte „Luxusgüter", zu denen auch Mietwagen und Reinigungen gehören, wird noch eine städtische Zusatzsteuer von 5 % fällig, sodass man hier 13,875 % auf den Grundpreis draufrechnen muss. Bekleidung und Schuhe unter 110 $ sind steuerfrei; bei Beträgen darüber wird eine staatliche Verkaufssteuer aufgeschlagen. Bei Hotelzimmern in New York werden 14,75 % Steuer berechnet und dazu noch eine „Belegungsgebühr" von 3,50 $ pro Nacht. Da es in den USA keine landesweit einheitliche Mehrwertsteuer gibt, können ausländische Besucher auch nicht „taxfree" einkaufen.

Strom

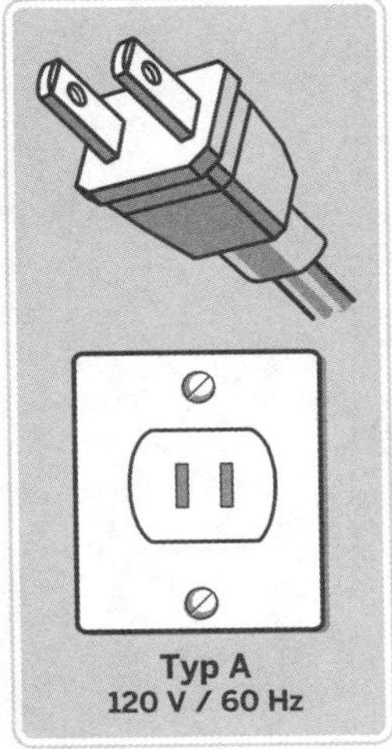

Typ A
120 V / 60 Hz

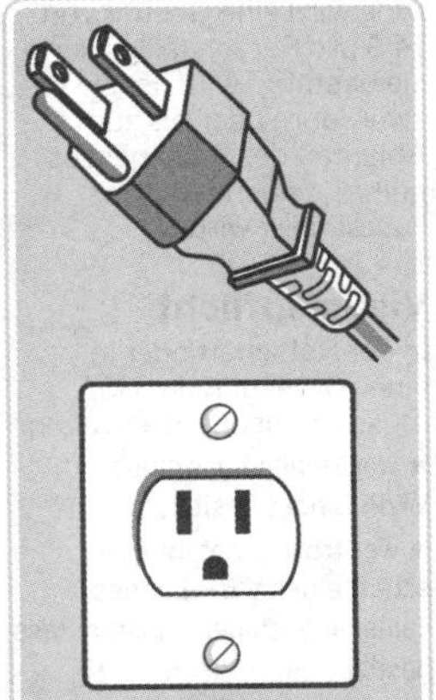

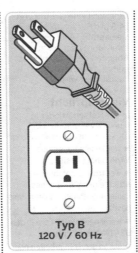

Typ B
120 V / 60 Hz

Das Stromnetz der USA hat 110 bis 115 V, 60 Hz Wechselstrom. In die Steckdosen passen Flachstecker mit zwei Stiften (oft haben sie noch einen dritten, abgerundeten für die Erdung). Für den Betrieb deutscher Geräte ist ein US-Adapter nötig, der in Drogerien und Haushaltsgeschäften verkauft wird – besser gleich aus Europa mitbringen (dort günstiger). Die meisten elektronischen Geräte (Laptops, Ladegeräte für Kamera-Akkus usw.) sind für unterschiedliche Spannungen ausgelegt und erfordern lediglich einen Adapter für den Stecker.

Telefon

Die Telefonnummern bestehen in den USA aus einer Ortsvorwahl (die ersten drei Zahlen), gefolgt von der siebenstelligen Teilnehmernummer. In New York wählt man zusätzlich zur 1 am Anfang immer zehn Zahlen: die dreistellige Ortsvorwahl und dann die siebenstellige Teilnehmernummer. Wer von New York aus im Ausland (außer in Kanada) anrufen möchte, wählt ☎011, dann die Landesvorwahl, die Ortsvorwahl und die Telefonnummer.

Toiletten

Wenn man bedenkt, wie viele Menschen zu Fuß unterwegs sind, gibt es einen spürbaren Mangel an öffentlichen Toiletten in der Stadt. Möglichkeiten, sich zu erleichtern, bestehen im Grand Central Terminal, in der Penn Station und dem Port Authority Bus Terminal sowie in Parks wie Madison Square Park, Battery Park, Tompkins Square Park und Columbus Park in Chinatown. Auch im Central Park sind einige Toiletten. Die beste Möglichkeit ist jedoch, einen Starbucks (gibt's alle drei Straßenzüge), ein Kaufhaus (Macy's, Century 21, Bloomingdale's) oder einen Park wie den Tompkins Square im East Village oder den Bleecker Playground (W 11th und Hudson) im West Village aufzusuchen.

Touristeninformation

In der digitalisierten Welt gibt es viele Möglichkeiten, sich aktuell über New York zu informieren. Wer es lieber persönlich mag, kann eines der offiziellen Büros der **NYC Visitor Information** (☎212-484-1222; www.nycgo.com) besuchen: am Times Square (Karte S. 461; Broadway Plaza zw. W 43rd & 44th St; ⏰Dez.–April 9–18 Uhr, Mai–Nov. 8–20 Uhr; [S]N/Q/R/W, S, 1/2/3, 7, A/C/E bis Times Sq–42nd St), beim Macy's Herald Square (Karte S. 461; Macy's, 151 W 34th St Höhe Broadway; ⏰Mo–Sa 10–22, So bis 21 Uhr; [S]B/D/F/M, N/Q/R/W bis 34th St–Herald Sq), an der City Hall (Karte S. 438; City Hall Park Höhe Broadway; ⏰tgl. 9–18 Uhr; [S]4/5/6 bis Brooklyn Bridge–City Hall; R/W bis City Hall;

J/Z bis Chambers St) und am South Street Seaport.

Explore Brooklyn (www. explorebk.com) bietet einen aktuellen Veranstaltungskalender und jede Menge Infos zum Stadtbezirk.

Visa

Visa Waiver Program

Das Visa Waiver Program (VWP) der USA erlaubt Staatsbürgern aus 38 Ländern, ohne Visum in die USA einzureisen, sofern sie im Besitz eines maschinenlesbaren Reisepasses sind. Die aktuelle Liste der Länder und die geltenden Bedingungen dieses Programms stehen auf der Website des US Department of State (https://travel.state.gov).

Bürger aus VWP-Ländern müssen sich vor der Reise beim US Department of Homeland Security (www. cbp.gov/travel/internatio nal-visitors/esta) registrieren und einen ESTA-Antrag (Electronic System for Travel Authorization; www.cbp.gov/travel/inter national-visitors/esta) ausfüllen. Für die Registrie-

rung wird eine Gebühr von 14 $ pro Person fällig; wenn sie bestätigt wird, ist sie für zwei Jahre oder bis zum Ablaufen des Reisepasses gültig, je nachdem, was zuerst fällig wird.

Visumspflicht

In der Botschaft oder in einem Konsulat der USA muss ein Visum beantragen:

➡ wer keinen Pass eines VWP-Landes besitzt,

➡ wer trotz Staatsbürgerschaft eines VWP-Landes keinen maschinenlesbaren Pass besitzt,

➡ wer länger als 90 Tage in den USA bleiben möchte,

➡ wer in den USA arbeiten oder studieren möchte.

Zeit

In New York gilt die Eastern Standard Time (EST), die der Mitteleuropäischen Zeit (MEZ) sechs Stunden hinterherhinkt. Fast überall in den USA wurde die Sommerzeit eingeführt, d. h. am zweiten Sonntag im März werden die Uhren um eine Stunde

vor-, am letzten Sonntag im November um eine Stunde zurückgestellt.

Zoll

Die US-Zollbehörden erlauben Personen über 21 Jahren, 1 l Spirituosen und 200 Zigaretten zollfrei einzuführen. Agrarprodukte wie Fleisch, Obst, Gemüse, Pflanzen und Erde sind verboten. US-Bürger dürfen Geschenke im Wert von max. 800 $ zollfrei einführen; alle anderen müssen sich auf Mitbringsel bis 100 $ beschränken. Wer mehr als 10 000 $ Bargeld oder den Gegenwert in ausländischer Währung, Reiseschecks oder Ähnlichem mitführt, muss dies angeben. Es gibt zwar keine gesetzliche Höchstgrenze, aber bei unangemeldeten Summen über 10 000 $ werden möglicherweise Untersuchungen eingeleitet. Verschreibungspflichtige Medikamente sollten in der Originalpackung aufbewahrt werden, illegale Betäubungsmittel müssen natürlich zu Hause bleiben. Aktuelle Informationen gibt es unter www.cbp.gov.

Hinter den Kulissen

WIR FREUEN UNS ÜBER EIN FEEDBACK

Post von Travellern zu bekommen ist für uns ungemein hilfreich – Kritik und Anregungen halten uns auf dem Laufenden und helfen, unsere Bücher zu verbessern. Unser reiseerfahrenes Team liest alle Zuschriften genau durch, um zu erfahren, was an unseren Reiseführern gut und was schlecht ist. Wir können solche Post zwar nicht individuell beantworten, aber jedes Feedback wird garantiert schnurstracks an die jeweiligen Autoren weitergeleitet, rechtzeitig vor der nächsten Auflage.

Wer Ideen, Erfahrungen und Korrekturhinweise zum Reiseführer mitteilen möchte, hat die Möglichkeit dazu auf www.lonelyplanet.com/contact/guidebook_feedback/new. Anmerkungen speziell zur deutschen Ausgabe erreichen uns über www.lonelyplanet.de/kontakt.

Hinweis: Da wir Beiträge möglicherweise in Lonely Planet Produkten (Reiseführer, Websites, digitale Medien) veröffentlichen, ggf. auch in gekürzter Form, bitten wir um Mitteilung, falls ein Kommentar nicht veröffentlicht oder ein Name nicht genannt werden soll. Wer Näheres über unsere Datenschutzpolitik wissen will, erfährt das unter www.lonelyplanet.com/privacy.

DANK VON LONELY PLANET

Regis St. Louis

Vielen Dank an David Fung und Kristie Blase für ihre herzliche Gastfreundschaft, an Jayson Mallie und Glen Brown für ihre Freundschaft und an Ali und die Katzen für die Beherbergung in Williamsburg. Besonderer Dank an die Mitarbeiter der Notaufnahme des Mount Sinai Queens Hospital für die Hilfe nach dem nächtlichen Fahrradunfall. Und wie immer, danke an Cassandra und unsere Töchter Magdalena und Genevieve für ihre Unterstützung.

Robert Balkovich

Danke an meine Mutter, die mich mit Lonely Planet bekannt gemacht hat. An Jenny, meine ewig beste Spielerin. An Lina, die nie meinen Selbstzweifeln glaubt. An Adrian, der immer eine Lösung weiß. An Celeste für die Galerietouren. Und am allermeisten an Trisha für die Chance.

Ray Bartlett

Danke immer und zu allererst an meine Familie, die das alles möglich gemacht und mich ertragen hat. Danke an Trisha P, Redakteurin der Extraklasse, dafür, dass sie mir grünes Licht gab, und an meine Koautoren für die Unterstützung und Kameradschaft. Herzlichen Dank an alle, die keine Mühen scheuten, mir ihre phantastische Stadt zu zeigen: Belinda, Jennifer, Mayanne, Chang, Rebecca, Alex B, Clay, Danniel und Rachelle, Madoon, um nur ein paar zu nennen. Und danke an all die anderen unglaublichen New Yorker, die die Recherche für dieses Buch zu so einer wunderbaren Reise machten. Ich kann es gar nicht erwarten wiederzukommen.

Ali Lemer

Vielen Dank an Will Coley, Nicole Marsella, Adam Michaels, Regis St. Louis und Trisha Ping, sowie an Professor Kenneth Jackson, der mir mehr über die Geschichte New Yorks beigebracht hat als irgendjemand sonst. Ich widme meine Arbeit dem Andenken an meinen Vater, Albert Lemer, einem New Yorker der ersten Generation. Er hat nicht nur meine Begeisterung für Auslandsreisen geweckt sondern auch die Liebe zu unserer gemeinsamen Heimatstadt genährt – der großartigsten Stadt der Welt.

QUELLENNACHWEIS

Illustrationen S. 242–243: Javier Zarracina
Titelfoto: Brooklyn Bridge, Alan Copson/AWL ©

Die Autoren

Regis St. Louis

Regis wuchs in einer Kleinstadt im Mittleren Westen der USA auf – die Sorte Heimat, die große Reisephantasien beflügelt – und entwickelte früh eine Faszination für Fremdsprachen und andere Kulturen. Er lernte Russisch und eine Handvoll romanische Sprachen, was sich auf seinen Reisen kreuz und quer durch über den Globus als nützlich erwies. Regis hat zu über 50 Lonely Planet Reiseführern über Reiseziele auf sechs Kontinenten beigetragen. Seine Reisen führten ihn von den Bergen Kamtschatkas bis auf entlegene Inseln Melanesiens und in viele großartige Stadtlandschaften. Wenn er nicht gerade unterwegs ist, lebt Regis in New Orleans. Mehr unter www.instagram.com/regisstlouis.

Robert Balkovich

Robert stammt aus Oregon, aber er lebt seit fast zehn Jahren in New York. In Kindheitstagen, als andere Familien in Vergnügungsparks oder zu Oma fuhren, ging es für Robert nach Mexiko-Stadt oder per Zug durch Osteuropa. Heute ist er als reisebegeisterter Autor immer auf der Suche nach Erfahrungen, die soweit außerhalb des Gewöhnlichen liegen, dass es sich lohnt, darüber zu berichten. Mehr unter Instagram: oh_balky.

Ray Bartlett

Ray ist Reisejournalist und spezialisiert auf Japan, Korea, Mexiko und die Vereinigten Staaten. Er hat bereits an diversen Lonely Planet Titeln mitgearbeitet, sein erster Titel war 2004 *Japan*.

Ali Lemer

Ali ist seit 2007 Lonely Planet Autorin und -Redakteurin und hat Reiseführer und Artikel über Russland, New Yok, Los Angeles, Melbourne, Bali, Hawaii, Japan und Schottland geschrieben. Ali stammt aus New York und ist eingebürgerte Melbournerin. Zwischenzeitlich hat sie auch in Chicago, Prag und Großbritannien gelebt und ausgedehnte Reisen durch Europa und Nordamerika unternommen.

Mit Beiträgen von Michael Grosberg, Brian Kluepfel

ÜBER DIESES BUCH

Dies ist die 7. deutsche Auflage von *New York*. Sie basiert auf der 11. englischen Auflage von Regis St. Louis, Robert Balkovich, Ray Bartlett, Michael Grosberg, Brian Kluepfel und Ali Lemer. Die vorige Auflage schrieb ebenfalls Regis, zusammen mit Cristian Bonetto und Zora O'Neill. Von Regis und Cristian stammt auch die 9. Auf-lage. Dieser Reiseführer wurde produziert von:

Titelredaktion Trisha Ping
Produktredaktion Kathryn Rowan, Kate Mathews
Kartographie Alison Lyall
Layout Meri Blazevski
Redaktionsassistenz Melanie Dankel, Jennifer Hattam, Alison Morris, Anne Mulvaney, Kristin Odijk, Charlotte Orr, Susan Paterson, Christopher Pitts, Benjamin Spier

Layoutassistenz Clara Monitto
Titelbildrecherche Naomi Parker

Dank an Carolyn Boicos, Mikki Brammer, Kate Chapman, Nicholas Colicchia, Shona Gray, Donna Harshman, Bettina Kienzi, Virginia Moreno, Kirsten Rawlings, Remmelt van der Wal, Maureen Wheeler

Register

Cityatlas

Sehenswertes

- Strand
- Vogelschutzgebiet
- buddhistisch
- Burg/Schloss/Palast
- christlich
- konfuzianisch
- hinduistisch
- islamisch
- jainistisch
- jüdisch
- Denkmal
- Museum/Galerie/histor. Gebäude
- Ruine
- shintoistisch
- Sikh
- taoistisch
- Weingut/Weinberg
- Zoo/Wildschutzgebiet
- sonstige Sehenswürdigkeit

Aktivitäten, Kurse & Touren

- bodysurfen
- tauchen
- Kanu/Kajak fahren
- Kurs/Tour
- Sento/Onsen
- Ski fahren
- schnorcheln
- surfen
- Swimmingpool
- wandern
- windsurfen
- sonstige Aktivität

Schlafen

- Hotel/Pension/Hostel
- Camping
- Hütte/Unterstand

Essen

- Restaurant

Ausgehen & Nachtleben

- Bar/Kneipe/Club
- Café

Unterhaltung

- Unterhaltung

Shoppen

- Shoppen

Praktisches

- Bank
- Botschaft/Konsulat
- Krankenhaus/Arzt
- Internet
- Polizei
- Post
- Telefon
- Toilette
- Touristeninformation
- sonstige Informationen

Geografie

- Strand
- Tor
- Hütte/Unterstand
- Leuchtturm
- Aussichtspunkt
- Berg/Vulkan
- Oase
- Park
- Pass
- Rastplatz
- Wasserfall

Städte

- Hauptstadt (Staat)
- Hauptstadt (Provinz)
- Großstadt
- Stadt/Ort

Transport

- Flughafen
- Grenzübergang
- Bus
- Seilbahn/Standseilbahn
- Radweg
- Fähre
- Metrostation
- Schwebebahn
- Parkplatz
- Tankstelle
- S-Bahnstation
- Taxi
- Bahnhof/Bahnlinie
- Straßenbahn
- U-Bahnstation
- sonstiger Transport

Hinweis: Nicht alle in der Legende aufgeführten Symbole sind Bestandteil der Karten dieses Buches

Verkehrswege

- Mautstraße
- Autobahn
- Hauptstraße
- Landstraße
- Verbindungsstraße
- sonstige Straße
- unbefestigte Straße
- Straße im Bau
- Platz, Promenade
- Treppe
- Tunnel
- Fußgängerbrücke
- Spaziergang
- Abstecher vom Spaziergang
- Weg/Pfad

Grenzen

- Staatsgrenze
- Provinzgrenze
- umstrittene Grenze
- Regional-/Bezirksgrenze
- Meeresschutzgebiet
- Kliff
- Mauer

Gewässer

- Fluss, Bach
- periodischer Fluss
- Kanal
- Gewässer
- Salzsee/trockener/periodischer See
- Riff

Gebietsform

- Flughafen/Flugplatz
- Strand/Wüste
- christlicher Friedhof
- sonstiger Friedhof
- Gletscher
- Watt
- Park/Wald
- Sehenswertes (Gebäude)
- Sportplatz
- Sumpf/Mangroven

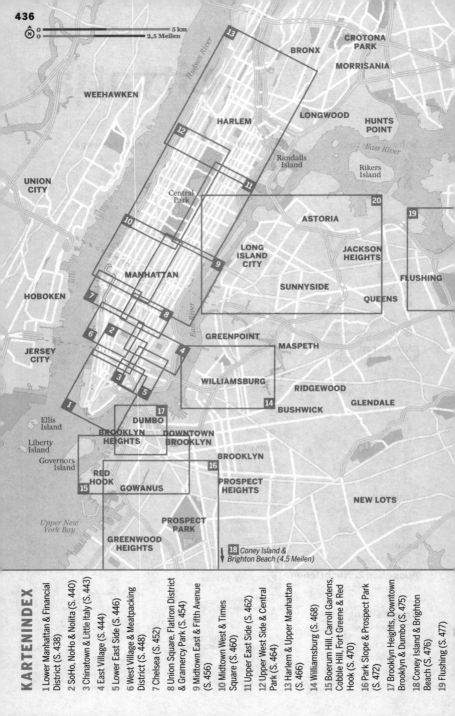

436

N

| 0 | 5 km |
| 0 | 2,5 Meilen |

WEEHAWKEN

Hudson River

BRONX

CROTONA PARK

MORRISANIA

13

UNION CITY

HARLEM

LONGWOOD

HUNTS POINT

12

Randalls Island

East River

Rikers Island

Central Park

11

20

ASTORIA

10

JACKSON HEIGHTS

19

FLUSHING

LONG ISLAND CITY

9

HOBOKEN

MANHATTAN

SUNNYSIDE

QUEENS

7

East River

8

JERSEY CITY

6 **2**

GREENPOINT

MASPETH

4

3

5

WILLIAMSBURG

RIDGEWOOD

GLENDALE

14

BUSHWICK

1

Ellis Island

17

DUMBO

BROOKLYN HEIGHTS

DOWNTOWN BROOKLYN

Liberty Island

Governors Island

16

BROOKLYN

PROSPECT HEIGHTS

15

RED HOOK

GOWANUS

NEW LOTS

Upper New York Bay

PROSPECT PARK

GREENWOOD HEIGHTS

18 *Coney Island & Brighton Beach (4,5 Meilen)*

LOWER MANHATTAN & FINANCIAL DISTRICT Karte S. 438

LOWER MANHATTAN & FINANCIAL DISTRICT

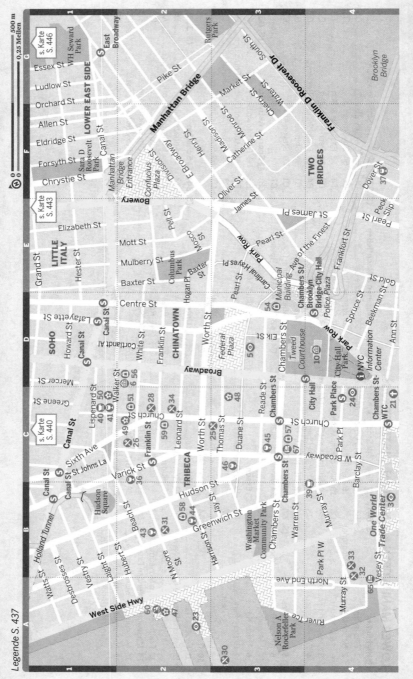

s. Karte S. 446

s. Karte S. 443

s. Karte S. 440

s. Karte S. 437

500 m

0,25 Meilen

LOWER EAST SIDE

LITTLE ITALY

SOHO

CHINATOWN

TRIBECA

TWO BRIDGES

One World Trade Center

WH Seward Park

Sara D Roosevelt Park

Rutgers Park

Brooklyn Bridge

Columbus Park

Federal Plaza

Tweed Courthouse

City Hall Park

Washington Market Community Park

Nelson A Rockefeller Park

Hudson Square

Essex St · Ludlow St · Orchard St · Allen St · Eldridge St · Forsyth St · Chrystie St · Bowery

Grand St · Hester St · Elizabeth St · Mott St · Mulberry St · Baxter St

Centre St · Lafayette St · Mercer St · Greene St · Canal St · Sixth Ave · Varick St

Howard St · Lispenard St · Walker St · White St · Franklin St · Leonard St · Worth St · Thomas St · Duane St · Reade St · Chambers St

Pike St · Manhattan Bridge · Manhattan Bridge Entrance · Division St · E Broadway · Henry St · Madison St · Market St · Cherry St · Water St · Monroe St · Catherine St · Oliver St · James St · Pell St · Mosco St · Hogan Pl · Baxter St · Pearl St · Park Row · Cardinal Hayes Pl · Chambers St

Franklin D Roosevelt Dr · South St · St James Pl · Frankfort St · Spruce St · Gold St · Beekman St · Ann St · Peck Slip · Pearl St · Dover St · Brooklyn Bridge

Confucius Plaza · Municipal Building · Brooklyn Bridge-City Hall Police Plaza · NYC Information Center

Canal St · St Johns La · Hudson St · Beach St · N Moore St · Harrison St · Greenwich St · Hubert St · Laight St · Vestry St · Desbrosses St · Watts St · Holland Tunnel

West Side Hwy · North End Ave · River Tce · Park Pl W · Murray St · Warren St · Chambers St · Park Place · Barclay St · Vesey St · W Broadway · Church St

Cortlandt Al · Elk St · Broadway

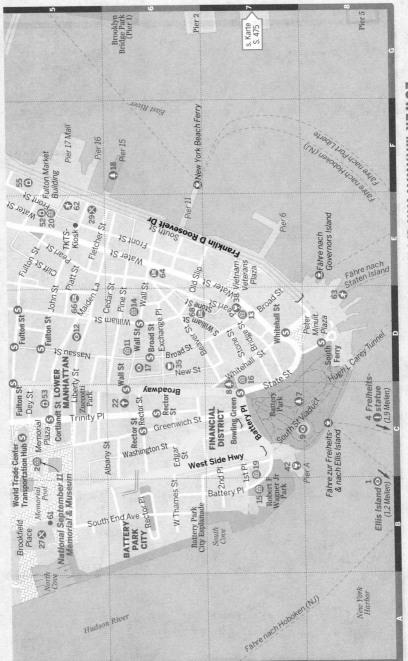

SOHO, NOHO & NOLITA

Legende S. 442

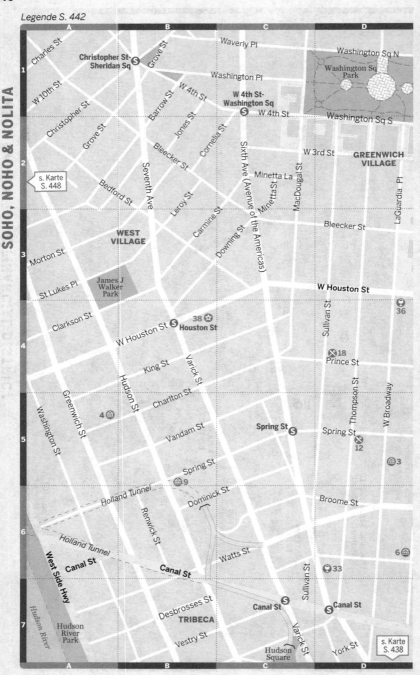

s. Karte S. 448

s. Karte S. 438

400 m
0,2 Meilen

s. Karte
S. 444

E 7th St

Cooper
Square

E 6th St

39

Waverly Pl

Fourth Ave

Third Ave

E 5th St

Greene St

Washington Pl

Merchant's
House
Museum
1

E 4th St

EAST
VILLAGE

Second Ave

Broadway

Lafayette St

W 4th St

34

Bowery

63

W 3rd St

Great Jones St

59

55   21

E 3rd St

NOHO

New York
University

Bond St

E 2nd St

Bleecker St

Bleecker St

32

E 1st St

Crosby St

27

41

E Houston St

2nd Ave

Broadway-
Lafayette St

19

16

28

Sara D
Roosevelt
Park

45

15

Jersey St

7

Stanton St

50

35

14

47

2

25   46

Prince St

31   17

11

20

NOLITA

Bowery

Wooster St

10

49

Rivington St

60

Greene St

Mercer St

54   58

24

s. Karte
S. 446

Crosby St

Lafayette St

Mott St

42

29

5

51   62

26

Chrystle St

Spring St

37

23

Mulberry St

13

Kenmare St

Delancey St
Bowery

48

30

22

Broome St

Broome St

56   53

61

Center Market Pl

Centre St

Elizabeth St

44

57

Grand St

8

Grand St

Baxter St

Mott St

Bowery

40

43

Howard St

52

Hester St

Canal St

Canal St

s. Karte
S. 443

SOHO

E   F   G   H

SOHO, NOHO & NOLITA *Karte S. 440*

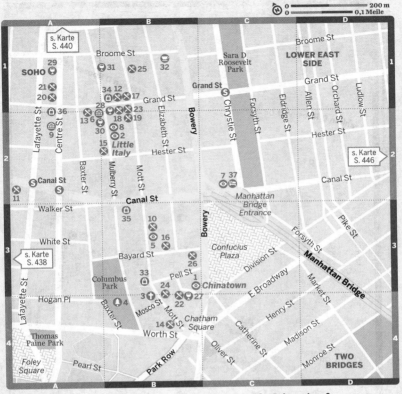

EAST VILLAGE

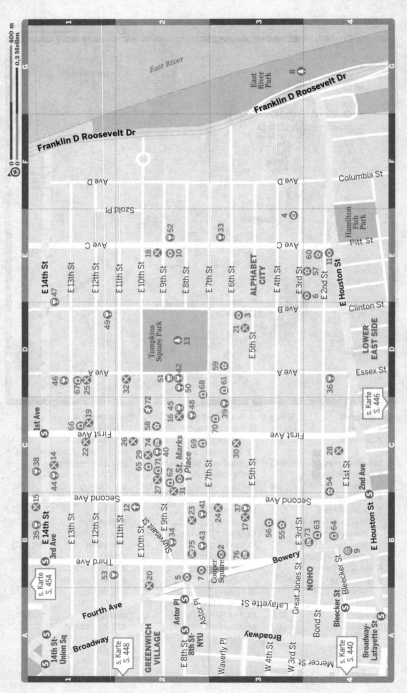

East River

East River Park

Franklin D Roosevelt Dr

Franklin D Roosevelt Dr

Columbia St

Hamilton Fish Park

Pitt St

Ave D

Szold Pl

Ave C

ALPHABET CITY

Ave B

Clinton St

E 14th St

E 13th St

E 12th St

E 11th St

E 10th St

E 9th St

E 8th St

E 7th St

E 6th St

E 5th St

E 4th St

E 3rd St

E 2nd St

E Houston St

LOWER EAST SIDE

Essex St

Tompkins Square Park

Ave A

First Ave

1st Ave

Second Ave

St. Marks Place

Stuyvesant St

E 10th St

E 9th St

E 8th St

E 7th St

E 5th St

E 3rd St

Cooper Square

Bowery

NOHO

Bleecker St

Bond St

Third Ave

E 14th St

3rd Ave

E 13th St

E 12th St

E 11th St

14th St-Union Sq

Broadway

Fourth Ave

s. Karte S. 454

s. Karte S. 448

GREENWICH VILLAGE

Astor Pl

E 8th St-NYU

Astor Pl

Waverly Pl

W 4th St

W 3rd St

Lafayette St

Great Jones St

Bleecker St

Broadway-Lafayette St

s. Karte S. 440

2nd Ave

E 1st St

Mercer St

Broadway

400 m

0,2 Meilen

s. Karte S. 446

EAST VILLAGE

LOWER EAST SIDE

s. Karte S. 440

0 — 200 m
0 — 0,1 Meile

A **B** **C** **D**

Second Ave

E 3rd St

First Ave

Ave A

Ave B

Ave C

ALPHABET CITY

1

E 2nd St

EAST VILLAGE

E 1st St

E Houston St

2nd Ave Ⓢ

45

33

18

51

14

LOWER EAST SIDE

Attorney St

Stanton St

25

36

20 49

38

2

22

37

48

35 27

44

Norfolk St

Suffolk St

Clinton St

Ridge St

9 5

39

3

Rivington St

12

2 17

42

41

10

11

28

Forsyth St

Eldridge St

Rivington St

21

Ludlow St

19

Delancey St

Ⓢ Delancey-Essex Sts

Williamsburg Bridge Approach

3

New Museum of Contemporary Art

32

52

Lower East Side Tenement Museum

1 50

Bowery Ⓢ **Delancey St**

Broome St

24 29

4

46

Broome St

Sara D Roosevelt Park

13 26 30

47

Ridge St

Bowery

23

43

Norfolk St

40

Elizabeth St

Ⓢ **Grand St**

Grand St

7

4

Hester St

6

Ludlow St

Essex St

WH Seward Park

Hester St

34

16

Clinton St

5

Canal St

15

Division St Canal St

Orchard St

Allen St

Eldridge St

Forsyth St

Chrystie St

East Broadway Ⓢ

Jefferson St

Henry St

Rutgers St

Madison St

s. Karte S. 443

8

Manhattan Bridge Entrance

Bayard St

6

Pell St

Confucius Plaza

Division St

E Broadway

Henry St

Forsyth St

Pike St

Manhattan Bridge

Cherry St

Mott St

Chatham Square

Worth St

Catherine St

CHINATOWN

Madison St

Rutgers Park

Franklin D Roosevelt Dr

Park Row

Oliver St

James St

Monroe St

Market St

TWO BRIDGES

s. Karte S. 438

7

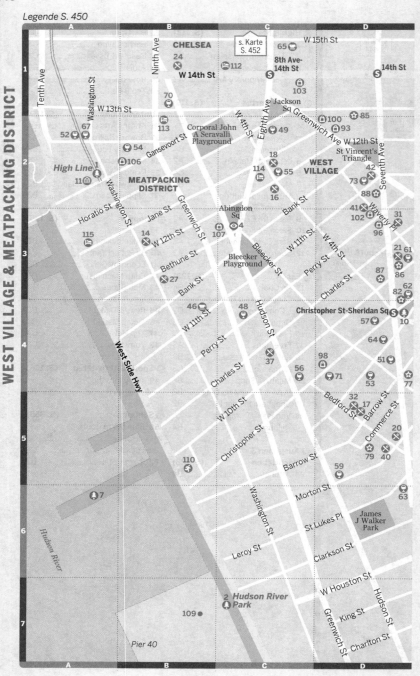

WEST VILLAGE & MEATPACKING DISTRICT *Karte S. 448*

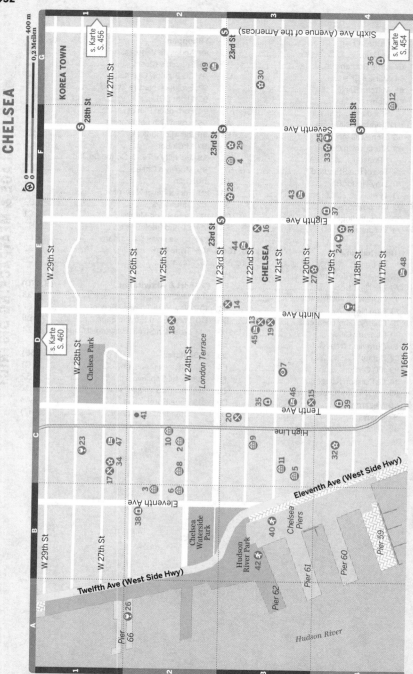

KOREA TOWN

CHELSEA

s. Karte S. 456

s. Karte S. 454

s. Karte S. 460

Sixth Ave (Avenue of the Americas)

Seventh Ave

Eighth Ave

Ninth Ave

Tenth Ave

Eleventh Ave

Eleventh Ave (West Side Hwy)

Twelfth Ave (West Side Hwy)

W 29th St
W 28th St
W 27th St
W 26th St
W 25th St
W 24th St
W 23rd St
W 22nd St
W 21st St
W 20th St
W 19th St
W 18th St
W 17th St
W 16th St

28th St
27th St

23rd St
23rd St
23rd St
23rd St

18th St

London Terrace

Chelsea Park

Chelsea Waterside Park

Hudson River Park

High Line

Chelsea Piers

Pier 66
Pier 62
Pier 61
Pier 60
Pier 59

Hudson River

400 m
0,2 Meilen

CHELSEA

UNION SQUARE
6th Ave· 14th St
14th St
WEST VILLAGE
14th St
8th Ave· 14th St
W 14th St
W 15th St
Hudson St
Chelsea Market
MEATPACKING DISTRICT
Pier 57 (geplante Eröffnung eines Food Courts 2019)
s. Karte S. 448

UNION SQUARE, FLATIRON DISTRICT & GRAMERCY PARK

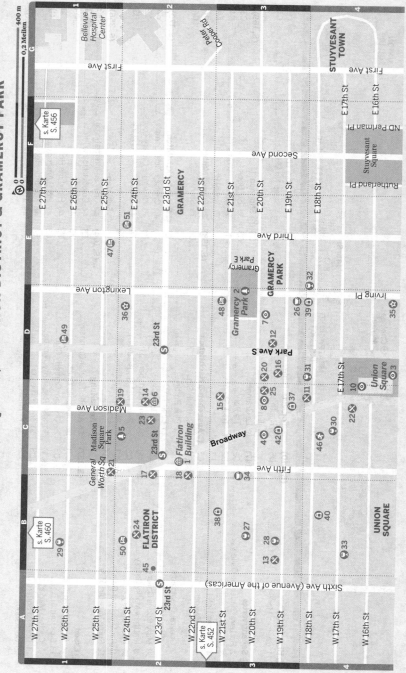

s. Karte S. 456

s. Karte S. 460

s. Karte S. 452

Bellevue Hospital Center

STUYVESANT TOWN

GRAMERCY

GRAMERCY PARK

FLATIRON DISTRICT

UNION SQUARE

General Worth Sq

Madison Square Park

Gramercy Park

Stuyvesant Square

Flatiron Building

Union Square

Broadway

Sixth Ave (Avenue of the Americas)

Fifth Ave

Madison Ave

Broadway

Park Ave S

Lexington Ave

Irving Pl

Third Ave

Second Ave

First Ave

Cooper Rd

Peter Rd

Rutherland Pl

ND Perlman Pl

W 27th St
W 26th St
W 25th St
W 24th St
W 23rd St
W 22nd St
W 21st St
W 20th St
W 19th St
W 18th St
W 17th St
W 16th St

E 27th St
E 26th St
E 25th St
E 24th St
E 23rd St
E 22nd St
E 21st St
E 20th St
E 19th St
E 18th St
E 17th St
E 16th St

23rd St

Park E

Gramercy Park E

400 m
0,2 Meilen

UNION SQUARE, FLATIRON DISTRICT & GRAMERCY PARK

MIDTOWN EAST & FIFTH AVENUE

Legende S. 464

s. Karte S. 458

s. Karte S. 462

s. Karte S. 478

500 m
0,25 Meilen

Central Park

Central Park South

East Dr

The Pond

UPPER EAST SIDE

Roosevelt Island

Roosevelt Island

East Channel East River

Roosevelt Island Tramway

Ed Koch Queensboro Bridge

East River

West Rd

East Rd

West Rd

Southpoint Park

Franklin D Roosevelt Four Freedoms Park

Roosevelt Island

Franklin D Roosevelt Dr

York Ave

Sutton Pl

Beekman Pl

First Ave

Second Ave

Third Ave

Lexington Ave

Park Ave

Vanderbilt Ave

Madison Ave

Fifth Ave

Sixth Ave (Avenue of the Americas)

Lexington Ave-59th St

Fifth Ave-53rd St

Lexington Ave-53rd St

51st St

47-50th Sts-Rockefeller Center

5th Ave-59th St

57th St

E 61st St

E 59th St

E 57th St

E 55th St

E 53rd St

E 51st St

E 49th St

E 47th St

E 45th St

W 57th St

W 55th St

W 53rd St

W 51st St

W 49th St

W 47th St

W 45th St

AT & T Building

Museum of Modern Art

Radio City Music Hall

International Building

Rockefeller Center

Rockefeller Plaza

DIAMOND DISTRICT

45

41

42

50

43

57

56

47

6

35

49

9

18

13

17

48

20

53 21 33

4

45

44

19

10

11

32

28

61

22

59

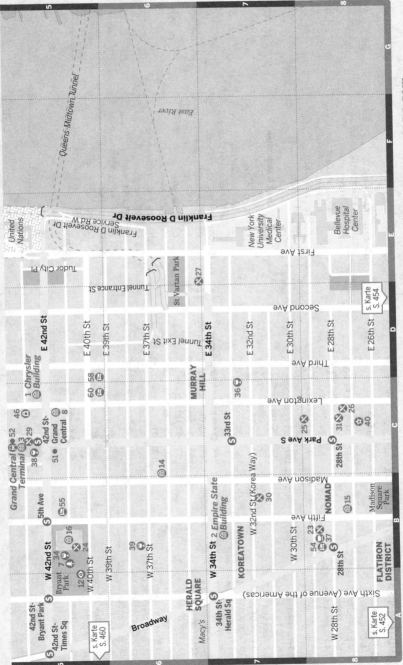

5

6

7

8

G

F

E

D

C

B

A

East River

Queens-Midtown Tunnel

United Nations

Tudor City Pl

Franklin D Roosevelt Dr

Franklin D Roosevelt Service Rd W

New York University Medical Center

Bellevue Hospital Center

First Ave

Second Ave

s. Karte S. 454

Tunnel Entrance St

St Vartan Park

⊗ 27

Tunnel Exit St

E 42nd St

E 40th St

E 39th St

E 37th St

E 34th St

E 32nd St

E 30th St

E 28th St

E 26th St

Third Ave

MURRAY HILL

36 ⊞

Lexington Ave

① Chrysler Building

58 ⊞
60 ⊞

31 ⊗
26 ⊗
40 ⊗

25 ⊗

Park Ave S

33rd St Ⓢ

28th St Ⓢ

Grand Central Terminal
52 ⊗
46
29 ⊗
38 ⊗
51 ●
42nd St-Grand Central 8 ⊞

14 ⊞

5th Ave Ⓢ

55 ⊟

16 ⊞
34 ⊗
24 ⊗
7

W 42nd St Ⓢ

Bryant Park

12

W 40th St
W 39th St
W 37th St

39

W 34th St Ⓢ

② Empire State Building

KOREATOWN

W 32nd St (Korea Way)
30

W 30th St

NOMAD

15 ⊞

Madison Square Park

54 ⊗
23 ⊗
37 ⊟

28th St Ⓢ

Fifth Ave

Madison Ave

HERALD SQUARE

Macy's

34th St-Herald Sq Ⓢ

Sixth Ave (Avenue of the Americas)

Broadway

42nd St-Bryant Park Ⓢ

42nd St-Times Sq Ⓢ

s. Karte S. 460

FLATIRON DISTRICT

W 28th St

s. Karte S. 452

MIDTOWN WEST & TIMES SQUARE *Karte S. 460*

MIDTOWN WEST & TIMES SQUARE

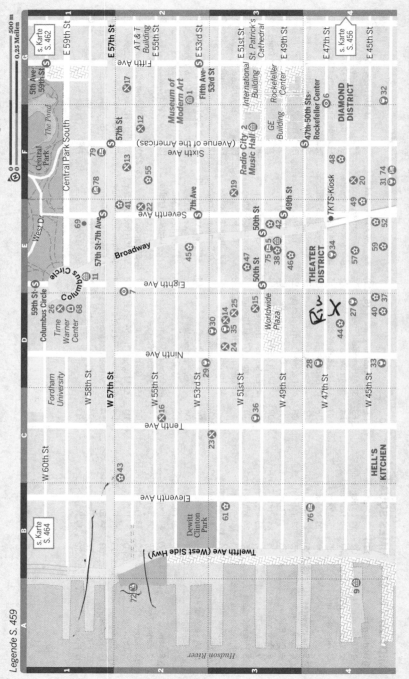

s. Karte S. 459

s. Karte
S. 464

s. Karte S. 462

s. Karte
S. 456

Legende S. 459

500 m
0.25 Meilen

Hudson River

HELL'S
KITCHEN

DIAMOND
DISTRICT

THEATER
DISTRICT

Central
Park

The Pond

Columbus Circle

Time
Warner
Center

Fordham
University

Dewitt
Clinton
Park

Worldwide
Plaza

Rockefeller
Center

Museum of
Modern Art

Radio City
Music Hall

St. Patrick's
Cathedral

AT & T
Building

International
Building

GE
Building

Central Park South

Fifth Ave

Sixth Ave
(Avenue of the Americas)

Seventh Ave

Broadway

Eighth Ave

Ninth Ave

Tenth Ave

Eleventh Ave

Twelfth Ave (West Side Hwy)

West Dr

W 60th St
W 58th St
W 57th St
W 55th St
W 53rd St
W 51st St
W 49th St
W 47th St
W 45th St

E 59th St
E 57th St
E 55th St
E 53rd St
E 51st St
E 49th St
E 47th St
E 45th St

5th Ave-
59th St
59th St-
Columbus Circle
57th St
57th St-7th Ave
7th Ave
50th St
49th St
47th-50th Sts-
Rockefeller Center

TKTS-Kiosk

Grid labels (top): 5 · 6 · 7 · 8

Grid labels (bottom): 5 · 6 · 7 · 8

Right margin letters: G · F · E · D · C · B · A

Map labels

E 43rd St
5th Ave
E 42nd St
New York Public Library
E 40th St
E 39th St
Bryant Park
42nd St-Bryant Park S
4
E 37th St
E 34th St
Empire State Building
Fifth Ave
HERALD SQUARE
NYC Information Center 8
66 34th St-Herald Sq S
Sixth Ave (Avenue of the Americas)
Broadway
KOREATOWN
Madison Ave
E 31st St
E 30th St
E 28th St
28th St S 21
NOMAD
E 26th St
s. Karte S. 454
73
Megabus (Ankunft)
28th St
W 28th St
10
W 26th St
51
Varoose
Seventh Ave
Penn Station
34th St-Penn Station S
50
Eighth Ave
GARMENT DISTRICT
NYC Information Center 3
Times Square
54
53 42nd St-Times Sq
39
64
77
Times Square S
NYC Information Center
58
42nd St-Port Authority S
Port Authority Bus Terminal
W 39th St
67
W 37th St
65
18
W 34th St
63
W 33rd St
Ninth Ave
W 31st St
W 30th St
Chelsea Park
CHELSEA
Dyer St
Lincoln Tunnel
Tenth Ave
W 43rd St
W 42nd St
60
80
56
W 40th St
62
71
34th St-Hudson Yards S
Megabus BoltBus
Neubauprojekt Hudson Yards (im Bau)
Eleventh Ave
Jacob K Javits Convention Center
Twelfth Ave (West Side Hwy)
High Line
s. Karte S. 452
Lincoln Tunnel
Pier 83
70
Pier 81
Pier 66

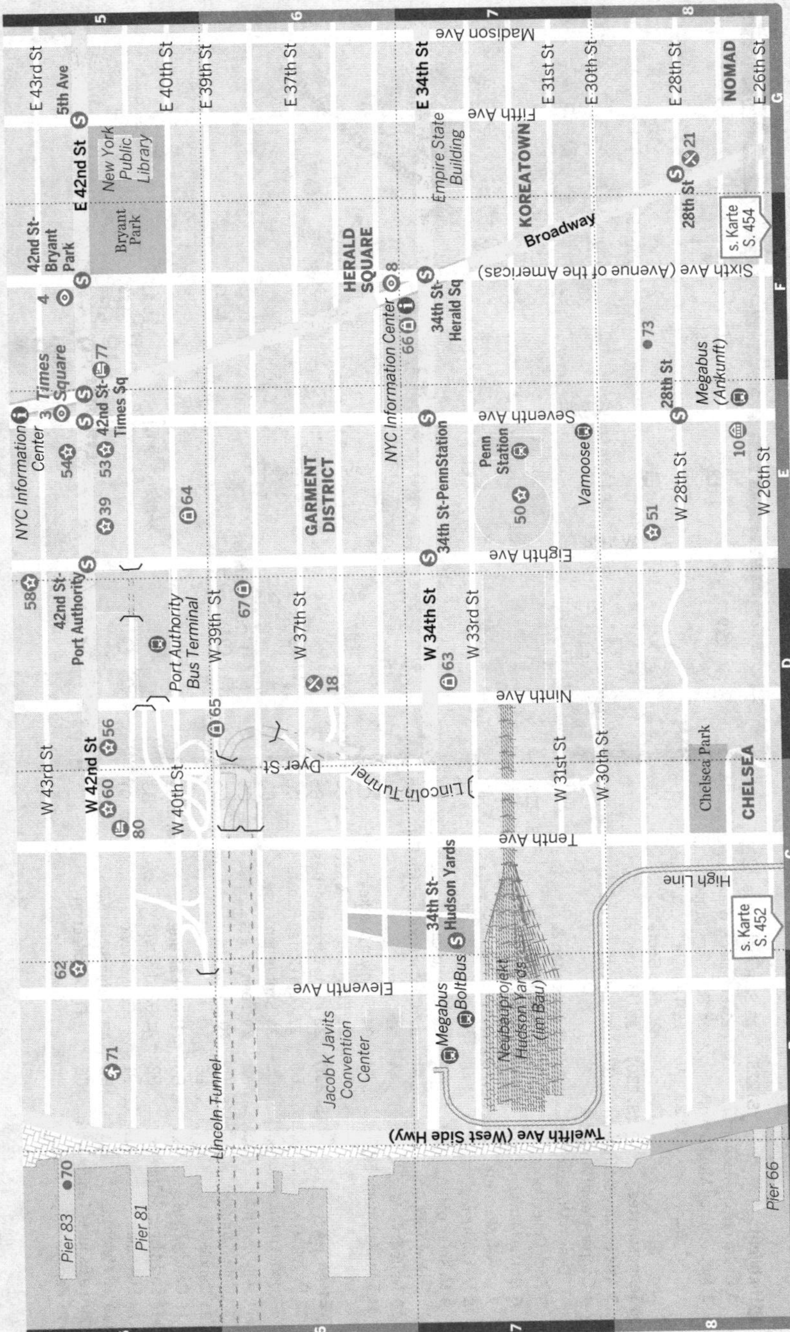

UPPER EAST SIDE

s. Karte S. 466

East River

Franklin D Roosevelt Dr

East Meadow

Jacqueline Kennedy Onassis Reservoir

Carl Schurz Park

400 m
0,2 Meilen

East End Ave
York Ave
First Ave
Second Ave
Lexington Ave
Park Ave
Madison Ave
Fifth Ave
Third Ave

E 101st St
E 100th St
E 103rd St
E 102nd St
E 100th St
E 98th St
96th St
E 96th St
E 94th St
E 92nd St
E 90th St
E 88th St
86th St
E 84th St

1 Guggenheim Museum

UPPER WEST SIDE & CENTRAL PARK

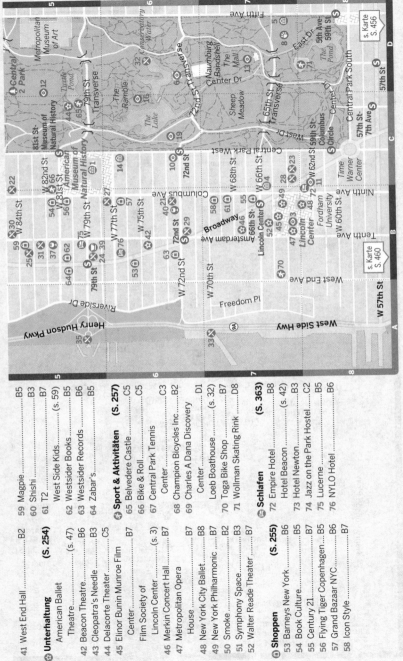

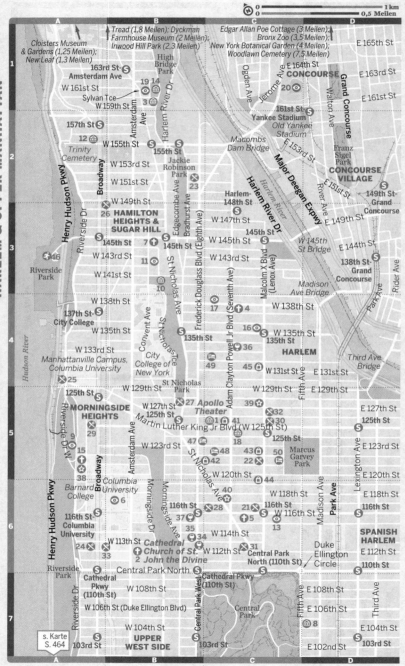

Cloisters Museum & Gardens (1,25 Meilen); New Leaf (1,3 Meilen)

Tread (1,8 Meilen); Dyckman Farmhouse Museum (2 Meilen); Inwood Hill Park (2,3 Meilen)

Edgar Allan Poe Cottage (3 Meilen); Bronx Zoo (3,5 Meilen); New York Botanical Garden (4 Meilen); Woodlawn Cemetery (7,5 Meilen)

s. Karte S. 464

Teller Ave
Park Ave
Melrose Ave
Brook Ave
E 158th St
E 156th St
Bergen Ave
E 153rd St
E 151st St
3rd Ave
149th St
3rd Ave
E 146th St
E 143rd St
E 141st St
3rd Ave-
138th St
E 138th St
Willis Ave
E 135th St
Bruckner Blvd
MOTT HAVEN
Willis Ave Bridge
Randalls Island
Second Ave
First Ave
E 116th St
(Luis Munoz Marin Blvd)
Jefferson Park
Franklin D Roosevelt Dr
East River
E 110th St
UPPER EAST SIDE
s. Karte S. 462

WILLIAMSBURG

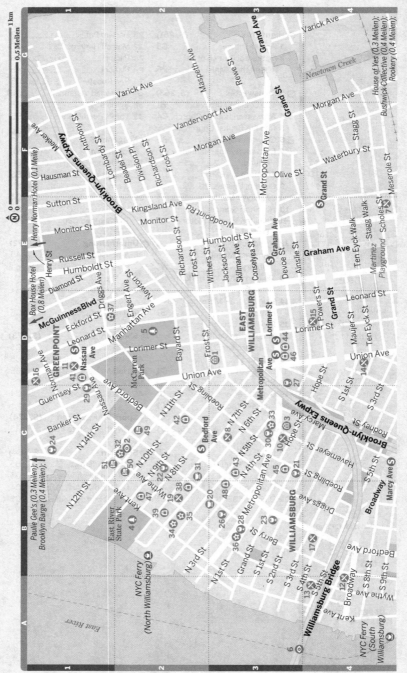

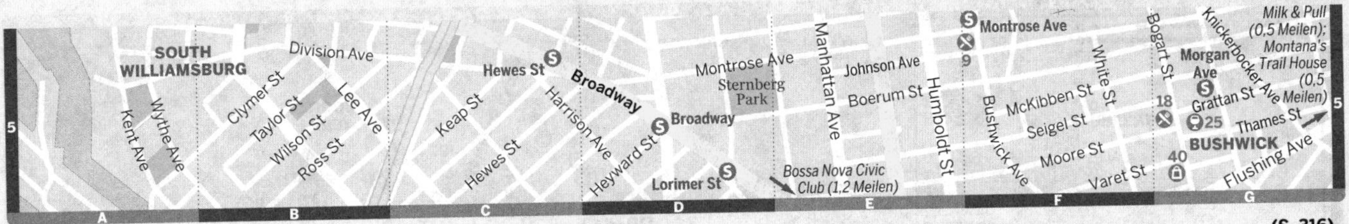

WILLIAMSBURG

Map labels (streets/areas):
SOUTH WILLIAMSBURG · Division Ave · Lee Ave · Ross St · Wilson St · Taylor St · Clymer St · Wythe Ave · Kent Ave · Keap St · Hewes St · Harrison Ave · Heyward St · Broadway · Hewes St · Lorimer St · Broadway · Manhattan Ave · Montrose Ave · Sternberg Park · Montrose Ave · Boerum St · Johnson Ave · Humboldt St · Moore St · Seigel St · McKibben St · White St · Bushwick Ave · Bogart St · Varet St · Morgan Ave · BUSHWICK · Knickerbocker Ave · Thames St · Flushing Ave · Montrose Ave

Bossa Nova Civic Club (1,2 Meilen)
Milk & Pull (0,5 Meilen); Montana's (0,5 ...); Gattan St Ave (Meilen)

Sehenswertes (S. 289)
1 Brooklyn Art Library D3
2 Brooklyn Brewery C2
3 City Reliquary C3
4 East River State Park B2
5 McCarren Park D2
6 Williamsburg Bridge A3

Essen (S. 301)
7 Champs Diner E4
8 Crif Dogs C3
9 Dun-Well Doughnuts F5
10 Fette Sau C3
11 Five Leaves D1
12 Marlow & Sons A4
13 Miss Favela A4
14 Modern Love D4
15 Okonomi & Yuji Ramen D4
16 Peter Pan Donut & Pastry Shop D1
17 Rabbithole B4
18 Roberta's G5
19 Zenkichi B2

Ausgehen & Nachtleben (S. 307)
20 Blue Bottle Coffee B3
21 Clem's C3
22 Hotel Delmano C2
23 Ides .... (s. 51)
23 Maison Premiere B3
24 Northern Territory C1
25 Pine Box Rock Shop G5
26 Radegast Hall & Biergarten B3
27 Rocka Rolla D3
28 Skinny Dennis B3
29 Spritzenhaus C1
30 Spuyten Duyvil C3
31 Toby's Estate C2

Unterhaltung (S. 310)
32 Brooklyn Bowl C2
33 Knitting Factory C3
34 Music Hall of Williamsburg B2
35 National Sawdust B2
36 Nitehawk Cinema B3
37 Warsaw D1

Shoppen (S. 316)
38 A&G Merch B2
39 Artists & Fleas B2
40 Beacon's Closet G5
41 Beacon's Closet D1
42 Buffalo Exchange C2
43 Catbird C3
44 Desert Island Comics D3
45 Fuego 718 .... C3
46 Quimby's Bookstore NYC D3
47 Rough Trade B2
48 Spoonbill & Sugartown B3

Sport & Aktivitäten (S. 317)
Brooklyn Bowl .... (s. 32)

Schlafen (S. 365)
49 McCarren Hotel & Pool C2
50 Williamsburg Hotel C2
51 Wythe Hotel C1

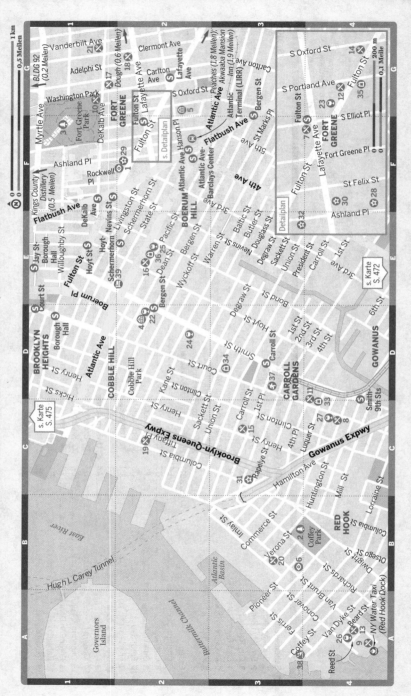

BOERUM HILL, CARROLL GARDENS, COBBLE HILL, FORT GREENE & RED HOOK

PARK SLOPE & PROSPECT PARK

Legende S. 474

s. Karte S. 470

s. Karte S. 474

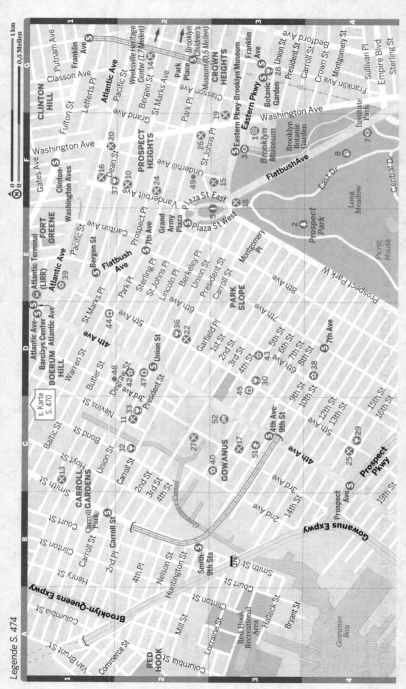

0,5 Meilen / 1 km

N

CLINTON HILL

FORT GREENE

PROSPECT HEIGHTS

CROWN HEIGHTS

BOERUM HILL

CARROLL GARDENS

PARK SLOPE

GOWANUS

RED HOOK

Prospect Park

Brooklyn-Queens Expwy

Gowanus Expwy

Brooklyn Museum

Brooklyn Botanic Garden

Atlantic Terminal (LIRR)

Barclays Center

Grand Army Plaza

Long Meadow

Picnic House

Gowanus Bay

Weeksville Heritage Center (1,7 Meilen)

Brooklyn Children's (0,5 Meilen)

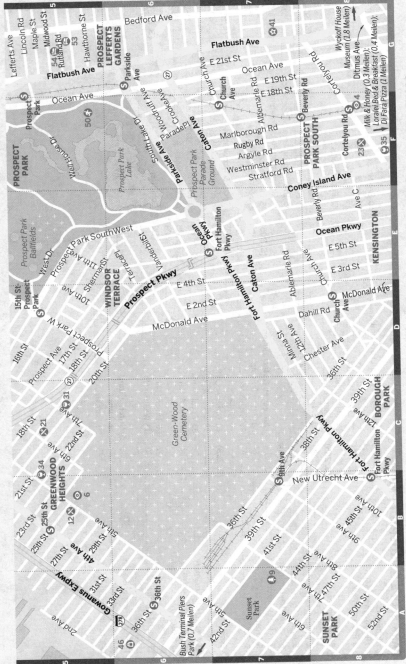

PROSPECT PARK

PROSPECT LEFTERS GARDENS

Bedford Ave

Flatbush Ave

Lincoln Rd
Lefterts Ave
Maple St
Midwood St
Rutland Rd
Hawthorne St

54
53

Flatbush Ave

Parkside Ave

Parkside Ave

Ocean Ave

E 21st St
Church Ave
Ocean Ave
E 19th St
E 18th St

Wyckoff House Museum (1.8 Meilen);

Milk & Honey (0.3 Meilen);
Loralei Bed & Breakfast (0.4 Meilen);
Di Fara Pizza (1 Meilen)

Ditmas Ave

Cortelyou Rd

Albemarle Rd

Beverly Rd

4

Cortelyou Rd

23

35

PROSPECT PARK SOUTH

Marlborough Rd
Rugby Rd
Argyle Rd
Westminster Rd
Stratford Rd

Ocean Ave

Church Ave

Crooke Ave

Caton Ave

Prospect Park Parade Ground

Coney Island Ave

41

Prospect Park

27

50

PROSPECT PARK

Prospect Park Lake

Well House Dr

Prospect Park Ballfields

West Dr

Prospect Park SouthWest

Parkside Ave
South Lake Dr
Parade Pl

Woodruff Ave

Parkside Ave

Beverly Rd

Ave C

KENSINGTON

Ocean Pkwy

E 5th St

E 3rd St

E

Ocean Pkwy

Fort Hamilton Pkwy

Prospect Pkwy

Caton Ave

Ablemarle Rd

Church Ave

McDonald Ave

E 4th St

E 2nd St

McDonald Ave

Dahill Rd

Church Ave

Minna St
12th Ave

Chester Ave

36th St

BOROUGH PARK

39th St
12th Ave

15th St-Prospect Park

Prospect Park

Prospect Park W

WINDSOR TERRACE

Prospect Ave
11th Ave
Sherman St
Terrace Pl
Vanderbilt St

10th Ave

16th St
Prospect Ave
17th St
18th St
20th St

31

21

18th St

7th Ave

22nd Ave

34

6th Ave

GREENWOOD HEIGHTS

21st St

9

12

5th Ave

4th Ave

23rd St
25th St
25th St

27th St

4th Ave

31st St
33rd St

Gowanus Expwy

278

36th St

36th St

46

Green-Wood Cemetery

36th St
9th Ave

New Utrecht Ave

Fort Hamilton Pkwy

Fort Hamilton Pkwy

36th St

39th St

41st St

42nd St

5th Ave

44th Ave
45th Ave
7th Ave

9

Sunset Park

46th Ave
47th St
8th Ave
9th Ave
10th Ave

50th St

52nd St

6th Ave

SUNSET PARK

Bush Terminal Piers Park (0.7 Meilen)

2nd Ave

PARK SLOPE & PROSPECT PARK

PARK SLOPE & PROSPECT PARK *Karte S. 372*

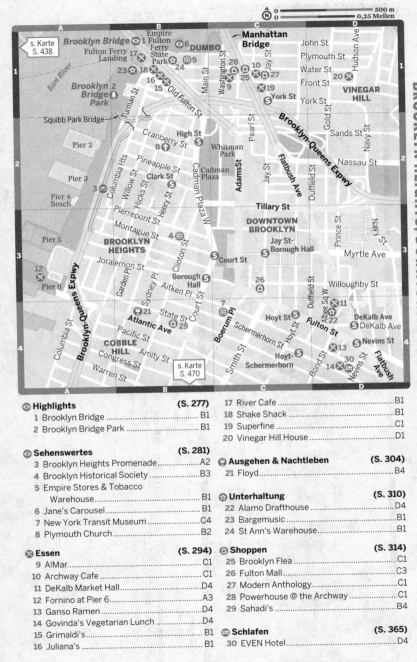

CONEY ISLAND & BRIGHTON BEACH

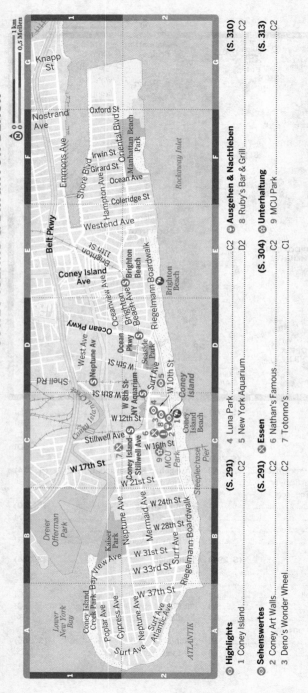

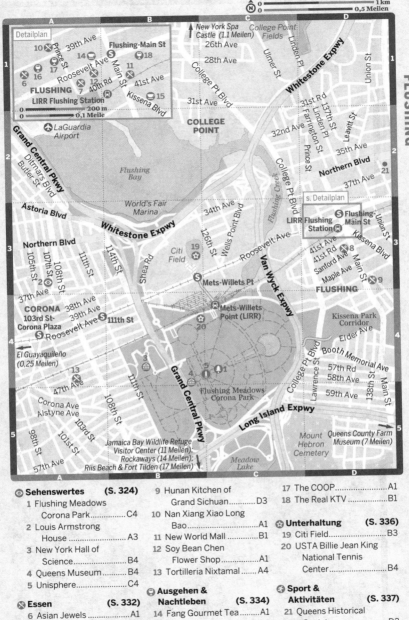

FLUSHING

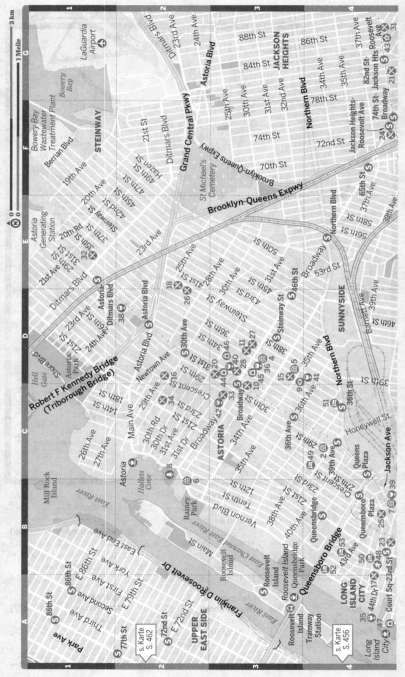

ASTORIA

2 km
1 Miele

s. Karte S. 462

s. Karte S. 456

ASTORIA

479

Die Lonely Planet Story

Ein ziemlich mitgenommenes, altes Auto, ein paar Dollar in der Tasche und Abenteuerlust – 1972 war das alles, was Tony und Maureen Wheeler für die Reise ihres Lebens brauchten. Die Tour dauerte einige Monate, und am Ende sahen die beiden – erschöpft, aber voller Inspiration – an ihrem Küchentisch und schrieben ihren ersten Reiseführer Across Asia on the Cheap. Innerhalb einer Woche hatten sie 1500 Exemplare verkauft.

Lonely Planet war geboren. Heute hat der Verlag Büros in Melbourne, Oakland, Franklin, Delhi und Beijing mit mehr als 600 Mitarbeitern und Autoren. Und alle teilen Tonys Überzeugung, dass ein guter Reiseführer drei Dinge erfüllen sollte: informieren, bilden und unterhalten.

Lonely Planet Global Limited

Digital Depot
The Digital Hub
Dublin D08 TCV4
Ireland

Obwohl die Autoren und Lonely Planet alle Anstrengungen bei der Recherche und bei der Produktion dieses Reiseführers unternommen haben, können wir keine Garantie für die Richtigkeit und Vollständigkeit dieses Inhalts geben. Deswegen können wir auch keine Haftung für eventuell entstandenen Schäden übernehmen.

Verlag der deutschen Ausgabe:

MAIRDUMONT, Marco-Polo-Str. 1, 73760 Ostfildern,
www.lonelyplanet.de, www.mairdumont.com, lonelyplanet-online@mairdumont.com

Chefredakteurin deutsche Ausgabe: Birgit Borowski

Redaktion: Bintang Buchservice GmbH, www.bintang-berlin.de (Dorit Aurich, Kirsten Gleinig, Katharina Grimm, Anja Krapat)

Übersetzung: Gunter Muhl, Julia Rickers, Kathrin Schnellbächer
An früheren Auflagen haben außerdem mitgewirkt: Petra Dubilski, Günter Feigel, Valeska Henze, Meike Höpfner, Dagmar Klotz, Silvia Mayer, Nicole Stange, Inga-Brita Thiele, Katja Weber

New York

7. deutsche Auflage November 2018, übersetzt von New York City,
11th edition, August 2018, Lonely Planet Global Limited

Deutsche Ausgabe © Lonely Planet Global Limited, November 2018

Fotos © wie angegeben 2018

Printed in Poland

Alle Rechte vorbehalten. Das Werk einschließlich all seiner Teile ist urheberrechtlich geschützt und darf weder kopiert, vervielfältigt, nachgeahmt oder in anderen Medien gespeichert werden, noch darf es in irgendeiner Form oder mit irgendwelchen Mitteln – elektronisch, mechanisch oder in irgendeiner anderen Weise – weiterverarbeitet werden. Es ist nicht gestattet, auch nur Teile dieser Publikation zu verkaufen oder zu vermitteln, ohne schriftliche Genehmigung des Herausgebers. Lonely Planet und das Lonely Planet Logo sind eingetragene Marken von Lonely Planet und sind im US-Patentamt sowie in Markenbüros in anderen Ländern registriert. Lonely Planet gestattet den Gebrauch seines Namens oder seines Logos durch kommerzielle Unternehmen wie Einzelhändler, Restaurants oder Hotels nicht. Bitte informieren Sie uns im Fall von Missbrauch unter www.lonelyplanet.com/ip.